释迦牟尼佛广传

•

白莲花论

全知麦彭仁波切 著
索达吉堪布 译

西藏藏文古籍出版社

图书在版编目（CIP）数据

释迦牟尼佛广传·白莲花论 / 全知麦彭仁波切著，索达吉译．
—拉萨 : 西藏藏文古籍出版社，2012.6（2025.5 重印）
（藏汉翻译丛书）
ISBN 978-7-80589-233-7

Ⅰ.①释… Ⅱ.①全… ②索… Ⅲ.①释迦牟尼（约前 565～前 485）—传记
Ⅳ.① B949.935.1

中国版本图书馆 CIP 数据核字（2012）第 126871 号

释迦牟尼佛广传·白莲花论

作　　者　全知麦彭仁波切 著　索达吉堪布 译
责任编辑　杨永坤
策　　划　天利文化
装帧设计　郑玉春
出版发行　西藏藏文古籍出版社（拉萨市色拉路 22 号）**邮政编码**　850000
北京编辑发行部：100013　北京市东土城路 8 号林达大厦 A 座 13 层
电　　话：010-64466847
打击盗版：0891-6649998　13908990085
印　　刷　大厂回族自治县德诚印务有限公司
经　　销　全国新华书店
开　　本　16 开（710×1 000）　**字　　数**　400 千
印　　张　32.75
版　　次　2025 年 5 月第 1 版第 5 次印刷
标准书号　ISBN 978-7-80589-233-7
定　　价　48.00 元

序　言

《释迦牟尼佛广传•白莲花论》是全知麦彭仁波切甚深智慧之结晶，是整个佛教史上前所未有、圆满齐备宣说释迦牟尼佛生平事迹之巨著。全知麦彭尊者以超拔的智慧与由衷的敬仰，为后世留下一部记载佛祖行持的光辉论典。

1997 年的时候，法王如意宝晋美彭措曾用半年多的时间，在五明佛学院为六七千名汉藏四众弟子宣讲过这部著作。记忆中，每当上师宣说释迦牟尼佛因地时广行布施、安忍、精进求法等公案时，他老人家总会为这些展示世尊奉献、苦行等感人情怀的精彩故事流出信心的泪水。特别是在传讲世尊行菩萨道时以身布施的诸多公案过程中，法王经常是泪流满面、哽咽难言，有时竟无语凝咽很长时间。他曾经这样说过:“无等大师释迦牟尼佛为我们这些浊世众生付出如此难以描述、难以尽数的代价与心血，若没有他的精进修行与终成正果，这娑婆世间哪里还会有佛法？我们这些愚痴众生又何以摆脱轮回？他如果不成佛，或不宣说佛法，身陷无明暗夜中的众生又怎会知道这世上还有朗朗慧日，还有湛湛乾坤？”当时在场的几千名有缘弟子也常常感动得泪湿双眼，他们对世尊割舍一切、放下一切的大无畏之举生起了强烈信心。

我那时也为四五百名汉族四众弟子同时口译法王的传讲，尽管这部广传被本人从头至尾口译过一遍，且有多人做过笔录，但因时间仓促、无暇细校等原因，这部书稿始终未能与广大读者见面。这次我重新按照藏文原著，一字一句将其全部笔译出来，这才有了这部广传的完整版本。由于是对照原文反复校改、审慎斟酌，故而我本人对此译本还是比较满意的。

我想任何有智慧又不抱偏见、成见的读者一定可以看出，这本《白莲花论》绝非世间凡夫所能驾驭、创作，它完全是从尊者的深广慧海里、从他的心性当中自然流露的一部杰作。他将所有存在于世的关于世尊的传记全部汇总起来，再加以自己的慧眼观照，终于使涓涓细流汇聚成功德大海，在浊世众生面前竖立起一座关于世尊的永恒丰碑。

这本传记主要记述佛祖因地时，上以国王之躯、下凭畜生之身，为利益众生而发心、修持、牺牲等种种惊天地泣鬼神的壮举。如果说当今大多数人，包括众多佛教徒，对释迦牟尼佛的理解仅仅停留在他曾是印度王子、后出家求道并最终证悟成佛的层次上的话，这本广传将第一次向世人全面、详细、系统介绍世尊无数劫中六度万行之行迹，能听闻读诵到这本传记，能多多少少对佛祖多一些感性认识与理性了解，对所有末世众生而言，都是一件多么值得人庆幸的事情。

每当看到这本《白莲花论》，或者想起上师的话，总会令人不由自主就联想起身边的人与事。现今的社会、时代可能太缺乏慈悲关爱，所以全社会都在大张旗鼓地鼓励献血、献骨髓、献器官；而当有人在生命历程中的某个瞬间、某一天，或几个月、几年、几十年中，以自私自利之心或为达到某种目的而做下一些功德善事的时候，各种报道、奖励、荣誉便会纷至沓来；我们还设有“见义勇为基金会”；我们的耳边经常都会响起“英雄流血又流泪”的哀叹……

去看看释迦牟尼佛的心行吧，看看他如何无数次地施身、施眼、施骨髓……哪怕为一个再微不足道的众生，他也能心甘情愿、满含喜悦、无丝毫利己之心与后悔之意地舍身取义。是他的行为太高尚，还是我们的道德水准太低劣？

本书所讲的布施肉身、甚深空性等法门，相信藏地民众都能完全理解，不会有什么恶劣的别念产生，因藏族人从小到大接受的都是大乘佛法的理念。但对一些不信佛或初入佛门的人而言，希望他们看到佛祖不可思议的举止言行时，千万不要妄加评议，更不要随意诽谤，不要在博大精深的佛法面前展现自己的浅薄无知，不要对难行能行、难忍能忍的世尊生起邪见。有些境界、现象、行为、论点必须通达佛法的真实教理才有可能完全理解，那时你再下结论并不为迟。

另外，本书中经常提到一些数量词，诸如八万四千国家、无数劫、几十万由旬、成千上万国土、人寿无量岁等，有些是定数，有确切所指；有些则可能只是泛指数量众多。在提到一些国家、地区及生活习俗等概念时，也可能会与现代测绘、现代风尚有些出入，这一点想来大家也都能理解。我们上一辈人的生活与我们这一代人的生活，在短短几年、十几年中都有翻天覆地的变化，你能指责老一辈人的生活方式、作风、观念全都是垃圾吗？

还有一点要提醒大家注意：不要以为本书是一部神话传说大全。因神话传说是虚幻不实的东西，而本书中所述全是释迦牟尼佛掉血掉泪的真实记录！每一句话、每一段情节、每一种道理都有足够的教证理证，它们完全能经得起任何科学的推敲与实修的检验，当然也包括历史的考证。经常都会有人把自己理解不了的现象或本身就非常深奥的某种理论与实修体系简单扫入神话、迷信之列，这实在不是智者所应有的行为，只有愚痴者才会人云亦云，才会不经自己思索就轻下妄断。真的永远也假不了，时间是最好的裁判。

作为佛教徒，了解佛祖的行持是天经地义的责任与修习内容，即便是一个非佛教徒，了解一位伟人、一位导师的灵魂发展史也当属应为之事，更何况见闻、读诵、受持、为人演说、书写此书还有不可思议的功德随身。麦彭仁波切在本传记中就曾说过：“听到本传记中的任何一个公案后，仅仅于一刹那间生起信心，解脱的种子就会播植在自相续中，无量无边功德就此孕育、产生。若全部听闻、完整阅读，并对之生起恭敬心与信心的话，所得功德更无法用言语描述。以此种方式了知大乘菩萨道之内容，并对其生起信解心，此种做法对自他都能带来极大利益。正如马鸣论师所说：“以殊胜感人故事，宣说如来与佛法，不信之人令生信，对佛法生欢喜心。”

既如此，那就希望所有佛门弟子，对佛法感兴趣之人，或者并不信仰佛教、但却愿意汲取全人类所有崇高智慧与卓绝人格的人士，都能用心打开这本《释迦牟尼佛广传·白莲花论》。

如今的许多人整日只忙于吹嘘自己，对于大慈大悲的佛陀事迹倒只字不提，这真令人遗憾。我们原本应该广宣有功德之人的传记以利群生，而佛祖的功德难道不应该被放在最重要的位置上吗？有智之人真应该沉下心来走入佛陀的心地，然后把自己的所得以最大的可能权巧方便地向众人诉说。众多经论中都说：一个人只要能口诵一句“南无释迦牟尼佛”都能对今生来世带来不可思议的利益。那么如果有人能发心印行、缮写、赠送、流通此书，所获功德自不必多言。

大恩上师法王如意宝晋美彭措说过：“作为佛门弟子，每天都应该念诵释迦牟尼佛的仪轨及心咒，如果做不到这一点，那就太令人惭愧了。”正是在法王的带动下，当时听讲的几千名四众弟子与后来的无数有缘者才发愿要不间断地念诵此仪轨及咒语。为方便以后的修行者也能如法念诵、如理行持，在本书正文之前特意附上此篇仪轨，真诚希望大家每天都能坚持念诵，以期能早日像释迦牟尼佛那样福慧圆满，终成正果。

需要说明的是，这部论典记叙的是佛祖因地时于大乘根基众生面前显现的行为，世尊在小乘根基或密乘根基众生前的显现，在别种论典中有不同论述，读者可互为参考。另外，为了方便阅读，本书在翻译时加上了一些小标题，但由于原文内涵非常博大丰富，因此每个小标题并不能完全包容题下的所有内容，更何况还有一些不同的故事、情节，由于篇幅所限被放在了一个标题之下。希望读者在阅读时不要望文生义，也不要牵强附会。

最后，希望所有于茫茫轮回迷途中有幸读到这本传记的这一代以及后代读者，都能在心间永远铭刻世尊的不朽风范。愿他们暂时能享人天福报，最终皆证圆满佛果！

索达吉

佛历二五四六年神变月十五日

公元二〇〇二年二月二十七日

༄༅། །ཐུབ་ཆོག་བྱིན་རླབས་གཏེར་མཛོད་བཞུགས་སོ། །

释迦佛修法仪轨

༄༅། །ན་མོ་གུ་རུ་ཤཱཀྱ་མུ་ན་ཡེ།

那莫革热夏迦牟那耶

དེ་ཡང་མདོ་ཏིང་འཛིན་རྒྱལ་པོ་ལས། འཆག་དང་འདུག་དང་འགྲེང་དང་ཉལ་བ་ན། །མི་གང་ཐུབ་པའི་ཟླ་བ་དྲན་བྱེད་པ། །དེ་ཡི་མདུན་ན་རྟག་ཏུ་སྟོན་པ་བཞུགས། །དེ་ནི་རྒྱ་ཆེན་མྱ་ངན་འདའ་བར་འགྱུར། །ཞེས་དང་། །སྐུ་ལུས་དག་ནི་གསེར་གྱི་མདོག་འདྲ་བས། །འཇིག་རྟེན་མགོན་པོ་ཀུན་ནས་རབ་ཏུ་མཛེས། །དམིགས་པ་འདི་ལ་གང་གི་སེམས་འཇུག་པ། །བྱང་ཆུབ་སེམས་དཔའ་དེ་ནི་མཉམ་བཞག་ཡིན།།

如《三摩地王经》云："散步安坐站立卧，何人忆念能仁尊，本师恒时住彼前，彼者将获广大果。"又云："身体宛若纯金色，世间怙主极庄严，何者之心专注此，菩萨彼者即入定。"

ཞེས་གསུངས་པ་བཞིན་དུ། བདག་ཅག་རྣམས་ཀྱི་སྟོན་པ་མཚུངས་པ་མེད་པ་ཐུབ་པའི་དབང་པོ་རྗེས་སུ་དྲན་པའི་རྣལ་འབྱོར་དུ་བྱ་བ་ནི། འདི་ལྟ་སྟེ།

随念我等无比本师释尊之修法，首先念诵皈依偈：

སངས་རྒྱས་ཆོས་དང་ཚོགས་ཀྱི་མཆོག་རྣམས་ལ། །

桑 吉 秋 当 凑 戒 乔 南 拉，

乃至菩提之间永皈依，

བྱང་ཆུབ་བར་དུ་བདག་ནི་སྐྱབས་སུ་མཆི། །

香 切瓦德 达 讷 嘉色切，

一切殊胜佛法及僧众，

བདག་གི་སྒོམ་བཟླས་བསྒྲུབས་པའི་བསོད་ནམས་ཀྱིས། །

达 各滚逮 吉 毕索 南 吉，

以我修行念诵之福德，

འགྲོ་ལ་ཕན་ཕྱིར་སངས་རྒྱས་འགྲུབ་པར་ཤོག།

珠拉盼谢 桑吉哲巴修。

为利众生愿成就佛果。

ཚད་མེད་བཞི་བསྒོམ་པ་སྔོན་དུ་བཏང་སྟེ། ཆོས་ཐམས་ཅད་སྣང་ལ་རང་བཞིན་མ་གྲུབ་པའི་དོན་ཡིད་ལ་དྲན་པའི་ངང་ནས།

之后发心、修四无量心，意念诸法现而无自性之义中念诵:

ཨཿ སྐྱེ་མེད་སྟོང་པ་ཉིད་དང་རྟེན་འབྱུང་གི །

阿 吉美东巴涅 当抧 炯 各，

阿 无生空性以及缘起性，

སྣང་བ་འགག་མེད་ཟུང་འཇུག་སྒྱུ་མའི་ཚུལ། །

囊瓦 嘎 美 宗 杰 杰 咪策，

显现不灭双运幻化相，

རང་མདུན་ནམ་མཁར་མཆོད་སྤྲིན་རྒྱ་མཚོའི་དབུས། །

让 抧 南卡 秋 珍 嘉 促 魏，

自前虚空如海供云中，

རིན་ཆེན་སེང་ཁྲི་པད་ཉི་ཟླ་བའི་སྟེང་། །

仁钦 桑彻班涅达为当，

观想宝狮座莲日月上，

སྟོན་པ་མཚུངས་མེད་ཤཱཀྱ་སེང་གེ་ནི། །

敦巴聪美夏迦桑给讷，

无等本师释迦牟尼佛，

གསེར་གྱི་མདོག་ཅན་མཚན་དང་དཔེ་བྱད་ལྡན། །

色 戒斗坚灿 当慧夏旦，

身为金色具足相随好，

ཆོས་གོས་གསུམ་གསོལ་རྡོ་རྗེའི་སྐྱིལ་ཀྲུང་བཞུགས།།

秋故 色 瘦 多吉 杰忠　叶，

身著三衣金刚跏趺坐，

ཕྱག་གཡས་ས་གནོན་ཕྱག་རྒྱ་ལེགས་བརྐྱངས་ཤིང་།།

夏意萨麐[1] 夏嘉乐　江　相，

右手压地手印妙舒展，

ཕྱག་གཡོན་མཉམ་བཞག་བདུད་རྩིའི་ལྷུང་བཟེད་བསྣམས།།

夏云　年 压 德贼 轰 则　南，

左手等印持执甘露钵，

གསེར་གྱི་རི་ལྟར་གཟི་བརྗིད་དཔལ་འབར་བ།།

色 戒热达 则 杰 花 白 瓦，

宛如金山威严极耀眼，

ཡེ་ཤེས་འོད་ཟེར་ཟླ་བས་མཁའ་དབྱིངས་ཁྱབ།།

意西 哦色 扎魏 卡　扬 恰。

智慧光芒遍布虚空界。

ཉེ་བའི་སྲས་བརྒྱད་གནས་བརྟན་བཅུ་དྲུག་སོགས།།

尼魏 哲 嘉 内 旦 杰哲 素，

八大菩萨十六罗汉等，

འཕགས་ཚོགས་རྒྱ་མཚོའི་འཁོར་གྱིས་ཡོངས་བསྐོར་ཞིང་།།

啪　凑嘉 促 扣 吉 勇　够 扬，

如海圣众眷属皆围绕，

དྲན་པ་ཙམ་གྱིས་སྲིད་ཞིའི་མཐའ་གཉིས་ལས།།

沾巴匝 吉 哲 意 塔 尼 累，

仅念解脱有寂之二边，

[1] 音：nun。

རྣམ་གྲོལ་བདེ་བ་མཆོག་གི་དཔལ་སྩོལ་བ།།

南 珠逮瓦乔 各 花 奏瓦，

赐予殊胜吉祥之大乐，

སྐྱབས་ཀུན་འདུས་པའི་བདག་ཉིད་ཆེན་པོར་གསོལ།།

嘉 根 谛毕 达涅钦波 萨。

皈依处之总集大主尊。

ཞེས་དེ་ལྟར་སངས་རྒྱས་ཀྱི་སྐུ་ལ་དམིགས་ཏེ་དེ་ན་དངོས་སུ་བཞུགས་ཡོད་སྙམ་པའི་སེམས་བསྐྱེད་མ་ཐག་ཏུ། སངས་རྒྱས་རྣམས་ཀྱི་ཡེ་ཤེས་ཀྱི་སྐུ་ལ་ཕྱོགས་དང་དུས་གང་དུའང་ཉེ་རིང་མི་མངའ་བའི་ཕྱིར། གང་དུ་དམིགས་པ་དེ་ཉིད་དུ་ངེས་པར་བཞུགས་པར་འགྱུར་ཏེ། མདོ་ལས། གང་ཞིག་སངས་རྒྱས་ཡིད་བྱེད་པ། །དེ་ཡི་མདུན་ན་དེ་བཞུགས་ཏེ། །རྟག་པར་བྱིན་གྱིས་རློབ་བྱེད་ཅིང་། །ཉེས་པ་ཀུན་ལས་རྣམ་པར་གྲོལ། །ཞེས་གསུངས་ཤིང་། རྒྱལ་བ་ཉིད་ལ་དམིགས་ནས་ཚོགས་བསགས་པའང་མི་ཟད་པའི་དགེ་རྩ་ཆུད་མི་ཟ་བ་ཡིན་ཏེ། ཕལ་པོ་ཆེ་ལས། རྒྱལ་བ་དེ་དག་ཐོས་མཐོང་མཆོད་པ་བྱས་པས་ཀྱང་། །ཚད་མེད་པ་ཡི་བསོད་ནམས་ཕུང་པོ་འཕེལ་བར་འགྱུར། །ཉོན་མོངས་འཁོར་བའི་སྡུག་བསྔལ་ཐམས་ཅད་སྤོང་འགྱུར་ཏེ། །འདུས་བྱས་འདི་ནང་བར་མ་དོར་ནི་ཟད་མི་འགྱུར། །ཞེས་དང་། དེའི་མདུན་དུ་སྨོན་ལམ་ཇི་ལྟར་བཏབ་པ་ཡང་དེ་བཞིན་དུ་འགྲུབ་སྟེ། འཇམ་དཔལ་ཞིང་གི་ཡོན་ཏན་བསྟན་པ་ལས། ཆོས་རྣམས་ཐམས་ཅད་རྐྱེན་བཞིན་ཏེ། །འདུན་པའི་རྩེ་ལ་རབ་ཏུ་གནས། །གང་གིས་སྨོན་ལམ་ཅི་བཏབ་པ། །དེ་འདྲའི་འབྲས་བུ་ཐོབ་པར་འགྱུར། །ཞེས་གསུངས་པའི་ཚུལ་རྣམས་ལ་ངེས་པ་བརྟན་པོ་བསྐྱེད་དེ།

如是观想佛陀身，结果马上想到佛真正安住在自前虚空中，因诸佛之智慧身何时何地都无有远近故。观想佛于何处佛必定安住于彼处。经中云：“何者作意佛，佛安住彼前，恒时赐加持，解脱一切罪。”观想佛陀，所积之资粮也不会耗尽，善根不会虚耗。《华严经》中云：“闻见供养彼等佛，无量福德将增上，断诸烦恼轮回苦，此善中间不穷尽。”于佛前如何发愿也会如是实现。《宣说文殊刹土功德经》中云：“诸法依缘生，住于意乐上，何者发何愿，将获如是果。”对此中所说之理生起稳固定解。再念诵：

སྙིང་རྗེ་ཆེན་པོས་རྩོད་ལྡན་སྙིགས་མའི་ཞིང་།།

酿吉钦布 奏 旦 涅 咪 扬，

大悲摄受具诤浊世刹，

བཟུང་ནས་སྨོན་ལམ་ཆེན་པོ་ལྔ་བརྒྱ་བཏབ།།
宗 内 门 兰 钦波鄂 嘉 达，
尔后发下五百广大愿，

པད་དཀར་ལྟར་བསྔགས་མཚན་ཐོས་ཕྱིར་མི་ལྡོག།
巴 嘎 达 鄂　灿 吐 谢 莫到，
赞如白莲闻名不退转，

སྟོན་པ་ཐུགས་རྗེ་ཅན་ལ་ཕྱག་འཚལ་ལོ།།
敦巴特 吉 坚拉夏擦 漏。
恭敬顶礼本师大悲尊。

བདག་གཞན་སྒོ་གསུམ་དགེ་ཚོགས་ལོངས་སྤྱོད་བཅས།།
达　烟 够 色　给 凑　龙 秀　吉，
自他三门善根及受用，

ཀུན་བཟང་མཆོད་པའི་སྤྲིན་དུ་དམིགས་ནས་འབུལ།།
根 桑　秋　毕 珍 德 莫　内 本。
观为普贤供云而奉献。

ཐོག་མེད་ནས་བསགས་སྡིག་ལྟུང་མ་ལུས་པ།།
吐 美 内 萨 的 冻 玛 力巴，
无始以来所积一切罪，

སྙིང་ནས་འགྱོད་པ་དྲག་པོས་སོ་སོར་བཤགས།།
酿 内　久 巴扎布瘦素　夏。
则以猛烈悔心分别忏。

འཕགས་དང་སོ་སོའི་སྐྱེ་བོའི་དགེ་བ་ནི།།
啪 当 瘦 素吉悟给瓦讷，
于诸圣者以及凡夫众，

དུས་གསུམ་བསགས་ལ་རྗེས་སུ་ཡི་རང་ངོ་། །

谛色萨拉吉色叶让噢。

三时所积善根作随喜。

ཟབ་ཅིང་རྒྱ་ཆེ་ཆོས་ཀྱི་འཁོར་ལོའི་ཚུལ། །

则江嘉气秋戒扣路策，

祈请十方一切佛菩萨，

ཕྱོགས་བཅུར་རྒྱུན་མི་འཆད་པར་བསྐོར་དུ་གསོལ། །

笑杰坚莫恰白故德素，

恒转甚深广大之法轮。

ཁྱོད་ནི་ནམ་མཁའ་ལྟ་བུའི་ཡེ་ཤེས་སྐུ། །

秋讷南卡达魏意西各

汝如虚空般之智慧身，

དུས་གསུམ་འཕོ་འགྱུར་མེད་པར་བཞུགས་མོད་ཀྱི། །

谛 色 剖杰美白 叶 谋戒，

虽住三世无有迁变中，

གདུལ་བྱའི་སྣང་ངོར་སྐྱེ་འཇིག་ཚུལ་སྟོན་ཀྱང་། །

德 谢 囊噢 吉 杰 策 敦 江，

然于所化前示生灭相，

སྤྲུལ་པའི་གཟུགས་སྐུ་རྟག་ཏུ་སྣང་བར་མཛོད། །

哲 毕 则 各达 德囊 瓦 凑。

恒时显现幻化之色身。

བདག་གིས་དུས་གསུམ་བསགས་པའི་དགེ་ཚོགས་ཀྱིས། །

达 给 谛 色 萨 毕 给 凑 吉，

我以三时所积之善根，

མཁའ་ཁྱབ་འགྲོ་བ་ཀུན་ལ་ཕན་སླད་དུ།།
卡 恰 珠瓦根拉盼 拉德，
愿利遍布虚空界有情，

ཆོས་ཀྱི་རྒྱལ་པོ་རྟག་པར་མཉེས་བྱེད་ཅིང་།།
秋戒 嘉波 达白 尼 雪 江，
令释尊您恒时生欢喜，

ཆོས་རྗེ་རྒྱལ་བའི་གོ་འཕང་ཐོབ་པར་ཤོག།
秋 吉嘉 魏够 胖 透 白 修。
获得法王如来之果位。

བདག་ཅག་སྙིགས་མའི་འགྲོ་བ་མགོན་མེད་རྣམས།།
达 嘉 涅 咪 珠瓦棍 美 南，
无有怙主我等浊世众，

ཐུགས་རྗེས་ལྷག་པར་བཟུང་བའི་བཀའ་དྲིན་ལས།།
特 吉 拉 白 宗 魏 刮 珍 累，
蒙以悲心摄受之恩德，

ཞིང་དང་དུས་འདིར་རིན་ཆེན་རྣམ་གསུམ་གྱི།།
扬 当谛 的 仁 钦 南 色 戒，
此刹此时一切三宝相，

སྣང་བ་ཇི་སྙེད་ཁྱེད་ཀྱི་ཕྲིན་ལས་ཉིད།།
囊瓦杰尼 器戒陈 累 涅。
均是佛陀您之事业也。

དེ་ཕྱིར་སྐྱབས་མཆོག་མཚུངས་མེད་གཅིག་པུ་རུ།།
逮谢 嘉 乔 聪 美 戒波热，
故于无等唯一胜依怙，

ཡིད་ཆེས་དད་པས་སྙིང་ནས་གསོལ་འདེབས་ན།།

叶 气 达 倍酿 内 瘦 逮 内，

虔诚信仰诚心而祈祷，

སྔོན་གྱི་དམ་བཅའ་ཆེན་པོ་མ་བརྗེད་པར།།

温戒 达 嘉 钦 波玛 尼 瓦，

莫忘昔日所发大誓愿，

བྱང་ཆུབ་བར་དུ་ཐུགས་རྗེས་རྗེས་འཛིན་མཛོད།།

相 切瓦 德 特 吉 吉 怎 奏。

乃至菩提前以大悲摄。

ཅེས་ཡིད་ཆེས་ཀྱི་དད་པ་དྲག་པོས་སྟོན་པ་དངོས་སུ་བཞུགས་ཡོད་སྙམ་པས་སྐུ་ལ་རྩེ་གཅིག་ཏུ་དམིགས་ཏེ།

以猛烈虔诚的信心观想释尊真正身相，一缘专注其身而尽力念诵:

བླ་མ་སྟོན་པ་བཅོམ་ལྡན་འདས་དེ་བཞིན་གཤེགས་པ་དགྲ་བཅོམ་པ་ཡང་དག་པར་རྫོགས་པའི་སངས་རྒྱས་དཔལ་རྒྱལ་བ་ཤཱཀྱ་ཐུབ་པ་ལ་ཕྱག་འཚལ་ལོ། །མཆོད་དོ། །སྐྱབས་སུ་མཆིའོ།།

喇嘛敦巴 久 旦 谛逮 云 相 巴 扎久巴扬 达 白奏 毕 桑 吉花 嘉瓦 夏迦特巴拉夏擦漏 秋斗加色切怄

“顶礼、供养、皈依、本师、出有坏、善逝、真实圆满正等觉释迦牟尼佛。”

ཞེས་ཅི་འགྲུབ་དང་། ཐུགས་རྒྱུད་བསྐུལ་བའི་ཚུལ་དུ་ཤེར་ཕྱིན་ཡི་གེ་ཉུང་ངུ་ལས་གསུངས་པའི་གཟུངས་ནི།

以恳切祈请之方式尽力持诵《小般若经》中所说的陀罗尼咒:

ཏདྱཐཱ།ཨོཾ་མུ་ནེ་མུ་ནེ་མ་ཧཱ་མུ་ན་ཡེ་སྭཱ་ཧཱ།

“达雅塔，嗡牟尼牟尼玛哈牟尼耶索哈”，

ཞེས་ཅི་རིགས་དང་།

再尽力念诵:

ཨོཾ་མན་ཆད་ཅི་འགྲུབ་ཏུ་བཟླའོ།།

“嗡牟尼牟尼玛哈牟尼耶索哈”。

འདི་དག་གི་སྐབས་སུ་སྟོན་པའི་ཡོན་ཏན་རྗེས་སུ་དྲན་ཏེ་དད་པའི་སེམས་ཀྱིས་རྩེ་གཅིག་ཏུ་སྐུ་ཡི་གསལ་སྣང་ལ་དམིགས་ནས།

此等之时随念释尊的功德，以信心一缘专注其明显身相而诵一遍:

མཚན་བརྗོད་པ་དང་། གཟུངས་བཟླས་པའི་རྐྱེན་གྱིས་སྟོན་པའི་སྐུ་ལས་ཡེ་ཤེས་ཀྱི་འོད་ཟེར་སྣ་ཚོགས་པའི་སྣང་བ་ཆེན་པོས་བདག་དང་སེམས་ཅན་ཐམས་ཅད་ཀྱི་སྒྲིབ་པ་ཐམས་ཅད་བསལ་ཞིང་། ཐེག་པ་ཆེན་པོའི་ལམ་གྱི་ཡོན་ཏན་ཚུལ་བཞིན་དུ་སྐྱེས་ཏེ་ཕྱིར་མི་ལྡོག་པའི་ས་ཐོབ་པར་བསམས་ལ།

灿久巴当　宗 逮 毕近吉 敦毕各累意西戒哦色那凑毕囊瓦钦布当⿰氵⿰此彡[2] 坚塔嘉戒哲巴塔 嘉 萨扬　特巴钦布兰戒云旦策云德吉逮谢莫到毕萨靡白萨拉。

“观想依靠持诵名号、念诵陀罗尼咒之缘以本师之身中放射种种智慧达大光芒遣除我与一切众生之诸罪障，并如理生起大乘道功德而获得不退转果位。”

དེ་ལྟར་ཅི་ནུས་སུ་བསྟེན་པར་བྱའོ། །ཐུན་མཚམས་རྣམས་སུ་མཎྜལ་སོགས་མཆོད་པ་དང་། ཐུབ་བསྟོད་ཀྱི་རིགས་དང་། སྙིང་རྗེ་པད་དཀར། རྒྱ་ཆེར་རོལ་པ། སྐྱེས་རབས་སྣ་ཚོགས། དེ་བཞིན་གཤེགས་པའི་མཚན་བརྒྱ་རྩ་བརྒྱད་པ་སོགས་མདོ་གང་འདོད་ཅི་ལྟར་ནུས་པར་བཀླག་དགེ་བའི་རྩ་བ་རྣམས་བླ་མེད་བྱང་ཆུབ་ཏུ་བསྔོ་བ་དང་སྨོན་ལམ་གྱིས་རྒྱས་གདབ་པར་བྱའོ།། སྤྱིར་འགྲོ་འཆག་ཉལ་འདུག་གི་སྐབས་ཀུན་ཏུ་སྟོན་པ་ཉིད་མ་བརྗེད་པར་དྲན་པ་དང་། མཚན་མོ་ཡང་སྟོན་པ་དངོས་སུ་བཞུགས་པའི་སྐུ་ཡི་འོད་ཀྱིས་ཕྱོགས་ཐམས་ཅད་ཉིན་མོ་ཤིན་ཏུ་དྭངས་བའི་དུས་ལྟ་བུར་སྣང་བའི་འདུ་ཤེས་ཀྱི་ངང་དུ་གཉིད་ལོག་པར་བྱ། དུས་རྒྱུན་དུ་སྟོན་པ་ཉིད་ཀྱིས་སྔོན་ཇི་ལྟར་ཐུགས་བསྐྱེད་པའི་ཚུལ་ལས་བརྩམས་ཏེ། དུས་གསུམ་གྱི་སངས་རྒྱས་དང་བྱང་ཆུབ་སེམས་དཔའ་ཆེན་པོ་རྣམས་ཀྱི་རྣམ་པར་ཐར་པ་ལ་རྗེས་སུ་གཞོལ་བའི་བྱང་ཆུབ་ཀྱི་སེམས་རིན་པོ་ཆེའི་དམ་བཅའ་ལྷོད་པ་མེད་པའི་ངང་ནས་བྱང་ཆུབ་སེམས་དཔའི་སྤྱོད་པ་སྤྱི་དང་ཁྱད་པར་དུ་ཞི་ལྷག་གི་རྣལ་འབྱོར་ལ་ཅི་ནུས་སུ་བསྟེན་པས་དལ་འབྱོར་ཐོབ་པ་དོན་ལྡན་དུ་འགྱུར་ཏེ། བདག་ཅག་གི་སྟོན་པ་འདི་ཉིད་ཀྱི་མཚན་ཐོས་པ་ཙམ་ཞིག་གིས་རིམ་གྱིས་བྱང་ཆུབ་ཆེན་པོའི་ལམ་ལས་ཕྱིར་མི་ལྡོག་པར་མདོ་ལས་གསུངས་ལ། གོང་དུ་བསྟན་པའི་གཟུངས་འདི་ལས་སངས་རྒྱས་ཐམས་ཅད་འབྱུང་ཞིང་། གཟུངས་འདི་རྙེད་པའི་མཐུས་ཤཱཀྱའི་རྒྱལ་པོ་ཉིད་སངས་རྒྱས་ཤིང་། སྤྱན་རས་གཟིགས་བྱང་ཆུབ་སེམས་དཔའི་མཆོག་ཏུ་གྱུར་པ་དང་། གཟུངས་འདི་ཐོས་པ་ཙམ་གྱིས་བསོད་ནམས་རྒྱ་ཆེན་པོ་ཚོགས་མེད་པར་འཐོབ་ཅིང་ལས་ཀྱི་སྒྲིབ་པ་ཐམས་ཅད་བྱང་བ་དང་། སྔགས་བསྒྲུབ་པ་ན་བགེགས་མ་མཆིས་པར་གྲུབ་པར་འགྱུར་རོ་ཞེས་ཤེས་རབ་ཀྱི་ཕ་རོལ་ཏུ་ཕྱིན་པ་ཡི་གེ་ཉུང་ངུ་ཞེས་པ་དེ་ཉིད་ལས་གསུངས་ཤིང་། བཀའ་གཞན་ལས་ཀྱང་གཟུངས་འདི་ལན་གཅིག་བཟླས་པས་བསྐལ་པ་བྱེ་བ་ཐྲག་བརྒྱད་ཁྲིའི་བར་དུ་བྱས་པའི་སྡིག་པ་ཐམས་ཅད་བྱང་བར་འགྱུར་བ་སོགས་ཕན་ཡོན་ཚད་མེད་པ་དང་

[2] 音 sei。

ལྡན་ཞིང་། དེ་བཞིན་གཤེགས་པ་ཤཱཀྱ་ཐུབ་པའི་སྙིང་པོ་དམ་པ་ཉིད་དུ་གསུངས་སོ།།དད་པ་བསྐྱེད་པ་དང་ཞི་ལྷག་གི་རྣལ་འབྱོར་ལ་ཇི་ལྟར་བརྩོན་པའི་ཚུལ་ཟུར་དུ་བཤད་པར་བྱའོ།།

平时尽力精进念诵。座间时根据情况供曼茶罗，诵各种释尊赞，阅《大悲白莲经》、《广大游舞经》、各种《释尊传》、《如来一百零八种名号》等，尽力随意读诵经典，一切善根 以回向无上菩提及发愿印持。总之，行住坐卧一切时分都应当忆念本师，夜间也观想释尊之真实身体发光照耀诸方如同极为晴朗之白昼时一般，于此境界中入眠。平时也随念释尊昔日如何发心的情形，勤随三世诸佛大菩萨事迹，坚持珍宝菩提心之誓愿而行持菩萨行，尤其尽力勤修止观瑜伽，如此将使所获得的暇满人身有意义。经中说仅以听闻我等本师之名号也逐渐于大菩提道中不退转。《小般若经》中说：“诸佛皆从此陀罗尼咒中生，释迦佛亦依此陀罗尼咒之威力而成佛，观世音依此现前菩萨胜果，仅仅听闻此陀罗尼咒也将无勤获得广大福德并清净一切业障。若修密咒，则无有魔障而成就。”其余经典中也说念诵一遍此陀罗尼咒可清净俱胝八万劫中所造的一切罪业等具无量功德利益， 此乃释迦如来之殊胜心咒。对释尊如何生起信心及止观之修法其他论典中有宣说。[3]

ཞེས་པ་འདི་ནི་བསླབ་གསུམ་ནོར་བུའི་མཛོད་མངའ་དཔོན་ཨོ་རྒྱན་བསྟན་འཛིན་ནོར་བུ་ནས་བཀྲ་ཤིས་པའི་ལྷ་རྫས་དང་བཅས་ཏེ་ནན་ཏན་དུ་བསྐུལ་བ་ཡིད་ལ་འཇགས་པའི་སྟེང་དུ་ཉེ་ཆར་ཡང་དཔོན་རིན་པོ་ཆེ་ཉིད་ནས་སྤྲུལ་པའི་སྐུ་འཇིགས་མེད་པདྨ་བདེ་ཆེན་ལ་སྨྲན་ཏེ། རིན་ཆེན་དང་པོ་སོགས་བཀྲ་ཤིས་པའི་ལྷ་རྫས་ཀྱི་སྐྱེས་དང་བཅས་མྱུར་དུ་གྲུབ་པར་གྱིས་ཞེས་དམ་པ་ཟུང་གི་བཀས་བསྐུལ་བ་ལ་བརྟེན་ནས། སྟོན་པ་མཆོག་ལ་མི་ཕྱེད་པའི་དད་པ་ཐོབ་ཅིང་། དུས་མཐར་ཆོས་སྨྲ་བའི་མིང་ཙམ་འཛིན་པ། ཤཱཀྱའི་རྗེས་འཇུག་མི་ཕམ་འཇམ་དབྱངས་རྒྱ་མཚོས། རྫ་རྗོ་རྗེ་འཕན་ཕུག་གི་རི་ཞོལ་ཕུན་ཚོགས་ནོར་བུའི་གླིང་དུ། ཀུན་ལྡན་ལུགས་ཀྱི་གསར་ཚེས་ཆོ་འཕྲུལ་ཆེན་པོའི་ཡར་ཚེས་བརྒྱད་ལ་གྲུབ་པར་བགྱིས་པ་འདིས་ཀྱང་བསྟན་འགྲོ་ལ་ཕན་པ་རྒྱད་དུ་བྱུང་བ་རྒྱུན་མི་འཆད་པར་བྱེད་པ་དང་། ཚུལ་འདི་མཐོང་ཐོས་དྲན་རེག་གི་འགྲོ་བ་རྣམས་ཀྱི་རྒྱུད་ལ་སྟོན་པ་ཐུབ་པའི་དབང་པོའི་བྱིན་རླབས་མཚུངས་པ་མེད་པ་མངོན་དུ་འཇུག་པར་གྱུར་ཅིག །མངྒ་ལཾ།།

此修法仪轨是具三学宝藏之文邬金丹增诺吾供养吉祥哈达恳切劝请，我也铭记于心。最近文仁波切又委托晋美班玛德钦活佛，其以纯金、吉祥哈达等供品请求速疾完成此修法仪轨。应此二位大德劝请，于殊

[3] 即于《释尊广传 · 白莲花论》中有宣说。

胜本师有不退信心、浊世名相说法者、释迦世尊之弟子麦彭嘉扬嘉措，铁鼠年神变月初八于石渠多吉攀修神山附近圆满宝珠寺院造毕。愿依此不断弘法利生，令见闻念触此仪轨之一切众生相续中真正获得本师佛之无量加持。愿吉祥！

བདེ་བར་གཤེགས་པ་ཁྱེད་སྐུ་ཅི་འདྲ་དང་།།
得[4] 瓦 谢 巴 切革杰札当，
善逝如来汝之身，

འཁོར་དང་སྐུ་ཚེ་ཚད་དང་ཞིང་ཁམས་དང་།།
扣 当革才擦 当扬 卡 当，
眷属寿命与刹土，

ཁྱེད་ཀྱི་མཚན་མཆོག་བཟང་པོ་ཅི་འདྲ་བ།།
切戒 参 乔 桑 波杰札瓦，
殊胜妙相等功德，

དེ་འདྲ་ཁོ་ནར་བདག་སོགས་འགྱུར་བར་ཤོག།
得札扣那 达 瘦 杰 瓦 秀。
唯愿我等成如是。

[4] 此中的“得”读音为：dei。

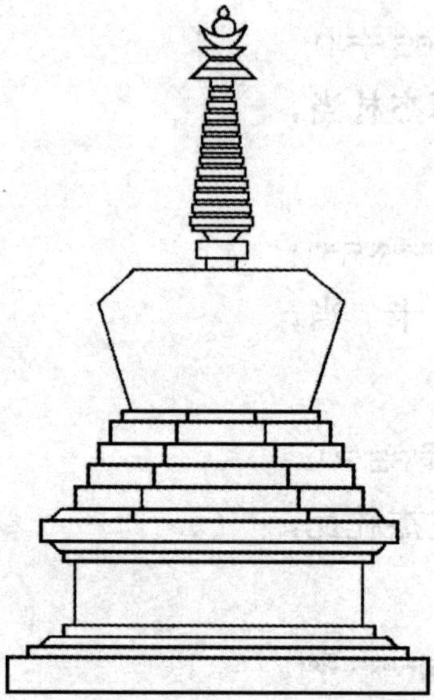

目录

南无格热满吉些儿哥嘛不达雅！

获得诸佛同等果　无等本师释迦佛
忆念其德及深恩　盛开信莲遍虚空
于诸如日般佛法　受持弘扬有缘众
造此佛传白莲园　汝当欢喜而享用

一切忆念观想释迦牟尼佛之人，如能在稳固信心的基础上，通过观佛陀身相、修寂止、胜观瑜伽，则所有事业皆得成办。以此缘故，以下简述佛祖释迦牟尼传记。

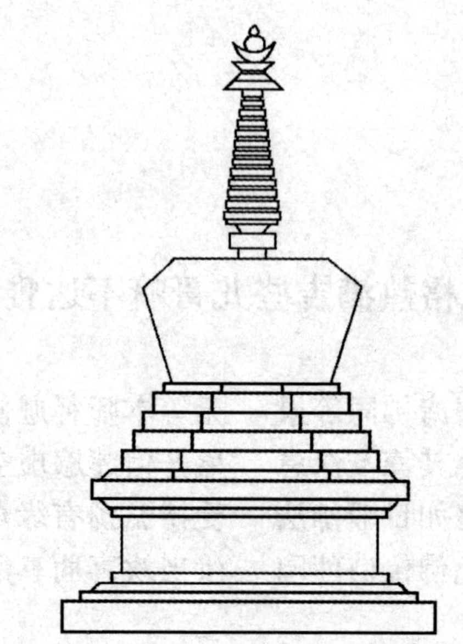

一、功德品

总体说来，以业力感召而轮回于三界中之众生，无有能摆脱三大痛苦、抛开束缚的自由，因而也得不到任何究竟的安乐自在。正因为他们从无始劫来始终接连不断地在漂流、轮转，故而他们获得暇满难得的人身，并值佛出世、闻佛说法的机会也就微乎其微。

而我们恰好幸运地拥有了暇满人身，还值遇了如意宝般的佛法，实乃可堪庆幸之事！但值此浊世之际，人寿短暂，而疾病又轮番相煎，再加上烦恼等一切不利因素的逼迫，因此，能调伏自心、如法修持之人就更显寥寥无几。如此一来，能生生世世利益众生的佛法也就丧失了自己本该发挥的价值与意义。大多数人终日费尽心机于无意义之事，以靠追求今生琐事及世间八法而散乱度日。原本世事无常、逝如闪电，无有任何可依靠之处。但众生却耗费太多精力用于规划如此短暂脆弱之今生，丝毫也意识不到自己的肉身似水泡般消散的无实质内涵。若善加观察，亲友、怨敌、财物等一切人、物皆属梦幻泡影，从来就无实质，也不稳固、恒定，皆属分离毁灭之性，并且本身就是诱发痛苦之因。但可怜而愚痴的众生却不自知，反将之当成常有、安乐、值得绞尽脑汁算计的因素，从而执著于此而虚度难得人身。

许多人永远生活在希求不断的欲望与目标受挫的交相挣扎中，结果出乎他们意料的是，总是在某个突然时刻，他们的生命就像遭受霹雳一样，瞬间就被炸裂、击碎。从古至今，还未有一人能逃离得了死主的最后审判。尽管人人都不愿感受死亡阴影，但在无人预知也无人预报的情况下，阎罗王却总是不期而至。而在肉体生命消殒之后，个人之业力并不就此终结，随着他所造作的黑业白业，他也必将流转于相应的恶趣善趣。无欺之因果规律超越所有人、天众生的跨越能力，即就是得到阿罗汉果位的大圣者，也无法违越他自己前世所造之因，更遑论其他众生。因此，任何众生所造之善业恶业都将必然成熟、毫厘不爽。

可怕的是，末世众生大多禀性顽劣，所造之业尽属黑多白少，因之而将轮转于三恶趣中。想想看：地狱有难忍长久的寒热之痛；饿鬼的饥饿则广大无边；旁生更要受愚痴、互啖及被人役使之痛……如果我们在人间连一天的饥寒酷暑都无法承受的话，若是转生于恶趣，那些万倍于此的苦痛感受又如何消受？最令人不安的是，在某个众生业力未穷尽之前，他根本无法解脱相应的种种痛苦。因此，每个稍有智慧之人都应审慎思维恶趣之惨痛、可怕，但可惜的是，能如此思索的人在现世实在是少之又少。

再说三善趣之痛苦——人有生、老、病、死、爱别离、怨憎会诸苦；非天有争斗之苦；天人有死堕之苦，三界之中，何有例外？到处充满苦苦、变苦、行苦，众生何来欢乐与自在？所以说轮回真似火坑、魔女洲，无始无终如旋转的火轮一般的众生，在如此众多之苦痛煎熬中，要想彻底脱离苦海该怎么办？

结论只能是依赖、皈依佛法僧三宝，舍此定无他法可满自己离苦得乐之愿。因此，我们首先应明了随时忆念佛陀有非常大之意义，此即需要我们对佛陀生起坚定的信心，而这一切均来源于对佛祖身世的了知。

所谓的佛陀在无数劫之前，为利益所有众生而发起了无上菩提心，后又圆满了福慧资粮并最终获得了远离一切过患的智慧身果位；他真正是众生皈依处、唯一怙主，还是他们最无私之亲友；他的法身具足十力、四无畏等如大海一般之无漏功德；他能现量通达三世一切万事万物；他的声音具备六十种美妙梵音；他能于无量世界中显现佛法光明；他的三十二相、八十好，以人、天为主的众生若见之，定会感到像灿烂的太阳一般无比庄严、圆满；他一根汗毛孔或者一线光芒所显之光的功德，十方诸佛宣说无数劫也诉说不尽，更何况其余功德。如是具无量功德之佛陀，谁若亲睹其形、亲闻其声，或亲身供养过，哪怕仅就是见到佛像、聆听过名号，也都能在心间植下将来成熟的菩提种子，保证他在未得佛果之前尽享各种安乐。

据《大悲妙法白莲经》记载：观想佛陀后再供养一朵花；观想佛陀后对之生起哪怕是一刹那的恭敬心；或者在旁生的心里也能生起对佛陀的忆念的话，这些有缘众生的涅槃果报则定可现前，此乃佛陀亲口宣说。

在遍满三千大千世界的获得预流果、一来果、无来果、阿罗汉等境界的圣者面前，善男善女进行供养或以种种方式承侍之功德，与对佛陀生起信心，或对佛陀磕头、合掌、称南无佛之功德相较，那就实在是千万分不及其一了。

如果在遍满三千大千世界的缘觉前供养、承侍，或在其涅槃后以七宝供养缘觉之遗体，还在有生之年用各种妙香、鲜花、宝鬘等物进行种种严饰，凡此所积功德，与忆念佛陀、对佛陀生起清净信心，或在对佛之功德生信后仅说一句“佛之智慧真乃不可思议”等行持相较，其不可以里计之差距用比喻也无法言说，因佛祖所具有的是无量慈悲与清净戒律等无漏功德。如有众生对佛不可思议智慧产生信心的话，这种信心的异熟果报也同样不可思议。无论何等众生，只要听闻过佛的名号或者真实法语，那么在他们得到最终佛果之前，凭此因缘所得到的种种功德都不可能无意义地消散。

曾有多名商人前往海中探宝，当轮船驶至大海中心时，突然从水中跃出一条巨大鲸鱼，并妄图残忍吞噬掉船上的所有人。正当有人惊恐哭叫，有人无望地祈祷他们所信奉的各种天神时，一位具智且诚信三宝之商主，为了救护同船所有伙伴，便以恭敬心开始观想佛陀，并要求大家也一同观想且顶礼，还要齐力念诵佛号。当称诵佛陀圣号的音声传开来之后，听到佛号的鲸鱼立刻打消掉此前的损害众生之意，并在生起对佛陀欢喜心之同时，紧闭嘴巴离开了这条商船，最终未伤害船上的一个众生。当商人们顺利返回南赡部洲以后，那条鲸鱼也因听闻佛号的利益而开始恒享安乐。它不仅停止了对其他动物的杀戮与食用，更在死后转生为人，又值遇佛陀教法。他对律藏生起信心后便出家求道，依止善知识广闻专修，最终获得具六神通的阿罗汉果位，且无余涅槃。

像这样转生在旁生的众生都能因听闻佛号而再得人身、获证涅槃果位，从中我们就可了知听闻称诵佛号的威力与可产生的神变。根据每个人的信心和对佛陀的忆念程度，听闻持诵佛号所产生的功德也各有不同：有人因之而获声闻、缘觉诸果位，也有人从此种下无上菩提之因。

佛陀在经中说："阿难，吾乃可怜众生皈依处、怙主、无偏亲友、人天导师、度化众生者、悲悯众生者。此说为何？因法欲灭时，于我教团中，不如法之形象出家人纷纷应世。彼等众生为一瓢酒诱惑，常牵其所生儿子之手往酒肆沽酒。劣陋如此之人亦能于贤劫中成就圣果，更何况如理修行之人。此假相比丘为何能得涅槃？因凡受我比丘戒之出家人均可一个不剩全得解脱，皆因此类众生曾随如来所证法界而起信心及正念，并发心顶礼，或口诵"顶礼佛"。"又经中云："如是如来不可思，佛法亦为不可思。若于不可思生信，异熟果亦不可思。"

对佛陀生信的善根果报受用不尽，如以喻说明，则像一滴水汇入大海从而变成与无尽汪洋一体般相似。如果有众生因前世业力转生三恶趣中，但仅凭以前曾对如来有过信心的缘故，在此善根成熟后便会遇到佛法，并进而从恶趣中转生，最后又因忆念世尊而得解脱。

佛陀自己说过："阿难，对佛陀生信之再微小善根也永不会耗尽，对佛生起最短暂信心之善根一定会成为成佛之因。就如已上钩之鱼虽身体暂停于水中，但不久就会被钓离水面。于佛起信之众生亦如是。"有些众生会被业力拖下恶趣，但凭曾对佛有过的信心善根，等佛出世时，当佛以无漏智见之后，立刻就能解脱他所受之束缚。还有些人虽供养如来，却由于贪执轮回而不愿立定成佛之志。实际上不管他本人愿不愿意，就如同我们在良田里播下种子，只要因缘际会它就会自然而然地生长壮大、不理会我们的主观意愿一样，这些人也决定会成就，因他供养的对境是最无上的福田，这样的善根岂能不开花发芽？

佛陀还说过："阿难，将来会有许多恶性国王及统领佛法边地之国主出世，他们以及随顺他们之眷属从不懂佛法，更不知佛陀功德。即便如是，彼亦能于见到佛塔、佛像后生起净信，因佛过去世时即以四摄法度化其人，以此因缘而必获解脱。佛行菩萨道时，就曾供养过无量十方诸佛，依止甚多善知识，且依教奉行，又发下以四摄法摄受一切众生之弘誓。他所造之不可思议善法无量无边，凡此种种才使佛获得了如金刚般之身相。”虽有众生能变幻须弥山等七大山王如金刚一样坚固，但此等神变却连损伤及拔出佛一根汗毛之能力都不具备。佛陀悲悯众生，又以前世愿力将自己遗体做成芝麻粒许的舍利子以饶益有情，谁若恭敬供养舍利子也必获佛果。对舍利子、佛塔的实际亲近，包括于梦境之时对它们生起恭敬、瞻仰、信奉之心，都能让此人获得究竟果位。

此外，佛陀又说：“供养佛陀功德亦永不会耗尽。观想佛陀后于面前虚空中，或佛像前供养一朵花，此种功德若以如来之智慧衡量都不可测尽、无法言说。”这样的众生在万劫之中于轮回中漂转，以这朵花的供养善根之成熟也可转生成帝释天王、梵天天主、转轮圣王，所享安乐一直在他达于究竟佛地之前，都会享用不尽。因此经中还说：“善男子善女人欲获帝释天、梵天、四大天王、转轮王之地位，或欲成为天龙夜叉等世间怙主，甚或欲成就声闻、缘觉之果位乃至无上菩提之众生，都应恭敬、供养、承侍如来。”

佛陀对阿难又说过：“且不论我获佛果之功德，单言我行菩萨道时功德，声闻、缘觉就未曾有，何论众生？！我行菩萨道时，将王位、儿女、妻子，甚至自己生命骨肉全部布施、舍弃，心甘情愿感受痛苦，此等极难让凡夫相信之事皆为利益众生。听闻此番话后，如有众生能意识到佛为众生苦行之用心，于我所说四句法深信不疑，也必获果地。”

如果忆念如来种姓之高贵、种种相好庄严、十力四无畏之功德、行菩萨道时的感人事迹、实施六度万行的决绝态度、严持戒律的风范，还有真实无伪的大悲心性，则这样做的异熟果报定可使我们获取神变、威势及如甘露般之妙法。

一切生必有死，一切法均无常。故而我们应不放逸地勤行善法。

佛又说：“阿难，如有众生忆念佛陀后感慨不已、汗毛直立、因生信而掉下热泪，此等众生皆不会再堕入恶道。所以众生皆应精进行持不放逸法，如来之菩提及余善根也依此而得。”

《生起佛力神变幻化经》云：“世灯隐没后，沉沉暗数劫，为利诸有情，如来住此世。犹如空中月，及与幻化相，无性亦来去，如是佛亦然。佛陀亦示现，佛塔佛像等，何人敬供养，忆念其名号，发愿求菩提，彼等皆解脱。若人顶礼佛，听闻其妙法，供养受持者，离苦得解脱。”

其他佛经中说：“天人妙衣饮食等，恒沙劫中供众生，不若布施一居士，一日所获功德大。随信比丘与预流，一来无来阿罗汉，十方圣者缘觉前，供养恒河沙数劫。所积功德虽广大，不若偶听佛音声，甚至一睹诸佛像，所获功德超胜彼。若论见像后合掌，赞叹说偈以供养，此等善行皆积福，功德增上无等伦。何人持诵佛名号，生起信心不退转，功德超胜汝诸人，用尽珍宝供如来。仅持名号利今生，来世也得无量益，何况赞叹念诵佛，生信功德无须说。”

《律藏经》云：“与佛所结诸缘分，称诵供养微细事，皆得享用善趣乐，甘露佛果最终得。”

《贤劫经》中则说道：“虚空边可量，大海深可测，于佛起信心，功德实难诠。从今至菩提，永断恶趣苦，如欲得利益，应勤种福田，精勤不放逸，恭敬供养佛。”

而《入定不定手印经》则云：在十个三千世界如微尘数一般之缘觉前，用赡洲纯金制成的宫殿进行供养，并且还在这样的处所上严饰以种种宝灯、鲜花与妙香；再加上天人百味甘美饮食、精致妙衣的奉献，以此种种于恒河沙劫中恒时供奉所获之功德，远远不能与有人仅仅听闻到一声“佛陀”或“世间怙主”、“一切智智”的声音所得功德，或者目睹佛之画像、塑像所获功德相提并论。而能亲手合掌、供养香、花、灯的功德就更难诉说，甚至对佛陀仅说一句赞叹偈的功德都广大难测。这种善因哪怕只种下一次也能令人成就许多受用，并引发未来的获取佛果、成为遍知等目标之实现。就像一滴水融入大海后，在劫末大火之前永不会干涸那样，同理，因如来而生起的再小善根，于一切智智火未出现前也不会消散。正如月轮虽小，但却明然突显于群星中灿烂赫然一般，依靠对佛所做的微小善事而生之善根，即就是细微渺小，也远比其他善法而生之善根高广博大。如是如来具足不可思议功德。

以上所叙仅是归纳诸经大概，如欲详细了知，请翻查原经。

又《华严经》云：“嗟，佛子！何人见闻忆念如来无上正等觉，皆生巨大善根功德，此种功德于此众生修持无上菩提具真实难言之大意义。能助其除障、满愿、去一切诱惑、所求皆得承办、享用所有有为法之安乐，直至取无为法之智、圆满最究竟愿望、得自然本智之果。”

这就好比一个人吃了金刚，金刚绝不可能马上就消失得无影无踪；草堆里只要有一点星火，薪不尽火就不灭一样，凭借佛陀而来的小小善根亦不会在轮回中耗尽，它最终会成为成就如来无为法之因。为何如此？因此种与如来有渊源关系的善根有不共能力之故。

《华严经》中还说道：“嗟，佛子！汝应了知且深信不疑：任何众生听闻如来名号皆得遣除一切罪障。此等众生偶或于如来生不恭敬等邪见，但见闻如来之善根力，在彼未得菩提前定不会因之而丧失。如来涅槃后，再过无数劫，听闻佛号后生善根之力，与如来显化时无有二致，且此善根永不耗尽。如来虽住于他世界，如若忆念，所得加持力与亲在如来前无有二致。一切如来因安住于无量前际、后际故，依他所生之福德也无有边际，因佛陀乃一切众生中最清净、无有任何垢染罪障之觉者。”

《屋室经》中说：“阿难，若向如来合掌、口诵“南无如来正等觉”且顶礼者，此众生我已摄受，并将得佛果。于此众生，我必关注有加。何以故？如来安住法界中，而合掌功德不可耗尽，何况布施等余功德。阿难，依靠佛、法、僧所生善根，轮回中永不耗尽，皆为成就佛果之因。”

《宝积经·无量法门陀罗尼品》则云：“称诵“南无佛”、顶礼佛是大灯火，因能烧尽烦恼故。而任何众生只要闻到佛号亦能成为得大佛果之因，如称诵、念说佛号，则可远离一切无明黑暗，仅闻佛名皆得使闻者远离无明黑暗。”

《华严经》中又说：“诸佛为利益众生而做如来事业。”

《不退转法轮经》则阐释道：“任何听闻无等大师释迦牟尼佛名

号之众生都将获证不退菩提之果位。若仅听闻名号都能获如是功德利益，则供养一朵花于佛舍利塔前之功德自不必多言。不幸堕入旁生类众生，以听闻佛号故亦可种下无上菩提之因，且得以依次第证取佛果。这皆因诸佛发愿力及发心不可思议所致。”

无论观想佛陀、对之起信或祈祷佛陀等善根大小，都有永不会耗尽的无量功德。在轮回中，它们会成为众生生生世世获取快乐之因。不唯如此，圆满菩提果之前，它们将一直为得大菩提之因。

这些道理在众多佛经中都已被再三宣说过，我们对佛陀教言理应生信。

《法门经》记载了这么一则故事：一个人正要被人们杀掉以祭祀供神时，他在此生死存亡之际才对佛陀生起了信心，并口诵了一句“南无佛”。结果就这么一个善根也使他于六十劫中都转生在三十三天做天人，八十劫中能忆念起前世，而且生生世世都无有忧恼苦痛，且于转生后还能帮助别人遣除痛苦。

其他经中也有如下公案：一次，大海中一条巨鲸正要张开血盆大口吞食一条船上的商主们，此刻的商人们各个惊恐不已，他们于情急之中便念起佛号。结果在听到佛号后，这条鲸鱼就闭上了它那正准备大开杀戒之嘴。后来，此鲸鱼于安乐中死去并转生为人，在值遇佛法后获证阿罗汉果。此人名为法政。

还有一个记载：以前有一女仆，亦曾听闻过佛名。她在被一头牦牛顶死后转生于斯里兰卡，成为一个名叫珍珠之女士。身体、财富的庄严与圆满自不必说，并且一生就获得圣果。

如此事例都为如来亲宣于诸多佛经中。

在懂得以上道理后，我们于未遇死亡恐怖、尚能自由自在时，就必须以不放逸之态度好好忆念佛陀、珍视佛陀。其实无论我们观想的是十方三世的哪一尊佛，他们的法身都是平等的，他们的断证都是圆满的，并无任何差别。只不过因为我们这些娑婆世界的众生太难调化，当其他佛陀纷纷舍弃我们后，释迦牟尼佛仍以强烈之大悲心摄受我们。因此，我们观想释迦牟尼佛，一方面是有智慧的行为，一方面也是本着报恩的态度。如来所以出兴于世，本身就为度众生。只要有一个众生得到利益，如来的出世都会成为有意义。所以我们依赖佛陀所种的种种善根，才是对佛陀最好的报恩。如果我们了知了释迦佛的恩德再去祈祷他的话，世尊便会以特殊方便慈悲摄受我们，因而我们很容易就会得到他的悲悯摄受与加持，这是必然而然的一个规律。因释迦佛过去就曾发过愿要摄受我们这些浊世众生，此中缘由下面就要广述一番。

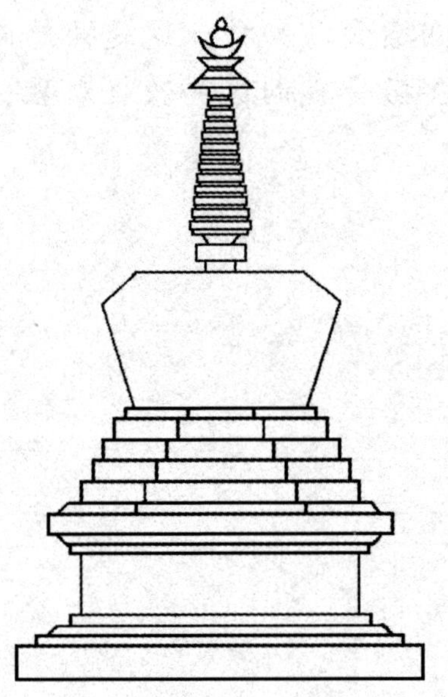

二、发愿品

胜莲如来刹土庄严

据《大悲妙法白莲经》中记载：释迦如来一时于王舍城灵鹫山说法。时有比丘六万两千，弥勒等不退转大菩萨八百万数，世间怙主梵天之类及天龙夜叉等大乘种性众生而为围绕。弥勒、见义、狮慧等一万余大菩萨承佛威神从座而起，面向东南合掌恭敬，以欢喜、清净心而白佛言："胜莲如来正等觉成佛以来示大神变，饶益千万众生善法利益。如来置众生于不退转菩提果位，实乃稀有无比。"此一万大菩萨众说完齐声诵道："顶礼胜莲如来。"此时众中有一菩萨名叫宝光，从座而起，恭问佛道："胜莲如来所住刹土距此世界远近如何？他成佛后已过多少时日？"佛陀答言："善男子，你以大悲为成熟无量众生善根而问胜莲如来成佛、示现神通变化、利益众生种种事业，你所发问实为你福报、辩才所致，我当为你宣说，你应谛听：

善男子，东南方去此过百千俱胝恒河沙国土，有世界名莲花，其刹土具足种种功德庄严。缤纷鲜花、奇异妙香、盛大宝莲严饰其处，又以蓝宝石为地。诸大菩萨遍满莲花刹土，且处处皆闻佛法宣流。世尊胜莲于昨夜尽、今晨启时成就佛果，得无上菩提，现今发大神通、显无量神变。胜莲如来从顶髻中放大光芒，照彻上方世界微尘数如来刹土。诸上方佛土各大菩萨齐往下瞰，不见众多山王，唯有无量无边大菩萨遍满世界。上方刹土中菩萨顿得等持、辩才、安忍、超地功德，已成最后有者之众菩萨皆恭敬合掌、礼赞。他们亲睹胜莲如来身相、刹土、眷属诸多圆满庄严相后，俱生大欢喜心，各以神变力前往莲花刹土以供养如来。世尊胜莲于行、住、坐时，伸广长舌遍覆四大部洲，所有一切入定大菩萨各个出定依次供养。胜莲如来又以大神变收回广长舌，再于一一毛发中放射六百万道光芒，十方世界微尘许如来刹土皆蒙光泽。放光已，世尊胜莲又收敛光芒于体内。

胜莲如来授记道：“你等诸大菩萨皆当获等持之菩提果。凡见闻、顶礼、恭敬、供养者，均可生于我之刹土。我以放光神变摄受你等。”言讫，胜莲如来于所有眷属、菩萨前广转不退转轮之大法轮。

莲花世界光明普照，白天黑夜悉皆隐没。莲花闭、鸟声小、诸佛菩萨入禅定中永享安乐时，是为夜晚；花又开、鸟鸣啁啾、天降花雨、芬芳扑鼻、和风轻送，诸佛菩萨出定，胜莲如来为菩萨众传大乘超胜声闻之法时，则为白昼。此刹土之菩萨皆呈三十二相，光明通达一百由旬，得不退转果位，具慈悲、清净、无垢、入定、息灭众生烦恼、寻求善法之心，及能实施六度万行、寂止、胜观、正知正念、遣除一切魔障、违缘之能力。此皆因这些菩萨已于无量千百万众如来前勤行供养之故。

莲花刹土无有女人名，亦无不善业、烦恼、执著、黑暗、垢染、三恶趣之苦。无暇、荆棘、石子、日月星宿皆远离，火、风、云、雨均消失，唯依佛菩萨、珍宝福德之光而得以显现。如梵天无欲界食物一般，此刹土众生端赖禅悦、佛法、妙香为食，无一般饮食。有鸟名叫果鸟，出美妙、悦耳之音，演八菩提支法语。此土广博无涯际，与须弥山相较，若此山高六十万八千由旬，宽八万四千由旬，若把与如此之须弥山相应的世界搓成芝麻粒许，莲花刹土则可包容无量此等芝麻粒。且这个佛国刹土中众生全为大乘菩萨，亦如极乐世界。胜莲如来住世三十中劫广宣妙法，至其涅槃后，佛法仍可住世十中劫。已生将生彼土菩萨众，寿长四十中劫。

此莲花刹土久远劫前本为檀香刹土，所有众生并非皆为清净。于此混杂之众中，有一如来号胜月应世说法三十劫。一时于后夜时分示现圆寂，临入灭时授记道：“有一大菩萨名曰虚空手印。我灭寂后，佛法住世十中劫。于法最后入灭时，此虚空手印菩萨示现成佛，号胜莲如来。”

当此之时，此刹土中各大菩萨一一赞叹胜莲如来道：“我们于十中劫中将入灭尽定，直至胜莲如来出世方出定。”胜月如来则对其宣说咒语道：“此如来法门咒语为过去一切诸佛传于绍圣者，今传给你们。现在、未来一切诸佛均传授此咒，你们实应谛听且记取。””

释迦王如来当此之时在其眷属前宣说此咒，时大地六次震动，现种种奇异神变。佛在无量闻法之菩萨众前讲述如何得不退转菩提果及此咒语功德威力与因缘，所有一切现前不退菩提之菩萨众，也各个讲述了自己此前受持此咒之经过。释迦佛还宣说了其余奇妙之咒，并显示种种神变利益众生。

辐轮王率众供养如来

有一大菩萨名叫寂慧问佛说：“世尊，其他诸佛刹土清净离垢，远离一切污浊，具种种功德庄严。唯有圆满功德、具安乐之大菩萨，而无声闻之名。何以释迦如来教化之婆娑世界，寿命浊、时间浊、众生浊、见浊、烦恼浊兴盛？世尊成佛后为何为四种眷属宣说三乘法要？为何其余佛陀摄持远离五浊之清净刹土，世尊独应化在此等恶土浊世？”

如将释迦佛的回答大略归纳，则可汇总如下：

佛说：“善男子，诸大菩萨乃以大悲、愿力摄受不清净众生。恒河沙数劫前，当此世界处持执大劫时，四大部洲出一转轮圣王叫辐轮转轮王[1]。王下属中有一海尘婆罗门[2]，此婆罗门生一子具三十二相，名海藏。海藏出家后获证佛果，号宝藏如来。宝藏如来置无边无际众生暂时处于善趣安乐，并终引导众生趋于究竟解脱。

宝藏如来有一次与眷属及声闻弟子同入城中。离辐轮王国土不远处有园叫瞻洲园，宝藏如来与众人皆住于此园中。辐轮王闻听后即携

[1] 后来之阿弥陀佛。

[2] 后来之释迦牟尼佛。

财宝及百万眷属前往亲近、顶礼、闻法，并祈请世尊与眷属能于冬季三月中受他们供养。宝藏如来闻后允诺。辐轮王即命其国中人民咸来供养世尊，于世尊及眷属所居之地广建七宝宫殿，种种珍宝而为严饰，并供养法轮宝等七轮宝。且于每一僧众、眷属前，以檀香粉、蓝宝石等资具供养，日日于如来前恭敬供养庄严美妙之衣食，辐轮王亦亲手执拂尘于如来前听命。

一千国王太子与一千小国臣民每日皆于如来前作如是供养。如来及眷属应供圆满后，无量无数众生来到世尊前听闻法要。诸天人弹拨各种出美妙音声之乐器并降下花雨，着蓝色衣服之四百万夜叉前来护卫佛陀与其眷属。辐轮王则于夜晚在佛陀、僧众前供灯无数盏——他坐于佛前，头顶、双肩、两手、两足上放满灯盏，如是供养，通宵不寐。承佛威神加持之力，辐轮王并无疲倦之态。王如比丘入于第三禅定一般，感受大乐，无有丝毫痛苦。

如是供养三月之后，一千太子、八万四千小国等无量众生，人人皆于每一僧众前供养、承侍，恭敬亦如辐轮王一般。王妃吉祥天女三月中恒以妙香、鲜花供奉如来前，成千上万美女也在一一声闻前作香、花供养。三月普供圆满后，国王又做赡洲纯金质地饰品八万四千，金轮王宝、神珠宝、玉女宝、大臣宝、将军宝、大象宝、骏马宝等七轮宝八万四千，还将八万四千太子、八万四千小国国王、欣慕克等八万四千城市，及八万四千如意宝树、八万四千奇珍异宝、八万四千七宝所成宝伞等人、财、物，再加只有国王才能享用的八万四千妙衣，八万四千珍宝念珠，宝鸟、宝兽、宝扇各八万四千，取精妙药八万四千，尚有宝镯、耳环、项链、卧具、铃、鼓、海螺、宝幢、乐苑、灯器等无尽珍宝日用全都供养于如来前。为祈请佛陀帮助遣除、宽恕自己所造一切业障，并长住此赡洲园，辐轮王说道："我为瞻仰、供养如来方常入此园恭敬承侍，祈世尊慈悲长住此处。"

辐轮王之一千太子亦如父王诚心祈请，且各个皆得供养如来及其眷属三月。

此时，海尘婆罗门正以乞讨之方式云游整个南赡部洲，并沿路劝请众生皈依佛门、发菩提心。当睁眼、根聚、轮辐、无惑、无畏、虚空、支生、成就等众一千太子如辐轮王一样，各自圆满供养了三个月后，又用八万四千七轮宝等广作供养，凡此种种并不稍逊于辐轮王。供养完毕，有太子发愿要成为梵天、帝释天等天主及声闻乘者或富翁之类，如此经过了二百五十年后，所有太子皆已轮番供养过如来并忏悔、发愿，海尘婆罗门也结束云游来到瞻洲园。他一到此便用种种食品、资具祈请宝藏如来应供七年，宝藏如来慈悲开许。海尘遂如辐轮王所作广大供养一般，于如来前奉行恭敬供养及承侍。

宝藏如来解析梦境

一日，海尘心生一念：我已让万千无量众生皆发无上圆满成就佛果之菩提心，不知辐轮王又是如何发心？是人王发心，还是天王发心？那些发愿得声闻、缘觉或无上菩提之人的心行又如何？我发愿获无上圆满佛果并度化所有有缘众生，国王所愿为何？佛陀、声闻圣者、天龙夜叉皆应于梦中提示我。

作是念已，当夜于海尘婆罗门梦中，无数恒河沙如来皆现其前。众如来给海尘许多朵由金叶、银根、蓝宝石花须、石精宝花蕊组成的宝莲，每朵莲花中都有日轮，日轮里有七宝宝伞。一一太阳放光无数，光芒全部融入海尘婆罗门之口。海尘自己身体亦成如上千由旬之镜面一样广大、清净，且体内遍满六十百千俱胝跏趺坐菩萨众，各于莲座上入深禅定。日光放光于海尘头顶，七宝伞跃升到梵天世界。海尘四周围绕以五颜六色之缤纷鲜花，花中传出天人美妙乐音。

恰在此时，海尘望见辐轮王遍身覆血，头变猪头，东奔西走，盲冲瞎撞。他吃了许多众生后坐于埃绕拉大树下，许多众生又来吃掉辐轮王，及其骨架亦被啃啮一空。其它众生倏而不见，国王尸骨又复生肉，身体上最终又生出猪头。于是又开始狂奔且吃众生，吃毕又坐于埃绕拉大树下，复被其它众生所啖……如此循环不已。

至若王子，有些长猪头、象头，有些长犀牛、狮子、狼、狐狸、狗、猴子等各种畜生之首，且身体遍覆鲜血。他们也吃食众生肉，吃完坐于埃绕拉大树下。接着又有众生前来吃他们，吃至骨架亦无，后又生肉，长出兽头，再食其余众生……反反复复，不知何时终了。

有些太子，则以豆蔻花装饰自己后骑于犀牛或马车上，一边向右边方向望去，一边就渐入迷途。

帝释天、梵天此刻已来到海尘面前，并对他说："你应给众王子一人供养一朵宝莲，其余莲花可分诸国王、臣民。"海尘听从吩咐于是开始给诸人分莲花，正分之时，梦忽觉矣。

海尘醒后暗自思忖：国王太子想必喜欢轮回之安乐，骑马、骑犀牛之属料想已发下入声闻乘之愿。我能见到诸佛放大光明，应代表我让南赡部洲众生获三福德之功德。我已引领无数南赡部洲众生趋入善法，且供养佛陀七年，具体梦境之解析应问于如来。梦中我见到十方诸佛，诸佛还送鲜花于我。我已发无上菩提心，与此梦相究竟有何关连，应问如来。我还见莲花及花中日轮，光明赫奕日光入我口中，身体变长增大，体内有许多以跏趺坐禅定之菩萨，帝释天、梵天要求我把莲花分给诸人，这些又是什么因缘？到底又标志着哪些征象？我应详细问于如来。

第二日早，海尘来到宝藏如来前先行种种饮食供养，待圆满后坐于佛前低矮坐垫上。此时，辐轮王与一千太子为听法故也来在佛前。海尘婆罗门在众人前讲述完了这个梦境，世尊于是说道："海尘，你见恒河沙数佛陀且送你莲花，花中有光融入汝口，此乃你云游四方二百五十年，引领无数南赡部洲众生发无上菩提心之功德所致。如此利益众生、使他们发心，诸佛皆为你授记。众世尊又送七宝宝伞高至梵天，此为你将来成佛时，妙音周遍十方恒河沙世界之表征。你之肉髻见而不令人生厌，将为整个三界之庄严。而你体内有六十百千俱胝禅定菩萨，表你未来成佛时，将使无量众生发不退转菩提心及发愿成佛。你涅槃后，这些众生于微尘数劫后必在其他种种佛国刹土成就佛果，并感恩礼赞道："我等今日成佛全赖海尘婆罗门昔日发愿之力。"此为你梦中体内显现众多菩萨之所象征。至于梦见诸国王及太子生出猪头、狗首，遍身覆血，啖吃余众毕，又坐于埃绕拉大树下被其余众生吞食。忽而身体又恢复如初，便如上所为，翻来覆去轮番不休。此等现象皆显示愚笨之众虽经劝化，而后发心行善，但只愿以此善根得人天果报，故而才成为众生享用品。诸趣之中，天人有死堕之苦；转生为人后，又受生、老、病、死、爱别离、怨憎会等百般痛苦折磨；旁生有愚痴及惨遭杀戮之苦；饿鬼饱受饥渴之苦痛；地狱离不开寒热煎熬，此类愚笨众生皆得辗转于六道中受此难忍众苦。至于梦见以豆蔻花装饰己身、骑犀牛及坐马车之辈前往迷途，则当代表一些受你劝化而行三种福德之人，只顾自己入于寂灭，已趋入声闻乘。"

海尘劝请众生发心

海尘听罢就对辐轮王说道："国王获此暇满难得人身且值佛出世实如昙花现世，短暂而又稀有。况且又对善法生起信心且发下大愿，亦为难能可贵。但不知国王知否，王政实乃痛苦之源，四大部洲之王位政权亦成痛苦之因，依此只能于轮回中长久感受痛苦。而人天福报亦如微风，飘忽不稳且终将散逝。凡夫只知希求水月般的妙欲，又始终不知餍足。喜好人天福报者，将来必有堕落之日，何况人天诸界中，本身就要感受六道各自不同之种种痛苦。此等漂转于轮回中之凡夫，因无善知识引导，诸如"以前没得到的境界以后想得到"、"以前没证悟，今后一定要证悟"、"过去没现量见到，将来要现量见到"之类的大愿，这类众生断不可能发下，亦不会精进修持。他们对能灭尽一切痛苦根源之菩提心，不仅不希求，反而心生厌烦，而于一切痛苦轮回之根则无有厌离之意。国王，轮回实为所有烦恼、痛苦之根，需加以悉心观察。国王已于佛法上做了大事、种下大善根，又对三宝生信，于佛陀前作能得大受用之供养，为转生善趣而守持戒律，且亲聆佛陀宣示法要，亦得大智慧，广行上供下施之举……圆满此等善根后，国王实应发无上圆满菩提心。”

辐轮王则回答道：“我不想发无上圆满菩提心。为享轮回中之安乐，我已作了布施，也守持了戒律，还听闻了佛法。怎奈无上菩提非常难得，故我不欲发此大愿。”

海尘婆罗门听后就再三劝请道：“大王，菩提道善妙异常，你应发愿；菩提道通达无碍，你应起信；菩提道是清净心之道，是正直大道、绝无弯曲。菩提道无有麻烦障碍束缚，亦无有狡诈烦恼之处，清净非常。此道乃一切诸佛所加持，你应生欢喜心；菩提道同于一切智智之如意宝，你应珍惜；菩提道远离一切不善法，为趋入善趣因。大王，菩提道是涅槃、究竟安乐之道。因此，国王应发无上菩提心。”

海尘广宣、赞叹了菩提道功德后，辐轮王答道：“婆罗门，如来于人寿八万岁时出世，并无息灭恶趣众生痛苦，所有众生皆据本身善根大小而享相应安乐：有众生成就等持陀罗尼；善根殊胜之菩萨获不退转菩提；亦有众生享受人天福报。众生如是各依其善恶业力感召果报，如来并未灭除任何一个众生之痛苦。如此说来，佛陀究竟度化了哪一个众生？尽管佛身相是大福田，如来亦未造成众生善根，众生也非解脱痛苦。我实已发菩提心，行菩萨行，积累大智慧，且趋入不可思议法门，并因之而调化众生，做如来事业。只因有些如来刹土亦存在烦恼众生，我不发成就此等不清净佛国刹土之愿而已。若我未来能住持清净刹土，能利益众生而成佛，则我愿行菩萨道。”

正当此时，宝藏如来入明镜庄严等持，刹那时分，十方微尘数庄严清净刹土纷然呈现。有刹土正有佛显示涅槃，有些则显示如来已入涅槃；有些刹土中，如来正住菩提树下显现降魔景观；有些刹土中显现如来成佛后转法轮之情景；有些刹土只有诸佛菩萨以及声闻，有些则有声闻乘者，有些则既无诸佛菩萨又无声闻行者；有些刹土充满五浊烦恼之众生，有些无此等烦恼之众；有些刹土众生根基殊胜，有些刹土众生根性恶劣；有些刹土众生寿长，有些刹土众生命短；有些刹土正在成形，有些则处住劫，有些因受大火等灾难而趋于灭亡。

种种刹土一一各以等持力而显现，一目了然、清晰可辨。

海尘语于辐轮王："请观佛之刹土各个不同之庄严景象，并发菩提心。你应任意选择一刹土发愿。"

辐轮王于是在如来前合掌请求："我当如何发愿以得清净刹土？如何令众生心皆清净无染？众生如何方得以长寿？"

宝藏如来答道："辐轮王，大菩萨以发愿力得以转生五浊兴盛刹土，亦可以发愿力转生清净离垢刹土。"辐轮王闻已答道："我欲转生无有五浊、清净无染之刹土。"

宝藏如来回答说："汝之因缘时节应已成熟，可发此愿。"辐轮王于是在佛前顶礼。后归家观想清净佛刹之貌。

海尘婆罗门随后告诉睁眼大太子说："你应发无上菩提心，勤修福德并回向功德。"睁眼太子答道："我欲归家，于寂静地思维佛刹庄严景象。如能发菩提心，我当亲往佛前发愿发心。"言毕返家，思维佛陀刹土种种功德庄严。海尘又在其余千名太子前一一如前劝发菩提心，并及八万四千小国国王与无量数众生，皆承海尘劝请而发无上菩提，各自归家稳坐，思维如来刹土庄严功德。

海尘一日心生一念：我已劝如此多众生皆发无上菩提心，且亲在佛及僧众前恭请、承侍、供养七年。所发无上菩提心、誓愿倘能成办，则我欲所有一切天人、非天、罗刹、夜叉、鸠槃茶之类亦能作广大供养，我想先见多闻天王。作此念已，多闻天王与数十万前后围绕之夜叉现于婆罗门前。多闻天王说："你有何等欲我帮助完成之事？"海尘问道："你是谁？"天王回答道："你听闻过多闻天王名号吗？我就是。今日找我有何贵干？"海尘婆罗门就对多闻天王说："天王，你实在应该广行上供下施。""我愿成办你所希望之一切事情。"多闻天王应答道。婆罗门即说道："天王应立刻照我所说行事，劝请所有眷属同发无上菩提心。欲发心之夜叉应于海边取蛇心檀香、白檀香，有些则应觅各种妙香、鲜花，如此当能助我于佛前日日供养。"天王闻言应声答道："谨遵君命，顷刻照办。"

多闻天王返回后即刻击鼓集众，对诸夜叉、罗刹说："你等应知，现在赡部洲有一海尘婆罗门，正于圆满正等觉宝藏如来及其比丘僧众前供养、承侍七年。你们皆应随喜且发无上菩提心。”无数夜叉、罗刹听罢合掌赞叹：“海尘婆罗门供养、承侍世尊功德，我辈皆至心随喜，并发圆满菩提心、回向此功德。他所求之事定一一奉行。”多闻天王说：“你们好好听着，如欲获善根、福德者，今海尘婆罗门七年供养如来，需蛇心檀香、白檀香以作供奉，你们应往海边找寻。”九万两千夜叉齐声应诺：“我们取蛇心檀香及白檀香。”四万六千夜叉答道：“我们去寻妙香。”五万两千夜叉答以觅取鲜花。两万夜叉说：“为供养世尊，我们要找到取精妙药、神馐等神药异草。”七万夜叉答言：“供养食物应属我辈分内之事。”

海尘闻已又起念道：尚应使其余持国、广目、增长三大天王，龙王、夜叉、罗刹等众前来发无上菩提心。作此念已，承佛神力加被，第二个、第三个四大部洲所有四大天王及其眷属全部来在海尘面前。海尘亦如是劝他们发无上菩提心。

海尘又生一念：如我发愿、发心功德圆满，所有欲界天人也应受我教化上供下施、发无上心，故而帝释天、离诤天、兜率天、化乐天、他化自在天诸天天人也应现在我前。思虑及此，五天天人全都应想而来，且说道：“你有何事欲我等承办？”海尘则说：“为供养世尊，你们天人都应以宝树、香花、天人妙衣、宝垫、饰物、宝床、宝伞、胜幢、乐器等所有天人美妙物品，严饰如来所居之赡部洲瞻洲花园。”五大天主各回其土，集中持西天子等所有天人后说道：“赡部洲瞻洲园欲做装饰，应以各种宝垫、美食等物而为饰品，一一宫殿应如帝释天宫庄严胜妙。”布置妥当，一日之中，所有要求皆得圆满，使人间花园齐于天上世界。五大天王随后趋于婆罗门前：“人间瞻洲园装饰已毕，尚有其余我们可效力之事吗？”婆罗门回答说：“五大天王在诸天人中极富威望、统领天界，应召集所有天人，让他们亲往人间，见闻、顶礼、承侍佛陀并听闻妙法。”五大天王即昭告所有天人道：“你们均应随喜海尘婆罗门种诸善根，并发无上菩提心。”无数天人闻天主所言全部照办，为听佛法及供养佛陀，到黄昏时分，五天王率数多十万眷属齐往赡部洲，在佛前闻听法要，从虚空中降下花雨，弹拨能

出美妙音声之乐器。

海尘又思忖道：非天若能前来肯定是件好事。念讫，五大非天天王携刚波等魔众，及大梵天等千百万眷属，尚有第二个四大部洲帝释天等五大天王现在其前，如是等梵天、非天、魔众，第三个、第四个、第五个四大部洲之各天、非天、魔众、梵天等眷属，乃至三千大千世界所有天王、天及非天等无数众生，皆如前所述，各发无上菩提心，听闻佛法、供养佛陀。

海尘于是又想到：赡部洲与所有世界中人及旁生、地狱众生，所受诸苦皆当息灭，如来应于众生前显示幻化，调化他们发无上菩提心。作此念已，如来觉知，即入等持，身体汗毛发光无数，灭尽众生痛苦。这类众生亲睹如来身相，都发无上菩提心。世尊如是利益无量众生。

赡部洲人们闻得如来所居瞻洲花园为天人装饰，造无量宫殿，众人都欲拜见世尊、听佛传法，便相率来到如来前。此瞻洲花园有七宝组成之门二万扇，每一门上均列宝座五百座，每一座上有婆罗门子五百数。凡入此二万门者皆皈依三宝，发无上菩提心。

婆罗门如是七年中令天人、龙、非天、夜叉、罗刹、食香者[3]、饿鬼、食肉鬼、地狱及旁生等无数众生发无上菩提心。七年圆满后，又作法轮宝以外的八万四千法轮供养，大象宝以外的七宝装饰之八万四千大象、骏马宝八万四千等供品也作供养。

辐轮王与诸人发愿并得授记

辐轮王也于七年之中未生贪、嗔、痴等念，亦未生起执著国政、财富、儿女、饮食、睡眠等念头，自他之心也未曾生起。七年中，他没躺下睡过觉，亦无白天、夜晚、色、声种种心念，身体也没有生疲劳感之念头。辐轮王恒时明然照见十方微尘数如来刹土功德庄严，不见山河大地、日月星辰诸种法，唯观如来清净刹土，且发愿。

[3] 乾达婆。

国王如是明观，一千太子、八万四千小国国王，及与成千上万无数众生皆住于寂静地观想如来刹土。有众生观清净刹土，有众生观不清净刹土。待七年圆满时，海尘婆罗门欲在如来前作七宝供养，便合掌请求：“尊者如来，我让辐轮王及一千太子、八万四千小国国王等众生为发无上菩提心安住于寂静地专注观想，请世尊让国王及众生全部出定，并发坚固不动菩提心，且为他们授记。”

宝藏如来即入智慧行等持，口出蓝、红、白、深红、水晶、银色光，众光于众人前幻化成梵天而使之出定。梵天说道：“诸位朋友，请从作意、入定中出定。海尘婆罗门七年供养已圆满，今佛欲往他方，你等皆应往如来前供养、承侍。”众人互相告之，最终传于辐轮王。王即从作意、观想中出定，携眷属来到如来前。时天人奏发美妙音声之乐器，辐轮王与一千太子等顶礼并坐于世尊前。

海尘婆罗门对国王说：“大国王，你与眷属供养、承侍如来三月，我当随喜功德，此供养之功德、善根应回向无上菩提。”海尘又如是随喜一千太子等其他众生供养功德、善根，且要求他们也将此功德回向无上菩提。诸事完毕，宝藏如来思量到：婆罗门已使如此多之众生发不退转菩提心，我当授记这些众生未来刹土。念毕，佛陀面呈笑意，发光入不遗忘菩提等持，并以此微笑之光显现无量无边如来刹土，此中可见辐轮王未来刹土种种功德庄严。十方无量刹土众菩萨均睹如来所放光芒，为顶礼、承侍世尊宝藏而纷纷前来。他们以菩萨大幻变法供养如来，且欲听闻此等发心菩萨所得授记。

海尘婆罗门语于辐轮王：“你欲住持之未来刹土功德庄严如何？你当发愿。”

辐轮王即于宝藏如来前合掌说道：“我恭敬、供养如来之善根已回向无上菩提，七年中思维如来刹土功德庄严，现我发愿：我将来成佛时住持之刹土当无三恶趣，所有不善业及死亡时之痛苦音声亦不存在。众生寿命、身体、等持、神变全为清净，器世间与有情世间功德广大、清净。我欲成就如此刹土。”此发愿全过程在原经中有广述，在此恐繁未录。

辐轮王又说道："在器情世界变成如是清净刹土之前，我愿积集清净资粮，行持菩萨道，待时机因缘成熟后于菩提树下发愿，发愿之刹那顿获无上佛果。当此之时，如来之身光、眷属、声闻、菩萨僧众寿命、刹土种种庄严景况，无人能知晓、测度，唯除如来一切智智。千万诸佛亦赞叹我刹土功德庄严无与等伦。凡听闻我名号者皆得往生我之刹土，唯除舍法、造五无间罪者。"此乃辐轮王之愿。

宝藏如来闻已赞叹："善哉，辐轮王！你愿实为深奥。国王请看，从此过西方十万亿国土，有世界名自在庄严，有如来自在妙音正住世传法。此土无声闻、缘觉名，亦无有声闻、缘觉诸法，世尊自在妙音所传皆为大乘法要。此土众生全为化身，无女人名。如来涅槃后，佛法趋于隐没。六十中劫后，此世界名为山光刹土，无边智慧功德王如来出世，其刹土功德庄严与自在庄严刹土无有二致。如来寿命六十中劫，涅槃后，佛法住世十六中劫，随后隐没。过一千中劫，此世界又名极喜刹土，光明如来出世。此佛寿命、刹土庄严，与无边智慧功德王如来、山光刹土无有区别。佛法隐没后，又成轮辐刹土，宝藏自在妙音如来出世且住世五中劫，其土功德庄严等同于极喜刹土。佛涅槃后，佛法住世七中劫。待佛法隐没后，此刹土又现出无量如来，无量如来虽示涅槃，但刹土不生不灭。又过恒河沙数劫，出现第二个恒河沙数劫时，此刹土名极乐世界。你即于此刹土获无上圆满佛果，号无上圆满正等觉无量光如来[4]。"

辐轮王闻已问宝藏如来："世尊，在这个刹土上，先前成佛之菩萨皆从何处发愿而来？"

宝藏如来答言："他们乃于其他刹土中发愿来此世界，皆承过去、现在诸佛授记而获无上圆满佛果。"

辐轮王又说："让我等发无上菩提心之海尘婆罗门，何时成佛？"

佛言："此婆罗门具广大悲心，他转法轮时，狮吼声你亦能闻。"

辐轮王接着说道："如来为我授记，如我所发之愿未来皆得圆满，我现今于如来前五体投地顶礼之时，恒河沙数世界皆当震动，器世间

[4] 阿弥陀佛。

住世之诸佛都应予我授记。”言毕顶礼，如其所说，诸佛同为其授记。

宝藏如来紧接着说：“你应摄受殊胜众生，恒河沙数诸佛为你授记，山河大地亦已震动，都证明你将成人天导师。”如来说完此番话，辐轮王满意非常，为听法故乃坐于如来近旁。

海尘婆罗门又如是劝请睁眼太子，太子乃请求佛陀道：“我观恶趣众生有难忍之痛，善趣众生亦为烦恼所缚再堕恶趣。其余众生又为恶知识摄受，堕于非法黑暗中，灭尽自己善根，复被恶见鲸鱼吞噬而恒处恶道中。为此众生，我将自己善根全回向无上菩提，为这些众生能行持菩萨道。唯愿受苦、缺乏佛法、怯懦之众生，忆念我时诵我名号，我当以天耳、天眼听闻照见。此等可怜众生未得解脱之前，我不先得菩提。依此殊胜发愿力，我长久住世，愿众生皆离苦得乐。依我殊胜大愿，我为此等众生恒行菩萨道。愿如来圆满我愿！

辐轮王成为无量光如来后，在其显示涅槃与佛法隐没之间，愿我行持菩萨行。无量光如来佛法于后夜隐没，愿我黎明时成佛。请宝藏如来与十方诸佛为我授记。”

宝藏如来授记道：“善男子，你观恶趣众生而发大悲心，以此缘故，你名观世音自在。观世音，你能度脱无量无边众生痛苦，行菩萨道时亦能成办如来事业。善男子，无量光如来涅槃后，第二个恒河沙数劫中时，佛法于一日后夜时分隐没，你即于彼时在菩提树庄严之金刚座上成佛，号如来正等觉胜光吉祥王如来。”世尊寿命、佛法住世数量、太子所说谛实语、世界震动、出击钹乐器妙声、诸佛授记等诸多情况，在经文中有广说，如欲了知，请翻查原经。

海尘婆罗门又如是劝请二太子轮辐等其余太子发愿将来住持各自之刹土，他们各依自己所愿发愿未来住持种种刹土，并行菩萨行。后蒙如来授记、出诸种瑞相之详情，本经中均有广述。宝藏如来授记二太子轮辐名大势至菩萨，且授记观世音菩萨成胜光吉祥王如来后，所住持刹土名清净宝积刹土。大势至菩萨于胜光吉祥王如来涅槃后示现成佛，号坚固功德宝藏王如来，所住刹土功德庄严与清净宝积刹土无有二致。

三太子根聚亦发愿行菩萨道、住持具足功德之广大刹土。宝藏如来闻已赞叹："善哉，善男子！你聪慧颖异、心地善良，所发大愿实为深奥。你具足殊胜功德、智慧，为利一切众生发愿住持功德、智慧圆满之刹土。以此缘故，乃名文殊师利菩萨。文殊，于第三个恒河沙数劫中时，南方有世界名离垢清净刹土，你即于此刹土示现成佛。娑婆世界亦属此刹土。你成佛后号如来正等觉普见如来。"

四太子无惑发愿欲如文殊菩萨行菩萨道，住持功德圆满之刹土。宝藏如来为之授记道："你行菩萨道时，能摧毁无量众生烦恼大山，广做如来事业，故名金刚智慧吉祥菩萨。于第二个恒河沙数劫中时，离此往东越十恒河沙数国土，有世界名睁眼刹土，如你所愿，此刹土具足功德庄严。你成佛时，号普贤如来。"

五太子无畏发愿未来住持无有烦恼、恶趣，如莲花如来所居之刹土。宝藏如来授记说："善男子，你所发誓愿殊胜、刹土美妙，不久当获等持。以说谛实语之力降下花雨，虚空中遍满莲花，你名虚空手印菩萨。于第二个恒河沙数劫中时，你于东方莲花刹土成佛，号胜莲如来。寿命、菩萨僧众无量数。"

六太子虚空发愿住持刹土同于虚空手印菩萨。宝藏如来为其授记："善男子，善妙无比。你愿实为广大，诸多十方恒河沙数世界合为一世界，此世界具种种极悦耳动听音声。你为极明显菩萨，将于第二个恒河沙数劫中时，于东方日月刹土成佛，号法自在王如来。"

七太子支生发愿住持无烦恼、恶趣、女人之刹土，此刹土亦无有山岩、凹凸不平处、石子、荆棘、粪便、鼻涕等不净物。唯有具宝石、鲜花、各种乐器之庄严圆满世界，而有情世界则皆具等持，能现见十方诸佛具足种种功德庄严刹土。宝藏如来授记道："善哉！你为狮香菩萨，于第二个恒河沙数劫中时，从此往东过四十二恒河沙数世界，有世界名蓝香离垢刹土，你即于此刹土示现成佛，号离垢光明见相自在王如来。"

八太子无害发愿住持刹土一如蓝香离垢，亦如前行菩萨道。他发愿说："我欲显现庄严等持，能修持一万一千等持，能现见十方无边如来、三世诸佛尊严，现见无边声闻围绕之如来相，变幻微尘数身体于如来前作顶礼及无量供养，度化众生，所愿如离垢光明见相自在王如来。”无害太子发愿时现出种种瑞相。宝藏如来为他授记说：“善哉！你所愿刹土清净非常，无量众生受你度化愿供养无量诸佛，你未来名为普贤菩萨。普贤，你于第二个恒河沙数劫中时，从此过北方六十恒河沙数世界，有世界名为智慧水清净功德刹土，你即于此土成佛，号如来正等觉智慧金刚自在宝顶如来。”当此之时，有懈怠众生一万名异口同声发愿道：“普贤菩萨行菩萨道、住持刹土，吾等皆欲往其刹土成佛。”宝藏如来也为他们授记道：“你等未来皆能于智慧水清净功德刹土近旁示现成佛。一万人同取一名，号无垢妙音自在王如来等等。”

九太子无罪发愿道：“我行菩萨道时，乃至得菩提果之前，愿生生世世不生后悔、疑惑、扰乱他人、声闻缘觉等诸不善业心；生生世世出家求道，恭敬说法上师；誓言坚固，允诺兑现。”无罪说此谛实语时，现出手中降下天人千辐宝轮等稀有瑞相。宝藏如来则为他授记说：“善哉！你所发大愿实为美妙，且将依天人法轮而利益无量五浊兴盛众生，使他们获无有垢染心并发菩提心。你未来将成不动菩萨，且当作佛，故应发愿住持自己所愿之刹土。”九太子答言：“我发愿住持刹土有以黄金为地，地平如掌，天人如意宝遍满等器世间功德。还具有无恶趣、病、老、死诸苦，具足随念佛陀等善法，离我法二执等众生功德。实为宫殿、衣饰、乐器等安乐资具一一具备之极稀有刹土。”宝藏如来听罢就授记道：“善男子，不动菩萨你将于第二个恒河沙数劫中时，离此向东越一千佛刹，有世界名现喜刹土，具足你所愿诸种功德。你即于此刹土示现成佛，号不动佛。”

十太子雪宝发愿同于不动菩萨。宝藏如来授记道：“你发愿广大，兼以蛇心檀香赐予许多众生，让他们观想佛陀。以此功德，你将成为香象菩萨。待不动佛圆寂后，佛法隐没七天，你即于现喜刹土成佛，号金花如来。”

十一太子狮子所发之愿与香象菩萨无有区别。宝藏如来授记道：“你为宝顶菩萨，金花如来圆寂后再过三中劫，你即成佛，刹土名胜月刹土，功德庄严等同不动佛刹土，号香象自在妙音如来。”

十二太子年迪等五百余太子皆发虚空手印菩萨之愿，且发愿住持未来刹土。宝藏如来一一授记他们将转生之佛刹。四百太子又发愿，其愿同于金刚智慧吉祥菩萨，并发愿未来住持刹土。宝藏如来一一为其授记。

余诸九十太子所发之愿与普贤菩萨无有二致，并一一发愿未来住持各自佛刹。宝藏如来皆为其授记。

此时八万四千小国国王均发愿于未来住持具庄严功德之刹土，九亿两千万众生亦发愿将住持刹土。宝藏如来依次授记众人于别处佛刹成佛经过。

海尘婆罗门长子名海自在遍主，婆罗门乃于其前劝他亦发愿住持未来刹土。海自在遍主闻言说道：“父亲应出狮吼声。”海尘答言：“待儿子发愿圆满后，我最后发愿。”海自在遍主又问父亲：“我当住持清净还是不清净刹土？”海尘于是说道：“一般而论，具大悲心菩萨所住刹土多烦恼众生，你可据自己意愿抉择。”海自在遍主即到宝藏如来前说道：“我发愿于人寿八万岁时获菩提果位。众生贪心、烦恼彼时薄弱，厌离轮回之众为数广大，我愿于此众生中示现成佛。”宝藏如来即授记道：“过一恒河沙数劫，出现青莲实证劫时，有世界名殊胜四洲，众生寿命八万岁时，你即于此刹土成佛，号宝积如来。”

宝藏如来又为海尘婆罗门二子至海尘最小婆罗门子各个授记，他们皆于青莲实证劫时示现成佛。海尘最小婆罗门子名无畏愁，发愿住持刹土之众生寿命、所度化众生数、僧众总量、佛法住世长短，皆为前此七十九子愿望总和。宝藏如来授记无畏愁将于青莲实证劫后成佛，号离垢显圣如来。

当此之时，海尘婆罗门弟子三千万坐于门外，海尘又一一劝发菩提心，劝请他们发愿住持如来刹土。众弟子中有一胜星，闻言乃道：“吾等欲获菩提果位，当以何种道、资粮、行为、随念方得作佛？”海尘答言：“应积集智慧、福德资粮，以无尽四宝藏为道，赞叹菩萨道为行。”

婆罗门弟子胜星于是到宝藏如来前发愿道：“愿于此浊世时成佛。”言毕，以发愿及谛实语加持之力，胜星现出手中降下大象宝等诸多瑞相。宝藏如来授记道：“你将示现成佛，号宝伞胜光如来。”

宝藏如来如是一一为一千婆罗门子及三千万海尘众弟子婆罗门子各按其愿力授记，最后成佛之数人佛号依次为：毗婆尸佛、尸弃佛、毗舍浮佛。婆罗门子中有一遍入风，因教授吠陀而为众人恭称上师。遍入风此时说道：“我发愿于五浊恶世兴盛时成佛，特为具三毒之众生传法。”婆罗门子护星乃问：“遍入风上师欲于五浊兴盛之刹土成佛，有何密意？”海尘婆罗门答道：“大悲心强烈之菩萨会于五浊兴盛地示现成佛，因他欲慈心度化无有怙主、无有皈依处之可怜众生。”宝藏如来旋即授记道：“遍入风将于东方僧幢刹土成佛，号山王如来。”一千婆罗门子中，护星发愿欲于人寿四万岁时示现成佛。宝藏如来即为其授记道：“当此娑婆世界人寿四万岁时，你示现成佛，号拘留孙佛。”

余诸二婆罗门子至九百九十九婆罗门子各个发愿住持未来刹土，宝藏如来则一一为其授记：于此贤劫人寿三万岁时，迦那迦佛出世；人寿两万岁时，迦叶佛出世；乃至人寿升至八万岁时，又有弥勒佛出世。一千婆罗门子中，最小一子大势力发愿欲于贤劫所有佛前供养、闻法，并将于佛法隐没时利益浊世众生。大势力愿自己住持之刹土众生寿命、佛法住世时日皆为前此一千零四位诸佛总和，贤劫诸佛教法下所有破戒、不恭敬、诽谤者皆得于大势力教法中解脱轮回，趋入涅槃城。他发愿完，宝藏如来即为其授记道：“你将成为药王明星菩萨，为贤劫最后一佛，号胜解光明如来。”

海尘婆罗门闻已赞叹：“我自此无需承侍你等，诸人可随意行持。”海尘婆罗门门下有五婆罗门子承侍海尘，海尘一一送与他们宝饰等物且劝其发心。宝藏如来复为此五子一一授记。

海尘所发五百大愿

海尘心生一念：我已于如来前劝无数眷属皆发菩提心，众人均发广大愿住持各自刹土，所有菩萨皆舍弃浊世众生，唯除遍入风。故我当为浊世众生发愿。如是发愿必有利于人天众生，诸佛菩萨亦必赞叹。将来有大悲心之菩萨会行此道，十方菩萨亦将度化浊世可怜众生。我涅槃后过不可思议劫，十方诸佛定赞叹我今日所发之愿，听闻后也当发愿住持浊世刹土。我现今应发大愿、出狮吼声。

海尘婆罗门便将法衣披于肩上，来到宝藏如来前。当时千万天人出击钹乐音、降下花雨，并赞叹道："善哉，善男子！"所有在场眷属亦合掌赞叹："善哉，善男子！利益我等之大智者，你应发坚定誓愿，我等乐闻。"海尘婆罗门于是右膝着地，当此之时，三千大千世界如来刹土皆一一震动，击钹乐器自然出声，鸟、兽发动听悦耳之鸣，一切树木开花结果，世间恶趣众生痛苦灭尽、生起慈悲心，虚空中天人以鲜花作供养。乃至色究竟天以下天界诸天人为听海尘婆罗门誓言全都来到南赡部洲，手捧妙香、鲜花等各种供品以作供养。

海尘婆罗门合掌作偈赞叹如来道："禅定解脱如梵天，色界光明如帝释，广行布施如法王，具足宝藏如商主。宣说灭法如山狮，不动稳固如山王，安详平静如大海，功过平等如大地。"海尘如是赞叹如来功德后祈请道："如来尊者，我已劝请无量无边众生发菩提心，他们亦各自发愿住持未来刹土。其愿度化之众生心地清净、守护善根，因之易于调化。护星等一千零四位婆罗门子，如来也已授记皆当于贤劫中成佛。众圣者虽愿调化具贪、嗔、痴、慢之众生，愿以三乘佛法教化他们，但烦恼障深重众生及浊世众生均被抛弃。一切造五无间罪、舍法、诽谤圣者、执持邪见、远离圣者七财、不孝父母、不恭敬比丘及婆罗门子、造诸恶业、作诸非福德之业、离十善道、于来世痛苦不以为然、不行三善行反持三恶行、被善知识与智者舍弃、身陷囹圄、趋入世间浊流、沉迷轮回利欲、跨入无明黑暗、为恶道摧毁，已入险道等等诸多众生，皆不为此等圣者摄受。娑婆世界贤劫人寿十岁时，可怜众生亦被舍弃。所有一切无有皈依处，怙主之众，只能于轮回旋涡中承受种种苦痛。

圣者所居刹土清净无染，所调化众生易于积累善根。不被摄受之众生可怜可叹，此理昭然。”

宝藏如来答道:“所言正是。各个众生依自己之意愿发愿、住持刹土，我亦按其誓愿一一为之授记。”

海尘婆罗门紧接着说道：“世尊，看到此种情景，我心如紫根树叶般跳动，并生起大痛苦，身体也感觉疲倦。世尊，众菩萨已舍弃此等众生，而于浊世黑暗中，我愿以大悲心摄受他们。第二个恒河沙数劫中，于贤劫人寿一千岁时，愿我长行菩萨道，对轮回不生厌烦心。愿以禅定力长期调化众生，以欢喜心使之行六度万行。

世尊所言无有相状之殊胜布施，我即以此行布施波罗蜜多。生生世世中，无数众生以乞讨过活，我发愿以饮食、药物、宝伞、宝幢、珍宝等给予此类乞丐，且以大悲心不希求果报赐予他们。愿我能见他们得解脱，愿我能为利益如此众生甘愿舍弃一切。为利益众生，极难布施之自己眷属、城市、王位、宫殿、子女，乃至自身皮肤、血肉、骨骼、头，乃至生命，愿我皆以欢喜心布施舍弃。过去无人行之布施、未来行持菩萨道众人任谁亦无法布施之物，我愿舍弃。无数生生世世，为获菩提，愿我能行布施。不唯自己布施，也能劝众人布施。

愿我以种种难行之行，持清净戒律，行净戒波罗蜜多。

愿我于难忍对境中，行坚韧、安忍波罗蜜多。

愿我以无为法寂灭之方式行精进波罗蜜多，观一切有为法为空性。

愿我能行菩萨道永不退转，为断一切障碍修持空性，以此行禅定波罗蜜多。

愿我能接受一切无生空性，行智慧波罗蜜多。过去未来诸菩萨以欢喜、坚定心难行此智慧波罗蜜多，愿我能行之。

愿我能使一切众生生大悲心，从初发愿乃至得菩提之间，皆得具足殊胜大悲心。

愿从今乃至涅槃间，为使众多菩萨生起稀有感叹，我布施、持戒等无有丝毫傲慢与执著心。

我为远离七圣财、诸佛未调化、舍法、造诸恶业、趋入恶道等众生发愿，不希求自己安乐果位，以欢喜、坚定心利益此等众生。

为播植善根于一众生心相续中，我愿十大劫中以欢喜心感受无间地狱痛苦。

为播植善根于一众生心相续中，我愿于旁生、饿鬼、贫穷夜叉、困苦众人中感受各种痛苦。

为播植善根于一众生心相续中，我愿利益一个众生乃至所有众生。

愿我能圆满行持，达于赤手空拳或烧坏心相续般调柔境界。[5]

愿我除了为成佛而在兜率天变成天子、成为最后有者菩萨外，生生世世不希求天人安乐。

愿我于漫长轮回中，能供养微尘数如来，一一如来前能以微尘数供品供养。

愿我能证悟微尘数如来刹土功德。

愿我能使微尘数刹土众生皆发菩提心。

愿我能使声闻乘众生按自己意愿行各自之道。

愿我能于佛未出世时，以仙人禁行使众生行十善道，使众生具足禅定、神通等。

如有众生贪执己见，有众生信奉大自在天，有众生信奉遍入天、日、月、梵天、帝释、大鹏等，于此众生前，我亦变成大自在天等形象饶益他们。

如有饥饿众生，愿我能用血肉布施、救助；如有痛苦众生，愿我能以身体、生命救护。

愿我能以长期最大之发心利益损坏自己相续、丧失善根之众生。

愿我能于长期轮回中，心甘情愿感受极难忍之痛苦、强烈或中等痛苦。

当婆罗门子护星于贤劫中成拘留孙佛时，愿我能以圣者慧眼照见十方世界微尘数刹土中诸如来广转法轮及住世景象。

---

[5] 原意不明，藏文中亦不甚明了，请深思！

愿我能使败坏心相续众生、造诸恶业及舍弃善法之可怜众生皆得以行持无上菩提；愿我能使此等众生皆行布施等波罗蜜多；愿他们所造善根均为无上菩提之因，从而解脱恶趣束缚；愿我能使此类众生积累福德、智慧资粮，并使之趋入诸如来刹土中，如来当赐予他们无上菩提且为之授记；愿这些众生能获等持、总持、安忍诸功德，并进而圆满果地。

愿我能以种种法使众生守持如来刹土，众生亦欢喜接受。

愿我于拘留孙佛出世后能以各种供品供养世尊，且于拘留孙佛教法下出家，精进持戒、闻法、修持等持，并为趋入恶道、造不善业诸众宣讲佛法，使之调柔身心，接受我之劝化。

愿我于如来教法隐没时，以任运自成方式广做如来事业。

从今乃至人寿一百岁间，愿我能使所有造恶离善众生行持三福德善法[6]。

愿我能于人寿一百岁时，往天界为天人宣说佛法并调化诸天天人。

人寿一百二十岁时，整个世间众人陶醉于安乐、地位、美妙身相中。相续中有吝啬心、趋入五浊黑暗之众生，增上贪心等烦恼众生，互相损害、毁谤圣者、舍弃正法等增上不善业、毁坏善法、无惭无愧、现种种疾病、相貌丑陋、持各种恶见、邪见之众，遍满世间。恒时听闻老、病、死、杀害、怨敌、寒热、饥渴、疲劳等不悦意音声，毁坏善根之众充斥世界，他们都已被善知识舍弃。心相续中充满嗔恨之众生，亦已被遍知如来及善知识舍弃。这些众生漂泊于黑暗轮回中，虽以各自业力感召偶或能转生于人寿一百二十岁时之贤劫，但因业力所感，具善根之众也舍弃他们。他们多转生于寸草不生之盐碱等荒凉粗糙之地，此等不毛之地多为微尘覆盖，肮脏污秽、充满蚊蝇、毒蛇、猛兽，并常起暴风骤雨，腥臭恒久不散。污水恣肆纵横，凄凉冷雨难停。庄稼不能成熟，药物、果实、饮食、受用皆不如愿，且多已变成染污、粗糙、与毒药相合之物。众生享用此类物品后，性情粗暴，易生嗔心、吝啬心。他们会憎恨对方并致互相残害；渴求血肉、兽皮；常执兵器

[6] 施、戒、修。

杀害有情。众人会以赛马、剑术为乐，并喜握各种兵器。也有众生乐行毫无意义之苦行、丑陋禁行……当此之时，为调化如上种种浊世众生、成熟他们善根，愿我能从兜率天降临人间，入于转轮王种姓父王之贤慧王妃胎中。此时，上至色究竟天，下至金刚大地以上，愿遍满大光辉。愿此光辉于一切时照耀，三恶趣及人天众生皆得以亲睹。愿所有见者能对轮回痛苦生厌离心，能希求涅槃，至少生息灭烦恼心，最初圣道种子应播下。

愿我以精通一切诸法等持之一法门，亦能于随后劫中宣说佛法，并于母胎中入定十月。

愿我成佛以后，从轮回中所度化众生皆能见我于母胎中以跏趺坐入于摩尼宝般等持之相。

十月期满，以我所积真实福德等持力，愿整个娑婆世界从色究竟天至金刚大地六次震动，众生皆当苏醒。

愿我从母亲右肋降生人间后，此娑婆世界有大光辉遍照，所有众生均得以了知。善根未成熟众生能因之播下涅槃菩提种子；善根种子已成熟众生，能生起等持苗芽。

愿我出生后，脚掌接触大地时，娑婆世界金刚大地以上之大地六次震动，所有四生、五道众生，水里、虚空中众生皆得苏醒。愿此等众生心相续中，尚未生起等持苗芽者，我能使之生出；等持苗芽已生起者，我应使之稳固，使他们于三乘法中获不退转果位。

愿我降生于娑婆世界中后，大梵天、魔王波旬、帝释天、日、月、世间怙主、龙王、非天天王、具神变之夜叉王、罗刹王、龙、非天诸众，为供养故而现在我前。

愿我降生后立刻就能行走七步。

愿我能以自己所积福德等持力，于在场所有眷属前宣说三乘清净佛法。

愿我能调化所有当场眷属中之声闻乘最后有者。

缘觉乘根基众生，我愿他们获殊胜安忍；无上大乘根基众生，愿他们获如大海般金刚定等持。依此等持，愿他们超离三界。

愿我开始沐浴时，诸大龙王能来在我前为我行沐浴。凡见我沐浴者，愿他们皆得现前证悟三乘法中所宣示之功德境界。

任何见我乘马车；做童稚游戏；学工巧；做诸事业；学文学语言；于美女前享五种妙欲；对此世间享乐生厌离心；半夜舍弃王位后，着红色衣、袈裟趋于菩提树下等诸种景象者，愿他们能对三乘法生信，且开始精进修法，并愿我能为他们宣说佛法。

愿声闻、缘觉乘者各获等持境界。

愿我于金刚座吉祥草垫上跏趺而坐，能行持息灭呼吸、如虚空般禅定。

愿我从禅定中出定后，自己享用芝麻粒之一半，另一半布施乞讨者。

愿我能使娑婆世界色究竟天以下天人均来向我作供养。

愿诸天天人见我苦行后皆能生敬佩心，愿他们亦能行苦行。

愿我息灭一切声闻乘根基众生烦恼，调化缘觉根基众生成最后有者。

愿龙、夜叉、非天、具五神通仙人为供养我而来在我前，以我苦行之感召，他们全得调化。

愿四大部洲中，种种外道禁行者、苦行者面前均有非人助我调化，非人语于外道："你等苦行实不究竟，此最后有者菩萨亦在苦行，而他定会成佛，故你等皆应前往一睹，受其劝化。"此等苦行者闻言后均能舍弃各自之苦行来在我前。见我苦行后，各入声闻诸乘，依各自根基而得调化。

愿人间国王、人中英杰、城市中诸人皆能到我苦行之地，并依三乘法而得解脱；愿诸女人为瞻仰我而来到我眼前，且成最后女身，最终各依自己因缘于三乘法中而得解脱；愿飞禽走兽睹我苦行之后，永不再为旁生，并于三乘法中而得解脱；愿饿鬼见我行持之后永不再为饿鬼，并于三乘法中而得解脱；愿无量众生见我苦行后皆生稀有心，于心相续中播下解脱种子；愿我能于漫漫时日中，以跏趺坐历行苦行；愿我能行过去任一外道、声闻乘者、菩萨众未能行之苦行，未来亦能行如上之众无法行之苦行。

愿我得菩提果时，能以大势力胜伏所有魔众，因前世业力剩余之烦恼魔亦被降伏，现前成就无上菩提。

愿我能使一众生获阿罗汉果位，乃至二、三、四等所有与阿罗汉有缘众生，皆得以我说法而得阿罗汉果位。

愿我即使只为一众生亦能显示数十万神变。

愿我能为可怜众生宣说正见、具成千上万法义之词句；愿此等众生皆据自己根基而得相应果位。

愿我能以智慧金刚摧毁众生心相续中烦恼大山。

愿我能宣说使众生趋入三乘法之佛法，能为哪怕一众生宣讲佛法，并赐其无畏布施。为行布施及赐其无畏，愿我为说法能步行数百由旬。

愿在我教法下多有出家众人，且出家时无有诸多障碍；于我教法下，可怜众与脆弱、忘性大、精神障碍、谵妄、鲁莽、邪见、因烦恼而心烦意乱诸众，及诸女人皆得圆满出家。

愿我具足比丘、比丘尼、优婆塞、优婆夷四类眷属。

愿有众多大士弘扬我之教法。

愿诸天天人现见真谛；夜叉、龙、非天等能持守八关斋戒；乃至旁生也能行梵净行。

宝藏如来，愿我得菩提时，任何众生以嗔恨心用兵器、火、矛及其他武器损害我，以粗言恶语毁谤我、咒骂我、随处造谣、宣扬生事，施与我有毒饮食，我未断尽业障亦应先成佛。待我获菩提时，众生因前世所生怨恨，以粗言恶语诋毁我，用种种兵器、有毒饮食出我身血，我皆当赐予他们清净戒律、等持、大悲，为他们宣说如天鼓声般妙法，使他们获清净信心而行持善法。愿此等众生业障清净、守持净戒。愿他们皆不以造此等恶业而障碍得离贪、生善趣及无漏法。愿我自己业障亦得以究竟圆满清净。

宝藏如来，愿我获菩提果后，全身所有毛孔每日皆能幻变具三十二相、八十好之如来，此幻化如来能入所有有佛住世、无佛住世、五浊兴盛世界。此等幻现世尊每日于种种刹土中，在造诸五无间罪、舍法罪、诽谤圣者、与恶友交往、趋入声闻乘、戒律不清净、毁坏戒律、犯根本戒、焚毁心相续、善心败坏、丧失善道、趋入轮回深渊、已入恶道等种种众生前，宣说佛法。

何人对大自在天、遍入天生信，愿我即能以此类形象为他们宣说正法。

愿众生于这些刹土中听闻对我功德之赞叹并生羡慕心，且发愿将来转生我之刹土。

此类众生若于临死时，我未能亲去宣说佛法，或未能清净他们心地，则我不欲成佛；此类众生若死后堕于恶趣，抑或不能转生于我之刹土获得人身，则我此前所发誓愿皆当败坏，愿我不能成佛，愿我如来事业不应实现。

其他刹土造五无间罪、趋入恶道众生，若于死后转生我之刹土则有种种相：身体颜色暗淡无光、面如食肉鬼、昏沉迷乱、臭气熏天、毁坏戒律、短命夭折、罹患恶疾、失坏一切财物……为此类众生得度，愿我于娑婆世界之所有四大部洲，从兜率天降入母胎，长大后玩童稚游戏、学习工巧技艺、行持苦行、降伏魔众，及至最后示现成佛、广转法轮。显示如是相后，最终显现涅槃，并将舍利留于人间。愿以此而调化众生。

愿我得菩提后，仅仅宣说一句法要，亦能使——声闻、缘觉根基众生各自听闻相应乘法语；所有远离资粮之众听闻布施法雨；远离福德、希求善趣众生听闻持戒法语；互相憎恨、各感恐怖众生听闻慈心法语；杀害众生之有情听闻悲心法语；具嫉妒、吝啬心众生听闻喜心法语；迷于色界、无色界众生听闻舍心法语；对欲界生贪之众听闻言其过患法语；反感、厌恶大乘法众生听闻随呼吸生正念法门法语；执持邪见者听闻缘起法语；孤陋寡闻众生听闻不忘失法语；执持恶见众生听闻空性法语；杂念纷呈众生听闻无相法语；欲求炽盛众生听闻清心寡欲法语；心地不清净众生听闻心净法语；善恶混杂众生听闻不忘菩提心法语；狡诈伪善之徒听闻真实无伪法语；失坏信戒者听闻无所依法语。愿此等众生皆得以据各自根基而听闻相应法门。

愿我得菩提后，仅仅宣说一句法要，亦能使——具烦恼心众生听闻善心法语；遗忘善法众生听闻无忘失法语；造魔业众生听闻空性法语；

希求胜义谛众生听闻真谛法语；受烦恼逼迫众生听闻无可言说法语；入不平等道众生听闻平等道法语；于大乘法门生稀有心众生听闻不退转法语；对轮回生厌倦心菩萨听闻欢喜法语；未了达善法、智慧、圣谛众听闻离于愚痴法语；满足一般善法众生听闻闻法功德法语；互相用心不平等众生听闻无碍光明法语；疲厌做事众生听闻做事方便法法语；于轮回生恐怖众生听闻狮证法语；为魔众压服众生听闻英勇无畏法语；未见如来刹土众生听闻净土光辉庄严法语；生贪、嗔心众生听闻山蕴法语；现见如来刹土庄严众生听闻无能胜幢如来庄严法语；远离智慧众生听闻明灯法语；蒙蔽于无明黑暗中众生听闻日灯法语；精勤灭尽语众生听闻功德源泉法语；如与我争斗般众生听闻遍入天法语。愿此等众生皆得以据各自根基而听闻相应法门。

愿我得菩提后，仅仅宣说一句法要，亦能使——心不稳固、易于变化之众生听闻稳固不移法语；贡高我慢众生听闻山王宝幢法语；舍弃过去盟誓众生听闻精藏法语；欲获神通众生听闻金刚句法语；欲获菩提果位众生听闻金刚藏法语；希求一切诸法众生听闻金刚般法语；希求了知众生心态众生听闻他心通法语；欲了知其他众生根基之众听闻智慧明灯法语；言谈乏味众生听闻辩才无碍法语；欲获法身众生听闻修行妙法资粮法语；见不到如来众生听闻目睹如来身相法语；一切散乱、忧愁众生听闻寂止法语；欲转法轮众生听闻离垢法轮法语；趋入无意义世间学问众生听闻真谛佛法法语；仅观一如来刹土众生听闻广大佛刹法语；欲播下如来相好众生听闻如来相好庄严法语；言语木讷、嗫嚅众生听闻无畏辩才法语；欲获如来一切智智众生听闻无迷乱清净法界法语；反复趋入现世法众生听闻稳固现世法法语；欲希求法界众生听闻殊胜神通法语。愿此等众生皆得以据各自根基而听闻相应法门。

愿我得菩提后，仅仅宣说一句法要，亦能使——远离智慧众生听闻胜妙智慧法语；入歧途众生听闻正道法语；希求如虚空般智慧众生听闻无所得智慧法语；欲求清净六波罗蜜多众生听闻圆满清净六度法语；未圆满四摄者听闻圆满四摄法语；希求四梵住众生听闻平等四梵住法语；菩提法未圆满众生听闻圆满出离心法语；不修智慧、有嗔恨心众生听闻大海手印法语；于无生法生稀有心众生听闻心性为空法语；丧失闻法能力众生听闻不忘失法语；相互不喜说爱语众生听闻忠诚法语；于三宝起信众生听闻三宝大功德法语；于佛法无餍足众生听闻法云法语；持三宝断灭见众生听闻珍宝庄严法语；神志恍惚众生听闻无喻法语；受束缚众生听闻虚空门法语；思维别无他法众生听闻智慧手印法语；持如来功德未圆满见众生听闻现量世法法语；曾承侍如来者听闻决定幻变法语；未来宣说唯一法众生听闻一切法门法语；精通一切经部众生听闻诸法本性同等法语；舍弃旧法、六随顺法众生听闻诸法实相法语；精进解脱心乘众生听闻获神变技能法语；随如来秘密而寻思者听闻不随他转法语；不精进菩萨行者听闻智慧殊胜法语；依赖亲友众生听闻随顺他人法语；行殊胜菩萨行众生听闻殊胜灌顶法语；如来十力未圆满者听闻不坏法语；未得四无畏者听闻无尽法语；未得如来不共法者听闻不夺法语；认定见闻无意义者听闻广大誓愿法语；焦虑于现量证悟如来佛法者听闻无垢大海法语；希求佛陀一切智智者听闻如来正等觉法语；未得诸佛意趣者听闻宣说无量无边法门法语。愿此等众生皆得以据各自根基而听闻相应法门。

任何无狡诈心、禀性真诚、愿趋入大乘法菩萨，愿我仅对其宣说一句法，他亦能获八万四千法门、八万四千等持、七万五千总持功德。

为成大菩萨，愿我能具足大精进、不可思议发愿、智慧、殊胜菩提，身具相好庄严、语言善妙可满众生愿；为得无可言说等持，愿我能具足闻法功德；为得无有遗忘，愿我能具足正念；为了知恶劣众生，愿我能最后显示涅槃；为得誓言坚固，愿我具足思维；为永不退失所发誓言，愿我具足加行；为增上地道功德，愿我能获胜解；为能舍弃一切财物，愿我具足布施；为所闻法要融入清净心，愿我具足净戒；为所有众生离于怨恨，愿我具足精进安忍；为积集资粮，愿我具足精进；为神通灭尽定现前，愿我具足禅定；为断除烦恼习气，愿我具足智慧；为救一切众生，愿我具慈心；为不舍弃任何众生，愿我具悲心；为对一切诸法不生怀疑，愿我具足喜心；为能不分别高低，愿我具足舍心；为能起神机妙用，愿我具足神通；为能拥有受用无尽宝藏，愿我具足福德；为了达一切众生心，愿我具足智慧；为了知众生如何证悟，愿我具足妙慧；为得智眼，愿我具足光明；为得意义、法、句、辩才无碍，愿我具足四无碍解；为压服一切造危害者与魔众，愿我具足无畏法；为得如来功德事业，愿我具足种种功德；为能恒久、无畏为众生宣讲佛法，愿我具足正法功德；为广弘如来一切法要，愿我具足光明；为能现前如来一切刹土，愿我具足光辉；为得如来授记，愿我具足神变；为能如实宣说真谛，愿我具足如来幻变；为得究竟四禅足，愿我具足神变；为能趋入如来秘密，愿我能得一切如来加持；为能独立获取智慧，愿我能得法自在；为能实行自己所言，不受任何损害，愿我具足精勤善法之力。

愿我即便宣说一句佛法，也能使入大乘之无量无边众生行持善法且获满足。愿此等大菩萨获不随转智慧、佛法大光明，并于极短时间中获如来正等觉果位。

宝藏如来，其他世界中趋入三乘法众生，如有造五无间罪、根本堕罪、毁坏自相续者，愿以我发愿力使之转生我之刹土。

行不善业、性情粗暴、为非作歹、急躁易怒、野蛮凶狂、无有厌世、饱受束缚众生，愿我以八万四千发心、八万四千种语言度化他们。

此等众生喜不善业、懈怠懒惰，愿我能为其宣说八万四千法门。

大乘根基众生，愿我能为其宣说六度万行法语。

声闻缘觉根基众生、善根未成熟者、不希求佛法者，愿他们皆能暂时先皈依三宝、后行六度万行。

愿喜杀生者断杀；希求财富者断除不与取；贪执非梵行者断除邪淫；乐说粗语者断除妄语；饮酒者戒酒，如是造诸五不善业众生，愿他们守持五戒。

愿我能使不喜善法众生守持即便一日八关斋戒。

愿我能使对善法信心不大众生守持沙弥十戒。

愿我能使圆满求善法者守持具足戒。

所有造五无间罪、烦恼粗大深重众生，愿我能以种种神变、善妙文字语言调化他们，为之宣说五蕴、十八界、十二处法，及无常、痛苦、无我空性法；愿此类众生最终趋入寂灭、无畏之涅槃城。

愿我能为比丘等四种眷属宣说佛法。

愿我能为喜辩论众生宣讲辩论经论。

愿我能为对于善法不生信众生宣说种种教言。

愿我能为喜念诵者宣说禅定解脱道。

愿我即使只为一众生亦能步行数十万由旬为之显示种种幻变而无有厌烦心。

众生趋入涅槃前，愿我终生均能以等持力度过。

愿我涅槃时，遗体能变成芥子许舍利子以利益众生。

愿我涅槃后，佛法尚能住世一千年，中有五百年为形象佛法期。

任何众生能对舍利塔欢喜供养珍宝、乐器，甚至仅持诵名号一次，顶礼、绕转、合掌一次，或供养一朵鲜花，愿此等众生皆得按其意愿于三乘法中获不退转果位。

任何众生能于我教法中守持一分戒律，或按我所说持戒者，及守持、念诵、为别众宣说，或自己听闻即便只有一偈，皆能生信，且对说法上师供养一朵花或顶礼一次者，愿他们皆得按各自意愿于三乘法中获不退转果位。

一旦佛法隐没、佛教灯火熄灭、法幢倒下时，愿我之舍利能倾到于人间乃至金刚大地之上；此世界缺乏珍宝，愿我之舍利能变成智慧蓝宝石，如火焰般明亮。此舍利又上至色究竟天变成曼达罗花、萨局亚扎花等多种花，并降下花雨；花雨中愿传出三宝音声、居士戒等戒律音声，又传出闻、思、修、不净观、呼吸观、四无色禅、十住处、八胜处、止观、三解脱、三乘法等法音。以此法音宣流，色界天人皆能忆念前世善根。愿此等众生能于善法发誓愿，且降临此娑婆世界之人间，教化人行持十善法；欲界天人亦能听此法音宣流，且于听法后能断除有结[7]、喜上界之心与心所，并能忆念前世善根。

愿此欲界天人能从天界降临人间，教化众人行持十善法；愿众多

[7] 结：指结缚，烦恼因。由烦恼故，心于三界贪著无厌，不行善行，力行恶行，后来定为众苦系缚，故名为结。有结指三有之结。

花能于天上变成金、银、海贝、珍珠、蓝宝石等各种珍宝；愿如是珍宝能降于娑婆刹土；待降于娑婆世界后，愿此珍宝能息灭战争、饥荒、疾病、恶语中伤、毒药等祸患；愿此世界变为安乐、无病、无战争、无束缚等富庶之地；任何触、见闻、享用此等珍宝众生，愿他们能于三乘法中获不退转果位；愿此等舍利能存在于金刚大地以上之所有世间，于刀兵恶劫时，将舍利变成安达尼珍宝，安达尼珍宝后又至色究竟天变为曼达罗等鲜花。花中降种种花雨，传出三宝或其他悦耳动听之音。凡此种种愿皆能存在于世；至饥荒恶劫时，乃至疾病恶劫时，愿舍利能变成珍宝，上至色究竟天以下变为各种鲜花，花中降下花雨且出种种妙音。愿凡此种种皆能存在于金刚大地以上之所有世间；愿此等舍利能于贤劫中广做如来事业，使无边无际众生能于三乘法中得不退转果位。

愿我行菩萨道时所教化之初发菩提心、中行六度万行众生，能过恒河沙数劫之后，于无边十方世界中皆获如来正等觉果位。

我得菩提后劝发菩提心之众生，或依我涅槃后之舍利而发菩提心众生，未来于不同佛刹土中获得佛果时，愿他们能以美妙言词赞叹我道："贤劫时第四位如来释迦牟尼佛出世时，彼劝我等初发无上菩提心。时我辈皆为毁坏心相续，恒时造恶业、无间罪及持邪见者。世尊引导众人行六度万行，故我等乃得以现今成佛且转法轮。"愿我能如是令其远离众生之轮回，使无量无边众生暂获善趣，终至于解脱。

愿所有希求菩提众生亦能听闻诸如来对我之赞叹；愿此等众生趋于如来前请求道："释迦牟尼佛当年为何愿摄受五浊兴盛众生而发无上菩提心？"

愿诸如来能为善男子善女人宣说我初发大悲心、菩提心，中间住持刹土之功德庄严，及以前如何发愿之经过；愿此等希求菩提心之善男子、善女人闻后皆感稀有，并对广大菩提生信；愿他们能对众生生大悲心；愿他们发愿于五浊兴盛刹土中摄受所有造无间罪、行不善业众生；愿诸如来能依他们各自意愿而为其一一授记；除此而外，诸如来亦为此等善男子、善女人宣说释迦牟尼佛涅槃后，其舍利现大幻变令众生初发菩提心、中圆满六度万行、最后成佛之经过。”

海尘婆罗门如是在宝藏如来前为利益一切众生而以大悲心发下五百誓愿。海尘随即又请求道：“尊者宝藏如来，未来五浊兴盛时如无有如来出世，所有造无间罪众生已趋入黑暗，若我所发利乐誓愿圆满，且能做如来事业，则我定不舍弃所发菩提愿，善根亦不回向其他刹土。也即不以此善根求得声闻、人王之位；亦不希求财富、五种妙欲；不愿以之转生天人、寻香处。因如来曾言：布施能得大受用，持戒能转生善趣，闻法能得大智慧，修行能得妙果位，具福德众生若回向善根则能成办一切所愿。佛所说既如此，则我誓愿如能圆满，我愿将布施、持戒、闻法、修行所得福德尽皆回向众生。我愿入无间地狱为众生代受罪苦、感受无量苦痛，并以之为回向。愿以此善根令地狱众生获得人身；愿他们得人身后听闻佛陀教法，以戒为师；愿此等众生终得涅槃；众生业力如若未能灭尽，愿我死后堕大地狱；愿我身体能成如来微尘数身体，每一躯体皆如山王大，每一躯体能如现今之身躯一般感受苦乐；愿如是之每一身体能于地狱中感受微尘数众生强烈痛苦；如是十方微尘世界中，为利益任何造无间罪、舍法罪及趋入无间地狱众生，愿我于无间地狱中受诸痛苦，愿此类众生勿堕恶趣，且于佛生欢喜心，并从轮回中得解脱，直至趋入涅槃城；所有十方微尘刹土中，以前世业力感召，有众生生于烧热地狱、极烧热地狱、号叫地狱、大号叫地狱、众合地狱、黑绳地狱、复活地狱中；有众生堕于旁生、阎罗世界、贫穷夜叉、食肉鬼诸类中。愿它们再勿堕落，而我则愿堕入诸恶趣中，唯愿它们得解脱。

人中聋、哑、无舌、无脚、无手、神志不清者，造此诸业之人或感受此种果报之人，尚有食不净粪众生，愿此类众生皆能于各自所处位置而得解脱；如若未能灭尽他们业力，则我愿堕入无间地狱；我得菩提果位时若未能满此类众生愿，则我愿于无边轮回中，恒时于地狱、饿鬼、旁生、夜叉、非天、罗刹、人间感受种种痛苦。

若我愿众生得菩提之誓愿能满足，则我现前如来正等觉智慧，请十方世界无量无边如来为我加持，愿我获得智慧。

世尊，我如是发愿广做如来种种事业，若我于贤劫人寿一百二十岁时现前如来正等觉果位，则请世尊赐予我获无上正等觉菩提之授记。”

海尘婆罗门如是发愿已，除宝藏如来外，所有在场天界地面中之人、天、非天等世间众生纷纷落泪，且五体投地顶礼海尘并说道：“大悲尊者，你之正念深奥无比，且对无边众生生大悲心，发甚深广大誓愿；能以如此广大强烈之悲心利益众生，并已摄受造无间罪等难以调化之众；又能以如此坚韧之耐心护持誓言，我等均已了知。你实为众生妙药、皈依处、无偏亲友，你为解脱众生一切痛苦而发誓愿，愿你如愿以偿，愿宝藏如来能赐予你无上菩提授记。”

辐轮王则涕泪纵横于海尘婆罗门脚下顶礼，且作偈赞叹：“奇哉极为深奥，汝乃不住安乐，汝具度众悲心，我实无法比肩。”观世音自在亦诵偈赞叹：“汝未贪有情，诸根极调伏，诸根获自在，总持智慧藏。”大势至等菩萨众也各自呈偈以作赞叹。其余眷属皆五体投地，合掌称颂，各自作偈以为赞叹。

海尘婆罗门此时于宝藏如来前右膝着地，当此之时，整个大地震动，出巨大声响。从此乃至十方微尘数如来刹土皆震动且出声响。十方所有如来住世、不住世刹土均显现极大光芒，降五颜六色缤纷花雨。诸刹土中菩萨众趋于住持各自刹土之如来前详问缘由，诸如来一一告之道：“于一具清净正念世界中有一宝藏如来，此如来前有一具大悲心菩萨正发愿，宝藏如来欲为其授记，故显现此等妙相。”众菩萨皆问：“此位菩萨何时发菩提心、行菩萨行？”诸如来答道：“此具悲心之善男子现今始发无上菩提心。”

东方刹土中有一刹土名为宝积，住持此刹土之宝月如来交给宝顶菩萨、月顶菩萨皎洁无垢美丽月亮花，且令其传语于海尘婆罗门：“大智者，你善妙非常，特赠你皎洁无垢美丽月亮花。大智者，你初发之菩提心因其大悲心之力，令十方世界微尘数刹土皆传出美妙声音，众人称赞你已获大悲尊主名号。大智者，你未来以大慈大悲心所发誓愿，愿你具足大悲。你会再三树立慈心胜幢，无数劫中，于无量佛刹中，你之美誉都将传遍四方。大智者，你劝发菩提心之众生也将得佛授记，并于其他刹土中示现成佛。成佛后亦会赞叹你助其成佛之功德。以上述三种理由，你将善妙非常。”宝月如来如是令宝顶、月顶菩萨传语于海尘婆罗门。

两位菩萨及其他九亿两千万菩萨来到宝藏如来与海尘婆罗门前，并按宝月如来所述如实相告。同此，南、西、北方及上下诸方如来亦遣众多菩萨赠花相赞。详细经过原经中有广述，在此恐繁未录。如欲了知，请翻查原文。

此时，三乘根基众生如稻田一般遍满现场，无量花朵变成花雨降于如来不住世刹土中，且从中传出三宝、六度、十力、四无畏等法语。为调化众生而来此世界之在场大菩萨众听闻此法音宣流后，以海尘发愿力、如来加持力、等持力而欲于此安住闻法。海尘婆罗门以皎洁离垢月亮花等种种鲜花供养宝藏如来，且请求道：“尊者宝藏如来，请赐予我获无上圆满正等觉授记。”

如白莲花之殊胜大愿

此时，宝藏如来入于讽诵灯火等持。入定后，整个如来刹土变为七宝所成之世界，所有山、草木、大地皆转为七宝质地。从各个刹土而来之听法众，因各自观想之善法不同而分别变为不同身色。有身体变为黄色，有身体变为白色，种种色彩各有不同。有身形如风、火、虚空、云雾、水、山、梵天、帝释天、鲜花、大鹏、狮子、日月星宿、鹫鹰、狐狸等。不唯自身变幻如此，众生所见如来身相亦各不相同。海尘婆罗门见宝藏如来住于己前由七宝所成、具千叶之莲花中，所有大地、虚空中众生亦如是目睹各自面前皆有如来如此住于千叶宝莲中。每一众生皆同样作意：如来在我面前，垂念我且为我说法。所作意皆相同。

宝藏如来对海尘婆罗门说道：“善哉，婆罗门！你以大悲心利益无边无际众生，你能照彻整个世界，皆源自你之大悲心。善哉，海尘婆罗门！如圆满花树有各种色、有各种味、有各种触，树根、茎叶均为妙药，有些花之颜色、味道能遍于一百由旬，有些遍于二百由旬，有些遍于三百由旬，有些则可传遍四大部洲。无眼之人尝此花味可得明目；聋者尝后能得耳聪；身体残障者尝后能得所缺乏身根。此花味能治以四百零四种病为主之一切病，任何精神失常、昏厥、昏沉、不省人事、疯狂、心散乱、丧失正念之众，皆可据此花味而得正念等各自所乏少智慧。众花树中有一坚固白莲树，乃由金刚制成。蓝宝石根、金叶、石精宝花须、红珍珠花蕊，高可八万四千由旬，宽十万由旬。此白莲之灿烂色泽、扑鼻芳香遍于十方微尘数刹土，所有刹土中争斗、受疾病折磨、身肢不全、精神不正常、昏厥、睡眠、疯狂、丧失正念、心散乱之众生，观此白莲树之花色、闻其香味，即可灭除疾病等各种痛苦，并获正念。有众生已死之后，身体尚留，接触白莲花之色及味后，生命即开始复苏。能见自己亲朋好友，并能与之趋于花园中享受，亦能安享世间五妙欲。于其死后，能转生梵天，并长久住世，且再不会转生于别种界趣。婆罗门，从此莲花树即可了知在座大乘根基众生之聚会境况。

阳光普照下之盛开鲜花分外耀目、艳丽，有花树高可一百由旬，有花树高可一千由旬，皆能遣除众生各种疾病。如日当空，如来亦如是出现于世间：日光照耀下，各色鲜花纷呈亮丽且能灭除种种疾病；佛出世后，大悲光芒遍照一切众生，启开众生心地，使之行持三福德善业。海尘婆罗门，你亦令无量无边众生行持菩萨行。此等众生于我面前作供养，且发愿各自住持清净或不清净刹土，我亦按其意愿为之一一授记。善男子，在我面前发愿住持清净刹土，调化容易教化、心地清净、有一定善根众生之菩萨，不为大菩萨，也不算大真实。此等菩萨非以大悲心、心所摄受众生，亦非以慈悲心令一切众生求无上菩提。他们自己住持清净如来刹土、舍弃悲心，实不精通智慧、发心。因任何舍弃声闻、缘觉、三恶趣、善根不具足众生之菩萨，只知自己住持刹土、宣说唯一大乘法门、希求长久住世，于心地清净、容易调化众生前宣说佛法。他们如此发愿，实乃不精通智慧、发心，不可称之为大菩萨。”

宝藏如来言毕伸出手掌，其五指发各色数个十万束光芒。此光芒照遍所有世界，照彻所有如来刹土。其中有一世界名为拇指刹土，其土众生人寿十岁，身量丑陋而不庄严，具足不善业，身量高拇指许。住持此刹土之如来圆满正等觉号喜星如来，身量为诤时众生一肘高。若以拇指刹土众生量之，则此喜星如来高可一肘又七指。喜星如来现在住世，且为四众眷属宣说佛法。

所有在场众生此时皆目睹拇指刹土世间、如来、眷属景况。宝藏如来说道：“喜星如来无数劫前于宝伞如来前初发无上菩提心，并劝请无量无边众生亦同时发菩提心，此等众生且在宝伞如来前以各自不同意愿发愿住持清净、不清净刹土。当时之大众生[8]也劝我初发菩提心，我即于宝伞如来前发愿欲于五浊兴盛刹土成佛，宝伞如来乃以“善哉”赞我并赐我授记。令我趋入菩提之大善知识[9]，当时发愿欲住持五浊兴盛、烦恼粗大之刹土，欲调化难以教化之造无间罪业、不善业、焚毁心相续、趋入轮回深渊众生。当其发愿摄受此等众生时，十方无量无边住世如来皆遣使者赐予“善哉”赞叹，并称其为大悲光寂尊者。此位善知识、利益众生之大菩萨、大悲光寂尊者如今于拇指世界众多拇指身量众生中最近示现成佛。此一肘高之喜星如来，正为拇指高且人寿十岁之众生广转法轮。曾受其劝化而初发无上菩提心、现今已成佛之十方无量无边如来均遣使者供养喜星如来鲜花。海尘婆罗门，你应详观有如来于清净刹土中摄受清净众生，而喜星于不清净刹土中之五浊兴盛众生前示现成佛，在人寿短暂之世界做如来事业，在诸如来舍弃之声闻、缘觉前宣说佛法。你亦发愿住持不清净刹土，摄受五浊兴盛、烦恼粗大之众生。所有四众弟子中，你已超胜别众。任何舍弃声闻、缘觉，只于清净刹土中摄受具清净心、积累善法众生之菩萨，他们所发之愿如鲜花，摄受已积累善根众生之菩萨不会成为如白莲花般菩萨。海尘婆罗门，菩萨有四种懈怠：发愿转生清净刹土；于心地清净众生前广

[8] 即后来的喜星如来。

[9] 即后来的喜星如来。

做如来事业；得菩提后不对声闻根基众生说法；得菩提后欲长久住世。有此四种愿之菩萨只如鲜花、非为白莲花般菩萨，也不称其为大菩萨，所有菩萨均等同于此种鲜花般菩萨，唯除遍入风。菩萨亦有四种精进：发愿住持不清净刹土；于心不清净众生前广做如来事业；得菩提后亦说声闻法；得菩提后住世时间不欲过长，亦不求短。有此四种精进之菩萨可称为白莲花般菩萨，非鲜花般菩萨，亦可称之为大菩萨。

海尘得授记

海尘婆罗门，无数在场眷属中，以你自己之发愿力可授记你将转生于如大悲白莲花般之胜妙刹土。你以大悲心发愿住持不清净刹土摄受不清净众生时，十方无量微尘刹土无量如来均赐你“善哉”赞叹，并遣侍者称你为大悲尊者。在场眷属亦会恭敬供养你。大悲尊者，第二个恒河沙数劫中时，于此娑婆世界贤劫人寿一百二十岁时，整个世界众生将行持不善业，此具足不善业、造恶业之可怜众生，舍弃胜法、毁谤圣者，如是之五浊兴盛世间，你将成就如来正等觉果位。你推翻众生轮回之轮、广转法轮、摧毁一切烦恼外魔，美誉传遍十方世界。你之声闻眷属广大，又曾与一千二百五十名比丘共同发愿，将来于此之时，四十年中广弘如来事业。如今之辐轮王彼时将为阿弥陀佛，广做无量劫如来事业。与之相同，大悲尊者你亦在贤劫之娑婆世界成佛，号释迦牟尼佛。你将于四十五年中如是广做无量劫如来事业，显示涅槃后，佛法尚住世一千年。佛法隐没后，你之舍利将如你所愿，广做如来事业，利益调化无边众生。”

当场其他众生所发誓愿

当此之时，城中有一婆罗门语于海尘：“你于无量劫中行菩萨行时，我必承侍，供养资具、伴你行持。愿你成最后有者时，我能成为你父。你得菩提后愿我能为你之大施主，并请赐我得无上菩提之授记。”

有一极调柔海天女则说道：“愿我于无量劫中为你做事，你成最后有者之时，愿我能成为你母。你得菩提后，愿我能成你之大施主，并请赐我得无上菩提之授记。”

又有一星天女水天星则云：“愿你成最后有者时，我能成为你姨母。”

帝释辐轮、帝释净心二人则发愿道：“愿你成佛时，我们能成为你座下神通第一、智慧第一之弟子。”

帝释正见发愿道：“愿你成最后有者时，我能成为你儿子。”

山上天女帝巴歌喜嘎则说：“愿我生生世世能为你妻，并最终蒙你赐予得无上菩提之授记。”

非天王美行发愿说：“你于无量劫如是行菩萨行时，愿我能成为你最可爱之仆人，经常于你身边承侍、帮助。你为最后有者时，愿我依然承侍你。待你得菩提果位后，愿我能成为祈请你转法轮者。于你说法后，愿我于所有眷属中最初成就圣果。愿我享受佛法甘露后能摧毁一切烦恼，并终得阿罗汉果位。”

与此相同，天龙、非天等恒河沙数众生亦随顺大悲尊者行为而在其面前发愿，并得到调伏。

有一贫者名为能畏则于海尘婆罗门前说道：“大婆罗门，我亦欲为你修行之同伴。无数劫后你得菩提果时，愿我能成为你之亲友。愿我能经常到你面前乞讨，乞讨卧具、垫子、衣服、大象、城市、房屋、大城市，以及你之儿女、血肉、身、首等等，愿我能成为你行布施波罗蜜多之对境，亦为其余五度之对境。你如是在行菩提道过程中，愿我永为你行六波罗蜜之对境。你得菩提时，愿我能于你教法下得声闻果位，并能守持八万法蕴，且能对人宣说。愿我最终能蒙你赐予得无

上菩提之授记。”

大悲尊者海尘婆罗门闻言即于宝藏如来前五体投地，并唤来能畏说道：“善男子，你于我无量劫中行持菩萨道时作我修行之对境实为善哉！生生世世中当你向我乞讨时，我也以清净心欢喜布施与你，愿你勿有任何非福德之过。”大悲尊者菩萨言毕即向宝藏如来祈请道：“世尊，愿我于无量劫中行持菩萨行时，所有向我乞讨者，无论以何种温和、粗暴、轻毁或清楚之语言，若我对其生一刹那之嗔恨、不欢喜、希求得自己布施果报之心，则我实已欺蒙十方无量无边如来，愿我如来正等觉果位不现前。若我以不欢喜心布施乞讨者，或未让乞讨者生欢喜心，从而毁坏布施；抑或在造善业中制造丝毫违缘，则我实已欺蒙十方无量无边如来。若我于乞讨者之善法亦造下丝毫违缘，则愿我堕入无间地狱。若乞讨者向我讨要我身着之妙衣乃至我自身肉体，如我未让其生欢喜，或造下违缘，则我实已欺蒙十方无量无边如来，愿我堕入无间地狱。若我行持持戒、忍辱等其他六波罗蜜时，如未能使众生生欢喜，或对其所做善法造诸违缘，则我实已欺蒙十方无量无边如来，愿我堕入地狱。”

宝藏如来闻言即赐予“善哉”赞叹，所有在场眷属亦合掌叹言“善哉”，与贫者能畏相同之八万四千众生均如是发愿。听闻其他众生如此发愿后，大悲尊者欢喜非常，且说道：“奇哉，奇哉！于佛法匮乏、烦恼兴盛之诤时，在五浊兴盛世界中，我愿成为无有依怙众生之商主、明灯、皈依处、引导者。从初发菩提心始，及至生生世世中，凡遇乞丐向我乞讨我之头、眼、耳或饮食等物，我会因感到稀有而高兴。尊者宝藏如来，于行持菩萨行之无量劫及得菩提果位之间，所有长久向我索要饮食等物之乞讨者，及从我手中接受丝毫许布施物之众生，我成佛后，此等众生若不能解脱轮回、不能得我赐予他们获无上正等觉果位之授记，则我实已欺蒙十方无量无边如来，愿我勿现前如来正等觉果位。”

系念佛陀及身着法衣之功德

宝藏如来赞叹道："善哉，善男子！曾有持山菩萨于世间自在光如来前初发菩提心，彼与你行持菩萨道时所发诸愿无有二致。持山菩萨依自己所愿行菩提行，圆满菩提行后，从此往东越十万个佛土，有世界名为妙观察光刹土，于此刹土人寿一百岁时，持山菩萨即示现成佛，号离垢智慧花菩提自在妙高如来。此如来于四十五年中广做如来事业，最终在法界中无余涅槃。后佛法住世一千年、形象佛法再住世一千年。在其教法下之正法、形象法各一千年中，有比丘、比丘尼、沙弥破戒，造不善业，行不如法行为，无惭愧心，自己享用或送给家人众生供养佛法、佛塔之财物及供养十方僧众之饮食，此等孽障深重之人，如来于三乘佛法中仍赐其逐渐得解脱之授记。于此如来教法中，身着红黄法衣之人亦得授记。离垢智慧花菩提自在妙高如来之四众弟子即便犯根本戒，如能具心中有佛此一念头之微小善根，亦得以获赐授记。善男子，你也应如是发愿。"

大悲尊者菩萨闻已祈请道："宝藏如来，我愿如是发愿。世尊，从我行菩萨道之生生世世及最终得菩提果之间，任何行持布施波罗蜜多及一丝毫许善法之众生，及我得菩提后之教法下，所有着红黄法衣但已违犯根本戒、持烦恼见、于三宝起邪见、毁坏三宝之四众弟子，若能刹那间生起心中有佛之念头，我如舍弃任何一众，使之于三乘法中不得菩提果位，则我实已欺蒙十方无量无边如来，愿我不得成佛。众生若见我得菩提后身着红黄法衣接受人天众生供养，他们自己亦于颈上披搭片刻，则愿此等众生终能于三乘法中得不退转果位。任一众生，乃至饮食贫穷、穷困夜叉、阎罗众生，身着仅四寸之红黄法衣，皆愿他们暂时能圆满一切饮食，最终则实现一切愿望。

天人夜叉等众互相憎恨、争斗不休，此等众生若能忆念我红黄法衣，则愿他们相互间生起慈悲心，无有仇怨，心皆得调伏、调柔。任一众生于战场上作战，若能保护、供养、恭敬，或自身携有红黄法衣一片，则愿此众生恒能得胜，不受任何损害、迷乱，且能从战斗中获解脱。

若我红黄法衣不具上述五种功德，则我实已欺蒙十方无量无边如来，愿我不能广做一切如来事业，所了知之一切法尽皆忘失，亦不能胜伏外道。

我成佛与涅槃后，任何仅仅念诵一句“南无释迦牟尼佛”，或向佛顶礼之众生，愿此等众生灭尽一切业障、于如来刹土中获无上菩提，并于最后亦能显示涅槃。”

宝藏如来此时伸出右手摩挲大悲尊者头顶，且说道：“善男子，你所愿极善、极妙、极善抉择。你之具五功德红黄法衣定会利益广大众生。”宝藏如来一边摩挲一边授记，同时赐予“善哉”赞叹。

大悲尊者菩萨顿生欢喜、信心，神情焕发如二十岁之青年。所有在场天龙、寻香等众生也赞叹大悲尊者菩萨，并合掌，供养鲜花、妙音，同时作种种偈以为赞叹。

大悲尊者转生为福力王

此时，大悲尊者顶礼宝藏如来道：“祈请世尊传我菩提道等持法门及清净资粮法门。”宝藏如来即为其宣说等持与清净资粮法门，不可思议菩萨众亦同时受益。大悲尊者菩萨自此后即常随宝藏如来恭敬承侍。

辐轮王此时则率一千太子与八万国王、九亿两千万众生同时出家守持清净戒律，闻受佛法，精进修持等持。大悲尊者菩萨则在宝藏如来前次第听闻八万四千声闻法云、九万缘觉法云，以及无上大乘之身念住法等十万法云。闻已读诵并最终精通。随后于某一时中，宝藏如来正等觉在法界显示无余涅槃，大悲尊者菩萨即以乐器妙音、各色鲜花、奇异香粉、种种珍宝等物供养，并用香水沐浴如来遗体，且以七宝造塔供奉。此塔高五百由旬，宽二分之一由旬。七日之中圆满供养后，大悲尊者菩萨已令无量无边众生行持三乘法，并与八万四千众生七日后共同出家。

大悲尊者自此后一万年中广做如来事业，孜孜弘扬佛法，使无量无边众生行持三乘法、皈依三宝、守护居士戒等戒律、得五眼六通等功德。入灭之后，众生供养此大沙门之骨灰，亦如供养转轮圣王骨灰一般。大悲尊者菩萨圆寂当晚，宝藏如来佛法即告隐没。此刹土中之大菩萨以发愿力纷纷转生各自所愿之刹土中，大悲尊者沙门亦以其发愿力转生于从此刹土往南越一万个世界之相斗世界。

此相斗世界人寿八十岁，众生普造不善业，且性情暴虐、手染鲜血，性喜造恶，忤逆父母，对任何众生皆无慈悲心，又从不惧怕后世。大悲尊者即于此土转生为恶劣种姓，身高体长、威势赫赫、智慧敏锐、辩才超众、走路迅疾。为炫耀自己权势，乃逮住一些人众且威胁道："你等众人若能断除杀生乃至一切恶业，我即可为你等留一条生路，且赐予生活所需资具；如不放弃恶行，我立即诛杀无遗。"众人皆惊惧不已，纷纷合掌哀求道："大怙主！我等在有生之年定当舍弃杀生等十种不善业。"此劣种大势力[10]又至国王、大臣前厉声喝道："我需饮食、衣物、卧具、金银财宝等种种受用，尔等务必供养齐备。"劣种大势力以种种方便使此等众生在有生之年弃恶从善，并因之而使此相斗世界人寿增至五百岁。

国王死后，众大臣即为劣种大势力行加冕大典，并称之为福力王。此后不久，福力王即将手下地盘完全控制，且凭精进与毅力一一统治整个南赡部洲，成为强劲有力之大转轮王。福力王令众生皆行十善业，使众人各依自己意愿趋入三乘法中。王又宣布欲广布施，于是整个南赡部洲相偕相率云集众多众生，福力王广行种种布施。

此中有一名维生尘音之人来到福力王前说道："你为无上菩提而大行布施，如能圆满我愿，则你定可成为世界明灯。"福力王答言："你欲满足何等愿望？"维生尘音回答道："我欲统领非天治下国土，为战胜非天需修一密咒。而修此甚深仪轨需用活人皮肤、眼睛，你能否布施此两种物予我？"

福力王内心思忖道：我以转轮王大势力令无边无际众生行持十善

[10] 即大悲尊者菩萨。

道、趋入善法，且已行无量布施，今此无意义之躯体应使之愈发富有价值，眼前之人实为我真正善知识。想及此，福力王便说道："我现在就将我之平凡肉眼送与你，望你生欢喜心，以此愿我能获无上法眼。我亦用清净心将自己皮肤供养你，以此愿我能获无上圆满佛果。"福力王言毕即用右手挖出自己眼睛布施与维生尘音，此时王已血流满面。福力王随即说道："所有在场天空中及地上人天与夜叉等众生，尔等谛听：我布施之善根回向无上菩提，愿一切众生能脱离轮回大海、获寂灭菩提果。如我能获无上菩提果位，则维生尘音密咒未成就之前，愿我寿命不完结、正念不散失，亦不生后悔心。"福力王随后又对维生尘音说道："你可拿走我皮肤。"彼即用利刃割取福力王全身皮肤，获取后即以之专修密咒。七日中，国王寿命未断、正念未散失、未感受痛苦，亦未生一刹那后悔心。

摄受浊时众生

释迦牟尼佛如是宣讲完整个经过，随即又说道："我即是当时宝藏如来正等觉之父亲、海尘婆罗门大悲尊者，我初发菩提心即从那时始。从初发菩提心以来，我已使无量众生发起圆满菩提心，此乃我最初所做诸事中最英勇者。宝藏如来圆寂后，我以自己发愿力转生于相斗刹土之低劣种姓中，当时我亦让众生行持善法，以自己之显赫威势最终得以成转轮王。我息灭南赡部洲之战争灾难，并终使众生寿命延长。我舍弃自己肉身，实乃我所做诸事中第二英勇者。

如是布施眼睛、皮肤后，我亦入灭，并转生于相斗刹土、成一低劣种姓之人，我以精进毅力令众生行持善法，后得转轮王果位，息灭战争、争斗，延长寿命，并最终将自己舌头、耳朵等布施舍弃。

从相斗刹土乃至转生于其他世界，我皆以此种大势力利益众生。自此之后，凭自己精进、毅力、誓愿力，我于恒河沙数劫中，于无量五浊兴盛世界里，令无边众生趋入善趣，且息灭战争带与众生之烦恼。

其余如来发愿住持清净刹土，他们行菩萨道时，众生均不互议他人过失，也不互相威胁。此等如来不对众生宣说声闻乘法，所住持刹土无有犯戒行为，亦无有众生刻意持戒，一切粗言恶语、诸不善业之名亦难听闻。一切法皆清净，且全部宣流佛法之声，极为悦耳动听。居此刹土之众生依教奉行，整个刹土无有声闻乘法。

而我因发愿住持不清净刹土，故恒河沙数劫以来，于如来不住刹土中，我以言语暴粗、面目恐怖之方式，令众生断除杀生恶业，行持十善法并趋入三乘法要。现今，我住持之刹土具足烦恼、不善业，处处得闻不善业之名，众生屡屡造作不善业。于此刹土中，我仍宣说三乘法要。

过去发愿时，我未像其他如来一般发愿住持清净刹土、调化易于调化众生。以我发愿力，我精进行持菩萨道。我之发愿实如播种，故而现今得不清净刹土。

我行菩萨行时，我所行布施不为以前众菩萨行持，亦不为未来众菩萨行持，唯除六菩萨。此六菩萨是何人？

一为胜施菩萨，住持普音刹土，成佛时号无合光如来。于众生寿命一百岁时宣说佛法，七日后即示现圆寂。

二为精劝菩萨，于东方无胜世界、众生寿命一百岁时示现成佛。恒河沙数劫中广做如来事业，后显示涅槃。此大悲尊者之遗体于五浊兴盛、无有如来住世世界中仍可广做如来事业。

三为花藏菩萨，以坚定誓愿、精进、慷慨布施行菩萨道。十恒河沙数大劫过后，花藏菩萨于从此往北之五浊兴盛刹土因正度世界示现成佛，号毁坏黑因王如来。

四为慧光灭迷乱菩萨，一大劫后于西方五浊兴盛世界具畏刹土、众生寿命一百岁时示现成佛，号日藏无垢光自在如来。

五为妙喜菩萨。此位菩萨过无数劫之后，于争浊无尽相斗劫时，在上方五浊兴盛世界能变积浊刹土、众生寿命五十岁时示现成佛，号离思普光如来。以前世发愿力，离思普光如来于十年中广做如来一切事业，后显示涅槃。圆寂当晚，佛法即告隐没，随后十年中，佛刹即进入空劫。

六为伸手菩萨。此位菩萨后因前世发愿力而于此能变积浊刹土、众生寿命三十岁时示现成佛，号妙法普光如来。妙法普光如来十年中广做如来一切事业，后显示涅槃。圆寂后，佛法住世七年。”

妙喜、伸手两位善男子当场蒙如来授记后，欢喜非常趋于如来前恭敬顶礼。二菩萨于佛前虚空中身量伸高至七多罗树[11]高之处，且对佛以偈赞叹道：“如来如日极灿然，此世威严如山王，离垢度众具慧眼，顶礼如来正等觉。”两菩萨如此赞叹发愿。

微财转轮王施身

释迦牟尼佛则继续说道：

“善男子，妙喜、伸手与胜施、精劝、花藏、慧光灭迷乱共六位菩萨，乃我令他们初发菩提心，你们应谛听此中缘由。无数劫前，我们现今所居之刹土那时名为无尘山顶刹土。于某一大劫中，众生寿命一百岁时，有一莲花端如来教法已入形象法时期。我那时已成整个世界之转轮王，名微财转轮王。当时我有王子一千名，我令他们皆发菩提心，且使他们出家，以便在莲花端教法中广弘佛法。当时众王子中有六位不欲出家亦不愿发心之太子。我问此六人：‘你们因何不欲出家？’他们回答道：‘此时佛法已入末法形象时期，出家人不能圆满守持戒律，又远离圣者七圣财，将来必陷轮回淤泥中。即便偶得人天福报，多数时间依然漂泊恶趣中，故而不能圆满守持佛陀戒律。因此之故，我们不愿出家。’我随即又问道：‘你们又为何不发殊胜菩提心？’他们则回答道：‘如你能将整个世界赐予我们，则我们愿发无上菩提心。’

“听罢此言，我内心非常欢喜，就自己寻思道：于此整个世界，我令众生皈依、持戒、趋入三乘法。我如把所有王位、世界交予六位太子，能令他们发无上菩提心，则我即可安心出家。思虑及此，我乃

[11] 多罗树：树梢断后即不复生，棕榈科植物。

把世界分为六份，交予六位太子后便自己出家求道。此六国随后互相征战、争论、不和合，以此原因，导致整个世界灾荒频起、风雨不调、谷稼不生、草木难熟，飞禽等类众生饥寒交迫。那时我又思量道：我愿舍弃自己身体，用自身血肉满众生愿。于是我便来到护水山发愿道：‘我现今舍弃生命、身体，对众生慈悲，并非为自己追求善趣安乐。愿我身体能如山王般大，使人天众生均得利益。我舍弃自身美妙躯体不为魔众、梵天，只求变成血、肉利益人天众生。所有存在于山河大地上之人、天、夜叉、龙、非人们，你们谛听：我为利益众生养育此肉身，愿今能以血、肉满你们之愿。’

“发愿完毕，整个三界、大山皆开始震动，诸天天人齐声痛哭，我于护水山顶舍身跳下悬崖。以我之发愿力，身体顿成山王般大，且生出数十万个头颅，高可一百由旬，宽一百由旬。此时，任何飞禽走兽及人等众生都来享用我之身躯。正当他们享用之时，我之躯体日日增大，最后竟至高十万由旬、宽十万由旬。体上头颅全成人首，且口出人言：‘诸众生，你们可随意享用、啖食我肉，渴饮我血，眼睛等物谁若需要尽可拿去。满足之后，则希望你们能于三乘佛法中发心。如欲享用我之躯体，则可无尽享用，不会有任何罪过。唯愿众生均能长寿。’头颅如此说后，多有众生于三乘法中发心，亦有众生发人天乘心。虽有大量众生享用我血肉身躯及眼睛，但凭我发愿力，肉体并未损减。众生享用之时，我之躯体亦同时在恢复。

“一万年中，人、天、夜叉、飞禽走兽均已满愿。一万年中，我舍弃恒河沙数眼睛、四大海洋般鲜血、一千山王许之身肉、铁围山般之舌头、持双山[12]般之耳朵、须弥山般鼻子、灵鹫山般牙齿、娑婆世界般之皮肤亦并舍弃。一万年中，我依靠一个生命舍弃无量无边身体，使无量无边众生皆得满足。如是做时，我从未生一刹那后悔心。

我当时还发一愿：如我能获无上圆满正等觉，则愿我誓愿皆能实现。我之誓愿为：于一世界中，我愿用身体满足众生；愿我能在无尘山顶

[12] 持双山：七金山之第一重山。出现日月的山顶，有一双岩石形如车轭，岩石每面广三十二万由旬，周一百二十八万由旬。

刹土之所有世界中，于恒河沙数劫中均能舍身、以血肉满众生愿；愿众生均能趋入三乘佛法；所有人、夜叉、罗刹、旁生，乃至阎罗世界众生享用我血肉后，愿望皆得满足；与我在一个佛刹中用肉身满足一切众生一样，愿我在十方恒河沙数佛刹中，恒河沙数劫中时均能用自身血肉满足一切众生所愿；为满众生愿，如我不愿舍弃自己肉身，或有求果报之自私自利心从而未能圆满誓愿，则我实已欺蒙十方无量无边佛刹中所有诸佛，愿我将来不得成佛、轮回中不闻三宝之名，亦不行六度万行，恒时感受无间地狱痛苦。当时所发愿如是。

“与我在此世界舍弃身体一样，十方恒河沙数刹土中我亦舍弃过肉身，用血肉满足众生愿。我所弃舍之身体，如从南赡部洲向上堆积至三十三天亦会堆积充满。此乃我舍弃身体之布施度，亦为布施身体之简略介绍。”

灯显王利益众生

释迦牟尼佛又接着叙说前世因缘：

“善男子，过无量劫后，此佛刹成为月显刹土，五浊兴盛。我已成整个赡部洲大转轮王，名灯显王。与以前相同，我使整个赡部洲众生行持善法。一日，我出门游园，见一人正受刑罚，为绳索捆缚。问左右大臣此中缘由，众大臣回答道：‘大国王，国库粮食一年收入之六分之一用于供养国王及眷属日用生活，其余所有大小国事开支亦由此支付。但此人却拒不交纳赋税。’

“闻听此言后，我随即说道：‘释放此人吧，从今往后不要再征收任何赋税，亦勿征收任何财物。’众大臣马上解释说：‘如若实施此方案，恐日后愿以清净心供养之人绝难找到。如此一来，国王、王妃、太子等诸人开销又从何而来？’听众大臣如此解释，我于内心顿感不安乐。我思量道：我将把整个赡部洲所有王权、财富分予诸太子。随后，我便让五百太子发无上菩提心，并将赡部洲所有财富分为五百份交予他们，自己则趋往森林中出家，行持梵净行，并苦行修法。

“离南方大海不远处有片森林，我即在此以野菜、水果维持生活，并于昙花树下修禅定，禅修日久后终得五神通。

“此时赡部洲有五百商人在大海中捞取众多宝珠，其中有一名有智慧之月亮商主，从海中获取如意宝欲带回。诸龙王不悦，于是开始兴风作浪，海上顿起风暴，居住在海里的诸天人也开始哭泣。

“这时有一个以大菩萨发愿力而转生的呼吸仙人及时出现，他以种种努力使众商主皆得以安然过海。

“而后又有一凶恶、专事损害众生之罗刹紧随商主，七日中又造出连绵狂风暴雨。商主皆迷失方向，于异常恐怖之际唯有大声哭叫。五百人一边哭喊，一边各自祈祷所信仰之田神、自在天、水神、身劣神等神明，父母子女均大声痛哭。

“我闻听后即趋于其前安慰道：‘无需恐惧，我来指路，定能使你等顺利抵达目的地。’我于是便在布匹上倾倒芝麻油，包住手后便宣说谛实语：‘我为利益众生已于森林中二十六年苦修四梵住，平日以水果、野菜充饥，已成熟八万四千天人、夜叉心相续。如能使他们皆得无上圆满不退转果位的话，以我发心真实力、广做如上善事之成熟力，愿我手能燃烧为众商主指路，使五百商主能得真实指引，顺利到达赡部洲。’发愿完毕，我的手指即开始燃烧七日，这些商主均得以安稳抵达赡部洲。

“我于是又发愿道：‘赡部洲无珍宝之时，如我无上菩提愿能实现，则愿我能成为赡部洲商主，七次前往海中取宝。愿以此世界为主之所有世界皆降下珍宝雨。’同时我又发愿：‘未来十方恒河沙数五浊兴盛世界中降下珍宝雨，愿我誓愿能实现。’我随后就于此世界中、恒河沙数劫里做商主，并令无量佛刹降下珍宝雨；于每一洲均七次前往海中取宝，且令珍宝雨降下。那时我如是令无边无际众生满愿，并使之趋入三乘法。善男子，请观如来布施，此为我布施珍宝之善根。

“除此之外，无量劫前有一欢喜劫，有一五浊兴盛之糊涂刹土。众生寿命五千岁时以我发愿力，我转生为赡部洲一持诵吠陀之婆罗门日珠香。生存于此刹土中之众生大多持常见，且互相不和合、相互损害。我即以大威势为其宣说真谛：五蕴如敌；十二处如空城；诸法依因缘，皆为生灭性；正念内外呼吸等法要，使其善根回向菩提、发菩提心。随后我自己亦成为具五种神通之人，无边无际众生以我教言也终得五神通。同样，无边无际众生放弃争斗，趋于森林中享用水果、野菜，并修禅定，以修行四梵住而生存。

“此劫即将终结时，众施主遍及于整个赡部洲。众人息灭互相之间的憎恨，非时之狂风暴雨亦消失无迹，大地滋润、庄稼丰收。虽如是，因众生业感所现，种种疾病复又出现。我即思虑道：我未能遣除众生疾病，应集中帝释天、梵天、世间怙主、护法天人、仙人等共造医学论典以利益众生。如是思索已，我即以神变赶赴那里，集中帝释天、梵天、仙人等至盐碱山，造能遣除风、胆、涎诸症候之医典。

“依靠此种方式，无量无边众生疾病皆得以遣除。我于每一日中都使无数众生摆脱疾病，令其行持佛法、趋入三乘道，亦使之远离恶趣、获得善趣，并掌握智慧。以此善根令其皆得安乐。

“我愿圆满后，以此刹土为主，我于其他刹土中亦凭借此种方式利益恒河沙数众生，遣除他们疾病，为其宣说种种学问。”

权巧方便度众生

与我在此刹土发愿利益众生一样，我于恒河沙数刹土中均以殊胜智慧、三福德行持菩提道以利益众生。与此相同，无数劫以前，有一恶时劫名具善劫，现今之刹土那时名为尊胜妙音刹土、具足五浊。从尊胜妙音刹土往东越五十四大部洲，有一赡部洲欢喜刹土，我即以发愿力转生彼处。当时我为四大部洲尊主，名虚空转轮王。我令众生行持善法、趋入三乘法，并作广大布施。

一次，众多乞丐来到我面前，纷纷讨要黄金、蓝宝石等各种珍宝。我以欢喜心布施给他们，他们于是便获得了很多珍宝。我当时问诸大臣这些珍宝从何而来？他们回答道：“此等宝物皆属龙王宝藏，我等世间之人只能获取其中一部分，国王布施之珍宝即属其中。”

听完这番话，我当时就发愿道：

“如我能于五浊兴盛世界成佛，则愿我誓愿皆得以实现：愿我在此世界每一部洲中，为利益众生能七次变为可开掘宝藏之龙王；每次变为龙王时，均能开取出诸如黄金、蓝宝石等千千万万无尽宝藏；每种珍宝皆可累积至一千由旬高；愿我能以种种珍宝利益、布施众生。

“与在一个五浊兴盛之世界变为龙王一样，于十方恒河沙数世界中，愿我均能七次七次依次变为龙王，在每一世界中利益无量众生。”

当我发愿之时，天人降下花雨，赠予“善哉”赞叹，并祝愿我之愿望均能实现。诸天天人于虚空中称我为虚空广施大国王，多有众生亲耳闻听此种称号。他们听闻后心想：如果此人能将很难布施之物舍予我等，则可担当此种称谓。如其不然，则名不副实。于是他们便向我索要王妃、儿女等一切一切常人难以弃舍之物，而我均欢喜施予。

有一喜星婆罗门当时要我王位，我立即赐王位于他，并为其行加冕大典，将整个赡部洲全权交付于喜星，且同时发愿道：“我现今将王位交付于喜星，愿他能统领整个赡部洲，而且健康长寿，能以转轮王身份长久住世。待我成佛时，愿要我王位之喜星能成为我绍圣者，并获我授记。”

另有一婆罗门名欲妙，他向我索要双脚。我即以利刃砍断两足，且以清净心布施于他。

还有一婆罗门名护见，向我索要双目；而妙声婆罗门则向我讨要双耳；正明婆罗门又向我索取生殖器官；其余人众要我血肉等……我即令其各自割取，我自己则发心且作回向。

有一普行外道名叫泄奶，欲取我双手，我立刻用右手割断左手，至于右手则让其自行割断。我以清净心将双手布施于他，又为得无上菩提而作回向，此时我已浑身鲜血淋淋。我又发愿道：“若以此布施能获无上菩提，则我剩余身体亦希望众生能索要。”当时之国王、大臣、众生皆无悲心，忘恩负义又无真智慧，他们不怀好意地说：“已无身支，又丧王位，此肉团要它何用？”于是他们便以蔑视之态度将我肉身弃于城外尸陀林。

尸陀林中多有蚊蚋，吸血长嘴蚊便开始吮吸我血，所余身肉亦被恶狗、狐狸、鹫鹰统统瓜分。当时我用清净心再次发愿：“我将王位、身体全部舍弃，并未生一刹那后悔心。如我所愿能实现，则愿我身体能增长至大山一般，愿身体增长后，众生吃肉、喝血皆如愿。”以此愿力，我之身肉再度复生，终至高十万由旬，宽五千由旬，以此肉身于一千年中满众生愿。最终，我所舍弃的仅舌头也如现今灵鹫山一般广大，我也发愿愿得广长舌。

在我死后，我以发愿力于赡部洲夏瓦达之地转生为取藏龙王。转生当晚，我即可开取成千上万无数宝藏。当时我亦向大众宣布：“我于此处所开取之金、银等各种珍宝，你们可随意享用，只求大家都能行持十善道、趋入三乘法并发菩提心。”我如此共转生为七次龙王，并于无量时间中开取宝藏，令无数众生趋入三乘法而行善法。同时为得三十二相，我亦发愿。

与之相同，除此世界之其余世界中，以第二个世界为主之十方恒河沙数世界里，我于每一世界均以转生龙王七次之方式开取宝藏利益众生。

如来以精进猛厉心求三十二相而行菩萨行，除八菩萨以外，无人行持过。

无数劫以前，有一世界处青莲花恶劫，现今世界当时名为沙源，乃五浊兴盛刹土。我于四大部洲中为帝释善辨，眼见赡洲众生行不善业，我便幻变成非常恐怖、可恶之夜叉来到赡洲众人前。他们见到我后恐惧异常，颤声说道：“你之所求我们定会满足、供养。”我闻言即说道：“我欲食物。”他们便问：“何等食物？”我便趁机回答说：“我欲啖食人肉。除一生中断除杀生、邪见等十不善业，并趋入三乘法之众生而外，余众皆需被我食用。”言罢，我又幻变出一些众生，并将之吃掉，他们见后尽皆恐惧，于是各个发愿道：“我等有生之年再不造作十不善业，并于三乘法中发心。”我如是令四大部洲众生皆行十善，并趋入三乘法。

以我发愿力，于十方世界中，我均以罗刹之形象令众生行持善法。那时我以猛厉形象使众生行持善法，后当我于菩提树下金刚座时，因我曾以恐怖形象应世之故，受此业报，魔王波旬及魔众亦给我制造违缘。

善男子，我行布施波罗蜜多菩萨道时，获得甚深安忍、总持、等持、世间五通，使无量无边众生善根在三乘法中得以成熟。又供养无量无边佛陀，于每一佛陀前都得到如大海中水滴一般功德。此外，我还供养了无数声闻、缘觉、父母、具神通之仙人。过去我以自己血肉满众生愿，而今我用佛法满众生愿。”

劝请诸佛初发心

释迦牟尼佛宣讲完广度众生之善巧方便后，又开始叙说令诸佛初发心因缘。佛言：“我以佛陀之智慧现见微尘数十方世界中趋入涅槃之如来，是我令其初发菩提心，如东方花朵盛开刹土之无垢威严功德王如来、极喜刹土中之不动如来、瞻洲净水刹土之日藏如来等等。无量无边正在住世转法轮之佛陀，都乃我令其初发心，中行六度万行，并最终得以获我授记。”

正当释迦牟尼佛叙述经过时，花朵盛开刹土中无垢威严功德王如来法座震颤，众眷属皆问缘由。无垢威严功德王如来答道：“此乃娑婆世界之释迦牟尼佛正宣说过去发心经过所致。释迦牟尼佛当年也曾使我初发菩提心，实为我之善知识，你等皆应前往释迦牟尼佛住持刹土恭敬赞叹。”眷属皆欲前往，但不知娑婆世界究竟处于何方，便请教世尊。

无垢威严功德王如来即伸出手掌，五指放射万丈光芒，光中现出九百一十万佛刹中之如来，娑婆世界亦在其中。整个娑婆世界大地、天空，尽为菩萨、人天、龙王充满，连手杖也无地方放置。众眷属都目睹释迦牟尼佛正面向自己说话，便将之纷纷告知世尊。无垢威严功德王如来即说道：“释迦牟尼佛乃一切智智，娑婆世界大地天空中每一众生均看见释迦牟尼佛面向自己说法，因如来一种显色、形色，即能显现种种显色、形色。众生如信仰梵天、魔众、自在天，佛陀即能以此等形象、语言为众生宣说佛法。”

光显菩萨等菩萨众闻言即欲前往娑婆世界，稍后即向无垢威严功德王如来请问道:“娑婆世界现已遍满菩萨,若我们前去恐无立锥之地。”无垢威严功德王如来则回答说：“善男子，你们无需担忧娑婆世界空间大小，因释迦牟尼佛具不可思议功德，所住持刹土实乃广大无边。

释迦世尊过去以自己发愿力宣说三皈依、三乘法，并传授三乘戒律，又开示三解脱法，从而使无边众生脱离三恶趣并得三寂灭之道。正因其以前世发愿力做此等事情，故而欲往释迦牟尼佛以慈悲所摄之广大刹土就勿需担心。

释迦牟尼佛成佛后不久，一次为调伏众生，便住于明眼夜叉所居之芸香树山洞内，并以安乐、欢喜心跏趺坐七天。当时，释迦牟尼佛身躯遍满整个山洞，洞中连一四指大小空闲土地亦难找到。七日过后，十方大菩萨众一百二十亿为顶礼承侍如来且闻受佛法，纷纷来此娑婆世界之芸香树山洞口。此时释迦牟尼佛显示神变，所有亿万菩萨均目睹此山洞宽绰有余，便全部进入其中。在此广大非常之山洞内，每位菩萨均在佛前以各种幻变作种种供养。他们一一幻化出七宝所制成的宝座、宝垫，并在山洞内听受佛法。当这些菩萨结束闻法回归各自刹土之后，此芸香树山洞又恢复成原先模样。

四大部洲中有一具有智慧之帝释天，当时寿命临近终结，将堕旁生，他自己也感异常恐惧。三十三天八万四千天子与此帝释天便一同来到芸香树山洞，并坐于山洞附近。承释迦牟尼佛加持，帝释天此刻想到：我应使五髻寻香子以悦耳动听之妙音赞叹释迦牟尼佛，如此定会使如来出定。想到这里，帝释天便劝请五髻寻香子发美妙音声。蒙释迦牟尼佛加持，五髻寻香子马上拿起琵琶，用歌声乐音五百次赞叹世尊。如此做过之后，释迦牟尼佛便入妙音现前顶等持，以此等持集中整个娑婆世界中所有具足神通之罗刹、夜叉、非天、大鹏、人非人、大腹鬼、寻香者，以及欲界、色界天人。喜歌声妙音之众生听闻后生大信心；

喜赞颂之众生听闻对佛陀的赞叹后亦生起信心及恭敬心；喜笛声者则于听闻笛音后顿起信心。

释迦牟尼佛出定后目光直视山洞口，帝释天就上前请求道："我死之后当转生何处？"

释迦牟尼佛则说道："所有夜叉等众生可全部过来。"于是山洞中十二个恒河沙数夜叉等众生便全部汇集起来，山洞也随即变大，释迦牟尼佛就开始为其广宣佛法。中有眷属属声闻根基，便听到声闻法，九亿九千万众生因此获预流果；大乘根基众生则听到大乘法，五髻寻香子等一百八十亿众生从无上菩提中获不退转果位。这些众生中有发无上菩提心者，有发声闻、缘觉乘心者，帝释天智者也摆脱死堕畏惧，并延寿一千年，且最终从无上菩提中获不退转果位。

善男子，释迦牟尼佛住持之地就如是广大；如来法界坛城亦如是广大，且无人能测度；如来度众所用之善巧方便同样广大非常，边际无法衡量；如来身躯也非常广大，顶髻、身体任谁也无法测量。如娑婆世界众生能全部集中于如来体内，并从如来一毛孔中出入，即便用天人天眼也无法了知一毛孔之边际，此乃如来身躯广大程度。

另外，释迦牟尼佛刹土之广大，十方恒河沙数世界中所有众生如若全部到达娑婆世界，仍可轻松容纳，此皆为世尊前世发愿力所致。即便千万个十方世界所有众生都进入娑婆世界亦可包容无遗，更遑论十方？！此也为释迦牟尼佛初发心时发愿所致，故而刹土如此广大。因此，以上所说皆证明释迦牟尼佛超胜其他如来。

"善男子，你们应带月亮花前往已目睹之西方娑婆世界，代我问候、祝福释迦牟尼佛。"

无垢威严功德王如来即派秘宣、光显等菩萨两万余人，以如来幻变力使之一刹那就离开花朵盛开刹土。他们来到娑婆世界后，便按无垢威严功德王如来所说供养、赞叹释迦牟尼佛。

东方现喜刹土不动如来法座此时亦开始震颤，不动如来派出菩萨前往娑婆世界，住持其他东方刹土之如来也派出无数菩萨前来供养、赞叹。待将东方如来刹土名号叙说完毕，释迦牟尼佛又开始叙说南方诸佛刹土。

南方无忧刹土中有无忧吉祥如来，释迦牟尼佛对众人宣说道：“此无忧吉祥如来亦为我让其初发菩提心，中行六度万行，并最后得我授记。”同样，在叙说完南方无数刹土、佛号后，南方无量无边佛陀法座也开始震动，这些佛陀也如前所述那样派出众多菩萨前往娑婆世界。

待一切圆满后，释迦牟尼佛又开始宣说西方诸佛刹土名号：“从此往西有宝山如来住持之寂慧刹土，宝山如来也是我让其初发菩提心。”叙说这些如来时，他们的法座全开始震动，并且皆派众菩萨前来娑婆世界。

释迦牟尼佛再宣说北方、上方、下方、东南方等十方如来刹土名号：“比如从此刹土越无数世界，有一尊胜刹土，住持佛陀为多闻子芸香王如来。此如来亦为我让其初发菩提心、中行六度波罗蜜多，后得我授记。”宣说他们名号时，这些如来所坐宝座均开始震动，他们也派出众多菩萨前往娑婆世界。

总而言之，十方无数如来前之无量菩萨纷纷来此娑婆世界，所有佛陀都遣菩萨带花问候、祝愿，且赞叹道：“释迦牟尼佛曾为我等善知识，最初让我们发菩提心，中又令我们行六度万行，最后得其授记。如今他已成佛并为众生宣说佛法，我等皆至心随喜。”

等十方无量菩萨全部集中后，释迦牟尼佛随即显示神变，所有集中于娑婆世界之众生，每一身体都幻变成一由旬大，且遍满整个空间、大地。但此等众生除见释迦牟尼佛以外，所有一切均未看见，互相之间亦不曾目睹对方，唯见虚空无边，眼前之一切山河大地尽皆隐匿。

此时释迦牟尼佛入遍虚空净法等持，月亮花等各种供品皆经过释迦牟尼佛毛孔进入体内，娑婆世界所属所有众生均目睹此事，无量众生都远离心与心所，对应色法之分别念亦全部消失，众生全都专心致志用心专注于如来。众人就如亲见极乐花园一般，眼见如此众多之宝树，缤纷多彩之鲜花、琳琅满目之绫罗绸缎，再加妙衣、宝伞、胜幢、飞幡、臂饰、珍珠饰等等严饰花园之物，这些众生皆欲前往观瞻、赏玩。

所有娑婆世界中众生，除地狱、阎罗世界[13]、旁生、无色界众生外，此时全体进入如来毛孔中。释迦牟尼佛则收回幻化并且出定，众生相互之间已能目睹，于是便互相说道：“释迦世尊现在何方？”弥勒菩萨应声答道：“诸位有情，我等众生皆已进入如来体内，你们想必应已了知。”诸众生此时都看见身体内外，且全都现量见到一一众生在佛陀体内集中之过程。他们于是想到：“我们从何而入？何人吸纳我等？”弥勒菩萨便对在场所有眷属进一步解释道：“你们实应谛听，此乃如来不可思议幻化所变现。为利益众生，佛陀为我等宣说佛法而显示神变，你们皆应如理思维此理。”在场眷属听罢纷纷恭敬合掌。

释迦牟尼佛趁此机会向他们宣说能永远维持安乐之法门，同时讲了诸如：从轮回淤泥中获解脱、趋入八菩提支、行持一切智智、圆满如来自然本智、对一切众生生起慈悲心等发心之十种回向、诸法无我、心性无生灭等种种法门。如来体内恒河沙数众生皆因之而获无上不退转菩提果位，无数菩萨同时也获得总持、安忍等功德。

当众生从如来毛孔中出来后，大家均感稀有难得，于是便恭敬顶礼如来足下。他们为欲观察了知如来妙音坛城、身量具体之状况，就各自回到十方如来刹土中。至东方刹土中之菩萨虽已越过东方无数刹土，但释迦如来之声音一直回荡耳边，世尊言语之含义、音声历历在耳，如同近在目前。而如来身体亦无有增减，身躯遍满整个空间，诸菩萨、声闻又亲睹世尊一毛孔中都有无量菩萨声闻自在出入。与之相同，如来遍身所有毛孔中均有无数菩萨、声闻进进出出。

与东方诸菩萨耳闻目睹相同，南方及其他各方刹土中之菩萨也如是现量见闻所有进入如来体内众生皆从毛孔中出，此等菩萨便于如来前顶礼，又用种种语言、文字作各种赞叹，并坐于如来前。欲界、色界天人降下充满妙香与鲜花之雨，弹拨出动听美妙音声乐器，同时亦以宝伞、飞幡等物作为供品。

有一大菩萨名无畏正度在释迦牟尼佛前恭敬合掌后说道：“这部广说如来授记之经典当以何命名？”释迦世尊即告诉他道：“此经名

[13] 饿鬼。

为《如来趋入等持法门经》，也可称作《众多如来经》、《众多聚汇经》、《菩萨得授记经》，或《无畏得度经》、《大悲妙法白莲经》等。”

无畏正度菩萨又问道：“如有善男子善女人守持、念诵，甚至仅为人宣说一偈，此等善行有何福德？”释迦牟尼佛便回答说：“此经功德前已叙说，今再略宣。任何人听闻、读诵、守持、为别人宣说一偈，或于未来末法五百年时缮写、守持，所获功德不可思议，诸大菩萨十大劫中以六度万行所积福德亦不能与之相比。皆因此经能令许多众生心得以清净；能遣除天人、魔众、梵天、沙门、婆罗门、夜叉、龙、寻香、鸠槃荼、饿鬼等众生之嗔心与争斗，并能破除众生疾病及一切灾荒。依靠此经能使众生获得快乐；得无疾、无畏与安闲；且能断灭众生烦恼；增长众生善根；使他们皆得以摆脱三恶趣苦，从三恶趣中得究竟解脱，明了三乘道；并获总持、等持法忍，利益一切众生；能使众生未来安住于金刚座、降伏死魔、现证菩提、广转法轮；能令远离圣者七财众生得三十七道品；能令争斗眷属趋入无畏城市等等。以如此多之利益，我宣说如是法门。”

释迦牟尼佛言毕即暗自思忖：我把此等法门交付于谁？末法五百年时，谁能护持此法？此法实在胜妙无比，但谁能无有厌烦地于行持非法与破戒众比丘耳边宣说此法？谁能于贪执非法、被世间妙欲捆缚而随其轮转、已趋入邪道、尚未成熟等众生前，以无有厌倦心之态度宣讲此法？

正在思虑之时，在场眷属均已了知释迦牟尼佛之意趣，他们看见弥勒菩萨正带一夜叉仙人名福德王者前往释迦世尊前。释迦牟尼佛告诉夜叉仙人道：“大仙人，你应守持此法门。末法五百年时，你应把此法于具不退转善根菩萨耳边传授，你应令他们发不退转菩提心。”

夜叉仙人请求道：“世尊，我定当依教奉行，以我前世发愿力，过八十四劫后，我以夜叉仙人形象行无上菩提道。此时，我必使无量众生修四梵住，令他们获不退转果位。末法五百年时，我定会令众生守持此法门，任何众生只要守持一个偈子以上，我则定当使他们心相续得以成熟。”

以上所述皆为《大悲妙法白莲经》中所讲述的释迦世尊授记经过，仅以简单语句概括。我等众生皆应凭此忆念世尊功德、恩德，并应生起坚定不移信心。无等大师释迦牟尼佛以大悲心如是成为五浊兴盛众生怙主而成佛。如《宝积经·弥勒请问品》云："佛言：阿难，弥勒大菩萨行菩萨道时，便发心摄受具微薄贪嗔痴习气众生，并欲度化喜行十善之众生。他所发誓愿为："于此刹土中成佛实乃善妙！"未来当众生贪、嗔、痴等烦恼较微弱，且行十善道时，以他发愿力，弥勒菩萨会现前无上圆满正等觉果位。

阿难，我过去行菩萨道时就发愿欲于五浊兴盛世界中，当众生贪嗔痴心较粗大、三毒烦恼猛厉、贪执非法、贪心尤为炽盛、守持邪法、不孝父母、不悌兄长、夫妻不和、亲友反目、不满圣者、对上师阿阇黎不恭、损恼自他、身形龌龊、野蛮愚蠢时示现成佛。"如能在此等恶性众生中成佛实为胜妙"，此乃我当时所发大愿。

如此世间也被我选中，我仍以大悲心住持刹土，以大悲心在这些众生所居之城镇市邑、村落王宫中宣讲佛法。于此过程中，我恒遭诋毁，常有人以难登大雅之堂之恶语诟骂。阿难，有人说我持断见；有人说我持常见；有人又说我沉溺众多眷属中。当我前往在家人中去时，有人心怀不满地向我投掷泥土；有人施我以有毒之食；有人欲用火焚烧我……即便后来我已成佛，仍有众生谓我与女人行不净行，妄图以美女为工具毁谤我。阿难，我依然以大悲心发愿，愿在大悲心所摄下，面对如此之众生仍照讲佛法。

阿难闻言请求道：世尊以大悲心调化此类众生的确难能可贵，肩负任谁也无法挑起之重担，真乃辛苦劳累。"

三、布施品

大悲尊者太子以身饲虎

除此而外，无等大师释迦牟尼佛为自他希求无上智、行菩萨道时，所作六度万行实难数计。

无数劫前，赡部洲有一马车国王，统领小国五千。释迦牟尼佛那时转生为马车国王最小太子，名大悲尊者太子。一次有老虎母子俩前来，二虎均饥渴难耐之时，母虎便欲食子。大悲尊者太子见状悲心顿起，便以树枝刺穿自己，以自身鲜血供母虎舔舐。母虎喝过太子血后稍长气力，太子就又用自己身肉喂饱饿虎。以此缘故，大悲尊者太子即刻圆寂。

另据史料记载，为利益众生，释迦牟尼佛曾前往兜率天为母说法。

月光大国王布施头颅

久远以前，释迦牟尼佛于赡部洲做月光大国王，那时国王身体有光，似天人一般美妙，且具足显赫权势、广大财富。一次，国王心中想到：我因前世所积善业方得以安享今世荣华富贵，因此我应励力再造善业。想罢便广告天下言自己欲布施国库财富，将饮食、衣物、珍宝、妙药尽皆施予，所有众生均可各取所需。如此布施令国中百姓皆与国王一道分享财富、安居乐业，月光大国王名声也因之传遍整个大地。

此时边地也有一小国王名西马森，西马森国王闻听后即心生嫉妒。

他向国师普行外道询问道：“如若月光大国王不消失而继续存在，则他名誉定会超胜于我，我之功德权势将全部隐没。你们有何良策应对？”这些普行外道听后就纷纷说道：“此月光大国王以慈心如对父母一般对待众生，我等根本无法伤害他。”国王听后心生不悦，就立刻宣布道：“有能将月光大国王头颅砍下交与我者，我定将一半王位奉送于他，并将公主赐予他作妻子。”

当时住在山岩中之一凶目婆罗门，听到消息后就答应说自己可担当此任。他于是在七日中苦修护身咒语，又从西马森王那里携带一些口粮，就向月光大国王治下国家奔去。

此时月光大国王国土出现大地震动、流星陨落等种种恶兆，诸大臣也连做恶梦。此时，护城天女见到凶目婆罗门前来后立即使之陷入疯癫状态，且阻止其进入本国。

当时有一净居天人于月光大国王梦中说道：“你圆满布施波罗蜜多之时机现已成熟。”国王醒后即派大臣大月亮到城门口对护城天女捎口信说：“若有人前来万不可阻挡，应使其顺利进城。”大月亮大臣到达城门时，天女显现身体对大臣说道：“有一外地婆罗门欲以恶行断国王头，我未让其进城。”大月亮大臣随即说道：“你所言正是，此人确实能造大违缘，但国王愿意让他进来，故而我等不应抗命。”护城天女无奈之中只好放其入城。

大月亮大臣做七宝质地之头颅五百个，希冀以此劝化凶目婆罗门勿断国王之头。怎奈凶目非要亲取国王头颅，百般劝请亦不听从。他直入王宫后立即索要国王头颅，而月光大国王竟以欢喜心答应，且约定七日后将头颅交付于他。眼见如此景象，大臣大月亮、王妃持地母皆因痛苦揪心以致昏厥而死。于其死后，两人均转生梵天界。

月光大国王则向整个国家宣布道：“欲看我布施头颅景观者均可前来。”于是，众多小国国王与臣民便全部集中起来，祈请国王万勿布施自己头颅。但国王心志已定，绝不答应。当其卸下王冠之时，所有世间众人之冠帽全部掉落于地。

城中后方有一宝藏花园，花园中有一瞻匐树，国王就将头拴于树上，且对凶目婆罗门说道：“砍断我头之后务必将头交与我手上，我要亲自送头给你。以我布施功德愿一切众生皆获无上圆满菩提果。”

当凶目婆罗门挥剑正欲砍时，树神发威猛击凶目一拳，凶目顿时扑地。国王便对树神说：“我之头颅于此树下已布施过九百九十九个，加今此一回，正好一千。请勿对我行布施波罗蜜多、得无上菩提果位制造违缘。”树神听罢只得又使凶目复苏。

国王发此大愿之后，凶目婆罗门便砍下王头，大月光国王死后立即转生遍净天[14]。

当时大地六次震动，人、天众生痛苦之泪如大雨倾洒，天人又降下花雨，整个世间大地自然传遍月光国王布施自己头颅之消息。

西马森国王听到后，因感月光大国王名声更远胜以前，便气绝身亡。凶目婆罗门走后，所有小国臣民、王妃，以及余众皆啼泣哀号。有人悲痛至死，有人昏倒在地，有人捶胸顿足、撕扯自己头发脸目，所有人众均痛恨凶目，并殴打之。凶目携头上路，岂料月光国王头颅于路上开始腐烂，臭气远播，无法携带，凶目只得弃头而走。半路上又听闻西马森死讯，更是失望至极，随即吐血而亡。西马森、凶目二人死后，直堕大地狱；为月光大国王而啼泣至死之人则全部转生善趣天界。

西马森国王即是现今之魔王波旬，凶目婆罗门即是现今之提婆达多；大月亮大臣则为舍利子，持地母则是目犍连。另据《报恩经》记载，有一大光国王布施自己头颅之公案与此公案也大致相同。

大布施取宝利众

久远以前，此世界为一大国王统治，其上师名为婆罗门烈卓达，受到众人爱戴恭敬，财富广积同于多闻天子。释迦牟尼佛那时为婆罗门之子，名大布施，年岁尚小时便相貌端严、具足相好，且精通一切学问及技艺。因他财富非常圆满，一次出门赏玩时看见贫穷

[14] 遍净天：三禅天之上层。生于此中诸天，世间禅悦最极净妙圆满，故名遍净。

困苦者后便生悲心。回家以后就对父母请求能允许自己广行布施，蒙父母开许后便行广大布施。他将库中三分之二财物尽皆施舍，只余三分之一时，管理仓库者便告之于大布施父母：“万勿再行布施，否则定会使仓库空虚。”父母因感羞愧而不愿当面数落儿子所为，便对仓库管理者说道：“我们无法直接明示，你可关闭仓库大门，对其言我忙于事务，不为他开门便罢。”

结果当大布施还欲广行布施时，因库门紧闭已无法满足乞讨者愿望。大布施心中暗想：管理仓库者不开门也许是受父母吩咐，况且儿子把父母所有之仓库全部布施也不应理，我最好能想一万全之策以得到如意财宝，如此便可把无量财富布施与无数众生。想及此，大布施便到众人前询问有何方便可令自己如意布施。如是问时，有人说你欲得财定需耕地，有说步行可积财，有说经商能致富，亦有人言取宝需向海中去。大布施内心思索：如我行耕地等事务恐不合适，最好之策当以前往海中取宝为上。大布施想完便向父母请求开许，父母恐其一去不返便坚决不同意。大布施便以决绝态度在父母面前斩钉截铁说道：“如我不能实现此种愿望，则我必将不吃不喝、长伏于地、在你们面前誓不起身。”言毕即按其所说，于六日之中绝食明志。

父母先以种种好言善语迭相规劝，奈何大布施心意已定，绝无妥协之意。万般无奈之下，父母不得不听之任之，大布施此时方才进食。

他与五百人便相伴前往海中取宝，走至路途中间就遇上强盗，全部钱财被洗劫一空。又走至大西巴城时遇一婆罗门嘎西拉，大布施便往其家向其讨要三千两黄金。当大布施张口要金时，嘎西拉家一金色美女闻其声后非常高兴。此金色美女头发呈蓝色，已有四千国王太子欲娶其为妻，但家人皆不赞同。此时金色美女于门口听到大布施声音后，便对父母说：“我愿为此人之妻，他乃为我丈夫。”待嘎西拉打开门后一看，更见大布施身相庄严、与众不同。于是当大布施讨要三千两黄金时，嘎西拉便将黄金与女儿一起赐予大布施。大布施则说道：“如我能从海上顺利归来，我则可带此女人一同归家。”嘎西拉便将三千两黄金及其他路途中所需物品、资具一一备齐交与大布施。正当大布施于岸边即将登船之际，嘎西拉对其又千般叮咛道：“你去海中取宝定有利益，但同时亦含藏风险，你务必千万小心。”大布施点头答应后便登船起航，直往海中驶去。

众商人一路同行，其间大布施因精通探宝术而屡屡通过观察发现众多珍宝。众人从海中捞取后堆放于船上，各种奇珍异宝竟挤满整个船舱。眼见所获甚丰，众商人便欲归去。大布施则独排众议说道：“从龙宫获取如意宝前决不归家。”商主们听后心里非常痛苦难受，便对大布施说：“你若不回，我们也不肯回去，不如我们一起漂泊四方。”他便劝解他们道：“你等实不该如此，你们理应归家，我发愿定加持大家顺利回去。”大布施说完便手捧香炉供养四方，并说谛实语，以此功德愿众商人皆得以顺利返回赡部洲。

大布施则继续向龙宫进发。他先于水中探寻七日，此时水已漫过双膝；过七天，水淹大腿；又七日，水已浸到腰际；再七日，水过双肩。大布施随即在水中游弋七日，后终抵一山下。他又手攀草木、脚蹬悬崖，爬行七日后到达山顶。于山顶休整七日后，大布施又用七日爬到山下一河边。河里清晰可见毒蛇缠绕之金色莲花，他当场就以跏趺坐入慈悲等持，顿息毒蛇嗔恨心。之后，他足踩莲花又行七日，安稳越过毒蛇阵营。

路途之中又逢罗刹，罗刹觉察到人味袭来立刻猛冲上来。大布施悲心大发，罗刹便转而以温和语气问道：“大士，你从何而来？又欲往何方？”他回答说：“我欲取如意宝。”罗刹闻言心中暗想：此人定有大福报。但如此步行恐始终难以到达，因路途实乃太过遥远。加之一路奔波劳累，我应予他一些方便。作是念已，罗刹便将他带上虚空，过四百由旬后又放至地面。

大布施再继续前行。走不多远，便见一白银宫殿，他当下想到：这里必是龙宫。

当他向龙宫迈进时，忽然发现龙宫外面有一七层大坑，内里遍布毒蛇。他又发慈悲心，再次息灭毒蛇嗔心，然后踩于毒蛇上径向龙宫挺进。刚要进门，就见龙宫门口有两条巨龙守卫，缠绕迤逦，头置于地。

两龙抬头见到大布施后，立即准备施放毒气。他则慈心顿发，两龙倏忽低头而眠，他乃得以踩其头而入。

进得龙宫就见一龙王住于七宝宫殿中。龙王见到来人后恐惧、紧张非常，心中想到：我宫殿外有七层毒蛇大坑，任谁也无法进入，此人到底是谁？龙王边想边起身迎接，恭请大布施坐于宝座之上，并供养各种饮食，然后便询问其来此缘由。

大布施回答道："赡部洲众生因生活穷困而屡造恶业，死后必堕恶趣中。我为他们而生悲心，万里迢迢赶赴此地只为向龙王索要如意宝，因如意宝能以满众生愿而利益众生。以此寻宝福德，愿我究竟成佛。望龙王能满我愿。"

龙王应声答言："此如意宝稀有难得，你既为寻宝而来，理应于此小住一月。我供养你全部日用所需，如你能为我说法，我定将如意宝奉献于你。"

大布施于是同意讲法，龙王则每日供养种种上妙饮食、乐器。他于一月之中为其宣讲四念住法门，传法完毕便欲离去。龙王就以欢喜心从头上卸下如意宝送与他，且庄重发愿道："待你成佛时，愿我能做你最好的侍者。"

他拿到如意宝后便问龙王："此宝到底有何功德？"龙王回答说："此如意宝在二千由旬之内能赐予你一切所需。"大布施言下心中暗想：这如意宝虽具大功德，但还不足以满我愿望，我当再去找寻。

与龙王和眷属告别后，大布施又独自踏上探宝之旅。

走过一段路程又来到一座蓝宝石龙宫前，如前一般，龙宫前有一七层深坑，毒蛇遍布其中，宫门口两条巨龙缠绕迤逦如故。大布施又以慈悲心息灭毒蛇、巨龙嗔恨心，踩其头昂首进入龙宫。

此龙王如前龙王一样起身相迎、恭敬有加，他于是又向这位龙王索要如意宝。龙王趁此机会请求道："希望你两月之内为我宣讲佛法，我供养你一切日用所需。传法结束时，我定当奉献如意宝。"他就于两月之中向其传四神通法，随后龙王就将能在四千由旬之内赐予所需之如意宝供养他，并同时发愿道："愿你成佛时，我能做你最好的侍者。"

大布施心中再次想到，此如意宝虽较前功德增上一倍，但还是不能满其所愿，便又继续向前找寻而去。经过一段时日后，他最终看见一黄金龙宫，外面依然有一七层遍布毒蛇之大坑与两条巨龙缠绕守护之宫门，大布施以渊远不竭之悲心，第三次息灭毒蛇与巨龙嗔心。进入王宫后，龙王恭敬请法如前。结束对其四月传法后，龙王将顶上如意宝奉献大布施，并发愿道："待你成佛时，愿我能成为你最好的侍者。"龙王并且说明此如意宝能在八千由旬内降下珍宝和一切所需。大布施至此方感心满意足，他心下暗想：赡部洲方圆只有七千由旬，如意宝此回满我愿矣。

他拿到如意宝后便用布包裹准备返回，此时诸大龙王与眷属皆来相送。大布施手捧三如意宝发愿道："如此三宝实为真正如意宝，则愿我即刻飞上天空。"

大布施言毕立即直飞入天，越过大海直抵岸边。上岸后因连日奔波劳碌、略感疲惫就随地而眠。海中诸小龙看到后就商量说："我们所居大海中，如意宝仅此三枚，岂能让此人全部携之而去？我们应窃回此宝。"商量完后，诸小龙就悄悄偷走此三枚如意宝。

大布施醒来发现如意宝被窃，心知此举定是海中小龙所为，于是发下大愿：宁可竭尽全力舀干大海之水，也要讨回如意宝，决不空手而回！

他于是开始日日以一龟壳往岸边舀水，海神测知大布施想法后就劝说道："大海深广无边，有三千三百由旬，即便赡部洲全体人众齐来舀水亦无法舀干，你又如何舀尽？"大布施意志坚定地回答说："一人如能持之以恒以精进心行事，则任何事皆可成办。何况我用珍宝不为自己，只为利益众生，并以此福德欲证佛果。如此心永不退转、永不怯懦，大海为何不能舀尽？！"

当此之时，遍入天等天人从远处观见大布施为一切众生而舀干大海水之苦行后，心生感动，互相纷纷辗转相告，最终所有天人相伴齐来大布施前。看到他精勤不辍、勉力舀水之时，众天人各个脱去天衣扎入大海中。等其第一次从海水中浮起时，大海分明下降四十由旬；

待其第二次出入后，海水又下降八十由旬；第三次时，海水则降低一百二十由旬。

此时众小龙均感恐惧，便至大布施前请求道：“祈请你万勿舀干大海。”他这才停止舀水。小龙们又问他：“你要此如意宝究有何用？”他则说道：“我乃为利益众生而需用此如意宝。”众小龙随即反诘说：“你为利益众生需用如意宝，岂不想我们大海中亦有众多众生，为何偏要将能带来利益之如意宝只让你拿去？”大布施闻言反驳说：“大海中众生尽管也属众生，但绝无贫穷痛苦之忧；而赡部洲众生因穷困所致，为财富不惜互相损害、造作十不善业，如此一来，他们死后必堕地狱诸恶趣中。故我才生大悲心，要用此如意宝满足赡洲众生所愿。”

诸小龙闻已释怀，便取出所藏如意宝供养大布施。海神亦发愿说待大布施成佛时欲为其侍者。他就又带着如意宝飞向虚空，并终回大西巴城。问城中诸人原先一同探宝之同行商人去向，答言均已安全归来，于是大众皆感稀有难得。

大布施又来到嘎西拉家门前，众人都欢呼雀跃道：“大布施已从海上归来！”嘎西拉也感高兴非常，随即就为他及以前同行之众商人举办盛大宴会，为其接风洗尘，大布施此时则用如意宝顷刻充满嘎西拉钱库。嘎西拉命以种种珍宝严饰之美女手捧珍宝水器为他沐浴洗脚，并将此美女也赐予他，大布施则随顺接纳。嘎西拉婆罗门欢喜异常，又将女儿及五百女仆赐予大布施，并及五百头以珍宝装饰之大象，再加各种能出欢乐音声之乐器，一并交与大布施后，方才依依惜别。

大布施率众回归故里，到家方知父母思儿心切，自从儿子离开后一直伤心哭泣，以致哭瞎双眼。大布施以虔敬心恭敬顶礼父母，当其手握父母双手时，父母方知儿子已归。父母埋怨道：“你离去之后，我们已哭瞎双眼，不知你从海中到底获得何种宝贝？”

大布施便将如意宝放于父母手中，且欣喜说道：“我已觅得如意宝。”父母手拿如意宝不屑说道：“此等石块遍满我家仓库，你却为之不惜千辛万苦、冒死寻觅，所作所为有何意义？”他也不辩解，只用如意宝擦拭父母眼睛，父母双眼即刻便似风散乌云般双双复明。父母高兴不已地说道："此乃真如意宝，果然能遣除一切烦恼疾患。"

大布施此刻手捧如意宝发愿道："愿父母脚下能生宝垫，头顶变出华盖。"发愿已，宝垫、华盖皆如愿生出。大布施又以如此发愿令家中仓库全为宝物充满。

国王此刻便派人骑能走百千由旬路程之大象向大众广为宣告："赡部洲所有大众，大布施已从海中取回如意宝，再过七天，众人便可随意享用一切财富。"

大布施沐浴更衣之后，在清净草地平原上将如意宝置于胜幢上，手拿香炉发愿道："赡部洲众生恒处困厄穷苦中，我必须饶益他们。如此如意宝真实不虚，则愿天降众生各自所需之财物。"话音才落，四方狂风骤起，飞沙走石刮走大地上所有不净之物。然后降下雨水，接着又开始降下百味甘美饮食，随即又落下粮食、妙衣。最后则降下珍宝雨，整个赡部洲大地遍布珍宝，如同满地石子、瓦片一般随处可见。

正当众人心满意足之时，大布施谆谆开示道："因大家生活贫困、造恶不止，恐你等日后堕入恶趣，我方发大悲心历尽千辛万苦、冒死赴海求得如意宝珠。故而你等实应心生安乐，且将身、口、意全部投入行持十善道中去。"他如是千方百计劝请大众行持十善法，以此因缘，赡部洲众生多有死后转生善趣天界者。

大布施之父母乃现今净饭王、摩耶夫人；而白银龙宫龙王为舍利子，蓝宝石龙宫龙王为目犍连，黄金龙宫龙王为阿难，他们三人那时全都承侍过大布施；海神则为后来之芒嘎巴尊者。其他佛经中所记载的后成为世尊之义成王子前往大海取宝经历亦与此叙述吻合。

善义太子为众取宝

很久以前，有一宝盔国王统领五百小国，娶有五百王妃。怎奈妃子虽多，但皆无育有子嗣。情急之中，宝盔国王便多方祈请日、月天神，不过种种手段最终均无济于事。国王内心焦灼万分，痛苦无奈当中日夜揪心：自己百年之后如无太子继位，国必大乱。忧心如焚之际，一日于梦中，一天人托梦给国王道："如欲求子，当前往王宫外之园林，那里有两位仙人，其中一位遍体金色，你即可向他祈祷，他则会变现为你之太子。"

国王急速赶往仙人住地，找到仙人后按天人所述至诚祈请一番，仙人终于答应可于死后转生为国王太子，另一仙人也说愿于死后转生为国王太子。国王高兴难抑地说道："希望如是，但愿如此！"

金色仙人死后不爽前约，即刻入于国王大王妃胎中，九月怀胎过后，大王妃产下一遍身金色太子，头发呈现蓝色，相貌非常端严。宝盏国王为新生太子行盛大贺诞仪式，并请看相师观察占卜太子命运，看相者仔细端详后为其取名善义。此时另一仙人也于死后入于另一王妃胎中，待其生育后，国王同样为之举行贺诞仪式，并请看相者为其取名恶义。

善义太子长大后精通十八种学问，一日请求父王能允许他到外面玩耍。得父王开许后，善义则以大威风出宫巡游，众人皆争相前往观瞻。目睹太子风采后，众人均赞叹善义威严实如梵天。而善义则趁出游之机亲眼目睹众多贫穷者、着破衣烂衫者、杀生者、耕地者、渔夫及猎人。善义问其何以从事此等营生？这些人回答道："我们生活贫穷无着，实在难以维持生计，万般困窘中只得做此低劣活计。"

太子闻言心中难过不已，对他们之悲惨境遇自然流下伤心泪水。他在心中感叹道："呜呼！此等众生命运可谓从黑暗到黑暗，永无光明之期，真乃可悲可叹！"

回宫后，他便请父王作广大布施，蒙国王开许后，便广行布施之举。及至仓库布施至只剩三分之一财物时，仓库保管者便请求宝盏国王停止太子如此布施。国王便以方便法令其关闭库门，如此一来，善义则无法再满足广大众生求乞之愿，他便想依其他诸种方式随意满众生之愿。此后之种种经过，诸如询问众人、想去海中取宝等等，皆与前文所述大布施经历大致相同。

五百商人与一老年商主，尚有善义太子便一同前去海中探宝。恶义此时则想道：我也要帮兄长前去。宝盔国王则想如若派别人陪同太子，还不如派弟弟帮助哥哥，便同意恶义前往。善义就取了三千两黄金以作盘缠，一千两补贴日用，两千两用于救急。

出发之时，国王、王妃咸来送行，当其离开本地正欲扬帆出海时，所乘轮船开始依次砍断系船绳缆。此船由七根绳子拴在岸边，每天都有人大声宣告："大海航行危险异常，种种险难不一而足。自古以来去者众、回者寡，故而所有尚有疑虑之人均可自行离开。如不顾及身家性命、父母家庭敢到海中取宝者，所取宝物定可使本人七代当中财富圆满。"此番话语每天皆宣读一次，并砍断一根缆绳。连续七天后，绳断船启，轮船飞快驶离岸边，前往海中行去。

到达宝洲后，因善义王子精通探宝术，他就指导众人如何寻觅宝物。众商人随后皆安顿于宝洲，善义则与老商主划小船又驶往别处。

当他们越过金、银、蓝宝石山下，抵达金沙后，老商主告诉善义道："我已无力再往前行，恐必死于此处，唯愿你勇往直前，直抵七宝所成之龙宫大殿。如大门紧闭，则可取门上金刚杵用力敲开，那时门内五百天女皆会一一供养你珍宝。其中有一天女会供养你蓝色珍宝，此乃真正如意宝，得到后万勿舍弃，定要将之带回。其他美女所供养之珍宝亦需带回，且需牢记切勿与众人提及此事。我死于这里后，望你莫负我恩，请将我一把朽骨埋于金沙之中。"

老商主言毕命丧，按其吩咐，太子将他身躯埋于金沙里。然后善义又循其指示，直往前行。终至七宝龙宫后，他用门上金刚杵敲门，五百天女应声而出，其中一天女果然将蓝色珍宝供养于他，善义将之包裹于布中带回。

恶义太子此时正令其余商人多携珍宝准备回家，结果因贪心所致，船载过量，行于大海之上时，一遇风浪即东倒西歪、时沉时浮。多亏善义带有如意宝才未沉于大海，其余商人则几乎全部溺于水中。恶义顿生恐怖，抓住善义连喊救命，善义就帮他安稳过海。恶义上岸后惊魂未定地说道："我们兄弟离父别母前往海中探宝，如今珍宝未得、同伴已死，空手而返岂不大煞脸面？"善义本乃一心性淳朴之人，听罢弟弟所言，为安慰恶义，使之不至于过分沮丧，善义就将老商主临终遗言对弟弟和盘托出："我们其实已得如意宝，有何羞愧难当之处？""此话当真？"恶义欣喜若狂："如意宝到底是何等模样？能否让我端详？"

哥哥便从布里取出如意宝交与弟弟仔细观看，恶义看罢贪心大长，内心愤愤不平地想到：父母原本对我就不如对兄长那般关爱有加，如果我空手而归，哥哥却携宝返回，他们定会更加鄙视、恶劣待我。不如趁哥哥熟睡之机将之诛杀，我自己携宝面见父母，到时只说兄长已被淹死即可。想到这里，恶义就对哥哥说道："若两人带着如意宝休息恐不安全，不若一人佩戴其睡觉时，另一人巡视，二人轮流，不知你意下如何？"善义便同意了恶义所提建议，两人开始轮番佩戴、巡逻。恶义睡眠时故意长卧不起，以致善义看守、巡视颇费时间。待到兄长安眠时，因劳累过度便沉沉睡去。趁其熟睡之机，恶义以遍布荆棘之两根树枝突然刺入善义双目中，然后带上如意宝仓皇逃窜。

善义太子惊恐非常，大声惊叫："有强盗！有强盗！"但荒山野外无人知晓。后有一树神告诉他道："抢走如意宝之强盗正是你弟弟恶义太子。"善义心痛、眼痛，一时悲痛难忍。他只得边爬边走，后至一处名为乐西瓦之地。到达时，正逢一牛群，约五百头左右。群牛中有一极聪明牦牛，又善解人意，知道太子眼痛后就用柔软舌头舔善义眼睛，其他牛见状也渐渐围拢过来。放牧者看见后急忙赶过来，只见一人眼里插着两支树枝正痛苦不堪。放牧人便缓缓将树枝拔出，又将太子带回家中，喂以牛奶、敷以牛油，悉心照料，善义病情基本好转。善义于是对放牧人说："我现在欲离开这里。"放牧人不同意。待王子眼睛创伤完全痊愈时，善义就对放牧者说道："我现在欲往城市方向去。"

牧人于是送其至城边，善义则要求说："我以后生活无有着落，你可否送我一件乐器？"牧人便交给太子一件乐器，太子从此便于街头巷尾以卖艺为生。因其技艺高超，所弹乐曲美妙动听，人们就常常将各种物品、饮食送与他，以致城中五百乞丐都依赖他得以生存。

一次，一看管王宫外园林之人前往城中，听到乐声后内心非常欢喜，便问眼前之盲眼艺人道："你能否到我们那边看护园林？"善义闻言满怀哀痛说道："我乃一盲人，如何看管园林？"来人善意解释道："你眼睛虽失明但无关紧要，你可手拉系有铃铛之绳子，一闻鸟鸣即刻拽绳，如此行事即可。"善义听后方才答应下来。

此时恶义已回到父母身边，宝盏国王问他为何丢下善义。恶义回答说："兄长与诸商人都已沉溺于水中，幸我会水才得逃脱，否则必死不疑。"国王、王妃听罢即刻昏厥倒地，所有臣民闻听太子死讯后也哀哭不已，众人均对恶义说："你若似善义那般死去才为善妙。"

善义曾育有一只天鹅，宝盏国王此时便在天鹅脖颈上系一纸条，放其四处寻找太子。此天鹅飞越众多地方，最后降落于善义所居之园林。听到善义所发音声后，天鹅急急赶去送信。善义听到熟悉亲切之天鹅鸣叫，于是取下天鹅颈上信件请别人代读，至此真相终于大白。

太子给父王回信写道："恶义用长满荆棘之木棍刺瞎我双眼后抢走如意宝。"写完就将此纸条系于天鹅脖颈上。

当时乐西瓦国王有一公主，相貌美妙秀丽、倾国倾城。她一日到园林游玩，看见善义太子头发零乱、衣衫破烂、满面泪水坐于树下行乞。尽管如此，公主仍一见倾心，贪心顿起，撇下众人不顾，只愿陪同太子说话。日近中午，国王派人唤公主回宫用膳，岂料公主答言："将午饭送至此处，我不回去。"等侍者将饭送到，公主便对善义说："我们一起用餐可好？"

太子诚挚说道："我乃一瞎子，又是乞丐，与公主吃饭实不应理。如国王发现，定会降罪于我。"而公主则再三劝请道："如若你不与我共进午餐，我也绝不进食。"善义无奈只得与公主一起用餐。

二人一直叙谈，公主对太子之贪心更是愈益强烈，久久不愿离开太子身边。直待日薄西山，国王再次派人催请公主回宫，公主此时便回答说："我欲与此看园人共同生活，我不会再喜欢任何人，只对他留意。望父王勿改变我心，也勿干涉，敬请开许。"

国王听到女儿所言内心十分尴尬，虽不好当面制止，但确感离奇稀有。国王心想：我原本欲将公主许配于宝盔国王太子，怎奈太子一直未从海上归来。谁料我家公主偏偏选中如此一名乞丐，真为我高贵种姓丢脸，叫我以后如何在众人面前抬头？国王于是再三派人催请公主回宫，但公主心意已定、拒不听从。国王无可奈何之际，兼以平日对公主宠爱非常，最终只得将二人接至王宫，且允二人成婚。

公主婚后经常昼出夜归，善义日久生疑，便对公主说："我们已结为连理，奈何你整日早出晚回，让我不得不起怀疑。你是否心上另有其他中意男子？"公主坦然答道："除你之外，我心中无有任何其他男子，如你不信，则愿我话语之真实力能使你一只眼重新复明。"公主话音刚落地，善义一只眼顿时恢复如初。

善义以前从未对人谈起过自己，二人共同生活后不免相互之间多有询问对方身世。一日，公主问道："你父母亲属尚健在否？你是何地人氏？"善义答言："不知你是否听闻过宝盔国王大名？"公主答以"听说过"。善义坦白承认说："此宝盔国王就是我父王。另外，不知你是否又听闻过善义太子？"公主再次答以"听说过"。太子便将实情完全告之："你既已听说过，那不妨将真相告诉你，善义太子就是我。"公主听罢惊讶万分："你既为善义太子，又为何落此痛苦境地？"王子便将前后经过细细道来。公主听后就问道："恶义对你迫害至此，整个世间亦难以想象。如你们兄弟二人再度相逢，你欲如何处置弟弟？"善义挥之一笑答道："弟弟刺瞎我双眼固然不对，不过我无一丝一毫仇恨及报复心。""他对你这般残忍。你居然还以欢喜心对之、无有嗔恨，实难让人相信。"公主惊讶语气更胜刚才。太子则坚定发愿道："如我对恶义无有丝毫不满之态度确属真实，则愿我另一只眼也即刻复明。"太子刚刚说完，以话语谛实力，眼睛瞬间就恢复如初，且相貌较前更为庄严。

公主内心欢欣无比，立刻就往父王处奔去。一见父王就问道："父亲，你是否知道宝盔国王太子善义？你与他是否相识？"国王回答道："当然相识。"公主便说："你想不想见你相识之人？"国王略显惊讶地问："我想见他，你是否知道他在何处？"公主满心欢喜地说道：

"我夫君正是善义太子。"国王听罢哈哈大笑，以讥讽神色对女儿说道："小公主你是否头脑错乱？胡思乱想有何意义？善义太子一直杳无信息，眼前乞丐岂能冒充善义？"公主正色答道："父王如若不信可亲自前往鉴别。"

在公主鼓动下，国王终至善义面前。一睹双目复明之善义，立即确认此人即是太子无疑。国王诚惶诚恐伏于太子脚下请罪道："我未能认出太子实乃惭愧至极。"

于是众人假装太子刚刚从海上归来，便将善义拥往大街之上，四处宣扬说："善义太子真正从海中归来矣。"诸王公大臣齐来迎接，将王子接入宫内，又重新把公主正式许配于王子，使之公开、真正做王子妻子。

此时，带有王子所写纸条之天鹅已飞回宝盔国王宫里，宝盔国王见信后方知善义尚活于人世，深感欣慰、庆幸同时，就将造孽者恶义关进监牢。宝盔国王立即派人前往乐西瓦国，并语于乐西瓦国王道："我善义太子据说在你国家内正受大痛苦，你们以前未将太子送还已铸成大错，现今应即刻将太子与大象、骏马等一并送回，否则我定将亲赴你国收拾你等。"

这时，善义太子又回忆起牧人救疗之恩，便与乐西瓦国王协商，赐予他众多骏马、大象、衣物、田地、牲畜、金银财宝及仆役，如此多之奖赏足够牧人一辈子尽享幸福生活。

乐西瓦国王又将五百头珍宝严饰之大象、五百名仆人、五百名仆女、五百架马车一并赠与善义太子，国王自己则和诸位大臣及成千上万臣民以种种乐器，极尽炫耀威风之能事将他们送回。

派出之人先回宫禀报，宝盔国王与王妃闻讯后双双出宫迎接。见到父母，善义立即从马车上跳下，恭敬顶礼双亲。随后又执父母双手问讯请安、祝福问候，三人一同在欢迎乐器声中喜回王宫。

途中，善义问道："弟弟恶义现在何处？"父母愤愤答言："已被关在牢狱。"善义听罢就恳求父母能将弟弟释放。父母大惑不解地说："他自己犯下大错，如何能放？"善义坚持说道："如不释放弟弟，我不愿再回王宫。”父母无奈，只得传令释放恶义。

恶义从监牢获释后，径直前来迎接兄长。兄弟二人见面后热烈拥抱，关系更胜从前。善义太子愈加慈爱弟弟，众人均感稀有。

善义回宫后问起弟弟如意宝之事，恶义回答道：“回来路上，我将之埋于地里。”善义于是让恶义取回如意宝，但恶义却未能找到所藏如意宝。二人便一同前往，一到埋宝之地，善义就发现了如意宝。

回到王宫后，善义赠与五百小国一国一个小如意宝，自己则留下那枚真正如意宝，并以之发愿道：“愿父母脚下、头顶能生出宝垫、宝伞。”以如意宝之力量，果如其愿。他又发愿道：“我以前从国王、大臣宝库中所取财物，以此如意宝之力，愿全部圆满补齐。”言毕即用如意宝往宝库方向一指，整个宝库顿时被珍宝充满。

宝盔国王则派人四处宣布道：“再过七日，善义将以七宝布施大众。众人应需集中，到时可随意享用。”七日后，善义将如意宝珠放于宝幢上，手捧香炉顶礼四方，且发愿道：“此如意宝若真实不虚，则愿降下金银财宝。”话音刚落，就见狂风大作，刮走一切不净之物。接着又开始降下清净雨水，洗涤一切灰尘污垢。然后降下粮食、衣物、珍宝等，整个大地于是到处充满珍宝，众人均感心满意足。善义王子又趁此机会开导说：“从今往后，大家不会再有贫穷之忧，故而人人都应励行善道，将身、口、意三门投入十善法行持中。”善义以此等方式令众人行持十善，结果人人死后均得以转生善趣天界。

无等大师释迦牟尼佛久远之前为善义太子时，如是以布施、安忍、精进利益众生；当时之父母为以后之净饭王与摩耶夫人；乐西瓦国王后为迦叶尊者；当时之妻子后为众生主母；当时之恶义后即为提婆达多。

此外，《毗奈耶经》所载善作、恶作太子之公案，与此处情节大同小异；《报恩经》中所述大王妃、中王妃所生太子善义、恶义之公案，与上文所叙亦大致相同。

慈力王布施血肉

释迦牟尼佛曾有一世为统领赡部洲之慈力国王，治下有八万四千小国。慈力王乃一大慈大悲之人，一贯以四无量心教导臣民行持十善法。以此缘故，专事危害众生、散播瘟疫、挑起战争之饿鬼，以及以人血肉维生之恶性魔鬼，皆无法获取饮食，因而身体日渐羸弱。此时尚有五夜叉亦无法损害众生，并因之而愤愤不平。五夜叉一日于一寂静处见一牧童，就详细向其描述饥渴难耐之近况。牧童闻之则言："我等国王慈力王慈悲心切，他定可解除你等痛苦。"

五夜叉便前往王宫，问国王道："我们本应以人之精气血肉滋养身命，怎奈国王令人民皆行十善，使我等再也无法找到饮食。眼见我们身陷痛苦之中，国王能否多加慈悲怜悯？"

慈力王听后立即对这些夜叉生起真实无伪之大悲心，他随即出自身血，又用器皿盛之喂饱五夜叉。布施完鲜血过后，慈力王又挥起锋利宝剑割掉自身骨肉以布施夜叉。五夜叉喝饱吃足慈力王血肉后心满意足，并从此息灭危害众生之暴虐心。王又令其行持十善法，五夜叉均依教奉行，并在慈力王前猛厉忏悔往昔所造诸恶业。慈力王又发愿道："我现在以血肉满足你们，待我成佛时，愿我能以清净戒律、等持、智慧遣除你等贪嗔痴三毒，使你等夜叉皆获安乐涅槃。"

后来当释迦牟尼佛成佛时，五夜叉就成为当时之五比丘。因释迦牟尼佛曾发愿无论转生何处，都要调化他们，故而当世尊第一次转法轮时，五比丘就同获圣果。

慈力王布施过后之身体，后依帝释天奉献之药物而得以愈合，身体又恢复如前。赡部洲普天同庆，众生皆感安乐。

其他经中又说，当释迦牟尼佛有一世做金刚力国王时，曾专门砌成用作布施之房屋，广行布施以利益众生。同时也用自身血肉布施五夜叉，大致经过与上文基本相同。

义成王子广行布施

以前有一牙瓦国家，国王善妙以佛法治理国家，下辖六十小国，统领八十城市，拥有五百头大象、四千大臣、两万王妃。众王妃开始均无生子，后有一王妃终于怀孕。待太子降生后，两万王妃乳房均流出乳汁。见此瑞相，大众皆感欢喜，就为太子取名义成。

义成王子十六岁前已娴熟掌握文字、战略战术、工巧、音乐，所学技艺无不精通。王子经常承侍于父母膝下，国王、王妃亦为爱子单独造一宫殿。

义成王子从小就喜布施，恒愿飞禽走兽等所有众生都能离苦得乐，并常造布施赞叹文。后王子长大，娶另一国家公主曼德为王妃。曼德秀丽端庄，嫁于义成后生有一男一女两个孩童。

一次王子出宫巡游，看见帝释天所幻化之众多贫穷者，回宫后便向善妙国王请求作广大布施，布施干净所有国库财富。国王欢喜开许，义成王子乃得以大行布施。

牙瓦国有一宝象名斯达亚，与牙瓦国比邻之一敌国对此大象觊觎已久，因此大象具有能战胜与之作战之敌人等不共功德。敌国派出八位婆罗门前往义成处讨要，义成答应给他们其他大象，但均遭八婆罗门拒绝，他们只求能得到斯达亚大象。义成王子无奈说道："此大象乃国宝，父王待它与我无二无别。如我将大象赠与你等，父王定会将我驱逐出境。"

义成王子说完心下暗想：我以前行布施时从未违逆过众生心愿，现在为得无上菩提又有何物不可布施？我可将大象赠与他们，然后令其马上离开便罢，否则父王一定会将大象抢回。想到这里，义成便将大象送与八位婆罗门，又命他们快快离开本国，八位婆罗门就牵着大象飞快跑掉。

闻听斯达亚大象被送与敌国后，牙瓦国臣民均感恐惧异常，众人议论纷纷道："有此宝象，国家方能繁荣昌盛。更何况这头大象实在与众不同，它之强劲力量能抵六十头大象。如果将之布施给敌国，敌国则可凭之轻易摧毁我国。这可如何是好？大象已经赐予敌国，加之国库又已被布施一空，如此看来，义成王子将来连妻子、子女亦可一并布施。”国人议论到沸沸扬扬之时，善妙国王也有所耳闻。他问王公大臣道：“此事当真？”大臣回答说：“太子确已把斯达亚大象送与敌国。”听到这番话，国王立刻从宝座上跌落于地、昏死过去，王妃也感震惊、恐惧不已。

众大臣此时则商议如何处置王子，有人道：“应将义成双脚砍断，只因他依靠双脚走到象群中去之缘故。”也有人说：“因他手牵大象将之送与敌国之故，应砍断他双手。”还有人言应砍头……如此等等，不一而足。国王闻言，心生不悦，乃道：“我太子义成喜行布施，且对善法有信心，如此残害实不应理。”当此之时，恰有一大臣建议道：“如是打、砍、杀皆不合理，不如让太子十二年中不得回国，将其流放在外以作惩罚，同时又可令太子羞愧难当，不知此计能否称意？”国王点头称是，便接纳了这项建议。

国王又召太子进宫询问道：“是你赠与敌国大象？”太子答言：“是。”国王又问：“为何不经我开示就将之擅自布施与敌国？”太子辩解说：“父王以前确曾答应过孩儿可任意布施一切，难道父王已忘自己之开许？正因已得到父王同意，故我未再请示。”善妙国王掩饰说：“我所开许仅限一般财物，谁又同意你将宝象布施？”太子抗争道：“所有财宝既然均属国王，又为何单单要把宝象开列出去？”

国王至此已理屈词穷，便强辩说：“我已下令要惩罚你，你必须前往丹得山居住十二年，这期间绝不许你回宫！你尽快启程吧。”义成仍以慈悲心祈请道：“父王如此决定，我毫无怨言。唯愿再开许我行七日布施，待布施圆满后我自会离开。”国王狠心说道：“不能让你居留过长时间，你应即刻启程。”义成只得无奈说道：“父王既如此，孩儿也只得不违教言。”

此时两万王妃皆替王子求情，善妙国王终于答应给王子七日时间以作布施。义成随即派人四方宣说，广集众生后又连行七日布施。

临近分别之时，义成对妻子曼德说：“国王已将我驱逐出境，令我十二年中住于丹得山。”曼德听罢义成所叙情况，坚定果敢地对丈夫说道：“我们应于此地发愿，愿一切吉祥和平。为此，我欲与你同上丹得山。”义成王子善义劝解道：“丹得山环境恶劣、条件困难，加以山上又常有凶暴猛兽出没，而你一直安享富贵、快乐生活，故而理应呆在王宫继续享用美妙生活。你如何忍受丹得山之艰苦：那里无有妙衣、甘美饮食，只能以草为垫，以山中泉水、水果充饥；那里无有任何妙欲，只有狂风暴雨肆虐、严寒酷暑煎逼；大风起时，飞沙走砾、灰尘蔽空、不见天日；尚有毒蛇时时侵扰。所有这些，你将如何承受？”

曼德则从容应对道：“妙衣美食于我有何利益？我只愿永不离开你，能长久与夫君相依。我欲与你一起离开此地，因我一心一意依赖你。我们最好一路同行。”义成为不连累妻子，还欲劝说曼德打消此念，他又接着说道：“我性喜布施，如有人索求，不论妻子儿女我都会舍弃。那时，你恐会对我布施制造违缘，不知你能否信守不对我布施制造障碍之承诺？”曼德则以坚决态度说：“如果你要布施，则我定会随喜，直至命难也绝不为你义举制造任何违缘，望你再勿怀疑。”义成最终只得答应曼德请求：“你既如此坚决，那我们就一起出发。”

义成夫妻携儿女准备上路，临行前与母亲告别时，义成顶礼母亲且说道：“请母亲方便时多多奉劝父王以善法护持国家。”母亲则感悲痛交集：“我唯有一子，与你分别实乃令我伤心欲绝，我心何能似金刚那般坚硬、冷酷！祈请诸天尊务必保佑我子，尽快让其归来。”母亲发完此愿，又有两万王妃各自献上珍宝项链、四千大臣一一献一朵七宝莲花以为赠别礼物。

太子妻儿离开王宫，欲从城中北门出发。北门外聚集众多可怜众生，义成于是便将七宝莲花、珍宝项链全部布施给此等众生。当时此地有数万人前来为王子送行，众人痛苦万分，纷纷说道：“如此贤善之太子实为我等无偏亲友，为何要被驱逐出境？”王子一边安抚众人，一边使其各自归家，自己则带曼德与一双儿女离开牙瓦国。

一路上，妻子与两小孩坐于马车内，义成则为其驾车。走过一段遥远路程后，一次于一树下休息时，走来一位婆罗门。他直接向义成提出索要马匹之要求，义成便爽快布施与他。驾车之马既无，王子便亲自拉车，曼德也于后推车相助。四人又走过一段漫长路途后，一婆罗门又前来索要大车，王子再次以欢喜心满其所愿。

马、车皆无，四人只得步行。又逢一婆罗门求乞时，王子已无可施财物，最终便将自己所着新衣交与其人，自己则以破衣烂衫遮体。继续上路后再逢一婆罗门讨要，王子便将曼德新衣尽皆布施。当又一个婆罗门继续前来乞讨时，义成就将一双儿女之新衣完全布施干净。行如此布施时，王子未生起一刹那之后悔心。

所剩路途中，义成背负儿子，曼德背负女儿，一家四口欢喜充满、其乐融融。此时尚距丹得山有一千由旬路程，可谓遥远至极。一次走至一寂静处，四人唇焦舌干，实难继续前行。帝释天便幻化出一城市，城中众人多有迎接、供养王子饮食财物者。稍事休整，四人又继续上路。

由于路途实在太过遥远，加之四人疲乏劳累、困顿之至，曼德便对义成建议道："我们已行如此远之路途，不如就地住下可好？"王子认真答言："父王命我至丹得山方可居留，如停于此处实乃违背父王教言，且不为父王好太子，我们还是继续前进为好！"

四人如是又往前行，长久跋涉之后，快接近丹得山时，眼前一条深广、汹涌之河流突然挡住去路。行至岸边，曼德面有难色说道："河水如此汹涌，不如索性住于此处，勿往前行。"义成仍坚持道："父王乃命我行至丹得神山，故而我们怎可于此地长久滞留？"言毕即入慈悲心等持，河中霎时现出一座大山、截断水流，王子、曼德携儿带女挽起衣服直跨过河去。上岸后，义成回顾河中大山转念想到：此山如果仍继续存留于此处，则河水势必不往下流，许多众生将因此而死亡。于是王子一边注视水面，一边发愿道："愿此河流能恢复从前样貌，流淌向前、一如往昔。若有人前来过河，也望他们皆能顺利渡过。"话刚说完，河水即恢复旧时状态。

王子一行最终抵达丹得山时，但见满目萧条、一派贫瘠景象。不过因山有鸟语花香点缀，加之山溪水甜甘美、山上水果鲜艳诱人，整个环境倒也安适清和。王子不觉说道："看此山中，参天巨树高耸云天，无人砍伐、亦无人搅扰；溪水则长流不断，且清冽透彻；而瓜果又丰饶肥美，真乃一绝佳修行之地。”

义成入此山中之后，所有飞禽走兽均欢喜迎接。此山原本已住有一俄兹达比丘，年逾五百，此人具有殊胜功德。义成闻听后便前去俄兹达处顶礼问候，且说道：“我们准备长住此处，可否请长老指点何处有水源清净、水果鲜美之圆满修行地？”俄兹达缓缓道来：“此山乃一真正具足福德之山，一切皆完备不缺。你住于任何一方都胜妙适意，所有地方均清净无染。你是否欲与妻子在此求学佛法？”

义成正欲答言，曼德则插话答道：“大比丘，你在此处已修行多少时日？”俄兹达回答说：“我来此山中已四百多年、快近五百年矣。”曼德又问道：“你现在仍有我、我所执，如此修行何日方能证道？于此山上久住，如能像土木石块一般弃绝我、我所执，那时才可谓真正证道。”俄兹达谦虚说道：“我不大明白你所谓之真实道理，因我尚未证悟。”王子此刻则接上话题：“不知你听闻过牙瓦国义成太子名声否？”俄兹达说：“我经常听人说起，只是无缘亲睹其容。”义成就坦白道：“我正是义成太子。”俄兹达比丘惊问道：“你到此地欲为何求？”义成认真答言：“我欲得大乘圣道。”俄兹达满怀敬意地说：“你未来定可得大乘圣果，到那时我愿为你座下神通第一之弟子。”

俄兹达比丘带领他们于清净地安住下来，依比丘教言，义成将辫子打成发髻，全家以饮净水、食瓜果为生。义成后又用草木搭建成一小茅棚供自己居住修行，又为曼德、儿女一一各搭小茅棚遮身。

义成儿子此时已过七岁，名为牙日，年纪虽小，已会自己穿衣，整日跟随在父亲身后。女儿名为牙娜，年纪六岁，常身着兽皮，跟于母亲身后。山中禽鸟野兽在见到义成王子后均欢喜依赖，义成于此山中只住一日，第二天，就见干涸泉水又充满清澈水流；已干枯衰败之树木重又萌芽、开花、结果；较凶猛之野蛮众生尽皆消散；互啖、残忍之猛兽亦开始食草；整个环境中之草木皆全部返青；种种飞鸟各出悦耳动听之鸣叫。曼德常在山野采集水果，供义成、儿女食用。两小孩则经常暂时离开父母，到一水泉边与各种小动物嬉戏玩耍，有时甚至乐不思归、整夜不回。

一次，义成王子看见牙日在骑一头狮子时，不小心从狮背上跌下，轻微擦伤皮肉，又稍稍出血。一只伶俐猴子见到后就过来舔舐血迹，又用树叶擦拭伤口，还陪小牙日到河边清洗伤处。

此时，革拉地方有一婆罗门，年已四十方才讨得一妻子。妻子秀美非常，而此婆罗门却极其丑陋，具足十二丑相：脸黑如煤；生三横肉；鼻梁歪斜；眼球斜视；嘴唇耷拉；声音啁哳；肚皮凸出；屁股撅起；脚又跛行；皱纹满面；头顶生疮；丑如魔鬼。妻子自然不愿正眼瞧他，常当面数落道："你如死去，该有多好！"

一日，妻子去河边提水，恰遇一群年轻男子。他们看见她后就开始嘲笑她丈夫，众人边模仿婆罗门行状，一边放肆讥笑："你如此美丽，怎会嫁与那么难看的丈夫？"婆罗门妻子无奈答道："我家丈夫就如晨霜一般白发苍苍，我亦希望他能尽快死去，怎奈他一直苟延残喘、活到如今，这叫我又有何方？"

待妻子挑水回到家中后就对婆罗门说道："我挑水时凡遇年轻人均会遭到他们耻笑，你如能找到仆人，则我也无需挑水，如此一来，也可免遭众人讥笑。故而你务必为我找到仆人。"婆罗门闻言面呈难色："我们生活贫穷若此，怎能雇得起仆人？"妻子则毫不让步："你若不找，那我就绝不与你共同生活。"妻子说完又补充道："我听说义成王子性喜布施，现今正遵父命居留丹得山。他有一双儿女，你不如直接讨要过来。"

婆罗门满心不情愿地说道："丹得山离此有六千余由旬，何况我以前从未去过，现在前往着实困难。"

妻子厉声说道："如你不为我找到仆人，我立刻吊死在你面前！"婆罗门惊恐万分："千万勿寻短见，宁可我亡，也毋须你死。你快为我备好干粮及路上所需，我即刻动身。"妻子发泼说道："要去就去，有何准备可言？"婆罗门只得自己找些干粮上路出发。

婆罗门一路步行，先至牙瓦国王宫，向守门人询问义成下落。守卫将此情况禀报国王，善妙国王闻听后恰如火上浇油一般顿起嗔恨，他心中想到：这些婆罗门以前就滋事甚多，我驱逐太子实是因他们而起，不知现在为何又来此处？国王内心非常不满，不过还是接见了他。

婆罗门则对善妙国王说道：“义成王子美名现已传遍天涯海角，我此次来就为恳请太子能满我愿，我要找到他。”国王闷闷不乐回答说：“义成太子现在一寂静深山中居住，已无任何财物随身，他能以何物布施与你？”婆罗门趁机巧言道：“王子既无资财，则也无需怕我讨要，我只想见见太子而已。”

善妙国王便遣人指路，告诉他义成大致方向。

来自革拉之婆罗门从此就踏上千辛万苦寻找义成王子之旅途。他经过长时间颠簸后终至丹得山近旁之大河边，此时，他一心一意观想义成，结果终于顺利渡过大河。

到达丹得山时，婆罗门先遇一猎人，便问猎人道：“你于此山中是否见过义成王子？”猎人心中暗暗思量：王子素喜布施，结果被这些婆罗门拖累，以致被逼离开父王。想到这里，猎人心头怒火猛然升起，他一把抓过婆罗门将其拴于树上，然后狠狠抽打，以至于婆罗门身上多处受伤。

猎人又警告他道：“你问义成王子下落到底有何居心？若不如实道来，我立刻用箭射杀你。”婆罗门心想：如将实情告之，此人必会杀死我，看来只能以妄语相答。想到这，他便做出生气状，且委屈说道：“你为何如此待我？你这样质问实在不好！”猎人一时不明所以，就再三询问他事情究竟。

婆罗门就打妄语道：“牙瓦国善妙国王极欲见太子义成，便派我前来接太子回家。”猎人听罢此言，后悔不已，就再三向其道歉，忏悔因不认识婆罗门而致误打之过，同时又为其指明太子住处。

婆罗门立刻向太子处进发，义成很远看见他后就恭敬迎接，且欢喜说道：“你从何处远来此地？一路奔波，想必辛苦不已。”婆罗门趁机说道：“我千里迢迢赶来，不顾身体衰老、又饥又渴。”王子听后就将其带入茅棚，请他坐于坐垫上，又供以净水、瓜果。婆罗门随意享用后直接开口询问道：“我从革拉地方来，早就听闻王子慷慨好施，乐善美名传遍四方。而我正好一贫如洗，故而特意长途跋涉前来乞讨。”王子面露愧疚说道：“如我有财物可布施但却不布施与你，则我实已为一贪婪吝啬之徒。怎奈我确已布施完所有物品，此身现已一无所有，又谈何接济你？”婆罗门紧追不舍道：“你既已无可布施之物，那就干脆将一双儿女送与我当仆人，不知你可否愿意？”

婆罗门如是讨要三次后，王子最终答应道：“你既从远道而来，那我不得不按你意愿将两个小孩布施与你。”此时，两小孩正在外面玩耍，义成将之唤回家后说道：“这位婆罗门专程从遥远地方而来讨要你俩，我已答应他之请求。从今往后，你们应跟随他一道生活。”

两小孩听后恐惧异常，他们躲在义成腋下齐声说道：“我们虽曾见过不少婆罗门，但从未碰到过如此丑陋之人。他哪里是婆罗门，分明是饿鬼或食肉鬼。何况我们母亲上山采水果尚未归来，她未回来之前，请父亲万万不要将我们送给眼前这位饿鬼，否则他定会吞吃我俩。再者说来，母亲又不在身边，我们未与母亲道别就离开，恰如牛犊离开母亲一般，母亲定会痛苦哀伤。”

义成王子宽慰两小孩道：“我已将你们布施给他，因而你们兄妹不能再居留此处。况且这位婆罗门也绝非饿鬼，他乃一真正婆罗门，哪里会吃你们？你们还是跟他上路吧。”

婆罗门则趁机说道：“不如我现在就离开此处，否则孩子母亲归来又会阻拦儿女离去。如此一来，她必将给王子布施制造违缘，并从而毁坏善根。”义成王子则坚定表白道：“我无论布施什么，从开始至结束，从未生起过一刹那之后悔心。”

王子说完就以水为婆罗门洗净双手，然后将儿女小手交于他手上，这时大地开始震动。

两小孩根本不愿跟着婆罗门走，便又回到义成身边，双膝着地，边顶礼边哭诉道：“我俩以前造何恶业，竟致遭此大难？我们虽已转生国王种姓人家，却还要替别人当奴仆，这到底是何道理？我们愿在父亲面前忏悔业障，以忏悔之因缘、福德，愿我们兄妹二人再勿遭遇如此痛苦！”待两小儿说完后，义成王子立刻开示道：“世间所有聚合、同情怜悯最终皆会分离消散，一切法均无常，皆无任何可靠之处。待我证得无上菩提时，定会度化你二人。”孩子们又接着哭诉道：“子女离开母亲时本应顶礼告别，而我俩却未见母亲就得离开，这真是我们各自业力所致。这样一来，母亲必定痛苦万分。”两小儿边说边哭。

婆罗门就进一步要求道：“我已年迈体衰，孩子如若跑回母亲那里，我何能赶上？你务必捆住二人。”义成王子听罢就将儿女双手反绑起来，然后再将绳索交与婆罗门。

婆罗门牵着牙日、牙娜正欲前行，而哥哥、妹妹均不愿离开，他就开始用鞭子抽打孩子，直至他俩流血倒地。义成王子眼见儿女受人鞭笞，伤心泪水不觉潸然落下。泪珠落地后，大地又开始震动起来。

义成与飞禽野兽送别孩子，一直到孩子消失不见、再也寻觅不到踪影时方才归来。各种野兽送别牙日、牙娜后回至过去经常玩耍嬉戏地方，各个倒地哀号、伤心欲绝。

婆罗门牵着两小儿走出很远路程后，来至一棵大树下。他就将他俩拴在树上，自己则在一旁休息。休整妥当后，婆罗门复欲前行，但孩子思母心切，便躲在一棵树后不愿前进。

婆罗门再度以鞭子狠狠抽打，可怜小孩儿皮稚肉嫩，如何经受得了这等毒打，便双双哀求道：“不要再拷打我们，我们与你同行便是了。”牙日、牙娜抬眼望见碧蓝天空，就满含哀怨诉说道：“天啊！山神啊！树神啊！你们难道不慈悲我们吗？难道见不到我们在受苦吗？我们要赴他乡异地充当别人奴仆，离开母亲时，母亲恰好在山上采摘水果。我们实在渴念母亲，你们能否帮忙让我们如愿见到她？”

这时，曼德正在山上采摘水果，突然间便有不同感应阵阵袭来。她左脚掌开始抖动，右眼皮也跳动不止，同时两只乳房自然流出乳汁。曼德心想：今日频频现出恶兆，此种情况以前从未出现，小兄妹定在遭遇违缘，一定有不吉祥之事发生。曼德于是停止采摘，飞速归家。

帝释天此时担心曼德会为义成布施制造违缘，于是就变现成一头母狮挡在道上。曼德看见母狮后说道：“你是兽王妃子，我乃人王之妻，我们在此山上之生活实质并无差别，请为我让路。我尚有两个未成熟孩子，他们从早到晚还未吃任何东西，他俩一定在家等着我，我一定要前去探望，请勿挡我去路。”母狮眼见婆罗门已走出很远路途后，才给曼德让出一条道路。

义成妻子回家后，只见义成未见小孩，便急忙往两小儿平日所居木棚里探视一番，结果一无所获。又去牙日、牙娜平日常玩耍之地搜寻，亦无有任何收获。但见孩子平日所喜欢玩耍之同伴黄鹿、梅花鹿与其他猛兽，诸如狮子、猴子等都痛苦不堪，倒地难过。她询问义成儿女下落，但义成却沉默不语。

曼德疑惑顿生：“我每次从山中采摘水果归来，两小儿很远就欢快蹦跳不已。他们甚至因喜悦而致趴倒在地、撒娇叫喊：“妈妈来了。”而当我一旦坐下，他俩便会在我前后左右、肩上肩下来回跳跃，且为我抖落灰尘、擦去汗滴。现在他们都在何处？你是否已把他们送与别人？未见孩子，我肝肠寸断。我那可怜的孩子到底在哪里？求求你告诉我吧。”曼德如是祈请三次，但义成均不回答。曼德伤心欲绝：“未见孩子我心难过，你哑口无言，我更伤悲。”义成这时才答话道：“今日，革拉地方有一婆罗门前来向我讨要孩子，我已将牙日、牙娜布施与他。”

义成妻子听罢顿时倒地痛哭，义成便善言劝解道：“你勿哭泣，难道你已忘记我们前世发愿之经历？你过去于燃灯佛出世时所发誓愿尚能忆否？当时我为一婆罗门子，你为一婆罗门女，名森达日嘎。你手拿七朵莲花叫卖，我便用手上仅有之五枚银币从你手中买下五朵以供养佛陀，而你则将剩余两朵莲花也一并送与我，且在供养完佛陀后又与我一起发愿，愿生生世世做我妻子。那时我就向你表白过，要当我妻子，必定不能违背我之愿望。我素喜布施，除父母以外，我会布施掉所有财物，你不能为我布施制造任何违缘。我当时就叫你发愿，你也发下大愿，言不会为我布施制造违缘。你那时如是说过，现今我将两小孩布施，你又为何要扰乱我心？”

曼德听完此番话后，自然以清净心回忆起过去发愿经历，她立即随喜，并希望王子发愿圆满。

后来，帝释天又一次幻现成一具十二丑相之婆罗门，并向王子索要曼德。义成答应布施与他，曼德则说道：“我如跟随别人，谁又来承侍你？”王子回答说：“我若不行布施，又怎会得无上菩提果位？”说罢就用净水洗涤婆罗门双手，然后将妻子交与他。如是做时，义成未生刹那后悔心。

帝释天了知义成未生后悔心后，与诸天天人齐声赞叹，时大地震动不已。帝释天将曼德带出七步后又送回，将其送还王子时说道：“拜托王子万勿将妻子交与其他任何众人。”义成王子惊问道：“你为何不带走她？她在人间女人中非常贤惠美丽，又乃一国王之公主，并为我做饭及从事一切事务。我相信，她性格、操守都非常适合你，是故你应带她离去。”

婆罗门这时便回答说：“其实我并非婆罗门，实为帝释天，只为观察你布施心真伪才如此行事。”他一边说一边就现出帝释天身相，且问义成：“你们有何请求？”

曼德恭敬顶礼帝释天后提出三项请求：“第一，愿带走我儿女之婆罗门能前往牙瓦国；第二，愿我一双儿女不遭受饥寒交迫之痛苦；第三，愿两小儿与我俩能尽快回到王宫。”帝释天听罢当场答应帮助曼德满此三愿。

王子此时则提出自己愿望：“我愿一切众生均能摆脱生老病死之苦痛。”帝释天闻言又感敬佩又感无奈地说道：“你所愿实乃广大无比。若转生善趣后欲获日、月果位，或得世间国王地位，或希求健康长寿，我皆能赐予此等悉地。但王子所愿早已远超三界，故我实难满你愿望。”

义成只得说道：“如你无法达成我之愿望，则望你暂时助我成为富裕之人，能令我布施超胜从前，除此之外，还望你能让我与父王、大臣早日相见。”帝释天听到这两个愿望则爽快答应道：“这二者定可帮你实现。”帝释天说完就泯去踪影。

来自革拉之婆罗门此时已将两小孩带回家中，谁料家中悍妇非但不满意，且严词训斥道：“看你带回两可怜小儿之骄傲神态，不以为羞，反以为荣，其实有甚可夸耀之处？这两孩儿本属国王种姓之人，而你对他俩却无有任何慈悲之意，反虐待他们，以致两人皆遍体鳞伤、浑身滴淌脓血、身体肮脏不堪，你怎会做如此伤天害理之事？你速将两小儿卖掉，重新买一堪作仆人之别家小孩。”

婆罗门只好又将两个孩子带往集市，帝释天就幻化成一名商人告诉他说：“你这两个小孩卖价太高，在此地恐难以卖出。”此时牙日、牙娜已是饥渴难耐，帝释天又巧用幻化法使其吃饱喝足。婆罗门则通过帝释天之加持威力而不欲再呆在本地，于是便带着两小孩向牙瓦国进发。

到达牙瓦国之后，国中大臣与民众皆认出牙日、牙娜乃义成子女，善妙国王之孙，如今却沦落至如此田地，众人不免伤心感叹不已。他们问小兄妹：“为何会落到婆罗门手中？”婆罗门不满地抢白道：“这两孩儿皆属我所有，你们多嘴多舌又为哪般？”国中一大臣正色斥责道：“你在我们牙瓦国内，我们理当询问询问，你又有何不满之处？”另有一些大臣及百姓商量后认为应从婆罗门手中夺下孩子，而有一施主却另有看法：“此乃义成王子布施之举，我们如若抢来夺去，王子了知后定会内心不悦，还是不抢为妙。不如直接禀告国王，他肯定会将孙儿买下。”众人纷纷称善，就一起前往国王那里说明、请求。国王满心焦急：“速将这婆罗门及孩子带到王宫。”

见到牙日、牙娜后，国王、王妃、大臣均痛哭伤心，国王问婆罗门：“你欲将此小儿以何价钱卖出？”

还未等婆罗门答话，牙日抢先说道：“我之价钱为一千银币外加一百头牛，妹妹价钱为一千金币外加二百头牛。”

国王颇感奇怪，便问孙子：“世间惯例都为男子值钱、价高，何故你们却颠倒行事？”牙日振振有词道：“有人原本不属于国王种姓，且又性格恶劣，但却可以被招至王宫，并受众人尊敬，还要穿着种种珍宝衣裙，恒享百味甘美饮食。而自己唯一之至亲太子倒无法享受王室生活，无权享受快乐逍遥皇宫自在，加之众人对他也毫不在意。以如此之颠倒规律看来，男儿理当价低，女儿就应价高。”

闻听孙儿如此表白，善妙国王满怀伤心，他痛苦落泪道：“我如今想念你们，你们为何不投入我怀中？你们是因对我不满意还是害怕婆罗门？”两小孩答道：“我们既非对国王不满，也并非害怕婆罗门。只是我们原先被人认为是大国王孙子、孙女，而今却又成别人奴仆。于此世界中，何来仆人扑入国王怀中之理？既无此规矩，我们又怎敢破例？”

国王听罢更觉伤心难过，便如牙日所说如数将钱交与婆罗门，然后将两兄妹同揽入怀。他摩挲着孩子们的头说道：“你俩在山上如何解决吃穿？”孩子们回答说：“我们以野菜、水果为食，树叶、兽皮为衣，整日与小动物欢快嬉戏，无有丝毫痛苦心。”

国王此刻命婆罗门立刻离开，孩子们又请求国王道：“这位婆罗门一路忍饥耐渴，现在应赐予其吃喝，使其愿望得以满足。”国王满心疑惑问孩子：“你们对此人难道不生憎恶、仇恨心？为何更欲赠其吃喝？”国王语气已略带不满。牙日、牙娜则颇为懂事地说道：“我们父亲一向喜行菩萨道，他已将财物布施尽净，就将我们兄妹布施与他做仆人。只是我们未能满父亲所愿，未对此婆罗门行一天仆人义务。何况他本人尚要忍受饥渴痛苦，此种烦恼谁能承担？我们父亲不惜以儿女布施与他，你作为大国王难道如此吝啬，以致不愿施舍一人饮食？”

国王顿生惭愧，便送与婆罗门许多饮食，婆罗门心满意足、高兴离去。

善妙国王又派人前往丹得山接义成回宫，派去之人在到达丹得山脚下时，无法渡过那条汹涌大河。来人便一心观想王子，以此得以顺利抵达丹得山。到山后便请求王子按国王意愿速速回宫，但义成却让其捎口信给父王道：“父亲让我居此地十二年，我现今还差一年就将圆满，待我期满后再回宫不迟。”

使者回国后就向善妙国王禀报了义成王子所说原话，善妙国王就亲笔写信并再次派人给王子传信道：“你为人中具慧之人，去时能去，归时亦定能归来。孩儿是否还对我不满？我如今只想与你同桌共食、再续父子情缘。望你火速回宫！”

使者再上丹得山，义成王子见信后便将之放置头顶之上恭敬顶礼，又绕转七匝后始动身返回。

待王子即将告别丹得山时，所有飞禽走兽听到消息后均痛苦难过、倒地哀叫；众多泉水也突然干涸；一些小动物也不欲再吸吮母亲乳汁；许多飞禽发出凄惨、哀痛鸣叫声……

王子穿上能出门见人之衣衫，便与曼德一起启程回宫。

此时敌国国王听说义成王子要回来，便派人带着已配金鞍之斯达亚大象，及盛满金子之银盘与盛满银子之金盘，前去迎接义成，并令人传语于义成王子道："我自己曾被无明遮蔽，以致向王子索要大象，以此缘故而令你被驱逐出境。现在我已明白事理，并后悔不已、忏悔不迭。听闻你欲归国，我就将大象、金银供养你，望你接纳并宽恕我之罪过。"

义成则宽容地对来人说道："譬如有人已享用百味甘美饮食，食已呕吐不止，所吐之污秽脏物又岂能再次食用？我已做过布施之物同样也无法收回。希望你把大象再送还国王，并对国王言，我义成对你们能派人迎接我，并对我说这番话已欢喜不尽，感激之情充溢于胸。"

来使回国后将大象又交与国王，以此宝象之威，举国上下人人皆生起慈悲之心，大家和睦共处，同庆国泰民安。

牙瓦国善妙国王此时则乘骑一头巨象，率领王公大臣与民众齐来迎接王子回宫。义成看到父王后恭敬顶礼，便跟父王一道回宫。当地百姓各个笑逐颜开，纷纷供上各种鲜花、供品，且洒水除尘，欢迎王子归来。

到达王宫后，义成先去母亲那里恭敬顶礼、问候请安。善妙国王于是便把所有国库宝藏、财富交与义成，让其随意布施。义成终于满了布施之愿，所行布施更胜从前。

释迦牟尼佛如是为义成王子时就广行布施。当时之父母后为净饭王、摩耶夫人；当时之妻子曼德后为耶输陀罗；当时之俄兹达比丘后为目犍连；当时之帝释天后为舍利子；当时之猎人后为阿难；当时之牙日后为罗睺罗；当时之牙娜后为姨母郭达嬷；当时之婆罗门后为提婆达多；当时之婆罗门妻子后为婆罗门女匝玛姿亚娜。

普度王子行布施

普度王子行布施之公案与上文所述义成王子布施公案内容大致相同。

很久以前，在一个名叫西步瓦的地方有一位普胜国王，我等大师释迦牟尼佛曾转生为他太子，名叫普度。

普度向来乐善好施，广行布施时甚至将本国最珍贵的如雪山一般洁白的大象送与利红国王派来的一位婆罗门。当时，所有西步瓦民众均感不满，便纷纷将之告于普胜国王处。国王尽管内心不情愿，但迫于民众压力，无奈之中只得将太子驱逐出境。

王子之妻名为玛直，一子名查瓦江，一女名智娜增，此时便与普度王子一同启程离开家乡。

一路之上，多亏有四匹健马拉车前行，但不久就被一婆罗门全部讨要而去。普度欢喜布施后，便自己亲自拉车带路。后有四名夜叉望见王子疲累不堪，便化作红色野兽形象帮助拉车，这让妻子玛直顿生欢喜心。

走不多久，又逢一婆罗门前来索要大车，普度王子就将车子完全布施与他。剩下路途中，普度背负查瓦江，玛直背负智娜增，一家四口艰难步行迈向目的地。

诸夜叉看见普度王子劳累难支后，就再次显示神变缩短了原先遥远路途，将他们快速、安稳送抵一处能望见所流放之山的地方。这样，四人很快就抵达了最终栖息地。

来到山上后，他们发现了一处悦意舒心之茅棚，便决定定居于此。

一晃又是半年飞逝，其间，王子一直苦行不辍，而玛直也辛勤承侍。恰在此时，从遥远地方又来了一位婆罗门，受其妻命令前来讨要两小孩以作仆人，王子未加犹豫就答应下来。听到二人对话后，两小孩异常恐惧，便眼巴巴地望着自己父亲，眼里充满祈求与哀怨。普度看到后心生悲悯，但还是不忘向他们晓之以理：“我并非狠心将你们送与他人，与你们分别亦令我痛心难过。不过为获无上菩提，父亲才将你二人布施与他，希望你们兄妹不要难过、怨恨。”

普度说完又转向婆罗门：“我将两个小孩均已布施给你，只是孩子母亲尚在山上采摘野果，希望你能等她归来，明日再带小孩上路也不为迟。乘此机会，也可为他们略作装饰。”婆罗门则心下思量：此女人恐为狡诈之徒，如这样等下去，她若回来必定障碍王子将儿女布施与我，我岂能坐此等她、自丧良机？！此时普度王子为安抚婆罗门又说道：“我妻子实为我修行之最好道友，她绝不会障碍我行布施。不过如你定要此时出发，我也只能悉听尊便。”言毕，普度又补充道：“我这两个孩子不大会当仆人，尽管我将他们布施与你，只恐你日后未必满意。何况我父王若发现他俩，也必会将孙儿赎买回去。”婆罗门放肆说道：“诸国王就如毒蛇一般野蛮、暴虐，我又怎敢亲近？万一不幸被国王发现，他定会从我手中抢走两个小孩，要么就会严加惩罚我。故我只能将他俩交与妻子，不让任何人发现。”

普度王子将两小孩叫至身边，慈悲说道：“到婆罗门那里去后定要好好当仆人。”婆罗门则不耐烦地对孩子们恶狠狠说道：“快点出发！”接着又用粗暴言辞将他们驱赶上路。

两小孩离开父母自然痛苦万分，两人纷纷流下滚滚热泪，他们一起请求父亲道：“可否等母亲归来再让我们离去？”婆罗门则又一次以歹毒心态想到：如若孩子母亲回来，她肯定会因疼爱子女而不肯再将这两小儿送我，这岂不坏我大事？想及此，婆罗门便捆住小孩双手，又将他俩拴在一起，边抽打边强行拽着兄妹俩上路。

小兄妹一边回顾父亲，一边不情愿地跟着婆罗门。女儿智娜增边哭边说道：“父亲啊！如此无情鞭打我们，哪里会是真正婆罗门，分明是食肉鬼。跟他前去，他定会将我们杀死。父亲怎会把我们交与眼前这魔鬼？”

儿子查瓦江忍悲含痛说：“他痛打我俩倒非大痛苦，最让人痛心者乃是母亲采集野果归来后见不到我们，母亲那时之揪心痛苦又该向谁诉说？真希望父亲能好好安慰母亲，并代我们给母亲顶礼，劝解她万勿伤心。我们与父母将来怕是再难相逢了。”查瓦江又告诉智娜增道：“父亲已送别我俩，我们就跟着这位婆罗门走吧。”儿子又对婆罗门说道：“我俩年岁尚小，又不懂得事理，如果对你及家人有所触犯，请你一定原谅、宽恕我们。”

送走儿女，普度王子不觉心生悲悯，同时心里也焦灼不安。他想到：两个孩子均为赤脚，而毫无惭愧心之婆罗门一路之上又必鞭打他们。待他们以后充当奴仆时，生存境遇只会愈发痛苦不堪。他们如若饥渴难耐，恐连一乞讨饮食之地都了不可得。我布施之心虽很强烈，但两小儿确实是在遭受痛苦。

就在王子如是思维之时，妻子玛直也遭遇一系列不吉祥之征兆。她不再采摘野果、野菜就向家中飞奔，但沿途却碰到许多凶猛、恐怖之野兽挡住去路，使之无法及时回家。终于到家后，儿女以前常常迎接她的地方，孩子们经常嬉耍之地都不见两小孩踪影。

玛直不安地想到：孩子们是否在玩耍时已熟睡？还是在森林中迷失方向？或者嫌我归来太晚而心生怨恨？要么就是在躲避我？他们会不会已被淹死？就算被其他猛兽吞食，也该有鸟鸣以示端倪，为何现在却音信皆无？我忧心如焚，这可如何是好？想到这，玛直顿感天旋地转，整个森林也好像在发生震颤。玛直感觉恶兆连连，于是更加焦虑不安。她又如是思维到：但愿夫君与儿女均健康平安、一切吉祥如意。

玛直将采摘的野菜、果子放于一处，就问普度孩子们到底在哪里？王子暗想：妻子对孩子如此疼爱，如我直接挑明，她断不会接受。于是王子就沉默不语。

玛直未见小孩，问普度，普度又不说话，玛直预感到定有不测之事发生。于是她边哭边说：“不见我们儿女，你又默不作声，这真令我伤心难过。”言毕即昏厥倒地。

普度将她放于草垫之上，不断用凉水浇洒她身体，不多久，玛直又苏醒过来。

王子这才说道：“我怕你承受不了，故未向你明说。今日从远道来一婆罗门向我讨要孩子，我已把儿女全部布施与他，望你了知后万勿痛苦，亦无需伤心。如有人索取，我连自身生命也在所不惜。希望

你能随喜我之布施。”

玛直听罢稍感宽慰，她对丈夫说：“我原本担心孩子已死，听到他俩尚存活于世，我方感安慰。”言讫，玛直就将孩子过去常玩之玩具抱于怀里。此时，玛直又望见与儿女经常嬉耍之小动物，情不自禁就边看边哭起来。她又看见地上零乱脚印，立刻猜想这定是婆罗门以凶暴方式将儿女拖走所致，一想到这里，便又忍不住再三哀叹一番。

王子劝解道：“我们布施一双儿女非为获取轮回安乐与世间名声，纯粹只为获得无上圆满佛果。”听完王子此番真心表白，玛直方感心又重回平静，她之心态渐渐清净、稳固起来。为让王子生欢喜心，玛直便说道：“你这种布施实属稀有难得，将来如你要布施我，我也会心甘情愿。”

此时，整个山河大地开始震动，诸天人观察大地震动因缘时，方才了知此乃普度王子布施儿女所致。

帝释天为深入观察普度后面之布施行为能否持久、稳固，就于第二天幻化成婆罗门之形象向普度索要妻子。普度欢喜布施，帝释天则现出身相，并未领走玛直，且安慰他俩道：“无需担心，两小孩已平安回到你父王那里。”

原来当婆罗门把两个小孩带到西步瓦国后，国中人民亲眼目睹普度王子行常人难行之布施义举后，均对普度王子生起信心。国王则立刻买下两个孙儿，又令普度王子火速回宫，并让其登上王位。普度王子这下乃得以行广大布施利益众生，人们均称赞他为“大施主”。婆罗门则因卖掉两个孩子而大发横财，以致他朋友纷纷趋炎附势道：“你真有福分，你已依赖上普度王子。”婆罗门却厚颜无耻地说道：“普度王子并未赐予我任何福分，是我自己成为殊胜婆罗门高贵种姓供田的缘故，才致广积财富。”如是忘恩负义之徒就是后来的提婆达多。

福力王有大福德

以前有一明力国王，其王妃名隐姆。王妃先产一庄严之子名色力，后又连续生下三个小孩：精进、裁缝、智慧。不久，王妃又有身孕，怀孕当天，在其所住宫殿附近突然降下各种黄金雨，王妃头顶上，以珍宝所饰之天人华盖自然出现，众人咸感稀有难得。明力国王便向相师询问原因，相师答言："大国王，这种瑞兆乃表明王妃胎中有一胜妙孩童，以此因缘，他福德力将会广大非常。"

此时隐姆心中想到：我欲坐于狮子座上，头顶有白色宝伞，宝珠做柄之拂尘亦自然出现，且有人为我执持。若能实现此等景观，该为何等善事！想到这，隐姆便将想法说与国王。结果王派人按其意愿一一实现，如此一来，隐姆心中自然不复再生此类念头。

有时隐姆心中又暗自梦想：自己应坐于金银宝座上，且亲手以财宝布施、周济天下穷人。有时隐姆又想到：我应将所有关进监狱之人尽皆释放。隐姆有时还想逛逛花园。她甚至想到：以我谛实语之力，愿我能坐在天人狮子座上对众人宣说佛法，天人要是再能帮我广宣佛法该有多好！这个念头刚一出生，天人立刻帮她满愿：她端坐狮子宝座上，宝座自然腾空而起至七人高之虚空安立。此时大地震动，又现出各种珍宝所成之天人华盖。很多人都目睹了王妃福德力，便用香、花以作供养，到她面前恭敬合掌。王妃亦前所未有地作偈庆贺："积福得安乐，故人当造福，精勤常积累，对福生信解。"

作偈完毕，虚空中传出"善哉！善哉！"等善妙音声，又自然传出天人乐器美妙之音，且降下天衣雨。

明力王等众人皆欣喜若狂，天人又将自己身上天衣、饰物取下，用以装饰宝座。众人亲睹之后，都赞叹隐姆福德之力。

九个月过后，一日阳光普照大地之时，王妃产下一相貌端严太子。此刻，大地震动六次，天降七种宝雨于王妃所居宫室附近，王宫其他地方也降下妙衣雨，明力王治下国土遍洒悦意花雨。所有草木均开花结果，和风细雨适时出现。待太子降生后，四大天王将天人狮子宝座送来供养，帝释天也用绸缎包裹宝伞、珍宝手柄拂尘立于太子面前。三十三天天人则以天衣制成之华盖供养，还有些以珍宝供养。亦有天人供养天衣、鲜花、香水、花鬘，虚空中阵阵传出天人种种美妙乐音。

如此广大之城市中，沙砾石子自然消失；彩旗鬘、飞幡、胜幢相继树立；檀香水遍地洒满；众人手中多捧香炉；鲜花种种而为装饰，所有这一切均使明力王治下国土与天人花园无有任何差别。

森林中又自然出现一百头大象；一百匹母马亦同时生出马驹；所有粮食不经耕种即自然成熟；宝座下现出五种珍宝宝藏，人们无论如何取用也享之不尽。

所有在场众生心境此时全部处于慈悲状态中。而隐姆所生之孩童，从小就具大神变，且能回忆前世。他常常眼望四周，高声念诵其母所作之偈："积福得安乐，故人当造福，精勤常积累，对福生信解。"诸天天人为庆贺此王子降生之福德，也纷纷造偈赞叹。国王、大臣、百姓皆谓生下一如此具福德之人实为稀有，明力王欢喜莫名，立刻开始广行布施以为庆贺，结果国王财富反而因之迅速增上。

为新生王子行贺诞仪式时，明力国王正式为王子取名福力，并将福力太子交与八位姨母喂养。福力在众人精心呵护下，就如水中莲花一般飞快生长。稍稍长大后，福力即开始学习文字语言，并很快精通。又学习太子所应掌握之五明学问，亦轻松驾驭、无所不精。不唯智慧超众，王子天生就具清净信心、善良心地；恒愿自利利他；深具广大悲心；又尤喜行持善法，慈爱关照一切众生；还性喜布施，愿将自己一切身、命、财物尽皆布施与众生，真可谓毫无贪心与吝啬心。特别是当其目睹贫穷之沙门、婆罗门等众生时，就连自身血肉也愿舍弃供众。

有时面对乞讨者，福力王子就以悲心观想他们，同时心中祈愿：若虚空中能降下财物该有多好。结果因其福德之力，所愿财物自然降下。大众咸感神妙难测，百思不解其中密意。一时间，福力王子多次凭依此种方式圆满众生愿望。以此缘故，王子美名传遍龙宫、人间，乃至梵天世界。

一日，福力王子与四位兄长一同前往一处园林游玩，途中突遇饿鬼，此种饿鬼嘴小如针尖，肚大如高山，整个身躯犹如白骨骷髅一样阴森恐怖，且周身大火炽燃。数量约有数千之多，全在福力王前合掌、哀求，他们围绕着王子久久不散。不过除福力王子外，其余四位兄长及众人均未看见这些饿鬼。众饿鬼对福力王子祈求道："童子福力太子，以你福德之力与巨大名声，兼以对众生悲悯不尽，望你能赐予我等一些食物以解燃眉之急。我等皆因吝啬心而转生饿鬼世界，数百年中无曾听闻净水之名，更何谈食物。"

福力王子闻已生悲，他立即开始眼观虚空，同时在心中观想、祈请，结果各种天人饮食立刻就从虚空中降下。但饿鬼因业力所感，根本见不到任何饮食，于是他们便埋怨道："你为何不满我等心愿？"福力王子诚恳答言："我确已将天人饮食赐予你们，你们为何不吃不喝？"饿鬼以痛苦、惭愧之心答道："我们由于业障所覆，故而见不到任何饮食。"福力王子以悲悯心观想眼前这些饿鬼后说："若我有福德力，则愿以此真实力让此等饿鬼见到食物，并能享用天人饮食。"话音刚落，以此谛实力加持，所有在场饿鬼均现见各种饮食，并尽情享用一番。原先细若针尖之嘴唇、喉咙此刻也能吞食天人饮食，因可自由进食，这些饱受饥渴折磨之饿鬼便放开肚皮猛吃海喝起来，以致最终纷纷撑爆自己肚子。不过因他们死时皆对福力王子生起欢喜心之故，死后就相继转生到兜率天成为天人。成为天界善趣众生后，他们都不忘福力王子布施恩德，经常感恩忆念道："多亏王子使我等转生天界，我们从内心感激不尽。从今往后，我们也欲依你福德力广行布施，积累福德资粮。"王子连称"善哉"，随后便跟随其他王子同往园中赏玩。

众王子落座园中后，就"世间最好之物是什么"为题展开激烈争论。大王子色力首先发言："美色乃为世间最好之物，此不需观察即可明了，纵览世间人对美色如痴如狂之重视程度就可见美色实为世人最爱。从未见过美色之人一望美人即刻就生欢喜心；平日愁眉苦脸之人眼见美色也会心开意解；曾有诸仙人说过，如能获得美色，也即获取世间一半财富。你们应详加观察，凡遇长相美妙端严之人，无论何等身份人众，见之无不像值遇佛法一般恭敬有加。"

精进王子则反驳道：“美色岂值得赞叹，精进方为世间最可珍贵之物。有人虽有美色，如不精进，则今生来世一切事都不能成办，以美色为世间最好之物只是愚痴之见。若能具足精进，则今生不论从事农、商业，或当仆人、做大官皆可顺意圆满。此外，如欲精通论典，或修禅定之人要得今生禅定等成就，又或者欲求来世安乐、圆满受用及最终解脱之果位，皆离不开精进。精进乃一切功德源泉，有精进方能遣除一切危害，有精进才可成就一切事业。”

裁缝听罢笑而答言：“你们所谈观点及理由，我皆觉其多有不合理之处。如果不会裁剪只知精进，则任何果位都难获得，也绝无可能做成任一事情。只有懂得如何剪缝，才能获取一定成果。因此，我以为裁缝才是世上最好之物，尽管其职位卑贱、种姓低劣，国王亦因离之不得而恭敬赞赏。一人如懂裁缝技艺，人天都会尊重、高看。”

智慧则面露自得笑容答道：“美色、精进、裁缝皆不足取，这几种特征、技能焉能与智慧比肩？拥有智慧便能得到美色、精进、裁缝所可能带来之所有财富，众人一切安乐及所有善妙境界凭依智慧可全部具足。”

听到几位兄长所言，福力王子最后议论道：“若无智慧，美色、精进、裁缝皆不足喜，因而智慧得到人们赏识也在情理之中。但假如没有福德，人们又从何而来智慧？最值得人喜爱、最重要者，看来非福德莫属。所谓福德，众人皆爱，依之而能令人得满足、内心欢喜、愿望实现，福德功德我如何宣说也言之不尽。为令诸位兄长易于理解，我今简述一番福德功德威力。

依靠福德能获美色；福德可使人具足清净戒律；有福德之人能得吉利，且随意受用财富，还可获取智慧。”

兄弟之间各执己见、争论不休，谁也不肯承认、接受别种观点。最后，福力王说道：“我们不如隐名埋姓前往别处，观察了解另一地方之人对我们兄弟各自恭敬、赞叹程度大小差别，以此判断孰为人间最胜之物。”

兄弟几个同意采纳福力王子建议，未经父王开许，他们很快就穿过众多国家地区到达一陌生国土。于其国臣民中，五王子隐匿身份、安住下来。

色力王子恃其长相殊胜，因众人见他皆生欢喜心之故，而凭此维持生活；精进王子看见水流湍急河水中常有檀香木飘来，别人望而生畏，而他独能以无畏心精进捞取，王子凭此亦可安稳过活；裁缝则靠其手艺维生，日子倒也消停；智慧有次碰到两商主为利益而发生冲突，便赖其智慧为之调解。纠纷化解后，二人各赠以财物鸣谢，智慧王子即如此凭其聪慧维持生活。

至于福力王子，则依然靠其殊胜福德力广济众生。一日，王子为检验其福德力大小便前往一贫穷人家，刚跨入家门，其家当天就涌出众多财富，金银珠宝随处充满，此贫家之人自是兴奋难言。福力王之所以能令此贫穷人家广聚财宝，皆因其具足不可思议福德力所致。福力王命其随意享用家中财富，这一赤贫人家俄顷就变得富贵满堂。家人认定福力王子有大福德，理应恭敬供养，随即就时常恭请承侍。当地人闻听后皆议论纷纷："某某家原先一贫如洗，自从来一闻所未闻之孩童后，即刻就发家致富。"消息传开后，众人皆对王子之福德欣羡、爱慕不已，一时大街小巷全在赞叹福力王子之功德。整个国家亦因王子福德力之故，而呈现树木开花结果、谷稼丰收、风调雨顺、大地现出吉祥之事等种种瑞兆。多有众生前来观瞻小王子，有人心下思量欲得珍宝，有人欲要奴仆，凡此种种，只要作意观想，王子即能依其福德力令希求财物众生现前满愿、立即获取。此种景象真乃稀有无比，故而众人都对福力王子恭敬不已，王子也即以四摄法广泛摄受此等众生。

后来，某地国王因手下欲将毒物掺进药中而大发雷霆，他严厉惩罚了作恶之人：砍断那人四肢。受罚之人唇焦舌干、身体血流如注，望见福力王子就凄声哀嚎："大哥救救我！"王子顿生悲悯，立刻刺出自身鲜血喂饱其人，待其稍稍好转，又砍断自身手脚补其所缺。王子眼望虚空，对一切众生皆生起慈悲心，并说谛实语道："从出生到现在，我实在忆不起自己干过何等罪恶之事。以此话语真实力，愿眼前之人能手脚恢复、恰如从前。并能因我福德力加持之故，使这人欢喜雀跃，愿他所得安乐善根，皆回向无上菩提。”

言毕，此人四肢立刻完好如初，同时大地亦开始震动，帝释天宫殿也震颤不已。帝释天便化现成一婆罗门形象来到福力王子前说道：“你为何要砍断自己手足？”王子当时并未认出眼前之婆罗门便为帝释天，就将事情经过原原本本全部告之，并说：“好朋友，别人伤心难过时我痛哭，别人幸福自在时我安乐。眼见有人受苦受折磨，我甘愿为他献出一切，承受所有本该属于他之痛苦。看到此人手脚被砍断，我便发愿要代他受此罪报。后我又宣说谛实语，即成如今之现状。”

帝释天深感此事稀有难得，便对福力王子说：“你舍弃自己手脚，有无生后悔心？”“我无任何后悔心！”福力王子坚定答道。“我不相信。”帝释天所化之婆罗门面呈怀疑之色。王子愈加诚恳、坦白地说：“我可以谛实力作证。”说罢即以慈悲心观想众生，又发愿道：“如我被砍断手脚时未生后悔心，则愿我手脚又恢复如前。”

福力太子刚说完，手、脚果然恢复如初。此时天降花雨，并传出美妙乐音。

帝释天立即对其生信，且说道：“你如此精勤行布施，到底所求为何？”福力王子回答说：“我只求所有众生都能因摆脱轮回大海而获无上佛果，此为我唯一所求。”帝释天感慨不已，连称“善哉”后就返回天界。

童子福力回到自己住地，此时因当地国王虽已死去，但其生前却未曾育有儿子，故而举国上下都在议论并寻找王位继承人。王妃与众大臣一起聚会并忧心忡忡商议道：“我们当为谁举行加冕大典？”有些大臣建议说：“谁福德大，谁就应被举为国王。”此种建议很快得到众人认同，于是大家便着手准备按这条标准广泛搜寻。

福力王子则被自己前世当国王之业风催动，一日便与几位兄长前往花园游玩。步入花园后，福力便现出种种吉祥之兆：天降清净之水于其顶上；五彩缤纷之禽鸟右旋飞绕其身；男童、女孩均称呼他为“国王”。王子此时心生快乐，并且汗毛直竖、全身毛孔顿然张开，而遍地石子瓦砾也尽皆消失。福力身体变得轻松畅达，心情悠闲自在，且时时听到悦耳之音。王子本来就善观各种相兆，此时一见此等现象便心领神会：看来我不久之后就会当上国王。

兄弟几人于花园中依次享受各种美妙风景，后见一无忧树，枝繁叶茂、花朵盛开，福力王子便于树下安然而眠。其他兄长眼见风光如此秀丽，便一心专注于赏玩，于是就撇下小弟，前往别处游玩。福力王子则因其福德力所致，感召得诸大龙王从龙宫中自然供养他一朵天人大莲花。此莲花艳丽无比、美妙非凡、具足千叶，且从龙宫水底径直窜出水面、直向上长。龙王们悄悄将王子放于莲花之上，又以加持力令王子暂时难以醒来。时近下午时分，其他树叶影子均开始偏向东方，唯独无忧树叶阴影一直未放弃王子，始终没有转向、挪动。整个花园中所有树木花草宛若以恭敬心顶礼无忧树，弯腰曲背亦与人同。野兽、飞鸟则发出声声吉祥鸣音，且以寂静、调柔之行为围绕无忧树。

福力王子则于睡眠中感得一梦：梦中，他坐于不净粪上，且身染不净秽物；还用舌头舔舐虚空；又端坐莲花之上；并爬上山顶；后受众人顶礼。

此时寻找新国王之人经过到处奔波后渐渐向花园聚拢，他们看见福力王子天人般福报景象后，皆生极大稀有心，且各个赞叹道："此人真有大福报。"于是便将此讯息于寻觅国王之众人中传开。福力王子醒来后，因他自己精于解梦，便开始自我观察、分析，并得出结论：我坐于不净粪上，乃表明我定会获得大国王王位；不净秽物沾染身体，乃表明我得王位后定会有大财富缠身；舌舔虚空并坐于莲花上，实乃说明我必将坐于高广之狮子座上；爬山表示我乃为众人最高领袖；而受众人顶礼，则象征我接受国人恭敬礼拜。整个梦境应如是分析。福力王子最终得出结论：通过解梦，看来我不久即将登上王位。

寻找国王之众人互相告之花园中所见，于是所有重要人物即刻便集中起来。他们将国王加冕大典上所需用具准备齐全后便往花园进发，待亲眼目睹福力王子似天人般庄严财富后，大众皆感稀有难得，他们均看见福力王子以金刚跏趺坐坐于天人大莲花宝座上。

此时以福力王子大福德力之加持，四大天王供养王子狮子宝座；帝释天则供养白色宝伞、宝柄拂尘；三十三天天人则以天人种种天衣所成华盖而为装饰；诸天天人从天宫中降下花雨；四天王天天人降下珍宝花雨，且弹拨天人乐器、撒下天人天衣；国王王宫附近、森林、花园等处之不清净飞沙走石全部消失，宝幢、飞幡纷纷树立，中间加以彩旗鬘；诸天人手捧香炉为大众供香，其间又撒下与天界无别之鲜花；诸天子受帝释天命令，为福力王子受用无穷，便为其幻化出一胜妙宫殿，均由四宝组成……寻访国王之人无有丝毫怀疑、顾虑，立即让王子坐于狮子宝座上，为其举行盛大加冕典礼。仪式完毕，福力王子周身放光，光芒隐没太阳光辉，照遍一由旬距离。从此以后，福力王子更名为光明国王，亦有人仍称呼其为福力王。福力王携带人天财富回到王宫中去，帝释天等诸天人也跟随承侍。

福力王正式成为国王后，便以佛法治理国家，于是全国上下财富圆满，人民安乐无比，庄稼丰收，人丁兴旺，争斗、辩论尽皆息灭，纠纷、争执全部消失，强盗、疾病、饥荒一去不复返，稻芽、甘蔗发芽生长，人们具足牦牛、犀牛等牲畜。福力王如母对儿一般，如理如法治理国家。在其治下，花果繁茂，天降花雨，五谷丰登。

诸位兄长听到此事后均感稀有，他们了解后说道："福力王自己发愿力及福德力已超胜我们，看来我们已彻底失败，因他已凭自己福德力成为国王。在其未提及我等之前，我们应主动找到他，好让他生欢喜心。"诸王子便一同前往王宫，且异口同声对福力王说道："愿你获取胜利，长久住世。"几人一边说一边就坐在福力王身旁，然后又接着说道："善哉，大国王。你所发誓言坚定稳固，你之福德、誓愿已击败我们，因凭你福德力，你已稳获大国王之位。"

福力王闻听之后，恭敬有礼地从狮子宝座上起身，以尊敬、彬彬有礼之行为让几位兄长坐于宝座上。待他们坐定之后，福力王自己则又坐于狮子宝座上，并向几位哥哥讲述了全部经过，令众兄长欢喜不尽，同时还赐予他们大财富，使其皆心满意足。

其后，为使兄长与众人都能凭借方便法而积累福德，福力王一日告诉众人道：“非福德能致地狱痛苦，非福德能致饿鬼痛苦，非福德能致畜生痛苦，非福德恒受仆役痛苦。”他随后又向众人广宣了非福德所能导致的具体危害：“非福德能致人哑、聋，面目丑陋，身相粗糙、缺乏光彩，眼根等六根不具，体多病患、难以治愈，相貌不端严，手指被砍断，声音难听，身心愚笨，执持邪见，心不快乐，意识颠倒，疯狂错乱，贫穷困苦，常受人造谣、诽谤、歧视、污蔑，种姓低劣，遭人嫉恨，树敌太多，无情法亦成怨敌，饿鬼、大腹鬼、罗刹恒欲加害，良药反成毒饵，与亲友不合，恒时感受各种痛苦，语言贫乏无力，财富被国王享用、被大火焚烧、被盗贼偷抢，虽欲求财而当雇工、做生意，但反而耗尽资财，做任何事情都不能顺利、成功，长久感受畏惧，所转生之地多为朽木、荆棘覆盖，世间所有不悦意之事、无利之事、堕入恶道之事，都乃非福德所引发。”言毕，福力王又作一偈赞叹福德功德：“福德令人得护佑，福德令人得精进，福德能救寒热苦，福德引来雨水和。福德正如如意牛，亦如获得如意宝，福德功同如意树，一切所欲皆成办。化缘因之而圆满，福德令人悦意生，福德喜成吉祥事，福德稳固好心情。福德孕育善种姓，福德能致美名声，福德令人得广闻，福德使人多财富。福德增进人闻思，福德灭除种种病，福德摧毁死阎魔，死主闻之生恐惧。”福力王最后又总结道：“福德不仅能具足无畏，而且无量天人对有福德之人也皆赐予天界安乐。三十三天、离诤天、兜率天、他化自在天等诸天天人，皆会为有福德之人赐予吉祥。有福德之人甚至能够统治天人，天人亦会赞叹任意一位有福德之人，并帮助圆满其一切所欲、所需，连无情法也会处其手下听命。”

福力王将有关今生来世福德所能带给众生的利益如是广宣后，这些人自此之后就开始广积福德。

福力王为令众生对福德彻底生信，就眼观虚空、发心说道：“愿我王宫内外能到处降下各种珍宝、妙衣。”随其话音落地，虚空中顿时降下天人天衣与悦意花雨，随即又降下天人珍宝，不大功夫，整个王宫内外便已遍满珍宝。眼见福力王不可思议福德力，多有众人立即对福德重视起来，他们开始滔滔不绝地赞颂起福德功德。

利红国王听到此事后，对福力王信心倍增。为承侍福力王，便即刻率领四种部队共同前往福力王治下国家。刚一见面就说道："你为真正具大福德者，我甘愿效力于鞍前马后。"利红国王说完后就自觉自愿地于福力王手下听差。福力王则对利红国王及其眷属赐予大奖励与种种珍宝，使他们人人皆得到满足。福力王又趁此机会，对利红国王及其眷属广宣佛法，使其都能行持十善法，然后才送其返回。

此时明力国王也对儿子之行持有所耳闻，他先派使者前去送信，然后便亲率手下臣民与眷属浩浩荡荡向福力王国中进发。一见儿子容颜，对小儿疼爱无比之国王马上泪流满面。他颤颤巍巍从大象上下来，与前来迎接之福力王紧紧拥抱，长久不放开。父子相见未过多久，明力王就对儿子说道："我儿福力，你应了知：现如今我已是风烛残年，年迈体衰、不堪重任，国王职位理应交予你继承。"明力王边说边卸下头上王冠、头饰、臂饰，将之统统交到福力王手中。不唯明力国王主动让位，未用多少时日，整个赡部洲国土渐渐全部由福力王统辖。

福力王遂用金银财宝满足赡部洲所有众生愿望，然后再引导他们各个行持十善法。以此缘故赡部洲再无任·何穷苦者，人人快乐幸福，各个拥有势力。众人全都诸根具足、无残无缺，又享有丰饶财富、受用圆满，金银珠宝充斥仓库。不仅个人安乐若此，庄稼亦喜获丰收。同时，争斗、强盗、灾荒全都远离，瓦砾石块尽皆消失，鲜花、水果四季常具，风调雨顺、欣欣向荣。众人具足犀牛、牦牛等牲畜，且安乐增上、福德广大、性喜布施。除此之外，人民尚能自觉守持八关斋戒等戒律条目。

以此广积福德因缘，赡部洲众生死亡后即刻全部转生天界，其中大多数转生在四天王天中。福力王令无数众生获取了今生、来世之安乐利益，于其死后，数千众生、眷属与他一同转生兜率天中。

无等大师释迦牟尼佛那时即以福力王形象如是应化世间。当时之父母即现今净饭王、摩耶夫人；当时之色力王子即为现今之阿难比丘；当时之精进王子即为现今之昼辛吉比丘；当时之裁缝即为现今之芒嘎巴比丘；当时之智慧王子即为现今之舍利子比丘；当时之帝释天即为现今之罗睺罗比丘；当时被砍断手脚之人即为现今之郭芒牙那比丘。因此可以说，整个世间中，以福德力能利益一切众生，福德具无与伦比之功德利益。

胜者王求福德

在场比丘听完佛陀所述福力王殊胜福德后，纷纷请问释迦牟尼佛：“福力王以何因缘能成国王？且又具如此广大之福报，可满一切众生所愿？”

释迦牟尼佛于是开始为众人细说原委：

“久远之前有一如来正等觉，号尊胜如来者，出世说法、广利众生，此如来于事业圆满后示现涅槃，众人为纪念如来便为其造一遗塔，塔成之后又行盛大开光典礼。当此之时，数十万人众聚集一处举行仪式，中有一比丘便趁此机会于每日午后为大众宣讲佛法。

“离王宫不远处住有一赌徒，名为胜者。其妻名胜姆，其子名胜他，一家三口因赌徒嗜赌如命而艰辛度日。胜者日日在外狂赌，赌至最后，所有家当仅剩两件衣服、一把伞、一双鞋及五枚贝壳，除此之外，所有家当已被他输得一干二净。胜者面对家徒四壁，痛苦哀号道：‘呜呼！不积福德以致沦落受苦，真乃人间可叹可怜之事。’他边说边长叹不止。

“尽管未从赌场捞着任何利益，赌博成性之胜者依然再次穿上仅有鞋履，随身携带此身仅剩之贝壳、伞，又一次前往赌场进行最后一次赌博。途中经过那位比丘讲经说法处时，胜者耳旁亦偶或飘来数句比丘言词。不料胜者无意听到后倒生起些微欢喜心，受好奇心驱使，赌徒胜者欲听个究竟。于是他便脱鞋坐于地上，又将伞放下，以恭敬心认真闻法。

“当时说法上师亦宣说此偈：‘积福得安乐，故人当造福，精勤常积累，对福生信解。’赌徒闻听之后心中想到：看来唯有造福之人方能真享安乐，而我之所以如此痛苦，皆因从未积福之故。不过欲造福德，我又从何做起？想到这里，胜者便上上下下将自己打量一番，除却两件衣衫、一把伞、一双鞋、五枚贝壳之外，此身已一无所有。胜者转念想到：如将贝壳、衣服供养上师，我自己定会饿死；若不供养，我又会因不积福德而致死于困厄，更何况来世还要遭受更大苦痛。不如干脆先造福德，而后即便饿死也不足为惜。如此一来，尽管饿死但却可因之积累福德；如无福德，来生痛苦不知又要如何承受？还是供养上师为妙。赌徒终于下定决心要将衣服、贝壳等物悉数供养。

“正前思后想之际，说法比丘又宣说一偈：‘造福勿迟延，否则成罪业，速速广行善，断除造恶心。’胜者听罢又想到：上师已说行善万勿拖延，务必尽快做到，我又在这里踌躇犹豫做甚？我应立即供养！想及此，正当上师于狮子宝座上说法之时，他便将伞供上，又把一双鞋放于上师脚旁，五枚贝壳也放在上师足上，还将一件衣服也脱下搁在上师脚上。如此做时，胜者内心于上师生起极大信心，以至全身汗毛竖立。

“赌徒又于上师足下以恭敬心猛厉发愿道：‘以我今天供养、发心之功德力，愿我自此以后永离贫穷之苦，生生世世拥有大福报，且能成为人天尊主；愿我一切所欲所求皆能从虚空中降下；愿我将来转世降生时能现出种种瑞相，并现出五种宝藏，大地遍满珍宝。’

“此时，说法上师也同时为胜者念诵偈颂以为回向。然后，所有在场眷属依次离开，仪式即告结束。

赌徒胜者穿着唯一所有之衣衫，心中观想着法布施之功德，以欢喜心返回家中。妻儿看见后不觉内心暗暗叫苦：瞧他如今除一件衣服外已赤条条无有任何寸物随身，想必今日又已输光所有。如此看来，我们娘俩日后也难保自身，说不定哪天就会被他抵押与别人。

“胜者已约略揣摩出妻儿心思，于是顿感羞惭难当。为诉说贫穷过去，他便口占一偈：‘贫苦极难忍，巨苦即贫穷，贫穷如死亡，我死亦不穷。’胜者一边说一边长长叹息，随后便沉默不语。

“胜姆则到院中水井旁汲水，水桶置于井中后却无论如何也提不上来，似有千斤之重。胜姆唤来丈夫相助，依然提不动水桶。再喊来儿子，三人齐心协力后总算将水桶拉离井面。待将水桶放于地上后才发现，桶中竟有一铜质大锅，里面盛满金银。胜者立刻明白此乃自己刚刚供养之果报马上现前，于是喜不自胜地说道：‘奇哉断恶业，行善即良田，我今播种子，现今果成熟。’

“妻子不明所以，便问丈夫此说为何。赌徒便向其详述供养、发愿经过，一家人对福德果报现前、造福德能致安乐果报等事实深感稀有难得。此事一传十、十传百，迅速流传开来，最后亦传至王宫里，众人也感稀有难闻。

“赌徒胜者突然发财后，更以猛厉信心供养三宝。他每日都要于如来遗塔前作广大供养，并常于比丘前听法闻受。不仅日日将上妙饮食供养比丘僧众，同时每遇可怜之沙门、婆罗门、贫穷者、病人及其他乞讨者，都用财物随意满足他们所愿，又用装满财宝之殿堂供养十方比丘僧众，凡此种种，皆使其名声传扬整个世界。

“当地国王无有太子即已离世，王公大臣此时皆已知晓赌徒胜者拥有巨大福德，于是他们便推举他继承王位。此后，胜者之‘赌徒’名号无人再叫，众人尊称之为胜者国王。

“胜者国王对福德有大信心，故常行布施以积累福德，还恒时守持清净戒律，并令王妃、大臣、国中所有民众都积福累德。后当胜者国王去世时，以此缘故，他即刻转生为他化自在天天子。此时从天空中降下天人珍宝、妙衣雨，他化自在天天人也感稀有。

“赌徒胜者以对说法上师供养鞋、伞等物之功德，今生即得以获五种宝藏、王位。随后又以此果报，三十六次做他化自在天天王、三十六次做化乐天天王、三十六次为三十三天天主、三十六次为离诤天天王、三十六次做四大天王天主，并数百次成为转轮王，胜伏四方、威震天下，且具足七轮宝及种种受用、财富、妙欲、美色，拥有一千太子，尽享种种威力，统治整个赡部洲。国土之中无有任何刀兵劫与危害，以如理如法之方式令众人安居乐业。”

释迦牟尼佛最后作偈总结道：“世间怙主因，乃为此福德，利众诸佛说，此世之福德。若闻广神变，稀有此事等，智者高尚士，谁不起信心。故欲自利者，或欲广行者，当念佛教法，恭敬微妙法。”

吉祥部国王施身

无等大师释迦牟尼佛曾有一世转生为此赡部洲吉祥部国王，生下来时就能回忆前世，且相貌庄严。吉祥部国王以佛法治理国家，因此之故，国土中树木繁茂、谷稼成熟、雨水调和。

国王有一王妃名胜光，美丽贤淑，且对国王欢喜非常、执著深重，吉祥部王也对胜光恩宠有加。当时，整个赡部洲众生都无需向国王缴纳赋税，吉祥部令其皆得以安居乐业。国王又喜行布施，只要能令众生欢喜，他连自身血肉亦可布施尽净。吉祥部国王一贯以珍宝、卧具、用珍宝严饰之美女等物、人，各按众生所需布施与他们，分别满其种种愿望。凭此广大布施，国王令整个赡部洲众人财富圆满、生活富裕。

国王手下有一万两千大臣，中有一大智慧大臣，对国王尤为尊敬。国中臣民普遍对国王恭敬、爱戴，每每见王而心不生厌。因吉祥部普令人民行持十善法之故，众人死后多转生欲界六天。众多天人均明了此乃国王让其行善所致，故而天王也赞叹不已，天人闻听后更对吉祥部国王生起信心。

此时，胜光王妃又感得一梦，她于梦中取出眼睛后又恢复如初。胜光大惑不解，于是便向国王讨教。吉祥部心中明白此乃有人欲索要王妃之象征，但为安抚王妃故不肯明说。他只告诉妻子“诸法如梦如幻，有何可执著之处”之类语句，尽管内心早已洞彻无遗。

第二日晚，大智慧大臣也做得一梦：国王整个王宫已被摧毁，一切建筑物均被人席卷而去。不过，后又恢复如初。大智慧醒来后，深感此梦可能预兆有人将要索要国王身体，于是就找到相师解梦。相师答以“所言正是，确有其事”。大智慧心感不安，决定将此事暂隐心中。

第三日晚，一万两千大臣同时梦见一只鹞鹰将国王王冠夺走，而后又将之送回。又梦见所有赡部洲人民均将眼睛取出，然后又恢复如初。做如是等五种梦后，众人皆担心国王会遭受危害，便找来相师占卜。相师再次答言：“所言正是，确有其事。”

如此一来，众人皆为国王处境担忧不已，大家议论纷纷、痛苦不堪。

而吉祥部国王得知此事后却高兴难抑地想到：现今有人欲要我身体，这实在是千载难逢、善妙殊胜。

当此之时，北方有五百仙人会聚一处，有一仙人远远望见胜光王妃正前往花园中赏玩，便因自己前世曾与胜光做过夫妻之串习引发而顿生贪心。他回住地后，恰遇自己一位婆罗门弟子前来上交学费，便趁机对弟子说道："我所需要者乃为胜光王妃，你不必向我缴纳学费，只把王妃替我要来即可。"婆罗门弟子闻听后内心矛盾不已：一方面担心自己无法要到王妃，一方面又害怕自己违逆仙人心愿。而仙人则鼓动怂恿道："你前去索要无有任何困难，因国王甘愿布施一切，故你直接前去就可为我要来王妃。"婆罗门弟子踌躇不满地想：我若不去，仙人定会以恶咒咒骂我，还是谨遵师命吧。想到这，婆罗门弟子便起身前往吉祥部国王那里。

见到国王后，婆罗门弟子一言不发，因恐惧、惭愧而不敢说话。国王以柔和语气问他："婆罗门，你欲何求？不妨直接说出，我定会满你所愿。"婆罗门弟子这才敢将前后经过一一道来，并为仙人索求王妃。国王因对胜光也宠爱非常，当下内心多少感到有些不安。他内心思索：王妃离开我后，未必能够生存，这轮回世界真乃痛苦之源。吉祥部便沉默不语，但转念又想到：如我难舍妻子儿女，则无上菩提又从何而得？想到这里，国王便以断除爱别离苦之决绝态度走下法座。

胜光本如天女一般美丽，如果离开丈夫就会泪水沾满双襟，并从而感受人生之极大痛苦。但吉祥部此刻依然抓住妻子左手，又用自身右手以金瓶之水洗涤婆罗门弟子之手，然后就将王妃交于婆罗门手上，并庄严发愿道："以此布施功德愿我能得无上菩提之果。"当时大地六次震动，并现出种种稀有瑞相。

婆罗门弟子将王妃带给仙人，而王妃离开国王就如鱼离开水一样痛苦难耐。她日夜思念丈夫，备受煎熬到无法忍受之时便开始绝食。此时，大地又开始震动。诸天人了知此乃为吉祥部国王威力所致，于是便纷纷赞叹。

此时帝释天则与四位天子一起降临到离国王不远处之一城市里。

于其附近森林中，帝释天化现成一婆罗门，下半身被全部砍断，浑身鲜血淋漓。

四天子化现成四位婆罗门子，将被切断一半身体之婆罗门放于担架上，一路哭叫向吉祥部国王处进发。沿途之上，有众多老鹰、乌鸦前后跟随。一行人抵达城中后，臣民皆感稀有罕见，大家议论纷纷道："此人下身已断，为何还能活至现在？恐怕此人非人，只一食肉鬼而已。"众人大多见而逃窜，具有英雄大无畏气魄之人则说："此乃食肉鬼以人之形象出现，最好向他询问询问，如能答话，倒也稀有难得。"

有人便问道："你是人是鬼？又是谁砍断你身躯？你又从何而来？"

以婆罗门形象出现之帝释天则哀痛难耐地呻吟说："希瓦巴国人勿恐惧，我是婆罗门非罗刹，只因前世恶业感召，才成如今凄惨模样。"

众人将之抬到王宫门口，多有好奇之人紧紧跟随。而龙、天、夜叉等众生眼见他被带到王宫门前，纷纷哀叹道："看来国王要遭遇不幸事了。"他们不觉在担心中伤心痛哭。

此时，赡部洲已全部沉入黑暗当中，流星坠地等种种恶兆频频出现，众人目睹后皆恐惧落泪。

胜光王妃自从离开国王后一直绝食，且身陷痛苦之中。仙人与之相处一段时日后，渐渐也对国王及王妃生出信心。他眼见王妃痛苦若此便安慰她道："你既如此痛苦，我还是将你交还国王为好。"仙人也目睹了各种恶兆，就又对王妃说："整个赡部洲已陷于黑暗之中，这表明将有众多大士于不远之将来会离开人间。"

吉祥部国王已从王宫看见这位半身婆罗门，待二人相见后，婆罗门便开始向国王索要下半截身体。大智慧大臣向国王进谏道："国王，此人非人，定为食肉鬼，否则何以一半身已断，居然还能存活下来，并开口讲话？"婆罗门则辩解说："我非食肉鬼，实为婆罗门。我生活贫穷至极，本想将妻儿老小留在家中，自己前来向国王讨要财物。谁料来到你吉祥部国王城门口，太阳已落山，因城门紧闭，我无法进入，只得到一破屋栖身。哪曾想半夜三更钻进来一只猛虎，用利锯般锋利牙齿，将我下半身齐齐咬断。我虽承受极难忍之猛厉痛苦，但因前世罪恶业力感召，始终无法痛快死去。正当剧痛之时，忽听虚空中有天女声音告诉我说：‘你可速去吉祥部国王那里讨要身体，他肯定会将身体布施。’我自然希望能存活下去，故而向你讨要。但我一半身体已去，又如何能爬到你面前？正受痛苦煎逼之时，在太阳刚落山之际，这四位亲人正巧来到我面前。他们见到我之悲惨境遇后便放声痛哭，我即将天女言辞告诉他们，他们就将我放于担架之上，一路辛苦来到你这里。”婆罗门一边流泪一边苦苦哀求。

吉祥部立即施与其无畏安慰，告诉他说可将身体完全布施，随即就命人拿来锋利铁锯。帝释天马上加持此人，使其很快就将锯子拿来。国王则对大臣们要求道：“趁此婆罗门未死之前，务必迅速锯断我下身。”闻听此言，众人齐声哀号。大智慧大臣边哭边劝解国王万勿如此行事。吉祥部则果敢说道：“你不可对我获取无上菩提制造违缘。”大智慧听罢即刻昏倒于地。

吉祥部国王立即招来两位木匠，吩咐他们说：“你们二位为助我圆满布施波罗蜜多，请将我身体锯断以满此婆罗门心愿。”但两位木匠无论如何也不敢下手，帝释天就再次加持他们放胆去做。

国王以欢喜心愿意布施身体，当其从狮子宝座上下来欲行布施时，整个赡部洲宝伞、胜幢、飞幡纷纷弯腰鞠躬，宛如向王宫表示敬意一般。众人痛哭流涕，国王为获无上圆满佛果，就一头倚靠一人，同时伸出两脚、身体仰卧，开始发无上菩提心。此时，大地震动，王妃及臣民均捶胸顿足、哀号不已。他们纷纷祈请国王不要如此布施，但吉祥部国王更加坚定地说道：“一切可爱之物均会分离，你们因此更要谨慎行持善法。”国王说罢就令两个木匠快快动手。

大智慧大臣此时已清醒过来，他劝阻两位木匠道：“如此大慈大悲之尊主，你们如果杀死他，则所有天龙断不会饶恕你们，绝不可能再让你们生存于世。你们这些愚痴之辈，大悲尊主以往像对待儿子一般善待你们，难道你俩皆已忘记？”大智慧大臣边说边按住二人所用铁锯。

吉祥部国王正色对大臣说道：“大智慧，你无需如此痛苦，原本一切可爱之物都会分散。别人欲索要我身体时，你不可制造违缘。过去亦曾有人讨要我身体，天女也为我布施造过违缘，因她们为我得无上菩提制造障碍之故，她们也因此而有非福德之过。如其当时未为我设置违缘，则我很快就能获取菩提果位。在此地，我亦曾将自己身体布施与饥饿母虎，以此缘故，我可提前四十劫成就佛果。我原本应在弥勒菩萨后面成佛，就因此布施果报，我将在他前面成就佛果。过去我为西瓦巴国王时，曾将自己青莲花般双目布施与一老年婆罗门；为月光国王时，又将自己头颅布施与凶目婆罗门；当西吾国王时，为救护鹞鹰爪下鸽子，曾割下全身身肉布施与它。此外，在此地，为获无上菩提，我上千次布施自己手、脚、妻、儿。如是做时，任谁也未曾给我布施造过违缘，故而你也万勿造诸违缘。”

大智慧大臣听后，对国王如此之菩萨行生起大信心，他边想边说：“大法王要舍弃我们了。”

刚才受帝释天加持之木匠，此时便开始用利锯割锯吉祥部身体，锯至肚脐部位时，国王开始大出血，一时血流如注。大智慧大臣见此惨不忍睹之象，立即昏厥于地，众天人也放声痛哭，凡见此种悲惨景象者无不失声痛哭。帝释天目睹这些众生对国王身体担忧、痛哭，就暗自思索：“我如再让如是受人爱戴之大尊主受苦，恐非应理，我应保其性命，使其存活不死。”

两木匠在锯国王身体时，吉祥部感受到剧烈疼痛。但他一边受苦，一边对前来乞讨之婆罗门生大悲心。他心中想到：我尽管已了知轮回过患，但以精进心布施我身体一部分时都有如此痛苦，那些身陷地狱、身心全部要蒙受剧烈苦痛煎熬之众生，又该如何承受地狱折磨？我现发心：愿以我受之苦断除一切众生之痛！作如是思维已，锯断身体之痛当下就消失无遗。国王疑惑不解地想到：为何我现在感受不到痛苦？他们是否已停止割锯？国王于是起身看其割锯，同时心生不悦，身体当时就颤动起来。

婆罗门看见后就问国王道：“你为何如可怜之病者一样浑身颤抖？整个大地之上，你本能布施一切，如今是否有后悔之意？你不该后悔，否则你之布施大愿岂不成大妄语？”

吉祥部国王坦然答道：“我根本不是因后悔布施自己身体而发抖，我只是担心这锯子不能割断我身体，如此就无法圆满我布施决心，也不能满足你愿，想及此我才发抖不已。我岂是不愿让其锯断我身体？！”听罢国王所说，婆罗门深感稀有，便不再多言。

两位木匠手拿利锯继续割截国王身体，最后活活将吉祥部下半身拦腰截断。当国王半截身体落地之时，所锯断肉身在地上依然颤动不已。国王根本不顾自己身躯被割截之痛，他急忙命令这两位木匠速将自己下半身接于婆罗门身上。两人按国王意愿飞快将其肉身与婆罗门身体接合，刚一接触，国王下半身立即就与婆罗门上半身融为一体，且看不出丝毫伤口痕迹，两人肤色也完全一致，真可谓融合无间。

为令国王生欢喜心，婆罗门即刻就从担架上走下，随意行、住、坐、卧一番。吉祥部见到后深感欣慰，为自己终能满足乞讨者之愿望而备受鼓舞。他内心觉得自己所受之巨痛终于没有白费，故而心下欢喜不已。吉祥部心中想到：我所受痛苦总算换来大利益，我如今可谓心满意足矣。他如是思维，同时又发愿道：“我之布施身体，已使婆罗门从生命危险恐怖状态中获得救助。以此善根，愿我能获无上菩提，并使眼前婆罗门解脱轮回痛苦，度化他且令其获欢乐涅槃。”当吉祥部所承受之猛厉痛苦与内心大愿交汇碰撞时，国王自然而然闭上眼睛陷入昏厥之中。

帝释天马上以自己加持力使国王恢复体力，同时又给国王敷上药物。此时，大千世界发出六次震动，并出巨大音响，令人恐怖之乌云也布满虚空。加之流星坠地、天人擂鼓，整个世间顿陷黑暗之中。接下来，天人又撒下鲜花、妙衣并弹拨乐器，整个虚空一片喧嚷之声，赡部洲众人暂时皆处于迷惘状态。这时，大城市中成千上万众生也看见了国王所布施之躯体，他们异口同声感叹道：“我等人天之主已被残害，这真令人大感悲悯。”有人因之而倒地昏厥，有人因之而痛哭不已。

这时，帝释天与四位天子均以原来面目显现，帝释天对国王说道：

“我是帝释天，非为婆罗门。大国王，你之精进布施实在令人感慨不已。你不贪恋自身一切，为悲悯所有众生而甘愿舍弃肉身、喜行布施。遇到如是猛厉痛苦，以大悲心仍不退转布施，真乃稀有难得。我今问你，你如此苦行，到底希求什么？”国王则回答说：“帝释天，我布施只为能获无上圆满菩提，度化陷于轮回中之众生。”帝释天又问道：“你舍弃自己身体，现如今已变成不如其他众生一般模样，你有无生后悔心？”国王坦诚答道：“绝无后悔心。”帝释天有些不相信：“你自己说绝无后悔心，又以何为凭？”吉祥部乃从容、平静说道：“你可把我被切断之身躯放置一边。”帝释天如是做已，吉祥部则对一切众生观想慈悲心，同时说道：“我为获无上菩提才以大悲心舍弃身体，我如是做时无有畏惧、后悔、吝啬心。若我当时确无后悔心，则凭此真实力之加持，愿我身体恢复如前、诸根具足。”随着吉祥部话音落地，残缺躯体即刻完好如初。

诸天天人与在场众生目睹之后皆感叹不已，大家全感稀有难见，因而纷纷以欢喜心赞叹贺喜。帝释天此时也对吉祥部赞不绝口，因感动而致流泪不止，如雨滴洒落一样。帝释天惭愧说道：“我给大菩萨增添了诸多痛苦、烦恼，请国王原谅、宽恕我。待你将来一旦成就佛果，请务必垂念我。”国王听罢谦虚说道：“我对你何来抱怨之心？若我成佛，定会垂念、关照你。”

自此以后，大国王以发无上菩提心之加持力，令天降珍宝雨、妙衣、财富，天人光辉照耀整个世界。住于山上之仙人看到此等奇观后，深感奇怪，他于内心苦苦思量到底是何原因令世间现出此等瑞相。此仙人信奉一天神，天神即向他讲述了整个经过。仙人听后对国王之菩萨行立刻生起信心，他浑身汗毛直竖，认定国王乃为一真正大菩萨，于是便带着五百仙人与胜光王妃一起赶到吉祥部面前。来到现场后，他与帝释天等众生一起祝愿吉祥部国王超胜一切、恒久住世，同时又将胜光王妃还与国王，并真诚祈请道：“国王以后万勿再将王妃送与他人。”如是祈请后，吉祥部国王点头默许。

帝释天命令天人陈设狮子宝座，并向他们解释说：“我欲为国王行加冕大典。”天人就幻化出以种种珍宝所成之狮子宝座。此时，帝释天亲手扶起国王，让国王端坐狮子宝座之上。成千上万天人即刻手拿乐器，为吉祥部国王行盛大加冕仪式。当此之时，大地震动，天降花雨。仪式完毕后，诸天人各自返回天界，仙人赞叹完国王后也回到自己住处。广大民众均从内心恭敬吉祥部国王，国王也因势利导，在很长时间内以佛法治理国家。他以财富满足赡部洲贫穷者、低劣者生活所需，令其行持十善法，使其死后均得以转生欲界六天。后来，国王本人与万千众生则于死后转生兜率天中。

无等大师释迦牟尼佛如是为吉祥部国王时，其王妃胜光即为现今之耶输陀罗；大智慧大臣即为现今之舍利子比丘；帝释天即为现今之色藏国王；当时之三十三天天人即为现今与色藏国王同得圣果之八万天子；当时大城市中诸人即为现今与色藏国王一起，在芒嘎达城亲往释迦牟尼佛前闻法之施主与婆罗门；当时之仙人即为现今目犍连比丘；当时替仙人索要王妃之婆罗门子即为现今之释迦女沙措玛；当时之两位木匠即为现今之提婆达多与郭嘎乐嘎。以如是因缘，释迦牟尼佛成就佛果时，此等众生皆成为世尊之眷属。

金色国王施舍口粮

久远以前，人寿八万四千岁时，无等大师释迦牟尼佛那时显现为金色国王，相好庄严，权势显赫，财富圆满。国王恒以布施满众生所愿，且免除国人赋税。

当时有一婆罗门名黑西巴，通过看相占卜得知国家未来运势，便预测说：“我国未来十二年中将不降滴雨，因而会有大饥荒流行。”国王闻听后内心顿感不安，他如是思维：如果真是这样，富人当然可安稳度过饥荒，而穷人又如何过活？想到这，金色国王便心生一计，他命令国中所有民众均需将财富堆积一处，同时又命精于算术之人仔细演算如此多之财物，如举国上下之人平均分配，则十二年中人人可各得多少。这些人先统计出全国人口，然后再计算人均占有量。国王即如是安排国人平安度过十一年大旱岁月，所有臣民中无一人饿死。

即将度完十二年艰苦岁月，已熬至十一年又十一个月时，国中开始出现饿殍现象，因整个国家已将所有食物吃光尽净，唯金色国王手中尚剩一小斗粮食。

此时，一已修持四十劫菩萨行之人来此娑婆世界。他目睹于一森林中，儿子正对母亲作不净行。看到此种景象，他非常悲哀地感叹道："呜呼！娑婆世界众生真是烦恼深重，儿子住于母胎长达九月，又吮吸母乳方得以长大，而现今还要作此不净行。以贪心行此非法行，我怎能为如此众生行持菩萨道？看来我还是自己先行解脱为妙。"想到这里，此人不觉退失了菩提。他来到一树下后，静观自己五蕴之生灭法，并最终获缘觉果位。此时，这位缘觉心中又想到：我虽为众生行众多苦行，但从未利益过众生。现今，我如对哪位众生生起悲心，我就到其面前化缘讨饭。想完后，缘觉便开始以天眼观照整个世界，他发现全世界食物均已被消耗干净，只有金色国王还留有一小斗粮食。缘觉心中暗想：看来我应对他生起悲心，向他讨饭。

思虑及此，缘觉便示现神变，似天鹅一般飞于空中，并最终降落于金色国王王宫顶层。金色国王正与五千大臣聚集于顶层，缘觉见之便说道："我为化缘而来此处。"金色国王闻后不觉心生痛苦，他想到：我虽拥有整个世界，但却连一前来化缘之缘觉都无力供养。金色国王越想越觉悲伤，不过他还是唤来管理财物者对其说："如王宫里尚有饮食，请一定拿来供养这位缘觉。"管理财物者为难说道："大国王，你应了知，除你有一小斗口粮以外，国库已空无一物。"

国王听后暗自思忖：如我享用此口粮，则我今天应能存活下来；如我舍弃，那我必死无疑。但国王转念又想到：我即便吞下此一小斗粮食，日后终免除不了一死，不如将此粮食供养眼前这位缘觉，以此所种殊胜福田，方能让此口粮发挥价值与意义。

国王随后就集中起所有眷属说道："呜呼！此乃为我金色国王最后一次行布施，你们均应随喜。我以此供养缘觉善根回向整个世间，愿所有众生都能断尽贫苦。”说完就将自己口粮倒入缘觉右手所拿之钵中。缘觉拿到粮食后即刻飞走，国王一直合掌眼望虚空，直到缘觉飞逝不见，国王才命令众眷属各自散开：“无需饿死在此处，各个归家吧。”众眷属皆满怀深情说道：“大国王，你兴盛之时，大家皆欢聚于此。现在国运衰败，我们怎能忍心抛下你。”金色国王听后深受感动，但他还是一边流泪，一边再三要求他们各自散去。众人则一直在他脚下恭敬顶礼道：“我们此次恐为最后一次面见国王，祈请国王一定宽恕我们以前违背你教言之处。”

缘觉回去后享用国王所布施之口粮，刹那间，东南西北乌云密布、冷风四起，大风席卷走大地之上一切不净之物，随后又天降食物，诸如大米、面粉、饼子、肉，以及萝卜等蔬菜，尚有芝麻油、粮食等。金色国王喜不自胜，唤来所有眷属后说道：“真是罕见稀有！诸位请看，仅供养一小斗粮食现在就现出如此多之苗芽，布施之真正花、果未来定会繁盛无比。”

后从第二天至第七天，虚空中又降下财物、粮食雨与稀粥；随后七天，又降下酥油；后面七天，则降下芝麻油；又七天，连降绸缎、布匹；接下来的七天中，降下食物；随后又连降七日金、银、水晶、蓝宝石、红珍珠、石精宝、冰珠石等种种珍宝。一切众生贫穷困苦如是依金色国王布施之力而得以全部灭尽。

久远之前，赡部洲人寿无量岁时，有一国王名为长净，统治八万四千小国，拥有八万王妃、数万大臣。

长净国王后于头顶生出一肉蛋，此肉蛋内外透明、光滑轻软，国王毫无病痛之感。随后肉蛋逐渐增大，长至瓜般大小时自然裂开，从中现出一小孩。此孩童相貌庄严，头发呈现蓝色。相师观其相后认为此小孩相貌稀有，实乃具功德之相，并授记他将来定能成为统治四大部洲之转轮王。小孩后被取名为顶生，当其降生之时，许多王妃乳房皆自然流出乳汁，她们都说道：“让孩子吮吸我之乳汁。”于是，此小孩又被叫作自乳。自乳生下来便享受国王自家财富，同时亦尽情参与孩童嬉戏，如是欢快度过如六个帝释天寿命一般之时日。

待王子长大后，因其精通各种学问，父王长净便任命自乳为一小国国王。自乳于其国中，执政如六个帝释天寿命一般之时日。长净国王即将去世之时，曾说过欲令自乳住持王位，并想为其行加冕大典。众小国王都祈祷自乳能当大国王，而他却说：“父王现已去世，我去哪里都了无实义。如我确有成为国王之福德、威力，则愿四大天王与帝释天皆至我面前祈祷并为我行加冕典礼。”刚刚说完此话，四大天王即刻亲自现身于他面前，手执宝瓶，把香水洒在他头顶，以此方式为其行加冕仪式。帝释天也为他所戴王冠做种种头饰，并赞叹其所具之稀有功德。在人间众生尚未将宝座、头饰准备齐全之前，天人已为自乳做好一切装饰。其他小国也纷纷祈祷自乳能到国土中部承袭王位，自乳则说道：“如我有当国王之福报，则愿中部地区、地上一切所有均能来到我面前，若我逐地而居恐不应理。”如此说完后，中部国土上之王宫、花园、水池等等一切所需全部自然出现在他身边，此地也当即成为首都。金轮宝等七轮宝也随即显现，自乳终于成为统领四大部洲之转轮王。

此后，他又育有一千勇敢、相好、能摧毁敌国之太子。他本人也依佛法如理如法治理国家。

当时，在广严城附近一森林中，具有神通之五百仙人正在坐禅，而很多马鸡却在四周喧嚷一片，嘈杂声响使五百仙人难以入定。五百仙人中有一人名为丑面，按捺不住心头怒火便厉声咒骂它们：“你们这些马鸡真应该翅膀全部脱落。”结果以其咒骂之力，马鸡翅膀果真脱落下来，再也不能飞翔，只能靠双足行走。

国王有次出游时看见这些不能飞行之马鸡，便询问左右大臣此中缘由。大臣皆说此乃仙人咒语所致，国王听到后内心不悦，他于是对手下说道：“不许这些对众生无慈悲心之仙人住于我所统治之地。”按其吩咐，手下便将仙人全部赶走。众仙人皆知国王实乃统领四大部洲之主，就想前往须弥山中层居住，后终于随其心愿到达那里安住下来。

自乳国王因关心民生疾苦便常常私访国中各地。他先对工巧技艺行业作详细观察了解，以此之故，民众皆称其为力生王。国王又到外面广泛视察，看到有人辛勤挖地、耕种，便向左右大臣问道：“这些人在做何事？”下属答言：“众生都需依赖饮食而存活，这些人即以耕地维生。”国王闻言不觉发愿道：“如我真正拥有国王所应具之福德，则愿这些劳苦众生停止一切辛苦劳作，自然具足百味甘美饮食，愿他们所欲均能得到满足，不受任何饥渴之苦。”说完这番话，种种饮食立刻自然出现。国王又问：“此是谁福德所致？”在场众人全都说：“这是国王福德与众生福德共同感得。”

国王随后又下去视察，看见有人正在纺线，有人正在织布，便问左右：“这些人在做何事？”左右答言：“这些人虽已有饮食，但尚缺衣服。”国王闻言便发愿道：“如我真正拥有国王所应具之福德，则愿这些众生毋需纺织，能自然具足一切布匹衣物。”发愿完毕，从树木中便自然结出种种布匹、衣物，人们无论怎样享用都受用无尽。国王又问：“此是谁福德所致？”在场众人全都说：“这是国王福德与众生福德共同感得。”

国王不久之后又看见制作乐器之人，他问左右大臣道：“这些人在做何事？”大臣回答说：“众生虽有饮食、衣物，但为欢庆及恒享欢乐故，这些人正准备制造乐器。”国王听后自然又发愿道：“如我真正拥有国王所应具之福德，则愿这些众生停止造作，能自然具足种种乐器。”如是发愿已，所有乐器自然完备，大家可直接享用，众人听到悦意乐音后皆生欢喜心。

后来，依靠国王福德力，虚空中又降下七宝雨，珍宝遍满整个大地。国王又问：“此是谁福德所致？”众人依然回答道：“此是国王福德与众生福德共同感得。”国王则说：“如此福报显现实乃众生福德所致，则愿珍宝普降所有地方；如此福报只为我功德所致，则愿珍宝降于王宫附近，王宫以外不要降下任何银币、珍宝。”随其话落，各种珍宝果然只降在王宫附近，王宫以外不降任何珍宝财富。国王便又问道：“此次是谁福德所致？”众人心服口服答道：“确乃国王福德所致。”国王惋惜说道：“你们所言谬矣！如你们最初就能知道此乃我之福德所致，则我可令整个赡部洲广降珍宝。现在缘起已被破坏，故而珍宝只能落于王宫附近。不过，如你们愿意享用，那就在王宫附近随意取宝吧。”

国王随后又以妙欲令整个赡部洲众生尽享欢乐，并于数万年中为众人宣说利乐之道。如是又过相当于六个帝释天寿命之时日，国王有次问住天夜叉：“世间是否还有我未统治之众生？”住天夜叉闻言请求道：“你应前往东胜身洲，那里众生财富丰饶，国王理应前去。”国王听罢也想立即前往，于是顷刻之间就做好动身准备。他依金轮宝之力腾身虚空，并携带各种轮宝并及八千余万眷属、一千太子，一起腾空向东胜身洲飞行而去。

东胜身洲众生欢喜迎接，自乳国王便于那里也做起国王，且受到国人普遍恭敬。自乳于其处呆了有六个帝释天寿命之时日后，住天夜叉又请求说：“国王应到西牛货洲。”于是自乳国王便又前往西牛货洲，并住了六个帝释天寿命之时日。后又受住天夜叉请求，国王又来到北俱卢洲。到达此洲后，无需耕种之庄稼、白色香稻、如意宝树等皆自然涌现。国王为众生指点此等瑞相，并于此处也做国王，安住有六个帝释天寿命之时日。

住天夜叉又请求道：“国王应再前往三十三天。”自乳国王便应允下来。前去三十三天之路途中，首先要经过山王外之七座宝山铁围山等，国王便与眷属于铁围山上安住下来，共享一切快乐。如是度过六个帝释天寿命之时日后，国王与眷属又前往七金山[15]等处，于每一山上都与眷属安住六个帝释天寿命之时日，然后又从持双山上开始腾空飞去。

当此腾空之际，国王之骏马、大象从天空中往下拉屎，粪尿落于被驱逐之五百仙人身上。仙人开始时不明此中原委，后方才得知此乃国王骏马、大象所为。仙人便议论纷纷道：“此斗狠国王到这里欲为何事？”仙人中一丑面仙人则以嗔恨心念起恶咒并结手印，还往手掌中倒水，并洒向虚空中国王与其眷属。国王与眷属便无法前行，只能停滞于虚空。

当时因国王拥有大臣宝，大臣宝见状便告诉仙人道：“你们理应放弃此种嗔恨心，因你等所为实际无法伤害任何人。此国王非为一般

[15] 七金山：担木山、持轴山、持双山、善见山、马耳山、持边山、象鼻山。

平庸之徒，他乃自乳大国王，不似你们所能加害之马鸡。”自乳国王此时也问诸人道：“谁阻挡我之队伍？”大臣宝答言：“此乃仙人所为。”国王便接着问大臣宝：“诸仙人于所有事物中最喜爱何物？”大臣宝告诉国王：“他们最执著者乃自身发髻。”国王随即发愿道：“愿此等仙人发髻统统毁坏掉，愿他们均能速到我眼前。”国王刚刚说完，所有仙人发髻便尽皆灭尽。他们虽手拿弓箭，但其神通却全部失坏，只能乖乖来到国王面前。玉女宝则趁机进言道：“大国王，这些仙人均在苦行修法，应释放他们，不要如此行事。”国王听其所言，便将仙人全部释放。众仙人自此之后便重新开始精进如法修行，后又全部具足五种神通。

国王与大队人马继续前进，最后终至须弥山山顶上。此时住于水面上之大龙又挡住他们去路，国王问众人：“又是谁挡住我们队伍？”众人回答说：“是大海中之大龙。”国王正色说道：“若如此，我定要与这些旁生宣战，愿此大龙能如仆人一般统统到我面前来。”国王说完后，大龙自然而然便来到国王面前。

大龙后又跑至持盆者面前，持盆者问道：“慌慌张张跑来做甚？”龙王答道：“人间国王来了。”持盆者便拦住国王去路，自乳国王又如前一般发愿，持盆者又逃至持鬘者面前。持鬘者问他：“你急急忙忙跑来做甚？”持盆者答言：“人间国王来了。”持鬘者便挡住国王。国王又如前一般发愿，持鬘者便跑到常醉罗刹那里。常醉罗刹问他何故来此，持鬘者答道：“人间国王来了。”常醉罗刹便挡住国王去路。国王再次如前发愿，常醉罗刹就又跑到四大天王跟前。四大天王问其到此为何，常醉罗刹答以“人间国王来了”。四大天王知道自乳国王福德广大，根本无法阻拦，便不再阻止国王前行。这样，国王便与眷属直接到达三十三天，并向三十三天天人广宣道：“人间国王来了。”

自乳国王站在须弥山山顶上，眼望一片绿油油园林问住天夜叉道：“此乃何物？”住天夜叉回答说：“此为大香树[16]林，是诸天天人在

[16] 大香树：三十三天善见城外东北隅，有诸天汇聚之如意树，称为毕集穿地之树，根深五十由旬，树高一百由旬，枝叶旁蔽五十由旬，广袤一百五十由旬，周四百五十由旬，花瓣盛开逆风香溢五十由旬。

夏季四月中尽享妙欲、感受一切欢乐之地。国王不妨前往一游。”国王便对众眷属说：“此绿色园林正是大香树林，你们也应前去安享五种妙欲。”

这时，山顶上又聚集起似白云一般之物，自乳国王便问住天夜叉：“此又是何物？”住天夜叉说道：“此乃为诸天天人坐禅静虑之善法堂，此地环境美妙，国王理应前往赏玩。”自乳国王同样向眷属如实介绍，众眷属均欢喜前往。

国王随后又向天人城市进发，端妍天城长二千五百由旬，周围一万由旬，外有七层黄金园林围绕，内含天人种种善妙之物。众天人、天女皆于此城中享受五种妙欲，各个欢喜悦意。当国王与眷属抵达城边时，诸天人因深感恐惧而迅速关上城门，并用铁杵将大门顶住。自乳国王则张弓搭箭，同时又吹响海螺，结果天人宫殿六十二扇大门自然打开。

帝释天与众眷属不觉心中想到：这人为人间自乳大国王，极富威力、福德，无人可挡。众人便欲用各种物品迎接，在其种种供品队列中，国王一人进入帝释天王宫。天人们为天王、众大臣准备好坐垫，然后又给自乳国王备好。自乳国王马上心中暗想：这最低之坐垫定是为我安排。想到这里，他便发愿：“我若能与帝释天平起平坐才为善妙。”随其心愿，帝释天立刻就分自己座位一半与他，于是国王便与帝释天平等坐于一个坐垫上以示二人地位平齐。此时，众人看到人间国王与帝释天王无论相貌美丑、功德大小、说话方式均无有差别，只不过帝释天王眼不眨、行走稍快一点而已，其余皆无任何差异。自乳国王如是与帝释天同等享用天人五种妙欲，时间为三十六个帝释天全部寿命集合。

当三十六位帝释天中最后一位执政时，非天向天人发起攻击。天人宫殿外五层护墙均已被非天军队层层攻破，诸夜叉急忙请示帝释天，帝释天立即率天人部队与非天展开决战。怎奈帝释天无法打赢非天，最后只得仓皇跑回宫殿、紧闭天宫大门。

自乳国王则自告奋勇对帝释天说：“你安住这里，我去迎战。”说罢，国王便率领八十万眷属腾身虚空，手执弓箭、口吹海螺。非天听到声音后互相询问道：“执弓箭、吹海螺者是谁？”众非天中有答话者说道：“此是自乳国王与其部队所出音声。”非天闻言顿感恐惧，同时也深感稀有，他们又与天人继续作战起来。

平日交战时，双方皆是面对面对打，而自乳国王此时则腾身虚空、立于非天之上。非天不觉纳闷问道：“我们上面虚空中统领浩浩荡荡队伍者是谁？”有非天答说：“他乃人间国王自乳王。”非天无奈想到：在我们上面、坐于马车上之军队，具相当威望与福德，看来我们根本无法赢得胜利。想到这，所有非天都害怕异常，于是就纷纷往回逃窜而去。

眼见非天已遭受失败，自乳王便问众人：“是谁夺取胜利？”大臣们全都回答说：“毫无疑问，肯定是国王得胜。”自乳国王闻言就沾沾自喜地心生一念：看来三十三天天人皆无法与我相比。他随即又想到：我已成四大部洲转轮王，帝释天亦分一半座位与我，我之威力已超胜一切人。如此看来，我不应再与帝释天同坐，我应赶走帝释天，成为人、天唯一怙主。刚生起此等心念，国王便将自己福报全部自行失毁。以此缘故，自乳顷刻就堕落到赡部洲以前所住之旧王宫门口。

坠地同时，自乳便患上严重疾病，已近临死关头。国中大臣、医士、咒士便全部来到他面前问道：“如果国王不久即告圆寂，众人若问何事发生在国王身上，我等该以何作答？”自乳国王气息微弱地回答说：“他们若如此询问，你们即可如是回答——自乳国王原本具足七轮宝，统领四大部洲，圆满拥有人间一切财富。后至三十三天，更是享尽五种妙欲。但他自己不知餍足，才致最终落此地步。”国王随后又宣说一偈：“虽降银币雨，贪者无满足，智者于妙欲，知苦多无益。天人之妙欲，亦不生欢喜，如来正等觉，声闻喜灭贪。虽具如雪山，高大之金山，然仍不满足，智者知此理。明此苦因后，谁乐世妙欲，世财为苦根，为断当精进。”国王又广行上供下施，随即又作一偈：“痛苦短命在来世，故应积福广行善，求福之人多布施，今生来世享安乐。”

城中之人全部听闻自乳国王即将入灭消息，成千上万众生便相继赶来看望。国王为他们宣说贪欲过患与在家之种种过失，并谴责贪著世间法之各种过错。众多臣民闻言后即远离自己家庭，与很多仙人一道前往清净山林中出家，并精进修持四梵住。远离贪心后，此等众生皆得以转生梵天天界。

自乳国王从孩童长至到达三十三天期间，经历过一百一十四位帝释天统治之时日。帝释天寿命应如此计算：以人间一百年为三十三天一日，若三十三天一月有三十天，一年有十二月，则一个帝释天寿命等于三十三天天人一千年寿命；以人间寿命推演，则一个帝释天寿命等于人间三千六百万年；一百一十四位帝释天寿命即相当于人间四十一亿零四百万年，自乳国王即于此时日内恒享人、天妙欲。

有律藏言，自乳国王经历过八十四位帝释天统治时日，此乃文字错误，并不可取。有些公案及其他历史记载与本传记也不尽相同，此中原因在于本传乃结合广与略两种文本之故。

如上所述自乳国王在天界经历过三十六位帝释天之统治，其中第一个分与国王一半坐垫之帝释天，即为后来之迦叶比丘；国王欲赶走之帝释天即为后来之迦叶如来。因他当时乃为一了不起之具威德大善知识，而自乳国王那时却对他心生恶念，以此之故，自乳国王福德即刻灭尽，立堕赡部洲中，且患上严重疾病；当时之自乳国王即为后来之释迦牟尼佛。

至于自乳国王为何能在天界享受妙欲，此中缘由如下所述：

拘留孙佛出世时，有次到王宫花园赏玩。当时有一卖粮食之商人望见佛陀相好庄严、令人视而不厌，便用手抓起豌豆，以供养心向佛陀身上撒去。其中有四粒豆落入佛陀所捧钵中，一粒落在钵边沿上，还有一粒落在佛陀头上。以此因缘[17]，此人[18]得以在四大部洲享受安乐；又因一颗落在佛陀头顶，此人便得以升至天界享受妙欲。

而自乳国王令天降七日金银珍宝雨之因缘则为：久远之前，有一威严如来出世，当时一商主之子正行婚嫁。当地有一规矩：女人嫁与

[17] 四粒落入钵中。

[18] 即后来之自乳国王。

男人时，应携带娘家所送嫁妆，而此女人家中所给嫁妆乃为由四宝做成之花。商主之子携妻子及四宝花前往自己家中，上路之时，正好碰到威严如来出游。他看见如来相好庄严后顿生信心，立刻就从乘骑上下来，将四宝花供养佛陀。威严如来则马上显示神变，将这朵四宝花变为如车轮一般大之鲜花，且始终跟随如来行、住而不离去。商主之子信心大生，就将刚才所行供养功德普作回向。以此异熟果报成熟，此人先成善见国王，所居王宫纯由金子制成，与兜率天宫毫无二致。后又转生为自乳国王，还是依此因缘而令天降七日金银珍宝雨。

释迦牟尼佛曾对胜光说过：“你应了知，在此世间，以五种妙欲皆得满足后死去之人实属罕见，不能满足而死之人则人数众多。”

释迦牟尼佛因地时之经历、故事，善巧方便地向众人说明了福德之力、业力感召、贪执妙欲之过患等等不可思议之理。因此若想自己得乐者，就必须尽心尽力、全力以赴断恶行善，而且绝对不能对贪欲起贪执。应减少妙欲追求，尽量不生贪心。

《父子贤慧经》中所记载之胜誉王故事，与此处自乳王故事大致相同。此经中所述圣天国王之公案，也与本公案基本相同。另外，释迦牟尼佛过去世时曾为善见转轮王、善财童子、知时婆罗门、革夏王子、三橛恶王、大天国王、轮辐王等人时，也是依靠大势力、大布施利益众生，这些行持均在律藏典籍《律本事》第四十三回中有详细介绍。

西吾国王舍身护鸽

释迦牟尼佛曾有一世示现为颇具威力之西吾国王。当时帝释天即将面临死堕之苦，已现出种种死相。他悲哀说道：“世间佛法已经隐没，菩萨也不再住世。我如下堕，又将皈依谁？”痛苦、焦灼之际，一天人名布修嘎玛者闻言答道：“人间有位西吾国王，一直心地稳固、精进不懈地行持菩萨道，不久之后，他定会成佛。若你前往皈依，你所有之一切恐怖障碍均可得以遣除。”帝释天颇感怀疑地问道："他是否是真正大菩萨？我俩还是亲自看过之后再下结论。你不如变现成一只鸽子，我则变为一只鹞鹰。你前往西吾国王那里寻求庇护，因我在后面一直猛追不舍。此人是否真正证悟真谛，那时自可见出分晓。"

布修嘎玛为难说道："大天王，对如此之大菩萨，我们只能恭敬供养，又岂能损害？做这等为其带来麻烦、伤害之事，实不应理。"帝释天则劝解他说："我们又不是以害心欲加害于他，此种观察就如冶炼黄金一样。如欲了知菩萨本来实相，就理应对其试探、检验。"

布修嘎玛只得答应变成鸽子，帝释天则立即变成鹞鹰，一直紧盯鸽子不放，试图将之捕于爪下。就在鹞鹰即将逼近鸽子之时，鸽子慌不择路钻到西吾国王腋下，恳请救其一命。

此时鹞鹰也飞到国王跟前说道："这只鸽子本是我囊中之物，我现已饥饿难耐，请速将鸽子交出。"国王则以悲悯心说道："凡皈依我之众生，我发愿定不舍弃他们。因此，我绝不会将这只鸽子交给你。"鹞鹰冷笑道："你自谓救护一切众生，但却连食物都不肯送还我，难道我不包括在一切众生之列？"国王诚恳解释说："我送你其他肉食用，不知你能否满意？"鹞鹰继续刁难说："那也可以，只不过我一定要吃新宰杀动物之肉。"

国王闻言心中暗暗思索：杀一众生以布施与它，如此死一个、养一个，此种行为怎能应理？除我之躯体以外，凡有生命者无一不热爱自己肉身。想到这里，国王拿起锋利刀子就割下自己大腿肌肉，欲以此方式拯救鸽子性命。鹞鹰则紧追不舍地说："若你真欲救其性命，那就必须给我等同于此鸽重量之身肉，因此须将你所割下之肉过秤称重。"

国王即刻取来杆秤，将鸽子与自己大腿肉称量比较，结果发现自己大腿肉根本不够分量[19]。国王于是又割取自己肋下肌肉与其他部位肉块过秤称量，结果还是难抵鸽子重量。西吾国王最后站起身来欲将自身全部压在秤上，但因身肉已大半割舍，故而无法起身，并且终因

[19] 因此鸽子重量太重。

体力难支、流血过多而致倒地昏厥。

但当国王经历很长时间终于苏醒后，他仍自我谴责道："我之肉身从无始以来直至现今，都只能在三界轮回中感受诸多痛苦，根本无法成为获取福德之因。现在实在应该抓住机会、精进布施而不应懈怠。"国王于是便以顽强毅力爬上杆秤，且以欢喜心由衷说道："如今，我布施大愿已圆满实现，真乃善妙无比。"

此时，大地六次震动，色界天人来至西吾国王面前虚空中。他们看见大菩萨不顾惜生命、以身体厉行苦行后，皆感动落泪，泪水似倾盆一般从天而降。天人又降下花雨以为供养，帝释天也现出原形。他问国王道："你为何要如此行事？你所求又为何？你有无生后悔心？"

西吾国王之回答与前文吉祥部国王等人行布施时，面对同样问题所做之回答无有两样。最后以其未生后悔心之谛实力，国王身体又恢复如初。

释迦牟尼佛又曾有一世示现为另一西吾国王，恒以自身所拥有之一切布施给所有众生以满其所愿，特别对病苦者，更是关爱有加。

此时有一已遭众多医生舍弃之可怜病人来到国王面前，请求西吾王道："祈请国王慈悲助我治愈我所患疾病。"国王赶忙唤来众多医生为其诊治，但医生们在做过检查后均说："此人之病已很难用药物治疗，如果有一人从降临人间开始，一生都未曾对众生生过嗔恨心，则以此人之鲜血和以青稞汤，连续给病人服用六月方能使疾病痊愈。"

国王于是四处打探，但均未搜寻到如此之人。国王不觉心生一念：不知我自己是否从未生起过嗔恨心？不如先去问问姨母。国王便先向姨母打听："我以前是否对众生生过嗔心？"姨母回答说："孩子，从你到我怀中之后，我自己都未曾生过任何嗔恨心，又何况是你。"国王又跑到母亲那里询问："我以前是否对众生生过嗔心？"母亲回答他："从你降生到现在，我都未曾对众生生过嗔恨心，更何况是你。"

国王听后非常高兴，心想这下我可以放心布施。于是他便对医生说："你们可速速抽去我血，以给那名病人治病。"众医生均不敢答应，国王便决定自己动手。他日日从血管中自抽鲜血，并将之装入器皿中，与青稞汤混合后喂与那位病者。

所有与国王关系亲密之眷属知道此事后均痛哭哀伤，而其他地方民众有些则议论纷纷道："国王为一人就舍弃如此多之众生，恐非如理。"他们甚至还因此而讥笑国王。

等病者完全康复之后，国王身体已成千疮百孔，并彻底丧失所有体力。后来承天人加持，国王体力才得以大致恢复，基本可以生存下去。待那人病好后，国王又将五座大城市交予他管理。

众人听说后均感稀有，他们纷纷问此人道："闻听西吾王对你有大恩惠，此事当真？"

谁料那人却翻脸不认人地说道："国王从未施恩与我，他之丑恶鲜血倒在地上，送与别人又有何稀奇？"结果刚刚如是说完，这人之家居房舍立刻燃起大火，一切财物尽皆焚毁无余。

王子施药

释迦牟尼佛曾有一世成为一位国王的太子，名叫西吾扬。当时他腿部肌肉已变形萎缩，医生诊断后就对国王说道："如能找到共命鸟，取其身肉与酥油等营养食物混合在一起则可治愈此病。"国王于是积累起酥油等其他营养物，但十二年中都未曾逮着共命鸟。此时，医生便向一捕鸟人询问，捕鸟人回答说："要抓共命鸟可拿一镜子、一只马鸡前往大海边设好罗网。先令马鸡在镜子里显现，马鸡一看到自己镜中影像就会自然鸣叫。它一叫，共命鸟就会闻声而来，此时即可趁机将其捕获。"捕鸟人如是将抓捕共命鸟之方法传授与国王。

国王马上派人如此行事，终于捕到一只共命鸟。那时，我们所处之世界刚成形不久，各种动物、畜生都能讲人语，共命鸟就用人言对抓捕它之众人说道："你们何故要抓我？"这些人便将前后经过讲与共命鸟听。共命鸟就说道："你们若将我释放，我即可送与你们与我身肉功效相同之妙药。"国王手下疑惑问道："与你身肉能力相同之妙药到底为何？”共命鸟说：“我沐浴过后之水就具足我身肉全部力量，这样既不用杀我，又可得到如珍宝一般之妙药。”

国王手下非常惧怕国王，他们不敢放走共命鸟，就将之带往国王那里，并将大致经过汇报给西吾扬。国王亲问共命鸟有无此事，共命鸟回答说：“国王，我沐浴过后之水确实具有与我身肉同等功效。”国王便专门为它安排七个水器，等洗完之后，共命鸟在休息时突然飞到屋顶之上，以远离一切恐怖之心态说道：“最初是我有些犯傻，不明不白做此类事情，如今该轮到国王了。你们未捆绑我，现在事情又已圆满，我也该趁机离去。”说完共命鸟就远走高飞矣。

此时，在一雪山山脚下住有五百缘觉，中有一人脚部亦患有萎缩症。众缘觉便对此人说：“尊者，你应前往城中依医生教导治病。”此缘觉却说：“所谓死亡，人人皆不欲拥有，也不希求，但怎奈却无一人可免。如此看来，决定到来之死亡必会带走我之躯体与生命，我再治疗又有何意义？”众缘觉纷纷劝解道：“死亡本质确实如是，但具清净戒律之人存活于此世间，生存时日愈久，就愈能多多积累福德。而福德愈多，于善趣中所享快乐也愈发广大。”经众人再三劝解后，缘觉终于起身前往城中走去。

到了西吾扬所居王宫附近，缘觉问一医生：“治疗此病有何妙药？”医生答道：“大尊者，你所患疾病与国王太子所患之病无有区别。国王十二年中所积精华妙药已被储藏起来，若你能索要到此药，则你所得疾患定可立即痊愈。”

本来每当有一乞讨者来至国王王宫门外时，他都会拉响铃铛以为招呼。缘觉来到王宫门口时，也拉动铃铛以示有人前来。

王子听到后就对父母说：“门外似来一乞讨者，不妨看看他到底需要何物。”父母则对王子说：“我们历尽辛苦才于十二年中凑足治病所需药物，你先喝下治病，然后我们再看看来者到底欲求何物。”王子虽也感到此药稀有难得，能觅来实属幸运，因而很想尽快喝下。但他又对门外之乞讨者牵肠挂肚、放心不下，因此不欲先喝。他对父母说：“你们还是先将乞讨者叫进来，否则我也无法安心吃药。”

国王于是派人将乞讨者领进王宫，王子就问他："尊者，你欲求何物？"缘觉便将前后经过完全告之。王子听罢就痛快答话："圣者，此药还是你用吧，我若用之也无多大意义。"说完就将妙药供养给缘觉，将此珍贵药物一滴不剩全部以欢喜心倒入缘觉所捧钵中。结果，王子以利益一切众生之殊胜发心，再加缘觉圣者清净戒律具足之誓愿，缘起聚合之后，以二人不可思议之发愿力故，两人身体全部好转康复。

此处所叙之公案，与狮子国王之欲益太子故事基本相同，稍有一些出入。

大象舍身救人

久远之前，在印度鹿野苑有一梵施国王，此国王以大慈悲心治理国家，但却横遭五百大臣诋毁。国王听到消息后不仅不生嗔心，反而对他们生起悲心。国王心想：若我执政有不合理之处，不如干脆将这五百人请出国门，请他们另觅圣主。于是国王没有加害他们，只把他们全部驱逐出境。

这五百人来到某一荒凉沙漠岛上，众人无水解渴，各个口干舌燥、痛苦万分，大家都失声痛哭起来。

无等大师释迦牟尼佛在因地时曾为一只大象，就生活于此沙漠地带。它听到哭声后，急忙用鼻子卷起泉水带来给这些人解渴，又让五百人骑于自己身上到一深山里猛喝一顿，还引领他们自由自在吞食水果。最后大象告诉众人道："此山后面有一山，在其山脚下有一只大象尸体。你们要走过此荒岛必得准备充足水果，否则肯定无法通过。故而你们可用此大象内脏、肠子等物以为食粮，同时还可将水果装进已被掏空之大象身躯，以备穿行荒岛之需。"

大象说完即向山顶爬去，并发愿道："我已将此等可怜众生从危险境地中救出，为彻底拯救他们，我愿舍弃自身生命。愿我成佛后，也能将他们从轮回荒野中救度出来。"大象边发愿边爬到山顶，然后纵身一跃、跳下悬崖。

众大臣按大象吩咐来至山脚下，果然发现一具大象尸体。众人悲哀不已地说道：“昨日赐我们以水果、甘泉，并进而赋予我们生命之大象，正是这只死象。此象对我们恩德极大，我们如何能触摸其身体？一旦摸到，恐我们双手都会烂掉。”五百大臣于是皆不敢用手去碰。

净居天天人看到后便告诉众大臣说：“此大尊者乃为你们而舍弃生命，你们理应按其所说行事，如此才会使他愿望得以满足。”大臣们听到后就忍悲含泪取出大象内脏、肠子等物，并装进水果、草叶等，然后对大象尸体恭敬供养。

五百人后凭此大象尸体安然走过荒野之时，众大臣一起发愿道：“愿这只大象成佛时，我们也能从轮回荒野中得到解脱。”众人一边发愿，一边离开此地。

另外，久远之前，释迦牟尼佛曾有一世于印度鹿野苑为莲花国王，他对一切众生均如母对独子般慈悲爱怜，且经常广行种种布施。当时因风雨不调，国中民众普得浮肿怪病。莲花王对疾苦众生颇生悲悯，立即召集所有医生为国人诊治，但历经多时仍不见民众疫情有所缓解。众医者均道只有若和达鱼肉方能治此病，除此之外，别无任何良策。

国王即刻遣人多方寻找，但几经周折也无任何收获。后有一次当国王外出时，病人团团将国王围拢，且哀求道：“万望国王救我等性命，令我等摆脱疾病折磨。”国王闻言悲心顿起，且因难过、愧疚而流下伤心泪水。他心里想到：我不能解除众生痛苦，要此国王头衔又有何用？思虑及此，他便将自己所有财富全部布施一空，又将王位让与大太子，同时在亲友及众人前猛厉忏悔。国王还对王公大臣多加赞叹以令其生欢喜心，且数数安慰可怜病者。自己又亲守八关斋戒，并于王宫顶层以香、花供养十方诸佛。最后，莲花王面向东方发愿道：“我亲眼目睹身染疾患众生惨不忍睹之可怜情状后，愿以舍弃我自己生命之真实力，入于多西大河中，变为若和达鱼。”说完就从王宫直接跳入多西大河中。

国王入水后立即死亡，并马上转生成若和达鱼。诸天天人随即四处宣布："多西大河里有若和达鱼，它之身肉实为长期罹患浮肿病病人真正甘露。"听到消息后，人们争先恐后手执利刃前往河中割取若和达鱼肉。已变成鱼之国王，对食己身肉之众生满含慈悲，他边流泪边充满信心地想到：如我血肉能对众生有利，此则为我最大获益。国王如是于十二年中以自身血肉满足众生治病之需，并以此而令自己安处无上菩提之道，且毫无退转。

待全部医好众生疾患后，若和达鱼开口说道："嗟！你们理应谛听：我本是莲花国王，我为你们才舍弃自己生命变成若和达鱼身，你们均应对我行持起欢喜之意。一旦我获无上圆满菩提果位，我必将你们都从轮回疾病中解脱，且安置你等皆处于最究竟圆满涅槃。"听到国王满腔赤忱话语，新国王、王公大臣与民众皆以鲜花等各种供品进行供养，且共同发愿道："广行令人难以置信行持之国王，待你成佛时，愿我等皆能成为你声闻弟子。"

梵施国王舍弃口粮

久远之前，释迦牟尼佛曾有一世于印度鹿野苑为梵施国王。当时他以佛法如理如法治理国家，并令国民富裕、安乐，且远离病苦、灾荒、战争。国王喜行善法，又具大慈悲心，并常行布施。

后来整个国家遭遇百年不遇之灾荒，众人饱受饥荒之苦，以致全国上下宛如一饿鬼世界。民众此时都来祈求国王，国王便将国库所有财富集中起来，又命精于算术之人仔细算计、筹划，最后国人平均每天每人可分得一口粮食，国王则可享用两口。

但当时有一婆罗门却被漏算掉，于是国王就将自己口粮匀出一口分与他，如此一来，梵施王也与普通民众相同，每天只食用一口粮食以维持生计。

帝释天了知此事后深感怀疑，为观察国王行为真伪，便以婆罗门形象来此国土。正当梵施王将欲午餐时，婆罗门便向其讨要所余之一口粮食。梵施王毫不吝惜，他宁可舍弃生命，也要将自己口粮布施与婆罗门。结果连续六天，国王都未曾进食。但他看到其余众生都有口粮可赖以维生，便一直欢喜充满。

帝释天亲眼目睹了梵施王所行之常人难行、难信之事，便现出原形对国王说道："你真乃众生无畏怙主，你如此苦行令我欢喜莫名。从今日始，你可派人广宣，令整个国土全部做好播种准备，我即在七日内降下能生长粮食之雨水，你之国民皆可因之而耕种、犁地。"

大众得知后都按其所说做好一切准备，其后果然天降雨水，饥荒也即告消除。最后粮食喜获丰收，人们安居乐业。

另外，久远之前，释迦牟尼佛曾有一世成为具寂国王，恒以大悲心布施一切自己所有之财物。他甚至建有一专供布施使用之场所，将饮食、衣物、珍宝等尽皆布施与众生，王妃、太子、民众各个皆得以满其心愿。

国王尽管以福德如是满众人所愿，但悲心切切之国王仍然想到：我以广大福德能满臣民所愿，不过却未能满足动物、畜生之愿望。不如将自己所有财富全都布施与包括旁生在内之一切众生。国王如是下定决心，并最终想到：我亦应将自己身体布施与广大众生。

具寂国王随后就前往苍蝇、蚊子聚集之地，以自身鲜血喂饱此类众生。帝释天得知这桩事后，为观察真伪，就变现为黑老鹰欲啖国王眼睛。国王了知黑老鹰目的后无畏说道："若你需要，可随意挖去。"

帝释天为再试国王布施诚意，就又变现为一婆罗门前来索要国王眼目，国王痛快答应道："我身体上下可全部布施与你。"帝释天闻言即现出身相，且感叹敬佩不已。

又久远之前，释迦牟尼佛曾有一世示现为青莲王宫所在城中、如天女一般最美丽之女子，此颜貌端妍之美女恒喜利益众生、饶益有情。

此地后逢大旱，滴雨未降。正当众生遭受毒日炙烤时，美女恰逢一极度瘦弱女人因饥渴至极而正欲啖食其子。美女见之如剜身肉，她对女人说："大姐，做此种世间最恶毒之事实不应理。"女人已大略了知美女心态。就为其概述自己所陷困境，然后无奈说道："我现在只能以自己孩子为食。”美女对其处境深感悲悯，竭力为其讲述不应食亲生骨肉之原因。怎奈女人答以“不吃实在不行，因我确已饥饿难忍”，美女便自我寻思：如我回家为其取食，在我未返回前，恐其因太过饥饿已将其子食毕。我若将孩子带离，母亲恐亦会饿死，这可如何是好？美女左右思量，最后定下决心：眼见众生可怜如此，我必须用自身血肉以为布施。

此时女人则对美女说道：“你居留于此，叫我如何敢食自己孩子？你还是尽早离开吧。”美女听罢，坚定、果敢地对女人说：“如你有刀，则马上用刀割取我身肉即是。”说完，美女就拿过利刃自己割下两只如金瓶般乳房。割掉之后，她几近昏死过去。

美女随后跌跌撞撞向自己家摸索而去，丈夫见她所穿戴之华丽衣服、珍珠饰物均已被鲜血浸透，便立即从坐垫上起身追问原委。妻子向丈夫讲述了自割乳房之前后经过，并再三说道：“此女人真值得人怜悯，她已接近饿死边缘，你尚应该布施与她一些饮食。”丈夫即按其吩咐如是照做。

对此等稀有难闻之事，众人纷纷议论道：“美女之布施行为，若无大悲心之人士断不可能行持。”丈夫就以谛实力发愿道：“若确实无人能行此难行之事，则愿她身体恢复如初。”言毕，美女身体即刻完好如前。

帝释天知道此事后心想：美女能舍弃自身一切，如此行持定会永留芳名于人间。我不如将其带往天界，做我妻子。如是思维后，帝释天就幻化成一婆罗门降临人间，并伪装成一乞讨者来至美女家门前。美女见之后说道：“你可随意取用你所需要之饮食。”婆罗门并未索要食物，他只对美女说：“你因布施乳房已令自己美名传遍整个世界，如此行事，莫非希求转生天王所居之天界？”美女则回答说：“我只希求无上菩提。若我所言真实不虚，则愿以我话语真实力立刻使我转为男身。”随其结束发愿，美女立刻变为美男，帝释天只得失落而返。

此男子之相貌仍为男人中庄严伟岸者，众人皆称呼其为俊男。而当地国王又无太子，众大臣协商过后便公推俊男为太子，他们一致说道：

“俊男具足国王所需一切庄严之相，他乃继承王位最合适人选。”

众人后来待因缘成熟便为其行加冕大典，推举俊男当上国王。国王也如理如法以佛法治理国家，令众生都能安居乐业、国土风雨顺时、国家繁荣昌盛。

国王后于狮子宝座上庄严说道：“我以布施异熟果报成熟而令大家如是幸福安乐，不过此乃为布施果报之花朵呈现，未来布施果报之最终实现，则定会令我等皆得成佛。为此，大众都应精进守持戒律、广作布施。”国王以如是开示令臣民皆行持十善道。

此外，久远之前，释迦牟尼佛曾有一世成为一商人之子，名为月光。月光财富多如多闻天子一般，且素来喜行布施。月光又于众多善知识前听闻诗学等很多论典，并全部精通，因此而得以令自己智者美名传遍整个世间。

月光上师有眷属五百人，一日对月光说道：“看你悲心如此强烈，恐怕有人索要你性命，你也会欢喜奉献。”月光则回答说：“乞讨者对布施者恩德方为广大，因此若有众生需要我生命，我为何不能慈爱此等众生？为何要吝啬而不施与他？”

众人又问月光：“你行布施是否为得到天王或转轮王果位？”月光坦言道：“我对所有轮回中之不稳固、有漏安乐皆不欲取，我只为度化众生而希求无上菩提。”众人闻言，啧啧赞叹一番后相继离开。

后有一次，月光大尊者为满足所有乞讨者愿望，便手执利刃思量：我应用自身血肉满足旁生所愿。想毕即手持钢刀、蜂蜜、酥油等物，在亲友未发觉时，趁晚间悄悄来至尸陀林。月光首先观察尸体，如此观修后，他已灭尽对自己肉身之贪爱。随后就开始以刀割取自己身肉，与蜂蜜、酥油混合后喂给寄居于尸陀林中诸众生。蚂蚁及许多禽鸟开始挖食他眼睛时纷纷问他：“我们吃你眼睛之时，你有无痛苦？”月光回答说：“若我眼睛对谁都无甚利益，此才为最可痛惜之事。如其他众生能通过我之布施而得到利益，我才会生欢喜心。”蚂蚁、禽鸟等便满其心愿，将之身肉啃啮一空。

第二日亲友寻其踪迹来至尸陀林，看到此种景象后，便问尚存活、

但已奄奄一息之月光：“你何以至此？”月光便向其讲述了此中经过。众人听后皆感痛心，月光父亲及一些亲友当场昏厥过去。

月光后来圆寂之时，亲友均痛哭哀悼。他们将月光尸骨以火焚烧，完毕返家时，天人开始奏出乐曲，并撒下鲜花。

释迦牟尼佛又曾有一世变为一婆罗门，等婆罗门死后又转生为美目帝释天。当时整个赡部洲出现疾疫，人们身上长出种种疮伤，任谁也无法治愈。众人因无怙主而痛苦万分，就纷纷祈祷天神、龙王。

帝释天了知此种情况后生起悲心，便变成一帝巴动物来至人间。天人则到处宣流一种声音：“所有病者若食帝巴肉，则可解除自己一切痛苦。”人们于是蜂拥前来割取帝巴肉，而帝巴身躯却无增无减。

后来，赡部洲众生所患疾病全部得以痊愈，大家在尽享安乐时便集中在帝巴身边。众人感恩说道：“你遣除我们疾病痛苦，我们该如何供养？”帝巴马上显露出自己帝释天真实身相，然后告诉众人说：“我根本无需你等承侍，我只希望诸位能断除杀生等十不善业，以此作为对我之最大供养。”众人全部按其吩咐行事。

结果，所有食帝巴肉之众生无一堕落恶趣，且全部转生三十三天，并在三乘佛法中得以成熟善根。佛经说，菩萨在获得法身时，能以种种方式幻化出各种身相利益众生，他们已无任何分别执著。同样，菩萨法身亦无迁变、生灭。

另外，释迦牟尼佛曾有一世化现为胜利王子，他对射箭等技艺非常精通。国王去世后，他继承王位，更加勤行布施，让人民普行十善。此等行持令众生死后多得以转生善趣天界，以至于天人越来越多。众人皆知此为国王令臣民行持十善道所感得。帝释天为验别真伪，便以幻化身相向其索要血肉，而他则把自身血肉尽皆布施。后帝释天搜集医药为国王治疗，国王身体便又恢复如初。

极难行之种种布施

释迦牟尼佛因地时曾有一世为商主，因广作布施而致美名远扬。当时商主夫妻日日都要供养一缘觉，魔王波旬得知后便在供食必经路上幻化出一可怕地狱，中有七人深之大火坑。商主妻子一日正准备为缘觉送饭，途中遇到大火坑后便因心生恐怖而折返回家。商主则不安想到：万不可中断对缘觉供养，不将饭食送去太不合理。于是就亲捧食物前往缘觉住处。

魔王波旬见到后就幻化成天神对其劝阻道："你之布施纯属浪费资财，若还要一意孤行，则必于多年中堕此地狱中。"魔王即以此等恐吓言词妄图令商主退失布施心。谁料商主却说道："你所言听起来似好心好意，但我绝不会从布施道上退转回来。"言罢即毫不迟疑越过火海。

结果，刚刚还烈焰汹汹之火海顷刻就变成一令人赏心悦目之花园，魔王波旬只得愧疚满面地迅速离去。

释迦牟尼佛以前也曾有一世为大势力国王，将众多衣物、饮食、珍宝，以及珍宝严饰之儿女等等一切人、财、物皆随意布施给众人享用。提婆达多当时为帝释天，一次化现为一婆罗门形象欲给国王布施制造违缘。他前往国王面前索求国王身体，国王立刻就满其愿望，割下自己身肉布施与他。国王后又以发心清净力令身体彻底恢复，而帝释天则因为布施制造违缘之恶心，即刻灭尽自己所有福德，且直堕无间地狱。

释迦牟尼佛以前成为威严商主时，对贫穷者等可怜众生非常关心，常将自己所有之一切悉数布施。无论如何布施，都未曾生起过担心自己财物用尽之虞。帝释天为探试其心真伪，便施用幻化方便将商主财物尽皆隐藏起来，只在威严眼光所及之处置一绳子与一把镰刀。商主顿失财产，只剩绳子与镰刀随身，于是他每天便以割草、卖草之钱财仍想尽办法满足众生所愿。

帝释天眼见此人已沦落至如此贫穷地步，但还能以无有怯懦之心态继续历行布施，于是就现出身相对威严说道："大施主，你对布施如此有信心，能继续以无有贪心之心志广行布施。这样行持下去，将来定会发财致富。"

商主则淡然回答说："我即便一贫如洗，也不会做恶劣之事。若我心中依然存有吝啬之心，则愿我永远贫贱、无有财物。我每见乞讨众生那难忍痛苦，心中就会悲悯不已，因此只要我手中尚有一丝财物，我便不敢对其言说自己一无所有。"

帝释天劝解他说："在你自己财富未圆满之前，给别人布施实非正确。你应放弃布施，积极积聚钱财，待有一定财产后再行布施也不为迟。"

商主听后反驳道："即便是我自己欲得利益，也应舍弃财物而行布施。因财物根本无法令人得至善趣，而布施则能令人获取善趣安乐。如我不关心别人疾苦，我自己亦难享受快乐。"

商主随后一直心念坚定、不辍布施，帝释天了知其愿力后高兴说道："你之财物实已被我隐藏，我今后定会常常帮你，使你财产永不耗尽。"帝释天说完，就一边忏悔一边隐身而去。

又释迦牟尼佛曾有一世变为一妇女，名为能仁，当时在宝髻佛出世时就殷勤供灯许多盏。后于宝髻佛前，能仁亲获其授记："待你成佛时，众人也会供灯与你。"能仁以此供灯善行为主，在众多佛陀出世时都以如是供养培植善根，这些行持在《百颂本师传》等史书中都有记载。

有佛经中说，释迦牟尼佛在因地时，曾于无数如来前以无量无边供品供养、承侍过。

又释迦牟尼佛以前为独西施主时，两千仙人遭遇饥荒，独西于十二年中以饮食供养这两千仙人。

又释迦牟尼佛曾有一世为送喜施主，当时有一千缘觉出现于世，送喜就在十二年中对其普行供养。

又释迦牟尼佛成为橛天国王时，曾于一万年中给八十万婆罗门供养坐垫；又于金器中供养能治病之食物。

另外，释迦牟尼佛在成为郭嘎拉国王之前，曾变为一雇工，以清净心供养四比丘食团。后为国王时，能回忆起这些前世经历，他曾亲口说过："此果报乃为我布施妙药发挥功能所致。"并且还宣说了布施之几大功德。

这些内容在《三十四本生传》中均有记载[20]。

又有佛经中说，释迦牟尼佛为善财童子时，为贪恋人非人大美女而猛下功夫，亲往人非人国王处将其接回，后又于十二年中连续上供下施。

众多佛经中都宣说，释迦牟尼佛在因地时广行无量无边布施，这里只摘录其中一部分以略示世尊难舍能舍、难行能行之大无畏勇气与决心。

有佛经中曾记载，释迦牟尼佛亲口说过："我行菩萨行时，对自身躯体尚无有贪心，更何况其他财物。对世间任何财富，我都无有我所执。每当见到种种财宝，我都会想：此乃我与众生共同拥有之财富，若我对财富拥有享用权利，众生同样亦有享用权利。我虽获得佛陀如海一般功德，但我从不以为此乃为我单独所有，一切众生都可尽情受用此等功德，焉能谓我一人可尽占天下众生共有之福德？因此即便我拥有佛陀如海之功德，我亦不会有任何贪执，不会生起贪恋及纳受之心。我只不过对寂灭、空性法门有一定信心，但也从未认为这些法实有不灭，从未认为这些法有实相存在。"

另外，释迦牟尼佛曾有一世为喜多拉嘎国王，统领八万四千小国。当时整个赡部洲十二年中未曾降下滴雨，饥荒流行，大多数人都已饥饿而死。国王便一边发愿，一边从悬崖上跳入河中。入水之后，国王即刻就以化身变成一体长五百由旬之大鱼，且用人言向众人宣讲道："若大众饥渴难耐，则可尽情割取我身肉以维生。"众人按其所言纷纷前来割肉吞食，连续十二年中都享用无尽。喜多拉嘎国王即如是以自身血肉满众生所愿，且使所有吞食自己之众生死后皆得以转生善趣。

释迦牟尼佛以前为睁眼国王时，统领八万四千小国。他将国库财富全部布施，又要求所有属下小国亦应如是广行布施。当时有一小国国王不听劝导，睁眼国王手下大臣便欲出兵征服以示威胁。小国国王恐惧异常，绞尽脑汁后终于心生一计。

---

[20] 《三十四本生传》为古印度佛学家马鸣所著，讲述释迦牟尼佛宿世行传。

他派一盲人前往睁眼国王处索要眼睛，国王闻言立即以欢喜心将一只眼睛挖出交与此位盲人婆罗门，并以说谛实语之力，使婆罗门能亲见色法。婆罗门感激不尽地连声说道：“我能有一只眼已足够矣，我不再需要其他任何东西。”而国王却以无穷悲意怜悯说道：“我可将双目全部给你。”说完即取出另一只眼交与婆罗门，并再次以说谛实语之力，令婆罗门两眼皆复明如常人。

帝释天此时为察看睁眼国王布施真伪，便前来询问国王究竟。国王在回答帝释天疑问时，最终因所说谛实语之力而得以彻底恢复眼目。

国王又赐予婆罗门众多财物，让其携带归国。待小国国君拉达儿问婆罗门情况时，婆罗门便将实情如实禀告。拉达儿闻听之后又羞又恼，当下就气绝身亡。

释迦牟尼佛以前为福力王时，曾亲自看护病人，并为其开药、诊治，令众病者全部得以解除病痛折磨。帝释天后以盲人形象前来索要国王眼睛，国王便将两只眼睛全部奉献于他。后又凭所说谛实语之力，而令双眼再度恢复如初。

月兔由来

释迦牟尼佛曾有一世于寂静地变为一只山兔，并且教有几名弟子：水獭、狼、猴子等。山兔恒以慈悲关照其他众生，令大家都能和睦安住于此地。天人不久也听闻山兔与众生快乐生活之美名。

于每月十五日，山兔师徒都要守持八关斋戒。一次师徒商议说：“如有意外客人突然到来，我们可用各自所有之食物招待，以维持来者生命。”山兔则在一旁心中暗想：它们都有各种方法招待来客，我却无有什么特殊之物。若用牙齿咬碎之草芽布施也不合理，不如干脆用我身体当成食物。如是思维之时，天人已将山兔想法了知无遗，于是便将山兔此种品性到处宣扬开来。

帝释天知道后，就以婆罗门形象现身此地，他装作饥饿且又迷失方向之人来到山兔面前。当时天气炎热，婆罗门就以非常痛苦之样貌一路哭泣不已。

山兔见之后为安慰婆罗门，便立即邀请他来此寂静地做客。水獭于第一日中尽东道之谊，它从水中捕到七条鱼尸用以宴宾；狼则在第二日用雪蛙尸体，再加一罐别人丢弃之酸奶款待来客；第三日，猴子就采摘芒果树上已成熟之果实以作招待。而山兔根本不欲以其他众生血肉布施与婆罗门，它便准备用自身骨肉奉献与他。

帝释天立即幻化出一火坑，山兔无有丝毫犹豫就举身跳入，其喜悦神态真如天鹅入于莲花海嬉戏一般。帝释天则赞叹不已地现出天身，又急忙用手捞出山兔身体，并将之于三十三天天人面前展示一番，所有天人皆赞不绝口。

从此之后，三十三天尊胜宫、善法堂，及月轮之上便都开始留有山兔画像，直至今日，包括月兔在内之影像依然留存于世。

无有皮肤 仍要利众

释迦牟尼佛曾有一世为一根达动物。此时有一猎人受别人派遣要剥取根达金色皮肤，当猎人因连日奔波而至饥渴困顿、几近半死不活之时，根达适时出现并救其一命。它给猎人带来清水与水果，但猎人吃下、恢复体力后反心生烦闷。根达问他："你为何面露不喜之色？"猎人为难、痛苦地说："我来此目的就为取你皮肤。"谁料根达却高兴地说："你可随意剥下我皮肤带走。"猎人就将根达皮肤完全剥光后离去。

后来苍蝇、蚊子又开始啃咬根达之肉，根达依然欢喜布施，并令所有食己身肉之众生全部转生善趣天界。

释迦牟尼佛曾经变为一只乌龟，后遇一大商船在海中沉没，五百商人全部落水。乌龟便以巨壳托起五百人游至岸边，并因心力交瘁而致在岸上沉沉睡去。

此时有八万嘎达嘎虫子开始蚕食乌龟身肉，等乌龟醒来后，发现这些虫子均已趴在自己身上。乌龟此时稍一打滚即可将虫子全部抖落，但它深恐自己翻身后会压死它们，于是便端端直直趴在原处一动不动、任其咬啮。同时又在心里发愿：愿以此布施而得无上菩提。乌龟就在这种无上大愿中安乐死去。

释迦牟尼佛曾在地洞里变为一只雪蛙，极富大慈大悲心。一次，有一猎人将它皮肤剥光后扔掉，雪蛙痛苦难耐，便前往河边清凉之地。

当时有八万蚂蚁爬上雪蛙身体啃食其肉，雪蛙本可以轻松跑开，但转念一想，若自己跑离就会毁灭众生，故而也就稳稳立于原处，让蚂蚁尽情吞食。同时又在心中发下坚定大愿，愿以此行持而力求无上菩提。

经中所说无量布施之举

释迦牟尼佛曾有一世变为赞巴嘎大龙，深具信心、善心，每月初八、十四两天都会守持清净长净戒[21]。它自己身体非常庞大，就以此庞大身躯来到人间以利众生享用。当时人间正流行饥荒，牧童等众人看到这条巨龙后就开始割食其肉，而赞巴嘎则心甘情愿以此种方式让众生得以满足。

释迦牟尼佛成为善义王子时，国中有一大臣名罗睺罗，挑起叛变、发动军队向王子进攻。善义于是自己撤离王宫，与父母等人逃亡在外。路上，一家人渐渐将口粮用尽，善义就将自己身体布施与父母食用，使其从危险旷野中得以解脱。此等公案载于《报恩经》中。

又释迦牟尼佛曾为花朵王子，相好庄严、财富广积。当时国人普遍得一浮肿怪病，他便将自己骨髓抽取出来用以治疗。

佛经中说，世尊在因地时曾将眼目、鲜血、身肉一次次布施与众生，其为获无上菩提而行之布施真可谓无量无边。若大海水可衡量，山王

[21] 八关斋戒。

微尘亦可穷尽，而世尊仅在因地时布施眼睛等物之数量就已无法数清。

《岗波请问经》中云：释迦牟尼佛以前在因地时曾变为一人，有次在旷野中被一猛兽吞食。他在临死时这样想到：这些猛兽已食无量众生躯体，但仍不知餍足，实为可怜可悲！他当时就发愿道："愿我死后能转生为具庞大身躯之旁生，使猛兽食我肉后都能得到满足。"以此愿力，于其死后确实转生为一庞然大物，并以自身血肉而令所有凶猛动物均得满足。

释迦牟尼佛如是以成千上万种身体利益无量无数众生，使其愿望得以满足。世尊为菩萨时，以血肉满饥渴众生所愿，千百万年中也宣说不尽此等公案。因此，诸多佛经中所讲述的佛陀在因地时广行布施之善举，如若广宣，无论如何也宣说不尽，故而此处只能略述大概。

人药王子

久远之前，有一自在部国王，统领八万四千小国。当时赡部洲疾病流行，而王妃恰巧在此时怀孕。但让众人深感惊奇者乃在于，王妃从怀孕这日起，凡身体任何部位所触碰之众生，无论患有何种疾病都能得以治愈。

九月怀胎，一朝分娩。当王子降生后，刚来至人间就响亮说道："我能治愈一切病患。"此时整个赡部洲龙、天均说道："此王子乃为人中最好之妙药。"此话传出后，众人皆称其为人药王子。

多有臣民将病人带至王子前求其诊治，王子只需用手等身体任何部位与病者接触，即可治愈患者一切疾患。以此种方式，赡部洲所有病人均得以康复痊愈。

人药王子住世一千年后去世，在其逝世之后，众病人都痛苦说道："以后又将赖谁医治我等病苦？"后众人在焚烧王子遗体时发现，焚烧所剩之骨灰若敷于身体病变部位，亦能治愈一切病痛，人们随后就广泛称颂人药王子之骨灰也能治愈疾病。众人在用完王子骨灰后又发现，焚烧王子遗体之地，其上所有灰尘亦可医治众生顽疾。

当时之人药王子即现今之释迦牟尼佛。其他本生传中记载有被称为众生药之王子，其公案也与本公案大致相同。众生药王子沐浴过后之洗澡水，或吹过其身之风，只要能与病者相触摸，都可治愈一切人众所患恶疾；甚或众生药王子居住地之净水，亦能令患者完全康复。

时至今日，人们如若听闻他们名声，依然可凭此根治众多疑难杂症。

代人受刑

久远之前，有一商主名为善得。他有次前往海中取宝，归来路上，未至家门时就遇到众多乞丐向其讨要如意宝珠。善得从海中取来之珍宝，各个都价值连城，但他从未对之生贪，反而将成千上万宝珠全部布施。布施一空之后，善得只得再次前往大海中取宝。这次他取到比上次增上一倍之如意宝珠，待其返回后才发觉，实际离家已八十余年。

善得当时看见一些刽子手正欲处死一人，慈悲本性使善得决定要将此人拯救下来。他先给每个行刑者赠与价值连城之无上珍宝，然后告诉他们说："我欲到国王那里请示，在我未回来前，请千万不要杀死他。"

善得飞快赶到国王面前，对国王真情祈请道："我愿送与国王大量珍宝，以求能买下此人性命。"国王却冷酷答言："这人严重违犯国家律法，坚决不能将之释放，亦不能让你赎去。若你真欲买下他性命，则必须将你全部财产尽皆上缴给我，而且你自己还要代那人伏法受死，这样方可谓公平合理，我也才有可能将他释放。"

善得听罢不觉高兴想到：我现在终于能救他一命，我愿足矣！他于是便把所有家当、连带从大海中捞取之所有珍宝，一个不剩全部献给国王，并在国王前说道："请大国王释放此人，我已把我所有之一切财富全数堆积于此。"

国王接纳后告诉刽子手说：“你们可将善得抓捕杀死。”刽子手立即逮住善得，正欲用兵器砍断他头颅时，所有刽子手之双手却突然僵硬起来。众人顿感惊讶不已，就将此事向国王禀告，于是国王决定亲自执行死刑。而当他手执利刃正欲挥刀砍向善得时，国王双手瞬间就掉落于地，此残忍国王自身最后亦在惨烈痛苦中死去。这位愚笨而凶暴之国王即现今之提婆达多。

此外，释迦牟尼佛曾有一世成为具神通之外道仙人。某次夜半三更时刻，有五百商人在旷野中因迷失方向而致恐惧、痛苦不已。为给这些哀哭不停之众生指路，仙人便将自己双手用油浸透，再以布包裹后点燃，以此身肉燃烧之光亮为众商人点亮前程。最后因仙人清净善心与希求菩提善法之真实力感召，当下天即大亮，仙人双手也完好如初。五百商人因感稀有而生起信心，为报答仙人恩德，从此之后就开始行持善法。

兽王善行

释迦牟尼佛曾有一世为兽中之王，当时国王率军队将众野兽团团围住以图剿杀，野兽们见状蜂拥至大河边欲求解脱困缚，但因数量太多、嘈杂混乱而致众野兽皆困滞于河中不得逃脱。兽王便对子民们说道：“你们可全部踩着我脊背过河。”说完便趴在深水处以脊背当作桥梁。

众野兽就用蹄子踩在“肉桥”之上，一一向河对岸奔去。而兽王躯体则被踩得遍体鳞伤，但他一直精进忍耐、苦苦支撑。最后还剩下一只小野兽尚未过河，此时兽王全身骨架几欲散裂，难忍剧痛阵阵袭来。但它仍下定决心要使这只小兽摆脱困境，同时亦在心里发愿道：愿我得佛果时，这些众生都能从轮回大海中获得解脱。刚刚发愿完，兽王就因身体衰竭撒手西去。

当时之众野兽即是后来拘尸那城[22]城中居民；当时之小野兽即是后来普行外道之极贤者。

久远之前，于印度鹿野苑，梵施国王如理如法治理国家。当时他有一得力骏马不幸死亡，邻国听到消息后便派人前来传口信道："你或者每年向我国缴纳赋税，或者就别跨出城门一步。否则，我们定会用绳子捆住你脖颈，将你逮住。"梵施国王根本不为所动，他既不交税，更是随意进出城门，且到其他地方另觅骏马，并最终又获取一匹宝马。

春暖花开之际，梵施王前往森林中游玩，并一路逛过许多城市。邻国听到后迅速集结起四种军队向梵施王治下国土大举进发，梵施王则骑跨骏马与之奋勇作战。敌国军队将长矛刺入骏马体内，并将内脏也刺穿拽出。骏马此刻感受到难言巨痛，如撕心裂肺般遍布全身。但它仍咬牙强忍，并且心中暗想：绝对不能将国王舍弃在这恐怖战场，定要把国王救回城中。

离战场不远有一五彩花园，骏马就足踏花苗之上回至王宫。刚顺利抵达宫中，骏马便倒地而亡。梵施王感慨不已地说道："我此次能捡回一命全赖骏马拼死相救，我原本就想把一半国王财产分与它，怎奈它现在已无法享用，何况它要这财产也无法派上用场，不如干脆替它广行布施以积功累德。"

当时之骏马即为现今之释迦牟尼佛。

久远之前，在一大雪山脚下住有五百头大象，释迦牟尼佛那时即为象王。象王肤色美丽，相貌端正、庄严。一次，五名猎人欲猎杀大象，众象处境十分危险，它们若要逃亡，也只能从一狭窄羊肠小道上穿行而过。猎人则在此必经之路上，用一晚上时间挖好一深坑以备陷杀大象之用。随后，五猎人就开始在远方以种种手段恐吓象群，妄图使它们慌慌张张跑向已设好之陷阱，如此便可一网打尽。

众大象到达大坑旁边时均逡巡不前，象王便跳入坑中、挡住坑口，用自己身躯作为众象过坑之桥梁。其他大象于是纷纷从象王身体上踩过，等众象均已安全过坑后，象王才站起身来跑离此地。

[22] 拘尸那城：古印度一城名，为释迦牟尼佛圆寂之地。

诸天人见闻之后就作偈赞叹道："恶人挖坑欲捕象，具智象王不畏惧，以身作桥度众象，恶人诡计不得逞。"

释迦牟尼佛曾有一世为马王，名云行，住于魔女罗刹国，当时有五百商人无法脱离险恶环境，多亏马王引路，方才得以顺利抵达赡部洲。

释迦牟尼佛曾有一世为狮子王，名具髻。当时有五百商人突遇毒蛇缠绕，狮子王就不顾生命将他们全部救出。

商主善举

释迦牟尼佛曾为一商主，名财马车商主。他有次生悲心而与五名商人同入大海取宝。途中不幸遭遇狂风恶浪，船只受损严重。正当商人们恐惧万分时，商主安慰众人道："无需担心，如船只毁坏，你们均可拉紧我，我定能让你们摆脱海中险难。"言罢就将所探取之宝珠夹于腋下。后当轮船倾覆之时，商主让所有人均抓住他身体，然后以一人之力牵动众人向岸上游去。体力耗尽之时，财马车终将五人全部安全送至岸边，但自己却因劳累过度而死去。

众人将其尸体抬至干爽地方，又取出其腋下所藏之宝以供大众享用。从此之后，所有人生活皆得以摆脱困苦，并能安享美满幸福生活。

释迦牟尼佛曾为一普救商主，当时国中干旱地方有五百名商人，还有临时来此国家之五名可怜商人。为救护他们，普救便祈祷天尊，且说谛实语。大梵天闻已就降下雨水，众人在此干旱荒野中得到滋润后，全部顺利摆脱困境。

凡此种种事迹无法言尽。释迦牟尼佛在行菩萨道时，为安慰、救护此等可怜众生而行之善举，实乃无量无边，这里所叙仅是众多佛经中一部分而已。

以上圆满宣说了释迦牟尼佛广行布施之种种公案。

四、持戒品

大悲心太子勇挑重担

无量劫前有一现喜劫，当时有一世界名极乐世界，有一如来名如山王如来者出世说法。此时有一转轮王名为善严，拥有一千太子。整个世界人寿长达七亿年。

国王、一千太子、众王妃都对如山王如来恒作种种财物供养，且常常闻受佛法，并皆发无上菩提心。最后，所有人众均获安忍境界。

恰在此时，有一说法上师名为法幢大师者，诚心赞叹发菩提心与出家功德。善严国王早已对世间安乐及国王权势不再贪执、爱恋，一听大师如此讲法，就更欲在佛前出家，并最终亲得如山王如来开许。

国王随即问众太子道："你们当中有谁愿当国王，并令众生皆行持善法？"太子们则异口同声答道："我等皆欲出家，不愿以在家身份做此类事情。请父王勿舍弃我们，孩儿亦想出家求道。"国王不安答道："若你们都出家学法，四大部洲众生则无依怙矣。你们中有谁能不顾自己利益、对众生具坚定悲心，这种人真应当主持王政，并引导众生行持善法以自利利众。"

一千太子中有一大悲心太子，闻听父王教言后就诚挚说道："出家功德佛陀虽广宣，若无依怙众生亦可怜，为利众生吾愿持王位，终生守居士八关斋戒。"大家听后均赞以"善哉"感叹，并举其主持国政。善严则与九百九十九位太子一起出家，精进修持后终获五神通、总持、法智等功德。

大悲心国王则于每月三十日为大众宣说佛法奥义，并令四大部洲众生皆行善法。当时有九亿两千万众生发下无上菩提心，并全部在如山王如来前出家，且获不退转果位。

当时之善严国王即为后来之商主天子；说法上师则为文殊师利菩萨；一千太子即是贤劫千佛；大悲心太子即是释迦牟尼佛。

福光王子出家

无数劫之前，义成慧如来出世说法，当时人寿为一亿年。具光国王即于彼时统治六千万由旬内之国土，国王所居宫殿纯以七宝制成，名为宝光王宫。人人皆谓国王财富圆满，而国王所生太子福光更是相好庄严，福光降生时出现一千七宝宝藏，王宫内也现出七人身量之七宝，且整个赡部洲人众皆生欢喜心，就连身陷牢狱之人亦得到赦免释放。

王子长大后精通一切世间技巧与文艺，净居天天人也于夜晚时分，以偈颂形式为其宣说应不放逸、无常，以及妙欲过失、希求菩提心功德等佛法。他将天人所有话语都牢记心间，在十年中去掉昏沉、掉举、嬉笑、希求财物等过失习气，一直专心思索佛法意义。每当看到轮回众生无有悲心之举动，王子便觉其可怜并沉默不语，进而更是苦苦思考此类问题真义。

父王为令太子无忧欢乐、尽享今生，便在某地特意造出一胜喜城市，城中南北纵贯有七百余条道路，各个畅通无阻。且又遍布七宝铃铛、黄金璎珞、珍珠及珍宝华盖，整个城市完全用此类奇珍异宝而为严饰。国王又栽种一千棵宝树，树与树间皆以六根珍宝线相连，中间多罗树交杂林立千万株。具光国王还为太子安排歌女、舞女各五百名，要求她们务必能常常令太子生欢喜心。为使太子感觉人间妙欲实为胜妙，国王又在各个交通路口，精心陈设摆置乘骑、妙衣、饮食等物，希冀太子能随意享用无尽财富。胜喜城中由珍宝所成之宫殿长达一由旬左右，一百座牌坊严饰之宫殿内，太子享有千万宝床。宫殿所在地尚建有花园，花园中遍植郁郁鲜花；八百棵宝树临风而立；宝梯通达各处；

一百零八个狮子口喷泉恒常涌流香洁之水；鲜花常开不败；万千蓊郁绿树以珍宝线相连，微风拂过，悦耳音声不绝于耳；整个花园上方全为珍宝网覆盖以挡微尘……

宫殿中宝座成千上万，每一宝座上皆蒙秀美绸缎；王子宝座则由七宝制成，有七人身量般广大，上铺各种柔软布匹与华丽坐垫；宝座前置有檀香、沉香等各种香，袅袅清香不绝袭来；每日早晚各三次，都有专人遍撒鲜花；宫殿内外黄金旗帜随处招展；珍珠、珍宝光芒自然明亮；宝树上数百飞幡迎风舞动；花园中之众多如意宝天然放光，光明照彻整个世间；飞鸟鸣禽怡然自乐，八哥、鹦鹉、长颈鹤、孔雀、当歌、妙音、共命鸟等等，皆出天籁之音。整座花园与天人花园无有二致，且具足百味甘美饮食。

当时园中多有十六至二十岁少年，齐集王子身边寻欢作乐；擅长工巧、文艺之年轻人也全部会聚此处；太子父母爱子心切，又为福光觅来两千万美女，亲友也送来两千万美女，城中诸人亦送来两千万，尚有其他国王赠与太子美女两千万。所有美女均靓丽端妍，且全部年满十六周岁，兼以精通歌舞及种种令男人销魂之术。她们各个满面笑容，娴熟掌握有关引生贪欲之各种技艺。无论身行何处，全身香气都会如青莲花般四溢弥漫。

就在这等温柔乡中，福光太子依然不为眼前美色、歌舞所动，他根本不贪执此类妙欲，且坚定认为所有这些全是毁坏善法之因。他想到：我无需享用这些美女，正如一人如若遭遇刽子手，逃命尚且不及，就算碰到稀有、难得宴会又怎会妄生欢喜？福光太子即如是对美女等各种妙欲均无有任何稀奇、贪爱心。他在十年时间中都恒常思维道：我何时方能从此种与自己不相应之环境中获得解脱？什么时候才能以不放逸之行为精进行持善法？除此之外，他从未执著所谓莺歌燕舞、佳丽如云。

众美女后将太子行径统统上告至具光国王处，她们委屈说道：“你家太子从不享用我们，因他根本就不喜欢我们。”国王急忙与八万国王一同前往太子住处，刚见王子，具光就泪流满面。他跪于太子面前，随后又起身哀告道："我甚是为你行为担忧，不知你何故不喜欢我们为你所做之事？是否有人对你做下令人不悦之事？若有此事，你不妨直接道来，我定会严惩他们。我为你营造天堂般之环境，能拥有这喜乐园林，还有何等不满足之心愿？你快快说来！如帝释天一般之财富，如天女一般之美女，你样样具足，你实在应该开开心心、痛痛快快与她们共度美好时光。"父王以偈颂方式如是劝说儿子。

深深明了贪执世间过失、已对妙欲彻底生厌之太子闻言说道："有众生正心甘情愿堕入轮回网，而孩儿则坚定希求解脱，请父王认真听我表白心志：我并非让人得罪，亦无有人对我做令人不悦意之事，只是我自己对世间妙欲已无任何兴趣而已。"王子随即又以偈颂方式将女人过失、诸天人对他所传教言、自己喜欢寂静地之理由，一一向父王娓娓道来。

王子长时间内都呆坐宫殿，同时心生厌烦。他与众多美女只是行、住、坐在一起，从未与她们共陷昏沉、睡眠。福光晚上独自坐于房顶上，夜半时分，他看见净居天天人皆在虚空中任意游走，又听到他们赞叹佛法僧功德，其所宣说令太子浑身汗毛直立、热泪盈眶。他不觉双手合十问天人道："你们在赞颂谁之功德？你们在空中如此行事，让我听到你们话语后心生安乐。"诸天人则对他回答说："我们正在讲述、赞叹义成慧如来与跟他同时禅定之比丘功德。"福光太子又问："此如来是何形象？又应以何种方式见他？"诸天人便详细向其介绍了如来之相好庄严与诸种殊胜功德，王子听到他们对佛法僧之赞叹后欢喜非常，内心从此就专注于佛陀、佛陀眷属与佛法，同时又再次思维贪欲过患。他心中由衷想到：在欲界中被烦恼缠缚而放荡不羁之众生，始终也无法得到真正快乐。他们不仅得不到恒久乐趣，更不用说无上圆满佛果。我一定要见到如来！但若从正门出入，恐众多亲友都会制造违缘，不如从屋顶上直接跳下干脆痛快。

想到这，王子就面向如来方向纵身跃下，同时祈请道："请义成慧如来以一切智智了知我心态，并多加垂念。"结果义成慧如来即刻便伸出右手，并且手放光芒，马上就在万丈光芒中触摸到王子。光中随即化出千万朵莲花，如车轮般大小。莲花又发无量光芒接触王子躯体，当莲花光渐至王子身边时，王子便端坐莲花之上，一边飘向如来，一边向佛陀合掌，且连说三遍“顶礼如来”。光芒随后渐渐缩小，王子则已来到如来面前。

福光千百次向义成慧如来顶礼，并以偈颂诚挚祈请如来。如来已了知福光清净心地，就给他宣说了广大清净之苦行，使他当下获得解脱功德与五神通。福光得到神变后，一会儿飞上虚空向如来撒花，一会儿又安坐下来赞叹如来功德：“具足相好无垢月，金色如来前顶礼，三界无等汝离垢，遍知如来前顶礼。”

福光是夜即住于义成慧如来处，结果第二日天亮后，具光国王听到一片美女哀哭之声。国王连忙赶来询问，这些人全说王子已无影无踪。国王闻听后，先是哭泣不止，随后便倒地昏厥。醒来之后就开始百般在城中寻找。城中天神告诉他说：“福光太子已前往东方拜见、供养义成慧如来。”

国王、王妃率成千上万无量众生立即赶往东方，到义成慧如来面前后，众人皆顶礼、赞叹如来，并在佛前为获无上菩提而庄重发愿。如来当下即了知国王清净心地，便为其宣说了菩提中永不退转法门。福光王子则趁此机会在如来前请求道：“请如来及眷属到我所住城市中应供。”如来听罢默许。

王子又对父母、美女说：“请你们欢欢喜喜尽快回国，马上着手装饰胜喜城以供养如来。”人们听到后均非常高兴。

王子将胜喜城装饰好后便开始供养如来，他备有五百种甘美饮食与佳肴珍馐，尽心尽意供养如来与比丘僧众，并为众比丘在七宝宫殿中广陈宝座、珍珠华盖、璎珞。宫殿左右各有花树，此时也与白莲花水池一道广为装饰，皆披以无量无边种种华丽布匹。王子每日都以布匹、妙衣等物对众比丘行盛大供养，必令僧众各个满足、适意。

福光就这样于三千万年中不顾自己睡眠、克服本身昏沉，精进供养如来及其眷属，除供养佛陀外，他无有任何其他作意。如此长之时日内，福光不生贪心与损害心，也从未产生过分别念。他连自己身命与王位都不顾惜，更何谈贪执其余财物。他以此种方式承侍如来，从如来处所闻受之教言，全部过目不忘，过耳即存，无需第二次再向世尊讨教。

在整个供养佛陀过程中，福光王子从未沐浴或洗过澡，也未生半点疲劳厌烦之心。除却进食与大小便外，王子自始至终都未曾安坐片刻。

后当义成慧如来显示涅槃时，王子将佛陀遗体用红檀香木荼毗，并在百千年中用佛陀舍利做成遗塔，且以整个赡部洲鲜花、妙香、乐器与花鬘供养如来遗塔。后又造成八亿四千万座佛塔，并以七宝所成之璎珞、珍宝华盖而为装饰。王子还在每座佛塔前供养七宝伞、千万击钹乐器与千万灯盏、六亿四千万盏香油灯，再加涂香、粉香种种供品，又沿佛塔四周广植花树，如是虔敬供养一千万年。

王子供养圆满后决定舍俗出家，他披上三法衣后便只靠化缘维持生活。整日端坐从不睡觉，亦不随昏沉、睡眠而转。以如此之知足少欲态度，福光于四千万年中坚持作法布施。他对别人"善哉"等赞叹语都不希求，更不用说博取别种名闻利养。无论向别人宣说佛法或自己闻法，从来也无厌倦之态。诸天天人亦对他恭敬承侍，而王妃、眷属、亲友、城中诸人皆紧随其后出家求法。对此等追随王子出家之人，净居天天人都佩服赞叹道："我们供养这些人与对三宝供养承侍并无差别。"天人边说边对其谦恭侍奉。

义成慧如来涅槃后，福光比丘守持、弘扬如来教法长达六千四百万年。

佛陀即以此种方式于无量无边如来前广行供养。福光王子即是后来之释迦牟尼佛；其父具光国王便是后来之阿弥陀佛；城中天神即是后来之不动佛。佛经中说，恰如福光王子一般，诸菩萨在希求无上菩提道时，以清净心泯灭一切可爱、不可爱外境，一直以不放逸心厉行善法。

和气四瑞

久远之前有一地方名为嘎西，其地长有茂密森林。森林中栖息着一只羊角鸟、一只山兔、一只猴子，还有一头大象，四动物和睦相处，远离一切争论，欢乐、祥和安稳度日。一日，四动物商议道：“我们应恭敬最年长者。”于是经相互协商后，大家一致同意以烈卓达树作为参照，对比相互之间长幼顺序。羊角鸟建议说：“你们均应谈谈各自小时候所见树之身量。”

大象首先发言道：“我们年幼时见到此树，它有与我现在身体同等之高度。”

猴子紧接着发言：“当我小时候与猴群看见这棵树时，它有我现在身体同等高度。”

听罢二位所言，大家一致公认道：“象与猴子比较，当属猴子年岁较长。”

山兔则接过话说：“我小时候，这棵树尚只有两片嫩叶。我还舔过这两片叶子上的露水。”

于是大家又评议说：“与前二位比较，你山兔应算年龄较老。”

羊角鸟最后说：“无论怎样，这棵树你们幼时都见过。而我以前只吃过这棵树之种子，在此地撒下不净粪后，它才能破土而出并日益长大。”

其余三位伙伴则一致说道：“我们当中数你年岁最长，大家理应对你恭敬承侍。”言罢，猴子首先对山兔、羊角鸟礼敬一番，山兔则对羊角鸟恭敬顶礼，而大象则对其余同伴皆恭敬承侍。自此之后，四动物间无论日常起居或行走外出均按长幼顺序次第相偕。有时行进到山势较陡地方，大象身上蹲立猴子，猴子肩扛山兔，山兔头顶站立羊角鸟，煞是老幼有序。

四动物共同发愿行持善法，羊角鸟告诉诸位道：“我们应即刻断除杀生。”大家听后便都问它：“如何断除？”羊角鸟向它们解释说：“我们即便只吃水果、野草，也有杀生与不杀生两种可能。从今往后，我们只应以不杀生方式进食。另外，在我们享用一切物品时，应力断不与取，坚决不拿非我们所有之物。并且在平日生活中，还要戒除邪淫、妄语、饮酒诸过，就连有些含有能令人眩晕陶醉之物的树叶、水果，也不应饮食。”

四伙伴于是开始持守五戒，并一直坚持不懈。羊角鸟后来又鼓励同伴们说：“我们不但要自己守持，还应动员其他众生严守五戒。”接下来，山兔便开始劝所有山兔，猴子就开始劝所有猴子，大象则对同类及老虎、狮子等猛兽苦苦相劝，希望它们均能守护五戒。此时羊角鸟则对它们说：“所有你们无法调伏之无脚、四足、飞禽等等，均交与我来对付，我会想方设法令它们皆守五戒。”

几位好伙伴从此开始想尽各种办法力图令旁生也能行持五戒，在它们带动、劝请下，动物们都能渐渐做到互不损害、如理如法在森林中平和度日，以其厉行善法之因，天人也降下和合雨水。后来，整个大地之上，庄稼丰熟、植物茂密、鲜妍之花满目盛开，整个国家喜获丰收、财富圆满。

人们均亲眼目睹上述国泰民安景象，国王则理所当然地认为此乃自己如理如法治理国家所感得，而王妃、众太子、大臣、城中诸人则以为此乃他们各自威力所感得。国王后来了知此种情况后，心中明白人人都自负认定自己实为令国土风调雨顺、国民平安吉祥出力最大者，于是他便想到看相者那里问个究竟。但看相人却无法看出此中奥妙。

离鹿野苑不远处有一园林，有一受人人恭敬之仙人就居住于此。国王就又亲往具五神通之仙人处问讯：“目前在我治下国土中，众生互不损恼、和睦相处、如理如法安居乐业，天人也降下雨水，以至于林木茂盛、庄稼丰饶。我当然认为此乃我如理如法主持国政所感得之果报，而王妃、城中诸人等又各自以为此乃他们威力所感。请问到底是谁引来如此祥瑞景致？”

仙人最终一语道破天机：“这并非依靠国王、王妃或太子等人之能力就能感得，实是你国中四动物威力所致。”国王不觉心生好奇：“我倒要看看它们有何神通异能。”仙人则回答说：“无甚奇异之处可供你观瞻，它们只是严守五戒而已。若你能如此行持，也会给你及国家带来无穷利益。所谓五戒者，是指戒杀生等……”仙人接着便向国王宣说了五戒教义。

国王闻已就发愿道：“我一定持守禁行五戒。”不唯国王如是行持，从王妃到众太子及城中诸人，人人都开始以五戒规范个人行为。

闻听梵施国王与眷属相继守持五戒，邻国也将此消息辗转相告，以至赡部洲许多众生都渐渐以五戒作为日常行持。这些五戒行者死后均得以转生三十三天，而帝释天则对天人眷属宣说原因道：“受人恭敬、于森林中苦行之羊角鸟，率先行持梵净行后，引导世间很多众生都守持戒律。以此缘故，才多有人众死后转生善趣天界。”

释迦牟尼佛在因地时就曾为那只羊角鸟；而山兔则为后来之舍利子比丘；猴子为后来之目犍连比丘；大象则为后来之阿难比丘。释迦牟尼佛在因地变为旁生时，亦能让自他守持戒律。变成人、天等众生后，此类行为更是举不胜举。

另外，释迦牟尼佛为帝释天时，当时有大批非天军队正与天人激烈交战。天人无法取胜，只得败退而回。在撤退路上，天人遇一铁柱树，树上有大鹏鸟刚孵出之幼雏。慌乱之中，天人所骑马车上之辕木撞着铁柱树，结果险些撞落大鹏鸟幼仔。帝释天对驾车者玛得乐说道：“你驾车时万勿触碰大鹏鸟幼雏。”玛得乐辩解说：“我实在无计可施，因后有非天军队穷追不舍。”帝释天正色说道：“我们即便死去也不足为惜，但此乃可怜、弱小幼鸟，一定不能被我们杀害。”帝释天随即命令玛得乐马上返回，结果马车又折返回去。而非天却因恐惧、害怕，顿时四散逃亡。

婆罗门子智慧抉择

释迦牟尼佛曾有一世为一婆罗门儿子，当时有一大臣广闻博学，知识渊博，婆罗门子便在大臣处听闻吠陀教授，随后就精通一切以吠陀为主之学问技艺，并因此而深获上师特别关爱。

一次，大臣为观察众弟子心性差异，便告诉他们说：“我现在已陷经济困窘状态，贫穷无财、一无所有。”众弟子皆对上师恭敬爱戴，于是他们便开始化缘，并以化缘所得饮食供养上师。谁料上师却说道：“我无需你们辛苦化缘，如欲真正帮我，则可为我募集一些钱财。”弟子们为难应对：“我们现在无此福报，只能以化缘行乞。供养我们之人实乃微少，若欲在婆罗门中招集财富，我等既无办法也无能力。”

上师则进一步“启发”道：“发财一般需通过学问才能得致，怎奈我现已人老力衰，无有办法再行此举。”弟子们坚定说道：“如有我们可为你尽力之处，请尽管吩咐。为报答传法之恩，我们会为你竭尽心力做一切事。”上师这时就故意说出所有想法：“一般心志脆弱、不坚强之人怕难以成办，但你们还是应当想方设法助我广集钱财。古人云：‘穷婆罗门可偷盗，无财无富即贫穷，无人知晓窥见时，即可窃取他人财。婆罗门依此积财，偷来钱物归自己，若能亲夺众人财，此乃对师大护持。’”众弟子听到后不经观察，即刻应承下来。

而此婆罗门子则素来禀性善良，他听到上师所说话后即认其并不合理，故而一直未肯抬头。上师看见后，觉得此人可能尚具一定智慧，便欲亲自对其观察一番：此人是不敢偷窃，还是对我漠不关心？或者觉我所言不如法而不愿听从？我应再三观察。上师一边想一边就对此婆罗门子说道：“其余婆罗门弟子听说我贫穷后皆不忍心坐视不管，他们各自都欲发挥自己所能助我一臂之力。而你却低头不语，不知你是对我不关心，还是不敢偷盗？你为何沉默不言？”

此婆罗门子诚恳说道：“我实非不关心上师，也绝非对上师贫穷困苦置之不理，我只是觉得上师所说并不合理，因你所说可于谁都无法看见之时、之处造恶业，实际绝无存在可能。对非天、天人、佛陀而言，有何可逃脱他们眼目观照之事？认为自己造恶别人不知，真乃愚痴之见。你自己就已了知自己为非作歹，这怎能说无人知道？此乃自己亲知、亲做之铁定事实。如此看来，这样行事焉能无有过失。所以我对如此行事毫无兴趣，亦不敢恭维上师所定计谋。”

上师听到后非常高兴地说：“你为真正明了如何取舍我所言含义之人，绝不肯为财富而丧失自己智慧，真乃了不起之大智大勇。若一人以无惭无愧心违法行事而得天王果位，还不如自己亲捧破旧器皿前往敌人门口讨食过活。”

婆罗门子闻言后开始赞叹上师妙计，并高兴说道：“所言正是！所言正是！”

不为美色逾越法规

释迦牟尼佛曾有一世为西吾地方国王，他对一切众生均如父亲待子一般饶益、关怀。国王手下一位大臣育有一美似天女般女儿，凡有贪心之人一见到她，立刻就会陶醉在她美色诱惑之下，故而此美女也被众人唤作陶醉姆。

陶醉姆父亲一日对国王说道：“如国王下属中有人欲奉献玉女宝，不知国王是否愿意接受？请国王对此问题再三思维一番。”国王立刻明白大臣此话含义，为探知臣子女儿能否充任王妃，便派出一些婆罗门先行观察、了解有关情况。

当婆罗门来至陶醉姆家中，陶醉姆开始招待他们饮食时，这些婆罗门一见美女如花美貌，立即被其吸引，他们目光专注于她，以致废食忘饮。大臣看见后便将女儿藏匿起来，自己亲自为婆罗门端去饮食。

众婆罗门离开美女家门后，均再三感叹此番艳遇。他们一致认为陶醉姆实在太过靓丽，简直如幻化一般令人难以置信。他们心中思维道：此女人真乃名不虚传，即便仙人见之也会受其引诱。国王若遇之，亦必沉醉情欲之中而无法自拔。如此发展下去，国王恐连佛法及世间重要事务都会统统放弃。如是思维后，他们在向国王汇报时就说：“此女人虽外表看来闭月羞花，但内里实具恶相。故国王见她都不应该，更遑论娶其作王妃。”

闻听手下如此言论，国王也对陶醉姆从此再无希求心。而大臣在得知国王不欲纳自己女儿为妃子之心态后，便将女儿嫁与另外一大臣。

国王后到王宫外睡莲花园赏玩，陶醉姆得知后心想：就是这位国王说我具足恶相而舍弃我，不纳受我为王妃，对此我一直耿耿于怀，想不到他今日倒送上门来。想到这，陶醉姆便巧施脂粉，然后直上屋顶端视国王。

国王不经意间抬眼望见后，立刻目不转睛盯住美女。他心下暗想：此女人是天女还是非天女？为何长相如此令人惊魂？国王虽欲无有知足地一直观看下去，怎奈马车却不得不驶过此地。回到王宫后，国王内心一直不感安乐，日夜都将陶醉姆容颜翻来覆去浮现于脑海回味。后来他问驾车者："屋顶上女人到底是谁？"驾车人答言："此乃大臣阿布巴鬲嘎妻子，名陶醉姆。"国王于是当即知道此女人正乃原先被其父欲送与自己当王妃者，不过现已成为别人之妻。他心中甚是失望。失落之余不免想到：所谓陶醉姆看来真可谓名实相符。

从此之后，国王贪心愈发增上，心一直强烈贪执、系挂陶醉姆，就如不自由之人一般被情欲捆缚。由于心不安乐，天长日久，国王脸色日益萎靡不振，形容渐渐枯槁、憔悴。而陶醉姆丈夫乃为一非常精通看相之人，他一望便知国王实是因为贪执自己妻子才日渐消瘦。他原本对国王就十分敬佩、关心，此时便将国王请到一寂静地告诉国王说："臣下今晨供养天神时，一夜叉告诉我道：'国王爱恋陶醉姆，难道你竟无耳闻？'夜叉说完即隐身不见。既然如此，国王为何不向我挑明，我非常愿意将陶醉姆供养与你，请国王务必笑纳。"

闻听此言，国王顿时因羞愧难当而低头不语。虽然心中一直对陶醉姆贪恋不舍，但大臣这番话却勾起国王深深思索，他马上警诫自己万不可因执著美色而轻舍人间法度，这实是国王历来串习善法之所引发，使他悬崖勒马，不再逾越世间善法轨道。他随即对大臣说道："此事极不应理，如此行事定会毁坏福德。我必定会死，而因果报应却如影随形，你亦会因离开妻子而感受痛苦，故我不欲做此等事情。无论今生来世，这种作为都只会令自他受损。此乃愚者行为，智者实不应效法。"

而大臣则劝解国王说：“这样行事怎能违背正法？这一点请国王勿需顾虑。若你能纳受我妻子，这是对我布施提供帮助，是培植我福德之善因；如不接受，则是对我布施制造违缘，亦在增长臣下非福德之过。况且无有任何人会对此事造谣，国王也绝不会因为此事而落恶名，因除你我两人外，实无第三者知晓，别人如何会讥讽嘲笑？”

国王则坚持说道：“你虽对我关心异常，但也不能如此做事。即便无人知晓，不过只要是在作恶为非，那就好似让我吃下毒药一般，我心定不快乐。何况天尊及一些瑜伽士又怎能视而不见？再者说来，让你舍弃妻子也会令你痛苦不堪。”

大臣还在继续劝说国王：“你是君主，我为臣子，这个女人你当然有权享用，这样做并不违背世人教条与规范。对我而言，此女人可谓珍贵、可爱，但若我舍弃珍贵东西，将来则可凭此布施功德尽享更大快乐，亦必因之而得珍贵无比之来世善果。所以祈请国王一定接受陶醉姆。”

国王依旧拒绝道：“希望你不要这样讲话，即使我能获得如是利益，但如对布施者本人造成损害，则我宁肯自身被武器砍杀或跳入火坑也不愿享受此种所谓最大快乐。”

大臣还是不放弃向国王奉献妻子之努力：“如果国王不愿接受陶醉姆，我就令其去当妓女，这样人人都可尽情占有她。故而国王还是接受为妙。”

国王不觉诧异说道：“你这大臣是否有些疯癫？她从未做过坏事及对不起你之亏心事，你为何定要用我来惩罚她？如你定要这样做，则人人都会呵责你，你也会将自己今生来世之善根全部毁坏无遗。因此请勿如此行事，不要勉强自己去行恶举，你应喜欢公正合理之事。”

大臣还未死心，他又对国王说：“如果国王心生欢乐，我心也会相应快乐起来。不管有无违犯法规，也不管众人呵斥与否，我皆能忍受。除你以外，国中再无比你更重要之人，因此请一定答应我请求以令我福德不断增上，再次请国王接纳。”

国王耐心对大臣解释道：“既然你对我如此关心，我更不能舍弃你不顾。不管别人讥讽与否，也不管今生来世果报之人，世间、天人都会远离抛弃他。因此即遇命难，亦不应喜行非法，并令大过失因之而生。此等过失均无些微利益，且致人顾虑重重。此外，智者如做引起别人呵责或引生他人痛苦之事，则自己安乐亦难获取。因此，我才不会损害任何人，只如理如法规范自己行为。”

大臣还不放弃向国王敬奉妻子的念头，他持续不挠地说：“为国王利益，属下本该为你竭诚奉献，这又有何非法之处？我们本地臣民又怎会对你产生非法议论？臣下还是衷心希望你能接受陶醉姆。”

国王仍继续对他晓之以理：“如你真想合法行事，我们两人不如找西吾地方精通世间法规之人评判评判，询问一下他们对此事之看法、态度。”

大臣连忙说：“诸位长辈都恭敬你，因你广闻、具智，精通一切大小事务，无人能比。”

国王紧随其话头答道：“你既如此承认，我更不会欺骗你。国王一般都会对有理、无理之世间事了如指掌，对臣民来说，国王十分关注民生疾苦，知疼知暖，又如何能欺惑民众？既如此，臣民也理应随国王教言努力去做，正如牛群本该随牛王足迹一样，臣民亦该如是随顺国王。再说如我自己不能管束、调伏自己，又怎能管理国中百姓？因此我关心民众、遵守法规、维护自己清净名声，绝不随顺自己贪心。”

大臣听到国王如是所言后，深感国王毅力顽强、立场坚定，于是便在国王前顶礼道：“能在你这样的国王治下当民众真乃大福报。你守护法度、不喜世间贪爱。如你一般之国王，在森林中苦行之仙人都难以相提并论，看来国王名声确实真实不虚、掷地有声，理应值得赞叹。”

世尊在因地时，如是感受痛苦，但也不入违规劣道，始终住于清净戒律道中。

饮酒过失

释迦牟尼佛以前为帝释天时，虽具天人圆满安乐，但以大悲心非常猛烈之故，故而利益世间之心行从未间断，他常常光顾人间，并以天眼遍观人间疾苦。

有次他照见扎沃国王因依止恶知识而致上行下效，国中臣民全都喜欢饮酒，且从不知嗜酒过失。大尊者当然明白喝酒有极大过患，他于是在心中思虑：有何妙计可救度国王？应先帮国王改掉恶行，再劝导其眷属仿效。帝释天就变幻成一身呈金色、相好庄严之人，头发稍显粗硬，并自然形成右旋发髻。他身着树皮与安滋那野兽兽皮所成衣物，就好似梵天一样身具威严。

当他左手拿着容量不多不少、内盛满酒之酒瓶出现时，国王扎沃正与眷属边痛饮边聊天。他们面前所摆各种酒类包括米酒、果酒、蜜糖酒、葡萄酒等，正酒酣畅谈之时，忽见一人出现在面前虚空中，众人皆感稀有，便纷纷恭敬合掌。

帝释天此时则用雷声一般清晰、威严声音说道：“你们有谁愿买我手中以鲜花装饰瓶颈之器皿？”国王深觉罕见难闻，就恭敬合掌说道：“具足整个世间如日、月般美妙身躯的你，到底是谁？世人都欲了知你身份，你真应该告诉我们你是谁？我猜想你肯定具有稀有功德。”

帝释天所幻化之人回答说：“我是谁，你将来定会了知。只是如果诸位不怕毁坏今生来世功德利益的话，则可随意买走我所捧之瓶。”国王顿觉稀奇：“我从未见过你这种卖东西方式，因世间惯例，卖东西者历来只赞叹自己物品功德，从不讲述过失，你倒不说妄语，直言你携带之瓶能败坏今生来世事业。这等直人直语、直陈过失之行为，表明你确实心地善良。不过此瓶中到底装有何物？若我买来又能得到何种利益？你为何要动员我们买？这些疑问都希望你能解释明白。”

帝释天随即应答道：“大国王你仔细聆听：这瓶中所装不是水，也非酸奶、珍珠水、香花之水，酥油、乳汁也不是。瓶中盛满恶性之水，你若真欲了知，实在应听我详述一番，我会细数其中原委。如你喝下此水，你定会沉迷难醒，以致走路颠颠倒倒，经常不明所以漂转至陌生之地。且必定会丧失正知正念，再不能如理观察取舍哪些该吃、哪些不该吃之东西，你会将它们统统吞食下去。如你欲买我瓶中之水，这水中就饱含如上所述之种种恶劣品性，你们不妨直接买去。

自己享用过后，连自己心都摸不着边际，简直与旁生就无两样。敌人更会讥讽你，因你已丧失理智地在他们面前跳舞、捶胸。喝过此水之后，你们会无惭无愧；裸衣狂奔；毫无目的奔往城中，呕吐不止；野狗会舔食你嘴，而你却毫无顾忌；你自己会丧失智慧与正念，在道路上颠来倒去，晃晃悠悠不辨东西。若喝过此水，必会自甘沉沦，父母、亲友、施主都会轻毁你，而你自己却还无知无觉地经常与人争辩、争斗。这样的东西我要卖，恐怕只有愚人才愿买。如还要贪执此水，纵令身处高位也会败坏自己权势。不仅如此，富裕财产、高贵种姓都会因之而败坏，如此之水现正装于我手中之瓶里。

喝过此水之后，你会突然大笑不止，也会突然痛哭不已。就如着魔一般，泪流满面、情绪不定。而这能引导自己趋向被众人谴责、轻毁、心识错乱境地之恶水，现正装于我所捧之瓶里。这里是一切痛苦之根本、一切罪业之来源、一切争论之焦点、一切痴暗之源泉。你们难道还欲将之买去？

你这个大国王理应了知，你所嗜饮者正与我瓶中之水无有二致。你所欲买者，完全具足上述过失。如沉醉、依赖此等能带来无穷过患之劣酒，众生都将尽堕恐怖地狱、饿鬼、旁生三恶趣中。到那时，又有谁愿承受此等痛苦？

再说饮酒后又能令人失毁清净戒律；引发各种谣言、诽谤缠身；导致自己愚昧顽痴、毫无惭愧。这样说来，还有谁欲再饮酒？国王实在应该三思到底该喝还是不该喝下这酒？”

听罢这些话语，国王深感获益良多，对饮酒过患也能透彻明了，并自此之后打消心中嗜酒念头。他衷心感谢帝释天道：“你与慈悲父母、调伏弟子上师、知理与非理之智者无有区别，我今后必按你所说身体力行，绝不辜负你殷殷教导，一定要让你心生欢喜。为报答你恩德，我今供养你五座大城市、一百名仆人、五百乘骑、与骏马配套之十驾马车，请你一定收下。你乃真正予我利益之上师，切盼上师将来也能关照弟子。”

帝释天趁机又对国王开示道：“五座城市等供养物我皆不取，我真实身份实乃帝释天，想你现在应该已经明白。若你真欲报恩，就当依我所言切实实行。如此行事，不但能获取今生福德、名声，来世亦可安享快乐。故而希望你能力断饮酒，如理如法治理国家。”帝释天说完即隐身而去。

从此之后，国王、大臣及国中所有民众都不再嗜饮狂喝，他们全部断除了饮酒恶习。

来世存在之理由

释迦牟尼佛在因地时，曾精进修习禅定，后以此功德而转生梵天天界成为天界仙人。虽在梵天尽获禅定大乐，但以悲心强烈之缘故，他一直未忘利益众生，并恒常关照欲界中心不快乐、蒙受痛苦之可怜众生。

一日，天界仙人照见东胜身洲一国王名为支施者，因依止恶知识而致执持无有来世、因果断灭等邪见，所言所行均与正法背道而驰。大尊者天界仙人内心明白此国王将来必堕恶趣，悲悯众生之情感使他对支施立即生出悲心，于是便从梵天来至人间。

国王见到仙人如灿烂明日般庄严身相时，不由自主就起身恭问道：“你这位具太阳般美丽形象者到底是谁？”仙人回答说：“我乃梵天天界仙人。”国王不觉连声叹曰：“善哉！善哉！”随后就呈上供品，并亲自为仙人端水洗足，同时又以羡慕语气问仙人道：“你所拥有之大神变是以何种方式得到？”

仙人回话说：“此神变乃通过禅定、持清净戒律、守护根门、前世修持等方式而得。”国王听罢不觉满面疑惑：“多有众人言说前世来生，未审此事是否确有其实？”仙人于是循循善诱道：“大国王，前生来世确实存在不虚。”“既然存在无疑，我如何才能生信？”国王以略带不屑口吻说道。

仙人便顺势将来世存在之理由详述一番：“你欲了知后世决定存在之理亦非难事，可借助现量见到，或以可靠推理，以及依凭自己智慧观察等方法，都可渐得定解。此外，依太阳、月亮、群星装饰之天空、一些畜生之经历等方式亦可了知来世之真实存在并非虚诳假说，望你从此再勿对存在来世抱有怀疑、顾虑态度。

另外，有些修习禅定之人亦可回忆起前世景象，故而人之前后世实属确定存在。再以你观察心识而言，前一刹那心诞生后一刹那心，前前后后无有穷尽，因此来世存在实为天经地义。又比如住胎之时，众生当下心识全赖前此心识为因，以理推之，前生又何能倏而隐灭？我们所谓之眼识绝非依靠眼根、外境而有，心识更是有从未间断之来来去去流转过程。众人凭依前世持戒、信心之不同，今生天生就有持戒、具信等现象产生，这等行为实与父母并无多少因缘，又非无缘无故突然产生，除却前生之因，又能有何种解释？

再看不论聪颖或愚笨众生刚刚降生之时都会吮吸乳汁、寻觅饮食，这种现象依然可证明众生前世就有此等习气；如果前世有串习并恒常勤修，则今世即生当中也会拥有相应智慧。因此可知，前世串习力可引生后世明显成熟。不承认来生之人，所持唯一理由便是：正如莲花之盛开与闭合一样，此间并无前后世关系；刚降生之众生不经学习就会吸吮乳汁，也与前世无有干系。此种认识实乃不知定时与不定时、有勤与无勤差别所致。

与莲花不同者在于：莲花开合均需依赖日光，所以有定时差异；众生天生就会喝奶，并不需依其他因缘，故而属于无定时。又莲花开闭乃无勤发生，因无心故；而众生吸吮乳汁却属有心勤作举动。因此这二者怎可相提并论？真希望国王善加观察，能承认来世存在才如理如法。”

而支施国王因邪知邪见非常深重，且屡屡造恶，因此一听仙人宣说来世存在之理，内心就深感不安。他又问仙人道：“大仙人，你不应似哄小儿一般告诉我存在来世。若来世真实存在，我当然可以相信。如真是如此，则希望你能赠我五百两黄金，我来世将之变成一千两再送还给你，不知你意下如何？”

仙人严肃对国王说：“一般而论，将财富当作利润、赚取利益之人，大多本性低劣、贪欲炽盛、愚痴懈怠。对这种人如何能将财物拱手相送？即便赠其钱财，也会被他们很快耗尽。而具惭愧心及智慧之人，若以财布施，反而更会令财富节节增上。你刚才所谓来世还债之说纯属邪见，将财物送与此类执邪见之徒真乃了无实义。何况你因持恶见之故必会被业力拖向地狱，如此一来，谁又肯堕地狱去向你讨还那一千两债务？”梵天仙人马上又向支施国王宣说了地狱种种惨痛。

国王闻听地狱中令人不敢目视、耳闻之恐怖景象后，终于舍弃原有邪见，他开始对来世存在之道理确信不疑。他向仙人顶礼道：“我过去随顺恶见流转，如今听到地狱痛苦后心生恐惧。如此之可怕痛苦不知何时就会降临我身？我如今担心、恐惧不已，希望你快快为我宣说能免堕地狱之方便道。”仙人于是安慰他道：“你从此之后当护持正见，并劝请众人也厉行善道，同时还要以大悲心断除吝啬，且戒掉一切非法行。望你能常行布施、守持清净戒律、严护根门，以此广积福德，令自己不堕恶趣，并感受转生善趣后之快乐。”天界仙人说完即消失不见。

支施国王与眷属从此之后均能守持正见，并广做布施、持戒、积集福德资粮等善举。

不贪美色

释迦牟尼佛曾有一世为梵施国王太子时，名为嘎西美男。以前世精进修持之智慧串习引发，王子正当青春韶华之时，就对美女等一切能引生贪欲之对境无有丝毫贪执。他还把国王王位当成大过失之源泉，并因此而舍弃自己继承王位机会，前往一寂静山林专修禅定。

一次从禅定中出定后，王子前往山野园林，途中见一美丽非常之人非人美女。美女一见王子，立即就被其相好端严吸引，她便主动跑到王子面前搭讪。为引诱王子，美女打妄语道："我有一朋友也为人非人美女，她之美色即便天人见之也难免生贪。今日她见到你后，立刻就倾心于你，我正是她派来传情达意者，希望你也能对她心生喜爱。"

王子不动声色地回答说："这位美女若与你相较，是比你更端妍，还是与你一模一样？"人非人美女答道："她当然比我更妍丽。"王子则平静回答说："不论你或那位美女，所拥有之美色均会瞬间消失。不管生为人非人还是天人，众生容颜全部短如白驹过隙。你应谛听：所有众生之躯体无一不是储藏不净粪之臭皮囊，若贪执于它，将来必成感受痛苦之因。"王子将不可贪恋美色之理如是宣说一番。

人非人美女闻听之后即刻息灭贪心欲火，她也愿意从此精修禅定。而王子则又平静回到自己所居茅棚，继续实修禅定。

世尊如是在因地苦修时，任何美女也无法损害王子清净戒律。后当释迦牟尼佛成道时，莲花色舞女曾到世尊前极尽展示种种歌舞之能事，世尊同样也为其宣说佛法，并因之而摧毁莲花色舞女之青春倨傲心理，使其获证阿罗汉果。

另外，久远之前，释迦牟尼佛曾转生为一婆罗门种姓之人，对一切论典均精通无碍，对火供等一切事业也娴熟掌握，因而人人对他都十分恭敬。

他后来了知在家诸多过失后便心生厌离，于是就前往一森林中苦行。因其慈悲力感召，有四只动物汇聚到他面前，宛如四位弟子一般。它们是：蛇、鸽子、乌鸦、野兽。四动物经常与他交往，后有一日，野兽对他说道："大仙人，于此整个世界，恐怖实乃最大痛苦。"而乌鸦则认为："饥饿才是世上最大痛苦，不知大仙人有无免除饥饿方便法？"黑蛇发表意见说："嗔恨心能焚毁自他所有功德，如有息灭嗔恨法门，实为稀有、善妙、殊胜。"鸽子最后说道："贪欲大火猛烈炽燃，贪心之火一旦燃起，用皎月之清辉或清凉之水也无法浇灭。故而贪欲才为世上最大痛苦，能息灭贪心方为最佳法门。”

此婆罗门于是对它们因势利导说：“这四大痛苦之根本乃在于无明，如无明灭尽，行等其他苦蕴也会全部灭尽无余。”四动物又说：“既然痛苦之源存在于生，那如何才能断尽生之根本？”

婆罗门则对它们开示道：“欲斩断生死流转，必须戒除杀生、偷盗、邪淫、妄语诸不善业，这才能从根本上拔除生之大树。”

四动物闻已均赞叹道：“善哉！”随后便回各自地方，按婆罗门教言努力修持，严守不杀生等戒律。后来这些众生均在死后转生为人，并最终得寂灭果位。

从飓风恶浪中脱险

戒律清净、如法修持之人，以其谛实语之力能成办一切事情。无等大师释迦牟尼佛过去世时曾为一商主，非常精于观察天象。他能无误判断东南西北方向、星宿及各方突然出现之征兆所表吉凶；同时又擅区分时、非时差别；且可依凭鱼、水颜色等对大海进行观测；尤善于以堪舆、飞禽走兽之相了知大海方向。商主非但长于此道，更可贵者乃在于恒时具备正知正念，永无懈怠、睡眠陋习，又能忍耐寒热之苦，从不放逸并心态稳固。

商主对海上航行事宜，诸如返航、前行亦十分精通，故而每每出航都可顺利返回，人们因之而称其为善度。善度历来一帆风顺，所做事情样样圆满吉祥，因此诸商人对他皆恭恭敬敬，经常祈请他带领大家前往海中取宝。

一次，有巴得嘎匝地方商人欲往金洲海中取宝，他们便祈求善度能当商主。善度回答说：“我现已年迈体衰，何能率众取宝？”众人恳请说：“商主无需太过焦虑，只求你能坐镇商船，余事均不需你系挂于心，如此就能令诸事顺利、吉祥。”善度闻言不觉心生慈悲，他随即同意随船前往大海。众商人均希望在善度领头下，此番取宝能满载而归。

众人航行多时后，突见海中大小鱼群来回穿梭、行动惶恐。而北方海域，风掀海浪之声也如雷霆阵阵。珍宝、大地颜色皆动荡变幻，现出种种色彩，有时海浪之色亦绚烂美观。此乃非天、龙王于海底交战所致，大海才相应呈现此种变化。

到下午时分，海上开始刮起飓风，天空乌云密布，整个太阳光芒均被乌云遮蔽。大海翻起巨浪，咆哮怒吼、声震如雷鸣。乌云当中又炸出惊雷滚滚、闪电霹雳，渐渐吞没日轮，以致黑暗完全降临。狂风暴雨挟裹滔天巨浪轮番袭来，顿时就使众商人陷于极为恐怖之状态。他们害怕异常，便纷纷祈祷各自所崇奉天尊。

猛浪狂奔、大风怒吼，众人几日中就身不由己地被吹向遥远之地。此时，大海中各种形象均已消失难见，唯剩海浪翻滚。大家人心惶惶，万般无奈。此时，善度商主则安慰大家说："你们再惊恐、怯弱也无济于事，如能善巧方便，则天大困难亦可轻松应对、顺利解脱，故而希望大家稳定心情。"

众人焦急期待能很快就望见大海边沿，此时一人身样、穿白色铠甲动物从商人们眼前飞掠而过。众人急忙问商主："此为何物？"善度答言："如我们人间太阳一般，此乃非人中之太阳，大家不用惧怕。不过，我们如今已离大海两边均非常遥远，现正开始进入大海宝剑嘴，我们应想尽办法尽快返回。"众人于是努力驾船试图回返，但因风大浪急始终无法返回。

商人们后又看见前方出现银白色大浪，便又向商主询问，商主回答说："此乃白乳浪大海，看见它则表明我们现已离开原先航道。最好勿进入此区域，不要将船驶向那里。"但众人无论如何努力也无法掉转船头，他们惊恐说道："船行太快，放慢速度都不可能，又谈何返回？"

不久，众人又看见大海翻起金色浪花，海水就如燃起火焰一样，他们又问商主原因。商主说道："此为火花大海，万勿进入。"这次

商主只将大海名称告诉同行者，至于海水为何变化颜色则未向众人明说。驶过火花大海后，众人同时看见蓝宝石与琥珀色大海，最后又看见吉祥草色大海，于是他们又向商主询问。商主回答道：“此海名为吉祥草鬘大海，凶猛如未驯服之大象一般，它能轻易摧毁我们，万勿进入，即刻返航。”但众人无论怎样精进努力也无法掉转方向。

过此吉祥草鬘大海后又碰到一蓝宝石大海，众人又问商主。商主因知道大家要遭受痛苦，于是心生不悦，他长叹息道：“此海名泥浪海，现在要返回已难上加难；若不返回，我们生命即将就此终结。”一听商主所言，大家全感失望、恐慌至极，人人心慌意乱，各个叹气无语。

最终，商人们已随浪漂过全部大海。此时太阳隐而不现，大海又生变化，所有海水尽皆向下流去，犹如峡谷中湍急水流一样。巨浪连天与冰雹降下之音声混合一处，直如竹林着火一般噼啪出令人惶恐之巨响。众商人内心焦急不安，他们眼含失望望着四方，心情极度慌乱。他们最后全集中在商主面前说道：“我们如今听到可怕音声，心中万分焦灼。而海水也全都向下流注，大海如是令我等恐怖，这到底是何原因？”

大商主也面带焦虑之色说道：“我亦深感遗憾，现如今无论船行何处都已无计可施，我们已入死海之中，正如落入死主阎魔虎口一样。”商人们听罢顿觉自己真正进入死亡大海，再无任何生还希望。想到不可能再返回人间，有人便放声痛哭；有人则呻吟哀叫不已；还有人则萎缩着一句话也说不出来，只知跪在那里一动不动；另有些人就拼命祈祷帝释天、太阳、多果天神[23]、娄宿[24]、财神、海神等各自所信奉之神明，一直祈祷并皈依不停；有些开始猛念咒语；有些祈请天女；还有一些就干脆跑到商主面前哭诉：“我们已遇大灾难，只能祈祷具大威力的你；我们面临最危险时刻，请你务必慈悲救助。”

大商主便以慈悲心安慰他们道：“我料想我们大家应该能摆脱此种困境，你等实在可怜，但不必失望至极，大家安定下来后尚有生存

[23] 藏文原意不明。
[24] 二十八星宿之一。

可能。”一听还有生还希望，众人马上感觉现在可能尚未处于最后关头，于是便渐渐安稳下来，全都专注于商主，听他吩咐。

慈悲善度此刻将法衣挂于右肩，右膝跪在甲板上，以虔敬心祈祷佛陀道：“所有佛陀及天神、海神请谛听：从出生到现在，我根本忆念不起自己曾杀过任何众生。以此不杀生之谛实力，祈请加持我们所乘商船勿入漩涡中心，能直接返回。”善度刚刚说完，狂风巨浪立即向相反方向奔去。

亲睹此种情景，大家全感兴奋、稀奇，于是就全部向商主顶礼感谢，并异口同声说道：“船返回了！我们所乘之船开始返回了！”大商主让他们升起风帆，众人全都乐意听受商主命令，他们挂起风帆，飞速驶向出发地。

此时雨水顿息，大海又回复平静状态，人们心态也彻底安稳下来，大家全都欢喜充满。至晚上半夜时分，整个天空湛蓝一片，乌云散去、群星璀璨。后半夜时，商主对众人说：“我们已回至泥浪海，可将此处泥沙石砾带上船来。如此一来，船就会增重变沉，不容易再返回危险之地。此等泥沙均为吉祥之物，必会令你们获得顺利、圆满，希求财物之愿望亦可得以满足。”

众人听从善度吩咐，诸天人也开始指点商人们如何行事。众商人心中想到：这是善度大商主与诸天人在为我等指点。他们便将泥沙石砾装于船上，又将蓝宝石等珍宝也装在船里。至夜晚时分，船行至巴得嘎匝地方。第二日，众人发现船上已遍满金银、蓝宝石、琉璃等宝物。当轮船终抵岸边后，大家皆欢喜赞叹并恭敬大商主。

湖中大鱼

具有清净戒律之人即生当中就能成办一切所欲，生生世世获取利益更毋庸置疑。

无等大师释迦牟尼佛曾有一世转生为一中等湖泊中一条大鱼。此湖泊中处处皆为嘎拉哈嶲花与白、红、青等色莲花所严饰，天鹅等飞禽自在翱翔于湖面，围绕岸边则布满绿树与别种花朵。当佛陀示现为这位鱼王时，因其多生累劫恒修利他心之故，为鱼王时依然不忘以利他心对待所接触之众生。它看待其余鱼类就如父母护儿一般慈心相向，始终将饶益它们挂在心间，如遇违缘，则想方设法带领大家摆脱违缘危害。以此缘故，湖中鱼儿皆能和睦共处，鱼王也以种种善巧方便为其宣说方便法门。后来，整个鱼群生活兴盛，就如人间国王如理如法治理国家一样，在鱼王统领下，鱼类生活亦圆满和谐。

其后因众生福报渐趋薄弱，负责降下雨水之天人也浪荡不羁，乃至最终竟不降滴雨，湖水便失去以前烟波浩淼之景象。及至春天来临时，烈日炙烤、强光灼人眼目，再加大风鼓荡，湖面便迅速干涸起来。水量日日减少，后终成一小水池。而鹞鹰也趁此时机前来残害鱼类，其他趁火打劫众生更不必多言。

此等可怜鱼儿在拼命挣扎中内心痛苦不堪，有些已无法挪动，短时间内就已发展至这般惨相。鱼王目睹之后顿生悲心，它心里想：我们鱼众此番是真正遭遇大不幸了。眼见湖水天天缩小，我们生命逐渐逼近死亡，而降雨又异常困难，欲逃亡连道路也寻觅不着，能将我们带往别处之众生亦无有踪影，急于损害我等之怨敌却时刻都在增加，若所剩湖水也干涸无余，这些怨敌便会亲口吞吃掉我们，这可如何是好？

此时，鱼王自己心中明白：看来只有依谛实语之力方能对解脱困境带来利益。明了此点问题关键所在后，具大悲心之鱼王不觉满含慈悲之意发出一声长叹，他眼望虚空发愿道："从小至今，即便遇到再大困境，我也想不起曾故意杀害过任何众生。以此谛实力加持，愿天王能降下雨水，愿湖泊能再度水势浩大。"言毕，即以福德增上力、真实加持力、喜欢鱼王之天龙夜叉威力，虚空顿时集聚起乌云，随即电闪雷鸣，大雨开始从天泻下，就好似断线水晶珠子一般铿然坠地。于是大地又开始滋润，湖泊中水也随之增盛。鱼类众生看到尚有希望生存于此，各个欢欣鼓舞；而欲食鱼儿之飞禽只得纷纷飞离此地。大鱼王也心生欢喜，它看到雨水从天而降，不觉祝愿道：“愿雷声和着雨水不断涌流。”

雨如是降落很长时间，帝释天闻知也生大欢喜心，他对鱼王说道：“能降下如此大雨全凭你鱼王真谛威力所致，只是世间众生太过可怜，从不知利他清净行为之功德利益。从此之后，我也要多多助你。因你功德力护佑，此地未来将不会再遭遇违缘。”帝释天说完即隐身而去。

另外，释迦牟尼佛往昔曾转生为森林中一沙鸡仔。当时因两棵树木摩擦燃起大火，沙鸡仔看到森林中多有众生便自然生出悲心，它将翅膀泡在水里，然后抖落水珠于正燃烧之森林上方，同时大声祈请道：“此地有众多不能飞翔之禽鸟，请大火马上熄灭，再不要燃烧！”最后因它慈悲心之真实力，大火终于停止肆虐。帝释天随即也施以帮助，他开始降下大雨，最终将火彻底熄灭。

大丈夫说出家就出家

释迦牟尼佛曾转生为一种姓高贵、具财、具智、如大臣宝一样承侍国王之商主。一日，商主前往王宫，而商主岳母恰巧也来看望女儿。到达商主家时，女儿玛哈多出来迎接母亲。母亲便问女儿：“玛哈多女儿，你丈夫对你恩爱吗？你对他如此有情有义，他知不知回报？你与他共同生活有无不愉快之事发生？”

女儿不好意思回答母亲询问，便小声说：“像他这般守持清净戒律、只做功德善事之人，出家人中也难寻觅。”母亲因年老耳背，加之女儿声音又很细小，故而未听清女儿所说，只隐约听到“出家”二字。母亲心中顿时联想到：想不到女婿已将我女儿抛弃，只顾自己出家求道去了。越思虑越是替女儿未来前途担忧，于是便放声大哭起来，且边哭边说：“连我如此贤慧之女儿都已舍弃，又怎可能出家去守持清净戒律、做那些功德善事？事情为何会至如此地步？他又年轻，又是国王心腹之人，平日对我女儿就乏少悲心，又无病痛折磨，也从无结怨之仇敌，就这么突然抛下财产亲人，自己独自前往寂静之地到底为何？”她边说边哭，一直滔滔不绝大声数落。

女人心性本身就不稳固，极易轻信别人所言。一听母亲如此絮叨，女儿不觉浮想联翩：我丈夫想必已出家无疑，因母亲如此难过。于是她也心生不悦，加之又不了解情况，便自以为是地想当然认为丈夫已然出家，母亲正为看望自己才前来此处。想到这里，女儿不觉昏厥过去。

家人闻听此事后均开始号啕大哭，邻居、亲戚、婆罗门、施主以及居住在宫殿附近之朋友，大多都与商主关系友善，他们也闻风而动，纷纷聚集在商主家中，并且全都因感伤不已而痛哭不止。

恰在此时，商主已从王宫折返回家，他在临近家门之时忽然听到一片哭声，且看到家中已聚拢起大批人众，他于是心中纳闷：到底发生何事？于是商主便派一仆人先行回家打探一番，仆人回来后就将前后原委原原本本告之商主。商主本来就心地清净，得知众人议论他已出家之语后更是心有所动。此时他已感觉若再回家中实乃惭愧至极，因众人尽皆以为他已出家修行。他心中想到：奇哉！奇哉！这些人对我如此希望真乃善妙！他们既已这样赞叹并宣讲我出家之功德，我若还要坚持返家则太不应理。如我舍弃功德一心喜欢过失；或舍弃善法只知行持恶法，如此生存又有多大意义？不如按众人所愿前往寂静地出家苦行。

商主想到这便又返回王宫。国王见到他后诧异询问道：“你为何又返回王宫？”商主答言：“我欲出家，请大国王开许。”国王听罢就以慈悲语气对他说道：“像我这样的国王及你众多亲友均健在时，你为何要舍离大家前往寂静地？如是因财产困窘请向我索取钱财；如有人欲伤害你，我定会帮助。不知你为甚却如此辜负我与众亲友心愿？”商主说道：“我依大国王怎会遭遇危害？亦根本无有任何钱财短缺障碍，我并非因这些原因才前往寂静地。只是我闻听众人都在议论说我已出家，还因此而哭泣，正因他们对我评价如此之高，我想我还是出家为好。”

国王反驳说：“难道众人说你出家你就非前往寂静地不成？像你这样具一定功德之人，若仅仅知道遵奉别人言辞实不应该。你不出家又有何等不合理之处？世间愚笨之人素喜胡说八道，无智之人胡言乱语有何真实意义？将这些谣言牢记心间定会遭到世人讥讽，更何况依之行事？”

商主又继续申辩说：“祈请国王勿如此嘱咐于我，人们所讲有道理之善言善语，我们最好尽力遵行。人天均称你为名副其实之国王、法王，若你制止善法实属非法，你理应帮助行善之人，勿辜负别人能促成我广积功德之希望与评价。若国王能够开许我出家请求，则你自己名声也会因之流布四方。否则，你所拥有之名誉又能有多大实在意义？就如干涸之水一样，你之名声断不可能增上。人之声名若遭到毁坏，要想恢复实在难上加难。正如毒蛇窝一样的家，只能引起争论，实在应该舍弃。因此请大国王勿再阻挠我出家意愿。你本来对民众就具有慈悲情怀，此次一定要开许我，我是诚心诚意想远离散乱之地、前往寂静林中出家苦行。”

国王最终开许商主出家请求，他终于得以如愿前往林中苦行。正准备动身之时，亲友、眷属全来到面前苦苦挽留，他们边哭边拉住他双脚，又用粗暴、温和等种种语言劝阻他。有人言：“如你出家，那么多未办妥之事留给谁来处理？”也有人说：“你难道对亲友就无一点慈悲？”众人以种种方式试图令商主不要出家。

而商主则坚定说道：“诸位朋友，如我以放逸之心行非法之事，你们理应以种种方式劝阻我；而我是到清净森林中苦行修善，你们为何要横加干涉？若你们真不愿离开我，就干脆与我同去森林，这一点你们能否做到？你们不让我出家，为何却又同意我与怨敌战斗或加入作战大军中？对此等事情为何偏偏就要答应？如你们只看见在家功德和所谓去森林中苦行之过失，此乃说明你们已被邪知邪见误导。我只希求功德善法，你们本该随我一道出家。世间情感有甚稳固之处？就似舞者跳出千姿百态舞蹈一般，易变不定。若你们与我感情深厚、不愿离开我，就应随我一同前往森林中苦行，实不应该再这样制止我。”商主以温和语气如是说道。

随后，商主便自己前往森林中苦行，以不放逸之精进态度努力行持善法、守护清净戒律、修行禅定。

具智之人仅仅听闻别人宣说有功德之话语都不会放弃，更何况获得功德后再将之失毁更是不可能发生。因此，若别人说出自己是比丘、居士或修行人、证悟者等此类具功德之言辞，以此称呼自己，自己应审慎观察自相续，同时心中如是思维：别人对我这般评价，我实不应辜负他们，一定要成为具有此种功德之人。不具备之前，自己理应心生惭愧。此种方式才为大乘菩萨所应秉持之行迹。

孔雀王愈加美丽

久远之前，在印度鹿野苑有一梵施国王，不仅财富圆满，更有一美丽无比之无喻姆王妃，王妃对国王也非常贪执、爱恋。当时在大雪山南方之山林里，无等大师释迦牟尼佛变为一只孔雀王，名为金色孔雀王。它身色端严，嘴由珍宝长成，拥有五百眷属。

孔雀王后来有次于中夜时分，在鹿野苑城市上空飞翔时发出悦耳鸣叫，恰巧无喻姆王妃此刻正坐在王宫顶层，她听到鸣声后便问梵施王："如此妙音是谁发出？"国王面露困惑之色说道："好妃子，我对此事也不大清楚。只是听说在大雪山南方栖息有一只金色孔雀王，众人都说它鸣音悦耳动听。"王妃闻言便向国王要求说："大王无论如何也要为我逮着这只孔雀王。"国王面呈难色答言："这只飞禽平日看上一眼都非常困难，更何况要逮住。"王妃则不依不饶撒泼道："如得不到孔雀王我会立刻死去。"

梵施王平时对无喻姆王妃就恩宠娇纵，此时一听王妃说要死去急忙安慰她说："你千万不要如此焦虑，我马上下令命猎人、捕鸟者火速将孔雀王抓获以宽你心。"国王于是命令所有猎人、捕鸟者务必想尽一切办法捕获孔雀王，并要将之送至王宫。如能抓获则善妙非常；若逮不住孔雀王，则定斩不饶。

这些人听命后均非常担心自己性命不保，便带上各种捕鸟工具纷纷前往大雪山之南。他们将大网放置于孔雀王必经之地，但它无论走到哪里，只需用眼一扫，所有网结就自然解开。就这样，众人在七日中想尽各种办法也无法逮住孔雀王。

孔雀王此刻则心生悲悯，它对众人说道：“你们这些受雇之人为何要到这里遭受如是疲倦、劳累之苦？”众猎人、捕鸟者就回答说：“孔雀王，你应了知，我们受梵施王派遣，为免丧身失命才致如此劳顿。”孔雀王听罢道出实情：“你们用网根本就抓不到我，不过若国王真欲见我，就请他先庄严城市，七日之后，再令四种军队前来迎接，我才可以前往。”

众人回去之后向梵施王如实禀白，国王即刻装饰城市，后又派马车、军队前往大雪山南方迎接孔雀王。孔雀王立于珍宝严饰之马车上，一路发出悦耳鸣叫。梵施王与眷属皆欢喜难言，他们以大恭敬心将其接到鹿野苑所在城中。刚抵城门口时，孔雀王又发出动听音声，且传遍整个城市。城中众人均以欢喜心分列两边观瞻，他们向王妃惊喜喊道：“孔雀王已亲自来到城中。”

无喻姆王妃欢喜非常，连忙恭敬上前观看，而国王则用鲜花水果供养、承侍孔雀王。梵施王后于国务繁忙时不觉心中思量：我如此忙碌，谁能代我经常承侍孔雀王？而王妃正好又具智慧又广闻多学，想来她定能好好承侍孔雀王。”想及此，国王便对无喻姆说：“好王妃，你应如我那样承侍孔雀王，喂与饮食，关怀照顾。”自此之后，王妃则担当起承侍之责，她天天以鲜花、果实供给孔雀王。

无喻姆后又喜爱上另一男子，并与他约定在孔雀王所居花园中准时见面。而当两人如约会面时，孔雀王则向他俩宣说佛法。结果男子闻听后心生惭愧，再不欲与王妃行邪淫，他便先行离去。王妃却心中暗想：孔雀王已了知我之丑事，它若用人言将之禀告国王，国王定会将我处死。念及此，王妃便在饮食里掺和进毒药送与孔雀王。谁料它吃下毒药后反而更加美丽，色泽更胜从前。

看到王妃心生怀疑，它便向王妃解释说：“你自己贪爱别人，又认为我会告发，于是便欲毒杀我。但以此种方式，你根本无法损伤我

一根汗毛。”

王妃听罢立即口吐鲜血，并得上严重疾患，且于死后直堕号叫地狱。孔雀王则安乐自在、重获解脱，它后来回到自己原先栖息之地，又继续对其他众生宣讲佛法。

当时之梵施国王即为后来之舍利子比丘；当时之无喻姆即为现在之婆罗门狡诈姆。

千辐轮相之渊源

无数劫之前，有一国王名马车姆，统领八万四千小国。后得一太子名慧光，即是后来之释迦牟尼佛。太子慧光具有远远超越一般人所及之智慧，国王理所当然就将之作为王位继承人。后国王去世，众人正欲为太子行加冕大典时，太子却对众大臣说道：“我不能登上王位，因行非法之众生若被我以杀头方式加以处罚，则我本人亦造下大罪业。故而若众生皆能行持十善道，我方才愿当国王。”众人于是就说道：“我们定厉行善法，请你务必当上国王。”

慧光这才同意举行加冕大典，并最终登上王位。他当国王以后，要求国人都必须行持十善业。魔王闻听后则顿生妒意，他以造假方式将众多信件寄给众人，信中写道：“众人以前所做善业无有丝毫感应，故而大家以后均可放心大胆广行恶业。”

众人在接到魔王以国王名义所写信件后，都不敢相信其中所说话语，他们满怀蹊跷请求国王予以澄清。国王也深感惊讶，他想：我从未写过这封信，为何会出现此种情况？越想越觉奇怪，他便非常想了知此信到底从何而来，人们心态会否因之而生变化。于是他就出宫观察探访。

魔王则在路上幻化成一身陷烈焰中之可怜人，他嘴里不停高声哀号，国王便问：“你为何落此境地？”魔王诡辩说：“我以前令众人广行十善，以此缘故，我现在感受如是痛苦。”国王马上问道：“如是让人行善，自己怎可能感受此种痛苦？如你令众人皆行十善，不知他们到底得未得到安乐？”魔王回答说：“他们均已得到安乐，唯有如我这样劝别人行善法者才落此痛苦境地，受我劝化者则绝不会感到丝毫痛苦。”国王听罢高兴说道：“只要他们能获致安乐善果，自己再感受痛苦也无有任何后悔之处！”魔王闻言立即消失不见。

国王到处令人行持善法，并时时赞叹善法功德，大家信受奉行，时刻牢记三门行善。国王后来以此福德而拥有金轮宝等七轮宝，并逐渐成为转轮王，让四大部洲众生皆行善法。

世尊因地时如是亲行十善，并令众人亦行十善。以此因缘，后来成佛时，世尊脚掌便具千辐轮相。

另外，久远之前有普救、善成两商主，各人皆拥有四万商人眷属。善成素喜寂静，后便在一仙人前出家，并终获缘觉果位。商人们则因不见善成踪影而到处寻找，但始终都未找到，他们便将情况告之普救。普救告诉众人务必要找到善成，于是，八万商人便开始在各处广泛搜寻，最后终于见到缘觉。众人诧异问道：“你为何要舍弃我们前往寂静之地？”

因大尊者只依靠身体为别人说法而不以言语宣说之故，缘觉就幻现出自身出火、闪电等种种神变令众人生信。普救则令八万商人供养缘觉，并说道：“供养他之功德日后定会成熟果报。”众人便广行各种令缘觉比较满意之供养。普救商主随后又教导这些人守持五戒。

当时之普救商主即为后来之释迦牟尼佛。

善恶果报

久远之前，释迦牟尼佛曾为鹿野苑色哈乐婆罗门之子，名为善寻，其兄弟名为恶寻，也即后来之提婆达多。为前往海中取宝，二人各带五百名眷属出发。因此地离大海非常遥远，在距大海尚有七天路程时，众人已将口粮全部用尽。当此生命垂危之际，善寻等人饥饿难耐之时，便开始祈祷天尊等神明。结果他们遥遥望见远处出现一繁茂果林，众人急忙赶过去，发现那里还有清净泉水。大家边吃喝边感叹道：“此乃我们供养天尊果报现前。”天尊还亲自告诉众人道：“你们可砍下果树树枝，如此便能满足一切所需。”众人就依言砍下一根树枝，孰料它竟变成美味饮料。再砍第二棵树枝时，它又变成百味甘美饮食。大家全都津津有味享用起来，心满意足之后又砍下一棵树枝，此次它又变成妙衣，再砍时又现出各种珍宝。众人原本就带有很多牲口以备装宝所需，这下全部派上用场。

恶寻此时也率众抵达那里。他看见前面诸人砍断树枝时皆现出种种珍宝，便以贪心打起如意算盘：如果将树根砍断，肯定能捞取更多珍宝。他于是便准备从树根挖起。

善寻看到则心生不悦，他对恶寻等众人说：“我们遭遇违缘、困苦时，多亏这棵树救助我们，因此希望你们万勿砍断它。”但恶寻等人根本不听，善寻不愿见此树被砍倒惨相，便无奈离开树林。恶寻则马上开始砍挖树根，结果当他砍断树根时，突然冒出五百罗刹，将恶寻等五百人全部吞食。

又诸菩萨众即便舍弃自己身体，亦不欺骗众生，定要守护誓言。

无量劫前，释迦牟尼佛曾为一狮子，名肢具，它对一切众生均有大慈大悲之心。肢具以水果、树叶为生，住于人迹罕至之山洞中。

后有公猴、母猴俩生下两只小猴后便将猴崽交与狮子，自己前往别处。而一名宝剑之老鹰王一日忽将两猴崽叼至山岩上欲加吞食，肢具狮子见之就以偈颂方式对老鹰王说道：“皈依我之两猴崽，望你切勿吞食之。”老鹰王则刁难说：“你是兽中之王，如能舍弃兽王之身，我则可将两小猴奉还，否则定要吃掉它俩。待我吃完后飞上虚空，你又能奈我何？”

兽中之王就告诉宝剑说：“我宁可舍弃自己，也要救下这两小猴。自我发菩提心后，从未说过妄语。为利益众生，我今天甘愿舍身。”老鹰王看它菩提心坚定，便将两只小猴统统放掉，且对狮子说道：“大兽王，你无需再舍弃肉身。”言毕即飞逝不见。

当时之公猴、母猴即为后来之迦叶尊者与释迦贤姆；两小猴即为后来之罗睺罗与阿难尊者；老鹰王宝剑即是后来之贤鬘比丘。

另外，释迦牟尼佛和燃灯佛在此世界中曾为两说法童子，他们出家后即到寂静地生活、修法。后精通诗学等一切论典，并获禅定、神变等神通技能。

当时有一名大象之国王，性喜狩猎，又拥有六千万眷属，他依两童子说法后始发菩提心。此时一些贪欲炽盛之比丘对童子肆意诽谤，他们胡说道：“这两人乃外道断见派人士，因他们宣说五蕴皆空及业果成熟非常可怕之法门。”这些人还要求国王处死二位说法童子。

正当国王略有怀疑、犹豫之时，同行天女告诉国王说：“你尽管身处这些恶友当中，但千万别发恶心。这两位是真正说法上师，你不要忘记他们以前对你说法之恩，一定不能舍弃他俩。”国王想起往事，终于未舍佛法。

国王之弟名年果儿，后当年果儿坐上王位时，这些恶友又对他说道：“这两位比丘依靠咒语之力，实在应当诛杀。”国王便率领军队准备杀死这两位比丘。当时森林中夜叉、龙等众生降下石块瓦砾雨，将这些人全部杀死，连年果儿国王也一并除去。因他对说法上师起嗔恨心之故，年果儿于六十世中在无间地狱受苦；当时劝请国王杀两比丘之恶见比丘则在千百万世中于地狱感受痛苦；劝请国王勿听谗言之天女后则于恒河沙数佛前拜见、供养，她名为月光童子；与大象国王一同得法之六千万众生则在其他刹土中后来成佛；听受佛法之大象国王即是后来之弥勒菩萨；国王之弟年果儿则为后来之提婆达多。

严持清净戒律

久远之前有安乐王如来出世，那时赡部洲世界广阔，有九十万由旬之巨。八万四千城市全由七宝制成，庄严如天界一般，且人人财富圆满。释迦牟尼佛当时是喻施国王，为一行持佛法之国王。

在其治下八万四千城市中，每城都有国王所属之八万四千王宫，每一王宫内都有王妃等眷属八万四千。国王王宫纯由七宝制成，圆满具足一切享用资具与财富，犹如帝释天宫一样种种施设尽皆齐备。

国王太子名胜福者亦是福德圆满，他实际乃大菩萨化身。胜福从不贪著种种在家受用，并最终舍俗出家。而喻施国王在把自己所有财富供养安乐王如来后也出家修道，并一直精进修持，最后获得安忍境界。国王后来在此世界随后出世之成千上万如来前供养承侍，并令诸如来皆生欢喜心。他在这些如来教法下一直精进不懈行持佛法，并以自己智慧力而获无畏境界，救度无量无边众生出轮回苦海。

释迦牟尼佛又曾转生为宣方国王太子，当其降生之时，诸天人均宣说道："世间如今已诞生一行持佛法之尊者。"当太子七岁时便在国王面前询问法与非法道理，并请求国王能允许自己出家。经国王开许出家后，他以自己修行所得向众人宣说恶业果报等佛法。国王、王妃等眷属随后也全部出家，他们守持清净戒律，并最终获取五神通，且令许多众生均趋入无上菩提道。

又释迦牟尼佛曾为一仙人，名守根，虽未断尽贪心，但也知以抉择守护根门。尽管非以修行力根除烦恼，不过凭抉择也能令烦恼不生。

仙人后到一些寂静地修行，在一花园中见一女人后不觉贪心又起，此时他才觉知自己修行病根所在。他想：我通过抉择亦只能守护根门而已，但此种抉择绝非智慧抉择，只是以分别念粗加选择。从现在开始，我应积极寻找圣者智慧，力争永不生烦恼。仙人随后即以真实智慧观察烦恼、女人本性，并最终证悟烦恼之空性本体，从而彻底远离贪欲，最后无有任何烦恼地获取远离一切疑惑之圣者智慧。

另外，久远之前有一智显如来，当其住世一亿年时，释迦牟尼佛转生为胜心国王。智显如来为胜心及其同伴宣讲平等禅定法门中之守护身体殊胜入门法，闻听如来教言后，胜心国王便于一千万年中行持无垢梵净行、修持四梵住，又现见八十万如来尊严妙身。他后来在恒河沙数如来前都出家行梵净行，每一世都转生为守持净戒、广闻多学、辩才无碍之说法比丘。

综上所述，释迦牟尼佛在因地时，始终守持远离罪行、摄持善法、饶益众生之戒律。

以上圆满宣说了释迦牟尼佛严持戒律之种种公案。

五、安忍品

忍言尊者安忍不动

无量劫之前，鹿野苑嘎西梵施国王执政时，举国上下财富圆满。国王、王妃后生一相好庄严太子，名嘎西喜爱。再后来，王妃于战乱时又产下一子，就将其称为争斗生。梵施国王历来以法、非法治理国政，嘎西喜爱见到后就想：国王去世后如我继承王位，我若以法、非法治国，将来必堕地狱中，看来我还是舍弃俗世、出家求道为妙。

太子想到这便来到父王脚下顶礼道：“父王，请开许孩儿出家学道。”父亲诧异说道：“太子，你到底作何打算？若你欲供养、布施，现有非常难得之王位即将落于你手，你尽可凭之广行上供下施，却为何定要出家求道？”太子回答说：“森林中可以树皮、青草为衣；可以树根、水果为食；还可与野兽自在交往，这种生活方为殊胜悦意。凡是有智之人，绝不会为能摧毁来世根本之王位而遭受杀害、束缚、打击等痛苦。”

国王又劝解说：“太子，你应了知，我唯一至爱就是你！我死之后，尽管不情愿，但我们终将不得不分离；而当我们尚都存活于世时，我怎忍心让你离我而去？”但太子却已打定主意，他对父王说：“若父王不开许我出家，孩儿也就只能绝食明志。”太子随后便开始绝食，第一日绝食过后，第二、三、四、五、六日，太子始终无有进食粒米滴水。

国王再劝太子道：“出家对你而言实在困难、痛苦。试想：独自一人前往寂静地与野兽为伍；生活来源只能依靠众人；所有人间消遣、玩乐在有生之年全部享受不了，这些困难不知你想过没有？若你能继承王位，则可尽享人间一切快乐，同时又能广行布施、积聚福德，这又有何不妥之处？”国王如是劝阻太子，但太子一言不发。

国王又命令王妃、大臣等人劝阻太子，这些人就对太子说道：“你正当青春年少之时，理应享受种种安乐，为何要自讨苦吃？若你前往寂静地，想必很难久住。”太子对此依然一言不发。

国王又令与太子素来友善之大臣儿子、国王侍者儿子及其他童子同样劝阻太子，但太子还是一言不发。这些童子就向国王禀告并安慰他道：“大国王，你应明白，若太子继续绝食下去，最终死在这里，那时你该如何是好？对他出家之事，智者均欢喜赞叹。若能适应出家生活，他当然会健康生存，你亦可见到爱子，何苦要让他绝食而死？这样你们父子将永远不得相见；若不适应出家生活，他自会回到父母身边，此乃他唯一出路，那时他岂不又回到王宫？”

国王无奈对众童子说道：“既然你们都如此认为，那我也只能允许他出家求法。”童子们急忙将国王开许之口信传与太子：“国王已同意你出家之事。”众人随即找来各种营养补身物以求能迅速恢复太子体力，待太子稍稍恢复之后，他便离开鹿野苑前往仙人面前出家。

出家后他以精进修持而远离诸贪欲，并获慈心等持，对每一众生均生起慈悲心。以其慈悲力感召，大小野兽亦对他恭敬爱戴。他以不损害任一众生缘故，而能与所有众生和睦相处，人们都称其为忍言尊者，尊者后有五百仙人眷属。

梵施国王死后，争斗生继承王位，他以如法、非如法方式治理国家。一次，忍言尊者对其上师说：“我近日深感自己身体极度缺乏营养，在寂静地恐难以再维持生命，看来我应前往城中。”上师殷切叮咛道：“无论居住于城市还是寂静地，出家人均要严护根门，你应到鹿野苑附近居住茅棚。”得上师开许后，他便牢记在上师前所得教授，依计划前往鹿野苑。

到达之后，他就在父王园林一角落中安住下来。待到春和日暖之时，杜鹃、天鹅、共命鸟等多种飞禽均发出悦耳鸣叫，一片春光无限好景象。争斗生国王与王妃便选在一暖融融春日出宫赏玩，当他们在园中游走观春时，国王因疲倦就先行睡去，素喜赏鲜花、树果之众女眷便开始在园中自行游历，她们自由自在尽享春日大好时光。恰在此时，她们看见行持寂静行止之忍言尊者，众人立刻对其生起信心，纷纷上前顶礼，并在绕转后坐于尊者面前听法，尊者亦开始为众人宣讲佛法。

国王醒来后不见王妃与眷属，即刻就生起嗔恨心，他开始仗剑在园中四处找寻，并最终在尊者前发现自家眷属。而当她们看到国王面露凶色后，全部四散逃开。国王便直接找到尊者厉声说道："你是何人？"尊者平静答言："我乃忍言尊者。"国王满脸蔑视之色说道："你是否已获得四无色及四禅定诸境界？"尊者谦卑回答说："没有。"国王于是越发肆无忌惮："既未得到修行诸境界，那理所当然就是凡夫。以凡夫之身于此隐蔽地与女人共居一处，谁会相信你们之间清清白白？你住在这里到底有何企图？"尊者诚实答言："我于此欲修安忍。"

听罢此话，国王立刻拔出宝剑、气势汹汹怒吼道："你既说欲修安忍，那我倒要看看你会不会安忍。"说完即以利剑砍下尊者两手，同时又厉声问道："你到底是谁？"尊者依然平静回答说："我是永不改变、坚定顽强之忍言尊者。"气急败坏之国王马上就又砍断尊者双足，并再次厉声喝问："你还知道你是谁吗？"尊者还是答以"忍言尊者"。国王此番已恼羞成怒，他执剑又将尊者鼻子等五官及其余肢节全部砍掉。

忍言尊者还是用平静语气回答说："我躯体即便被切割成芝麻粒许之成千上万块散落于地，我也绝不舍弃安忍行持。为何如此？因行持悲心善法原本就应如母亲待儿一般善待每一众生，怎能轻易放弃安忍？"尊者同时又发愿道："国王为女人故，手执宝剑以烦恼心断我肢体，而我愿以修持安忍善根，于摧毁烦恼、获无上菩提时，凭智慧宝剑初再三'伤害'、终断除他一切烦恼。"

此时大地六次震动，忍言尊者五百眷属全部从虚空中飞至他面前。看到他遭受如此惨不忍睹之迫害后，众眷属齐声问道："不知尊者安忍心失坏没有？"忍言尊者便趁机向眷属们宣说自己未曾失坏安忍心之经过。

喜欢忍言之天神此刻说道："如此恶劣之国王这般残害忍言，而忍言则一直安忍挺过，我想我们天人应降下兵器雨杀死这国王与其眷属以匡扶正义。”忍言得知后却说：“我手、脚、鼻均已被他全部砍掉，但即便如此，我也不愿让他承担罪过，更何况牵连其他无辜众生。”尊者就这样劝阻天神勿杀死国王与眷属。

不过鹿野苑天神最后还是降下瘟疫，令老鼠、鹦鹉损害此地众生。天人亦不降下雨水，于是居住于此地之众生大多都相继死亡。国王急忙向看相之人打探，看相者均谓此乃迫害忍言尊者、导致诸天人心怀怨恨所致。国王就向看相者询问应对良方，他们回答说：“若国王能对天神做食子供养，并在诸天人、忍言尊者前厉行忏悔，如此才能对缓解国家疫情有利。”国王就开始在城中到处宣布说自己欲行忏悔、供养之事，并将供养天神、布施贫苦人承诺付诸实施，且亲赴忍言尊者脚下顶礼谢罪。

尊者此刻则安慰他说：“大国王，敬请放心，我心依然安忍。”国王略显怀疑，他问尊者：“如何才能令人相信你已无丝毫嗔恨心？”尊者回答说：“若我所言真实，就请将我身上所流落之鲜血立刻变为乳汁。”话音刚落，鲜血即刻变为乳汁。但国王还是有些不大相信，尊者见状就又说道：“尽管你已砍断我四肢，但若我确实未生丝毫嗔恨心，以此谛实力加持，则愿我身体立即恢复如初。”言毕，尊者身躯果然恢复如前。

国王与眷属皆用深感稀有之目光凝望尊者，并在尊者脚下恭敬顶礼后才依次离开。自此之后，国王就经常供养承侍尊者。

依止其他上师之恶行外道一千人，对尊者最终成为国王上师生起强烈嫉妒心，他们竟将不净尘土撒在尊者身上。而尊者却如是发愿道：“以我修行安忍之功德力，待我成佛时愿能以智慧甘露水将这些人垢染除净，清净他们心相续中贪欲等一切障垢。”

当时之忍言尊者即为后来之释迦牟尼佛；争斗生国王即为后来之憍陈如尊者；四位大臣则为后来与憍陈如同为最初五比丘中另外四人；一千恶行外道则为后来之秋渥迦叶等一千比丘。

甘愿将自己交与怨敌

久远之前，释迦牟尼佛曾为鹿野苑大势部国王。当时国中百姓各个财富圆满，国土谷稼丰收。大势部以如理如法方式主持国政，并以布施满众生一切所愿，且令大众皆行持善法。以此缘故，众非人亦来保护国家，整个国家都可谓国泰民安。

此时利红国王正以非法治理其国，他经常损恼众生，且素喜横征暴敛。结果手下臣民因苛捐杂税所累，又害怕遭受惩罚，便纷纷逃至大势部国王处请求庇护。利红知道后就纠集起四种军队大举开往大势部治下国土，大势部得到消息后就对众大臣说："为即生利益我根本不愿造作恶业，如我国与利红大军交战失败，你们恐难以立足，不如你们都投降他。而我绝不愿损害利红国王，我宁可前往森林中身着树皮、以水果为食、与野兽为友，亦不愿毁坏自己来世。对来生谨慎之人，为王位断不会捆绑及杀害诸人。"

大臣们皆认为国王乃因胆怯而不敢屠杀其他人，他们想：如我们全体人员都遭遇打击，以致被摧毁恐不应理，不如牺牲一人以挽救全体。众大臣于是就决定舍弃国王一人以图自保，他们便全部投归利红国王。大势部心中明白左右大臣均已将自己抛弃，他就独自一人前往森林安住下来。

利红则将新占领之地的人们充为自己臣民，他有一日问众大臣："你们大势部国王现在何处？"臣子们回答说："国王已逃亡不见。"利红便趁机统治整个国家。

此时，一偏僻村落中有一贫穷婆罗门，他育有众多儿女。而当地又恰逢灾荒，婆罗门已实在无有任何办法养家糊口。此刻他心中暗想：听说有位大慈大悲国王向来以欢喜心饶益众生，我干脆到他那里索要一些财物以解燃眉之急。想到这里，他就开始向鹿野苑进发。到达之后听闻国王已去森林中居住，他就又到森林中寻找，他始终坚定认为：若我能于森林中找到国王，说不定他就会布施我一些财富。

当婆罗门最终在森林中找到大势部后，就将自己困境原原本本向他作详细汇报。大势部闻言为难说道：“你难道未见我已在森林中独处？现在我已身无分文，何来钱财布施与你？”婆罗门听到后顿时感到失望异常，他当下就昏厥于地。大势部急忙扶起他，并往他脸上浇洒凉水。婆罗门醒来后就决定前往密林深处，他准备在树干上以绳子吊死自己。

大势部见到后不觉生起强烈悲心，他想：如此人将我带至怨敌面前，想来他们会对他布施些财物。于是他便对伤心欲绝之婆罗门说道：“你无需这般焦急，我可想办法帮你去除贫困之忧。请将我身体捆绑牢靠，然后押解我到利红国王前，他定会给你大批钱财。”婆罗门急忙回绝说：“我岂敢捆绑国王。”大势部安慰他道：“你不要心存顾虑，将我捆好上路吧，除此之外，你我再无解困良策。”婆罗门只得遵从大势部命令，将他捆起来后带至鹿野苑利红国王处。

很多人见到他俩后都认出被捆者实为大势部国王，他们连忙向利红国王请示。利红不大相信众人所述情况，便特意走下王座亲往察看，结果发现婆罗门所押解者正是大势部。利红便向婆罗门询问：“你如何逮住此人？”婆罗门回话说：“他乃大国王之怨敌，我想尽办法才将之从其苦行森林中抓获。”

利红国王心想：大势部国王身材魁伟，而婆罗门却身体羸弱，他怎可能亲手逮住大势部？都云大势部悲心强烈，肯定是他自己甘愿捆住自身，才能让婆罗门带走。想到这，利红便对婆罗门说：“你必须将如何抓获他之经过如实道来。”婆罗门这才将前后经过和盘托出。

利红国王闻已不由对大势部生出信心，他心中想到：损害像大势部这样的众生太不应理。于是就亲自为大势部解开捆绳，并将之迎请到王宫，还与他热烈拥抱。最后又将大势部迎上狮子宝座，将王冠拿出交与他，并郑重说道：“你理应当上国王，我抢夺王位真不应该。”利红便将自己所拥有之军队、财物、宝库全部拿出供养大势部，在向他忏悔罪过后回归自己国家。而大势部又将大量财物布施与婆罗门，并要求他从今往后也要力行十善。

释迦牟尼成佛后，有次住于舍卫城时，城中有一婆罗门之子精通婆罗门一切学处。他后于婆罗门教法下，四十八年一直行持梵净行。

此人娶有一位非常艳丽之妻，而妻子却乃一喜行邪淫之人，她只知喜欢其他男子，根本不爱自家老婆罗门。并且整日欲与其他男人厮混，还因之而要求老婆罗门远赴异地寻找财物。

老婆罗门只得前往外地寻宝，结果在他得到众多银币后返家之路上，却不幸遭遇强盗，被抢光所有财产。痛苦万分之婆罗门一想到两手空空回家必得被妻子痛骂之情景，更是不寒而栗，万般无奈中便前往密林深处准备上吊自杀。正伸脖欲吊死自己之时，释迦牟尼佛早已了知他全部状况，便从舍卫城出来亲往密林中找到他。佛陀告诉他说："婆罗门，你不要如此草率结束自己生命，我会令你拥有财富。"释迦牟尼佛随即向其指示藏宝之地，并对他说道："此为你所有之财富。生命才真正可贵，你最好万勿轻舍。"言毕，释迦牟尼佛才返回舍卫城。

婆罗门将财宝带回后很快富裕起来，他也开始作广大布施以积累福德资粮。他后来想：释迦牟尼佛大沙门对我恩德深厚，我应舍弃自己家庭到佛前出家。随后他就到释迦牟尼佛前顶礼，在闻佛传法后，他现前证得预流果。最终出家后又精进修持，并再获阿罗汉果位。

这位老婆罗门就是上文中那位捆绑大势部国王之婆罗门转世。

另外，释迦牟尼佛曾转生为一增福国王，在怨敌与他相争时，他不愿与怨敌相斗，就自己前往森林中。此时有一婆罗门之亲戚被关押在监狱中，为使亲戚得以释放，他便前往增福国王那里求助。国王已无可施之物，就对婆罗门说："你不如砍下我头后将之交给怨敌国王，他肯定会赏赐你钱财。"婆罗门不敢砍断国王头颅，便将增福捆绑起来后交给怨敌国王。最终关在监狱之人获得释放，增福又重新得到王位。其余情节均与前面公案大致相同。

月亮王子度食人肉罗刹

无量劫之前，在印度鹿野苑有一国王名为瓦拉玛达，他有次集合起四种军队率众前往园林游玩。途中遇到一野兽，众人便开始跟踪追击，结果国王单枪匹马就追至密林深处。他从马上下来休息时，一母狮见到他后贪心顿起，就将尾巴翘起紧跟国王。国王心下明白母狮已对自己生起贪欲，他想：这只野兽狂暴凶猛，如我不满足它欲望，它肯定会将我吞食。于是在极度恐怖中，国王与之行不净行。

母狮离开后，手下人追踪前来，他们又将国王接至王宫。

母狮后来怀上身孕，待月数圆满后就产下一人身但脚有斑纹之子。母狮心想此为国王之子，便背驮着小儿将之送往王宫。国王也明了此乃自己太子，就开始精心抚养，并为其取名为斑足。

斑足非常勇敢、坚强，他于父王去世后继承王位，又娶了国王种姓、婆罗门种姓两位王妃。一日，他准备前往花园游玩，就告诉两王妃道："你俩在我动身后开始追赶我，看谁最先找到我，我就天天与她共同享乐。后到之王妃，我从此不愿再与她接触。"国王于是先行出发赶到花园，两王妃梳妆打扮后也同时骑马出发。

路上遇一天尊像，婆罗门种姓王妃便下马顶礼一番，后又上马赶路。但她最终还是比国王种姓王妃略迟一步，国王就不再与她接触。王妃马上对天尊生起大嗔恨心，她愤愤不平说道："我对你又是恭敬、又作顶礼，而国王却不愿再接触我。如果真有本领，为何不肯帮我？"她不禁内心暗想：我一定要害死国王。

回到王宫后她告诉国王："我有一请求，请国王与我享受一天幸福生活，不知国王能否答应？"国王最终同意了她所提请求。王妃当天就派众人将天尊像摧毁并夷为平地。

天尊满怀不悦，他于是就想加害国王。他动身前往国王那里，但保护王宫之天尊却阻止其进入。

此时在一山上住有一仙人，他原是定期接受国王供养，日日飞进王宫享受蔬菜素食，然后再飞回山上。身像被摧毁之天尊得知仙人恰巧今日不前往王宫接受供养，他便变幻成仙人形象来到王宫门口。守门之天尊再次阻拦他进入，他便大喊道："为何不让我进入？"

国王听到后就让门卫放行，守门天尊只得放其进入。他进入王宫后不享用平日惯用饮食，反而说道："你们所准备食物太为低劣，我要食鱼、肉等荤腥。”国王诧异说道：“大仙人，因你以往一直食用素食，我才未给你准备鱼、肉等荤腥。”假仙人说：“从今以后，我再不愿食低劣素食，你务必为我准备好荤物。”说完就转身离去。

后当真正仙人来到后，众人便用鱼、肉等荤物供养他，仙人顿时生起嗔恨心。国王也觉好生奇怪，他问仙人：“你昨日不是亲自要求我们供养此类食物吗？”仙人不觉勃然大怒：“我昨日根本未至王宫，何来此等胡言乱语？你纯属捏造污蔑。”他随即咒骂国王说：“愿你十二年中只能以人肉为食。”然后就怒气冲冲离开。

后来有一天，国王厨师在做饭时恰好一时找不到肉，而他又碰巧发现一具刚死婴儿之尸体，他便把尸体手部筋肉割下后混合以种种香料做好供给国王。国王吃下肚去，顿觉此肉味道胜过所有以前品尝过之肉味，他便问厨师：“此为何种肉食？”厨师此刻则因胆战心惊而低头小声答道：“如果国王不惩罚我，我便讲明。”国王鼓动他说：“你照说不妨，我不会惩罚你。”厨师这才敢道出实情：“我找不到其他动物肉，加之时间又紧，恰好发现一具小孩死尸，我便把他身肉做成食物供养给大王。”国王在贪心鼓动下竟然对厨师说：“此婴儿肉非常好吃，日后望你能长期将人肉供养与我。”厨师为难说道：“以后恐再也找不到这种人肉。”国王似中邪一般命令他：“你定要严加保密为我好好做人肉饭食，我有办法，亦有特权搞到人肉。”从此之后，厨师受国王之命，经常于晚上偷偷盗走很多小孩，杀死后做成肉食供给国王享用。不大功夫，城中孩童便相继失踪。众人均感非常痛苦，就请示大臣。大臣们在协商后规定每晚在路口安排专人巡逻，后当厨师再次出动偷窃小孩时，众人将之抓获。

他们将厨师押至国王面前说道：“正是此人偷走前前后后失踪之众多孩童。”国王听到后并不说话，大臣如是汇报、请示三次后，国王还是一言不发。大臣又说：“我们已将凶犯逮住，国王应以法律严惩，怎能如此沉默、一言不发。”国王最终只得说出真相：“是我命令他如此行事。”

听国王如此回答，众大臣不由怒火中烧，他们满怀怨恨互相说道：

“我们失踪子女均为他所蚕食，他乃我们大家共同仇敌，我们怎能替食人肉之国王卖命、效劳？”众人商量后都认为应判国王死刑。

城市外本来有一花园，园中有一水池，国王每日都要前往沐浴一番。大臣们便提前于园中埋伏好军队，等国王赶来正欲洗澡时就将之抓获，并准备杀死。国王被抓后还想负隅顽抗，他问众人：“你们凭什么要在今日趁我洗澡时抓捕我？”大臣们义正辞严回答说：“所谓国王者乃应保护自己手下臣民，而你却将人们儿子杀掉吞食，如此一来势必导致人种全部灭尽。我们怎能忍受这种统治与迫害，故而理当将你处死。”

国王此刻不得不求饶道：“我以前所为确实不对，以后我定当努力改过。祈请诸位现在将我释放，不知可否？”众大臣义愤填膺拒绝他说：“即便空中降下黑雪，或你头顶生出毒蛇，我们也绝不会放你，你还是停止胡说八道为妙。”国王闻言深感自己目前只有死路一条，于是就向众人请求：“你们既已决定要杀死我，能否稍微等我片刻，容我深思一下后你们再杀不迟？”大臣们便开许他稍稍思索片刻。

国王则趁机在内心发愿道：“愿以我过去所做一切善法，诸如如理如法护持国家、布施仙人等所积福报，能令我马上变成罗刹，飞上虚空。”结果以其愿力感召，国王即刻就变为罗刹飞到虚空。他此时则向众大臣报复说：“你们试图杀死我，但凭我福德力，我现已变成罗刹、飞在虚空，你们又怎能奈何我？从今往后我要让你们好好看看，我如何吃光你们妻子、儿女！”罗刹边说边飞上山去。

从此之后，此斑足罗刹就开始以人肉为食，结果众人越来越畏惧他、躲避他，并开始各处逃亡。他又与其他罗刹互相往来，不久即眷属成群。有部分未成他眷属之罗刹对斑足说：“如你欲令我等也成为你眷属，你应举办盛大宴会款待我们，那时我们自会成为你眷属。”斑足罗刹马上答应下来，他说道：“我会用五百王子人肉宴招待大家。”随后他便前往很多地方去将这些王子逮入山洞，前后共抓获四百九十九名，还差最后一位。

被关押在山洞中之众王子互相议论道：“我等现已沦落至无依无

靠境地，如月亮王子能到这里则为再好不过，因他有足够力量解脱我等冲出牢笼。”大家如此议论、商量后便决定以方便法诱使罗刹将月亮王子带至此处。他们告诉斑足罗刹说：“若你欲大摆盛宴，仅靠我们这些王子根本办不成一圆满宴会。我等身肉无甚声望、利益，如你搞到月亮王子人肉方才能举办起真正人肉宴席，因他具有殊胜功德。”罗刹轻松回答说：“这有何难办，我定会手到擒来。”说完便飞上虚空去寻找月亮王子。

当时月亮王子已成为王位继承人，他有一日正与众多眷属前往乐园准备听法，有一婆罗门欲为王子宣说法要。此婆罗门说法目的只为钱财，他一看到月亮王子长相端严，便不由得专注观看起来。此时婆罗门还未开始讲法，但众人却突然哀号、放声大哭起来。王子诧异问道：“到底发生何事？”众人急忙说：“吃人罗刹现已来到此地！”婆罗门闻言顿感恐惧，大家也都在惊恐中四下逃跑。王子平日已了知罗刹恶行，此刻则想以饶益心度化他。他便对众人说道：“如罗刹到我们这里，我愿接待他。”于是他安排王妃、眷属及四种军队先行回去，自己留守观待。

月亮王子在众人一片惊叫声中定睛观看，只见面目丑陋、身披铠甲之罗刹正气势汹汹，手执利剑追赶在王子军队后面。王子大声喊道：“大罗刹，所谓月亮王子就是我！你整日啖食人肉，做此等坏事到底有何意义？请直接过来找我。”斑足罗刹便回转身，他一眼就看出月亮王子行为寂静，于是就对王子说：“我正是特意为找你而来。”然后就无所顾忌地将王子扛上肩飞逝而去。王子心想应暂时随顺罗刹，因还未到度化时机，便也不加反抗，任由他扛走。

最后到一环境恶劣、人骨架四散乱扔、人血到处染污之地后，罗刹才将王子从肩上放下。而月亮王子原本就身相端庄、善妙，罗刹此刻见到后不觉目不转睛仔细观看起来。王子则回想起来：婆罗门刚才欲为我说法，但我却被罗刹半中间劫走，婆罗门对我离去甚是失望，因他未得钱财、愿望未满。想到这里，王子心中深感难过，且因悲伤而落下眼泪。

罗刹则讥讽他说："久闻你颇具功德、威力，孰料今日却在我手中流下眼泪。你莫非因恐惧死亡而哭泣？或者因留恋其他所爱、所贪之境而痛哭？""我根本不系挂自己生命，也绝非有其他可留恋之处。"王子斩钉截铁回答道："只是刚才有一婆罗门本欲为得财富而准备于花园中为我说法，但我却被你抓走，婆罗门当然失望不已，我是想起此事才难过哭泣。如你信任我，就请将我释放，我回去再听他传法，并献上供养，然后我便马上返回，不知你能否允许？"罗刹略显怀疑："若我放了你，你还会不会再返回？"

王子坦诚答言："从出生到现在，我从未说过妄语。我自己所发誓愿，我根本就不会舍弃。再说若我不回来，你也有能力将我抓获，况且刚才就是我主动送上门来。"罗刹闻言就将他释放，王子离开时感觉就如从罗刹血盆大口中逃脱一样。周围人见到王子回来非常高兴，王子则将婆罗门唤来，在他面前听闻四偈，每一偈都供养一千两黄金，总共四千两黄金，尚有其他许多供养。

父王感觉王子为一些小法就花去如此多财富以作供养太过可惜，他便以温和语气告诉儿子说："你为听法进行供养亦应合情合理，否则，布施数目过大，再有钱财也会轻易耗尽。王宫、眷属等大小开支都需要财物，故而你平日之上供下施就应适度，以此才能安邦治国。"

王子则回答道："大父王，若与婆罗门所说善法价值相较，我连王位都可用作供养。听他所讲法后能生起智慧、摧毁无明，世上所有功德中哪有能与闻法功德相比者？听闻如此善法为何不能尽力供养？我根本不欲获取一切祸害之根源——王位，我还要落实我所作承诺前往罗刹那里。"

父王听罢焦急非常："我为你的利益才好言相劝，你不要心生不悦。太子，有谁会自投罗网，前往怨敌面前？世上哪有这种道理？尽管你已承诺，但我断不会开许。在我们大智者所造吠陀论典中，都宣说为保护自己生命、为上师利益，即便说妄语也无过失。故而你不顾自己，也不怜惜我们，此等恶劣习气理当抛弃。若你不想违背自己承诺，我已准备好四种军队，他们到时可护卫你前往，这样也许能免于你被罗刹吞食。如此一来，你又维护住自己誓言，又能保护好自己。”

王子再次谢绝道：“我已答应之事，就绝不更改。在这世上已入恶道、趋入地狱、无有依靠之众生，谁去度化他们？食人肉之罗刹宽容开许我回来，以他开许之恩德，我才能听闻婆罗门教言。现在我要想办法摄受罗刹，他肯定不会杀害我，请父王放心。”王子谢绝父王所派军队后，独自一人前往罗刹所居之地。

罗刹很远就看到王子正向自己走来，尽管他心性长期都处于丑恶习气包裹下，但他看见王子后还是生起信心。他不禁说道：“奇哉！奇哉！真稀奇。”他心里想：这人真不怕死，竟敢冒死守护真实誓言。而王子见到他后则说道：“我已听闻教言，并作供养，心中非常喜悦，真要谢谢你大恩大德。现在我又特意赶回，请你随便啖食吧。”罗刹生起好奇心说道：“我当然可随时吃掉你，不过我想先听闻你所闻受之教言。”

王子看到时机已降临，就对罗刹说：“你性格凶残，亦无悲心，只知为自己生存屡屡造恶。而我所听闻教言皆属正法，正法与非法怎能结合？对你们这种恶性罗刹宣说圣道有何作用？”罗刹听后不觉冷笑说道：“你们国王为戏耍、玩乐而杀害众多野兽，如果为生存杀食活人与正法相违，那杀害野兽难道就不与正法相违？”

王子对他开示说：“杀野兽之人绝非行持正法，而杀食人肉之行为更是恶劣，特别是啖食种姓高贵者人肉更不应理。”王子尽管为调化他乃用讥讽语气如上宣说，但以王子慈悲力感召，他已成功压下罗刹嗔恨心，因而罗刹还愿意闻受。罗刹此时则面带微笑说：“我已将你释放，你本可在王宫中尽享各种快乐，但你自己却不愿享受，反而回到我这里，看来你并非精通论典之人。”

王子继续说：“我并非贪图短暂安乐之人，我亦舍弃恶劣论典中只知维护自己利益之观点。而且我为信守真谛才回到你身边，这正说明我明了论典，如此之论典才与生活实际意义及客观现实不相违背。一些恶劣论典却处处与之相违，如你修持此种劣论，死后只能堕入恶趣。”

罗刹则说："将自己最珍爱之生命，以及亲友、王位、种种享受全部放弃，仅仅为得一句真谛到底值不值得？得到一句真谛跑来这里又有何用？"

王子便向他诉说起真谛妙用："真谛具多种利益，简单说来大致为：一切装饰中真谛最庄严，一切味道中真谛最甘美。不经苦行痛苦，真谛亦可成办福德，希求真谛者名声传遍一切地方。真谛能令众生超离三界，真谛是趋入天界门槛，真谛是渡过轮回江河之桥。"

罗刹听罢竟也开始赞叹起来："若是其他人落于我手定会恐怖、紧张，而你却表现英勇，似乎不惧怕死亡一样。"

王子以轻松心态回答说："对无论如何精进努力、最终亦不可能逃脱之死亡，再恐惧又有何用？而且对那些一直未行善业、只知屡屡造恶之人而言，死亡会给他们带来巨大心里恐慌，但对我来说，我根本记不起自己有任何能令人引生后悔之恶行。我一直依法行持，并广行布施等善举，一想到这些，我就不再惧怕任何死亡威胁。所以你欲以我为供施品请放心去做，想食我身肉亦可。"

斑足罗刹此时已对月亮王子完全生起信心，他热泪盈眶、激动不已，且暂时息灭恶心，一直注视王子说道："在此世间，谁会故意损害像你这般胜妙之王子？你从婆罗门处闻听之教言能否再传与我？我非常愿意闻受。因你谆谆教导，我现在已深感惭愧，并为自己所作所为万分忧虑。"

王子此刻已了知仙人以前对斑足所咒骂之十二年期限已经圆满，调伏他并使之趋于佛法之因缘业已成熟，就对罗刹说道："如欲得法，必须拥有与所闻正法相应之威仪。正所谓：坐于极下地，当具温顺仪，以喜眼视师，如饮语甘露，当专心闻法。故而你应以清净心，就如病人听从医生教导一样，恭敬闻法。"

斑足罗刹马上脱去上衣铺于大磐石之上当作坐垫，恭请王子端坐于上，然后仰望王子脸孔说道："大菩萨，请为我说法。"王子便开始用清晰声音将在婆罗门前所听闻之教言向他传授。

王子所说第一首偈颂为："所有正士前，接触仅一次，无需精勤修，自心获稳固。”罗刹听后点头称赞，又打响指，并非常高兴地再三请求王子继续传法。于是王子又说第二偈：“正士谁亦撼不动，如同天鹅行善法，何人如果亲近他，功德自然能获得。”罗刹听后再生欢喜，他对王子请求道：“你通过供养财物而获得智者教言，行如此供养而得如是教言太有意义，不知你能否再为我继续宣说？”于是王子又宣说第三偈：“国王马车金宝饰，身体衰朽亦丑陋，正士所传法不老，善根功德永稳固。”罗刹听罢再次弹指赞叹，同时内心法喜充满，就如降下甘露雨水一般，身心得以享用无尽。他又请求王子接着传法，王子就开始为他宣说第四偈：“天地之间距离远，大海两岸望不见，东西两山难睹面，俗人佛法相隔遥。”

斑足罗刹此时已是欢喜难言，他恭恭敬敬对王子说：“你为我传授四偈，我欲供养你四种殊胜以报传法之恩，不知你欲何求？”王子正色答言：“你干尽伤天害理之事，连我也被拖累受羁绊，你所积善根全为颠倒错乱，又怎能对别人行四种殊胜供养？即便我开许你可对我行殊胜供养，但你从内心来说就不喜布施，你还是免谈什么供养不供养吧。”

罗刹听后羞愧难当，他低头说道：“你无需担心，我现在连自己性命都可以舍弃，我定能供养你最殊胜之物，请你务必接纳。”王子看时机已到，就对他说：“你既然愿意供养，那就自此之后，一定不得妄语，还得断除杀害众生之恶习，且需释放所有被关押之人，并戒断啖食人肉之丑陋习性，以此为四种殊胜供养，我方才可以接受。”

罗刹面露为难、痛苦之色道：“前三项要求我都可以做到，只是第四条能否替换一下，因我实在难以做到。我不食人肉根本无法生存，这一点想必你以前就已了知。”王子进一步刺激他说：“我就说过你根本不可能供养我四种殊胜，若不能戒除食人肉习气，不妄语、不杀生等项又怎能落实？你刚刚还信誓旦旦说可舍弃生命对我行四种殊胜布施，现在看来岂不又成空话？”

罗刹为自己辩解说：“我现已舍弃王位，于森林中感受种种痛苦，又远离正法，众人围绕我而起之谣言可谓四处飞扬。此种境况下，我怎能舍弃最后一条生存之道？因我已无任何可依靠处。”

王子因势利导说：“你确确实实已将佛法、王位、名誉、安乐尽皆失毁，而所有这些根源全在于你自己贪食人肉。既然如此，那又有何难舍之处？你必须戒除这食人肉劣习。你以前也曾享有王位，后正因吃人肉而成食人罗刹，此乃你自己未调伏自心所致。你从现在起就应力争趋入不违佛法、世间法之光明正道。”

经王子如此循循善诱之教导后，罗刹终于拜倒在王子脚下顶礼忏悔，又发誓愿再不吞食人肉，并落实释放被关押之人等各项要求。

月亮王子来到被关押王子所居山洞中，众人都为自己能获解脱而欢欣鼓舞。王子又要求他们勿损害罗刹，在安慰他们时又让他们发愿。从山洞中获得释放后，五百名王子就将斑足罗刹护送回国，并让他继承王位。从此以后，斑足国王以正法主持国政，众多王子都欢喜承侍他。也有一些王子于其他国家中登上王位。

当时之月亮王子即为后来之释迦牟尼佛；当时之斑足罗刹即为后来之指鬘比丘。任何人如果遇到大正士都能获取极大利益，因正士乃按诸圣者教言行事，他总以善巧方便利益众生。即便他遭遇再大困境也能安忍不动，遇到再大痛苦也不失毁正法，永远都能以稳固信心，不退转地利益自他事业。思维这些道理，人们理应对佛法功德生起恭敬心。

碧绿不生嗔恨

久远之前，鹿野苑中由梵施国王主持国政，当时举国上下人人快乐圆满。梵施王有一婆罗门大臣，此大臣有一子名碧绿，精通十八种学问，且素具信心与善心，恒喜自利利他，对父母双亲亦非常恭敬、孝顺，此碧绿即为后来之释迦牟尼佛。

婆罗门夫妇年老之后，两人眼睛均已接近失明状态。他们对梵施王请求道：“我们现已年迈，请国王将碧绿扶植为大臣，我们二人欲前往森林中苦行。”国王答应了他俩请求：“他可以当我大臣。”但碧绿得知后却表示根本不欲在王宫为官，他说：“我看到可怜、衰老父母无人照顾，就下决心要到森林中承侍二老。”碧绿于是就像吐唾沫一般舍弃舒适家园，前往寂静地安住下来。

他每天早起之后就给父母供养好牙木，又用清水承侍他们洗漱，再作火供等上供下施，稍事休整，便上山采集水果、野菜。从山中回来时，就把水果、树根及凉水带来供养父母，自己则于另一僻静地开始坐禅，每日生活均以此种方式度过。

其后有一日早上起床后，碧绿在父母脚下顶礼后便向他们诉说了自己昨晚梦境：“昨晚我梦到一毒蛇啖食我躯体，在用黑绳捆绑我之后又将我带往南方。如此可怕梦境令孩儿心生怀疑，这是否意味着我要离开上师[25]？会不会出现这等可怕违缘？”

父母好言安慰他一番，碧绿在面向太阳诵过经文后，就又拿着水罐上山挑水。

此时梵施国王正好因打猎而来至苦行森林，国王在森林中听闻到一阵杂沓脚步声，但又未发现发出声音者到底是何种生灵，只是隐约听闻到水罐与脚步交错零乱声，国王以为有野兽出没，便向发出声音地方急忙射出一只毒箭，结果这只箭恰巧射中碧绿心窝。碧绿被射中要害后当即倒地，但他此刻心中所挂念者根本不是自己痛苦，而是年迈父母。碧绿内心难过不已，他悲伤说道：“一人射来之毒箭已将我刺伤，我之身根已经毁坏。不仅是我，父母与我已全部被这只毒箭射死。”

梵施王听到声音急忙赶上前去打探，他发现是碧绿中箭后便不解问道：“一只箭怎会射杀三人？”碧绿向他解释说：“若我被射死，我那可怜的失明双亲亦会因我而亡。”梵施王听到后十分害怕，他满怀内疚道歉说：“婆罗门子，都是我的错！我不知你在这里就随便乱射，结果弄成现在这种状况。求你劝阻你父母，让他们千万不要咒骂我。”

碧绿则以恭敬心安慰国王说：“对你这样具有慈心、又对众生具有悲心、且持有今生来世存在之正见的国王，我定会使父母不咒骂你。

[25] 指父亲。

我只希望国王能将这罐水替我送至我父亲上师那里，告诉他们此为我最后一次为他们打来洗脚水，请代我以我所用之语言在他们脚下顶礼，告诉他们说我们三人可能即将于不久之将来分离。”

国王马上拿起水罐前往碧绿父母所在地，此时四方非人开始阻挠、扰乱国王。

而碧绿之失明父母则正在家中焦急等待。父亲说：“碧绿孩儿出去后可能待在湖边，但他为何耽搁如此长之时间还不归来？”母亲也忧心如焚：“遍满莲花之湖泊有众多天鹅、野兽，他们可能在一起戏耍、生活。”此时国王已来至家门口，碧绿父母听到脚步声后误以为孩儿已经归来，父亲就兴奋不已又略带责备地说道：“我那可爱非常之碧绿已经回家，不过你父母实在太过可怜，我们已饥饿难耐，不知你为何要在外面耽误那么久？”

国王闻听之后非常难过，他惭愧、惶恐说道：“我不是碧绿，我乃国王。”碧绿父母听到后急忙热情迎接：“国王来了那更好，快请坐，不知你现在一切可好？碧绿到山上采摘水果兼挑水去了，他很快就会回来。我家碧绿真正是具有众多功德之人，他心地善良、本性慈悲，正因他慈悲力感召，这里才有众多野兽、飞禽自在生活。”

国王实在难以继续听闻下去，他便泪流满面在碧绿父母脚下顶礼，并用颤抖声音说道：“你们心爱儿子已在森林中被箭射中心窝，可能马上就会离开人间，生命垂危、系于一发。这罐水是他最后一次供养你二老洗脚之用。”碧绿父母听到这可怕、悲惨消息后立即昏倒在地，国王急忙给他们浇洒凉水，他们才清醒过来。二人痛哭哀号道：“大国王，如他死去，我们也会随之而亡。无论如何，请你将我们带往他中箭之地，他未死之前，我们一定要亲手抚摸爱子。”

国王于是将两位老人带往碧绿那里，到达之后，碧绿已气息奄奄。父母抚摸着儿子身体控诉道：“是谁如砍断好树良木一般将我们心爱儿子杀害？”国王在他们脚下顶礼忏悔道：“我真乃罪孽深重，是我到森林中去后，以箭将他射成这样。”

父母悲痛哭泣，他们边祈祷边说谛实语道：“好儿子，愿以你对父母承侍孝养之功德、对天尊进行火供之功德，息灭这毒箭所造成之毒害。”

此时帝释天天界震动，帝释天为观察原因便开始察看，结果得知是贤劫中之大菩萨因心间中毒箭而生痛苦。帝释天知道后就马上降临人间，用天人甘露为碧绿进行加持。最终，以碧绿父母真实语之力，再加帝释天所献甘露，碧绿疼痛当下全部消除。他的伤口很快愈合，毒性也随即消失，终于解脱一切痛苦。

碧绿不仅长时间承侍父母，大尊者在感受如是难忍痛苦时，对他人也无半点嗔恨心，始终都能以稳固之慈悲心对待。

仁慈熊猫

释迦牟尼佛曾有一世转生为一只熊猫住于山洞中。一次，当地有一贫苦人至山中砍柴，不料当日却遭遇狂风暴雨，整个大地都被大雨浇透。此人慌不择路跑到山洞中避雨时，看见熊猫在洞里便异常恐惧。他正准备逃跑，熊猫则急忙安慰他平静下来，并用自身体温温暖他，又为他取来水果、野菜充饥。

暴风雨之灾持续七日，这期间，此人一直受到熊猫精心照料与保护。第八日时雨过天晴，贫苦人吃罢水果就欲返家。临行前他对熊猫说道：“你对我恩重如山，我该如何报答？”熊猫只是叮咛他说：“切勿对别人提起我居住于此地之事，以此报恩已足够矣。”此人答应道：“我一定照办。”随即就在顶礼后离开山洞。

回家后亲友均感诧异万分，他们纷纷议论道：“大批飞禽走兽都死于此次水灾，你何能冲破巨大困难安全返回？”他便将此番历险经过全部向众人坦白。大家听后急切问道：“此熊猫到底在何处？你能否带我们到其山洞巡视？”此人犹豫说道：“我不欲再前往山林。”众人却怂恿他说：“如你带我们前去，我们杀死那只熊猫后，可将三分之二份熊猫肉送你。”经不住此等诱惑，这人最终便向众人指点了熊猫所在山洞。

这群人赶上山来，用烟将熊猫熏死。熊猫死时虽感受巨大痛苦，但它未生起丝毫后悔及嗔恨心，它深知此乃自己前世业力所致，于是就在平和心态中安然离世。众人则将三分之二熊猫肉送与这忘恩负义之人，而当他正准备接受时，两手却突然掉落于地。其他猎人目睹之后均感恐惧，他们放弃自己所应得份额，全都匆匆逃跑而去。

梵施王与一些对此事深感稀有之人后来全部来到现场，他们将熊猫皮带往一间寺院，并将前后经过告诉僧众。寺中有一阿罗汉比丘感慨说道："这哪里是熊猫，分明是贤劫中大菩萨，我们实在应对之行供养。"

国王与眷属后将熊猫尸体火化，并在此地为之建造遗塔，且以宝伞等物做各种装饰，长期对其供养。最后，所有与它结缘之众生全部趋入善趣。

另外，有一贫穷之人为卖木材而到森林中砍柴，当时释迦牟尼佛也转生为一熊猫住于此森林中一山洞里。砍柴人在被老虎追赶，走投无路之时，无意中爬上树干，恰巧熊猫亦蹲踞其上。樵夫见之恐惧顿生，而熊猫则将他慈悲拉向自己怀中，好生抚慰一番。

饿虎贪著其食，它告诉熊猫说："大尊者，这黑头恶人乃忘恩负义之徒，你应将之抛下。"因贪嗜血腥它边说边 一直徘徊于树下。

熊猫后来告诉樵夫说："我现今稍感疲惫，你来巡视、监看片刻，我欲小憩一会。"因熊猫一直辛勤照料樵夫，此时则因太过劳累而很快沉沉睡去。老虎趁机对樵夫说道："你为何要苦守此处？不如将熊猫扔下，这样我食毕熊猫就可离开此地，那时你亦可自由离去。"

毫无悲心之樵夫想到：我一直居于树上也不是解决问题之道，干脆扔下熊猫以图自保。想及此，他便将熊猫从树上抛下。熊猫坠落过程中，嘴里一直嘀咕十个左右不大清楚之言词，落地之后便被饿虎吞食。

樵夫听到熊猫喃喃自语之后，总感觉熊猫好似在向自己说话一般，他便一直将此事系挂于心。结果他越思虑越理不出头绪，以致渐渐神志不清、头脑恍惚起来。他开始终日四处飘荡，口中不断重复熊猫落地时所发音声，就这么边走边说、一路絮叨不止。亲友们逮着他时，他也经常向他们唠叨这类令众人不明所以之言词。众人便向看相者、密咒士、比丘、婆罗门等人广泛探问原因，但他们也都众说纷纭、莫衷一是。

鹿野苑附近森林中，住有一具五神通之仙人，亲友就将此人带往仙人面前。仙人最终道出此中原委：“这人本性实为凶恶，此恶人竟将对他功德利益最大之大菩萨抛至老虎眼前。大尊者本欲为此人传法，但他却将尊者突然扔下。尊者原想为他传授十偈，结果只来得及念出每偈头一字，此人所絮叨者正是每偈首字之集合。”仙人弟子闻言便问：“上师，你能否为我等宣说这十偈内容？”仙人便将十偈完整宣说道：

“第一偈：悲哉此世间，非法实恐怖，恶劣狡诈者，竟敢害密友。第二偈：若杀自密友，恒时不得乐，坐于坐垫上，行住等皆苦。第三偈：尊者以悲心，低声殷殷道，恶劣之众生，定遭燃烧痛。第四偈：汝造大恶业，来世受剧痛，以此痛苦因，何能享安乐？第五偈：极恶劣众生，堕号叫地狱，感受猛烈苦，大声惨哀号。第六偈：业力深重者，无恶不能做，所做恶事中，竟有杀友者。第七偈：汝已坏正法，自心不善良，对熊猫与虎，所做应能忆。第八偈：愚者对好友，忘恩不报答，即生杀害之，未来定受报。第九偈：汝遇老虎怖，我长时护汝，睡时亦卫护，汝无法行之。第十偈：说法上师语，害友过失大，恶人汝死后，定会堕地狱。”

当时之熊猫即为后来之释迦牟尼佛，樵夫即为后来之提婆达多。

大尊者变为旁生时，遇如是苦难亦不忘宣说佛法，对众生开示正道、非道道理；成佛之后，宣讲佛法之行持就更不用多说。我们明了释迦牟尼佛如是功德后，应对佛祖从内心生起恭敬心。

知恩图报与忘恩负义

久远之前，梵施国王当政时，有一人砍柴遇狮子追赶，逃跑之中落一深坑中，狮子因紧逼不舍，结果也同落坑堑。当时有一毒蛇正追赶一只老鼠，而鹞鹰又在蛇后穷追不舍，最终三只动物也跌落坑中。正当他们欲以嗔恨心互相残害时，狮子首先说道："以我能力，我本可将你们统统杀死。但我们现在都遭遇痛苦困境，实不应再互相损害，大家理当团结和合。"

此时有一猎人恰好路过此处，他随随便便向坑里瞥上一眼，坑中众生立刻以可怜语气向他寻求庇护。猎人立即将狮子从坑中首先救出，狮子被救后于猎人脚下顶礼说道："我定会报答你救命恩德，不过你最好勿救砍柴人，他绝不会报答你相救之恩。"狮子说完即转身离开，而猎人又将剩余众生全部一一救出。

狮子随后捕杀到一只野兽，就将尸体供养给猎人以为答谢。

后有一日，梵施国王与王妃一起前往乐园赏玩，梵施王玩乐当中先行睡下休息，而众王妃则将装饰品拿出后自行游历起来。结果鹞鹰将珠宝全部衔走，以之奉献与猎人以报答恩德。王妃们丢失饰品后连忙将之呈报国王，国王急令大臣负责调查出谁是元凶。从坑中被救上之人明白猎人身上携有珍宝，于是便急忙向国王告发。国王抓获猎人后问道："是你偷走王妃所戴饰品？"

猎人就将前后经过完整讲述一番，同时又将珍宝交还国王，而砍柴人最终还是把猎人送进监狱。老鼠知道后就对毒蛇说："我们好朋友猎人正被罪恶樵夫陷害，他已被关进监牢。"毒蛇就溜进监狱告诉猎人道："我今日欲咬国王身体，我先教你一解毒药方与一句咒语，到时你即可凭此治愈国王被咬伤之处。"然后毒蛇就咬了国王数口。

猎人则依毒蛇所传咒语与药方治好国王蛇伤，国王便将之释放，还赠与他大量财富。

旁生亦如是知恩报恩，而有些恶人却忘恩负义，此种行为真值得谴责。

释迦牟尼佛如是变为猎人时，忘恩负义者即为后来之提婆达多。现在释迦牟尼成佛时，他依旧恩将仇报，但世尊依然像对待儿子罗睺罗那样慈爱待他。

此外，《律本事》中尚有老鼠、毒蛇、吐宝鼠之公案。

另外，久远之前有一卖花之人，采花花园位于河对岸，每日均需过河采集花朵。一次，他于河中捡到被水冲走的一个芒果，就将之送给国王卫兵。卫兵又将之送与国王，国王又再送与王妃。王妃食之感觉味道非常鲜美，便向国王请求说："望国王能时时赐我此等水果。"

国王就问侍卫："你从何处得到此果？"如此一一询问下来，最后问到卖花者。卖花人讲明情况后，国王要求他务必再找到这种果实。国王命令他不敢不听从，自此之后，此人就准备好口粮沿河水一路找寻而去。

走过很远之地，他发现一山上有芒果树，但因此山陡峭，除了猴子外，无一敢攀。他为找到芒果，前后耽搁很长时间，已将口粮用尽，此时他想到：如再待下去，我会困死于此，看来还得攀上悬崖。然后他就手抓岩石奋力向上攀登。结果芒果未得，人倒先坠深渊。

当时释迦牟尼佛变为一只猴王住于此山，看见有人坠崖后便欲搭救。它先试抬一块与落崖之人身量大小相差无几之石头，结果发现尚能抬动，然后它就将此人从深渊中救出。此刻它已非常疲惫，便用人言询问他为何来此。卖花者向其叙述经过、原委，猴王对其为找芒果而遭遇之痛苦艰辛深为同情，便不顾自己劳累，又跃上芒果树去采摘果实。它让这人先食用一些芒果，又将很多芒果为其装入袋中。

此时猴王已精疲力尽，而它对任何众生都非常信任，于是它便在卖花者面前休息起来，临睡前还叮咛他道："我已非常疲累，欲在你面前休息片刻，请替我巡视一番。"说完猴王就睡着了。

卖花人却想：我口粮已用尽，而袋中芒果又为供养王妃之用，若食之如何向国王交代？不如杀死这猴子，以它身肉当作口粮。想毕，这毫无慈悲心亦不顾来世果报之恶人，就用大石块压死了猴王。

此时诸天人则宣说道："若为真朋友，利他且报恩，恶人全不记，别人之恩德。”

当时之采花人即为后来之提婆达多，他对猴王不知报恩，在释迦牟尼成佛后同样不知报恩。但释迦牟尼佛过去就如待儿子一般对他，成佛后就更不必多说。

久远之前，释迦牟尼佛又曾转生为森林中栖息于悬崖峭壁上的一只猴子。当时有一人为找寻水果而迷路入此山中，他爬上树干采摘水果时不慎掉入万丈深渊，虽侥幸未摔死但因遍体鳞伤而疼痛难忍，他一阵阵发出凄厉哀号、痛苦呻吟。猴子闻讯赶来后先为他送上水果，然后又试抬起一块与堕崖者身量基本相当之石块。发现自己尚能搬动此人时，猴子便拼尽全力将他救出深渊。结果因精疲力竭，猴子放下他不久，自己就于大磐石上进入睡梦。

此愚痴之人尽管已答应替猴子巡视，但他看到猴子沉睡模样后又打起歪主意：我要离开此地必得携带足够口粮，不如将此猴杀死充作粮食。不过猴儿太过伶俐，它醒时我肯定无法取其性命，干脆趁它熟睡时将它击杀。想到这，他便搬起一块大石头向猴子砸去。

结果石块只稍微接触到猴子皮毛，并未将猴子砸死。猴子从睡梦中惊醒后，连惊带怕跳到别处。那人看见后顿时傻眼呆望，一时手足无措，不知如何是好。猴子眼见四下无人，心中明白刚才定是这人所为无疑，但它首先所系挂者根本不是自己痛苦、安危，反而对行凶者生起悲心。它心中想到：这些不知报恩反而还要造恶之人，实在太过可怜。想及此，猴子便流出大悲泪水。它对被救者说：“你生而为人却居然做出这等恶行，到底有何利益、功用？若我有损害你利益之处，你尽可用各种方法对付我，但你却如此行事，以致毁坏今生来世善根，此等作为到底值不值得？不过如我现在不将你送出山，你根本就无法走出这危险森林。”猴子最终将其护送至城市边缘，为他指明道路后，劝说他以后再勿造作恶业，然后才离开此人，返回森林。

这人后来以造恶果报现前而罹患麻风病，身相竟如食肉魔鬼般丑陋，无论前往何处都被众人赶走。他最后只能躲进一森林中，有猎人见到后便询问他何以至此？他便向其详述自己因无慈悲心而致如此境地之经过。

又释迦牟尼佛久远之前曾转生为一只雌燕，它所居之地有一兽中之王——狮子。狮子有一次食肉时，恰好被骨刺刺中嘴唇、痛苦万分。燕子向它询问原委，同时也看见狮子口中骨头正卡在那里。燕子便趁狮子睡着时探身其中为它取出骨头，然后对它说道："你为兽王，将来肯定有能力报恩，方便时请多多饶益我。"狮子满口答应下来。

这只雌燕后被鹞鹰抓获，然侥幸又从其爪下逃脱。饥饿难耐时，恰逢狮子刚刚捕杀到一只野兽。眼见狮子正狼吞虎咽，饥肠辘辘之燕子便向狮子讨要肉食。谁料狮子不但不给，反而恶狠狠说道："你当初能从我凶残利牙下活着出来，皆是我对你施恩所致，现在还来要什么肉食？"燕子听罢无奈说道："堕入大海不可救，梦中希求无所得，忘恩者前去索取，空耗力气无意义。"说完就伤心飞走，不过心里却并未因此而对狮子生起憎恨及烦恼心。

当时之狮子即为后来之提婆达多。

此外，久远之前，有四位王子娶有四位王妃。后因他们轻毁国王而被驱逐出境，四王子便带着王妃离开故土前往一偏僻地方。路途中因众人将口粮耗尽，几位王子便商议道："我们现已粮尽水绝，不如干脆将我们妻子依次杀而食之，吃掉她们才能走出此地，就将她们身肉作我们口粮吧。"

四王子中有一萨嘎王子，他本为一宁舍生命亦不杀害其他众生之人。听到其他王子如此议论，他便想带自己妻子逃离此处。念头刚生，他便当机立断带着妻子踏上逃跑之路。

一路走来已无吃无喝，妻子有气无力说道："我已体力难支，可能马上就会饿死。"王子闻言心中暗想：我定要救其性命，不让她死去。想毕就将自己大腿肉割下喂与妻子，又割破手腕脉管令其喝足自身鲜血。

待她体力恢复后，二人就居住于一山脚下，以净水、水果等饮食享受清净生活。

山下有条河流蜿蜒而过，河中有一盗匪整日凄惨哀号，因他遭受刑罚，手脚均已被砍断。被人扔进河中后侥幸大难不死，但因痛不欲生故而放声惨叫。

王子听到后心生悲意，他将盗匪从水中救出后，匪徒便将自己境遇向王子滔滔倾诉。王子就日日以水果、野菜精心调养盗匪身体，后又将照顾此人之责任交予妻子。在二人调养下，盗匪身体渐渐复元，王子对他非常关心，经常与他互相交谈，询问他身体状况。

因大尊者从本性说来就无多少粗大且猛厉之贪欲，故而除偶尔与妻子行不净行外，王子从不沉溺于情欲。因大尊者威力感召，当地野菜、水果生长茂盛，且富有营养。这几人享用后，盗匪和王妃便日益滋生出贪心。王妃对这位手脚已成残疾之人似乎多少产生些爱慕之意，她有一日竟欲令其与自己行不净行。盗匪不安回绝道：“你丈夫将我从死亡边缘救出，如我对你有不轨举动，他定会将我杀死。”而王妃则再三怂恿、请求，最终因自烦恼难以调伏，盗匪便与王妃做下不净行。

孰料王妃竟因此而贪心大长，盗匪一直想让王妃回到王子身边，但王妃无论如何也不愿回去。残疾盗匪对王妃说道：“所有仇恨中，因女人而起之感情上的仇恨最强烈。我们如此行为不轨，后果恐怕不堪设想。”王妃亦觉此人所说言之有理，但在贪心鼓荡下，王妃还欲为发泄贪欲另觅途径。

一日，王妃上山后便用衣服蒙住头，睡在王子回来必经之路上。王子看她以衣裹头，便为其拿来水果，同时问她原委。王子妻子此刻撒谎道：“我今日头痛欲裂、痛苦万分。”王子急忙问她有甚良药可治愈，王妃回答说：“我曾见崖窠内有一石蕊，以前我头痛时，医生说石蕊对治愈头痛有利益，得到它就能治好头痛顽疾。”王子急忙说：“既然石蕊能治愈头痛，那我们就快去寻找。”

这女人就以诈行将王子吊在绳子上，自己则拉住绳子一端，将王子慢慢向崖窠放下去。结果至一定高度快要接近石蕊时，她突然松开绳子，王子立刻坠入河流中。

王子后被水流冲至另一国家，当地国王虽已去世，但却无太子继承王位。众大臣便商议道：“具有福德之人才能继承王位。”众人便去一婆罗门看相者那里询问，看相者即通过占卜看到萨嘎王子正处于其国之中，萨嘎王子似乎显现为整个国家之庄严一般。婆罗门看相者马上了知此人乃有福德之人，于是便将详细情况告诉诸位大臣，让他们迎请此人当国王。

王子随即当上这个国家之新国王，登上王位后，众大臣、其他国家国王、富裕之人等等都将各自以珍宝装饰之女儿一一送来，请求能做国王王妃。但国王已对女人心生厌烦，他一个都未接受，并一直对女人持轻毁态度。

那忘恩负义之王妃在将丈夫摔下河中后，当地野菜、水果等食物便日渐萎缩。王妃与残疾盗匪因饥饿所迫便到别处谋生。王妃身背残疾者到处漂泊，后至一路口时，有人问她："你背上是何人？"她回答说："我背着我丈夫，对自己丈夫我一直如是精心照料。"二人不管走到哪里，众人都多少给他们一些布施。二人后来又漂落到王子当国王之地，有人看到一女人背着丈夫深觉稀有，便常常围观，且议论道："我们国王轻毁所有女人，大概是未见到对自己丈夫如此疼爱之女人所致。"

此种议论渐渐传至王宫，国王便对手下说道："如真有这种女人，请将她带过来。"于是二人就被带至国王面前。国王一见不觉微笑说道："食我大腿肉，喝我身上血，现背残疾者，真爱丈夫否？为采集石蕊，将我抛下山，又背残疾者，汝真爱丈夫？"国王说完后，女人羞愧地低下头。

大臣不解此中缘由，国王就向他们解释一番，大臣听罢就用粗重言辞将二人驱出城门。

当时之萨嘎王子即为后来之释迦牟尼佛；当时之王妃即为后来之提婆达多。

善愿恶誓

久远之前，在大海边住有一双头共命鸟，它们共用一个躯体，却长有二首。一只名为有法，一只名为非法。有次当非法睡着时，有法在巡视中捡到一甘露果。有法想到：是叫醒非法一起享用，还是我独自吞下？既然我俩共用一个躯体，干脆我就将之食用，反正都为滋养共同身躯。有法便未叫醒非法，自己独自吃完甘露果。

非法醒来后知道甘露果已被有法吃掉，因有法打嗝时呼出阵阵甘露果气味，非法气愤问道：“为何打嗝？”有法回答说：“我吃了甘露果。”非法紧追不舍：“你从何处得来？”有法向非法讲述了全部经过，非法听后愤怒异常，它说道：“我以后也会仿效你如此行事。”

后有一次当有法睡着时，非法看到水中漂来一只水果，它不知有毒便将之吞下，结果立即昏死过去。

神志不清时，非法发愿道：“生生世世但愿我都能将有法杀死，并且永远与它对立，成为它的怨敌。”而有法则发愿说：“无论我转生何处，愿我生生世世都能以慈悲心对待非法。”

当时之有法即为后来之释迦牟尼佛；当时之非法即为后来之提婆达多。其他经论中所述双头天鹅之故事也与此公案大致相同。

此外，释迦牟尼佛曾转生为一后成诗学家之渔夫之子；他还曾转生为日轮国王、珍宝师、施主之子、婆罗门之子等，而提婆达多也常常转生为与释迦牟尼佛同一种姓之众生，他对释迦牟尼佛制造违缘、挑起争斗之情况，在《律本事》第一百零三回中有详细记载。

安忍求和

释迦牟尼佛转生为东胜身洲一国王时，当时有个梵施王因不具备如身洲王一般威力，故而常常对他所拥有之荣华富贵生起嫉妒心与嗔心，而身洲国王则一直以慈悲心爱护他。有次梵施王率四种军队向身洲王大举进犯，身洲王本来拥有强大力量，但他不欲将梵施王及其军队当作怨敌，于是就在二由旬半之地陈设各种装饰、饮食，率臣民齐来迎接梵施王。梵施王看到后自然从内心远离嗔恨之意，且对身洲生起欢喜心。他暗自想到：身洲王既如此待我，我还是撤军为好。

于是他便来到身洲王面前，身洲王将他带往王宫，供养他食物、满足他所需，并说道："梵施王请宽恕我，我恒常对你恭敬，我欲成你诚挚友，请多慈悲关照我。"梵施王则回应说："你张安忍弓，手执功德箭，坏我傲慢心，摧毁我嗔恨。"两人关系自此更胜从前，梵施王后回到自己国家。

又释迦牟尼佛曾为具亲国王，有一名为凶天之国王对他心生怨恨，便纠集起军队妄图抢夺具亲国王王位。具亲召集诸位大臣商量对策，有大臣说："我们理应勇敢应战。"也有大臣言："我们还是送其财物以求和为贵。"还有大臣说："最好让大臣出面解决。"另有部分人说："应率军抗击。"此时有一长官名水天者，财富圆满无缺，他出于善良心愿说道："我愿献出自己资财，国王可以之派人前去劝说凶天国王。"

具亲最终采纳水天所提建议，他便派人携带礼物送往凶天国王处，但此举并未制止凶天出兵企图。具亲又令人传信给凶天："我们分别拥有各自国家，本该好好保护自己国家领土、臣民，随意享用本国资财与种种妙欲。人活一世，草木一秋而已，已具足衣食、卧具、妻子等生活条件后应知足无求。有智之士岂能互相争斗？有人已具有金银财富仍不知餍足，如此敛财除致增上贪心外又有何真正利益？好朋友，你应仔细、审慎考虑，切勿挑起我们两国之间发生战争，智者实在应该少欲知足、清净常乐。"具亲如是劝告，但凶天仍不放弃进攻计划，他给具亲去信说道："无论如何我都要与你宣战，我定要杀死你，你之王位必须归我所有！若我战死，则我所拥有之国家亦可奉献与你。"

具亲清楚了知若对世间任何事物生贪心都必感召痛苦，如有国家需众生牺牲财物、若无国家则也无需众生资财的话，具亲甘愿舍弃王位。于是他便丢下烦恼之源——王位，出家为道，苦修四梵住，并终在死后转生梵天天界。

又无数不可思议劫之前，普见如来出世说法。当其教法步入形象期时，印度鹿野苑有一具智、品行高洁之国王正统治六十小国。王子名为安忍，也即后来之释迦牟尼佛。安忍性喜布施，恒时具有强烈慈心悲意。

当时国王手下有六位狡诈大臣，经常莫名其妙惩罚无罪之人，他们因自己行为恶劣而对安忍王子时时生出嫉妒心。国王后得一种严重疾病，当王子向六位大臣询问父王病情时，他们说道："国王因病情严重，不久就会撒手人寰。"王子惊问道："为何会出现此种现象？"这几位大臣就回答说："因好药实在难觅。"王子听罢竟因哀伤过度而致昏厥于地。

六位大臣秘密商议说："不处死安忍王子我们行动都不得方便、自由。"其中一位面呈困惑之色："奈何王子从未造下任何罪业，我们又如何定罪杀之？"另一位大臣则心生一计："杀他自有办法。"

六人随后便来到王子面前说道："我们已前往六十小国、八百城市中寻找能治愈国王顽疾之药，怎奈皆无任何收效。"王子赶忙问："到底需要何种药物？为何如此难觅？"大臣们说："此药乃需从出生至现在，始终无嗔无恨之人的眼珠与脚部骨髓方能制成，但要找到这种人谈何容易？国王看来怕是没有生存希望。"王子听罢心如刀割，他边想边说道："我应能具备这项条件。"大臣们假装为难说道："你虽具足此条要求，但实行起来实在困难重重。"安忍王子救父心切，他对六大臣坚定说道："只要能令国王摆脱病痛，我舍弃千百次肉身也不足为惜。"下定决心后，王子来到王妃面前说道："我已准备用自身躯体为父王制药，也许会因之而丧身失命。故而今日特来向母亲顶礼，希望母亲万勿伤心。"母亲闻言即刻昏倒于地。王子急向母亲身上浇洒凉水，待母亲醒来后，王子又安慰她说："父王也许不久于人世，但切盼母亲能长久住世。"

王子随后又于众大臣、小国国王、眷属前顶礼道别，恶心大臣则命令一屠夫迅速砍断王子双脚、取出骨髓，又挖出王子双眼，然后用这些东西配制药物，献与国王。国王吃下后很快即开始复元，他惊喜问道："将我从死亡边缘拯救之妙药从何而来？"大臣们就如实相告："是用安忍王子身体制成。”国王闻已不觉昏厥倒地。醒来后，他急忙问左右：“安忍王子现在何处？”左右回答说：“王子现正在外面接受治疗，想来已无存活希望。”国王听到后一边起身一边哭诉道：“真令我惭愧，我怎能吃亲生儿子之身肉？我一定要探望王子。”

但国王还未来得及看上王子一眼，安忍就已先行逝去。国王、王妃、眷属们齐聚在王子尸体周围，王妃则趴在儿子尸体上放声痛哭。国王与小国之人将安忍遗体以檀香木火化，并用七宝做成遗塔。

当时之国王、王妃即为后来之净饭王与摩耶夫人。

安慧狮子恭敬袈裟

释迦牟尼佛曾转生为安慧狮子，遍体金色、光洁闪亮，它经常以水果、树叶为食，从不损害任何众生，对出家人尤为恭敬。

有一猎人妄图杀死安慧，期冀把它金色毛皮献与国王后能免除自身贫穷之苦。他便穿上出家人所着袈裟，伪装成僧人，手持弓箭来到狮子面前，并最终趁它熟睡时向其射出一只毒箭。狮子惊醒后本欲追赶猎人，但见他身着袈裟不禁想到：此人身着三世诸佛胜幢袈裟，若将其损害，则如已对三世诸佛生起恶心。于是它便放弃了追杀猎人之意。毒箭毒性随后发作，当狮子生命垂危之际，它口中自然发出“呀啦啦瓦夏萨梭哈”之音。时大地震动犹如翻天覆地一般，无云天空亦降下雨水。诸天人目睹猎人杀害狮子相菩萨后，均降下天人花雨供养狮子尸体。而猎人则将安慧金色皮肤剥下，到国王面前试图索取奖励。

国王则想到：古代论典中皆言，任何旁生若皮为金色，则都为大菩萨。既如此，我为何还要奖励眼前这位屠夫？对他奖赏，与对大菩萨生杀心又有何种区别？国王心意已定，就拒绝了猎人赏赐之祈求。但猎人再三恳请，国王最后便送与他些微财物。国王又问他：“你杀害狮子之时，有无现出种种瑞相？”猎人恬不知耻回答说：“当时狮子口出八字，大地同时开始震动，无云天空亦降下雨水，诸天人也降下花雨。”

国王闻听之后，内心非常不悦，他对狮子立即生起信心。随即他又召集起所有智者，向他们询问这八字内涵，但无一人知晓。此时于一寂静地住有一具智夏玛仙人，当国王问到他时，他解释说：““呀啦啦”意谓剃除须发、身着袈裟之人，很快就能解脱生死；而“瓦夏萨”则指剃除须发、身着袈裟之人，全都具足圣者相，已接近获得佛果；“梭哈”则言剃除须发、身着袈裟之人，所有人天及世间众生均应对之恭敬承侍。”国王听罢顿生欢喜，他集中起八万四千小国民众，将金色狮子皮放于七宝马车上令大家恭敬礼拜。众人皆用香花供养，并顶礼承侍，还将狮子皮置于金箧中，为之专门建造佛塔，有很多众生最后都依之转生天界。

释迦牟尼佛变为狮子时，对身着袈裟之人无不生起坚定信心。以此缘故，他于十万劫中都转生为转轮王，赐予众生安乐，自己亦积累下广大福德。国王也因供养狮子皮功德，而于十万劫中享受人天福报。当时之国王即为后来之弥勒菩萨；当时之夏玛仙人即为后来之舍利子；当时之猎人即为后来之提婆达多。

另外，久远之前，印度梵施王本性慈悲，素喜布施，而王妃却凶狠、刁蛮。二人后育有一子名为法护。法护太子心地善良，具足信心，恒喜行自利利他之事，以爱心关爱、照顾所有人，他与其他孩童在上师面前共学文字等学问。

一春暖花开之日，国王与其他王妃一起在园中享受欢乐时光，此时刁蛮王妃则心生极大嫉妒，她心烦意乱、暴躁不安。国王此时恰好又派人将自己喝剩之一半饮料送与王妃品尝，王妃一见更是怒发冲冠，她派人给国王捎口信道：“要我喝下你剩余饮料，还不如让我喝自己儿子鲜血。”

因贪心增上之人无恶不作，尽管梵施国王本为一修行佛法之人，但因尚未远离贪欲，再加众王妃从旁怂恿、离间，结果国王嗔恨之火越燃越炽盛，意志一发而不可收拾。他派人欲砍断法护头颅，并要令那刁蛮王妃喝下亲生儿子鲜血。其他王子得知后纷纷议论、传播国王命令，法护最终也得到消息。他平静说道：“轮回中之争斗实在可怕，以自身嗔恨心增上缘故，连自己亲生儿子都能杀害。”法护穿好衣服先去顶礼父亲，并说道：“天下父亲皆疼爱儿子，我又未做错任何事，望父王勿杀害我。”结果梵施王却说道：“如你母亲能宽恕你，则我也可收回成命。”

法护便又到母亲脚下顶礼道：“请母亲原谅我，不要令孩儿被别人杀害。”王妃尽管听到儿子那可怜祈求，但她却在嗔恨怒火催动下，完全丧失理智，竟对儿子请求置若罔闻。刽子手后将法护头颅以利刃砍下，并将王子鲜血拿给恶性王妃喝下。这女人既已喝下自身骨肉鲜血，但仍未生后悔之意。而法护太子则在对刽子手、父母无有丝毫嗔恨心之欢喜状态中安然死去。

当时之法护太子即为后来之释迦牟尼佛；当时之恶性王妃即为后来之提婆达多。

喜洋洋化干戈为玉帛

久远之前，有一国王名为山王，他有次率领军队前往森林中打猎。在树荫下休息时，从北方来的商人在向山王供养财物时，顺便赞叹了他们金刚棒国王种种功德。山王闻已生起极大嫉妒心。

回宫后，山王便派人传信给金刚棒国王说：“如你不到我这里向我顶礼，我定要派大军扫荡你国。”金刚棒国王也为一位凶狠、好斗之国王，他听到后不觉嗔心大长，即刻率领四种军队开赴山王治下国土。两国人马针锋相对、残酷厮杀，结果双方都有大批人员伤亡。

大臣则趁机对山王国王进谏道：“二位国王势均力敌，不如就此放弃互相讨伐，如此征战对两国都无任何利益，团结和合方为相处秘诀。”山王国王采纳了大臣建议，主动放弃了这场无谓厮杀。

金刚棒国王眼见自己军队也损失惨重，心里对战争自然就生起厌烦心，他最终也撤军言和。

山王国王又以恭敬心送给金刚棒国王一批财物，几天后，还将自己如天女一般美丽之女儿嫁与他为妻，金刚棒国王心满意足、满载而归。

山王之女名为那玛，嫁与金刚棒后不久即怀身孕，而胎中婴儿正为释迦牟尼佛所转生。以此之故，王妃一日心生一念：我欲使国王为我亲执宝伞，还要释放监狱中所有囚犯。国王果然按其意愿如是照做。

那玛后生下一太阳般光明灿烂且身上具足如意宝花纹之太子，太子降生后逐渐精通一切论典，又非常长于忍耐，不久即成世间众生无偏亲友。金刚棒年迈之后扶植太子当上国王，自己随后老死归西。太子登上王位后依佛法治理国家，他有次心中暗想：愿我王宫中能降下天人饮食、衣物、宝饰等物。结果终遂其愿，一切所求乘愿而来。因新国王对所有亲友都欢喜承侍、恭敬对待，故而众人都唤他作喜洋洋国王。喜洋洋国王以自己福德力令鼓声地方民众受用圆满、如天人一般。

当时有一奸臣名为恶意，性情暴虐，他时常内心作意：若能杀死喜洋洋，则国民皆可归我统治。于是他便给山王国王去信离间道：“喜洋洋实为你敌人之子，如能将之杀死，你即可统领整个世界，我那时也可成为你手下大臣。”山王听信恶意一派挑拨之语，他于是派人前往喜洋洋处传口信道：“你父亲曾抢走我财产，令我感受巨大痛苦。现在，我要用我大势力向你报复。”喜洋洋闻言想到：如果山王率军到我这里，我治下民众可能会被其伤害，不如我亲自前往劝解。他就派人回复山王说：“我历来恭敬、佩服你老人家，大王不用亲赴我国，我当送上门去。”随后他就率大军奔赴山王国中，并在离其国家不远处之恒河岸边驻扎下来。

喜洋洋又派恶意奸臣捎口信说：“我爷爷乃我长辈中最受我恭敬者，我何不到你脚下顶礼问安？”而奸臣却将原话歪曲说成：“不畏惧你的国王让我告诉你，叫你山王前去他脚下顶礼。”山王听后怒火万丈，奸臣趁机又煽风道：“喜洋洋力量微弱，加之人又愚笨，怎能伤害如你这般的大国王？”山王就率领四种军队欲与喜洋洋部下一决高低，人马于是向喜洋洋驻地开拔而去。

喜洋洋国王此刻正趋入一艘如天宫一般之大船里，船上众人载歌载舞将其围绕，国王则欲在恒河中沐浴。待其在恒河中尽情游乐、沐浴后，又往全身涂抹上油脂。当他正欲吃饭时，军队开始擂响战鼓，一时鼓声浩大、声震如雷，山川大地尽皆震动不已。山王闻已心中不悦，他问奸臣道："擂鼓为何？"奸臣回答说："此种鼓声响起之后，天人饮食就要现前，喜洋洋他们即将进餐。"山王听到后不禁咋舌："喜洋洋国王既具有如此福德威力，我们若伤害他，恐怕会遭雷击等报应。"他又想到：我这孙儿真有大安忍力。

喜洋洋此刻已了知山王国王开始有些踌躇不决，他想：我应以方便法摄受山王国王。主意一定，他就故意对已到跟前之山王国王说道："众人多有谣传，言你欲与我相斗。如你真要挑起战争，那我也只得放弃安忍。我会令天炸惊雷，将你与你眷属统统杀死。"

山王国王立即瘫软下来，他因恐惧而主动要与喜洋洋握手言和。山王请他前往自己那里，按规矩对他恭敬礼敬又多加赞叹。喜洋洋则以佛法令山王趋入正道，随后回到自己国家。

喜洋洋之所以能获取天人般财富，原因在于：

久远之前，喜洋洋曾转生为鹿野苑一婆罗门，名为根具。根具曾供养一生病缘觉以粥混合之药，又持宝伞为缘觉提供阴凉。以此异熟果报成熟，根具后才转生为财富圆满之喜洋洋国王。

当时之恶意奸臣即为后来之提婆达多。

象王恭敬出家相

释迦牟尼佛久远之前曾转生为一只大象，与众多飞禽走兽住于密林中，森林环境优美。优雅如白云般大象乃象群之王，它以悲心护持所有大象。象王拥有两头雌象，一名贤姆，一名极贤姆。

有一日天空乌云密布，不大工夫即开始电闪雷鸣。一些持明者与他们美丽贤惠之妻及眷属在虚空中飞行时，手中落下一花瓣，此花乃为这些人于无热恼湖中所采撷的一朵大如车轮之金莲花，其香味可谓芬芳扑鼻。此花最终落在象王面前，它心想：两母象谁先赶到就将此花送与谁。结果极贤姆先来，象王就将金莲花交与它，极贤姆以恭敬心将之戴在头上。

贤姆看到极贤姆额头上佩戴有金莲时不禁想到：象王把如此胜妙之莲花送与极贤姆而不给我，实在令人气愤。它内心生起极大嫉妒心，随即就舍弃象王，前往另外地方独自生活。刚开始时它不吃不喝、心烦意乱，只知自生闷气。后来看到布喜山岩洞中有一身披袈裟之缘觉正在坐禅，它就将从大海中所取睡莲供养此缘觉。贤姆自己则于布喜山近旁发恶愿道："以我今天供养缘觉善根，愿我将来转生为王妃，并能将象王杀死。"它边发愿边走上山顶，并从山崖纵身跃下。

贤姆后来转生为一位国王之公主，她不仅能回忆前世且长相秀美。她最终嫁与另一位国王为王妃，其后有一日便开始伪装生病。国王因担心而内心不悦，王妃则打妄语道："我所患病以檀香等药物都无法治愈，只能用布喜山中象王之牙及骨骼为我制成床铺，并用象牙珍珠装饰我身体才能将此病医好，除此之外，再无良方。"国王则想：我王妃可能前世见过或听闻过象王之名，不过无论如何我都要尽力照办。国王于是找来猎人命令道："你们中有谁能得到象王牙齿，我即赐予他大量钱财。"猎人们回答说："如能办到，我等定当尽力而为。"

王妃又向他们面授机宜："你们若欲捕到象王，我这里倒有一条妙计：你们均应打扮成出家人模样，然后用毒箭射死它。"等猎人到达布喜山后，其他大象看见猎人均起疑心，它们就将情况告诉象王。象王安慰它们说："这一点无需怀疑，他所着僧衣乃为具惭愧心，代表寂灭道之象征，他必不会伤害我们，我们大家理应前往拜见。"

猎人此时则躲在树下向象王瞄准，结果射出一只毒箭后恰中象王要害，它马上血流如注、疼痛倒地，象群与极贤姆均痛苦万分。待它们将毒箭拔出来后，象王心想：我命绝矣，但象群从今往后将无依无靠，这可如何是好？于是它就宣说谛实语道："我对害我之猎人无有丝毫嗔心，反对其生起欢喜心。以此话语真实力，愿能息灭毒箭毒性。"

结果以其谛实力感召，它刚刚言毕，伤口即刻愈合，象王瞬间就解脱一切痛苦。猎人目睹之后深觉稀有，他对象王生出信心，并对其顶礼，且将国王、王妃之命令及其来由全部汇报给它。象王听到后对猎人再次生出悲心，它将自己两根象牙拔出后交给他，并最终以谛实语之力令象牙再度长成。

猎人手捧两根象牙前往王宫，国王不爽前约，赐予其大量奖励。而王妃看到象牙后不禁生起后悔之意，她向国王坦白了自己前世以嫉妒心发下恶愿之全部经过，并忏悔道："我太不应该将在寂静山林中、以寂静行为苦修之象王因嫉妒心而杀害。"她后悔不迭，并伤心哭泣。

猎人安慰她说："王妃不用伤心难过，大尊者以其谛实语加持，现仍安然存活，且两牙又复生如初，还继续保卫象群。"听到此话，王妃也从内心生起欢喜之意。

又久远之前，印度鹿野苑一河边，释迦牟尼佛曾转生为一野兽之王，它腹部呈现白色，背部皮毛又为黑色，非常美丽庄严，兽王恒以慈心保护野兽。与此兽王肤色基本相同，另有一兽王名为天施者也统领着另一群野兽。

梵施国王有次与眷属一同前往森林中打猎，众人看见群兽后便各个手执兵器欲将之全部猎杀。兽王则从容走到手执弓箭之国王面前说道："大国王，你今日将如此众多之野兽同时尽数杀死，恐怕利益并不大。不如我每日供养你一只野兽，你看如何？"梵施王答应了兽王所提建议："如你真能履行诺言倒也不妨日日送来，否则我定要将你们统统杀死。"根据兽王所作承诺，梵施王率众归国。

兽王则集中起全部野兽后说道："为避免所有野兽同时被杀，我和天施商量后决定每日为国王送去一只野兽。"按两位兽王吩咐，接下来每天便有一名野兽被送往国王处。后轮到一母兽时，不巧它正怀有身孕，而当天恰好又逢到它应被送往屠宰场。母兽便请求天施道："我腹中小兽明日即将降生，能否容我生下它后再死？我怎能忍心让它与我一道葬身屠宰场？"天施回绝说："明日就是你大限之时，谁会替你前去？我实在无法安排。"眼见天施不同意，母兽便去找大悲野兽王请求说："我命该绝，但我想生下孩子后再死，我欲用舌舔舐其身、以乳汁喂养它，待把它交与我妹妹后，我定主动赴死。为保护我腹中胎儿，我今日能否不去国王那里？”

兽王见它对子甚怜，不觉对它生出强烈悲心，它安慰母兽道：“你好好看护自己孩子，长期享受安乐生活去吧，我来代你赴死。”为获无上菩提，兽王一边安慰母兽，一边发下替它牺牲之大愿。

当兽王动身前往国王那里时，众野兽皆以痛苦心情依依惜别。兽王告诉它们说：“你们不要跟我前来。”然后又向它们宣说佛法，随即便独自前往梵施王处。众野兽一直目送它直至再也寻觅不着踪影，大家都如与父亲分别一样伤心难过。

当兽王来至满地血污、骨架四散之屠夫所居地时，屠夫们并未立即杀害它，他们将它带到国王跟前。国王惊讶不已：“你拥有如此多之野兽，为何还要亲自前来？”兽王便将原委详细告之，国王惭愧感叹道：“你真正是利益众生之大士夫，我等才似真正旁生一般。”国王对它赞不绝口，又让它坐于宝座上，兽王则趁机向众人宣讲佛法，国王非常满意。

从此之后，国王也施予其他野兽无畏布施，并不欲令其返回继续当兽王。兽王则说道：“山中野兽无依无靠，它们痛苦非常，我一定要回去。”梵施王马上开许。而当兽王回至山林中时，所有野兽均欢喜迎接。

母兽最终顺利产下小仔，大家皆欢喜问讯，兽王则将两兽群都保护起来。

对大尊者代受别人痛苦时之安忍精神，我们理应生敬。

月亮王子平静受死

久远之前，有一具有强大势力、功德圆满之国王，名为嘎乐嘎者一直未育有子嗣，为此他一直多方向天神祈祷。后有一欲蓄婆罗门大臣为帮助国王早生太子，就向国王建议说：“国王应与王妃同居一处，国家大事可让臣下替你主持。”欲蓄不唯如此建议，还亲自为国王祈祷天尊。

其后一王妃终于怀孕，并降下如明亮鲜洁月光一样的太子，众人也因此而称其为月亮太子。这月亮太子也即后来之释迦牟尼佛。不久之后，又有三十四位王妃各自产下一子。

月亮太子八岁时开始依止国王上师，每当众王子在从事打猎等活动时，月亮太子却总流露出与众不同之悲心，他之威严远胜其他王子。国王就将他作为王位继承人，其他王子则统治其余诸城市。

后当月亮与其他王子前往众多国家观光时，他们亲眼目睹了一持节婆罗门所拥有之巨大财富。此婆罗门之财富真正堪称圆满、富庶，而且他还将自己名字一一写于很多财物上以为标志。月亮王子一见不觉内心想到：看来我父王也仅仅只拥有国王头衔而已，此人家财才真正是大国王气派。众王子也议论纷纷：“我们以后不如把财物上“持节”字样全部抹去，换上“月亮王子”名号才为善妙。”结果众人不单单如是说，最终亦如是实行。

持节婆罗门嗔心顿起，他召集其他婆罗门商议道：“月亮王子欲夺我地位，你们均应明白此中利害得失，故而我们必须除去王子。”这些婆罗门对持节只知应声附和，他们随顺他说：“你来想办法，我们照办就是。”持节便将自己毒计全盘托出：“如大国王梦中出现什么境相需人解梦的话，你们均应向国王吹风，言只有持节方知如何解析梦境。”

国王后感得一梦，梦中他被人捆住自身，随后又被扔进一屋中。当他向这些婆罗门询问此梦到底有何密意时，他们全都向国王推荐持节，说他通晓各种释梦窍诀。国王就向持节打探，持节恶意解析道：“国王之梦实非吉兆，此表两月同时出现，争夺王位，意味着你将王位不保。如此一来，你要么失去王位，要么失去性命。”嘎乐嘎闻言心痛不已，他急忙问：“你有何解救良方？”持节此时则献上诡计：“大国王，你应把月亮王子及其他王子全部用来火供，以他们鲜血造池，你还要亲赴池中游弋，如此才能摆脱一切危害。”

国王此刻则自私想到：只要我能活在人世，具功德之太子日后定能重新孕育。于是他就将其余太子全部用镣铐捆缚起来交与持节以作供施。持节满怀歹毒之意又说：“如果缺少月亮身肉，此供施定不会圆满。”国王便派人传语太子道：“月亮，你应听从父王教导，不要违背我之教言，现在你务必马上前来受死。”送信人一路哭泣来到月亮王子面前，当时他正于一暖暖春日在花园中赏玩。

送信人向王子说明情况后，王子眷属皆劝阻王子道：“这都是那持节婆罗门设下诡计妄图杀死你，我们真应该马上将他击杀。”月亮王子安抚大家说：“我自己亦明了此乃持节所做手脚，但我们不应对他生起嗔恨心。如我父母能够长久住世，我舍弃生命也是理所当然。我一定要去，望诸位万勿憎恨持节。”

王子来到父王眼前说道：“若父王开许，孩儿愿直接前往供施之地。”国王闻听后不觉也流出伤心眼泪。而持节则命令火供师道：“你首先烧死月亮，然后再烧其他王子。”当时众王子均非常恐惧，他们凄惨说道：“我们如今就如旁生一般要被毫无悲心之婆罗门杀害，难道月亮兄长也对我们不慈悲、定要舍弃我们吗？”月亮此刻对他们全都平等生出慈悲心，结果以其慈悲力感召，众王子手脚镣铐竟全部自行解脱。正当持节等诸婆罗门恶人惊讶之时，天人开始对其所做所行生出强烈不满，刹那间天空乌云密布，太阳光辉被完全遮蔽，炸雷滚滚，摧毁山林树木。其后又降下石块雨，砸毁大地之上众多事物；而猛厉雨水则浇灭火供之火。

这些恶性婆罗门头发全部掉光，头顶光秃秃一片。最后，如此猛烈之石块雨将国王、持节婆罗门等人统统砸死，众王妃在得到消息后也纷纷死亡。至于王宫则大多被石块雨砸毁，大多数人也因此而被消灭。

黎明时分，月亮王子将父母尸体火化，一边点火，王子心中一边哀叹道：“呜呼！诸如来皆宣说一切有为法均为刹那迁灭、毁坏无常，看来的确所言不虚。”同时王子亦对其他兄弟宣说心生厌离之语，然后就前往寂静苦行山林中潜心修道。

顶宝承受诸苦难

久远之前，有一城市名为夏嘎巴，行持佛法之国王叫金顶。当时释迦牟尼佛入于金顶王妃胎中，当其住胎之时，王妃总想如理布施以满众乞讨者愿望，而她布施愿望最终皆得以实现，并且还向众生宣讲佛法。国王也心甘情愿安慰这些贫苦众生，众人都争相做此等善事。王妃后将太子诞下，那太子身相就如天人一般庄严善妙，且头顶长有如太阳般明亮之如意宝，天人随即也降下花雨，种种瑞相纷然呈现。太子用头顶如意宝接触铁块时，铁块马上变成黄金，太子就以此满乞讨者愿望。众人便因之而称其为顶宝。

金顶国王离开人世时，让顶宝继承王位，顶宝便成为乞讨者所依赖之如意宝树，使此地从此再无贫穷之人。顶宝王有一头大象，此象如同维护国王事业之太子一般，顶宝为其取名贤山；顶宝还拥有一匹似天人乘骑般的金鬘骏马，诸如此类能与天人比肩而立之财富，顶宝样样具足。

国王娶有一持基王妃，美丽、贤善。后来有一布够种姓之富人带着莲花姆来到国王面前，此莲花姆美女真如天女般艳丽、秀美，富人在国王面前赞其功德道：“此美女乃从莲花中降生，我一直用火供所剩供品养育她，现在将她带来送与国王为妻。”

顶宝接纳她后又与她共育一子，名为莲顶，不仅可爱非常，而且极其勇敢无畏，并具相当其他功德。后当国王举行大供施法会时，布够子等众多仙人与各地国王，诸如歌日地方国王难忍等都纷纷参加。火供时，帝释天在火中幻化成罗刹形象向国王索要食物，顶宝送与他种种饮食，但他全不接受，只对国王言：“我欲以血肉为食。”

顶宝闻言心中暗想：将别人血肉布施与他实不应理。于是他就答应罗刹向其布施自身血肉。众人虽多方制止，但都无法阻挠国王布施决心。在他正行布施之时，莲花姆因痛苦而昏厥倒地。幻化成罗刹之帝释天见国王发心如此清净便现出身相，且对他赞叹不已，并用天人甘露妙药又令国王身体恢复如初。

当供施圆满时，国王对所有圣者、仙人都行广大供养，又将美女、大小城市、种种珍宝、骏马等人、财、物全部布施尽净，包括一日能行一百由旬之贤山大象也送与梵天车大臣，这让难忍国王羡慕不已，因他十分贪执此象。结束供施后，国王准备将王位交与莲顶。

此时巴哈嘎为供养上师玛热泽前来索要莲花姆与莲顶，国王慷慨允诺，巴哈嘎便将二人带走供养自己上师。而难忍国王又派人前来索求贤山大象，顶宝已将此象布施，故而实在无法再布施给难忍。难忍立即生出嗔心，他迅速召集起军队欲与顶宝开战。

顶宝本来拥有足够打败难忍之强大军事实力，但他此刻则以慈悲心想到：众生实在可怜！难忍虽为我朋友，但仅仅因贪执大象就与我瞬间形同陌路，真太过可怜、太过愚痴。他根本不欲与人相争，一心只想前往寂静森林。

后有四位缘觉飞到国王面前，也劝他放下一切，遁入森林。国王便与四位缘觉一起趋入山林，并独自前往自己最终栖息地。他后于雪山下树林中安住。

顶宝手下大臣最终又将莲顶从玛热泽处要回，而玛热泽也方便开许。众人将之接回国拥立为王，莲顶国王则与众大臣齐心合力率军与难忍一决高低。难忍最终失败而返，而他治下城市中则正爆发瘟疫、灾荒，大众生活困苦不堪。难忍回来后急忙与左右商议对策，大臣献计道："如我们能获取顶宝头上具甘露湿气之如意宝，瘟疫、饥荒都会马上消失。"

他们听说国王现已舍弃王位住于雪山下森林中，而且凡有人向其索要物品，他无不一一满足，难忍随即也派出五位婆罗门前往讨要。当时顶宝住地与玛热泽所住森林相距并不遥远，而莲花姆正巧有一日也在附近山林中享用瓜果。在这片无人森林中，有几名猎人欲逮住她，莲花姆闻风而逃，她边浑身颤抖边惊恐不已地叫喊：“顶宝国王快来救我。”

顶宝听到呼救声后迅疾赶来，一望才知是莲花姆。猎人见状四处鼠窜，莲花姆见到漂泊于森林中之国王也是又痛苦又高兴，一时真可谓悲欣交集。魔王则在此时以人形现身，他对国王说：“这位美女独自游荡于森林，你也舍弃王位，如此行事实不应理。”

顶宝知其本为魔王，就微笑说道：“寂静调柔之人岂能被贪欲、愚痴束缚。”魔王闻已刹那消失不见。莲花姆此时也向顶宝哭诉了一些心生厌离之话语，顶宝劝慰她道：“你应努力修法，再勿沉溺痛苦之中。”他又向她宣说了无常法门，并要求她再回玛热泽身边。

难忍国王派来之五位婆罗门最终找到顶宝，并向他索要头顶如意宝，国王慨然应允：“你们可随意砍下我顶上宝物，并将之带走。”此时大地震动不已。五人便用利刃割下这具光珍宝，而当天人从虚空中前来探查时，只见顶宝已浑身鲜血淋漓。但他以对轮回众生所生之悲心，完全压制住自身痛苦感受。他最终发愿道：“以我布施宝珠之福德力，愿所有众生皆能离苦得乐。”他并且亲手将宝珠交与五位婆罗门。

他们在将宝珠带给难忍国王后，终以之而灭除国家一切灾荒、瘟疫、痛苦。

布够子、郭达木、玛热泽等仙人听到国王布施顶上宝珠消息后，纷纷前往森林中看望顶宝，莲花姆也随同玛热泽一同前来。当她看到国王割下如意宝之惨相后，立即昏倒在地。此时虚空中诸仙人则将顶宝功德、美名四处传扬，莲顶与诸大臣也来到顶宝面前。众人一见顶宝遍身鲜血淋漓、无力倒地之景象，均感痛苦、哀伤，他们赞叹道：“为他人舍弃自己宝贵生命之行持，实属难能可贵。”

玛热泽仙人则泪流满面望着顶宝说：“你不顾惜身体、甘愿舍弃生命，这样做到底有何希求？你有无生后悔心？”顶宝挣扎着坐起身，抹去脸上血迹后说：“大仙人，我别无所求，只欲救度轮回中受苦众生。在乞讨者面前舍弃自身后，我无任何后悔心。若我所言真实不虚，则愿我身体即刻恢复。”刚刚说完，顶宝头顶被割下之如意宝就恢复如初。

帝释天、梵天此刻异口同声祈请顶宝能重当国王，但顶宝并未应允。玛热泽、莲花姆又令诸太子劝请顶宝回国登上王位，以前引导顶宝入山苦修之缘觉也从虚空飞临此处，他们自身光芒遍照整个地区。

众缘觉诚恳说道：“你为利益众生而情愿舍弃身体，但现在你自己国家内之众生正长时间感受痛苦，你怎能将其舍弃？”顶宝听罢深觉言之有理，便马上从虚空中飞往自己国家王宫，并与王妃、太子等人重享以前快乐生活。顶宝国王自此以后长期护持国家，并广行弘法利生事业。

又久远之前有一大众自在如来应世说法，于其教法下，释迦牟尼佛曾转生为光音比丘，恒时宣说甚深空性法门，且身相庄严、戒律清净，具有远超凡夫等持、智慧之功德，太子等众人都对他恭敬爱戴。

光音比丘后得知有一千比丘对自己生起嫉妒心，而王子又劝说五千余人在光音比丘前听法，光音比丘就对这五千人宣讲甚深空性法。

一千狡诈比丘则愤愤乱言道：“此人为宣说非法比丘，我们应将其杀害。”于是众人就手执兵器喧嚷而来。光音顶礼诸佛后发愿说：“一切法均为空性，以此空性谛实力，愿众人手中之箭全部变成曼达局鲜花。”言毕，这些人所拿弓箭果真变为曼达局鲜花，且大地亦开始震动。

手执兵器之比丘都感恐惧，同时亦觉稀有，他们都不敢再靠近光音比丘，并用上百匹布供养他，还要求他为他们传讲空性法门。光音满其所愿，为他们传授了相应佛法。

此时又有一千比丘时常毁谤光音，但他以安忍力根本不为所动，亦不为其毁坏，且长时间为众生传法。

旁生亦行持安忍

释迦牟尼佛曾转生为妙鼓龙王，它有一弟名为近鼓龙王，也即后来之阿难尊者。二龙有次前往鼓声龙王处，鼓声龙王对它们心生不满，嗔心生起后便向二龙施放毒气，且以粗暴言辞诋毁它俩道："你们实乃假扮龙王。"鼓声还再三妄图赶走二龙。

近鼓此时略微生起嗔心，它欲破坏整个鼓声龙王辖区。而妙鼓则以善妙言辞断除它俩嗔心，近鼓对其所言终于生信。而妙鼓当时所宣教言，至今仍利益无量无边众生。这些偈言均记载于《龙王请问经》中，其他本师传中，妙盛、近盛龙王之故事，亦与此公案大致相同。

又释迦牟尼佛曾转生为一六牙大象，有一穿着袈裟之猎人用毒箭向此大象射击。母象本欲踩死猎人，六牙大象制止住它，还将自身象牙布施与猎人。

释迦牟尼佛曾转生为森林中一犀牛，因身具极大威力而成为犀牛王。当时有一顽皮猴子非常顽劣，它看到犀牛王富有大慈悲心、从不怀有嗔恨、具有高深等持力与无畏精神后，便常常以种种方法、手段对犀牛王加以损害。当犀牛王睡觉时，猴子会突然跃上牛背，有时又跨骑犀牛身上；当犀牛寻觅饮食时，它就在路上进行拦截；有时又用木棍掏挖犀牛耳朵；当犀牛于河中行进时，猴子又跳到它头上以双手蒙住它双眼；骑在犀牛背上时，又用木棒击打它，如此等等，举不胜举。总之，猴子想尽办法，以种种恶行损害犀牛，为它带来麻烦。

尽管犀牛承受如此花样繁多之危害，但它从未生起丝毫嗔恨或不欢喜心，似乎猴子正在利益自己一样，犀牛以此方便而恒修安忍。

后有一夜叉看不惯猴子所为，为观察犀牛发心清净与否，当猴子再次骑在犀牛背上时，夜叉便于路上拦住犀牛说道："请稍等片刻，你是否在此野蛮猴子前犯下错误？或者你因赌博告负而不得不受它欺负？或者你本身就非常恐惧猴子？又或者你认为自己特别虚弱，以致不敢面对它？为何你要承受它如此欺侮？你两只犄角力能摧毁石山，一旦你生嗔心，你四蹄亦可踏平岩石山峰。你身体如此强健有力且硬如磐石，连狮子都恐惧不已，既如此，你却仍慈悲待猴，它倒反而要伤害你。你原本用犄角或四蹄就能轻易踩扁它，为何如今反要受它戏弄？”

犀牛用温和语气回答说：“正因猴子身无大力，而我也已了知它行为不合理，故而我才更要对其安忍行事。有些众生心有迷惑，有些众生身弱无力，在此等众生前，我们更应行持真正安忍行为。所以当此体小力弱之猴子欺负我时，我才能安忍不动，不坏忍辱心行。”

夜叉闻言说道：“如这样行事，在猴子永无停息之损害中，你将始终得不到解脱。于野蛮众生前修安忍，它只会变本加厉损毁你。”

犀牛平静回答说：“我不论遇到何种情况，都要厉行安忍，决不损害我忍辱对境。我尽管也用方便法进行劝导，但它还要如此行持，我也只能听之任之。不修忍耐之众生当然存在，不过他们也许会从邪道歪门中获得解脱。若我们受到其他众生轻毁，还能坚持安忍行为，这些持恶见众生慢慢看到、了解自己行为所产生之过失后，往往会放弃恶行，以后不敢再如此行事。这样一来，这些人岂不也能从中得到解脱。”

夜叉闻言打响指赞叹道：“善哉！善哉！旁生里竟有如此善良心地！”如是赞叹后，夜叉将猴子从牛背上拽下，并要求它今后只能保护犀牛王，再也不能随便欺负，然后就消失不见。

另外，久远之前一寂静地里，有众多野兽共同生活在一起，夏局巴在其中非常有力量、势力强大，且走路、奔跑迅疾。不唯如此，它心性所具有之力量亦非常强大，以其悲心之故从不损害任何众生，自己亦靠野草与清净水过活。

一次，有一国王率众多射箭好手与四种军队一同前往森林，众人手执弓箭，看见野兽后便穷追不舍。国王也骑马驱驰，结果在碰到一巨大坑堑后，兽王自然一跃而过，而当国王逼近时，跨下之马不敢再往前行，紧急停步之时，国王却被甩了下去。

兽王听不到马蹄声后急往回看，结果发现马背上已空无一人，而马则徘徊在坑堑旁来回走动。兽王心下思量：国王肯定已堕坑中。尽管明知国王前来此地是要将自己杀害，但兽王依然心生悲意想到：“国王本可以安享快乐生活，奈何今日却因我而坠入深堑、感受难忍痛苦。

若国王尚未死去，我决不应将他舍弃。”兽王边想边来到坑边。

此时兽王发现国王已是满面尘土、半死不活，且在坑中辗转反侧、痛苦不安，兽王不觉流下伤心眼泪。它问国王：“不知国王伤势是否严重？我乃居住于你治下国土中之野兽，是你为我提供生存所需水草。请国王放心，你所命令之事，我一定尽量照办。”国王对这种场面深感稀有，他一时不知兽王所言是真是假。他满面疑惑问道：“我本想杀害你，你为何还要对我如此慈悲？看来我与野兽还真有缘分。我所着披风甚为厚实，故而身体未严重受损，皮毛痛苦我自可忍受。但我妄图损害像你这样的善良众生，此刻骨铭心之痛已远超我堕入深坑之苦。我自己铸下大错，请你一定宽恕我。”

兽王则仔细观察、衡量与国王身重相同之石块，发现自己尚能背动时就跳入坑中，然后让国王趴在自己背上，以恭敬心从坑中一跃而出。出得坑口，兽王又为国王指路。当其准备返回森林中时，国王抱住它说道：“在此寒热森林中，是你赐予我第二次生命，我抛下你独自回王宫太不应理，不如我们一起回到宫中？”

夏局巴告诉国王说：“大国王，你日后应学习多多从事善行。若你真欲报恩，则望你从今往后对那些愚笨、可怜旁生定要以慈悲心对待，再勿进行狩猎活动。所有众生均欲得到快乐，不想感受痛苦，这一点毫无例外。己所不欲，勿施于人，你应舍弃毁坏自己名声之举，再勿造作智者谴责之业。应成为一切功德来源之国王，你应继续保有王位、实施仁政，以积累福德资粮。我不可能在宫殿中生活，我只能生存于森林中，野兽与人自有不同之生活习性，故而我不会前往王宫。你回宫后务必以饶益心利益自他，勤行布施，并严守清净戒律，还要修持安乐法门，不忘增上名声、多积福德。”国王以欢喜心闻受兽王夏局巴教言，然后一边依依不舍地望着它，一边向王宫走去。

在一寂静森林中，住有猛兽等众多野兽，释迦牟尼佛当时也曾示现为一只身呈金色、相貌美丽之日日野兽。日日聪明异常、富有智慧，它能清楚知道哪里有猎人所布罗网，经自己观察后就能远离此地。对跟随自己之野兽，日日一直就如父母待儿一般慈心相向。

一日，于一水流湍急大河中，有一人正被急流挟裹而下，他因濒临绝境而惊恐哭叫。日日立即跃入水中将其救出，此人千恩万谢道：“你是我救命恩人，我该如何报答？请你尽管吩咐。”日日野兽则对他说道：“不要将此事对外宣扬就已是对我最大报恩，因我身肉会被人贪著吃掉，而皮毛亦会有人欲据为己有。你若要报恩，就千万勿对人提及此事，如此才能保护好我生命安全，这世间实在乏少值得信赖、依靠之人。”被救之人爽快应允道：“我一定照办。”然后就顶礼告别。

当地国王之王妃历来以梦兆准确而著称，她有一日感得一梦：梦中，吉祥野兽日日正坐于宝座上向国王及其眷属传讲佛法。王妃将梦境汇报与国王后，国王下决心道：“看来我们必须找到此兽。”国王随即鼓动众猎人说：“谁能得知此野兽之准确信息，便奖励他四十座城市及众多美女。”

国王如此宣布后，那被救之人闻之不觉贪欲大增，他急忙向国王表功说：“我曾亲眼目睹过这只野兽。”那人随后就在前领路，国王率大军一同跟随前往。

众人将野兽所居森林团团围绕，被救者则带国王等人马深入森林。当他发现日日踪影、正举手要为国王指点时，右手忽然断掉、坠地。国王愈发想捕获这头野兽，他就一边张弓搭箭，一边逐渐接近日日。

野兽此刻心中想到：整个森林到处喧嚣人马杂沓音声，想必此处已被这些人全部包围，看来已无处可逃。想及此，它便用人言向国王说道：“大国王，你不必焦急冒进，我现已是你囊中之物。只是我想知道我在此地之消息是谁向你透露？”国王对其所言深感稀有，他就用弓箭一指那人。

野兽马上辨识出此人，它向此人陈述了他所作所为不合理之处，并将前后经过也向国王讲明。国王问那人：“这野兽所说是否正确合理？”那人不好意思地惭愧说道：“它所言确实真实无谬。”国王听罢对他忘恩负义之举亦深表义愤，于是就一边讥毁他背叛行为，一边欲用箭将其射杀。

日日野兽赶忙上前劝阻：“大国王，现在杀他又有何益？他乃受贪欲——这众生共同之大敌所驱使才来至此地。由此而起之坏名声已将他今生全部毁灭，非福德之过亦会毁坏他来世。你实在应对他生起悲心，万勿射杀他。如果国王今后对我有何要求，我定当依教奉行。”

国王闻已不禁以恭敬心连声赞叹，又将之迎请到王宫。于是日日便在王宫为众人宣讲佛法，国王、大臣、王妃、城市中人都对它生起信心，并精进修持它所传教法，众人也发愿从今往后一定对所有飞禽走兽广行无畏布施。

多生累劫修安忍

释迦牟尼佛曾为行境仙人，魔王波旬就幻化出五百位精通种种害人技巧之恶人，于五百年中日夜不停地紧随仙人身后妄图加害他，从早至晚、不舍昼夜。这五百人于仙人行、住、坐、卧之时，不放弃分分秒秒地在仙人面前说不悦耳言辞，对其进行恶语中伤。但仙人始终以慈心对待他们，从无生出半点恶心，并且只观这些人功德。他心中暗自发愿：为难以调伏之众生利益，我誓修无上菩提，一定要首先度化此等众生。仙人即如是以慈悲心对待所有恶性众生。

又释迦牟尼佛曾为外道仙人，名为忍力，他自己发愿永远不对任何众生生嗔恨心。当时有一恶意魔王为摧毁忍力安忍，就幻化出专门毁坏别人安忍功德之一千人，用咒语诅咒忍力，用妄语肆意对忍力横加诽谤，还在大庭广众之中用常人难以启齿之言辞羞辱他。这些人还于忍力行、住、坐、卧之时加害他，此等非法行持竟长达八万四千年之久。

当仙人前往城市中去时，这些恶性众生竟用不净粪浇洒在仙人头上、所捧钵盂中以及衣服上，还用扫帚猛击忍力头部。但他根本未生丝毫嗔恨心与报复之意，不管别人如何待他，他从未想过以牙还牙，从未怒目相向，从未恶口相加，甚至诸如“我到底做错何事”之类言辞都未曾说过。

忍力长久发菩提心，最后诸恶人实在无法毁坏他之安忍力，众人便对他生出信心，并在他面前忏悔各自所造罪业，又对其行供养及承侍。忍力对这些人无私传法，无有任何贪欲心，如此行持更令众人生起大信心。他们真诚在其面前忏悔业障，并行供养，大家最终全部跟随忍力仙人发无上菩提心，并共同趋入真正佛道。

这些人久远之前均已成佛，并示现涅槃。而恶意魔王则为后来之提婆达多。

除此之外，释迦牟尼佛因地时如是受无边损害，但仍坚持安忍行持之事例为数尚多，他为求法而苦行精进、不舍安忍之事迹，下文“精进品”中还要广宣。此外，他对甚深空性之安忍，后面“智慧品”中再行叙说。由此可知，释迦牟尼佛多生累劫当中，实已修持举不胜举之安忍度。

以上圆满宣说了释迦牟尼佛广行安忍之种种公案。

六、精进品

劝人学佛求道

无量无边、不可思议劫之前，有一世界名为寂灭世界，正处喜爱劫中，净现如来应世说法。人民生活快乐幸福、财富圆满，寿量可达八万四千年。当时有一王子名为吉祥宝，相貌端严、财富广积、为人傲慢，他从未拜见过净现如来，也从不供养、承侍世尊。净现如来早已了知王子根基，觉其应有成佛之善根，只是因贪著财物故而不来礼敬佛陀。若有人愿持之以恒对其进行劝请，王子想必应能亲近、拜访佛陀。

净现如来于是对众人说道："在我们八万四千菩萨中，有哪位心地善良、能以无有厌倦心态、于八万四千年中在吉祥宝王子门前甘愿承受痛苦，忍受诋毁劝其发心？如此漫长过程中，他不会听闻悦耳言辞，亦无有坐垫，整日饱受恶语中伤、粗言讥毁。如此境遇面前，有谁自愿前往？"如来言毕即用筹码[26]开始点将，但八万四千人中竟无一人愿意接受。如来三次以筹码唤人，但均无人愿意领取。

无等大师释迦牟尼佛当时名为精进力菩萨，闻听如来多次恳切召唤后，即从诸眷属中离于坐垫、趋于佛前。他将法衣披于肩上，右膝着地，恭敬合掌顶礼净现如来正等觉后说："世尊，我愿于八万四千年中远离一切快乐享受、不生厌烦心、承担一切痛苦与不悦意言辞，前往吉祥宝处劝其学佛。"精进力言毕，大地即六次震动，虚空中成千上万天子也啧啧赞叹："奇哉！大菩萨精进力誓披精进铠甲真乃善妙。"

[26] 筹码：佛教僧侣举行大规模法会时，用以计算人数的由柽柳制成的木筹码。

精进力于是就前往王子宫殿，当他坐于门外后，众人见之马上即开始用种种污言恶语对其加以伤害。有人还扬起灰尘向他抛撒，兼以拳脚、木棒、粪便痛击。精进力尽管饱受如是令人耳目不悦之对待，身体亦遭受各种痛苦，但他内心从未被其扰乱，也从未生起嗔恨心与仇恨之意。他既不退转心志，也不落荒而逃，反而因之更加精进不懈。精进力即如此以大悲心在其门外静等一千年。

当精进力随后进入大门时，又开始遭受众人诋毁、谴责、辱骂、殴打，但他依然未生嗔恨，一待就是一万年。精进力又开始进入王子宫殿二门，至其离开时，已于其中度过两万年难捱岁月。精进力又依次进入第三门，至此，七万年时光已悄悄流逝。接下来，精进力再继续往里深入，过得第六门，又入第七门，此时已过八万四千年时间。吉祥宝王子终于开口对他说道："比丘尊者，你欲何求尽管提出，我尽量满足。"

王子此刻对精进力菩萨生起强烈好奇心，他心想：此人居留于此长达八万余年，竟然还未生厌离心，真是稀有。精进力看到王子情绪尚好就回答道："我根本不为饮食、衣物等财物而来，我以清净心欲劝你学道，故而才奔赴此地。世间大怙主净现如来现正为众生宣说断除烦恼痛苦法门，若错失听法良机则太过可惜。无数百千万亿劫中，如来出世稀有难得，而如今正因有具圆满功德之佛陀应世说法，此黑暗世界才被光明充满。但你却一直贪著世间妙欲，沉湎于财色酒气之中，如一直这样陶醉于王位及王宫幸福生活，你始终也不会拜见如来，这才真正令人痛惜。因你所为实在了无实义，如来说过财富无常，王位生命亦都如草上露珠一样无常消逝。你虽已听闻并且了知如来出世，但仍一直沉迷于世间享乐，这太不应理。你应趋入菩提道，并劝化你能调伏之众生亦趋入佛法。如你自己尚且为欲望奴仆，那又如何调化其他众生？真希望你能断除我慢烦恼，立即前往净现如来座前，以精进心对世间众生生起悲心。若不如此行事，你未来定会生后悔心。"

王子听到精进力发自肺腑之劝告后，自然灭尽傲慢心。他以恭敬心顶礼精进力双足道："我现在诚心诚意忏悔以前对你所作之伤害，我愿把自己王位及一切妙欲、受用统统舍弃以断除傲慢心，并立即前往拜见如来。”说完就携带八千万众生眷属手捧鲜花、妙香、甘美饮食前去拜见如来。

吉祥宝见到如来后即恭敬顶礼，并献上供养，又坐于如来法座下说道：“多亏精进力菩萨劝请，我方才来至如来面前。我本该早行供养，但却从未如此行持，现在我于世间怙主前至诚忏悔，忏悔以前对精进力菩萨种种非理、不恭敬言行。我真是愚痴众生，请如来垂怜救护，对我等众生以大悲心慈悲摄受。我愿趋入殊胜菩提道，及至取得殊胜佛果之前，永不行持放逸行为。”王子随后就舍弃王位，与八千万众生一道开始希求无上菩提道，并最终于如来脚下出家。

如来了知众人不同意乐，就为他们宣说殊胜菩提道法门，众人最后均获得与各自根基相应之安忍境界。

当时之吉祥宝王子即为后来之弥勒菩萨。

桑嘎拉顽强抗拒诱惑

又久远之前有一王宫名为雄狮王宫，国王名为狮髻，财富丰饶，且如理如法治理国家。他手下有一狮子商主，财富圆满犹如多闻天子一般。商主娶有与他同一种姓之妻子，释迦牟尼佛当时即转生为二人之子，名为桑嘎拉。桑嘎拉外相俊美、可爱，长大后开始学习文字，不久即精通八种观察法等一切学问。父亲为他能安享四季美妙生活，就给他建造了多处不同房舍以供春夏秋冬之用。桑嘎拉妻子所居屋室亦分上、中、下三等，桑嘎拉与妻子在上等屋室中尽度美好时光，两人还经常以美妙乐音愉悦身心。

桑嘎拉后来在父亲面前请求能去海中取宝，父亲劝解道：“儿啊，我财富如此圆满，大米、芝麻等物永远不会被你耗尽，你尽可随意享用。我只希望能在自己健在时与你共度快乐时日，等我死后你再去求财也不为迟。”但桑嘎拉不为父亲劝说所动，他仍再三祈求能得父亲开许。父亲深觉儿子可能正被业力催动，最后只好说道：“既如此，你就出发吧。”同时又对儿子提出希望：“你必须承受种种痛苦、危险。”

桑嘎拉便集中起五百人欲赴海中取宝，并且带有施资者、善游水者、张帆者等五种特殊人才，准备妥当后就欲开拔启程。因桑嘎拉想到此次航行能否顺利归来尚难料定，他便备齐大量海上救生设备，诸如木板等各种应急物件一应俱全，桑嘎拉全部收拾妥当后便率船出发。

结果众人不幸碰到一条大鲸鱼，船只被它彻底摧毁。幸亏众人备有木板等救生物，便争先恐后游向岸边。借助业风吹动，大家最终被刮向南方海岸。那里有一铜洲，聚集有众多罗刹女守护，整个地区被划分为胜幢欢喜地与贫乏痛苦地两块区域。

当他们即将接近岸边时，胜幢欢喜地之吉祥幢开始震动，众罗刹女立刻明白赡部洲有一商船已被损坏，船上众人均已漂流至此。罗刹女急忙赶往岸边，结果发现这些人正往此处游来。她们连忙把自己装扮成美丽漂亮之女人，梳洗打扮一番后，这些罗刹女说道：“诸位好哥哥，请上岸与我们一同生活，我们大家无拘无束、自由自在岂非再好不过？我们已带来饮食、衣物、卧具、各种珍珠、蓝宝石、右旋海螺，有生之年，这些物品能令我们尽享美满幸福生活。但你们无论是谁都不要前往南方，精神疯癫也不得前往。”

男人原本就易受美女美色吸引，她们美丽诱惑能束缚住任何男人。听罢罗刹女所言，众商人开始一一与她们各自组建安乐窝，不唯快乐生活，还生儿育女、繁衍后代。而桑嘎拉商主则一直在思索：为何她们不让我们前往南方？为何翻来覆去强调不已？有次等妻子睡着后，他就悄悄起床，腋下夹着一把宝剑就直奔南方而去。结果走到后来，桑嘎拉听到一片哭诉声，还有人言道：“悲哉！我等现已远离父母妻子及所有赡部洲众人与国土。”桑嘎拉听到后稍感恐慌，他屏住呼吸又静听片刻，然后鼓起胆子继续向前走。

不久即来到一座铁城前，铁城四周有高大铁墙围绕。桑嘎拉想：这铁城想必应有城门吧。他于是开始四下打探，但仔细搜寻半天，竟连一老鼠洞都未发觉。此时他发现北方出现一株高大树木，随即他就直奔而去，且爬上高高树干，结果竟发现一铁屋。

桑嘎拉问屋中人："为何在这里痛苦哀嚎？"那些人一看来人急忙回答说："我们本是赡部洲商人，前往大海取宝途中碰到鲸鱼，它毁坏我们所乘船只，我们依靠船上救生设施才游至岸边。铜洲罗刹女以美色诱惑我等，用甜言蜜语令我们与其共同生活，还育有子女。但她们一旦找到新上岸之赡部洲商人后，就欲将我们全部吞食干净。我们中已有多人被其吃光啃净，她们吞食时甚至连头发、指甲都不放过，连落于地上之一滴鲜血亦会被其用手捧起吃掉。现在我们已被吃剩至十人左右。"

桑嘎拉急忙向其中几人打探道："具智者，你们是否通晓前往赡部洲之方法？"

这些人无奈说道："大智者，我们自身已无任何方法解脱，我们若欲逃跑，此铁城上下左右便会层层生出无穷铁墙将我们团团围困，不过你们可能尚有逃脱希望。以前听天人在虚空中说过：'每月十五日，赡部洲商人可直接前往北方，北方有一骏马王名云行力，它日常均以自然成熟之庄稼为食，享用过后身体就会力大无穷，且将马背靠向欲离开此地之商人，并向他们说：你们有谁欲回返，我会把他们顺利送至赡部洲。骏马王会将此话连说三遍，此时大家可径直走到它面前说：我们欲往赡部洲。骏马王便会将你们平安送抵赡部洲。'我们即如是听闻，故而料想你们应能返家。"

桑嘎拉商主得到信息后便悄悄返回住地，此时罗刹妻子还在入睡，他也就满怀心事地躺到床上。

第二日早，商主起床后依次悄悄告诉众商人道："不远处有一寂静花园，希望大家都前往集会，我有秘密、重要话语要与诸位商量。不过请万勿携带妻子儿女同来，即便再贪恋、喜爱他们也勿拖儿带女。"众人最终均按商主要求集中起来，桑嘎拉便把所听讯息告诉他们，大家为摆脱罗刹女控制，便约定十五日前往北方。

十五日这天，众人一起来到地处北方之岛，随后果然看见骏马王正享用自然成熟庄稼。大家正准备开口请求，商主劝阻道："据我知道的被关押之人所言，现在请求时机尚未成熟，待骏马王吃饱后，于其心情舒畅、力气倍增之时，它自会开口讲话，那时我们再提出自己要求。”等骏马王吃饱后，身躯陡然增大，并且将脊背靠拢众商人问道：“你们当中有谁欲返回赡部洲？”结果所有人均上前恭敬合掌道：“我们皆欲返回，请你务必护送我等圆满、顺利抵达赡部洲。”

骏马王则殷切叮咛说：“你们既要返回，那就必须牢记：返程途中，罗刹女们会打扮得特别艳丽，且携儿带女对你等祈求：‘诸位大哥，你们理应与我们继续生活，继续做我们怙主、依投处。这些饮食、妙衣、住处、乐苑、森林、泳池，你们自己家乡赡部洲所有之珍宝、珍珠、蓝宝石、白水晶、珊瑚、金、银、石精、红冰石精、右旋海螺，统统尽属你们私人财富，请千万勿回赡部洲，赶快返回与我辈女人共享幸福美满生活。若你们已不再需要我们，那也请无论如何将儿女一同带走。’这些罗刹女到时即会如此哀恳。你们如果认为‘此乃我之妻子、我之饮食……我之右旋海螺’，一旦有此种念头生出，那尽管身还在我身上，但就如成熟果实必堕于地上一般，你们亦不可能再安住我身之上，必会自然坠地，被这些罗刹女吃光，连一根头发都不会剩下，一滴鲜血也会被她们与土一起搅和吃尽。你们当中若有谁不产生我、我所之念，那他即便没抓牢我也不会落下，他必定能顺利、吉祥返回赡部洲。”

骏马王说完即将脊背转向他们，众人便翻上马背，或坐于马脖颈之上，有些则抓住马鬃，骏马王则渐渐腾空升起。此时于众罗刹女所居之地，胜幢开始不吉祥地发生震颤，她们马上明白这是商人们欲返回赡部洲之信号。罗刹女急忙打扮好，并携带儿女前往骏马王处。她们一见众商人便高声喊道：“诸位大哥，恳请你们能将我等当作家属，我们已无任何家人亲戚，只有你们可做我们怙主、依投处、无偏亲友。此乃你们所有饮食、妙衣……右旋海螺。”众罗刹女所说果如骏马王所言。

商人们听罢，有些开始生出“我之妻子”念头，有些想到儿女，有些则想起饮食等物，结果这类商人全部相继落马，众罗刹女顷刻就将他们全部吃光，连落于地上之一滴鲜血亦被含食于口中。只有桑嘎拉一人无思无念顺利返回，其余人众全被蚕食。

释迦牟尼佛后来曾告诉诸比丘道：“诸位比丘，所有骑于马上但却贪执自己妻子、儿女、饮食、财富等人全部堕于马下，并被罗刹女吞食；不对诸种人、财、物生贪之人则顺利回至赡部洲。你们诸比丘中如是贪执眼、耳、鼻、舌、身、意，或色、声、香、味、触、法，或地、水、火、风，或眼识、耳识、鼻识、舌识、身识、意识，或色、受、想、行、识等我及我所者，均会感受无边痛苦，并堕入轮回深渊；而无有我与我所此等执著之众生，则如返回赡部洲之人一般，必能从轮回中获得解脱。任何具智慧且对佛法生信者，均会如云行力骏马王一样顺利走出轮回大海，登上解脱彼岸；任何愚痴、不信佛法者，则如同堕地于罗刹女前感受痛苦者一样，永陷轮回深渊中。”

桑嘎拉商主如是获得解脱后，众罗刹女便纷纷对他的罗刹妻子说：“我们均已将自己丈夫吃掉，唯独你却让丈夫漏网逃脱。你必须将其捕回，否则我们就要吃你。”此罗刹女恐惧万分地央求道：“请你们务必为我延长期限，我一定将他抓获带回。”罗刹女们最终开许了她所提要求。

此罗刹女随即幻化成一令人非常恐惧之形象来到赡部洲找到桑嘎拉商主，而商主则挥舞宝剑吓唬她，她不敢近身，只得仓皇逃窜。一从中部地区前来此地之商人恰好路过，罗刹女便在他面前现身，并于其脚下顶礼道：“我乃铜洲国王公主，桑嘎拉商主之妻，他所乘商船在大海中遇到鲸鱼攻击受损，当时他对我说‘你是不吉祥女人’，随后就将我舍弃。不知你这位商主是否有办法能令他再重新接纳我？”

此商主答应了罗刹女请求后便来到桑嘎拉面前说道：“你将铜洲国王公主娶为妻子，那就勿将其舍弃，你们共同生活岂非善妙？”桑嘎拉闻言回答说：“聪明商主汝应知，她非公主乃罗刹。”商主惊讶问道：“那她何以至此？”桑嘎拉便将前后经过向其详述一番。

等桑嘎拉回到自己家中后，罗刹女又带着儿子来到他家门口。此时有许多人都看见一女人待在商主门前，她所牵孩童长相与商主几乎一模一样，一望便知是其亲生儿子。正当众人纷纷称其为桑嘎拉之子，并沸沸扬扬议论之时，罗刹女则趁机说道："想必你们都已清楚，此乃桑嘎拉儿子。"众人便向她询问："你如何到达此地？你又是谁？"罗刹女就将编撰情节再次复述一遍："我乃铜洲国王公主、桑嘎拉商主之妻，他所乘商船在大海中遇到鲸鱼攻击受损，当时他对我说：'你是不吉祥女人'，随后就将我舍弃。不知你们有无办法能令他重新接纳我？我们已从海上归至此处。"

那些人连忙将此信息告诉桑嘎拉父母，二老便找来儿子说道："国王公主你怎能舍弃？你应该接纳妻儿，真不知你何以做下此等不近人情之事！"

桑嘎拉辩解说："二位老人，她根本就不是人，她乃铜洲罗刹女。"父母不满指责道："你不要胡言乱语，女人原本就为罗刹女。"桑嘎拉坚决说道："你们二位老人若喜欢她，可将其直接领进家门，我肯定不会接受她。她若进家，我立即离家。"父母无奈又略带气愤地说道："我们本是为你着想，若你不愿接纳她，我们何苦还要将其领进家门？"二老于是又将罗刹女赶往他处。

罗刹女不甘心，她最终又找到狮髻国王。当她来到王宫门口，并要求拜见国王时，大臣向国王通报说："有一青春貌美女子欲与国王约定见面时间。"国王闻言不觉心中一动："她若有事，现在就可进来。"待罗刹女被领进来后，国王一见立刻对其生起贪心，因女人美色一般说来非常容易就能将众人吸引。国王不由自主脱口而出："你来得正好，不知美女从何而来？"罗刹女便再次重演一番所撰谎言："我乃铜洲国王公主、桑嘎拉商主之妻，他所乘商船在大海中遇到鲸鱼攻击受损，当时他对我说'你是不吉祥女人'，随后就将我舍弃。现在我们已寻至这里，请大国王让桑嘎拉照顾我们母子。"

国王便派大臣唤来商主询问，并告诉他说："你不要舍弃妻儿，应与他们好好生活。"桑嘎拉坚定说道："大国王，她根本不是国王公主，而是铜洲罗刹女。"国王面露不悦之色："女人原本就为罗刹女，你应立即接纳她。若你实在不欲与她重新生活，不妨将她送与我。"桑嘎拉无奈答应道："国王，她确确实实是罗刹女。不过我也不会勉强国王，请国王自己斟酌。”

国王则将其当作王妃一般看待，并最终立其为王妃。某日深夜，国王与眷属均已睡熟，罗刹女则自行回到铜洲罗刹国。她告诉众罗刹女道：“诸位姊妹，桑嘎拉实在无用，我已把国王及王妃等眷属全部想办法收入囊中，你们要尽快随我前去，我们大家共同吞食他们。”

众罗刹女听罢就气势汹汹地幻化成恐怖魔女前往赡部洲。于半夜时分，她们来到王宫，随后就将所有人众，包括国王与眷属统统吃光。

第二日天亮时，王宫大门无人打开，而食人肉之鹫鹰却在王宫上方盘旋往还。所有大臣、长官等臣民纷纷聚集在王宫门口，待消息四散传开后，商主也听闻到种种议论。他就将宝剑夹于腋下，对围观众人中所有智者说道：“诸位智者，国王定是被罗刹女吃掉，我们应想办法挽救局面。”众大臣均问：“你有何良策？”“你们去拿梯子，我上去看看。”桑嘎拉对大臣们说道。

待他借着梯子爬进王宫后，便挥动宝剑奋力吓唬那些罗刹女。此时有罗刹女手拿人头，有罗刹女怀抱手脚，看到桑嘎拉后便四处逃窜。商主下来为众人打开宫门，众人这才发现所有宫内人众均已被罗刹女吃光尽净，大家只得把王宫里外洗涤一番。

众人随后集中起来议论道：“国王、王妃均已被吞食，国王又无太子，谁来继承王位？”此时有人建议说：“谁具备智慧、力量，谁就应当国王。”有人紧接话头说：“除桑嘎拉外，还有谁具备智慧与力量？”于是众人纷纷应和说应举桑嘎拉为国王，并请求他能接受王位。

桑嘎拉则说道：“我为商主种姓，理应以商主身份存世，要王位有何用处？”众人鼓动说：“将王位交与别人都不适宜，大商主，你一定要接受王位。”“既然你们都这样认为，我也只得顺从民意，但从今往后你们均需按我教言行事。”桑嘎拉最终应承下来。众人则爽快答应说：“只要你同意当国王，我们定会依教奉行，不违你教言。”国中民众随后就开始装饰城市，并以极大恭敬心为新国王行加冕大典。

桑嘎拉国王则开始召集其他地方咒士，让他们学会明咒；又聚集别处精于射箭之人，令其精进演习且广泛传授技艺于众人。然后国王便对这些人说：“你等大智者应准备齐四种军队，我们要前往铜洲驱赶罗刹女。”随即便率领四种军队登船前往铜洲。

即将接近岸边时，众魔女所居贫乏痛苦地之胜幢开始动摇，罗刹女议论纷纷：“此种不吉祥之征兆表明赡部洲人肯定要来此与我们作战，我们不妨先去探察一番。”众罗刹女便来至海边，结果发现许多船只正向她们开来。罗刹女急忙应战，而桑嘎拉手下念咒之人立即依靠咒语威胁她们，射箭勇士也开始万箭齐发。不大工夫，大多数罗刹女都已被降伏，剩余诸罗刹女便在桑嘎拉国王脚下顶礼道：“恳请国王能饶恕我等。”国王则命令说：“我可以宽恕汝等，但你们从此就得离开此处前往别地生存，且自此之后永远不得损害众生，如此才能得我赦免。”罗刹女连忙答应说：“我们可以离开此地。”说完就匆匆逃离此岛，前往别处求生。桑嘎拉国王于是重新规划、建设此城，这个地方从此以后就被称为斯里兰卡。

当时桑嘎拉商主之罗刹女妻子，在释迦牟尼成佛后，便成为一名为玛得之人的女儿，叫无喻姆。无喻姆长相妍丽、身材苗条，整个世间堪称无与伦比，故而众人才将其唤作无喻姆——她之美丽已无法以喻名之。玛得心中盘算道：“不管对方种姓如何高贵、财富多么圆满，或者如何广闻博学，我都不欲把女儿嫁与此类人为妻。如此人长相与我女儿一样，端严善妙、无人可比，这人方才够格做我女婿。”

玛得一日看见坐于树下之释迦牟尼佛，顿觉此人煞为庄严俊美，不禁立即生起欢喜心。他心中想到：此人应为整个赡部洲尊主，若能娶我女儿真乃我们莫大荣幸，将女儿交与他定无后顾之忧。玛得回家后便告诉妻子说：“我今日已为女儿相中了丈夫。”随后就让女儿梳妆打扮一番，带着妻子便赶赴释迦牟尼佛所居之地。

玛得妻子名为乌尔玛，她以前曾见过世尊，此次相见后便对丈夫说道：“我曾见过大仙人[27]去城中化缘，他若向下压，则可压垮高山；他若向上举，则可抬低为高，这种人看来不会接受任何美女，我们还是打道回府为妙。”玛得愤愤阻止她道：“乌尔玛，你真是不吉祥女人。

[27] 指释迦牟尼佛。

今天正逢吉日，你万勿说不吉祥之语。如我们能以方便法令其接受，他日后定会慢慢习惯享受男女妙欲。”

当时释迦牟尼佛恰好从一森林正前往另一森林，他们看见释迦牟尼佛所用坐垫及住处后，玛得又对妻子说：“好妻子，此乃我们女婿所用垫子及住处。”而妻子则清醒说道：“具贪之人，住地零乱；具嗔之人，住处破烂；具痴之人，住处混乱。这住地看来乃离贪者享用，他想必不会接受我家美女，我们还是回去为好。”玛得闻言内心不悦：“你真是不吉祥女人。今天正逢吉日，你万勿说不吉祥之语……”玛得言毕又看见地上所留世尊脚印，他就又沾沾自喜对妻子说：“好妻子，此乃我们女婿所留脚印。”

妻子再次打断丈夫痴心妄想：“具贪之人脚印不明；具嗔之人脚印深厚；具痴之人，脚印模糊。这脚印看来定是离贪者所留，他想必不会接受我家美女，我们最好赶快返回。”玛得闻言心生不悦：“你真是不吉祥女人。今天正逢吉日，你万勿说不吉祥之语……”

此时他们又听闻释迦牟尼佛清晰声音，玛得再次自以为是地说道：“贤妻，此乃我们女婿所发音声。”妻子又一次冷静说道：“具贪者声音温柔；具嗔者声音粗糙；具痴者声音混浊不清。此音声乃如天鼓妙音一般，是佛所出音声，发出此声者又怎会接受我家美女？我们最好赶快返回。”玛得继续批驳妻子说：“你真是不吉祥女人。今天正逢吉日，你万勿说不吉祥之语……”

释迦牟尼佛在距他们全家很远之地已望见三人，玛得看到后不觉心花怒放：“贤妻，我们女婿正在观望我们。”妻子依然给丈夫泼冷水道：“具贪之人眼珠乱转；具嗔之人眼如毒蛇；具痴之人眼如暗夜一般混沌无光。此人眼望一木轭许之地，此乃离贪者所发视线，他断不会接受我们女儿。”玛得此刻对妻子言行已非常不满，他批驳妻子道：“你真是不吉祥女人……”

当世尊开始行走之时，玛得一厢情愿感叹道：“贤妻，此乃我们女婿在行走。”妻子便对他分析说：“此人行动庄严、如法，身躯稳固，脸色及目光均清净透亮。他何能接受无喻姆，我们还是返回为妙。”

玛得此次则机械地反击妻子并宣说一偈："你真是不吉祥女人。今天正逢吉日，你万勿说不吉祥之语……昔日有内角金色，厄达拉三婆罗门，终被贪欲蒙住眼，生下儿子享欲乐。我们若以方便法，向其奉献无喻姆，此女美貌定使他，生儿育女享安乐。"

玛得言罢即到世尊前请求道："我家女儿青春靓丽、貌美如花，对希求世间安乐之人而言，她乃非常善妙、合适之生活伴侣。现今我欲将其奉献与你，请你接纳。她就如虚空明月一般，定会令你生欢喜心。"

释迦牟尼佛此刻则想到：若我对她说能令她自己贪心增盛之话语，她可能会因贪欲炽盛、增上而死亡，这种可能性当然存在，看来我应对其宣说打掉妄想、令其生起愤怒情绪之话。想到这，释迦牟尼佛便冷漠说道："婆罗门，我对乐女、嬉女等魔女既不喜欢，亦不希求，我从未对之生起过欢心爱意。对她们装满大小便等秽物之臭皮囊，我脚都不愿触碰，又怎会喜欢、贪执？"

玛得又气愤又疑惑："我女儿是否是残疾，还是你已远离贪心？为何众人如此贪恋她，唯独你却不愿接受？"

世尊非常冷淡地对他说："如有人愚痴到会喜欢你女儿，那你尽可将女儿交付他们。除依赖女人，并因之而生贪心、痴心之愚笨徒众外，有谁会接受你所谓如花美女？我乃如来，是整个世间尊主，我已获无上菩提，就像莲花不著水一般早已远离贪执世间之心。青莲花出污泥而不染，我亦同样离于世间妙欲染污。"

无喻姆听闻释迦牟尼佛将自己称为盛储大小便之臭皮囊后，立即抛下对世尊贪执之意，她对世尊之嗔恨烈焰顷刻就升腾起来，一时间无喻姆杏眼圆睁、身躯气鼓鼓地增大不已。而有一年老沙门此刻竟来至释迦牟尼佛前请求说："普见外道都能接纳女人，世尊不如干脆将她交与我，如此丽人定可与我随意、舒心度日。"

释迦牟尼佛闻言怒斥他道："你这愚痴之人再勿坐我近旁，即刻离开此地。"老沙门听后怒火万丈，他竟恶狠狠诅咒道："愿你袈裟、钵盂等资具全部耗尽损坏；我所受戒律愿如将孩子扔给姨母一样统统再还给你，我要立即舍戒，玛得应将无喻姆速速交与我。"

玛得不觉嗔心大起，他恶口痛骂道：“你这糟老头看上一眼都令人作呕，又怎能触摸？更何谈娶我家美女！”老沙门这下怒不可遏，马上便因气愤至极而吐血死亡，死后直堕地狱。

诸比丘纷纷请求世尊为众人宣说他以前未接受铁匠之女的故事，世尊便向众人宣说：“这老沙门以前亦因依赖无喻姆而令国王自己及众多眷属蒙受痛苦。”世尊接下来便向众人叙说了桑嘎拉商主之故事，并向他们解释说：“当时之狮髻国王即为现今之老沙门。”

玛得最后只得带着无喻姆来到郭兴巴城市，当地国王夏瓦一见无喻姆就对她生起贪心，于是就将她娶为王妃，又赏赐给玛得以鲜花装饰之宫殿一半，还将五百仆人也一并赐予玛得，又日日用妙香及五百印币奉送。玛得也趁势变为夏瓦国王大臣。

无喻姆后有一次用火焚毁一蓝色王妃所居宫殿，尽管造下此等烧尽房舍恶事，国王还是将她留在身边。蓝色王妃妹妹吉祥姆后来亦成王妃，舍利子比丘为其传法后，吉祥姆现见真谛。以此缘故，释迦牟尼佛说：“有七种人之话语不得违背：圆满正等觉如来之语；无垢阿罗汉之语；僧众长老之语；管家之语；堪布之语；阿阇黎之语；国王之语。”

又释迦牟尼佛以前为大商主时，曾到罗刹女国。观世音菩萨则变为瓦拉哈儿骏马，将大商主带回赡部洲，此公案在《宝箧经》中有记载。

流水拯救万条鱼

无量劫前，宝髻如来佛法进入形象期后，有一天自在光国王仍以佛法如理如法主持国政。国中有一商主名为持髻，精通一切医药知识，亦娴熟掌握吠陀学问。他有一子名为流水，也即后来之释迦牟尼佛。流水相貌端严殊胜，兼以精通文字、艺术等所有学问，且辩才无碍。

流水每见众生沉陷疾病痛苦折磨中就想到：尽管父亲精于医道，

怠奈他已年迈体衰，不能再亲赴各个城市为病苦众生诊治。为治愈众生疾患，我应到父亲面前亲聆医术。流水于是便到父亲前恭敬求教，随后就渐渐掌握一切治疗技艺，并及吠陀等所有学问。

他到天自在光国王治下城中为众人治病时，在一切众生面前均说道："我是医术高明之医生。"不仅如是宣说，他更凭借自身医术令很多病者远离病患。这些病人又与以前一样恢复体力、健康如初、具足一切身体受用。众人皆大欢喜，全都继续积累福德，且赞叹流水就如药师王一般，并对其恭敬爱戴。

流水后于一水池中发现一万条鱼因水近干涸而焦灼待毙，他不觉生起强烈悲心。此时一树神告诉他说："你若能拯救鱼儿性命、赐其源源不竭之水，那你大名方才可称名副其实。"流水闻言便开始四处找水，但反复寻觅也未发现有滴水可用。无奈之中，流水只得先砍断一根树枝权作水池凉篷，然后又开始逆溯水池源头。原来是一恶人为害鱼群，便将水池源流引向另一方向，故而才致池中水量日渐干枯。流水找到水源后不觉大失所望，因他发现即便是一千人亦无法再将源头转向，自己势单力薄又怎能应对。

流水失望而归后便到天自在光国王前顶礼请求道："我一直尽心尽力治愈病者疾患，现在一寂静处水塘中，有一万条鱼因池水干涸而备受煎熬，它们还得忍受毒日炙烤，种种痛苦难以尽言。为运水之故，希望大国王能赐予二十头大象以解燃眉之急。"

国王最终答应了他所提请求，将二十头大象悉数赐予，流水马上率儿子水衣、水精带领象群奔向江河边。临行前，流水又向牧象童子借来一百只皮囊，到江岸边后，这些皮囊全部派上用场，流水将它们装满江河水，驮于象背后返回水池。待池中鱼儿得水滋润后，一万条鱼各个欣喜若狂。为表达获救后感恩心态，它们看到流水走向哪里，便将感激目光投注于他。流水深恐鱼儿解渴之后又有腹饥之累，就令水衣骑象返家向亲友索要食物。等水衣将众多食品带回来后，流水将其细细捻碎洒向水池，所有鱼儿此次均心满意足。

流水又慈悲想到：我以前在一比丘前听受大乘佛法时，他曾说过——任何众生临死时，如能在其耳边念诵宝髻如来名号，都能使其转生善趣。看来我亦应给这些鱼传授甚深缘起法，还要为它们念诵佛号。当时身处赡部洲之众生，有些对大乘法有信心，而有些却毁谤不止。流水则义无反顾走进水池，待水没膝时，流水开始大声念诵“顶礼圆满如来正等觉宝髻佛”，然后又宣说此生彼生、有此有彼，及无明生行、无明灭则行尽及至最终灭尽大痛苦等缘起正法道理。

流水返家后有一日去参加一盛大宴会，因饮酒而致昏昏欲醉，结果等他睡下后，当地竟出现种种稀有瑞相：一万条鱼死后全部转生三十三天，当他们自己观察是以何因缘才能转生为天人时，发现原来是当自己以前在赡部洲作鱼时，持髻商主之子流水不但以饮食、充沛水源满足他们所需，更以为他们宣讲缘起法及念诵宝髻佛号之功德，而令众鱼全部转生三十三天。为供养流水，他们便从天界来至其家，当时他还睡在床上。天人便在他枕边放置一万条双股珍珠项链，脚边亦放置一万条，左右身边各放一万条；天人还降下曼达鬲花雨，没过流水膝盖；诸天人随即又出击钹妙音，结果整个赡部洲众生都从睡梦中醒来，流水也最终清醒。

此时一万天子飞至虚空，并于天自在光国王王宫亦降下花雨，并及原先所居水池也遍覆花雨。众天子然后才回到天界，并享受五种妙欲及安乐生活。

第二日清晨，当赡部洲天色大亮时，国王惊讶不已地向精于天象者及诸大臣询问：“此等瑞相以何因缘而得以出现？”众人皆回答说：“国王应知，商主儿子流水家昨晚降下四万条项链及曼达鬲花雨。”国王急忙命令说：“你们速去流水处，以温和之语唤他过来。”等流水来到王宫后，国王问他：“你知道昨晚瑞相到底是何因缘？”流水答言：“对此我非常清楚，那是一万条鱼死后转生所致。”国王听罢更感震惊：“你如何了知是鱼死所致？”流水说：“我可派儿子水衣前往验证。”国王连忙说：“你快将水衣派去。”

水衣来到水池边察看，塘中鱼儿果然已全部死去，池中遍满曼达鬲鲜花。水衣回来后将所见于流水前汇报一番，流水又将详情告知国王，国王不禁心生欢喜且随喜赞叹。

当时之持髻商主即为后来之净饭王；天自在光国王即为后来之释迦手棒者；流水之妻名睡莲精者即为后来之释迦女沙措玛；水衣即为后来之罗睺罗；水精即为后来之阿难尊者；一万条鱼即为后来得无上菩提授记之威严王等一万天子。

清净发心

久远之前，无惧王如来出世时，于其教法下释迦牟尼佛转生为一婆罗门子，智慧超胜、严持五戒、修持佛法。

有次他与五百人一同前往一非常恐怖之地，当地有五百强盗。强盗中有一人为婆罗门子熟人，趁夜晚天黑，这人找到婆罗门子说："你不要告诉别人，自己想办法逃跑就是，否则你们这些人均会被我们杀死。"婆罗门子则暗自思忖：我若告诉同伴，他们定会杀死这名强盗，众人便会因此而堕恶趣；我若保密，众强盗又会将我们五百人杀光，这些强盗又会因此而堕恶趣，这可如何是好？左右为难之际，婆罗门子又想到：宁可我堕恶趣，亦要把与我相熟之人杀死。他只欲让我逃脱，我若告诉众人，他必不答应，看来只有牺牲他一人了。想到这，婆罗门子便抽出宝剑以迅雷不及掩耳之势将其诛杀。

五百人最后均安然脱险，大家快乐欣慰之余又不免对婆罗门子所行生起疑问："你历来都是人中最善良、最优秀者，为何也会动手杀人？"他则心胸坦荡、毫不掩饰地说道："我不惜造作大恶业，就是为众生利益、为帮助朋友同伴渡过难关。我所杀者乃你们公敌，为此而堕地狱我也心甘情愿。"五百同伴感恩戴德道："你为救助我等，自己甘愿承受三恶趣痛苦而杀人救众，你对我们恩重如山，我们该以何为谢？"婆罗门子郑重说道："如欲报恩就请发菩提心。"结果这些人全部发下菩提心。

五百强盗后来碰到他时也说："你本善良，为何要杀我们中之一员？”婆罗门子趁机开晓道：“我其实早就知道你等踪迹，但我从未向任何人，包括国王汇报。以此缘故，你等性命方才得到保护。”众强盗听闻后也对他生出信心，并皆发菩提心。

而婆罗门子则以发心清净之原因，迅速圆满了九十劫超越轮回所需之资粮，并逐渐证得菩提果位。

又释迦牟尼佛有次住于竹林苑时，得知一比丘身得痈疮病，遍身脓血，谁都不喜与其接触，更不愿探望，此比丘只能住于佛殿外之墙角。释迦牟尼佛就以任何人不能认识之神变所成幻象来至他面前，此时承佛威神，帝释天也手捧福德变现宝瓶来到佛前。世尊即以百般福德之手伸向比丘，五指各放光芒，眷属、天人皆自然现前。在病比丘前世尊顶上宝髻放光赫奕，且光芒直触病者，自然解除他所受疼痛，清除身上脓血。比丘则口念皈依，身体还暂时无法顶礼如来。

世尊右手持宝瓶向比丘头顶倾倒，左手又替他清洗疮口，结果所患顽疾最终全部治愈。比丘高兴万分，他恭敬顶礼如来道："顶礼大慈大悲无上药师王，我身病既蒙世尊慈悲治愈，则更祈盼世尊能为我宣说治疗心病之法门。"

世尊高兴地为其宣说佛法，并由衷说道："你对我恩德很大，故而我才为你传法报恩。"此比丘最终证得阿罗汉果。

诸天人眷属在世尊前恭敬顶礼后说："分明是如来治愈病人，为何如来却说是报答他恩德，此说为何？"

世尊便向诸人叙说起过去因缘："无量劫之前，有一行非法之恶王与五百大臣，恶王对众大臣宣说道：'在我国土上，所有轻微触犯法律者均需受到严厉惩罚，必须将其全部财产没收以供我等共同享用。'

五百大臣于是经常殴打富有之人，严厉惩罚他们并剥夺其财产，至于贫穷之人更是会被迫害致死，时时都有生命危险。当时有一居士稍微触犯法律，五百人便欲狠狠毒打他，没打多久，就有人说：'听说这位居士心地善良，我等最好不要冒犯他，还是将其释放为好。'当时提建议者中有一人即是现在这位病比丘，那位居士即是我。无数劫前我为菩萨时即报答过他恩德，成佛后依然未忘他当初相救之恩。"

具乞要回如意宝

无数劫之前，释迦牟尼佛曾为商主具乞，他同与自己力量相等之儿童共学文字、工巧、历算、商业、六十四种艺术等一切学问，并一一精通。当时有一朋友为他宣说了积聚资财所要遭受之诸多危害，诸如：童子前往异地他乡要遭受种种艰难困苦；要受敌人迫害；恐怖危险之地所带来之危害；水灾；缺乏饮食之危害；寂静处受到猛兽及强盗袭击之危害；进入大海后被风浪吞没之危害；遭遇罗刹女危害……朋友讲完种种困苦之事后问他：“你对这一切危害是否都已了知无遗？你还能心甘情愿、无偿享用父母财富吗？”

具乞羞愧回答：“对这些我都不大清楚，因我一直被非法迷惑。以前我一直以为获取财富无需经历太多痛苦，现在方知财产来之不易。既然如此，若我再继续享用父母资产实在不应该，对我而言亦太痛苦难堪，我要自己积累财富。”于是具乞便向父母禀告说：“我欲前往大海，开拓一番商主事业。”父母当然予以拒绝：“前往别处会遇到众多危害，还是不去为好。我们家七代之内都可尽享祖传财产，无论如何享用都不会耗尽，受贫苦之困，你好生享受就是，哪里还用东奔西走、劳碌求生？”

具乞坚持说：“这样生活太不应理。七代之内不享用也不为过，但我若贪著些微家财则实属好逸恶劳，你们务必开许我出海远航！”

看到儿子心意已定，父母便也不再执意挽留、劝阻，具乞便得以顺利前往海中取宝。待其取到无价珍宝并欲将之运回时，谁料竟因具乞于海边沐浴而不慎将无价宝失落海中。他马上就欲凭借自己大精进力而舀干海水，再拾珍宝，具乞便在内心发愿道：“为重获如意宝珠，愿大海水迅速干涸。”此时有成千上万天人前来帮助，狂风、烈焰也从旁相助，大海海水日渐缩小。

海神讽刺具乞道：“大海壮阔无边，而你却如此微小，要想令海水枯竭岂不如蚍蜉撼大树一样不自量力？你要舀干大海就如自己妄想衡量虚空一样，只能是徒劳无益。”具乞商主回答海神说：“大海绝非大无边际，用由旬作单位就能将之量尽；而我拥有之精进力才真正不可测度。海水必将干涸，你等海神均应仔细审视我之力量：看那虚空中早已遍布天尊，无量天尊都在帮我；大风、烈火也呐喊助威；你们好好看着，我现在即便想把水洒向虚空都不可能，因空中已密布天人，水都无法泼进；既然所有天尊都在助我一臂之力，以后天空中亦不可能再降下雨水；风也会帮我吹干大海。如此一来，令大海枯竭又有何畏难之处？倒是你们实应恐怖，若不送还我如意宝，我绝对有力量与你等比试一番。更何况我已皈依过佛法僧三宝，三宝又怎能不垂怜我而帮助你们？”

海神听罢只得点头赞许：“大士夫，你所言的确不虚，你之精进毅力亦令人佩服。我们还是将如意宝送还你，望你能将之尽心供养三宝。”海神言毕即将如意宝完璧归还。

久远之前于印度鹿野苑，舍利子比丘曾转生为一能广积财富之施主，他将所有财产全部变卖为黄金，并以之打造成七金瓶埋于地下。后当其临死之时，因强烈贪执金瓶竟转生为一条毒蛇死死将其守护。过了很长时间后，城市已衰败空弃，而蛇却再三转生为同类，一直牢牢缠绕金瓶不放。

数万年飞逝而去，当此蛇最后一次转生为毒蛇时不禁心中暗想：我过去如此贪执此金瓶才致相貌这般丑陋，多生累世以蛇形存世，如今真应该供养殊胜福田。想到这里，它就爬至路边呼唤路人。结果当一人路经此处时隐约听到有蛇声召唤自己，但他只闻其声、未见其形。再仔细一听，只闻得蛇声阵阵：“请至我面前。”那人这回方才找到声音出处，他胆战心惊地说：“你乃恶性众生，我怎敢到你身边，你若咬我一口，我可如何是好？”

毒蛇安慰他说：“我若杀你，你就是不过来我也会杀害你。”那人只得战战兢兢来至毒蛇前，毒蛇向他表白道：“我有一金瓶，欲令你以之积福累德，如做不到则我定咬啮你无疑。”过路人连忙回答：“我当然可以做到。”毒蛇就说出了自己想法：“请替我将金瓶供斋与僧众，供斋当日，我亦欲亲往观瞻，到时你应来接我同去。”这人便按毒蛇吩咐将金瓶供养与僧众，并讲明事情原委。

供斋当天，此人手提口袋来到毒蛇面前，毒蛇非常高兴地钻入口袋，那人便背着口袋向寺庙进发。途中遇到一人，此人连续问过三遍“你从何处而来”，但背蛇者根本就不予搭理。毒蛇怒火顿然生起，它心想：别人连问三次，你这人为何不作答？生起嗔心后，它便想施放毒气。不过转念又想到：此人在帮我积累福德，我实不应将其杀害，不但要宽恕他，更应向其忏悔我生嗔之过。于是它便要求背自己之人在一寂静地停下来，并将自己放于地上，然后向他忏悔道：“我刚才竟对你心生嗔恨，现在我向你真诚忏悔。”

忏悔后又继续行走，终于到达僧众住处。僧众此时正接受应供，背蛇者也将鲜花、食物供奉上去。毒蛇内心喜悦非常，它立即对僧众生出信心，并恭敬观望他们。僧人们应供完毕后就开始给毒蛇宣讲佛法，毒蛇喜悦更是无法言表，它将剩余六金瓶也一并供养。毒蛇后来安然离世，并以此福德而转生三十三天。

当时之背蛇者即为后来之释迦牟尼佛。

猴王不忘下属

久远之前，于吉祥雪山山脚下，长有一片药材丰富之森林，释迦牟尼佛当时变现为一只猴王。森林中有一烈卓达大树，枝繁叶茂、气味芬馥。猴王住于树下时，发现一根树枝已弯入水里，而此时众多猴子正争相觅食水果。猴王颇富远见，它害怕弯入水中树枝日后会为猴群带来违缘，便深感应先将此树所结果实吃光，于是它就对众猴子说道：“我们应首先采摘此树果实，其余果树待日后慢慢享用不迟。”猴子们就开始吞食此树果实。

此时枝条上有一颗果实尚未成熟，蚂蚁就搬来很多树叶覆盖在水果上，结果众猴均未发现这漏网之果。一段时间过后，此果渐渐成熟，味道鲜美时自然落入水中。果实沿河漂流，而河水下游有一国王，国王妃子当时正好在河边沐浴。王妃突然闻到一股芬芳香味，她寻香而去，结果发现了上游漂来的这颗果实。她将此果从河中捞出来后一闻，顿觉气味芳香无比。王妃将它供养给国王，国王一尝喜不自胜，他竟想：只要能吃到此种果实，失去王位都不觉可惜。既然果实是从上游漂来，想必上游一定生长有果树，我一定要找到果树，这样才可长期享用，这果味、形色实在妙不可言。

国王即刻便率领军队逆流而上，到达森林中后终于发现了此棵果树。当大队人马渐渐靠拢之时，成千上万只猴子竟窜出来抢夺果实。国王非常生气，立即命令手下将这些猴子统统杀死。众人马上搬起石块、拿起兵器准备将群猴一网打尽。当国王大军气势汹汹、剑拔弩张之时，猴子开始遭受大恐怖折磨，它们全都战栗不安、痛苦万分。猴王见到众猴所受痛苦后悲心大起，它爬上果树顶梢并向北方如飞鸟一般纵身一跃，结果竟攀上山岩边一根藤条。它将藤条一端拴在自己脚上，然后再跳跃回果树上，用手抓紧果树，脚部又依藤条与对面山崖连接起来。猴王此刻则命令所有猴子从自己身上向藤条那端跃进，最终猴群无一例外全都踩着猴王身体躲过国王追杀。尽管它自己已遍体鳞伤、体力难支，但心态却恒时稳固、毫无后悔之意。

看到猴王以此种方式解脱所有猴子恐怖急难，国王与眷属深感稀有。他们皆认为猴王不仅聪明智慧，更能不顾自己身命，恒以悲心利益他众，此种作为真乃难能可贵。国王于是命令身边人说："猴王为其他猴子生命安全竟能以身相救，但恐它自己身体已近崩溃极限，因长时间为众猴做桥梁，它已身力衰竭、无法挪动。我现欲在它身下垫些衣物，你们同时用箭射向藤条、树枝，务必将其射断，那时它自会跌落。"

众人依王所言众箭齐发，最终将藤条与树枝射断，猴王终于跌落到国王所备衣物上。因猴王身体早已伤痕累累。精疲力竭，它一落下后便昏死过去。国王将其置于柔软垫子上，以药物精心清洗创伤，猴王不久即清醒过来。

国王对它说道："你舍弃自己生命，以悲心布施身体作为桥梁让其他猴子通过，这样行事对自己有何利益？这些猴子安危与你又有何干系？”

猴王回答说：“这些猴子皆听我吩咐，认我为国王，我亦将它们当成儿子一般看待。为利益它们，我才甘愿如此行事。我们友好共处，共同转生为猴子同类，长期集体生活后，我们已如亲友一样和睦。”国王再次深感稀有，他又问猴王“如果大臣对国王如是作为当然再好不过，但国王对属下如此行事恐不应理。为自己利益着想，何苦要毁坏自己身体？”猴王耐心对国王开导道：“大国王，世间虽有这种说法，但此等观点皆来源自恶劣论典，我亦了知此等论典。与我们关系不甚融洽之众生，当他们遭遇痛苦时，舍弃他们都令人无法忍受；而与自己长期友好相处、对自己恭敬有加、关系如同亲友一般之众生，更不必多言。”猴王又趁势将自己如何疼爱猴子、如何攀上藤条之经过向国王讲述一番。

国王不觉对猴王所言所行生起欢喜心，他说道：“你舍弃自己安乐，承担别人痛苦，这样做来，你自己又能获得何种功德？”猴王回答说：“我身虽伤痕累累，而我同类却因之而得解脱、拯救，它们对我从内心恭敬就已是对我最大报恩。我再苦再痛也无不喜悦之情绪，就算我因此而死，我也高兴快慰，因我已拥有清净名声、国王亦对我赞叹、我又获事业无畏惧功德。国王你应明白了知，无悲心之人断不会获得如此功德，他们只能得到与之相反之过失。此等众生除感受燃烧地狱之痛外别无去处，国王实在应该听从我教导，以佛法护持国政。你对眷属与无依无靠众生应似父亲待儿一般饶益他们，尽量增上法政、积累福德，令今生来世快乐幸福。”

国王对猴王自此更是信心大增，而猴王也于死后转生善趣。

宝喜以身满众生愿

久远之前，鹿野苑中有一梵施国王，财富圆满，如理如法主持国政。当时有一商主名为宝，财富广积犹如多闻天子一般。释迦牟尼佛那时转生为他儿子，庄严善妙，名为宝喜。宝喜精通一切文字、观察法，智慧超群，又具深广悲心，性喜布施。他将父亲财产尽量布施与可怜众生，当父亲去世后，梵施国王就封其为大商主。

大商主继续经营买卖、行广大布施，随后他想到：父亲财富当然属于父亲所有，我用他财产布施并非本事，亦非稀有，我应自己积累福德，力争凭自身实力布施。于是他便广为宣布："有谁欲与我同去大海取宝？有谁欲当我保镖及种种随员？愿意同去者请做好准备。"不久即有五百人应召而来，大商主便将炊事员、调解争执者、管理财务者、舀水者、观察者等众人全部带往海边。

大商主先派人赞叹入大海、得如意宝之功德，结果许多人纷纷涌上商船，以致船载过量无法行走；他接着又派人宣说海上风险，诸如会遇到食人鱼、巨浪、漩涡、鲸鱼、海盗、飓风、强盗等等群魔危害，告诉众人说凡不顾惜自己生命、不顾及亲友态度者均可登船。因人中本来就英勇者少、懦夫居多，结果大多数人又下船回家。

将出海航行所可能遭遇之危险连说三遍，并依次砍断三条缆绳后，宝喜等人所乘商船便似离弦之箭一般飞速驶向大海深处。等众人到达宝洲后，观察者交代说："宝洲里有相似如意宝，也有真正如意宝，诸位在取宝时一定要审慎观察，取精去粗、取真去伪。此宝洲尚有共命罗刹女，极易诱惑男子，大家务必提起高度戒备。另外，能致人陶醉、晕眩之果实，若食之则要连续昏迷七天。诸如此类危险，我等皆需提防。七日之内，非人尚允许我等驻留，七日后则必须离开。七日后诸位将不会成办任何事，狂风肆虐时会将大家刮向别处。"

众人均依观察者所言小心翼翼、抓紧探宝，并纷纷找到真正珍宝，大家将所获宝藏堆放于船舱中就开始返航。待他们顺利抵达赡部洲后，宝喜终于得以按其意愿广行布施。

商主宝喜即如是先后六次前往大海取宝，并依所得珍宝于鹿野苑城中广行布施。此时有另外地方之五名商主，多次前往大海都遭遇众多违缘，船只损害、所欲成办之事无一成功。他们不觉心下思量道：都云宝喜商主福德深厚、人人称叹，若能依其福德力护佑，我等事业想必定可成办。于是他们便向宝喜请求帮助，宝喜为难说道："按常规来讲，一人若七次前往大海恐非吉祥，因船只可能受损。我如第七次出海，未必能顺利返回。不过眼见你们如此恳请，我不由生出悲心，我尽量满足你们愿望吧。"

商主随即率领这五人同往宝洲，在获取宝珠后返航旅途中，商主心想：我们越过风浪、顺利抵达岸边之希望非常渺茫，看来我应把最珍贵宝珠置于口袋、拴在腰间。想到这，商主便对那五人说道："我们所乘船只万一受损，你们定要抓紧我身体。"

又航行过一段路程后，众人发现一海岛，结果轮船不慎撞上，船只彻底损毁。五人急忙紧紧抓牢宝喜，而宝喜在此生死存亡之际根本不考虑个人安危，他只想到：我若想活着将他们带往岸边几乎无实现可能，不过海中喜清洁之龙王素不欲与尸身共住，若我立刻死去，龙王定会将他们送至岸边。打定主意宝喜便对众人说："大家无需惊恐，此刻更要以稳固心态与欢喜心抓牢我身躯，我不需你们付出任何代价就能将你们顺利送至岸边。上岸后，你们可将我身上宝珠带回并分配，凭此珍宝，七世以内都可令诸位尽享无穷财富。"宝喜言毕就边为获圆满菩提而发愿，边用利刃割下自己头颅。性喜清洁之龙王即刻便将其尸体抛至岸边。众人也因之而安全上岸。平安抵岸后，五人卸下宝珠并平均分配，然后又将宝喜骨灰好生供养一番。

当时之五位商人即是后来释迦牟尼成佛时之五比丘，世尊最初将其从轮回大海中救度，最终又以菩提支法宝以为分配，使他们皆获暂时、究竟安乐。

又久远之前，释迦牟尼佛曾为一大商主，名为大吉祥，财富广积犹如多闻天子。大商主后与五百商人一同路经一艰险、狭窄、陡峭岛屿时，遇到以婆罗门形象现身之毛髻罗刹。罗刹在路上拦住他们后假装说道："毛髻罗刹残害我们，不让我们从此经过，你们也勿经过此地为好。"大商主不客气地回应说："你们这些婆罗门最好少管闲事，自己走好路就是了。"

罗刹闻言内心不悦，他一时心烦气躁、脸色铁青，伸出双手张牙舞爪，发髻也堕落于地。他瞪着火红眼珠说道："难道你这位商主还要向我进攻不成？赶快从此地滚开！"大商主看到他恐怖形象后一点也不为之所动，他拿起弓箭便开始向罗刹射去。结果所射之箭统统落在罗刹发髻里，商主举弓向罗刹掷去，弓也一并落入发髻之中，就连商主进攻所用木棒、粪便也全卡在发髻里。商主毫不在意，他又用身体向罗刹进攻，结果整个身躯也卡在发髻中。罗刹此时洋洋自得问道："你双手、双脚、头颅全入我发髻中，除此之外，你还有何等可供进攻、炫耀之处？"

商主毫不退缩地回答说："虽我双手、双脚、头颅全卡在你发髻中，连身躯亦入其中，但我仍拥有你无法卡住者，这就是我秘密之心。只要我心未曾气馁，则我精进心亦断不可能失去。精进不失，我当然要与你作战到底！我这精进之力，你又如何能消灭？"

罗刹只得无奈叹气道："你所言的确不虚，你所拥有之精进确实令人感动，我实在应向你顶礼。如你这般精进下去，自他痛苦都可一并解脱。"

商主最终以其精进带领五百商人顺利渡过难关，毛髻罗刹也远离嗔恨、守持五戒，商主还为他宣说佛法。

释迦牟尼成佛后，此罗刹即转生为静住夜叉。释迦牟尼佛后来将其调伏，令其皈依并持守五戒。

妙喜苦行寻宝

久远之前，于印度鹿野苑梵施国王地盘上，有一商主名为现喜部，他有一子名为妙喜，也即后来之释迦牟尼佛。待现喜部去世后，为满足众多乞讨者愿望，妙喜决定前往大海取宝。待他取宝顺利归来后，妙喜即开始对众多商人广行布施，令其皆从贪执财富之种种强盗行径中解脱。他前后六次深入大海，尽量以所获珍宝向乞讨者、与他同行之商人、强盗等人布施财物。尽管广行种种布施，但仍有众多强盗不舍强盗行为，妙喜对此亦无能为力。他想：我现在尚不能根本摧毁这些强盗恶业陋行。

带着种种苦恼，妙喜进入睡梦。梦中有一身色美丽之天女对他授记道："大智者，切勿灰心失意，具智又精进不懈之人无事不能成办。有一班达儿洲为天人依止之处，你若前往必会发现一如意宝，此宝能令三界遍满财富。此地原本为超越凡人、具福德者所居之地，除去具福德者、具毅力者之外，普通人不可能到达那里，希望你能抵达班达儿洲。

要去班达儿洲可依下述方式：此地西面有玛拉雅山，山下有种甘露妙药。依精进力得此妙药后，可解除众生饥渴、劳累之困。从此越过七大洲、七座巨山、七大洋后，会碰到顺行、逆行大海，你可凭船渡过。登船后依风力可直抵岸边，抵岸后又会遇到顺行、逆行山王。山上有风能刺伤眼睛，有一具意妙药可以对治眼疾，使用过后即不会再遭受厉风损害。接下来会碰到普漩大海，海上会刮曼嘎狂风。渡过大海狂风后，有普漩山王，此山实为可怕之山。不过有螺肚妙药，此药被众多毒蛇缠绕，只要将药置于头顶就能遣除一切灾难。

再往前行又会遇一蓝水大海，海中有一赤目罗刹。有妙药名为玛刚，读诵佛经即可渡过蓝水大海。此时又会出现一蓝水山，山上有五百凶目夜行罗刹。那里有一具意妙药，见闻触摸者均可依此解除蛇毒。欲得此药，必得以守持斋戒、修大慈大悲心遣除毒蛇危害后才能得到。将此药与治眼疾之药等种种药配合后，会见到罗刹马车山，此山极难行走，不过你以自己福德力仍可越过罗刹马车山。

接下来会碰到巴鬲山，恐怖艰险。铜林中有一铜眼毒蛇，它所放毒气被风吹散后，凡接触者都会死亡。铜眼毒蛇于六月中所放毒气可达于一由旬之地，六月过后它便饥饿难眠，不再放毒。在一竹林山洞中取到妙药后可念诵佛号，毒蛇及其余危害则无法近身。

过后又有七大山，山上有铁竹林利刺，只能以铜鞋底方可行走于上。越过铁竹林、七大江河后即到达三峰山。三峰山有金刚刺山，此山亦只能以铜鞋底方能越过。过了铁山、铁水等众多山河后，又出现一烟目山，全山上下遍满毒蛇毒气。山顶有一石墙围绕之水池，池中有一珍宝洞，洞中有不死长生妙药。如此地沙砾附着于自己手脚及腹部，念诵密咒后，所有危害均不可能伤及自身。

有七大山遍满毒蛇，越过如此七大山及七大江河后有一白色耸入虚空之山峰，山脚下有城名为日何得嘎，如天界一般。曼嘎大悲商主于其中对一切众生均生慈悲，众人将其称为帝释天，他会向你讲述前往班达儿洲方法。”天女即如是于梦中对妙喜作此授记，宣说完毕后即消失不见。

妙喜醒来后对天女所言生起大信心，他依照天女教言苦行精进十二年后终至日何得嘎城。尽管曼嘎商主已身染沉疴，妙喜无法近前只得住在门口，但因他精于医道，最终还是蒙商主开许进入其家，进来后二人进行长谈。因妙喜对历算非常擅长，他经过观察、推算就已了知商主大限当在六月之后。妙喜心中自然十分伤感、痛苦，但他依然尽心竭力对商主予药治病。结果在他悉心调理下，商主病情很短时间内就日益好转。

两人关系自此更胜从前，商主疾患最终全部治愈。妙喜则趁机将自己情况全盘告诉商主，曼嘎商主闻言对他一片苦心与精进努力自是赞叹有加，并答应教给妙喜前往班达儿洲之窍诀。他如是说道：“我并未去过班达儿洲，但通过辨认大海方向，我可带你奔赴那里。”

二人便将船只准备齐全，妙喜跟随曼嘎一起上船前行。他们借助风势、飞帆前进一百由旬之后，发现前方海水五颜六色。妙喜便问曼嘎其中原由，曼嘎解释说：“海中有五座铁山及铜、银等不同山脉，故而才致海水变幻多色。”

曼嘎随后于航行途中不幸死去，妙喜孤身一人仍以大精进力奋勇前行。抵达岸边后，妙喜将好友尸体掩埋妥当，随即便再踏征程。他驾船越过一大海后到达一宝山，此山长有茂密森林，巨树参天，山峰也耸入云端。妙喜实在无法翻过山头，无奈之中只得于山下落叶丛中以树叶为床，卧眠其上，但他心绪无论如何也平静不下来。妙喜想到：我千辛万苦、长时跋涉，但迄今为止连班达儿洲名字都未曾听闻，而好友却先我离去。不过为众生利益，无论成功与否，我即便死去亦不会对所愿所行有后悔之意。

正当他内心暗自思忖之时，有一名为蓝色供施尊者来到他面前告诉他说："从此往东越一由旬有三峰山，你可凭地大所成云梯攀援而上。"按尊者吩咐，妙喜终于攀至山顶，结果另一愈发高峻之山又耸立面前。此山纯由水晶构成，山高峰险，飞鸟都难越过山巅，更遑论一般人要爬过去。妙喜无计可施，只得再次席地而坐、冥思苦想。

此山山洞中有一月光夜叉，此刻则现身妙喜前说："从此往东越一俱卢舍[28]有檀香树林，林中有一光明山洞，洞中有种妙药，你得到后依其光芒即可翻过此山。登临绝顶后，你所欲求皆得圆满。"妙喜闻言即按其吩咐顺利登上峰顶，结果一金色宫殿又现在其前。奈何金门紧闭，妙喜又被拒之门外，他只得在近旁森林中过夜。

当月亮升上来时，妙喜已入沉沉梦乡，原先在梦中对他做过授记之天女此时又现身梦中对他再次授记道："嗟！具大精进者，你为利益其他众生而行大苦行，现今功德即将圆满只需最后一点努力。你无需思虑日后行程，除此金城外，尚有其他三大城市，一座比一座庄严富丽。你可边诵经边敲门，之后便会出现人非人美女，从金城开始数量依次递升：金城出现四位，其余则分别为八位、十六位、三十二位。她们现身你面前时，你诸根必须调柔，要将她们全部当作自己妹妹，绝不可在其前恣意放纵，如此行事定能很快令你所愿如意。此外尚有一匹马王也可供你驾驭，骑上它则可顺利返回赡部洲。"

妙喜听毕大喜过望，恰在此时天色大亮，妙喜即从梦中清醒过来。他随即就依天女授记一一落实：于第一个城门前连敲三次门后，四个

[28] 俱卢舍：印度长度单位名。古印度以人寿百岁时代所用弓之长度为一弓，一俱卢舍约五百弓，相当于二百五十市尺。

人非人美女果然现身，她们对他恭敬说道：“大士夫，你可拥有此城。”他亦用温柔音声说道：“我只想取如意宝，至于美女等人、财、物我皆不欲得。在我眼中，你们这些美女均为我之母亲、姊妹。我本人早已断除贪心等十不善业，整个身心都已趋向善法。”

妙喜又向她们宣说佛法，四美女不由心生欢喜。她们将如意宝爽快赠与妙喜，并向他解释说：“将此如意宝放在胜幢上祈祷，它能满足一千由旬内众生所需。”

妙喜得此如意宝后又继续前行，不久即遇到银城。敲门后果有八位人非人美女前来迎接并行供养，她们赠与妙喜之如意宝能满足二千由旬内众生所需。再往前走，妙喜又来到蓝宝石城，此时有十六位人非人美女出门迎接，她们将一枚能满足四千由旬内众生所需之如意宝供养妙喜。妙喜得宝后再接再厉，终于来到第四座城市前。此城由四种珍宝构成，前来迎接之人非人美女则增至三十二位，她们供养妙喜之如意宝能在八千由旬内满足众生所需。

妙喜于每一城市中都宣讲佛法，闻法众生各个欢喜难表。所有人非人美女均以喜悦眼神望着他，且同声说道：“这如意宝乃来源自我们兄长，也即人非人美女国王之王宫——月兴国王王宫内。依靠这些如意宝，你们赡部洲即可降下众生所欲资生用具，希望你将之带回好好利益众生。”

妙喜得到珍宝后，凭其福德之力，云行力骏马王在享用完自然成熟之庄稼后，就将脊背靠向他，他则跃上马背，顺利返回故乡。此时梵施国王已经离世并转生善趣，众人则公推妙喜当上国王，并为他举行加冕大典。

而新国王则于十五日那天守持斋戒，然后将如意宝置于胜幢之上，结果整个赡部洲全都降下能令众生满愿之各种物品。妙喜国王执政一百年后将王位传与太子，自己则转生梵天天界。

又释迦牟尼成佛后也曾救护过惧怕强盗之商人，不但为其指点宝藏，更赐给他们大批财富，他前后共六次救护过这些身陷危难境地中之商人。当诸比丘询问其中原因时，世尊说道：“我不仅现在挽救过他们六次，过去亦曾帮助过这些商人。”接着世尊便向众比丘宣说了久远往事。

释迦牟尼佛又曾转生为一精通吠陀之婆罗门，名具慈者。他为息灭众生疾患，便前往雪域、曼达局、布喜等地寻觅良药，亦曾在众多森林中采集药物。采药归来后就开始配制药品，治疗众多病患者，遣除他们所得顽疾。他有次在玛拉雅山上发现一名身体憔悴、患病之缘觉，等他供上药物并顶礼后，缘觉便开始从身体病苦入手为他传法：“为息灭以业力、烦恼所引生之痛苦轮回心病，必须精进修法。”缘觉将有关这方面之教言尽力为他宣说，这更加增上了具慈者之精进心。他在缘觉前说道：“在你身体未恢复之前，我会居留此处精进承侍你。”

说完他马上就开始在玛拉雅山诸位施主前广泛化缘，并以所得饮食供养缘觉，如是精心承侍时从未生起过疲倦之意。缘觉为增上他信心，就于虚空中显示诸如身体发光及自生火焰等各种神变。具慈者则合掌赞叹，并发愿未来定要成佛。听他发下如是大愿，缘觉顿生欢喜，随后就消失不见。具慈者再次对缘觉生起极大恭敬心，他取回药后又继续为众生治疗疾病。

金铠逐步统领四大洲

久远之前有一金城地方，当地国王名为金子，释迦牟尼佛那时即转生为金子国王太子，名为金铠。金铠又有一妹，名为金光，金光后与一大臣之子名为欲精者贪享世间妙欲，以致因不净行而毁坏种姓规矩，国王得知后便欲将公主与大臣之子统统杀死。

后当二人看见金铠来至面前时，金光一言不发只是伤心饮泣，欲精则可怜巴巴说：“我俩因做坏事故而要遭受惩罚，我死倒不足为惜，但这世上有谁会忍心看着金光被人杀死？更何况她还是你妹妹，所以请你无论如何也要保护好她！”金铠立刻对他俩生起悲心，后当行刑者赶来欲取二人性命时，金铠死死拉住他们所乘马车不放。行刑者无奈说道："金铠，你是我们好友，但此次乃国王发令，任谁也不敢违抗。我们若不杀掉他俩，自己就难以存身。"

金铠义正词严说道："对我而言，只要遇到危难之人向我求助，我都会全力保护，更何况自己亲友遇难。"金铠随后就拿起弓箭威胁驾车之人快快离开，自己则带着妹妹与欲精前往森林。

国王闻听王子已将二人劫走，立刻怒火中烧，他马上发动军队四下搜寻攻击三人。金铠朋友此刻劝说他道："这两人所行非法，你还是将他俩送还国王吧。"金铠听罢即刻手执弓箭来到大队人马前，他让军队停止再做此等无意义之事，并说："凡皈依我者，我宁舍生命也绝不轻易将其抛弃。"这些人平日就知道金铠过人威力与顽强毅力，此时经王子劝说后纷纷议论道："如我们杀了王子，王子万一真的死去，国王一定会后悔不已。"想到这，众人便相继返回。

王子等三人继续前行至一空城中，正好看到一美女正采摘鲜花。他们便向她询问："你为何待在这里？"美女就向他们诉说了自己悲惨身世："我曾是一国王公主，怎奈这里有六十夜叉专吃人与畜生，待他们全被吃光后，我一人就可怜兮兮被夜叉当成仆役伺候他们。众夜叉来时，你们务必小心谨慎。"

王子则将他们三人经历讲给这位美女，女人闻言不禁对王子生起强烈贪执之意，她向王子提出欲为王子之妻，王子也随顺答应。后当夜叉前来时，金铠张弓搭箭，在不离大悲心之心态中与众夜叉激烈交锋。结果因其福德力所感，夜叉没能损伤金铠一根汗毛。而他所射之箭则箭箭穿透夜叉躯体，以致夜叉鲜血横流。

长时鏖战后，金铠箭镞一直源源不竭、无法穷尽。大多数夜叉慑于他强大威力纷纷投降，剩下小部分夜叉则在王子前恭敬说道："你若丢下弓箭，我们就为你指点宝藏。"王子放下箭后，他们就将种种珍宝悉数供养。金铠王子名声随后日益响亮，财富也日渐增多，而别处地方之人亦相继迁移到王子所居之地。

金铠王子声誉日隆，金子国王闻听后也以恭敬心派人前往赞叹道："你以大威德力降伏夜叉、主持国政，真乃稀有。"王子则回答说："降伏世间夜叉并非稀有，我更将难以降伏之烦恼夜叉随意掌控。不唯如此，我还想在涅槃之城里登上如来法王位。”传国王口信者听到后也不免击节赞叹一番。

金铠后又扶植欲精登上王位，自己即遵从父王教言回国并当上新国王，且逐渐成为整个四大部洲国王，以佛法治理国家、利益众生。

世尊教化法政

久远之前当善行如来住世时，释迦牟尼佛曾转生为一法相大商主。后当法相欲以珍宝修建佛塔时，历来对佛法心怀歹意之婆罗门就开始阻挠他完成心中设想。国王则派东投英雄前去谴责婆罗门，待佛塔竣工后，法相作为大施主发愿将来要获圆满佛果。东投也发愿，愿待他成佛时能做他声闻眷属。东投也即后来之法政比丘。

又久远之前正当慧贤婆罗门时，法政转生为一智慧婆罗门。

拘留孙佛出世时，法政又转生为帕加地方一檀香施商主之子，名为马施。当檀香施前往海中取宝时，马施受姨母欺骗竟与母亲行不净行，后又与母亲成家。当父亲取宝归来、事情败露后，马施干脆将父亲杀死，然后带着母亲远徙他乡，开始过起夫妻生活。不久马施遇到一位来自家乡之阿罗汉比丘，此比丘问他：“你母亲现在是否安好？”马施闻言立刻惶恐不安，他怀疑比丘已了知自己与母亲所干丑事，于是又毫不犹豫将阿罗汉杀死。没过多久，马施发现母亲又与其他英俊商主之子共行邪淫，他便抽出宝剑再将母亲杀死。

不长时日内，马施连续三次造下无间罪，当地居民受天尊劝化，最终将马施赶出此地。此时他才略微生起后悔之意，于是就到比丘僧众前请求出家，但僧众未开许他这一请求。结果他又嗔心大起，竟于夜半时分点火烧死了诸比丘。就在这时，一菩萨告诉马施道：“你现在受戒、持戒恐非应理，不如长期念诵“南无佛”，以此念诵佛号之加持力，将来才会解脱。”

马施死后长劫沦落地狱，恒时感受燃烧之痛。他后又于大海中转生为一条山王大小、吞食其他鱼类之巨鲸，此巨鲸张开血盆大口之时，众多取宝商人纷纷落入它囊中。正当众人遭遇危险、无计可施之时，一商主名为持耳者告诉众人只有念诵“南无佛”才可渡过险难，于是大家便齐力念诵起来。正住于祇园精舍之释迦牟尼佛以天耳马上听闻到众人所诵佛号，佛陀随即施以意加持。结果鲸鱼听到佛号后也紧闭嘴巴，未伤害众人。商人们顺利脱险后都对释迦牟尼佛生出信心，并在其教法下出家，后皆获阿罗汉果位。

鲸鱼死后，许多龙就将它尸体推至岸边。鲸鱼最终转生为舍卫城之司马得婆罗门，此乃他最后一世流转生死轮回。司马得婆罗门不论如何猛吃都感觉未饱，他最后终于出家求道。世尊将其带至海边看他自己前世遗骸，他这下总算对轮回彻底生厌，后又获阿罗汉果位，名为法政比丘。

云驰代龙被啄

久远之前有一金色城市，国王名为云顶，育有一非常俊美之太子。此具殊胜功德之太子也即后来之释迦牟尼佛，他当时已成为众多持明者主尊，名为云驰。父王后将王位交与太子，自己携王妃前往玛拉雅山居住。而云驰觉得离开上师父王后，要那王位又有何用？拥有众多财富又有多少价值与意义？于是他便将王位舍弃，追随父王也前往森林中生活。

后来在吉祥山中，某次春光无限、山美水秀之时，云驰到山中赏玩，忽遇一美艳绝伦之女人正在一金殿内供养一尊郭鬲玛天女像，此像纯由珍宝制成。美女边供养边弹拨琵琶乐器，还轻轻哼唱美妙歌曲。云驰被她美色倾倒，也就用稀奇目光一直专注看她。美女此时也发现了云驰，因前世宿缘，再加上云驰相貌殊胜，美女不觉也用稀奇目光紧盯太子不放。两人就这样互相脉脉对视，含情观望很长时间。

云驰越看越对美女生大欢喜心，他便主动以温柔言辞询问对方种姓、出生地等等情况，那年青女子则略感害羞而不敢正面作答。恰在此时，美女身旁女伴玛达乐嘎解围回答道："大持明者太子，她哥哥财父早就听闻过你鼎鼎大名，她本人也常常耳闻你美名，并迫切渴望能得你欢心，只不过今日因害羞才不敢开口说话而已。她乃大持明者财部之女，名为玛拉雅见，众多天人非天都喜欢、爱慕她。"

不曾想就在此时，国王派人传语美女玛拉雅见道："你兄长正与云顶商议欲将你嫁人，请火速回家。"美女万不得已只得怏怏而返，但心中却未曾片刻割舍对太子云驰之爱恋。云驰心中亦明了美女对自己之情感，他一边对玛拉雅见贪执不舍，一边无奈归家，脑海中一直呈现美女面容，自是难舍情缘。

云驰朋友问他何故如此伤心，他难过答言："我刚刚见到玛拉雅见美女，对她立刻就生出无穷欢心爱意，故而心境才不由自主变成这般境地。"云驰就将前后经过详细向朋友坦言。正在云驰身心备受煎熬之时，非天适时出现并告诉他说："你根本不用担心，你之焦虑纯属多余。美女你自会得到，因你父亲索要玛拉雅见不为别人，恰恰就是要将她许配与你，明日你即会实现自己愿望。"非天如是安慰云驰后，云驰高兴难抑地于黄昏时分归家稳坐。

玛拉雅见一直心神不定，尽管天上有皎洁之月，宫殿中不时飘来袭袭水莲花香，但她无论如何也无法安眠，心中一直挂念着云驰，以致夜不成寐，这一晚竟似百年那么长久、难熬。第二日晨，当阳光普照大地之时，玛拉雅见也开始准备婚宴事宜，她用种种装饰细致打扮自己。而世人尊重之云驰太子则在数百位持明者眷属簇拥下来到举行婚宴之吉祥地，玛拉雅见也在手持拂尘之众人护送下来到此处。两人按当地风俗行盛大婚礼，并互相牵手举行仪式。亲朋好友在宴会上载歌载舞，尽享欢乐，并行供养、布施等善举，喜庆盛宴即如是连开六天。

第七日，云驰独自一人进山，不期然却发现龙母与龙子正在那里哭泣。云驰忙问二龙伤心原因，龙母悲戚说道："这是护贝龙王之子螺顶龙子，我们龙辈历来都要按顺序轮流被大鹏蚕食，如今恰好轮到螺顶。被大鹏吃掉之龙骨遗骸堆积如山王，每轮到众龙被大鹏啄食时，我们都要为其换上红色衣服，然后再将之送至丧身之地。奈何螺顶被吃后，我们这支龙种姓便要彻底绝迹，所以我才与螺顶龙子放声痛哭。”

云驰听罢自然生起难忍之强烈悲心，他心下忖度道：如龙子被大鹏吃掉，龙母又该如何生存？我一定要用生命护卫好龙子。想到这里，云驰就对二龙说：“你们母子可安然回去，我来替螺顶赴死，你们将红衣交与我就是。”龙母连忙说：“这太不应理，你乃具功德之人，所具功德早已远胜螺顶龙子。具大功德者乃为一切众生依怙处，唯愿你吉祥圆满、长久住世。我们实在是因前世业力才感得如此苦报，再给你增添麻烦、让你承担我们痛苦于情于理都不适宜。”

尽管龙母如是劝阻，但云驰已经发心，他愿为众生受苦之强烈发心任谁也无法阻止。龙子也在此时劝说道：“我本该被大鹏啄食，再要无缘无故给你添烦恼就更不应该。你身乃为功德所严饰，以三界所有之饮食保护、供奉你躯体也不足为过。而如杂草一般的我怎值得你如此舍身？若你为杂草般的我之身躯而舍身，则定会令我心更加痛苦。母亲也请返回，我现在欲往海边郭嘎那神像前顶礼，然后便直接奔赴大鹏食龙之地。”说完，螺顶龙子便无有厌倦心地前往大鹏所居之地。

云驰为保护它也相跟前往，并再三向龙子索要红布，但龙子均未理睬。正在云驰不知如何是好之时，却见王宫内之内臣手捧红布前来给太子顶礼，并请求太子能尽快回去准备参加第七日沐浴仪式。云驰收下红布后说：“你们先行回去，我随后就到。”云驰得到红布后非常高兴，心想这下总算可以如愿以偿。他急忙赶赴大鹏屠龙所用之鲜血淋漓之石头上安坐不动，又将红布盖在自己身体之上静等大鹏到来。大鹏飞来后就径直以金刚利爪伤害他身躯，云驰则凭大悲心身不动摇、心不后悔。大鹏对此感到万分惊奇，此种现象实在稀有难得，它不知道此回受难之龙到底是何方神圣。

大鹏一边想一边啄下云驰顶上宝珠，云驰顷刻就已是鲜血沾满全身。此时云顶大王与妻子等都向檀香林奔来，他们一方面是因忆念儿子、一方面又因儿子不归而深感怀疑才向这里搜寻而来。一路之上，诸人不停唠叨："太子怎么一去不返？"正在此时，玛拉雅见与母亲均听到阵阵恐怖音声，抬眼望去，却见大鹏似乎正在啄食某物。一宝珠被啄掉后沾满血肉从天而降，且刚好落在众人面前。二人目睹沾有毛发、血肉之宝珠后，立即明白此乃大悲尊者云驰顶上宝珠，她们一见之后全都昏死过去。

云顶则安慰妻子、儿媳道："此乃大鹏撕扯龙子顶上宝珠，此宝珠是否为云驰所有尚不清楚。"

待王妃、儿媳醒来后便与云顶国王奔到大鹏屠龙之石边，而龙子螺顶也在此时身着红衣、从海边顶礼完郭嘎那神像后赶至此处。它一眼就看见云驰正被大鹏损害，龙子不觉边哭边倒地昏厥。待它醒来后，龙子悲伤感叹道："你为众生怙主，为何要为我这般业力深重之人遭受如此折磨、损害？"龙子随后又向云顶讲述了整个事件经过，并再次感慨自己业力却要带累云驰承受之内疚。龙子又怒斥大鹏说："你这大鹏为何也不仔细观察？如此轻率就胡乱啄食一气？他像不像你平日所食之龙？你为何要杀害持明者？像你这样不经观察即行恶业也实属罕见。"

玛拉雅见听闻、亲见云驰所受如是悲惨遭遇后，不觉再次昏厥过去。当她醒来后看到丈夫变成如此模样，伤心欲绝地抱着云驰身体又是几度昏厥。大鹏听到众人各种悲哀痛苦之倾诉后，自己终于也生起愧疚之意，心中不时感受阵阵痛苦、悲伤情绪。父母眼见爱子似乎活不长久，便愤愤不平对云驰说道："你以慈悲心为杀害我们之众生做下这等粗糙、不审慎思索之事到底有何意义？你不保护自己、舍弃性命又有何等作用？对你那能遣除众生贫苦之身躯，你为何不知自我保护？"

云驰以微弱音声恭敬回答说："我虽未经父母开许，但我为利他众而舍弃不稳固之有漏身躯只为能获稳固果位，我现在以恭敬心对二老作顶礼。"大鹏闻言后悔不迭，它开始谴责自己过失。云驰也趁机要求它自此以后再勿残害诸龙，并要它当众发下誓愿。

之后，云驰因受伤过重已不能开口讲话，呼吸愈发短促。众人见他已生命垂危，云顶就与螺顶开始做火化准备。玛拉雅见则想到：火化丈夫之时，我自己亦要跃入火海。她边打定主意边对自己供奉之天尊郭扃玛祈请道：“我经常供奉之天女，如你有能力，请保佑我能真正拥有我丈夫。我们成婚只有七天，难道你忍心看我七天后就成寡妇？看来你平日所允诺均为虚假不实。我生生世世都愿能得到云驰！”玛拉雅见边发愿，边将手中曼达扃鲜花扔进火中。

郭扃玛天女不大工夫即手捧甘露宝瓶亲自现身于玛拉雅见眼前说道；“好姑娘，你丈夫定会复活，你若不信，只管静观事态发展就是。”天女言毕即脸面发光，光芒周遍一切世界，且于光中降下甘露雨水。待云驰彻底恢复后，天女则消失不见。云驰一苏醒即恳求大鹏能将它以前所屠杀之龙全部救活，大鹏听命后即刻就于原先所啄食遗留之龙骨尸骸上降下甘露，结果所有被吞食诸龙全部复活过来，它们顶上宝珠再度熠熠生辉，并最终全部平安、欢快重返龙宫。大鹏亦恭敬供养云驰王子，随后心平气和返回所居之地。

螺顶龙子则一直注目坐于自己面前之救命恩人，他满怀欢喜、无有厌烦地长时间观望大悲尊者云驰太子，帝释天此刻也将花雨洒在云驰头顶。云驰于父母脚下顶礼后便与众人一起举行盛宴以示庆祝，刹那间就以自己巨大福德力而令自身具足转轮王七宝。诸天天人与各大持明者随即便为他行新国王加冕典礼，云驰登基后自始至终都以佛法治理国政，百姓也安居乐业，恒享平和、安乐生活。

菩萨即如是以大精进替众生承受痛苦，他心中所思只为利益众生。对世尊此等利益他众之殊胜、稀有精进事迹，我们理应生起恭敬心。

久远之前，世间明灯如来应世说法，他所唯一宣说者只为大乘佛法。于其刹土中，释迦牟尼佛转生为勇势菩萨，成为当时众多菩萨主尊。有一魔王名为大力者亦在此时变现为佛陀形象“宣讲”佛法，他所鼓吹者尽为赞叹五种妙欲，于菩萨前供养美色、饮食、资具、鲜花、乐器、歌舞等引人生贪之内容。勇势尊者为护持正法，就以精进力及自身威力显示神变，将一具狗尸拴于魔王脖颈上，自己则以魔之形象前往魔王治下国家，并权巧方便令九十九万天女皆发菩提心，还为她们宣说正法，将她们全部安置于无上菩提不退转果位，自己也于魔王国土中

示现享受五种妙欲。

大力魔王后以脖颈上拴挂狗尸之形象回到魔境，结果却发现天女、天子等人都在享受安乐，大力立即心生妒意、满心不高兴。九十九万天女此时也觉察到魔王不悦表情，她们全都对他生出悲心，且议论道："魔王一直危害众生，自己也心烦意乱、心态不稳定，更不明真谛。我们应祈祷勇势大尊者护卫此地，此处虽原为魔王治下国土，但愿从现在起再勿令魔王肆意骚扰。"

勇势菩萨立即以神变于魔王上方幻化出一远胜大力所统辖魔国之新魔域，此魔境庄严善妙，俨然一崭新世界，勇势又于此魔界旁再幻化出一世界，并令魔界众生全部被此世界众生降伏，包括魔王及众魔尽皆毁灭无余。大力魔王眼见如此衰败景象不由伤心想到：看来我在魔国已不可能久待，于世间生存之日也屈指可数，我肯定会离开魔域。大力想及此等黯淡前景不由心生厌离，同时也深感不悦，他以恐惧心告诉勇势菩萨说："请你救度我，我忏悔己过。"勇势则对他开示道："'好友'你勿造违缘，还应摧毁傲慢心。"

如是开导一番后，勇势又为大力魔王宣说佛法，魔王生起欢喜心后终于皈依佛门，并从此以佛法主导日常行持。

莲面调化恶见众生

无数劫之前，四大部洲处光显劫时，人寿长达六万八千年。寂光香光明吉祥如来于当时五浊兴盛之时为四众眷属宣说三乘佛法，释迦牟尼佛那时即转生为统领四大部洲之转轮王，名为莲面。莲面转轮王率众王妃、仆人、军队等人众前往如来前供养、赞叹并闻受佛法，王妃中一名为天丽者于如来前请求能得女身转男身之法，如来即赐予她宝顶陀罗尼法门。凭此法门所具有之大功德，所有闻法女众立即转为男身，且具备男根。

莲面转轮王则将王位交与大太子，然后与九百九十九位太子及变成男人之天丽等八万四千男众，再加九万两千众生全部弃绝俗家、前往如来前出家求法，如理如法修持佛法奥义。

此时有成千上万邪见众生对转轮王等人出家之举大惑不解，他们议论纷纷道："此沙门[29]精进于造作魔业，而这狡诈沙门[30]在宣说幻化般有魔力之法后，竟让众多男众男根消失，而女众却转为男身。他还将很多人须发剃除，令其皆着袈裟。这狡诈沙门一会儿宣说人、天及三恶趣存在，一会儿又宣说生死皆不存在。这等具有令女变男之魔力的形象沙门，我们连其形象都不欲目睹，更何谈听法？大家实在应远离他。"

这时又有一学瓦童子添油加醋道："我妻子、仆女、女儿等女眷全部被这恶性沙门变为男人，他将他们须发剃除，还给他们穿上袈裟，最后又将其带走，我真真切切为之苦恼万分。从此之后，我们应迁移到连沙门名字都不可得闻之山岩地方居住。"其他人也凑趣说："这沙门以仙人形象率成千上万众生到偏僻寂静之地为他们宣说无有解脱、无有业力异熟果报之断灭法，他真正乃造魔业之人。若谁前往朝拜、听闻其教法，均能引发心生散乱。现如今依靠他之众生，全都剃发出家，他们以乞讨为生，又喜居寂静之地，且心生厌离、远离妙欲。以此种表面形象宣说断灭法之沙门，实为众生公敌。可惜多有众生从未见闻接触过此类恶人，这次我们方才如梦初醒。"经过这些恶见众生如此宣扬后，很多人都开始执持邪见，并屡屡造恶。

大沙门莲面听闻如此传言后心中焦虑不安，他想：这些众生分明执持恶见，我若不能令其守持正见、得到解脱，则我成为沙门又有何意？待我将来成佛后，此等可怜众生如何能得调伏。思前想后，莲面最终还是以顽强毅力与不竭悲心祈请如来率众前往诽谤佛陀之人所居山岩地方。到达那里之后，莲面制止住众人恶见，令其皆趋入三乘佛法，并对女人宣说宝顶陀罗尼法门使其统统变为男子，这些人随后全部被莲面交与佛陀而出家。

[29] 指莲面转轮王。

[30] 指如来。

学瓦童子则愤怒至极地发恶愿道："我所有眷属都已被这莲面沙门拐带走，此人将来成佛后，我一定要到他刹土上成为魔王，从他入胎及至最后获得佛果之间，我要恒时制造违缘对他加以危害。他成佛后，我亦要损害他教法。"

学瓦刚刚如是发完愿，莲面沙门马上就已对其心态了知无遗，他立刻想尽办法，以种种方式试图能令学瓦回心转意。学瓦在其精进不怠之毅力与悲心感召下终于对他生出信心，并舍弃了恶见，又向莲面连连忏悔；莲面则令其发下菩提心。童子诸根随后均变得调柔，并对莲面及佛法生信，他最后说道："大悲尊者，愿你成佛时我亦能得无上菩提授记。"

此段公案于《宝顶陀罗尼经》中有宣说。当时之天丽即为后来之弥勒菩萨；当时之学瓦童子即为后来之魔王波旬。其后以他愿力感召，于释迦牟尼佛教法下，他也最终获得了未来成佛之授记。

又释迦牟尼佛曾于赡部洲成为仙人国王，他一直对大乘经典充满信心，始终持之以恒、无有吝啬及嫉妒心地为众生宣说大乘法门，并成为贫穷者及无怙主之人的无偏亲友。

当时并无如来出世说法，连声闻也无处可觅，国王就在十二年中以财富、仆人等方式供养大婆罗门。仙人国王有一天对这些大婆罗门说道："你们作为大尊者理应发无上菩提心。"

婆罗门却回答说："国王，其实根本就没有菩萨法相，亦无所谓大乘经典。"因国王对大乘法门有极大信心，为制止诸婆罗门诽谤大乘经典之恶行，他便趁势将其全部降伏。结果因其清净心之力，国王从此永免堕落地狱之苦。

保护大乘经典便具有如是无法衡量之功德。

又久远之前，于音施如来教法下，有一国王名为吉祥妙音，他经常建筑众多善妙如来佛塔以为供养。释迦牟尼佛当时转生为一乐施菩萨，后有一日，乐施将右手以布包裹，在酥油汤中浸泡后便点火燃烧以供养佛陀。结果所放光芒竟远超无数盏灯光之亮，光辉普达恒河沙数世界。整个大地皆开始震动，无数如来刹土亦降下花雨。而以手为灯、厉行供养之菩萨却毫无惧色，他镇定自若、颜面未改，还以悦耳妙音宣讲平等等持法门。

诸天人看到后都赶来供养他，吉祥妙音国王亲眼目睹后也率八十王妃从万丈宫殿上齐往下跳。不过因他目的乃在于拜见菩萨，故而国王身体未受丝毫损害。国王眼见乐施菩萨右手燃烧，心痛至极不由得放声大哭，他哽咽着以偈颂方式询问菩萨。乐施则回答他说："何人若无手，此人非残疾，何人戒不净，此人真残疾。丑恶之此身，应作大功德，世间应供处，我今供如来。"言毕，菩萨以宣说谛实语之力再次令大地震动，而他右手也恢复如初。

乐施比丘能令任何目睹他身相之女人全部转为男身，并获不退转授记；他亦令天人等无量众生趋入菩萨道。

常不轻比丘得名由来

无量劫之前，畏宣妙音王如来于巨源世界出世传法，他为众生宣说声闻及大乘法要，住世长达四个恒河沙数劫。当时佛法于赡部洲成千上万微尘数劫中存在，形象佛法亦住世无数微尘数劫。佛法形象期隐没后，此世界又出世二亿皆名为畏宣妙音王之如来。第一位如来教法接近形象期末尾时，众多增上慢比丘纷然应世。当时有一比丘名为常不轻菩萨，此菩萨之得名自有一番来历。

常不轻比丘每每看到四众眷属中任何一位时，总要现身其前、不厌其烦地说道："我绝不会轻视你。大尊者，你不会受到我任何欺凌。为何如此？因你们皆行菩萨行，将来必获圆满佛果。"他不唯对四众眷属如是宣说，但凡碰到任何一位众生都会将上述话语重复一遍。除去反复诉说"我绝不会欺辱你……"外，常不轻既不诵经，亦不为众生讲法，只是翻来覆去讲述这几句话。大多数人都不耐其烦，他们纷纷对他生起嗔恨之意与邪见，并痛骂、殴打他。这些人理直气壮怒斥道："我们从未问起过他，他为何自顾自喋喋不休地整日聒噪'我绝不会轻视你……’，他这种作为即是对我们最大轻视。更何况我们从未希求听他开示，他竟恬不知耻还要为我等授记得无上佛果！”

众人即如是经常骂他、揍他，但菩萨多年来从未生过嗔恨心及损害众人之意。每当他又老调重谈时，有人便用棍棒、粪便痛击他，他躲到远处后依然平和说道：“我绝不会轻视你……”多年来他即将这些话在增上慢诸眷属前广泛宣说，人们便因此而称他为“常不轻比丘”。

常不轻菩萨临死之前已听闻过妙法白莲法门，此法门有成千上万偈颂，曾被畏宣妙音王如来宣说。当如来宣讲妙法白莲法门之音声从虚空中自然传出时，常不轻无漏听闻。在精进闻法、守持后，他眼、耳、鼻、舌、身、意六根立即得以清净，寿命也因此而延长，他就在随后之千百万年中为众生宣说此法门。增上慢比丘等四众眷属看到常不轻菩萨渐渐具有神变力、誓言力、辩才力、智慧力等功德后，都开始对他生出敬意，相继来到他足下听闻，有无数众生都因之而在他面前发起无上菩提心。

常不轻圆寂后，多生累劫转生为两亿畏宣妙音王如来前闻法之人，每一世他都能令如来欢喜，且在两亿如来前依次听受妙法白莲法门。随后以其前世善根力成熟，他又连续转生为两亿鼓声王如来前闻法之人，又一一令诸如来均生欢喜心，并于两亿如来前次第听闻妙法白莲法门。他不仅如是听闻，更世世严持妙法白莲，还为四众眷属广为宣说。之后，两亿云声王如来出世，常不轻又转生无数次，且皆令众如来欢喜，并再度将妙法白莲法门次第闻受、为众人宣说。于每一佛陀前闻法后，常不轻均会六根清净。

常不轻菩萨即如是于无量无边如来前承侍、供养，并听闻受持妙法白莲法门，以此善根终于成为后来之释迦牟尼佛。假如他当初不守持妙法白莲法门，他绝不会在如此迅速之时间内证悟成佛；正因他恒时守护此法门，成佛时间才大大缩短。而那些以恶心故意伤害、欺侮常不轻菩萨之众生，在二亿大劫中都未曾听闻三宝名称，一万劫中于无间地狱感受痛苦。待其业障完全消除后，这些人终获解脱，又是常不轻菩萨令其皆发无上菩提心。在此等善根日后成熟之眷属中，有护贤等五百位菩萨，尚有五百比丘尼、五百优婆夷等四众弟子，他们皆于无上菩提中获不退转果位。

故而守持此法门有极大利益，即使佛陀涅槃也应守持不废，并常常读诵。依此妙法白莲法门定能获得圆满菩提果位。

诸多精进行迹

久远之前，精勤燃如来于妙见世界正处花源劫时出世说法，当时之世界无有女人名，众生皆从莲花中化生，如来恒时宣说精进法门。那时释迦牟尼佛转生为一坚铠菩萨，他有一日于如来前询问何为精进法门，如来便向他宣说了精进、努力、妙观察、勤修等四种有关精进之法门。坚铠随后就开始精进修持，并在一千万年后终获相应安忍境界。

坚铠后于不离精进之心态中安然离世，并再次转生于如来面前。他又开始听闻精进法门并努力修持，随后再次离世，然后又再度转生。他即如是于八万四千如来前闻法，并令诸佛皆心生欢喜。妙见世界花源劫中，坚铠世世都在如来前精进修法，不断希求善法。因他所具有之大精进力已远超成千上万菩萨众，故而坚铠在他们之前早一步成佛，此道理在《慧海请问经》中有详载。

在燃灯佛之前，有如来名天王如来者出世说法，当时世间人、天众生全由莲花化生，根本无有女人名及淫乱字眼存世，连声闻乘都未曾得闻，全部教法皆为大乘法门，针对大乘根基之利根者。众生若有所需，无论饮食、衣物皆随念而至，善妙境况同于兜率天。众生临死之时，皆腾空至七多罗树高之处，并宣说无生法门，然后便随心所欲前往如来住世之刹土中。于其刹土中，如来及眷属皆不着袈裟，只穿清净天衣，又无遮止戒律，众生全部具足无生法忍，对如来所宣法门样样精通。众人同时得到安忍、陀罗尼等功德，且如来为一法王，再无其他任何国王，如来并且对七万两千菩萨做过授记。

释迦牟尼佛当时也为天王如来眷属，名为无垢清净光菩萨。眼见其他菩萨纷纷得如来授记，他不禁内心多少有些波澜。他想到：得授记之菩萨无人能在正念及智慧、精进等功德上超过我，但为何偏偏就我不得如来授记?

如来早已洞悉他想法，便温和地对他说道：“善男子，将来燃灯佛会为你授记。”无垢清净光听罢当然高兴万分，他腾身虚空说：“尽管燃灯佛一恒河沙数劫后方能出世，但我必获如来果位，此乃如来以真实不虚之语亲口所宣。”

无垢清净光菩萨随后又令光明如来等诸佛皆生欢喜，并于众多如来前听闻戒律、神通、妙慧、智慧等四幻化法门，且身体力行，后终于燃灯佛前得授记。

无量劫之前，药王如来于庄严刹土加行劫时出世说法，并住世二十中劫。当时有一转轮王名为宝伞，宝伞拥有一千太子，他即于五中劫中率太子、眷属等人以各种物品供养承侍如来；一千太子随后又于五劫中承侍如来。释迦牟尼佛彼时即转生为一千太子中一月伞王子，他有次前往寂静地，欲以更为殊胜之方法供养如来，但他一时又不知何种供养法方为殊胜。此时承佛神力加持，天人便来到王子前说道：“所有供养中最殊胜者乃为法供养。”王子急忙问：“如何才是法供养?”天人回答说：“你可向药王如来讨教。”

王子又问药王如来，如来告诉他说：“善男子，有两种供养堪称为法供养：一者读诵、受持、忆念、精通与世间论典不同难以证悟之无缘空性佛典；二者趋入菩萨三藏、陀罗尼、六波罗蜜多、宣说不退转轮及诸佛赞叹之经典。”

月伞王子为获相应无生法忍，便将所有衣物、饰品悉数供养如来，并请求说：“我欲守持正法，请如来加持。”王子随后就出家求道，并精进修法，不久即获神通、陀罗尼、辩才无碍诸功德。待如来圆寂后，他开始转大法轮，于十劫中宣说佛法，度化无量无边众生。

又久远之前有一具意如来，于其教法下释迦牟尼佛成为一称光比丘，一直修持大乘法门。他经常想：从今乃至菩提果之间，我身所有之皮、经络、骨头、腹部乃至血肉全部干瘪都不足为惜，我无论如何都不能放弃精进！

想毕，称光比丘即用布包裹住身躯，又沾满酥油，然后在如来前点燃自己以供养世尊。大火燃起之时，他又以偈颂赞叹如来道：“如来自然智慧无边际，远离过患骄慢一切罪，慈光观照趋入劣道众，祈请宣说遍智殊胜道。”

久远之前有一百光如来出世说法，他以放光神变幻化出众多如来为众生宣说佛法，令无量无边众生皆获无生法忍。当时有一比丘名为明目一直承侍如来左右，他也即是后来之释迦牟尼佛。明目比丘非常了知幻化如来所调伏众生之心，每当如来宣法时，他也传法教导众人。明目还于如来前为众生做大量琐事，并以其承侍如来、服侍众生之功德而使无数众生均发无上菩提心，并进而获不退转果位。

无量劫之前，盛誉如来出世说法，释迦牟尼佛当时转生为一妙行菩萨，所发誓愿极其坚固。他之大愿为：愿我成佛时，我所教化刹土中所有众生均为圆满无上菩提之法器。若他们不能堪为法器，我则不欲获圆满菩提果位；任何转生于我教化刹土中之众生，愿他们皆能速得神通、顺利涅槃；愿所有转生我刹土中之众生，都能弃恶从善，并在无上菩提道中永不退转；愿我刹土中无有三恶趣、非天及痛苦名称；凡转生我刹土中者，除以愿力住世之菩萨外，无有最后有者。

释迦牟尼佛即如是发愿住持清净刹土，故而我们应明白：释迦牟尼成佛后不仅住持我们所居之五浊刹土，也住持其他清净刹土。

久远之前，释迦牟尼佛曾转生为净慧国王，他当时就已供养承侍过无数如来。国王一日心生一念：以有相承侍怎能令佛陀真正欢喜，将世间财富供养如来亦难令世尊究竟快乐，看来我应以希求如来智慧让佛陀心生真正欢乐。想及此，他便发愿为利益一切众生定要成佛，且要显示最广大、迅疾之神通以令众生皆能尽快成佛。他还发愿道：“于我成佛后所居刹土中，愿能有众多如来住世度众。”

正因释迦牟尼佛当初如是发愿，故而贤劫中才会出现九百九十尊[31]

---

[31] 似应为九百九十九尊。

佛陀。他在无边无际佛陀前均以身、口、意供养承侍，且不断发心，以猛厉信心修持佛法。凭上述诸种善根，释迦牟尼佛刹土广大无边。

久远之前无量光如来出世时，释迦牟尼佛曾转生为威猛菩萨，成为当时七十万菩萨主尊。威猛以种种善巧方便而精通众生行事时间、对众生说法时间及亲近众生之时机，并具备为别众宣说佛法方方面面之菩萨所具无量功德。他经常专注于无量光如来，目不暂舍。当其从一佛刹到另一佛刹追随佛陀时，无论他到哪一刹土，凡他到达该刹土时，此刹众生便知道如来出世情况。魔众对他深感恐怖，而天人则心生欢喜。这些刹土全部遍满金色光芒，众生因不知光从何出而咸感稀有。

此时从空中传出音声道：“此刹遍布如来光芒，何人欲见如来，只需边合掌边言‘我等欲见如来’，即可如愿见到。”无量光如来幻化出成千上万佛陀，每一众生面前均有一幻化如来，众生不见任何人唯除眼前幻化如来。如来光辉整日照耀，于如来无有涯际之刹土中，无量菩萨皆获不退转果位。

无量光如来使威猛菩萨生起精进心与力量后说道：“善男子，你可追随我之光辉，我放光照于何处，此处即我刹土之边际。”世尊边说边发出金色光束，威猛即以神变追随佛陀光芒，如是经过无量劫亦无法及于终止处。当菩萨稍稍生起懒惰之意与疲累之态时，如来身相现于空中并说：“善男子，你不应懈怠，亦不需执著疲劳感觉，请继续追随我身光芒。”

如来言毕即以神变加持威猛菩萨，遣除他身体疲累与心里懈怠，增上他精进力。又经过无数劫长时寻觅，威猛最终看见一如意宝树，此树光亮很远之地都能望见。他便将袈裟披于肩上，右膝着地，祈祷无量光如来道：“智慧无垢离染污，如来光芒照世界，汝之光辉极无边，我无法追随到底。”

此时虚空中现出七宝宫殿，宫殿中如来显示身相且说道：“何人住于我脚下，或住边远偏僻地，众人音声我皆闻，修行状况我亦知。十力功德佛具足，众前显现实不虚，诸法实相如来知，工巧明等亦遍解。如来刹土诸众生，闻听此语皆生信，安住无上菩提果，于佛法中不退转。

此法不同于声闻，不共佛法汝当知，任何菩萨心清净，摧灭魔过得菩提。”

以佛神威加持，如来妙音传遍整个世界。

又久远之前有一超离诸众如来于善目世界出世说法，释迦牟尼佛当时转生为无边持力菩萨，成为七十万菩萨主尊。他精通六度万行及一切方便法，所具威力、功德超过所有菩萨，又能调化声闻根基众生，还恒时供养、承侍如来。他能住于现法乐住等持[32]，在八十万世界与如来刹土之间，以种种化身利益众生、成熟他们善根。

如来有次询问他说："善男子，能令无量无边世界中诸如三恶趣、非天、无暇之处尽皆消失，所有如来刹土一刹那间都得以显现之利益众生法门能否现前？"

无边持力菩萨回答道："世尊，此等方法于一刹那间当可以显现。"如来又问他："善男子，此等法门到底能否显现？众生寿命如今已长达无数劫，众多菩萨均开始放逸、懈怠。如此一来，一刹那间又怎能令这些设想全部成熟？"看到菩萨略显困惑，如来便谆谆开示道："善男子，我实告汝：如来刹土本无量无边，而佛陀则对其再三观照，以此之故，如来不可调化之刹土实不存在，于一刹土中都有众多如来方便应世、调化开导。是故善男子，你应深信如来教言，此刹土理应得到清净与度化。善男子，你已于无量如来前积集善根，无等大慈早已具备，你之智慧亦超越常人，如此看来，你是否有信心于一生当中度化一切众生？"

无边持力菩萨慷慨答言："若如来开许，我定会对众生生起最大悲心。为众生利益，我愿无量劫中以欢喜心趋入火海。"

超离诸众如来显示涅槃后，菩萨将如来法体做成遗塔并行广大供养。他时常忆念如来教言，并以慈悲心摄受众生。又幻化出无量无边化身，令如来刹土如盛开鲜花一般遍满不退转菩萨，然后才离开人世。

又释迦牟尼佛曾为木头王子，身相丑陋不堪，但人却勇敢、坚强，远远超过其他怨敌。木头王子将六国全部划在自己统领之下，帝释天随后也赠其如意宝。以此如意宝威力，木头王子身体竟变得与天人一

[32] 现法乐住等持：身心留住今生今世安乐之中。

般庄严，财富也广大圆满，他便依此而行布施，具体详情请参阅《贤愚经》。

释迦牟尼佛又曾示现为持力魔鬼，于五百如来教法下广行魔业。后当魔信如来出世并正要显现得菩提果位时，持力魔鬼便欲制造违缘。而如来早已了知魔鬼前世善根，于是便来到持力前显示神变，魔鬼顿时就回忆起以前在如来前因造魔业而堕入地狱中备受煎熬之痛苦情景。持力立刻生起厌离心，并皈依如来，又忏悔以前所造罪业。他对如来所传甚深法要深信不疑，并最终发下无上圆满菩提心。

释迦牟尼佛还曾示现为匝哦之女商主，某次当匝哦之女去海中取宝时，他先因对母孝顺而感受快乐果报；后当不敬母亲之业力成熟时，匝哦之女头上就长出铁转轮。他此时则对众生生出悲心，并因此而发愿道："所有众生因对母不孝而造恶业之果报，我愿全部承受，愿铁轮只在我头顶旋转。"

以此慈悲愿力感召，匝哦之女当下远离痛苦，并于死后转生兜率天。

释迦牟尼佛又曾转生为阿渥仙人，他到一寂静地于六万年中依一只脚而精进苦行。帝释天了知后便于虚空中对其顶礼，又令欲界、色界天人对他行广大供养。阿渥仙人能回忆起天上最初出现之星宿，又精通世间最开始时边际在何处等学问，他还据此创制天上星宿运行规律，并安立诸如瞬间、刹那、白昼、夜晚、月、年等时间概念。诸天人皆对他生起欢喜心，并赞叹道："如此众生实乃整个世间独一无二。"

久远之前，狮力如来出世说法，当时释迦牟尼佛转生为一金刚幢菩萨。他在听闻甚深佛法及陀罗尼并受持后，就前往各个城市患有种种疾患众生前，以自己听闻及受持之力令此等众生皆获解脱。

久远之前，释迦牟尼佛曾转生为一菩萨，当星胜如来入火遍处定时，菩萨单脚独立，于七日中绕转如来，他以偈颂赞叹佛陀之众多公案在佛经中有广说。

有关契经中曾记载，释迦牟尼佛转生为菩萨时，从无造作任何必堕地狱之恶业。但为利益众生故，他曾以发愿力转生地狱。

当人寿一百岁时，转生为菩萨之释迦牟尼佛看到恒河沙数地狱众生深受痛苦煎逼，菩萨便以发愿力取地狱众生形象，于无量时日中，在罪业深重众生前广宣十二部经，摧毁他们各自恶业。除恶见众生外，菩萨度化无数地狱之众。

贤劫之中，为无量众生利益，佛陀显示为旁生之躯，诸如食肉旁生、人熊、鸽子、猴子、龙、蛇、大鹏、鱼、乌龟、狐狸、兔子、牛、马等利益同类众生；他还以饿鬼身形救度无量无边饿鬼众；在屠户家中，他又以杀猪、杀鸡、撒网捕鱼等屠夫形象教化众生；于劣种之家，则以强盗形象利众……菩萨从未造作此等恶业，只为调伏众生，他才以其发愿力示现为如是躯体来教导群生。

释迦牟尼佛亦曾转生在边地，以贪、嗔、痴等三毒行持非法，又不信三宝、因果，不孝父母，不敬长老，诸如此类，不一而足，他即以如此形象开导众生。

释迦牟尼佛还曾以女人身相及身体面目丑陋不堪者、具猛厉贪嗔痴三毒者、嫉妒心强者、吝啬者、幻化师、魔术师、太监、石女、裸体外道、毁谤因果者等种种面目教化相应根基众生。

为使众生解脱轮回苦海，世尊身披大誓愿铠甲，趋入持恶见、邪见之众中，以与他们相当之形象利益此等顽劣之众，相关详情可参见《涅槃经》等经典。

又《岗波请问经》中云：“我于过去行菩萨行时，为众生利益而舍弃自己身躯，以众生为主人、自己做仆役，曾广行无量杂役：时时为别人端屎倒尿、洒扫除秽、割麦刈草、收获庄稼、辛勤挤奶、背柴砍樵、生火烧炭、挑水下厨……

如是劳作之时，从未生起过‘我不欲做此等杂事’之念；为众人制作香、花、饮食时，亦未生起过‘我不欲做此等杂事’之念。欲为、愿行之事，我自会心甘情愿去做；不欲为、不情愿之事，我亦自觉行之，定不会袖手放弃。无论国王种姓或平民、婆罗门唤我做事，我绝不前思后想我能否为之；如有人相招，我定会跟他前往，所有如理如法祈请，我尽皆满足。迄今为止，我所承办之事样样圆满，自始至终未曾想起有何不圆满之事。”

《持世请问经》又云：“善男子，我过去恒以大精进力及善巧方便力利益众生，为获无上圆满菩提果而积聚资粮。善男子，我能忆念过去世时为利益众生，我曾日日将自己躯体幻化为一千之众在众生前广行布施。善男子，我于百千万世中观见众生受饥饿之困，我便时时自煮身肉以为布施。如是做时，我未生起过刹那烦恼、后悔心，心中所充盈者唯有对此等众生之周遍大悲心。”

释迦牟尼佛在因地时，身披不可思议精进铠甲，趋入无量六波罗蜜多，广做世人难以想象之精进事业以利众生。

以上圆满宣说了释迦牟尼佛广行精进之种种公案。

七、寻法品

为半偈舍身

释迦牟尼佛在因地时，舍弃众多难以割舍之人、财、物，只为以此而寻觅佛法。

久远之前当如来未出世时，释迦牟尼佛那时曾示现为一外道婆罗门。当时他精通一切学问，行为亦调柔寂静，不但烦恼微少，心与行为都清净无染。

他为寻觅大乘经典已四下打探过很多时日，但却连大乘名称都未曾发现、听闻。其后他在一泉水清洌、瓜果丰饶之森林中入等持，修禅定，不过虽苦行多年，因无如来出世故而始终无从听闻大乘教义，他只能独自苦苦寻觅、默默等待。

帝释天与天子有次于天界集中，有天子即以偈颂方式宣说了人间某位仙人苦行修道之境况。有天子断言说此人可能是外道，只欲获帝释天等天界果位。不过有位天子仙人却批驳道："此人苦行根本不为获得天界果位，他只欲利益众生，故而才会不顾惜自己身体与一切财富而精进苦行，他唯一目的即为誓得无上圆满佛果。"帝释天此时则以见多识广、老谋深算之语气说道："按你所说，此人即为佛陀如意树一般，这样一来，他岂不成为所有众生真正皈依处？他定会以阴凉遣除众生炽热烦恼，我等热恼也应被其息灭。但这实在令人难以置信，因虽有无量众生发过菩提心，不过他们发心就如水中月一样，水波稍一动荡，月影也晃荡不平，只要一遇违缘，这些众生所发菩提心便会立刻随之退转。正与我们绘画相似，作画不易，毁坏却易如反掌；真正发心难于上青天，而退转却似顺风行船、一拍即成。好像一人手执兵器，一遇敌军即速后撤；这些所谓发心之众如遇轮回恐怖又怎能不败下阵来？所以很多人虽说以清净行为历行苦行，但为获无上菩提之发心是否真正稳固，我们还是应到其面前仔细观察一番，看他能否肩负起发无上圆满菩提心之重担。正如车有双轮就能飞驰、飞禽有双翼便容易飞翔一样，一个苦行者虽具清净戒律，有无智慧还得另当别论，我们必须详加观察。若他真有智慧，则必定能肩负起无上菩提之重担。又好比水中鱼儿虽产下众多鱼卵，怎奈真正长成大鱼者却寥寥无几；芒果枝头花朵累累，但结出果实者却少之又少。发菩提心之众人数虽多，又有几人能获真正菩提果？我们还是一同前往，应似冶炼黄金一般再三对其观察、评判。”

帝释天言毕即变现为一令人恐怖之罗刹，飞临雪山仙人苦行地附近，并高声宣说以前于如来前所听闻偈颂之一半：“诸行无常，有生有灭。”旋即便来至仙人前以恐怖眼神打量四方。

苦行仙人听到这半偈后，就如在恐怖深渊中找到朋友一样，又好似长期疾病忽以良药而得以治愈、落水者发现船只、干旱地找到净水、遭怨敌羁捕今得逃脱、长时身陷囹圄终获释放、久旱逢甘霖、客人远行后终又返回一般，内心欢喜无法言喻。他急忙起身、将头发向后拢齐，又抬头四下扫视声音出处，但除眼前罗刹外一无所获。他不禁满怀疑惑问道：“是谁打开解脱之门？是谁传出如来妙音雷声？是谁将我从轮回睡梦中唤醒？饱受轮回饥荒痛苦之人，是谁赐予其无上菩提妙味？无量众生沉迷轮回大海中时，是谁开来解脱宝舟？无量众生深受烦恼疾病困扰时，是谁赠以解脱妙药？听闻半偈后，我心就似半月出来后莲花全部盛开一般，智慧心花亦倏而打开。”

苦行者此刻想到：除罗刹外不见任何人，莫非刚才半偈为罗刹宣说？不过他转念又想：罗刹长相如此丑陋，他既听闻偈颂，为何还不能远离丑相？火中岂能生莲？太阳光辉中岂会出现凉水，这种人又怎会说出如此美妙之偈颂？但苦行者随即又自我谴责道：“我自己实乃孤陋寡闻，此罗刹也许以前见过佛陀或听闻过佛陀教言，我又怎可妄加揣测？自己还是赶快向他求教后半偈为妙。”想到这里，他急忙对罗刹说："善哉，大士夫！你从何处得闻过去如来所说法语？此偈乃宣说三世诸佛圣道，超离世间、具有十力之佛语，持世间邪见之外道何能听闻？"

罗刹故弄玄虚说道："你休要打听这些！我已多日滴米未进，饥渴难耐之时，我自会胡言乱语一气，就如刚才所说，我并非是以正念宣说偈颂。我飞到虚空中时，无论在北俱卢洲还是天界，全都找不到任何饮食，故而我才颠三倒四、瞎说一气。"

婆罗门苦行仙人求法心切，他真诚对罗刹说："大士夫，若你能圆满宣说偈颂，我愿一辈子做你弟子，请你无论如何都要将偈颂词意完整传授与我。"

罗刹仍狼心说道："你太固执亦太自私，只知为自己考虑，从不考虑我已饥肠辘辘。现如今我腹响如鼓，无有丝毫力气再费唇舌。"

婆罗门苦行者急切问道："你以何为食？"罗刹伪装说道："勿向我提及此事，否则许多人都会恐惧万分。"婆罗门不觉有些疑惑："空无一人之处哪有外人？在我们之间，我又不惧怕你，你为何还要吞吞吐吐？"罗刹这才假意说道："我以新鲜人肉为食，还要配以人之热血。不过因我福德浅薄，尽管四处寻找，但始终无法满愿。人世间多有众生，但人们大多都有大福报，各个受到天尊护佑，故而我实在无力将其杀害。"

婆罗门为听法故就对罗刹坚决说道："你所念偈颂有大意义，若能将后半偈传与我，我愿将自身供奉你。我身曾为野狼、老虎等猛兽吞食过，但丝毫功德都未曾获得。而今为得圆满菩提，我献出身躯才能使这无实质肉身获取实义。"罗刹继续试探他："你为八个字就愿将自己宝贵身躯舍弃，有谁会相信这欺诳之语？"婆罗门再次向他表白心迹："正如有人愿用自己破碗换取珍宝器一样，我这有漏不实之身即将转成金刚身，我何乐而不为？我真心实意愿奉献我肉体，帝释天、梵天、四大天王、菩萨，乃至十方诸佛均可为我作证，我为八个字之偈颂心甘情愿舍身闻法。"罗刹感慨答言："你既真正欲听闻正法，我就将后半偈传授与你。"

听到罗刹愿意宣说半偈，婆罗门就以大欢喜心把衣服脱下当成坐垫，合掌祈请罗刹能于其上为自己传讲半偈。罗刹随即吟诵道：“生后灭尽，寂灭即乐。”然后又重提话头：“如今你已完整听受全偈，若为真正利益众生而行持，就应将自身马上布施。”

婆罗门听闻后对此偈重视非常，他觉此偈太有价值与利益，他随即将偈文于岩石、墙壁、树木及街道上广泛书写，然后便准备兑现诺言、舍生取义。为不损害、毁灭肉身，他将身躯以衣物层层包裹后，举身攀上树梢准备下堕。树神急忙劝阻说：“善哉，殊胜大士！你现在到底如何考虑？”

婆罗门心无挂碍回答说：“我从罗刹那里闻得一首佛偈，为报恩故而欲舍身。”树神听罢不觉有些疑惑：“听闻这首偈颂又能带来何种利益？”婆罗门为他解释说：“此法为过去、未来、现在诸佛所宣说之空性法门，我是为闻空性之法方才舍身，绝非贪图名利，亦不为获转轮王、梵天等人天安乐而舍身，为一切众生利益我才甘愿布施身体。见闻我舍身之事迹后，愿吝啬者能广行布施；布施后心生傲慢之众生，愿能如我这般心无任何执著而布施。”婆罗门一边发愿，一边就似吐唾液、抛石块一样从树上轻松跃下。

此时虚空中传出美妙音声，并一直上达非想非非想天，罗刹则现出帝释天身形，并于空中接住婆罗门身体，又与诸天子、梵天王等天界众生到婆罗门前顶礼，赞叹道：“善哉，善哉，大菩萨！你为无边众生利益，以大智慧明灯摧毁众生无明黑暗。我们虽为维护如来教法，但依然给你平添太多麻烦、惹你心乱，现在特诚心向你忏悔，愿你将来成佛时能度化我等。”帝释天等天人说完即隐身消失。

婆罗门以舍身为得半偈之因缘，迅速圆满十二劫资粮，先于弥勒菩萨而成佛。

又释迦牟尼佛以前曾转生为一婆罗门子，名为喜法，素喜清净戒律，又具足善法，故而名声远播。当时有一婆罗门对他心生妒意，便以恶心对婆罗门子说道：“你若能跳入火坑，我则为你宣讲佛法。”婆罗门没有丝毫犹豫便答应下来，为求法，他甘愿舍身入坑。

此时有众多施主及婆罗门均劝他切勿轻率行事，但喜法为满婆罗门上师所愿，根本不听众人劝阻。他将火坑备好后就请婆罗门传法，婆罗门宣说一偈道："恒喜行布施，恒受清净戒，精勤修善法，以智得胜法。"喜法听到后高兴非常，他马上集中起众人，并为他们宣说此偈，然后慨然说道："为获无上菩提，愿我所作所为均有大意义，不会成为无意义之举。"说完即纵身跃入坑中。结果坑中烈火自然熄灭并变为一莲花池，而喜法则端坐莲花池上，并为众人宣讲梵行四德等法门。

那位恶性婆罗门此刻则遍身突燃大火，并立堕可怕大地狱中。喜法急忙安慰他说："上师请勿恐惧，我定能使你获得解脱。以我为众生行菩提道之真实力，愿此婆罗门自身烈焰即刻熄灭，并能从地狱中得到解脱。"

当时之婆罗门即为后来之吉祥藏施主。

为得妙法能舍一切

久远之前，释迦牟尼佛曾为梵施国王，总喜将自己财富全部布施。有次他与美丽王妃及大太子一同前往岗萨地方后，发现一身相丑陋之食肉鬼正于面前虚空中跏趺而坐。食肉鬼见到梵施国王后便说道："我过去曾于佛前闻受过佛法，你若愿意听闻，我可向你传授。"

梵施国王闻言喜不自胜，他急忙说："大食肉鬼，你快快宣说，我极欲听闻。你需要何等赏赐，我均可满足。"食肉鬼于是列出条件："我要你最珍爱之自身、妻子、儿子，将这三者全部给我后，我才可为你传法。"梵施国王不禁问道："你要我们三人有何用途？"食肉鬼毫无愧色答道："我要吃！将其食毕我才可说法。"

国王看看右边儿子、左边妻子，正欲下定决心之时，食肉鬼催促说："快快给我，交与我后你即可听闻从轮回中获得救度之胜法。"食肉鬼此时已从国王表情中了知他欲舍弃身躯及妻儿之决心，于是他宣说道："自他欲得乐，勿造诸恶业，凡愚乐不善，今生来世苦。"

国王听罢深感稀有，他想：为得此偈，即便将恒河沙数妻儿舍弃也难抵其值。想及此，他便从坐垫上起身，右手抓住儿子准备将其奉献。结果这食肉鬼现出原形，却原来为帝释天。帝释天对国王说："你确实能厉行布施，善哉，善哉！我乃帝释天，你有何欲求请尽管明说。"

国王马上对他说："请赐予我灭尽生老病死等痛苦之悉地。""此愿恐我无法满足，"帝释天为难回答："唯有佛陀才有灭除一切痛苦之法门。除此之外，你还需何等赏赐，我定竭力供奉。"国王失望说道："你既无法满足我真正需求，赐给我其他物品又有何益？你自己尚如象入泥淖般无力解脱。"

又久远之前，释迦牟尼佛曾为妙色国王，统领整个世界，具大威势。他曾这样想过：我虽以种种珍宝、受用利益众生，但却未曾以佛法予众生真实利益，我现应寻觅佛法以度化众生。国王便下令："整个赡部洲是否有能为我宣说佛法之人？若有之，我愿赐予他一切所需。"尽管如是下令，但却无人能为他宣讲佛法，国王内心十分痛苦。

毗沙门天王为观察他发心，就变现为一令人深觉恐怖之夜叉。他来到王宫门口问道："欲听法者可向我讨教。"闻听此话，国王非常高兴，他急忙到夜叉前顶礼，又让他坐上高高法座，然后通知大臣、眷属等人全部集中，齐来听夜叉传法。夜叉则提要求说："闻法怎能如此轻易，你欲听法尚需满足我所提条件：你若能将王妃及太子送与我为食，我才可为你宣说佛法。"

国王无有丝毫犹豫便将最宠爱之王妃及太子送与夜叉，夜叉当众将二人吞食。大臣们各个流泪劝阻国王，但他寻法之心又坚定又急切，任何人都无法劝阻。夜叉吃完人后就开始传法："诸行皆无常，有生即痛苦，五蕴无相空，亦无我我所。"国王听罢深感满意，他对自己刚才布施之举未生任何后悔心。他又将所听佛偈记录抄下，于整个赡部洲众生前广为宣说，并令其皆学此法。

毗沙门天王此时则现出天身，他一边赞叹国王，一边又将王妃太子重新交与他，原来刚才蚕食仅为幻变而已。

身做千灯

久远之前，释迦牟尼佛曾为赡部洲国王，名为甘谢讷巴乐，当时他统领诸多小国，又具有强烈悲心。一日他想到：既然我已成众生君主，他们亦对我信赖、喜爱，那我更应以佛法饶益他们。心意已定，他便对众大臣说："谁愿为我宣说佛法，我可将全部财产悉数赐予他。"

有一婆罗门名为力得吉者闻言便对国王说："我掌握有佛法。"国王立刻对他恭敬承侍，并表示愿意听他传法。力得吉对国王说："如你真想得法，那就必须以自身躯体做成一千盏灯以为供养，我才可为你宣说佛法。"

国王听到这一要求后满口答应下来，他还派人在赡部洲广为宣传道："国王为听闻佛法，七日后将以自己身肉做成千灯供养。"大众听到如此消息后，尽皆哀伤痛苦，他们纷纷来到他面前顶礼哀恳道："我等愚痴可怜之众，犹如盲人依赖有目者或儿子依赖母亲般仰仗你为生，若你身成千灯，则必死无疑。为一婆罗门你实在不应将世间众生全部舍弃。"

王妃、继承王位之五百太子、一万大臣此时均祈祷他万勿如此行事，而甘谢讷巴乐国王却意志坚定，谁都无法阻挡。他安慰众人说："待我获得无上佛果时，我必能度化你们。"

言罢，国王即剜肉钻眼做成灯盏，又做一千灯芯插入其中，然后对婆罗门说："你先说法，我听完即刻便点燃自身。若现在就点，我根本无从听闻法要。"

婆罗门便宣说偈子道："积际必尽，高际必堕，聚际必散，生际必死。"国王对他所说非常满意，更加坚定自己布施、供养之心，他以无有后悔之心态发愿道："我希求佛法只为得到佛果，愿我得佛果时，必能以智慧明灯遣除众生无明黑暗。”

待国王发愿完毕，整个世间开始震动，天人、菩萨相继前往虚空看望国王，并撒下阵阵花雨。帝释天以种种妙音赞叹他并询问道：“大国王，你承受如此巨大痛苦有无生后悔心？”国王掷地有声地回答说：“无丝毫后悔心。”帝释天试探他道：“看你现在身躯抖动、表情不悦，还说自己不后悔，有谁会相信？”

国王即以谛实语发愿说：“从开始至现在，若我确无后悔心，则愿我身体即刻恢复如初。”

他话音刚落，身上伤痕便消失不见。

寻法志坚　不惧万难

释迦牟尼佛为国王香朗嘎乐时，常欲听闻佛法。有次国王传令广宣道：“有谁能为我宣讲佛法，我甘愿将一切财物布施与他。”当时有一婆罗门名为累德切，他对国王说他掌握有佛法，但必待国王将自身钉入一千铁钉后才可宣说。国王不仅答应下来，还号召民众皆来观看。众人纷纷对其进行劝阻，但国王求法心切，根本就不听从。

香朗嘎乐国王要求累德切婆罗门首先为自己传法，然后再钉入钉子，婆罗门答应后便宣讲道：“诸行皆无常，有生即痛苦，诸法空无我，亦无我所有。”国王听后心满意足，随即便践行诺言，钉入一千铁钉。当此之时，众多小国之人与国王眷属皆哀哭倒地，天人也撒下花雨、失声痛哭。帝释天则来至国王前问道：“你苦行是为得帝释天还是转轮王果位？”

国王忍痛答言：“三界安乐我皆不欲取，所有功德只回向无上佛果。”帝释天面带怀疑之色：“我观你身体颤抖，面呈无法忍耐之色，你自己却说并不后悔所作所为，这话有谁能相信？”国王便发愿道：“若我确无后悔心，则愿我身不留下任何伤痕。”国王说完，身体即恢复如初，诸天人也心生欢喜。

久远之前，此世界有一梵天国王，他有一太子名为达玛嘎木，也即后来之释迦牟尼佛。太子整日四处寻法，但就是难闻正法法音，他为此很是苦恼、痛苦。帝释天为观察太子发心真伪，便以婆罗门形象来到王宫说他有佛法可以传授。太子立即请他传法，并答应说为听法甘愿舍弃一切。

帝释天则故意刁难说："你需准备一十尺深坑，内里遍满大火烈焰，若你能跳入，我则可为你传法。"太子毫不犹豫就答应下来，并开始挖坑准备。梵天国王与王妃、众大臣、各大官员内心均痛彻心肺，他们纷纷要求王子万勿如此行事，并命令帝释天所化之婆罗门不得轻率妄动，若非要跳入火坑，他们皆愿以己身代太子跳入。

而婆罗门却软中带硬说道："我根本不欲勉强太子，他如何行事全在他本人自己掌控。但要求佛法就必须按我要求去做，否则我绝不说法。"太子此刻已开始广诏天下，言七日后自己要为法殉身火坑，所有愿意观瞻之人均可前往亲睹。邻近小国民众听闻后全都赶来劝阻太子，祈请他切勿自丧身命。太子全部予以拒绝，并坚决说道："在长期漂转轮回之过程中，虽我拥有无数身躯，但转生人、天众生中时，因贪欲无餍而深感痛苦；转生三恶趣时，更是感受难忍、难言之剧痛。如此折腾全为无意义损耗自身，皆非以佛法积聚微少善根。现如今我这肮脏、丑陋身躯要为行佛法而供养，为获无上菩提而发愿，你等千万勿造违缘。我乃为得佛果而舍身，等我成佛后，我即可对你等行法布施矣。"

因太子誓愿坚固，众眷属都已了知无遗，故而大家也就沉默不语。

太子随后立于火坑边对婆罗门说道："大师，请先说法，我若现在丧身就再也无从听闻到佛法。"婆罗门于是就宣说一偈："当修仁慈心，断除嗔恨心，大悲救众生，因爱而流泪。当修大喜心，自他平等心，以此菩提心，修持菩萨行。"太子听毕即欲以欢喜心跃入火坑。

帝释天现出身形，与梵天拉住太子手说道："整个世界众生皆以你之恩德而快乐生活，若你跳入坑中，这些众生就会如死去父母之孤儿一般无依无靠，你为何还要将其舍弃而入火海？”

当他们如是劝阻之时，太子看着帝释天与自己眷属说道：“你们请勿为我发无上菩提心制造违缘。”

随着太子话音落地，大家便全都陷入沉默之中。此时大地开始震动，天人也泪雨倾盆，而烈焰熊熊之火坑刹那就变成鲜花池。太子端坐莲花之上，天人们兴高采烈降下花雨，一直没过太子双膝。

久远之前，有五百位仙人居住在印度鹿野苑，当时释迦牟尼佛即为仙人上师，名为俄巴拉。在一位婆罗门前为获佛法，他便按其要求自剥身皮以为纸、自抽骨骼以为笔，以此为代价听得一偈：“严守身戒律，不杀及盗淫，远离诸恶见，此乃菩萨行。”待俄巴拉于自己皮上记录下此偈后，他更要求整个赡部洲众生牢记并守持此偈。

久远之前，释迦牟尼佛曾转生为色贤国王，如理如法主持国政，恒以广大布施满众生所愿。国王娶有一美丽非常之丽人王妃，又育有一端严善妙之美颜太子。当色贤国王急欲求得佛法时，却处处难觅正法踪影，人们都说只有如来出世方才有佛法宣流，现在既无佛陀存世，又哪里能听闻佛法？

国王便将珍贵金器置于胜幢顶上，然后发愿道：“有谁能为我宣说佛法，我便将此宝物赠与他。”结果竟无一人响应，国王不觉伤心万分。

帝释天为观察国王发心，就幻现成一面目丑陋之夜叉对他说：“我可为你说法。”国王自然喜不自胜，他答应夜叉可为他布施宝物。谁料夜叉却说：“我饥饿难忍，只想立即杀人食肉。”国王闻言心下暗想：我能遇到价值无法衡量之佛法实乃万幸，我一定要用血肉买下佛法。

美颜太子此刻请求能代父布施自身血肉，国王便顺从其意将可爱太子布施与夜叉，夜叉立即显示神变，当场就将太子生吞。为求得佛法，国王心中未生丝毫不悦感。

夜叉吃完太子又对国王说：“我尚未饱。”结果此次丽人王妃又请求代国王布施自身血肉。随顺王妃请求，国王便将宠爱妃子交与夜叉吞食。待夜叉又与此前一样吃下王妃后，他还说自己尚未食饱，国王不禁问道：“我妻子、小儿都已被你生吞，你还欲食何物？”夜叉答道：“只有将你吃掉，我才会腹饱心足。”国王立刻答应，只是又提一要求说：“若我舍身就无法听法，故而你应先传法，我随后就舍身。”夜叉这才说：“爱中生忧患，爱中生怖畏，离爱无忧患，何处有怖畏。”国王听罢心满意足对夜叉说：“我现在可舍身矣。”

帝释天已清楚了知国王求法之心坚固不可动摇，于是便现出天身，左手牵着美颜、右手带着丽人，将二人又交与国王且连声赞叹。国王则对帝释天感恩戴德道：“帝释天王，我求法愿望已经圆满，我从内心对你感恩不尽。”

又久远之前，有一梵施国王，如理如法主持国事。某位菩萨当时入于殊胜王妃胎中，结果王妃怀孕后极欲求得善法，她便将渴求佛法心态告知国王。国王就找来看相者占卜原因，看相者回答说：“此乃王妃胎中胎儿所致。”

国王立即悬赏十万两黄金四处寻求善法，但却处处碰壁，无法觅得佛法踪迹。而太子恰在此时降生，于是众人便将此位庄严太子称为寻善说。寻善说长大成人后一直勤于寻找善法，奈何始终都无法如愿以偿。后来梵施国王圆寂，他便接替父王主持国政，又继续要求诸大臣寻觅善说。

寻善说依然用十万两黄金在赡部洲广泛搜寻，但自始至终都不闻正法名称。正当国王伤心欲绝之时，帝释天知道此讯息后，为观察他发心真实与否，就变现为极不庄严之夜叉现身寻善说面前说道：“行持善妙法，断除诸恶行，行法在此世，来世得安乐。”

国王听后非常高兴，他向夜叉请求说：“如此秘密难闻之法语请再次宣说，我等乐闻。”夜叉却说道：“你若能按我要求去做，我即可为你重宣此偈。”国王便问他：“你有何要求？”夜叉命令道：“你应于七日中焚烧檀木，然后跳入此火坑，那时我才可二度传法。”国王听罢，满心欢喜应承下来。

七日过后，为闻善说，国王欲入火坑，并派人广宣，言所有欲看精彩瞬间者均可前往观瞻。结果成千上万众生应召而来，他们看到菩萨如此殊胜发心后都深觉稀有。此刻夜叉则腾身虚空高声说道：“大国王，请履行誓言。”

国王将王位传与大太子，然后又在大臣及民众前忏悔自己所行不妥之事以安慰诸人。最后他行至坑边说道：“我今于此恐怖火海前，为佛法愿不顾一切舍身而入。以我福德力，愿我入坑后，此火海能立即变为莲花池。”国王言毕举身入坑。结果火坑即刻遍满莲花。

帝释天眼见国王如此稀有难见之行为后，马上现出天身并将偈颂再次宣说一遍：“行持善妙法，断除诸恶行，行法在此世，来世得安乐。”国王不仅亲守此偈，还将之写于金纸上，并在整个赡部洲广泛弘扬。

当时之寻善说即为后来之释迦牟尼佛。

释迦牟尼佛又曾为寻法童子，每当听闻善法便会缮写并受持，闻法后又继续前往大小城市寻找佛法。

童子某次于一崖窠内遇一人，此人对他说：“我可为你传授内含佛号之法语。”寻法闻听后当然高兴异常，但那人又说：“你若不行供养，我肯定不会为你宣说。”

童子急忙将昂贵衣物及珍宝全部奉献与他，那人又继而提出更苛刻要求：“你若能从崖窠上跃下，我才肯为你传法。”童子依然答应下来，在听闻含有佛号之法语后，他纵身从崖窠上跳下，同时又宣说愿自己身躯不受伤害之谛实语。四天王闻听后适时出现，并在半空中将他接住，还连连赞叹他所具功德。

舍物舍身而求法

久远之前，于印度鹿野苑梵施国王执政之地上，释迦牟尼佛转生为净饭施主，财富广积犹如多闻天子。他经常前往大海取宝，以种种珍宝满众生所愿。他有次将从宝洲中所得之一串珍珠项链送与国王，国王非常欢喜，而施主恰于此时听到国王公主以美妙音声正唱诵善说之偈。他一听闻便立刻生大欢喜心，以致汗毛直竖。回到家后，他对任何美食都失去兴趣，只整日琢磨佛法大义。他心中想到：我于十二年中积聚财宝，但却从未获得过善说法宝，辛辛苦苦积累这些石头有何意义？善说方才堪称真正珍宝。

施主立即派人前往公主处寻求善法，公主却说：“所谓善说者必得以财富为代价才可换得，将你十二年中所积珍宝全部送与我后，我才可将善法传授与你。”施主闻言心中大喜过望，他连忙把多年积累所得全部取出，又亲往王宫欲听受善说。国王此时向施主询问道：“如此善说可谓遍满大地，而财富却需历尽千辛万苦获取，你这样做有何企图？缺乏财富、只拥有善说，难道可以之为食？”

施主回答说：“能引生贪嗔痴三毒之珍宝究有何用？唯有善说才能遣除过失、成办功德。善说之宝，大地即便遍布珍宝也无法与其等价。”得到所求善说后，施主将教言书写于金纸之上，并到处广泛弘扬。

当时为施主传授教言之公主，即为后来之舍利子比丘。

久远之前释迦牟尼佛曾转生为西吾国王，居住于四宝所成宫殿里。他一直如理如法主持国政，又喜行布施，对病人及无依无怙之人更是格外关爱照顾。在其倡导下，大众皆厉行十善法，以致转生天人者愈益增多。帝释天为观察他发心真伪，就幻化成罗刹形象来到王宫顶上说道：“诸行无常，有生有灭。”

国王听到后惊喜万分，他心想：是谁在为我打开涅槃之门，宣说菩提之道？他连忙合掌恭请道：“好友，请继续宣说偈文。”罗刹趁机要挟说：“我现今饥饿至极，必得以人新鲜血肉为食后才可宣说。”国王则想到：损害别人当然不合理，为得佛法我必须布施自己！

得到国王施身允诺后，罗刹完整将偈文说出：“诸行无常，有生有灭，生后灭尽，寂灭即乐。”国王得法后喜悦之情溢于言表，他心想：此法乃真实涅槃门、菩提道，是诸佛菩萨所修持之圣道。一想到这些，他便立刻用刀割下自己胸口之肉奉献与罗刹。罗刹吃下之后感觉未饱，他就欲将全身血肉供奉罗刹。施主在为获无上菩提而发愿后就对罗刹说道：“我可将全身割舍与你。”

此时大地六次震动，天人亦降下花雨。帝释天心中想到：我再如此刁难下去恐非合理，还是到此为止。于是他便对国王说：“你割舍身肉，心中是否有不悦情绪？”国王回答道：“我绝无不悦之意，我只不过对地狱众生心生悲悯而已。”“你如此说来有谁会信？”国王答道：“我所说者皆为谛实语，当然会令人相信。”帝释天穷追不舍：“既如此，你不妨以谛实语令身体恢复。”

国王就发愿说：“我舍弃身肉并无不悦心态，对受苦众生我反而更增上悲心。以此谛实力加持，愿我身体恢复如初。”言毕身躯即告复元。帝释天高兴地现出天身，并解释道：“我非以恶心损害你，我为令你心生欢喜才如此行事。以你所有之精进力，你必会有所成就。待你证果时，请勿遗忘我，并请常垂怜忆念我。”帝释天说完即隐身不见。

又久远之前，释迦牟尼佛曾转生为另一西吾国王，日常行持事迹均与上文大同小异，所不同者在于：

帝释天对国王说：“你做我弟子对我有何利益？我欲加害你，如你答应此要求，我即可为你传法。”国王答应说：“不管你欲何求，只要能为我传法，我可满足你一切愿望。”帝释天随即说道：“为得此法，应在两木板上各钉千根四寸铁针，你应夹于其中安眠。”

在如此惨烈酷刑中，国王依然不忘发愿得无上菩提。

此时大地震动，而国王亦以说谛实语之力令自身躯体恢复如前。

无量劫之前，当另一位释迦牟尼佛出世宣说《涅槃经》时，释迦牟尼佛那时转生为一菩萨。他听到佛陀说法后心生欢喜，极欲对佛陀有所供养，但因身无分文而无法实现。贫穷之菩萨便想到卖掉自己以换取钱财，但因福德浅薄竟未遇买己之人。后来当他回家时果真碰上一人。他就对来人说：“你愿不愿意买我身躯？”那人回答说：“我有件事需有人代做，如你肯为，我就可将你买下。”“是何等事情？”菩萨追问道。来人小心翼翼回答说：“我患有一怪病，医生嘱我每日必吃三两人肉才会治愈。你若愿舍身，我可付你五枚金币。”

菩萨闻言欢喜雀跃，他对那人说：“你先将金币给我，七日后我即可满你愿望。”“七天太长，我最多给你一天期限。”那人如是要求，菩萨连忙答应。他得到金币后立即前往释迦牟尼佛处顶礼问讯，又将金币全部供养，然后便诚心诚意、专心致志听闻《涅槃经》。因他本属钝根，故而听完后只记得一个偈子：“佛陀现涅槃，断除诸轮回，何人诚心闻，恒得无量乐。”

将此偈牢记于心后，菩萨高兴前往病人家中，每日割下三两身肉供奉与他。因他脑中所思只为偈颂意义，故而并未感受任何伤痛。一月之中，他无有一天间断，那病者也日益康复起来。看到病人日渐好转，菩萨内心深感欣慰，他又发愿未来必获无上菩提。菩萨心想一个偈子都有如是巨大威力，整个经典若能圆满闻受，功德更无需多言。亲身感受到佛经真实不虚之功德后，菩萨信心更加增上，他发愿道：“将来我获无上圆满佛果时，佛号也应为释迦牟尼。”他后来成佛时便开始在人天诸眷属前广泛宣说《涅槃经》法门。

无量劫之前，释迦牟尼佛曾转生为一大胜仙人，居住于深山密林中，具有五神通及大慈大悲心。他有日心想：我这所谓大慈大悲心既不能令众生心生欢喜，又不能息灭他们于无量劫中所积聚之三毒烦恼，亦无法令众生生起圣者正见，要这虚名大悲心又有何用？大胜想到这里便开始思索圣者正见到底从何而出，经过几番观察后，他认定正见需通过他人传讲与自己亲身观修而生。于是为获殊胜教言，大胜仙人就开始前往大小城市四处寻觅，但一直都无法找到。

此时有一魔众天尊来到仙人前说道：“我曾于佛陀前闻听过含有佛号之偈颂，如你能剥下自己皮肤，并于日光下曝晒后做成纸张，再以自己鲜血为墨、骨骼为笔，将偈子记录下来，我则可将此偈传授。”

仙人听到天尊所提要求后则思量道：流转轮回中，为得财富与妙欲，国王、怨敌、凶手等人都曾砍断过我无数身躯，但如此“献身”对任何众生都无些微利益。此次为得有意义之佛法而将这有漏不实之身舍弃，这可算作所有舍身行为中收获最大者。

心生喜悦之仙人就将天尊观为上师，自己将皮剥下后于日光中晒干做纸，然后又抽出鲜血以为墨、取出骨骼以为笔，在天尊前合掌请求他能宣说此偈。魔众天尊看到仙人以极大恭敬心希求善法后，自己羞愧难当，以至于最后竟消失不见。仙人找不到他，只能无可奈何想到：看来我已无法听闻此首偈颂。随后他又发愿道："我以对佛法所起之恭敬心而用自身制成笔墨纸张之善根，定不会耗尽亦不会虚掷。以我清净心对一切众生所生之悲心，我不顾惜自身皮、血、骨而为纸、墨、笔，愿凭此真实语之谛实力，此世界或其他世界，所有能宣讲佛法之大导师前，我都能亲聆法要并得佛法真谛。"

仙人刚刚说完，从此刹土往下方过三十二个世界，有一刹土名为无垢清净刹土，无垢称王如来正住世传法。他一刹那间就已了知仙人清净心，同时亦明了赡部洲众生日后可因仙人而得度。如来便与五百菩萨一起飞临仙人面前，此时整个世间光芒遍布并降下花雨，森林中草木枝、叶、花、果皆自然发出佛法妙音，成千上万、难以计数之天人集中此处。如来光芒接触仙人身体，他整个身躯立即恢复如初，未留下任何伤痕，颜色也与过去无有二致。

仙人于如来脚下顶礼、绕转，然后合掌说道："佛陀为我真正导师，从今日始，我开始正式皈依佛法僧三宝。我听法后必能遣除众生邪见无明黑暗，为获正见，请佛陀慈悲传法。"

如是请求后，无垢称王如来便对在场眷属宣说积累福德等持法门，以及金刚八句、法门八句、种子八句等正法。仙人立刻获取辩才无碍、不忘正念、天尊护佑、摧毁怨魔等境界，他随即就开始在一千年中，于大小城市宣说佛法，度化无量众生，并于死后转生无垢称王如来刹土。

广述情节在《积福德等持经》中有记载，可参阅。

久远之前，释迦牟尼佛曾为转轮王，在印度灵鹫山，无数劫中以鲜花、妙香、胜幢、飞幡、乐器、珍宝、宝殿等物，于成千上万如来前作供养、承侍，并听闻、受持诸法自性平等等持法门，又将此法缮写、受持、为他人广泛宣说。无数如来中最后一位名为萨拉自在王如来，住世七十六万年。转轮王即以无法计数之天人檀香、珍珠等物对其广行供养，后又出家求道，于千百万年中守持、修行，及为他人宣讲诸法自性平等等持法门，还为此法门而舍弃无量头、手、足、妻、儿、珍宝、饮食等人与物。

其后又有恒河沙数如来住于灵鹫山上广宣此法门，诸世尊皆名为释迦牟尼佛，所有释迦牟尼佛均有名为舍利子比丘等两大弟子及众多眷属，众如来都于五浊恶世出世传法，后为释迦牟尼佛之转轮王在如是如来前一一听闻此等持并精进修持。

再往后又有无边妙音如来出世传法，世尊前世亦曾在无边妙音如来、名称妙音如来等众多如来前受持诸法自性平等等持法门，此等道理在《月灯经》中有广说。

释迦牟尼佛转生为山兔时，为求正法，曾在一仙人前跳入火坑，此种经历确有其实。

释迦牟尼佛转生为一国王时，为得半偈法曾于一猎人前奉献自己所有衣饰并举身跃入深渊。

释迦牟尼佛曾转生为一国王公主，名为妙智，她为说法上师身体能早日康复，竟以自身血肉配制食物供养上师。

释迦牟尼佛如是舍弃寿命、生命、王位之次数已不可胜数；他为半偈佛法而以自身做成千灯并点燃，然后在身肉所成光芒中听闻后半偈法语，诸如此类之行迹实难以算数譬喻而得了知。

世尊于无量劫中不顾及自己所受痛苦，精进寻法、苦行不辍，真可称之为为佛法而苦行之安忍度，亦是行持摄善法戒，也可算作铠甲精进与加行精进，同时也是为佛法而行之舍施法门，并能生起听闻智慧，间接也算对众生之法布施，且为出世间禅定之因，故而此寻法品真可谓具足六波罗蜜多。他在行持任一波罗蜜多时，实际上都直接或间接具足六波罗蜜多所有内涵。我们都了知菩萨所有作为实乃依心为主而行之，也即以心来安立六波罗蜜多。

以上圆满宣说了释迦牟尼佛广行寻法之种种公案。

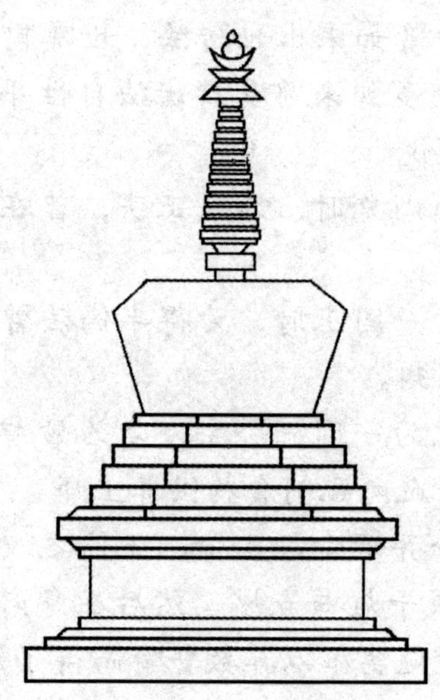

八、禅定品

具蹼救弟

久远之前，梵施国王手下有一大臣，释迦牟尼佛当时曾转生为大臣之子，因其手足指间有蹼相连，故而被称为具蹼。具蹼有一弟，因指间无蹼相连就被唤作无蹼。具蹼自己觉得若日后也成为国王大臣实不应理，于是就在父亲面前请求能出家求法。

父亲劝阻道：“你当上大臣后更有能力行上供下施，那时做此等善事可谓易如反掌。既如此，为何还要产生出家之念？”具蹼则回答说：“我宁可住于森林中亦不欲为官拜将，有智之人岂能为地位造下杀、砍诸恶业？”听闻儿子如此表白，父亲便不再勉强他出入官场，并最终开许他出家。

具蹼就到仙人前出家求道，并一心一意专注于禅定之中。通过精进修持后，他终获五神通。

而无蹼则为寻求秘密窍诀到处东奔西走。此时在南方一山岩中住有一婆罗门，婆罗门育有一女，他既不欲将女儿许配与种姓高贵者，亦不想让女儿嫁与财富圆满之人，他只愿将女儿托付与精通四吠陀者。无蹼在游历过众多地方后，终于邂逅此婆罗门，并依止他学习吠陀法门，随后就在短时间内完全精通掌握。婆罗门便顺理成章将女儿嫁与他。

无蹼与婆罗门女于夜晚降临后睡于房屋最顶层，结果当女子手中扇子落地、她正伸手欲拾取时，无蹼突然发现她手臂竟如象鼻一般恐怖丑陋，他顿时心生畏惧。当油灯熄灭，女子起身添油时又将手臂伸出，无蹼目睹之后更是紧张异常，他再不欲与此婆罗门女交合。女子委屈问他：“你本该与我共享美妙生活，现在为何不喜爱我？”无蹼胆战心惊回答道：“与死主一般的人如何相恋？如何享受生活妙趣？”女子安慰他说：“你不要害怕，我怎会对自己丈夫心生害意？”无蹼只得将计就计说道：“既如此，我权且相信你一回。”

婆罗门女略显羞涩地渐渐假睡，无蹼也假装安眠。看到丈夫入睡后，此女子悄悄起身前往罗刹女住处，无蹼也一路跟踪而去。婆罗门女将头发拢上来后，示现出令人恐怖万分之身相，无蹼只好惊魂未定地返回，并再次忐忑不安进入睡眠。

第二日，无蹼二话不说，直接到婆罗门那里将全部情况告知岳父。婆罗门听到后推托道：“事情既已发展至此等地步，你最好还是将我女儿带走。”无蹼如实回答说：“我怎能带她离开此处，她分明是罗刹女。”婆罗门明知故问道：“你以何为据说她是罗刹女？”无蹼不欲再争执，就一言不发自行离去。

婆罗门后问女儿：“你为何不随顺丈夫？”婆罗门女惊问道：“他都给你胡言乱语些什么？”婆罗门直接挑明说：“无蹼言你乃罗刹女。”婆罗门女狡辩说：“我根本不是罗刹女，他才是故意诽谤污蔑我。”

婆罗门女愤怒异常，她双脚、双目全部显现出恐怖形象，随即便在无蹼必经之路上等他。见到无蹼后，她厉声痛斥道：“食子母之儿，我早就告诉过你勿向别人提及此事，你为何还要在我父亲前胡说八道？现在我要严厉惩处你。”说完就向无蹼张牙舞爪而来。

无蹼恐慌之际，立即想到应祈祷圣者兄长，于是他便急忙连喊三遍：“顶礼具蹼尊者！”此时有一天尊则将此讯息告诉具蹼道：“你兄弟正遭遇违缘，你理应垂念、拯救他。”具蹼马上显示神变来到出事地点，并阻止婆罗门女说：“这位女子，请勿伤害他！他到底对你犯下何种大错？”

显现成罗刹女之女人恶狠狠回答说：“他向我父亲告发我是罗刹女，他既这样说了，我当然就得如此待他！你马上滚开！”

具蹼仙人温和劝请道：“罗刹女，他已经受够痛苦折磨，你最好还是将他释放。”罗刹女闻言说道：“大圣者，你如此求情我当然可将他释放，但他必须出家才行。”仙人答应道：“只要你放他，我定会令其出家。”

无蹼获释后果真追随兄长足迹出家修道，在精进修持后，他最终获得了五神通。

当时之无蹼弟弟即是后来之静住夜叉，当时之罗刹女即是后来之蓝色女。释迦牟尼成佛后，静住夜叉从夜叉口中、蓝色女束缚中皆获解脱，并终获不退转果位。

不当国王装哑跛

久远之前，于印度鹿野苑有一梵施国王，势力强大，并令百姓安居乐业。梵施王娶有一梵积姆王妃，并拥有一梵具湖泊。但国王、王妃始终未生育太子，于是他们便常常祈祷天尊。最终因前世宿缘会聚，而非祈祷之功，王妃终于有孕在身。此太子前世就曾为得无上菩提而发过愿，且誓愿异常坚定，他此番转生是从地狱超升而来。

具智女人一般均精通五种法：了知男人对自己喜爱程度；何时来月经；孩子何时入胎；入胎后情况；胎儿是男是女。王妃在孩子刚一住胎之时就告诉国王说：“我已有身孕。”国王欣喜万分，立即发愿道：“为胎儿圆满降生，我愿以大财富承侍王妃，使其不需辛劳就能幸福生活。”

王妃则心中暗想：国王真应行广大布施以积累福德。结果国王果然按王妃意愿如是照做，他还将四方牢狱中被囚禁之人统统释放。王妃又想：我应与国王一起在梵具湖上荡舟赏玩，如此享受生活方为惬意。国王立即满其心愿，携王妃于湖上轻舟荡漾。

王妃最终竟于湖上诞下一身相庄严、遍体金色、能回忆自己前世之具相太子，亲友们得到消息后便为他连续举行二十一天贺诞仪式。在众人商量孩子姓名时，因他于水上降生便名之为水生。水生被八位姨母精心抚养，当他以神通观察自己前世出处时，发现自己曾当过六十年国王，此次降生是刚刚从地狱中转生而来。

水生不由想到：如我再继续主持国政，将来必定再堕地狱，我一定要设法躲过此难。于是从落地之时起，他便开始假扮成跛子。在太子降生当日，尚有五百大臣之子也同时诞生。当这群孩童都开始蹒跚学步之时，眼望自己跛足之子，国王暗自思量道：若水生足不跛行，恐怕现在也应又走又跑了，奈何他却无法行走！不过无论如何，我都要让他继承王位。而水生太子则想到：父王对此等继承王位之类毫无意义之事竟如此重视，看来我应装成哑巴。于是水生便不再开口讲话。

当同龄伙伴均学会张嘴说话之时，眼见沉默小儿，国王又想到：若水生非为哑巴，恐怕现在也应牙牙学语了，奈何他却无法开口！这孩子真是可怜，我亦因之苦不堪言。因水生又跛又哑，他之姓名于是日益被人遗忘，众人都称其为哑跛。国王听闻后自然沉默难言，但内心却痛苦万分。每当有人询问时，他便说：“我虽为国王却一直苦于无亲生儿女，即将面临种姓断绝之困时，历尽千辛万苦终于生下一儿，谁料他却又跛又哑，这让我怎能不心生痛苦？”

诸大臣连忙召集医生前来为太子诊治，众医生在做过详细观察后发现太子聪颖过人，根本无病，他们便对国王、大臣建议说：“太子无有任何疾病，你们最好吓唬他一下，如此可能会令太子状况好转。”

国王听从建议召来一些刽子手悄悄告诉他们说：“你们在表面上稍微吓唬吓唬太子，但千万勿将其真正伤害。”刽子手听命后即准备实施，他们将孩子置于马车上前往鹿野苑城中。当孩子看见丰饶、美丽之城市景观时开口说道：“鹿野苑是空城还是有人居住？”

刽子手急忙将太子带回交与国王，并汇报说：“大国王，太子已开口讲话。”国王将孩子揽入怀中，试探他道：“谁杀？谁打？谁离开生命？谁给何物？”但太子此次则缄口不语。国王只得假装说道：“我要将太子舍弃。”言毕即将太子又交与刽子手。他们则将太子又带往别处，当众人发现一具尸体时，孩子开口说：“此尸为死人所留抑或活人所留？”刽子手迅疾将太子再次交给国王，并言太子已开口讲话。国王再将太子揽入怀中问他：“谁杀？谁打？谁离开生命？谁给何物？”太子又装聋作哑起来。

国王再将他交与刽子手，这回众人又看到一堆稻垛，太子又开口说道：“此垛为无人吃过之垛，还是已被人食用过？”刽子手再将太子带回王宫，向国王汇报说太子几次三番均能开口讲话，结果当国王把他揽入怀中又问他相同问题“谁杀？谁打？谁离开生命？谁给何物？”时，太子则将唇吻又一次紧闭。

国王这次将太子交与刽子手后，令他们在城外园林中假装挖坑以掩埋哑跛。正当众人挖土铲灰之时，太子向驾车者询问为何挖坑，那人回答说：“国王下令要将太子活埋。”哑跛马上想到这些刽子手真真切切可谓杀人不眨眼，平日即以杀人为业，故而他心里顿生恐慌。他急忙说：“若国王答应我善妙条件，开许我行正事，我可亲自于城中步行、讲话。”刽子手火速禀告国王，国王立即回答说：“太子欲得王位，我都可当下答应。”

国王自是兴奋难言，他开始令人将大街小巷全部装饰起来。哑跛则步行抵达城中，众人咸感稀有难睹，刹那间就聚集起成千上万人围观。太子步行到国王脚下顶礼道：“大国王，我非哑跛装哑跛，而今明确表达之。我原本就诸根具足，在回忆前世时，发现自己曾做过六十年国王。以此业力感召，我堕于地狱中受六万年难忍巨苦。因不欲再堕地狱，故而我对王位心生厌离，希望父王能开许孩儿出家证道。”

国王惊讶问道：“一般人厉行苦行、勤行上供下施，目的都为谋求王位，而今王位于你可谓唾手可得，你为何却要将其舍弃？”太子郑重答言：“木鳖果[33]般妙欲不愿享，愿持甘露味般梵净行。”国王又问他：“得王位后可尽享各种快乐，你为何要将之舍弃？”太子则回答父王：“痛苦源头之乐哪里算是真乐，为得真乐受苦又怎能当成苦。请父王一定要开许孩儿出家，我一心想去森林中苦行。”国王再次劝阻道：“孩子，王宫里有鲜花、妙香、美女、饮食、衣物、乐器等一切享乐资具，若去森林中，你只能坐草垫、与猛兽为伍、穿树皮、食野菜水果、饮山泉，既如此，为何还要舍弃王位前往森林？”太子则回答说：“森林中树皮人皮为衣，食水果并与猛兽同住，智者宁如此亦不愿为，得王位而打杀毁来世。请父王一定要开许孩儿出家，我

[33] 木鳖果：外观美丽，味道甘美，但有毒，会致人死地。

一心想去森林中苦行。”

国王最后只得说道：“我现有三点疑问，若你能圆满解答，我就开许你出家求道，否则就再勿提出此等要求。前些时候你到鹿野苑城中去时，曾说过‘鹿野苑是空城还是有人居住’，请问这是何意？”

太子说道：“大王，我无罪过时你却下令杀害我，而鹿野苑城中竟无一人问一声‘此人因做下何等错事而被处死’，故而我才会思虑是否城中众人均已全部死去。”

国王不觉点头赞叹道：“所答甚妙！不过你为何在见到死尸时要说‘此尸为死人所留抑或活人所留？’”

太子解释说：“如一人因犯罪而被杀，则此尸为死人尸；若一人行善亦被处以死刑，此则为活人尸，我当时发问即为此意。”

国王又称赞说：“所答甚妙！那你看到稻垛时，为何要说‘此垛为无人吃过之垛，还是已被人食用过？’”

太子对这最后一问回答说：“大国王，农夫若在庄稼成熟时将其收割并全部享用，则无剩余种子可供继续播种。同理，若一人以前世所造十善而致今世享有人身，不过若此人不再积极造作十善业，待前世善业耗尽、善根毁灭时，他短暂得到乐趣果后终会堕入恶趣。想及此，我才有上述疑问。”

国王闻言不禁失声痛哭，他泪流满面抱住太子感慨道：“你出家修持去吧，我亦欲为你弟子。”国王言罢又对诸大臣说：“各位大智者，我哑跛太子若不出家会如何？”大臣们回答说：“大国王，他若不出家必当国王。”国王又问他们：“你们儿子又会变为何等人物？”众大臣说道：“均会成国王之臣仆。”国王鼓动众人说：“我哑跛太子已决定出家，你们儿子为何不出家跟随？”众人附和道：“国王如何吩咐，我等照做就是，我们儿子也可追随太子出家。”

当时离鹿野苑不远处有一寂静地，一大慈大悲之仙人修行者住于其中。哑跛与五百童子准备好大批财物后，便一起前往仙人处出家学法。仙人向他们传授教言，众人全都依之精进修持，哑跛于其中首先获得五神通。仙人圆寂后，哑跛将各种妙香放在仙人身上，焚烧后又行供养。

接下来他又开始对五百人传授教言，并使其全部现前五神通。

哑跛舍弃王位，至森林中现前禅定之功德，乃释迦牟尼佛因地时所为。

又释迦牟尼佛曾为外道本师，名为美眼，远离执著一切妙欲之贪心，又具有种种神变。他于成千上万众生前宣说无尽清净法门，首先听闻他教法之众，大多都于死后转生梵天天界；有些则转生为人天中有福报者。

美眼本师已获得第二禅定，与他修行境界同等之婆罗门子摧灭、护象等人亦获得同等果位。

释迦牟尼佛曾为外道本师，名为哑跛，具种种神变，对世间妙欲无有贪执。他门下有五百婆罗门弟子，哑跛有次心中暗想：我这些婆罗门弟子为何不能获得五神通？他反复思索原因后想到：这些弟子拥有人皮、树皮、净瓶、木棒、浇灌勺[34]等众多物品，他们占有如此多之财物，哪里还知少欲知足。他们还整日忙于准备蔬菜、莲根，这样"修行"何能得五神通？我一定要想方设法治罚他们，否则他们根本无法摆脱束缚。

哑跛非常精于调化众生之术，他首先告诉弟子们说："我欲精勤内观。除供养我水果之一婆罗门弟子外，任何人都勿见我，唯除十五日这天。"

制定下这条规矩后，哑跛有次远远望见一只野兽正向自己方向走来，他便自言自语道："野兽，你来的正是时候。你与我情况相同，只求温饱就已心满意足。但这里有些人并非如此，他们整日忙于寻觅蔬菜、莲根等物，不知餍足。"婆罗门弟子知道后议论纷纷："规定不允打扰上师之时间已过，我们前去拜见上师，他应能与我等交流。上师既能跟野兽讲话，那也必定能与我们交谈。"于是他们便相拥来到哑跛面前。

但哑跛却未答理他们，众人好生奇怪：上师不对人讲，却对野兽言语，这到底为何？

[34] 浇灌勺：火祭时用以舀油的圆勺。

此时一长有野兽形象之人远远向哑跛处走来，哑跛远望到他后便开口说道：“持有野兽形象者真乃善妙，你只拥有一份净瓶、木棒、浇灌勺等物，只求能解决温饱。而这里有些人却非同一般，他们拥有很多人皮、树皮，还要四处寻觅蔬菜、莲根，永不知餍足。”

众婆罗门弟子这才恍然大悟，原来上师是在赞叹清心寡欲，斥责贪欲之过。他们心想：上师是在治罚我等，从今日始，除必备浇灌勺、净瓶等资具外，余者全部丢入名为常流之江河中。心意已决，他们就决心跟着上师精进修学，力争清净心相续，各人行为皆能如理如法。

待他们对上师恭敬顶礼之时，上师眼见众弟子心与行为皆清净无染，就马上开始宣说能令五神通现前之法门。

当人寿八万岁时，对众生身心造成痛苦、危害之种种因素有：寒热、饥渴、贪欲、疾病、衰老等等。当时有一国王名为具作，于其治下森林中有一烈卓达大树，树旁居住有一如萨拉大树般之婆罗门，名为辐轮婆罗门，也即因地时之释迦牟尼佛。辐轮对五百婆罗门子教授婆罗门秘诀，他有次在寂静地想到：所有人众皆寿命短暂，而来世则真实不虚。既得转世再生，但生已无一不死。看来人在存活时就应修持善法、行梵净行，而现今之人却于有意义之善法不加重视。不过无论如何，我都应出家求法。

辐轮将自己想法告诉诸位弟子，又征询众婆罗门子意见。他们坚定说道：“我们所得一切皆依赖上师传授，既然上师欲出家，我们也跟你前往。”辐轮观众人因缘皆已成熟，就带领他们全部出家学法。他教众人断除五障、修四无量心，人们此时都称他为辐轮大师。

大师又教导诸弟子道：“诸位婆罗门弟子，人寿实为短暂，而生存时却需面对诸多烦恼。人存世时间并非长久，人间充满太多痛苦。人生就如草尖露珠，阳光遍洒大地之时也即露珠消失难觅之际。短暂寿命不得不承担种种苦痛煎迫，这生命真如水中涟漪，又似水上十字刻痕，瞬间即失、了无影踪。就像很快就会被大水淹没之土块、堤岸；迅速就会下沉之入水金刚；疾坠地面之甩向空中之木棍；快速趋向接头处之纺线；同样，人生亦短暂即逝，并始终导向死亡，与前往屠宰场之牲畜并无两样，皆在一步步逼近命终之时。口中所含一小块肉，放入大锅中立即就酥软烂熟；崖上水流顺山而下时会将草叶、土粒一一冲走，众生生命亦复如是。诸位弟子，大家理应修持慈心、悲心、喜心、舍心。我一直在修持从慈心到舍心之四无量心，希望你等也能努力修持。”

辐轮大师能住世八万年，但他依然以人寿为短暂、脆弱，并依此而传法。对我们而言，自他更应以不放逸心精进修持善法，修持禅定与梵净行，此点实为重要、关键。

永不希求世间利乐

久远之前，当释迦牟尼佛转生为一种姓高贵之婆罗门子时，他拥有六位各具相应功德之弟弟及一位小妹。七兄妹在婆罗门子教授下学习吠陀及其余一切学问，并全部精通，此婆罗门子也因此而声名远播。他对父母均非常恭敬且孝顺，对弟妹也如上师、父亲一般恭敬，并以此种行持而安住于家中。

后来父母皆双双离世，待婆罗门子从悲哀心境中恢复过来后，他便告诉弟妹道：“世间人一般都愿共享美妙生活，但不管他们情愿与否，死亡总有一日会降临。一旦它降临，必会使家人各奔西东，且能引生无穷痛苦，所以我欲出家修行。至于你们，还是好好享受在家生活为妙。”

弟妹听罢各个热泪盈眶，他们深情对兄长说道：“父母已远离我们，难道兄长也要将我们舍弃？无论你到哪里，我们都会死心塌地跟随。”七兄妹随即就跟随大哥，舍弃众多财富、亲友前往森林中出家苦行。不仅他们紧紧跟随此位尊者，就连仆人、仆女、与尊者关系友善之亲友也追随他一起出家求道。

森林中环境优美之地有鲜花盛开，他们即在此胜地一近湖泊处安顿下来。众人在互相间距不远处各自以树叶搭成茅棚，人人即从此开始一心坐禅。他们相约每隔五天便到尊者前闻法，而他则为诸人宣说应趋入真正禅定道理、贪欲过患、静处知足少欲之功德、懈怠过失及信心功德等佛法。仆人对他们也恭敬爱戴，从湖中采得莲藕后便于荷叶上均分，然后便敲响木头以明进食时间已到。待仆人回去后，众人进行完念诵、火供仪轨，就按年龄长幼顺序次第将莲藕拿到自己茅棚内享用，接着又继续开始静修禅定。除去共同闻法外，众人互相之间绝少往来探望，大家都守持清净戒律，于寂静地如法修持、享受禅定安乐。

他们快乐生活之名声不久即达于天界，帝释天闻知后为观察究竟某日亲临寂静苦行处。他看到尊者所欲享用之如象牙般莲藕后，就趁仆人回茅棚之机将莲藕藏匿起来。结果当尊者来到分藕之处时，不见莲藕只见满目凌乱荷叶。他当时想到自己所应得之份额恐已被别人拿去，于是就心无丝毫怨恨地又重返茅棚坐禅，且因害怕扰乱众人心、引人不悦而未给任何人讲明。其他人及弟妹均认为尊者已经享用过莲藕，便各自取回自己份额回到屋中食用，后又接着坐禅。

如是度过一、二、三、四、五日后，帝释天一直将莲藕藏匿，而尊者则未生丝毫不悦。五日过后至下午时分，当众人又团聚闻法时，大家这才注意到尊者身体已日渐憔悴：他眼眶深陷、颧骨凸出、面色黯淡、声音低弱、神态疲倦。大家忙问他消瘦、疲累原因，尊者就将原委向大众讲明。

众人不觉深感纳闷：我们苦行之时为何会出现此等非法行为？大家心生不悦，亦深感稀有，同时也因略感羞愧而将头低下。帝释天此时施以加持，大家更不明所以、迷迷糊糊。尊者大弟弟便首先澄清自己清白，又骂那盗莲藕者道："尊者，无论谁拿你莲藕，都愿此人享有财富圆满之家及美丽妻子，同时子孙绵延不绝。"[35]

二弟则诅咒说："尊者，无论谁拿你莲藕，都愿此人恒享美妙珍珠、项链，孩子、饰品等财物尽皆圆满。"

三弟则说道："尊者，无论谁拿你莲藕，都愿此人耕种之后即收

[35] 因这些修行者皆守持清净出家戒律、淡泊名利，故而才会将世间种种妙欲当作"咒骂"内容。

获众多粮食，财产丰饶，与儿子交谈时能心生欢喜，不顾及生命长短恒喜住于家中。”

四弟又接上话茬：“尊者，无论谁拿你莲藕，都愿此人能享受国王亲手服侍，愿国王也似仆人对主人那样对他顶礼恭敬，他则尽享国王奢华生活。”

五弟接着诅咒：“尊者，无论谁拿你莲藕，都愿此人变为国王大臣，受众人赞叹、享名闻利养，国王也对他恭敬。”

六弟则说：“尊者，无论谁拿你莲藕，都愿此人学好吠陀后能为别人宣说，而众人对苦行者都以有所希望、企图心行供养。”

朋友说道：“尊者，无论谁拿你莲藕，都愿此人能享受从国王那里得到的四百座富饶城市，愿他不离贪欲而死。”

仆人紧跟朋友说道：“尊者，无论谁拿你莲藕，都愿此人在朋友中当上最大官职，永离国王惩罚，对女人伎乐生欢喜心。”

小妹也不放过诅咒机会：“尊者，无论谁拿你莲藕，都愿此人能成为国王王妃，外相漂亮、财富圆满，能为一千王妃中最好王妃。”

仆女则澄清自己道：“何人只看见莲藕而未看见正法，则他已远离一切善法。愿他受众人恭敬，并沉迷于其中过活，还愿他喜爱美食。”

林中夜叉、大象、猴子平日也常听尊者讲法，知道发生此事后，它们也深觉羞愧难当。为洗清自己、证明自己清白，夜叉首先说道：“尊者，无论谁拿你莲藕，都愿此人经常装修殿堂，整日修补污水沟，天天享受日光沐浴。”

大象则开口说道：“尊者，无论谁拿你莲藕，都愿此人被六百绳索捆绑，锋利铁钩也将其钩牢，然后再将其置于寂静、悦意森林中，并令其离此而趋入城中。”

猴子最后说道：“尊者，无论谁以贪心拿你莲藕，都愿此人顶上装饰花鬘，被人用棍棒抽打后丢入毒蛇口中，又或者套上腋络放于别人家中。”

尊者此刻则以温和、调柔之语气告诉他们道：“不管谁拿走莲藕，我对你们均无有任何怀疑，亦无有任何不满。若我实已对你等心生怀疑，则愿我恒享世间快乐，并老死于家中。”

帝释天此时已了知尊者于寂静地排除琐事干扰之功德，他知道这些人乃真正厌恶在家贪享世间妙欲之过患，并谴责妙欲过失之尊者。听闻诸尊者言语、目睹众尊者行迹，帝释天对其生起强烈恭敬心，他深感诸人言行实为稀有。于是帝释天便现出灿然光芒之身相，并忏悔道：“请诸位容我暂且解释一番：你们于此寂静地生活并不算享受安乐，大家以不睡眠之精进，力图通过修行而获真正快乐。既为得安乐，为何还要舍弃妙欲？你们原本不也想希求无边安乐？”

尊者回答说：“世间妙欲可谓过失无边，大智者岂能贪享世间安乐？我可为你简略叙述如下：以贪心引生，世间人常常受捆缚、砍杀，并感受痛苦、忧愁、恐怖；国王们为希求妙欲而毁坏自己今世善根，又败坏来生之法，且要堕入地狱；原先关系友善者因贪欲而成怨敌；贪欲又会令狡诈恶行增盛，且毁坏人名声，来世还要为之感受痛苦，这种种痛苦之根源全在于贪执世间妙欲。众生按上中下智慧与精进次第，理应断除对世间妙欲贪爱之心。凡欲利益自己之智者，怎会享用如嗔心大起之毒蛇般的妙欲？”

帝释天闻言深觉尊者言之有理，于是连连赞叹。此时经由尊者加持，帝释天欢喜无比，同时也愿意承认自己所犯过失：“任何人之功德只有凭借观察才能无欺显现，我正为观察诸位修行功德才将莲藕隐藏。通过如此行事，我现已了知你们所行清净。听闻你这真实语，更深知你为众生怙主。”言毕，帝释天即将所匿莲藕供养尊者，尊者此刻所示现之广大行为与威严神态，任谁都难以比拟。

尊者则委婉批评帝释天说：“你并非我们朋友、亲戚，我们又非歌舞作乐者，那你为何还要讥讽我等？我们非为你嘲讽之对境，而你却故意亲自前来轻毁我们，这到底为何？”

帝释天急忙以恭敬心凭耳环、头饰颤动之光照亮自己面庞，他边于尊者脚下顶礼、边忏悔道：“我刚才已将观察之必要全部宣说，你与我上师、父亲一般，理应宽恕我轻慢之过。一般闭眼坐禅之人若观察之，亦有极大过失，故而再次恳请你宽恕我为辨别真伪而妄加观察之过。”帝释天说完即消失不见。

当时之六兄弟次第为后来之舍利子、目犍连、大迦叶、岗波、玛嘎巴、阿难诸比丘；当时之小妹即为后来之莲花色比丘尼；当时之仆女即为后来之根拔达扃；当时之仆人即为后来之择巴施主；当时之夜叉即为后来之日渥得瓦；当时之大象即为后来之萨日罗嘎；当时之猴子即后来之章子布瓦[36]；当时之帝释天即为后来之那索恰嘎。

远离散乱　方成禅定

久远之前，释迦牟尼佛曾转生为一婆罗门种姓之人，勤学吠陀等一切学问，不久即以智者赞誉而声名远播。他不但财富圆满，而且素喜布施，更深知在家乃一切过患之来源，故而他即如抛却杂草一般出家苦行。当其离家之时，钦佩他功德者皆愿跟随学法。此婆罗门不喜散乱之地，他专程前往南海歌屋地方，择一寂静地精进苦行、严持禁戒。尽管住于条件艰苦之清修森林中，但因其前世善根力，他却素喜布施，只要有客相访，他依然会用草木根果及净水相待，并以“善来”称谓欢迎诸人，令其皆生欢喜心。因其对苦行者行供养，人皆称之为阿嘎贝大师。

帝释天为观察他修证境界，即来此寂静地将草木根果等物尽皆隐藏起来。阿嘎贝大师仙人原本就知足少欲，不贪口腹之欲，只喜坐禅入定，因此他根本不观察食物消失不见之原因，煮熟树叶并享用过后，他立即进入禅定状态。帝释天后来又把草叶树叶渐次隐匿，仙人则将剩余或陈旧枝叶捡来煮食。帝释天最终以婆罗门形象现身仙人面前，仙人欢喜接待，遂将辛苦所得叶子煮与他为食，自己依旧日夜坐禅、欢喜不辍。

帝释天化现之婆罗门连续三日到仙人处，仙人始终以喜悦心态接待、供养、承侍，帝释天深感稀有，他想：此人苦行精神实在可嘉，

[36] 供养世尊蜜糖者。

如果他本人愿意，连三十三天天主之位仅凭思维忆念即可垂手而得。想到这，帝释天不由替自己处境担忧、恐怖起来。他现出天身来至仙人面前问道：“你苦行精进到底有何必要？你对苦行又有何想法？”

仙人回答他：“我为解救感受生老病死之众生而苦行。”闻听仙人如是答话，帝释天不觉心开意解：他原来并不希求我所有之果位。高兴之余，他便对仙人允诺：“我欲赐你悉地，请尽管开口索要。”仙人急忙提要求道：“有善妙妻儿财产并不能令人满足，希望你能赐我断除贪欲之悉地。”帝释天正欲赐其悉地，闻言不禁深感满意且赞叹。而仙人则利用祈请悉地之方式趁机为帝释天说法道：“嗔恨心乃摧毁一切利乐因，请赐予我灭嗔恨心悉地。”帝释天又感满意且赞叹不已，正欲赐其悉地时，仙人又趁机传法说：“我不欲见凡夫愚者，亦不欲闻其言，或与其交往，因我不欲感受与此类众生交往之痛苦，我需你赐予此种悉地。”

帝释天听罢顿感困惑，他问道：“此等凡夫愚者甚为可怜，你既具有大悲心，为何又不愿见到他们？”仙人解释说：“无论我如何行事都难以饶益此类众生，他们亲行非法又令别众亦为非作歹，此种作为让人怎能对其生起悲心？他们根本就非为堪受饶益之法器，故而我不欲与此类人众交往。”

帝释天再次对他教言赞叹有加，于是就双手合掌如莲花花苞、正欲以恭敬心赐其悉地，仙人此刻又说道：“我愿会见智者，与他们交往，听闻或与之交谈，如此即能令我获得安乐，我欲获此种悉地。”帝释天又感疑惑，他不觉问道：“你喜欢智者，这又为何？”

仙人回答说：“智者行为如理如法，不唯如此，他们还令众人亦行合理之道。这些智者从不说粗语；恒时得利益；既无狡诈心；身心又调柔、寂静，堪为饶益法器。”帝释天闻已又是一番赞叹，为报恩他又说道：“你还希求何种悉地？”仙人便继续提出请求：“我性喜布施故而需饮食充足，另外我尚欲所有乞讨者都具足清净戒律，能达成此种愿望之功德、悉地请赐予我。”

帝释天感慨答言：“你今日所说教言皆非常珍贵，你所提要求我全部答应以作对你传法之报恩，我定会赐予你所求悉地。”仙人此刻却说出令人困惑之语：“你乃所有天人中最善妙之天尊，并欲赐我能带来利益之悉地，但希望你自此之后勿再前来！你为摧毁非天之大尊者，望能圆满我愿，赐我此种悉地。”

帝释天闻言深觉羞愧，他因自己不被仙人邀请前来而发问道：“诸多苦行、念诵、坐禅之人都喜我前往他们那里，而我还答应赠与你悉地，你为何却说不欲再见我？”

仙人诚恳解释说：“我绝非以不恭敬心或有意不善待你之方式不愿见你，只是你这善妙天人若经常前来，我心会因之而散乱。你本人虽心性清净、寂静，但我唯恐你常来会坏我禅定，因此我才不欲再见到你。”

帝释天听后更对仙人敬佩不已，他在顶礼、绕转仙人后就隐身而去。

第二日晨，帝释天将所做天人饮食送至仙人处，又将亲自迎请之数百缘觉带至仙人面前，并及供养神馐之天子也一并前来。众人在见到仙人后纷纷对他行各种供养。

于森林中苦行者，能喜布施当然为一种善举。世尊因地时不贪执食物，亦不愿见天人，更何况其他非分之想。因此我等当知，真正欲成就禅定，必须远离一切散乱，非如此则不足以成就。

久远之前，释迦牟尼佛曾转生为一种姓高贵、财富圆满之国王太子。国王以前所生太子尽皆夭折，为防止此位太子也横遭非人伤害，国王就将其置于以珍宝装饰之铁室中，并依吠陀论典中各种护身及吉祥仪轨对其加以保护，众人也因此而称其为铁室。

铁室诞生之时，当地人皆心生欢乐，他们身色都比以前更美好、悦意，智慧、大悲心等功德也渐渐具足，众人各个欢喜无比。因铁室福德力感召，举国上下财富增盛，人们生活幸福美满。

当时有一睡莲花节，当此节日到来之时，人们将马车以各种珍宝装饰，其上还竖立飞幡，并由骏马拉车迎送。而铁室太子则身着缤纷绸缎妙衣坐于马车之上，众多眷属杂然围绕，大家弹拨乐器一同奔赴庆典之地。当此之时，众人争相观瞻太子，以稀有心对其念诵赞叹、吉祥颂词，大众皆欢喜充满。

铁室目睹欢乐场面后，以其宿世善缘引生，他开始宣说偈颂道：“呜呼！世间烦恼众，不稳无喜乐，于此睡莲节，反觉乐稳固。此等凡夫众，无惧真稀有，死主遮生路，无虑享欢乐。老病死怨敌，时时横眼前，定赴来世道，智者谁欢喜。乌云起闪电，大海狂啸起，倾盆大雨降，暂聚必消散。”铁室即以此方式分析器世间、有情世界之无常规律，因此他对眼前种种狂欢场面无丝毫兴趣。

返回王宫后，铁室即在父王前请求能得开许前往森林中苦行。国王对心爱太子此举非常不满，他满脸不悦问道：“我唯一之太子，你为何欲将我舍弃？是否我做下令你不满意之事？若如此，你讲明后我尽量不再如此行事。”太子则回答说：“你对我非常尽心尽意，无有任何不足之处，别人也未对我加以伤害，只是我自己因惧怕死亡才会有这种念头。死亡人人无法直面，因此我才作出出家抉择。”太子随即又将死亡过患详细说与父王。

国王愈发不解：“你自己都云死亡恐怖无法避免，那你前往森林又有何用？难道死亡会因你躲在林中就不再近身相催吗？仙人是否能于林中修得长生不死之法？既然呆在林中亦难免一死，你舍俗出家、欲于森林中苦行即为无用。”

太子解释说：“呆在寂静地或家中行持正法或者非法都会死亡，这点可谓无有差别。但有一点却大为不同：于寂静森林中有行持佛法之机会，如此行持之人临终之时无有痛苦，死后也能转生安乐净土；而在家中则会遭遇违缘，很难修持正法。既如此，广行非法之人，死到临头之日必有大痛苦，死后亦难免堕落地狱。”

太子随即又将有关情况广述一番，国王最后终于答应他出家请求。

铁室将众人羡慕之国王境界、状况如丢弃杂草一般舍弃后，终至森林中一寂静地苦行修法。他不断修习四禅定与四无量心，并让世人也修持此等法门。铁室死后即转生梵天天界。

由此可见，禅定境界以不贪世间妙欲之道而得成就，所以我们应不贪执世法，一人独自前往寂静地苦修方为至关重要之事。

释迦牟尼佛曾转生为一受国王恭敬之婆罗门，财富广大，赢得世人如对天人一般之欢喜心并常常为其举行天人般盛大仪式。他广闻博学，名贯四方，且因前世宿缘而不喜在家生活，一直欲往寂静地出家求道。他最终剃除须发、喜着袈裟、正式出家，而妻子也一同出家并准备跟他同行。

婆罗门此时则对妻子说道：“你于森林中岂能苦行修法，另外地方有女众出家者，你最好与她们为伍。”婆罗门将此话连说三遍，但妻子因对他有信心故而一直跟他同行。两人来至寂静地后发现一悦意森林，安住下来后便开始坐禅。

一日下午，当尊者[37]正修禅定之时，却见那拥有美妙色身之女人正于不远处也在按教言坐禅。而当地国王恰好于春日前往林中赏玩，见到尊者后便来至其前与他欢喜交谈。当国王坐在离尊者不远处见到那艳丽女人后，贪心顿时滋长起来。国王心想：这女人想必是仙人妻子，应将她抢夺过来。不过尊者是否具有苦行功夫，我还需观察一番。若他真有功德，我怎敢对他妄加轻毁；如其贪执众生，那即说明他缺乏苦行功夫。他若对众生不贪执，对此女人当然就能舍弃、置之不理。左思右想过后，国王就对尊者说：“嗟！出家尊者，于此世上多有狡诈、野蛮之徒。在这寂静森林中，如有人强行夺取你妻子，你会如何处置？你若生嗔恨心则与佛法相违背，故而你应将她舍弃。我不明白，你为何不将她置于家中？”

婆罗门尊者回答道：“你所言不差。若真出现此种情况，我自有应对措施，请听我道来：若骄慢之人不经观察即轻易加害我时，那就如土块必被雨水冲走、不会逃脱此种命运一样，这类人亦会被我折服。只要我尚有一口气，就绝不轻易放过他。”

国王闻言不禁暗想：看来此人对妻子非常贪执，应无多少苦行功德。国王马上对尊者就生起轻毁之意，并欲将女人带回王宫。那已出家之美女则边哭泣边哽咽呼唤“大尊者”，尽管非常不情愿，但还是被国王拽上马车。婆罗门尊者虽目睹全过程，但他以妙观察智早已彻底摧

[37] 指出家之婆罗门。

毁自己嗔心，因此心态始终平易、温和，他竟在一旁自顾自缝补起粪扫衣来。

国王好生纳闷，他问尊者："你刚才还在说绝不放过伤害你之人，那我既如此抢夺你妻子，你为何还要保持沉默？你是无能，还是缺乏力量采取行动？你这样行事有何作用？如有本事，就请与我相斗，若非如此，你刚才为何还要叫嚣不已、口出狂言？这岂非自不量力！"

婆罗门尊者说："我并未失毁我所说话语，你理应记得：刚才我说若有人损害到我，只要我活着就绝不能让此种人得逞，我会如水没土块般亲自将此人湮没，此即为我当时所立誓言。"

国王闻言知其有苦行功德，自己并未真正了达他说话之意，于是他就向大尊者询问道："你只要一息尚存就不能让任何人损害你，那对你而言何为真正损害？如雨水冲毁土块一般，你到底要将何物、何人湮没？"

尊者对他解释："生嗔善不显，未生则显现，明知我未生，害我之嗔心。"

国王这才明白尊者所要力克者乃为嗔心，于是对尊者所言甚为满意。他急忙向尊者忏悔，又向出家女人忏悔，并将其释放，还亲口答应愿做婆罗门尊者弟子。

如是嗔恨心、报复心均应得到调伏，如此一来，怨敌也可被调伏；若嗔恨心增盛，怨敌当然也会增上。无贪无嗔之人一定能感受到无垢禅定心之妙味。

普行菩提制止邪见

久远之前，释迦牟尼佛曾为普行菩提，在家时即已对世间人赞叹之学问、各种艺术全部精通。后来又出家求道，更以利他心行精进求法，并最终对佛法通达无碍，且获阿阇黎位。无论行至何处，所有出家众、智者、国王、婆罗门、施主、外道都对其十分恭敬，大尊者也以利益他众之心游历过众多地方。

其后他来到国王治下一国家中，国王早就听闻过他鼎鼎大名，于是就在一园林角落中对尊者行长期供养，尊者也为他宣讲佛法。对尊者所取得之功德、名声，有人心生妒意，为令国王对普行菩提不再欣赏、重用，他们就私下对国王说道：“普行菩提非常狡诈，他惯以温和面目伪装自己，他真实身份实为利红国王所派奸细。他利用佛法欲令人皆心怀惭愧并性情柔和，以此途径逐渐假方便法欺瞒大众。”

国王听罢心中略感怀疑，对普行菩提之恭敬、爱戴自此以后稍有变化。尊者感受到国王微妙变化后，一日手持净瓶及三根木棍等资具便欲离开国王治下国家。国王不解问道：“大尊者是否因我做错事情而离去？”普行菩提回答说：“我绝非因未受国王恭敬，亦非因生嗔恨而无缘无故甩手离开，只是我观你乃非法器，因你较狡猾，故而我才想离开。”

国王平日养有一狗，此狗对国王而言颇显重要。此时它已龇出獠牙，正欲咬啮尊者。普行菩提便借机发挥道：“大国王，你深知此狗以前对我十分友善，而今却獠牙外露，分明对我心怀不满。从旁生行为之中都能现出你心中态度，因此狗实际上乃为你之眷属。”

国王闻言心中羞愧不已，他低头想到：尊者太过聪慧，早已了知我心中所思，我还是勿以狡诈手段应对为好。想到这，他便说道：“我在众人中确实数落过你过失，我也是迫不得已、无计可施时才欲暂时舍离你。你一定要宽恕我，千万不要离开。”

普行菩提冷静答言：“我现在确实应离开此地，因告别因缘已经成熟。别人不恭敬我时，我最好离开，否则即会被人狼狈赶走。我离开时并未有不欢喜心，以后也定不会舍弃利益你之心行。原本人中不知报恩者、与亲友感情不长久者就为众中最低劣之人。为我们友情长存、稳固如山，我一定要暂时离开。”

国王最后只得无奈说道：“如你不得不走，那就请日后一定再来看望我，千万勿生不满情绪及仇恨心。”普行菩提大度回答说：“大国王，这人世间历来违缘重重，我并不敢言自己一定能来。不过若因缘具足，我肯定会来探望国王。”尊者言讫即离开国王。

尊者自此更明白依赖在家人只会使心生种种不乐，他便前往寂静地苦修禅定，不久即获四禅五通境界。他随后又以慈悲心观照国王，并将国王情况全部掌握。因很多大臣智慧低下，有些更持有无因派见解，他们就将莲花花叶色泽、孔雀羽翼花纹等现象全归之为自然产生，实属典型无因派见解。还有些持有大自在派见解；有些则只知希求今生安乐。总之，各人以自己分别念妄说纷纷，国王本人又缺乏主见，故而已被人引入邪道深渊。尊者不觉悲心顿起，他马上就想出制止邪见之法。

普行菩提于森林中幻化出一只大猴，再以幻术剥下猴皮披在自己身上，掩盖住身体其他特征，只披着猴皮来到王宫门口。王宫门外有许多手执兵器之人列队守卫，而大臣及婆罗门等人则次第坐在宫内，国王一人端坐狮子宝座之上。见到尊者后，国王急忙将他迎请入宫中，请他在坐垫上就座，并问道：“大圣者，是谁供养你猴皮？”

普行菩提故意说：“此乃我自己制成，并无人供养。我在林中苦行时，无法在吉祥草垫上安坐。见到大猴后，为自己坐禅、修梵净行方便就将其杀害，剥皮为衣。”

国王听罢反倒有些不好意思，他便低下头不再讲话。而众大臣本来对尊者就有些不满，现在立即抓住机会说道：“奇哉！请国王好好看看你喜欢之所谓行持佛法之大尊者的作为。他在林中苦行，为一人利益就能将大猴残杀，这真乃稀有，愿他苦行能获圆满成就。”

普行菩提此时并未生起丝毫嗔恨心，他平和说道：“你们不顾及自己见解而讥毁我实不应理，以违背自己见地之话语诉说别人过失，只能表明自己太过愚笨。”尊者随即对持无因派者特意说明：“你们说万事万物皆自然而生，无有任何因缘。既如此，为何还要对我信口雌黄？猴子乃自然死亡，我有何过？如认定我有罪过，那就与你等所谓无因自生相违背，这岂不成为因缘所生？因此你们真应舍弃无因生之说，再如此妄加罪过于我身上已无有任何道理。你们言莲花花叶无因而生，既无因，那它为何又不常常生？事实并非如你等所言，此乃由地、水、火、风四大聚足而生，因缘不具足绝不会凭空产生莲花。如果无因派推理之根据明显不具备，你们自己之宗派则已毁坏自己论点。若无推理依据亦能成立无因宗派，此类仅凭口头胡乱推导而得之无因派则无丝毫实义。未见到因缘并不能证明因缘不存在或诸法无因，若如此只凭众人眼见与否为依据就加以推理，则某些时候能见到因缘，为何就不能推论出万法皆因缘而生？若何时何地都有因缘所生法，那你们所谓之无因又有什么理由？除去口头陈述之言辞，它并无存在道理。如认为自己未看见，但未看见不一定不存在。就如太阳落山后因种种因缘而被遮挡，令人无法目睹，但此时你不能说未看见是无因自成。你们皆欲获得快乐而不愿承受痛苦，对你等诸人来说，安乐之因缘就维系于国王身上，你们又怎能说无有因缘？若真是无因，我杀死猴子又有甚不合理之处？”如是宣讲过后，持无因见者无一能回答普行菩提所提问题。

尊者随后又对大自在派人士说道：“诸位尊者，你们持大自在见轻毁我亦不合理。你们认定一切法皆为大自在所创，既如此，则此猴也是大自在所杀，你们为何却对我有所不满？别人所犯过错为何要落在我身上？如果说大自在本性慈悲不会杀猴，你们为何又说是众生因缘造成猴子死亡？你们云万法均为大自在创造，大自在自然生出一切，除他而外谁都不可能创制万物。既如此，你们亲身供养、顶礼也全是大自在所为，你们自己又能得何种利益？所有大罪过也是大自在自己造作，那你们恭敬他又能得何种利益？既然你个人所为、所造罪业，大自在无法承担，那你们实不应再接受万事万物皆为大自在所造之观点。

另外我再问你，大自在是自己自生抑或由别种法而生？若是自生，则其他法前就无大自在，那又从何而言一切法均由大自在产生？若为他生，则大自在分明如仆人一般又哪来自在性？既如此，为何要说大自在无因而生？且还要对其顶礼膜拜？如果舍弃一切合理、不合理之处进行观察，只笼统言万法皆为大自在所造，那我杀死猴子也不应受到责备，你们不观察为何要说是我杀死猴子？”

普行菩提即如是摧毁大自在派辩才，他接着又转向一切都乃前世业力所造派说道：“你们谴责我杀死猴子亦不应理，因你们认为一切皆是前世业力所造、一切都为命中注定，既如此，我杀死猴子又有甚过错？正如被火焚烧之森林一般，前世业力导致一切现象产生，我无有一丝一毫之过。若我要承担杀死猴子之过，则我已造下恶业，猴子之死即非由前世业力天定。况且业力与业力因缘无有穷尽，这样业力之流将永无尽头，始终完结不了，任何众生都无法得到解脱。

若说善法能成为痛苦因、罪业成为快乐因，一切果报均不依现在所有一切造作，只因前世业力而得以显现，我们即可承认你们所持观点，但事实并非如此。造恶业或善业必得相应痛苦或快乐果报，善恶有报始终都不会颠倒错乱。如此看来，一切都为前世业力所定实属不合理之见。再者说来，新造业既不可能对果产生影响，新造业也即并不存在、成立，那以前之业又何能成立、出现？你们既认定一切都因前世业力而形成，杀猴之罪业谁又能将它推到我头上？”听到普行菩提如是分析，这些人便再也无话可说。

尊者接下来又面带微笑对断见派人士说道：“你们谴责我杀死猴子同样不合理，因你等对一切来世果报都不予以承认，既如此，还用管什么造善、造恶之分？有智之人自此皆当随心所欲。如此说来，杀猴过患又让谁来承受果报？如果是因欲免遭世人嘲讽而言应行善断恶，此种说法亦不应理，因你等行持均已与自己所属宗派观点背道而驰，这岂不更成众人讥讽对境！难道你们不了知此理？如只知随顺世间愚痴众生之见而舍弃自己宗派，此等宗派又有何等存在意义？它岂不为一派胡言乱语与思维错乱之产物？此种行为真乃愚痴中之更愚痴者。

“你们又言‘颜色各异之树木非为前世业力而显现，实属自然发生，若被火焚烧、用兵器砍断，则再不会重生。同理，整个世间毁坏后，又岂有来世存在。’这种推理实乃错谬。你们不知分析世间万法皆因缘具足而后产生，因缘不具足时根本就不会显现。因不分析观察，故而不明此种道理，才会拥有这类实属胡言妄语之理论。事情既然如此，若以你们所持断灭派观点衡之，杀人、杀猴等业又有何过？”

等尊者一席话讲完，断灭派人士再不多言。普行菩提又对国王身边精通世间论典之众智者说道："你们为何也要谴责我？若你们认为世间论典所宣扬之道理皆属合理并欲行持，则实在不应责怪我。因你们所持论典中这样叙说：'为国等利益，不管善恶业，等己解脱后，以财修正法。'你们既如此承认，认为只要有必要，不顾及亲友等行为统统可以行持，那我为得猴皮而杀死猴子亦属有必要之举，你们为何还要谴责我而不去谴责你等所持自古相袭之论典？若认为我无悲心杀害猴子或我会以此种恶业今后感受果报，那你们不重视自己所标榜推崇之世间理论，反而只知跟随别种宗派，这种作为又有何益？若这种观点可算作合情合理，这世上就不会再有不合理及错乱之事，这岂不可悲！你们这些野蛮众生以世俗论典、理论为借口弘扬邪教，若你们认自己所属邪见宗派为真实，那么对我杀猴也不应有任何不满之见。"尊者即如是以威风及辩才压服住所有在场之众。

国王及以大臣为主之眷属此刻皆对他生起信心，对他所言亦满意非常。他了知众人心态后就对国王说道："其实我从不曾将活生生猴子杀死过，只是为今日宣说此等道理之方便，我才特意幻化出一猴并示现将其杀害，希望国王勿再对我有更多顾虑。"言毕即将幻化猴子又幻化而去。

国王及眷属对他信心自是更加增上，尊者则趁机对众人说道："现见法因生，了知有来世，行善大悲者，岂敢杀有情。"接着又专门对国王说："无因大自在，断见世间论，为名立宗派，智者谁认可。国王所持见，下属亦随顺，国王细观察，众人之言行。故当持正见，恶见祸害因，远离诸恶人，依止善知识。"尊者即如是宣说远离恶友、依止善师、修持慈心之教言，在其引导下，国王与眷属都开始远离恶见恶行，行持起正知正见来。尊者开示完毕即显示神变飞逝而去，众人则在其身后恭敬、顶礼、供养。

又释迦牟尼佛以前曾示现为一施主，名为喜静，他就如高大繁茂之萨拉树一样，财富丰饶，为善法、善说不惜牺牲一切。一次从空中传出音声道："如来正等觉无量光佛擅长断除众生怀疑，他现已出世。"

喜静施主听到后立即向虚空发问，询问如来住于何处，如何才能拜见。从虚空中再次传出话语，告诉喜静所欲了知信息。他立刻集中起大臣及城市中人，向东行成千上万由旬后到达山王胜幢城中如来居所。途中不断有人相继跟随，最后众人全部抵达如来近前。

此时诸天人正对如来供养承侍，而如来庄严美妙身相很远处就能望见。喜静等人从马车上下来后，皆步行前往如来所住园林。承佛陀加持，阵阵凉风徐徐吹来，并降下甘霖香水。如来早已了知施主心中所思，即以甘露清凉之光触其躯体，喜静等人立即就从疲累痛苦中解脱、清醒过来，他们此刻全都看见如来正于一多罗树高之空中行走。

施主请求道："我听闻如来名号后即欲亲临此处，不想现已真实面见如来，内心喜悦自是无法言表。于此整个世间中，如你这般具殊胜功德之如来真乃无与伦比。"如来则答话道："施主你所言的确合理，我是经漫长时日历行善法后才得此果位并在此世界获无与伦比之境界。施主，你们心中有何请求不妨直接道来，我可满足你等心中所愿；同时不管你们诸位欲询问何事，我都可遣除你们所疑之处。"

施主便开口询问说："我们修禅定之时，心如何入定？又如何出定？如何才能得禅定功德？这些道理都请佛陀明示于我。另外，以何善根才能了达禅定之力？了知禅定之因缘又为何？"喜静即问了许多诸如此类的问题。

无量光如来为解答众人疑问就告诉他们说："无相禅定者，即达出入理，何人明此理，已各得禅定。"

待如来言毕，以施主为主之众眷属即已通达无生法门，并遣除了各人一切怀疑与犹豫。此时诸眷属又请教道："佛陀所说语，如何行持之？"佛即告众人说："恒河沙众生，听闻我语后，了达真如理，已得无生法。"为利益众生，无量光如来就以此种方式答复众人所疑。是故诸大菩萨为利众理当精通禅定之出入法，亦应受持、积累寂止与真实禅之善根。

喜求禅定 成办二利

久远之前，释迦牟尼佛曾转生为嘎西嘎国王手下一大臣，名为查见。他精通一切论典，并具性格沉稳、行动调柔等诸多超人功德，且常为众人宣说如何取舍善恶之道理，众人因此都像对待上师那样对他恭敬爱戴。他有次想将国王心中不合理之念头全部除去，于是就与国王来到一寂静地后说道：“胜身等国王都犯有同样过失，但国王们自身却皆未察觉。”

接下来他便首先宣讲饮酒之过：“饮酒后能令人生起嗔恨心，且哭哭闹闹，说话也语无伦次，并能导致各种疾病等过失产生。”然后他又讲赌博过失：“为赌博获胜，人人心烦意乱且毁坏事业，赌徒各个不能安睡，且要忍住大小便，这样必将导致各种疾病产生。”随即他又宣示了打猎、女人等诸种过患：“打猎会被毒蛇、蚊子等动物伤害，且要被冷热、饥渴、劳累等折磨。路上还可能从马上摔下，又或者遇到怨敌损害等令人恐怖之情形，更何况来世尚要承受难忍果报。再看女人，女身之过为：令男人威望降低，出现无明黑暗，贪欲之火焚毁自己，如毒蛇一般心生嗔恨，尚有说粗语之嗔恨过失。为国王自己福德考虑，若能调伏自己根门，如理如法主持国政，即能增上一切功德。”

尽管查见奉献给国王诸多教言，不过因国王心性散乱，他听闻后心知自己并不可能将其全部如法行持，但为顾及查见情面，国王只得说道：“你像上师一样赐我教言，我从今往后定不违越。”待查见说完，国王即自行回宫，又与王妃待在一起。夜晚降临后，国王依旧开始沉迷于歌舞、美酒等放逸行中。

另有些大臣对查见智慧及福德心生妒意，他们便向国王进谗言道：“查见欲与胜身国王里应外合、推翻王位，你应在各方面小心提防。”愚笨国王嘎西嘎根本不经观察，自此之后便对查见心生不满。查见了知国王心态后不觉悲哀想到：人们并不看重说真实语之众生，这世间肤浅之人就如毒蛇一般。我本无任何过失，但他们偏偏就要离间，以致国王对我不满。居住、生存于这种众生中有何利益？我实在应前往远离一切过患之寂静地，此等寂静地方适宜于修持善法。

查见心意已决，于是便将家财、亲友统统如杂草般抛弃，自己前往寂静地精进苦行，并终获四禅五通。

国王后来驾着马车并携带兵器、率领军队，奔赴森林中打猎，且一路驰驱进入尊者苦行森林中。查见此时已知晓国王就在林中活动，他心想：我应将这喜造恶业之国王从恶性道中解救出来，并使其趋入善道。念讫，尊者便于刹那间幻化成胜身国王，拥有四种军队。军士各个握有坚利兵器，且时时擂鼓助威、吹响嘹亮海螺，军威气势可谓撼天动地、力拔山岳。

当四种军队威风凛凛出现在嘎西嘎国王面前时，国王立刻惊恐万分，他不禁恐惧想到：我现在该皈依谁好？久闻大尊者查见居住于此森林中，凭其苦行功德一定会保护我。想及此，他连忙命令驾车者速将马车驶往查见所居之地。众人依其吩咐如是照做，等见到查见后，立即就被他以善言款语好生安慰，查见边招呼边将国王迎进茅棚、安置于坐垫上。

这时军队已消失不见，国王向查见纳闷问道："刚才气势汹汹之大军现在何方？"查见对国王道出实情："我是为调伏国王才以神变力幻化出四种军队，其实这里根本就无胜身国王及其大军。"尊者接下来又循循善诱说："世间不仅有怨敌造成之恐怖，就连得到王位亦能产生诸如安乐稀少、引生堕落地狱等众多过患。若将王位一直保留下去，将来必堕恶趣。为断除恶趣之因，国王理应前往寂静地出家求法。"

查见紧接着又为国王宣示了贪著世间妙欲之过患、远离世间法之功德。国王对其神变力生起大信心，对其宣说佛法生起欢喜心，于是就将自己随身衣物、饰品全部交与驾车者并令其返回，自己则于尊者前出家。查见为他传授教言，他自己亦严护根门、戒律，并于苦行修持后逐渐获取禅定境界，享受寂灭安乐。

驾车之人及余众返回城中后，王宫中人皆心生悲伤，他们纷纷打探国王去处，众人回复说已在查见处出家。王妃等眷属闻已不觉失声痛哭，众大臣想方设法才使其从忧伤中自拔出来，并立大太子当上国王。

若具足禅定境界即可获取神变，以神变即能令众生欢喜，再以佛法则可利益众生。故而对圣者禅定功德，我们理应生信、恭敬。

又释迦牟尼佛曾转生为森林中一精通一切论典、摄受众多弟子之苦行者，他恒喜在树叶丛中坐禅。当时森林附近滴雨未降，树干叶枯，众多苦行者均感身体乏力、难以支撑。正当大家商量欲前往城市中时，苦行尊者便及时向众人宣说进入城市中之种种过患，并安抚诸人道："你们均可暂时从我这里取走食物，以后亦可常至我处取食，但切记勿轻易离开我们苦行的森林。"

等众人将苦行尊者所有食物分光享尽之后，大家就集中于尊者身边。而他则手拿土制钵盂，依神变力当下飞往北俱卢洲，并将此地甘露般美食通过化缘得于手中。他将化缘所得拿回来后分与诸位苦行者，他们各个欢喜享用，并立即复原身力。

尊者即如此为苦行者日日提供饮食，他并且发愿道："以我未被世间分别念染污之谛实力，愿天王降下雨水。"结果刚刚言毕，瓢泼大雨顷刻便从天而降。庄稼谷物开始滋长，树木也开始发芽吐绿，众人则尽皆欢喜满足。待尊者为他们宣讲佛法后，众人都远离恶道趋入正途。他们对尊者感恩说道："你首先对我们行财布施，后又以法布施救度我们，将来必能引领我们获取佛果。"如是赞叹后，众人又开始各自坐禅。

久远之前于梵施国王执政时，在鹿野苑森林中，释迦牟尼佛转生为五百苦行仙人中之尊者。以其慈悲力感召，所有林中苦行之众均能和睦相处、互不损害。中有一位苦行者因风湿病而身体欠佳，大尊者以天眼观照，知其乃因贪执王位而致心有疾患，非身病也。病者向尊者询问得病缘由，尊者回答说："于此苦行森林中，以树根、树叶恐难治愈你所患病，看来必以畜生肉汤方可治你顽疾。"

尊者随即便以幻化神变变现出一动物，并要求病者将其杀死，且云："杀了它，你即可喝汤矣。"病人则说道："大上师，我如此行事必定会与佛法相违，苦行人怎能杀害众生？"

尊者即反唇相讥道："尽管你顾惜自己生命，但以悲心仍连一众生都不肯杀死；如果成为国王，必定要杀害众多众生，就连无辜野兽亦会被兵器砍杀，这难道不更与佛法相违？那时你所谓慈心悲意又向何处寻觅？王位实乃一切病苦之因，千万勿贪执于此。”尊者接着又向其宣说了心被染污后会再三堕入恶趣、感受痛苦之教言。

病者惭愧说道：“大上师确实已将我内心洞悉无遗。”他于是边赞叹尊者相救之功德，边摧毁自己恶心，最后又向尊者询问道：“我在苦行时总是将心执著于女人，以致心常常因女人而散乱，如此贪欲如何对治？”

尊者又对他开示道：“你应了知：女人之眼、手、脚、脸面等都为暂时美丽而已，待到年华逝去后就会变得丑陋无比，且肮脏污秽，完全是恐怖本性。若不明此道理，必将感受无边无际之痛苦。”尊者又继续向他开示了有关这方面之佛法道理。

苦行者听闻后即前往其他静地，并按上师教言精进修持，且终获四禅五通。等他得到四禅五通果位后，此人又回到上师所居寂静森林，并对上师赞叹不已，还以报恩之词句对尊者大加赞赏。

久远之前，梵施国王手下有一大臣名为夺施，夺施有两子，一为夺子，一为夺顶。两人到森林中苦行后获得五神通，经常都以神变飞行空中，并因此而受到国王及众人恭敬、供养。

国王后来有次前往别处，公主则接替父王继续对两兄弟供养承侍。公主在此过程中对夺顶生起贪心，随即便以种种方式引诱他，最后又与他做下不净行，结果终使夺顶神变力完全失毁。

夺子在林中了知此种情况后，就又将夺顶带回森林，令其继续苦行精进，夺顶后再次获得四禅五通。

当时之夺子即为后来之释迦牟尼佛，当时之夺顶即为后来之那巴朗钦比丘。此比丘出家后，妻子又引诱他还俗，释迦牟尼佛则又将之带回比丘僧团，令其重新出家。那巴朗钦比丘最后终得阿罗汉果位。

无量劫之前，释迦牟尼佛曾转生为普救国王，拥有八万四千王妃，每位妃子都与天女一般美丽、善妙。众王妃待国王就如母亲般疼爱，对他又恭敬又喜欢。普救国王在能尽享各种世间妙欲时，就已凭修持获得从一禅至四禅之间的禅定，且一一修持圆满。

当他从第四禅中出定后，眼见众生因强烈贪执世间五种妙欲，以致广造恶业后纷纷转入三恶趣；有人虽转生人、天二趣，但需感受寿命短暂等痛苦；其他众生寿命有长有短；种姓有高有低；有威严亦有不威严众生；财产有贫穷与富裕之分；聪慧程度有智愚之别；有随顺世间，亦有违逆世间众生……普救国王以禅定了知众生各种不同状态后便想到：众生实不应踏上不公平之世间道，我一定要将此等众生引入平等、清净之佛法圣道。

他边思虑边生出悲心，自此之后便常常前往大小城邑，以五神通力令众生断除十恶、行持十善，并将善根回向无上菩提，且使无量众生皆趋入不退转果位。

国王去世后转生梵天天界，当整个世间趋入灭劫中时，他又从梵天转生光明天界，并使彼处成千上万无数众生皆趋入不退转果位，且都获得无生无法之境界。他从梵天转生光明天界后，为度众生又再次返回梵天，并偶尔降临人间。若佛陀未出世，他即以所具五通救度众生；若世尊已出世并传法，他即于佛前承侍、供养，并以此善根了知如来入灭尽定或住静处等情况。

又久远之前，当寂住如来出世时，世尊寿量长达七千万年。释迦牟尼佛那时转生为一尊者，名为恭敬寂住，并获现见诸法寂止、大悲周遍集智[38]禅定。他以方便法不住寂灭，依胜观显示神变，幻化出一千尊身体，对散乱众生施以布施，令其守持清净戒律，皆得以蒙佛法阳光沐浴。无量无边众生在他教导下获法忍境界，尊者让他们修持大悲禅定、一切智智之法门，使众人趋入六波罗蜜多，并最终在各自刹土中示现成佛，又去度化无数众生。

佛陀后来说过：“是故我修禅定已圆满六波罗蜜多。”

释迦牟尼佛又曾转生为喜世国王，在舍弃王位后前去森林中苦修禅定，对此他自己内心异常欢喜雀跃。喜世不久即了知以前入禅定之人均已获集智禅定，他就以世间饮食令坐禅者皆生欢喜心。

---

[38] 集智：十智之一，证上下界集谛之智。

无量劫之前，释迦牟尼佛曾转生为一仙人，名为无著吉祥，虽未曾生起过任何禅定功德，但已了知其为寂灭法。他以不畏世间心、不住寂灭心离世，于九十六劫中不入胎，专以幻化身存世。

又无量劫之前，释迦牟尼佛曾转生为贤目，了知三界众生受自地障碍束缚，并深觉其可悲可叹。看到众生无论居于何处，都必受程度不同之损害且又无依无怙时，他就想：我不应安住于寂灭，若无相也即无动摇，我应给众人宣说以诸法无相之禅定而获大悲之法门。于是他在自己精通后又为别人宣说，使无量无边众生获无著智慧，从而趋入无余涅槃。

苦行得禅定 方便度众生

无量时日之前，赐慰如来出世并为众生宣讲佛法，令众生得以摆脱老、病、畏惧之苦。他对贪欲炽盛众生宣说不贪法；对嗔心强烈众生宣说无嗔法；对愚痴众生宣说智慧法；对贪执禅定、灭尽处、次第等持众生宣说无贪法，并及心解脱及极为解脱法等如是八种解脱法门。释迦牟尼佛那时转生为摧敌国王，通令整个三千大千世界之人，包括成千上万众生、大小六万国家民众全部前往如来前闻法。赐慰如来则为他们宣说八解脱法门，摧敌国王就以遍满三千大千世界之七宝供养如来，然后又与其余人众舍弃俗家、赶赴寂静处出家，结果六万国家民众全部现前八解脱境界，国王反倒未现前此等境界。原来因他听闻八解脱法后，既不贪执世间，又不舍弃世间，他因对身陷生死轮回中之众生生出悲心，故而十八大劫安住轮回中，并为利益轮回漩涡中众生而精进努力。

佛陀后来自己说过：“目犍连，不住一切等持之诸菩萨，必能速得无上菩提果。”

又释迦牟尼佛曾转生为妙智国王，以不放逸行为治理国家。他拥有八万王妃，各个美艳无比、煞是好看，她们全都早起晚睡，不仅貌如天女，功德更等同于离贪者。妙智国王即于八万妃子中入等持，并以入定之心如理了知禅定类别、烦恼与功德之差别，且通达女人心态、烦恼、功德等内容。女人中智慧微少、烦恼粗重者，他为她们宣说调伏烦恼、生起智慧法门；女人烦恼微少、智慧增盛者，他为彼等宣说灭尽微细烦恼之断根法门；贪心大者面前，他为其宣说不净及无常法；嗔心炽盛者前，他则宣讲慈悲及无常法；愚痴者面前，他又宣讲缘起及无常法；分别念旺盛者前，他为其宣说呼吸正念及无常法门；执相者前则宣说无相、无常法；执著我与我所者，他以空性及无常法对之；面对贪执世间之人时，就以无愿及无常法引导……如是面对众生种种烦恼，他皆能对症下药，诸如：被贪心驱使之女人，令其行禅定、修习梵住道，并因之而得以转生梵天天界；被嗔恨心驱使之女人，令其修四无量心及梵住道；执相女人令其修无相法及梵住道；贪执世间女人令其修无愿及梵住道……妙智即如是令八万女人皆远离欲界贪欲并进而转生梵天天界。

释迦牟尼佛又曾转生为毁惑国王，以其福德力而致九十万女众相好端严，如是诸女众仅以眼目观望其他女人时，就能将对方烦恼及业果全部了知，同时亦将对方相续中不生烦恼或毁灭烦恼等情况也完全掌握。国王即如是凭其威力令九十万女人通达业及烦恼本性，并进而远离欲界贪欲及烦恼，且于死后均转生梵天天界。

释迦牟尼佛转生为善见国王时，虽享有长寿、富裕、安乐等世间荣华富贵，但却并不以之而生贪心，他又前往别处深入禅定，有关此等公案在律藏中有广说。

又释迦牟尼佛久远之前曾为森林中一苦行仙人，当时有五百强盗曾将一村落焚毁，并夺走许多饮食与财物。有一人前往该村落时，强盗立即抓获他并欲以之供祀夜叉。即将被当作供祭品之人深感恐怖，他随即就开始向仙人祈祷。有天人当即就将情况汇报与仙人，他便亲临村庄要求强盗释放此人，还为他们宣讲佛法。结果因其讲法感召，五百强盗全部在他面前出家，并终得四禅五通。

释迦牟尼成佛后，有次有一驼背要被五百强盗杀掉供祭，危难之时，驼背开始祈祷佛陀，释迦牟尼佛立即以天人装束、形象来至祭祀之地。众强盗见到他后各个心生欢喜，他们皆认为自己已看到天尊，于是纷纷合掌端坐其前。佛陀化现之天尊便谆谆开示：“从今往后再勿以人为供品，应尽快听闻正法。”他随即便视众人根基、意乐而宣示相应法要，并终使驼背者获无来果位，五百强盗得预流果位。

释迦牟尼佛随后现出真身，众人见之信心更加增上，他们全在佛前出家并皆证阿罗汉果位。此时那驼背者遗憾说道：“若我非为残疾，我也可在释迦牟尼佛教法下出家求道，并为渡过轮回江河而精进修持，但奈何我却……”结果当他刚言及此，他那驼背身躯瞬间就已恢复常态，且圆满完好、端正庄严。他在生起难以抑止之欢喜心后终于满愿出家，并终获阿罗汉果位。

释迦牟尼佛又曾转生为一国王种姓之大菩萨，财富圆满、相好庄严、对一切学问皆精通无碍，人们都对他喜爱、恭敬。菩萨看到在家诸过失后，等父母一去世即将万贯家财对沙门、婆罗门、贫穷者行广大上供下施，然后便毅然出家，到一寂静地苦修禅定，并终以如理如法之行为而名扬天下。

他父亲一亲友得知他境况后便对他说道：“在你青春年少之时，怎能舍弃富裕家庭前往寂静地过那穷困生活？你为何如此行事？还是待在俗家居家过日为好！”

尊者便对他宣说困缚于家中犹如身陷囹圄般之过失，及森林中寂静清修之功德，此人听罢对他所言深信不疑。

又久远之前有一赞巴城，国王名为雪海天，太子名为海天，也即后来之释迦牟尼佛。海天太子对艺术、五明悉皆精通，经父王开许后就到森林中苦行坐禅，并最终生起四禅五通。

国王大臣有子五百名，对艺术等学问亦非常精通，他们不免内心日渐骄慢起来，众人自矜道：“我等学问、相貌已无人能比。”五百人之上师却对他们说：“海天太子现住于森林中，若与其相较，你们所拥有之才华、相貌、能力、智慧千万分不及其一。”众人闻言各个急于见到太子本人，他们便与上师一道来至太子禅定之森林。见到太子后，仅其外相就已令人赞叹不已，大家皆认为太子肯定更具有其他功德。于是众人就在他面前出家，并于他教导下亦获四禅五通之境界。

待释迦牟尼成佛后，原先那五百人之上师即成为具天箭师，他于广严城中教授五百人射箭技艺，那五百人即为当时之五百大臣之子。具天箭师先赞叹释迦牟尼佛箭法高超，然后便率五百弟子同在佛前出家，并皆获阿罗汉果位。

久远之前，有五百商人曾路经一茂密森林，当时夜叉兴风作怪，竟刮起漫天狂风。正当众人无可奈何之时，释迦牟尼佛那时即示现为具有五神通之威力无穷仙人，将商人及其财富全部从森林中解救出来，并使其顺利返回原先居住之地。众商人皆大欢喜，于是纷纷到仙人前出家求法，并终获四禅五通。

释迦牟尼佛以前曾示现为众多仙人，救度无数众生出离死亡恐怖，并令其皆获四禅五通。此种行迹数不胜数，这里仅能略叙而已。

久远之前，释迦牟尼佛曾转生为一山兔，当时久旱无雨、灾荒频出，在寂静地有一仙人此时便欲离开静处前往城市。山兔与此人历来关系友善，得知仙人心态后，它就到他面前广宣寂静地之功德及城市过患。山兔最终竟跳入火坑，以此恳请仙人勿离开静处。仙人急忙将山兔从火坑中救出，并感动不已地说道："你既希望我能呆在寂静地，那在我有生之年，我发愿一定住于静处。"

待其发愿后，天降喜雨，草木复生。最终以仙人大上师山兔之恩德，仙人终获五通。[39]

久远之前，释迦牟尼佛曾于莫特勒地转生为一大转轮王，一直以如理如法之方式主持国政。当其头发变白、年岁渐老时，他开始行持梵净行并最终出家，且为自己后代种姓开出家之先例，并要求后辈皆要随顺他出家抉择。

其后在莫特勒地方，有八万四千转轮王皆与他同样行持梵净行并出家求法。其中最后一位转轮王名为辐轮，已获与帝释天平分秋色之

[39] 在《一切光明仙人慈心因缘不食肉经》中也有类似记载，只是最后山兔为供养仙人牺牲了自己的身体。

地位。但他不贪享乐，又重返故土弘扬善法、行持仙人梵净行道。

久远之前，释迦牟尼佛曾转生为一婆罗门，名为炽燃。当其坐禅时，有众多飞禽于其发髻中做窝，但炽燃根本不为之所动，始终如如不动、端坐禅定。

因此我等当知：以上行迹皆在宣示世尊于不可思议劫中，曾行持不可思议等持、禅定。

以上圆满宣说了释迦牟尼佛广行禅定之种种公案。

九、智慧品

镜面国王具超人聪慧

久远之前，有一大国王统领赡部洲，名为普喜，他拥有五百王子。大王妃随后又生一子，此子遍体金色、发呈碧蓝、手掌生有千辐轮相、左脚掌有宝马花纹、右脚掌有宝象花纹，因太子具有如是福德，故被命名为镜面。当普喜国王病危之时，诸大臣询问国王道："如此众多太子中，我等将为谁行加冕大典？"

国王就将继承王位者所应具备之条件一一道来："具备十相者方可继承我王位。何为十相？即：身为金色；头发碧蓝；双手生有千辐轮相、左脚掌有宝马花纹、右脚掌有宝象花纹；穿上国王衣服后正合身、坐上国王坐垫后颇具威德；深得小国民众恭敬、承侍；诸王妃、众眷属对其欢喜、赞赏；在天尊像前欲行顶礼之时，天尊像反对其顶礼恭敬；以其功德、福德力能令天降七宝雨以满众生所愿；为大王妃所生；了知外伏藏等六伏藏。如具备此等十相，则可为其行加冕大典。"国王言毕即离开人世。

诸大臣和众太子集中后，众人开始鉴别从大太子至最小太子之间到底谁能具足十相。结果除镜面太子十相皆具外，其余太子无一具足所提要求。众太子性格皆为粗暴、野蛮、鲁莽，唯有镜面太子性情调柔、寂静，特别是他非常擅长以智慧解开众人深深疑惑。普喜国王曾言能当上国王者必得了知六伏藏，而其余太子则对六伏藏全然不知。镜面便为众人解释道："所谓外伏藏乃谓阶梯外面；内伏藏是指阶梯内部而言；内外伏藏则在阶梯下部；树顶伏藏即指中午时分、国王居所旁大树阴影所覆盖之地域；山顶伏藏即在国王沐浴水池中、一大石板下方；

河边伏藏即位于家中排污管道出水孔处。”大臣们按其所言一一观察、验证，结果果然分毫不差。

众人便为其举行加冕大典，十五日这天，当太阳照耀大地之时，一由旬半大小之千辐金轮恰于东方开始出现。镜面国王立即发愿道：“如我能成为具福德之国王，则愿金辐轮现在我眼前。”刚刚言毕，金辐轮即从虚空来至国王面前。此金辐轮上拥有七宝：大象宝乃来自寻香山，背脊为如意宝所严饰，国王骑上它，半天功夫即走遍四大洲，若此大象宝步行行进，则其足踏之地皆变为金沙；绀马宝则呈现蓝色，马鬃、马尾又俱为红色，它本身就能降下七宝，国王骑上它，一顿饭功夫即可绕转整个四大部洲，且不会感到丝毫疲倦；如意宝则无论白昼、黑夜都散发光明，光芒遍达一百二十那由他距离，在此范围内，它可降下七宝雨以满众生所愿；玉女宝性格善良，美丽非常，能满国王所欲；施主宝则任何时候都可赐予众人所需，且享用不尽；大臣宝只需看上一眼即能将国王所需四种军队备齐，且令其具无比威力。

具足如是七宝后，镜面国王居安思危想到：此乃我前世福德所感，如今我更要好好继承王位、主持国政。想到这，他就穿上香水薰制过之崭新衣物，手捧香炉、膝盖着地，面向东南西北方恭敬顶礼，且祈愿道：“四方圣者，请接受我祈请并降临此处。”

如此祈祷后，四方缘觉每方两万、共八万名一时齐来王宫，国王与大臣即用四种资具供养、承侍，国王还下令让所有小国之人亦供养缘觉。以此供养善根，众人死后皆转生善趣天界。

镜面国王智慧超众，他曾成功解决过持棒婆罗门诸多疑惑。持棒为当地一贫穷婆罗门，某次曾向其他施主暂借过一头牦牛，役使完毕就欲将之再送还施主。当时施主正在用餐，持棒便将牛直接放于院中，结果牦牛最后却溜出家门逃跑而去。施主食毕，再找牦牛已是难觅踪影，于是他就找到持棒责难道：“我家牦牛现在何处？”持棒据理力争：“早已将牛送还与你。”施主自然不答应，理所当然一直追逼持棒不放，让他交出所借牦牛。持棒只得坚持说道：“牦牛并非我有意走失，我确已将其还给你。”

争执不下之时，二人便协商说此事必得到具智镜面国王那里寻求解决良策。

此时有一人正追赶一匹逃跑牝马，持棒正巧撞见。那人大叫道："千万勿放走它。"持棒慌乱之中拾起石块就向牝马腿部砸去，结果因用力过猛竟将它砸死。那人怒斥他说："你已将此马砸死，为解决此事，我们需前去国王那里裁决。"

被施主及马匹主人押送前往王宫途中，持棒准备逃脱。在他从墙头往下跳时，结果墙下一正在织布之人竟不幸被他压死。织布者妻子扭住他哭诉说："我们去国王那里说个清楚。"

数人继续前行，路上又遇一条河横在面前。看到一樵夫嘴含一把斧头正在过河，持棒便问他："请问此河水有多深？"那人刚张嘴说"极深"，斧头便掉落水中。樵夫不满说道："是你发问才令我将口中斧头掉进河中，为解决争端，我们只得有劳国王。"

一路走来，持棒已是疲累不堪，他就走进一家酒店沽酒。卖酒妇人用衣物包裹住一小孩置于店中，结果持棒不注意，一下坐上去又将小孩压死。妇人当然不会放过持棒，她抓住持棒说道："你杀死我孩子，我们一定要到国王那里将此事解决。"

一队人继续前行，途经一夏郭达嘎树时遇见一只乌鸦，它看到持棒后便说："你欲往何方？"持棒无奈答道："我哪也不想去，只是他们一定要扭送我去见国王。"乌鸦一听马上说："你既欲前往国王那里，那就务必替我捎个口信，告诉国王此地有一夏郭达嘎树，树上有我这只乌鸦。我在此树上鸣叫时，声音呕哑啁哳难为听；一转移至别树，鸣音立即变得悦耳动听。这到底是何原因？请替我向国王打探打探。"

随后众人在一干枯之树上又遇到一乌鸦，乌鸦见到持棒后便问他欲前往何方，持棒就将上文回答内容再复述一遍。乌鸦听后说道："我有一口信烦劳你带与国王。别处有蓊蓊郁郁大树，怎奈我偏偏不欲呆在其处；在此枯树上生活倒令我心花怒放，请替我向国王询问到底为何？"

持棒后来在碰到一野兽时，野兽也烦他给国王捎口信说：“除此处绿草如茵之草地外，别处我皆不欲去，只喜恒时居于这里，请替我向国王打探一下此中原因。”

碰到羊角鸟时又听它说道：“在此地我能发出我们羊角鸟应发出之鸣音，在别处我则能发出别种禽鸟鸣叫，请替我询问一下国王个中究竟。”

而蛇因与吐宝鼠不和就请持棒给国王捎口信说：“我俩每日碰面时都对对方恨之入骨，各自满心不悦、争执不休，请代问国王这到底是何原因造成。”

接下来碰到的一毒蛇也要持棒捎口信道：“我在每次出洞时均心生欢喜，且出行极易；而每回要返洞时，内心就非常不悦，也很难进去，这到底为何？”

一刚成家之媳妇则要持棒向国王探问：“我在父母家中时想自己丈夫，在丈夫家中时又想念父母家，请国王替我决断此中原因。”

几位欲讨还公道者终将持棒押至国王面前，他们于镜面国王脚下顶礼后就端坐近旁。国王问诸人：“你们因何事到我这里？”众人便将各自与持棒之纠葛一一向国王倾诉。

待施主首先禀明情况后，国王问持棒：“你有无向其暂借牦牛？若确实借过，那借过之后送还与否？”持棒对此回答说：“我将牦牛置于他能看到之地域内即转身离开，不过确未曾向他讲明。”国王听罢就裁决道：“他实已归还牦牛，只是未说明而已。为示惩戒，应割下他舌头；而施主分明已看见牦牛，但却未将其拴住，为示公平，应挖去他眼珠。”施主闻言不禁说道：“持棒已抢去我一头牦牛，若我眼睛再被挖去实在太不合理、不划算。干脆就此撒手，让他讨个便宜，活命去吧。”

所养牝马被持棒砸死之人又接着对国王说：“大国王，他用石块将我一匹牝马打死。”国王便问持棒他打死马之详细经过，持棒说：“我正巧堵在路上，他叫嚷千万勿放过此马，我只好用石头向马砸去，谁知却将之杀死。”国王听罢就裁决道：“因马主人口喊千万勿放过此马，故而应将他舌头割下；而持棒除了捡起石块外更不知采用别种方式，以致用石块砸死牝马，故而应将他手砍断。”马主人闻言不禁说道：“我那牝马已被砸死，若我舌头再被割掉就太不合算。不如就此撒手，让他活命去吧。”

樵夫继续对国王说：“就因他问我水深不深，结果让我丢掉一把斧头。”国王便问持棒具体经过，待持棒叙述完毕，国王裁决道：“不论携带任何东西，放于肩上方为合理合度。你既口含斧子，却还要张嘴讲话，实在应该拔去门牙两颗；而持棒明明看见河水深度，却还要明知故问，故而理应将舌头割去。”樵夫闻言不禁说道：“我已将斧头丢失，若再被拔去牙齿实在太不合算。也罢，就让他活命去吧。”

卖酒女人向国王指斥持棒说：“这人杀死我孩子。”国王便问持棒具体经过，持棒说：“我当时太过劳累，根本不知垫下还有小孩，故而不经观察就将孩子压死。”国王听罢就裁决道：“你这卖酒女人怎能把孩子用衣物包裹置于店中？这岂不大错特错！而持棒不加观察就随意乱坐，这又是他错。兹判罚持棒从今往后当这卖酒女人丈夫，二人再共同生育一小孩。”女人闻已不禁说道：“我孩子已被他压死，再与他结为夫妻实不应理。不如就此撒手，让他活命去吧。”

丈夫被持棒压死之女人对国王说：“我丈夫正织布时被他压死。”国王便问持棒是否有此事，持棒说：“当时我被众人追赶，实在慌不择路，跳下时根本未注意织布机后面有人，所以才将那人压死。”国王听罢就裁决道：“持棒，你从今往后做这女人丈夫。”寡妇闻言不禁说道：“丈夫已被他压死，我再与他共同生活太不应理。看来只能就此撒手，让他活命去吧。”

镜面国王即以此种方式平息诸人争论，将持棒从一切困缚中解脱出来。

当时有两女人曾为争夺一小孩而来到镜面国王前要求裁断，两人均说此小孩为自己亲生骨肉。国王通过观察后便决断说：“你二人可拼命拉扯小孩，以能将小孩拽到自己这边者为孩子亲生母亲。”此时非为小孩真正母亲之女人，因无发自内心之悲心就开始用力将孩子拉向自己；真正母亲则心疼儿子，怕伤害他而始终不欲用力撕扯。国王即以此种方式将小孩判给其生母。

又两人曾为一些布匹而争执得不可开交，等他们来到国王面前时，国王还是令二人互相争抢布匹。此布真正主人自然不舍得将布白白毁坏，于是便不欲与对手争抢，国王就以此种方式发现布匹所属主人。

此次又以智慧一一解决完持棒与诸人争执后，国王还听持棒说路上尚有众多人与动物都有需国王解答之疑惑，国王便让持棒一一诉说。待他叙述完毒蛇所捎口信后，国王让他回复毒蛇道："你居于洞中时不生嗔恨亦不饮食，故而心生安乐；至洞外吃过太多食物，又对飞禽等动物生起嗔恨心，因此身躯才会变得粗大，返回洞中时当然内心烦恼。希望你今后在外面饮食要适度，更勿对其他众生生起嗔恨心，如此行事才会保证日后远离痛苦、感受快乐。"

听完持棒所叙新嫁娘之困惑，国王令持棒对她捎口信道："因你父母家有你新朋友，所以你在夫家时想回娘家，以慰思念新友之苦；真回到娘家时又对朋友生起厌烦心，故而又欲回到丈夫家。希望你能舍弃两地中之一处地方，只在一地认真生活，如此即不会再受损害与痛苦。"

国王又让持棒对乌鸦回复说："你声音好听是因树下有黄金，声音不动听则因树下无黄金。"

对乌鸦之回复则为："你所在城边[40]有一枯树，树下埋有宝藏，若将之送与别人则会得到安乐。"

国王让持棒转送与野兽之口信为："你所喜欢之绿油油草地上，从树上能滴落蜂蜜，所沾染之草地皆因此而充满甜蜜气息。但等你日后再欲享受时，这些蜜蜂未必还会存在于世。所以希望你勿要贪执美味，否则定会遭受非理痛苦。"

国王对羊角鸟之疑惑解答道："你能发羊角鸟音声之地无宝藏，能出其他鸟类鸣音之处则有宝藏。你应把宝藏送与他人，否则感受不合理痛苦太不应理。你最好能离开那里，前往别处生存。"

[40] 藏文原意不明，请三思。

对蛇与吐宝鼠则决疑说：“你们转生为人时曾为两兄弟，一人言应均分家财，另一人以吝啬心作祟而不愿均分。非常贪执之人现在转生为蛇，贪恋财物者则成吐宝鼠。所以你们俩每当拥有财富时，最好能将之供养沙门、婆罗门，如是才能令二位心得安乐。”

国王最后又对持棒叮咛道：“你自己犯下太多过错，但我愿将你释放。若你想摆脱贫穷痛苦，将树下金银珍宝取走即可。”

持棒返回途中，将国王回话依次传与相关众生，他们各个听闻受持。蛇与吐宝鼠及乌鸦向他指示宝藏，他在树下发现后便将珍宝取出带走，并因此而得以组建幸福家庭。自此之后，持棒婆罗门永离贫困，一生尽享富裕幸福生活。

对国王如此做法与答语，众多大臣都赞叹他无与伦比之智慧与无碍辩才。国王于真实四门又建造布施之屋以广作布施，十二年中在饥寒众生前行广大饮食布施。释迦牟尼佛如是转生为镜面国王时，即以其智慧、布施饶益无边无际众生。

大药妙智解疑难

久远之前，胜身之地有一国王名为能生，在其治下，百姓财富圆满，安享快乐。国王美丽王妃怀孕后，因每日饮食丰富，待其产下一子后，众人便名之曰饮食。饮食后来学习文字等学问，并全部圆满、究竟。他本人又勇敢无畏，做起事来无所顾忌，因而在其勇敢性格中又多少略带粗蛮之习。王妃对此子非常满意，故而依恃其子，自己竟愈发骄横起来。她最后连国王都敢违抗，经常不听从国王吩咐。大臣们则商议说国王应再娶一王妃，于是他们便到利红国王那里向其讨要女儿，准备娶来做新王妃。

利红国王则对他们要求说：“若我女儿将来生下太子，必须让此子当上国王。只有答应这项条件，我才肯将女儿嫁与你们国王。”大臣们不加详细讨论就答应下来。待能生娶来利红国王女儿后，此女对国王非常喜欢，她常提醒国王道：“若我生下太子，你一定要立他为王。”

国王闻言心下暗想：我已有太子饮食，可爱、相貌庄严、为人勇武。有他当太子，又怎能让其他王子继承王位！国王不免犹豫踌躇起来，他并未当下答应新王妃要求。大臣们怂恿说：“我们已在利红国王面前许下诺言，更何况新王妃能否生下太子还难以预料，国王不如先答应她为好。”

能生听从诸臣子建议，就在王妃面前承诺可将她所生王子立为太子。结果利红国王女儿不久即怀孕，九月过后就生下一相貌端严太子，众人为其起名为喜爱国政。利红国王得到消息后立即派人传语道：“如果能生不立我外孙为太子，不让其继承王位，我即刻便挥军直捣贵国，与你们一决上下。”

大臣们赶紧要求国王认定喜爱国政为王位继承人，并不断造声势言欲立利红国王外孙为太子，且要杀死饮食。能生阻止他们说：“不合正法之语请勿再言！我历来只听闻过儿子弑父事件，从未想过父亲会杀死儿子，这绝不可能。”大臣们又接着提建议：“你若不愿杀死饮食，那就干脆将他手脚砍断。”国王驳斥说：“砍断手脚与杀死又有何区别？”此时有大臣则提议道：“国王如不愿如此行事，不如干脆将饮食驱逐出境。”国王还是不同意：“他又没犯罪，为何要被赶走？”大臣们胡乱“授记”说：“不久之将来，他就会违法。不管怎样，国王都应把王位赐予喜爱国政。”

后在一吉祥之日，能生国王终将王位赐予利红国王外孙。饮食童子听到消息后，心下明白父王已将自己舍弃，还要待在这里，生命难免会有不虞之危。他连忙将事情近况告知自己母亲，并言自己欲往阿蓝国王治下国家，希望母亲能够开许。母亲抱住儿子脖颈痛苦说道：“你一直在王宫安享快乐生活，现在却要跋山涉水、越过森林荒原到处漂泊，你如何能承受此种生活折磨？”

饮食答话道：“世上有谁能永享快乐？又有谁会永远受苦？未曾感受过痛苦之人有多少？得到快乐后就一直享受下去的又有几人？”饮食将这方面道理向母亲诉说一番，在对她做过种种安慰后即孤身一人前往阿蓝之地。

阿蓝国王手下一重要办事人员当时刚好在外面看到饮食，他深感此人相貌庄严、身板结实、上身宽大、极具大士相，他不禁纳闷：此人到底是谁？在向饮食询问后，饮食便将自己遭遇讲与他听。这人立即把饮食带至阿蓝国王处，并将情况汇报与国王。国王仔细看过饮食后心生欢喜，与他进行了长时交谈，并最终将女儿及领地交给饮食。

饮食与国王女儿在一起尽享快乐生活，后来二人生下一具相之子：上身如狮相。众人据其父名而称之为多饮食。

多饮食长大后学习文字，当其时，其父饮食已过世。阿蓝国王女儿内心非常痛苦，阿蓝国王则想：众女人大多都会贪执其他男子，还是将此寡妇交与其他人为好。想到这，国王便将女儿及多饮食一并交与手下一大臣，女儿自此之后又与这位大臣共享美好生活。

一次，大臣家门口有只鸡突然啼鸣，刚好一婆罗门看相者路经此处。婆罗门听到鸡鸣后便说："不论何人，吃过此鸡肉后必当国王。"大臣听到他所说话语后就问明婆罗门原委，然后立即将鸡杀死并交给妻子说："你快将鸡肉煮好，我去国王那里办完事后就回来。"

在他去王宫办事之时，多饮食正巧因饥饿而从学校赶回家觅食。当时母亲并不在家，他在自己找食物时恰好发现罐中所煮鸡肉。鸡肉汤正在沸煮，鸡头冲上，多饮食看到后便自行将鸡头割下食用。母亲回来后不见鸡头便向多饮食询问，多饮食承认是自己所食。母亲又为他找出些吃食，然后又让他返校读书。

大臣办公回来后也发现鸡头"失踪"，他向妻子询问原因，妻子回答说是孩子吃下。大臣吃完剩余鸡肉后心中思量：要当国王是要吃掉全部鸡肉，还是部分鸡肉？他于是又找到婆罗门打探，婆罗门说道："谁吃鸡头谁就能当国王，若吃下食鸡头之人的头颅也可成王。"大臣听后暗下主张：我应把多饮食杀死并吃掉他头颅，但此事若想瞒过他母亲恐难成办。

为试探妻子心态，他便以温和语气说道："贤妻，你以为丈夫当国王好，还是儿子当国王好？"女人此时从侧面已了知丈夫心意，她心中暗想：我若说儿子当国王好，他肯定会攻击我，想来我应以方便法应对。于是她就对大臣说：“丈夫能当上国王实为最善妙之事。”明白丈夫会因儿子吃掉鸡头而将其杀害后，她就悄悄对多饮食说：“孩子，你因吃鸡头已惹下大祸，现在情况非常糟糕，一切已无法逆转，你尽快逃往别处，最好到你祖父那里暂避一时。”

多饮食遵从母命开始向胜身国进发，赶到那里后已是又累又饥，他便在某园林中一树下，以衣为垫沉沉睡去。此时喜爱国政国王恰好因病离世，国王传承自此不幸中断。在未找到合适、正宗继承人之前，众大臣一直未将国王尸体运出王宫，他们协商说应立福报大者为王。

等他们看到安睡于树下之多饮食后，立即认定此相好庄严之孩童必能不负众望：因他上身竟与狮子相无有二致；且日正中午时，日影并未转移。看到如此景象后，众人对国王人选已心知肚明。他们急忙将他唤醒，谁料多饮食起来后竟不满问道：“唤我醒来有何贵干？”大臣们回答说：“是为推举你当国王。”小小孩童却责问道：“若是国王，你们能如此将其摇醒？”“若不能这样行事，我们又该如何是好？”诸大臣不解问道。多饮食从容不迫回答说：“应以妙音轻歌及击钹之声唤国王离于睡眠。”

众人闻言皆暗自赞叹此童子天赋高贵种姓，大家不免好奇问道：“你乃谁之儿子？”多饮食就以狮子般神态诉说起自己种姓：“胜身国中能生国王有一子名为饮食，饮食又育一子名为多饮食，我即是那多饮食。”大臣们听罢会心而笑，他们欣慰说道：“我们已找到属于自己国家、国王嫡亲血脉之真正童子。”

消息传开，有成千上万人都赶来争相围观，众人载歌载舞、弹拨乐器、诵念吉祥颂词，在一片欢声笑语中将多饮食迎请入城，并为他行加冕仪式。因他将面临种姓断绝之王脉再度延续，故而众人便将能生国王名字赋予他，再不叫他多饮食，而是自此之后唤作能生国王。

但当能生王欲执掌国政大权时，大臣们却以他年龄小为由处处轻毁，使他根本不能握有实权。当能生前往众多大小城市及村落视察时，他问众人：“此乃谁治下地盘？”结果民众皆答言此地属国王手下六大臣所有，竟连国王名号都不曾提起。能生不觉悲哀想到：我现在怕只有拥有吃饭穿衣权利，舍此再无国王权利可言。心中痛苦不堪之时，能生不免思虑未来道路将如何走下去。

正前思后想之际，有一天尊语于能生道："国王不必痛苦，你国中有一山村名为岗波，村中有一具名望者亦名岗波。国王可将岗波所居之地赐予他，以此换来他日后所生名为大药之童子，此子对你执掌国政有大利益。若你能立其为大臣，他定会辅佐你君临天下。"

得到天尊授意后，能生立即派人前往岗波打探消息，特别是要观察岗波之妻有无孩子。所派之人找到岗波后，发现他妻子正有孕在身，于是就火速赶回将情况汇报与国王。能生马上给岗波修书一封，以温和言词说道："我可将你所居之地赐予你，待你妻子所怀之子出生后，望你能多加关爱、善为保护，并将之顺利抚育成人。"

九月怀胎过后，一庄严孩童顺利诞生。行贺诞仪式时，众人为孩子姓名而颇费周章。孩子母亲此刻说道："我一直疾病缠身，遍访名医也无济于事，结果在此子入胎后，我所有病患一扫而光。据此看来，还是叫他大药合适。"从此之后，众人也就称其为大药，母亲还特意为此作一偈颂道："一切妙药中，吾子乃大药，药中最殊胜，故名为大药。"

有次大药被父亲扛在肩上前往一水池沐浴，途中发现半条鱼尸横躺路面。岗波以为碰到珍宝，便欲用脚趾将其勾起。大药却说道："路边已死睁眼鱼，父认其为珍宝遗，请父观察此非宝，脚踩鱼尸渐变红。多闻天子岂随意，乱扔财富任君捡。"

到达水池后，岗波将大药及衣物均置于水池边，自己入池洗浴。此时池中莲花上落下一水鸟，岗波正欲抓时，它却机敏飞走。面对此情此景，大药又说出一首偈颂。接下来父亲又将儿子扛在肩上，父子俩又前往恒河中沐浴。正巧一青铜盘顺水流来，盘上立有一天鹅。面对如此景观，大药再作偈颂一首。随后一瓶子又顺恒河水流经父子沐浴之处，瓶上栖息一只水鸥，大药看到后又作一偈颂。父子继续在恒河中沐浴，此时一头公绵羊又被冲来，羊上尚有一白鸟。此种景观再次触动大药，不大工夫一偈颂便从他嘴里脱口而出。

大药平日在与诸童子玩耍时，众人聚集起来后素喜将他假立为国王，他自己也顺势开始分封大臣，大家惯常以此玩天真游戏。这日正当诸人又在如法炮制时，正巧一老年婆罗门携带自己年轻貌美之妻亦上路前往别处。当老婆罗门到远处方便时，一狡诈男子立即趁机到那年轻女人面前说道："这位美女，请问你父亲刚才是去哪里？"

女人有些羞愧，又带着一些愤怒说："你在胡说什么？"狡诈男子趁势又问道："难道刚才那人不是你父亲是你祖父？"女人更加不好意思，同时也更不满地反问他："你在说什么？"狡诈男子愈发肆无忌惮，他竟张口乱问道："你曾祖父刚才是去哪里？"

女人这才不得不正面作答："他既非我父亲，亦非我祖父，更非我曾祖父！他乃我丈夫！"

狡诈男人故意面带讥笑说道："你真乃愚笨之徒。你在朋友或任何具惭愧心者面前言那老头为你丈夫，难道你竟不因此而害羞？如此辽阔大地之上，与你自己长相匹配之英俊男子，你是否从未目睹过？如此妍丽美人嫁与那糟老头岂不太过可惜！不如我当你丈夫，你看如何？你跟随我，我们共同远走高飞，再勿于此处为你那老朽婆罗门丈夫互相争论。若有人问，你就对别人言我为你丈夫。"

女人被狡诈者说动，于是就抛下丈夫与他一起远走。老婆罗门方便归来已不见妻子踪影，他爬到山顶一望，却见妻子正与一陌生男子相偕而行。他急忙从后追赶，并最终赶上他俩。他一把抓住妻子一只手，狡诈者见状忙拽住另一只，两人都宣称女人是自己妻子。最终因狡诈者年轻力大，终于将女人抢到手。老婆罗门只得在寂静无人之地高声叫喊："有人抢我妻子，快来人帮帮我。"

孩子们正在静处玩耍之时，忽隐约听见有人大喊言自己妻子被人掳掠而去。诸童子便对大药说："大药，你既为大国王，现有一老婆罗门在那边说自己妻子已被人抢跑，作为国王，你为何听之任之？"大药立即下令道："你们所有人众马上集合，务必将那强盗抓至我处。"结果因众童子人多势众，他们将三人统统押解过来。

大药正色问道："你们到底有何纠葛？"老婆罗门首先诉苦说："我人老力衰，这狡诈之人就凭其大力欺侮我，竟在光天化日之下将我妻子夺去。"狡诈者反咬一口道："这人分明在说大妄语，此女人实乃我妻。"僵持不下之时，大药又问女人究竟，女人指着狡诈者说道："此人为我丈夫。"

大药此刻已大略看出事态端倪，他深知老婆罗门之失望情绪，为稳妥处理，他又问狡诈者："你与此女人早上从何处出发？"狡诈者扯谎道："我们今晨从岳父家中而来。"大药紧追不舍："你们都吃下过何种食物？"狡诈者只得胡编说："我们食用过肉、油饼，还有酒。"大药立即命令道："你马上设法呕吐，我要亲自验看所吐之物。"狡诈者无奈之中只得以手抠喉咙，结果所吐之物与所言根本不相吻合。

大药又转向老婆罗门："你们今早离于何处？"老婆罗门亦回答："我们今晨从岳父家中而来。"大药接着问："都食用过什么？"老婆罗门回答说："萝卜、青稞汤等食物。"大药要求他设法呕吐，结果老婆罗门所吐之物与其所言完全吻合。大药再令女人也设法吐出所食之物，待女人吐出后一看，果与老婆罗门所言相合。大药至此彻底了知此美女实被狡诈者引诱，她本为老婆罗门妻子。

大药一声令下，众孩童立即棍棒、拳脚相加，将狡诈者一通痛揍，并将他埋进地里，只留脖子及头颅在外。大药又用孔雀胆在其前额上写道："任何敢对女人行强盗行者，大药定严惩不贷。同理，偷窃小孩、牦牛、氆氇、线等人财物者，一律棍棒、拳脚伺候，且脖子以下全部入土为安。"

不长时日内，大药率众童子即将五百名造作以上罪行者抓获，全部都予以额上用孔雀胆书写罪名及姓名之处罚。

能生国王此时已日渐明白国家被六大臣统治之事实，他不由想起天尊授记，故而一日忽心生一念：那名为大药者如今正干何事？我应前往探察一番。于是他对大臣说自己要去打猎，然后就率领众多眷属前往大药所居之地。刚到那里，就见五百人已被埋在土中，望见国王驾临，这些露于地上之脑袋各个拼命呼救。国王听到救命声后，急忙近前仔细打探，这才发现人人前额都用孔雀胆写有文字。读过之后，能生方才了然于心。

大药等众孩童看见国王后非常恐惧，不大工夫即四散逃跑。国王眼见他们东奔西跑，心知此举定为他们所为。他觉得诸童子所作所为无有过失，伸张正义、惩处恶人可谓大快人心，国王不禁心生欢喜。他随后又将五百人挖出且释放。此时岗波也已听闻国王来至此处，他与众人就以瓶装满净水，又持宝伞、飞幡等物前去迎接。能生见到岗波后便令他将小孩带来，岗波回答说："孩子尚小，他不敢到国王面前。"国王于是再三要求、劝慰，岗波最终还是将大药带至国王面前。

国王仔细打量起大药，只见他相好庄严、一脸勇猛之气，只是身体还似小孩一样未发育成熟。国王将大药交还与岗波后，嘱其务必以种种方法善加保护。

后来国王又想到：不知这个大药到底有无智慧，我还需再三观察。国王随即又派人到岗波家中，令其用沙漠之沙砾做成百尺长绳。岗波闻言又恐惧又痛苦，他心想：我从小到大何曾听说过有所谓"沙绳"，更不用说亲手制作，这可能是国王要严厉惩罚我。

大药看父亲闷闷不乐就问他忧愁原因，父亲向他讲明原委后又说："看来国王是欲用此种方法处罚我们。"大药却胸有成竹对父亲说："我来对付送信者，我自有应对良策。"

见到送信者后大药说："烦你传语国王，言我等地处穷乡僻壤，见识粗陋，可谓孤陋寡闻。若国王能打制'沙漠绳'，则请国王送一尺来以为样品，我即可据此做出成百上千尺。"

送信人回去将大药答话禀告国王，国王闻言暗想：天尊嘱咐我日后需依赖此小孩，看来这童子对我确有大利益。为更进一步试探他，能生又派人找到岗波说："请为我做米饭。此米饭所用米不得捶打后去壳；米不得开裂及受损；熬制时不得在屋里，亦不得在室外；不得用火熬制，亦不得不用火；做好后运送时，既不得上路又不得不上路；运送时不得与阳光接触，亦不得与阴影接触；运送之人不得为男人，亦不得为女人；运送时不得脚触地面，亦不得不触地面，需以以上方

式做好送来。”

岗波听罢自是痛苦不堪，而大药则再次安慰父亲道：“无需不悦，我自有办法。”言罢，他即令人把大米晒干，然后集中起男女老幼，一人一把米用手挤搓；再将捻过之米装入瓶中、放于门槛上，一边用火烤，另一边则靠日光曝晒。如此一来，算是达到“不得用火熬制，亦不得不用火”之要求；至于要求运送时既不得上路、又不得不上路，他则令人行走时一足踏在道上，一足踏在道外；面对国王所谓“不得与阳光接触，亦不得与阴影接触”之要求，大药则在一木棒上吊一瓶子，瓶口以极薄透明布匹封好，再将米饭装入这种瓶中即可满足国王要求；还有“不得脚触地面，亦不得不触地面”之要求，大药则令运送者一只脚穿鞋，一只脚赤脚；至若“运送之人不得为男人，亦不得为女人”之条件，大药则以石女充当运送者。

国王得知具体情况后不由赞叹道：“大药确实具有一定智慧，他对这些事理可谓异常精通。”

国王不久又要求大药寄来一花园，此花园中还得有草木水池。大药闻言回复国王说：“我们山岩之地实属边远偏僻，何曾见过善妙、名贵花园。国王不如把王宫附近一花园先寄至我处以为样板，待我父亲反复揣摩、研究过后，再将花园给国王寄去。”能生得到答复后感觉大药的确拥有超凡智慧，但他还欲对其智能再作详细观察。

国王于是再派人传语道：“从山岩之地找株一年生树木，必须完备叶、花、果，找到后速将之寄来。”大药此次则找到一埃日那扎树寄与国王，将树种下后，它果于一年内发芽、开花、结果。国王目睹之后深觉稀有，他问传信者此办法为大药还是岗波所想出。传信者据实答来：“是大药所想对策。”国王只得叹声“善哉”，便一言不发、无话可说。

为再度验证大药智慧，国王又派人吆喝五百头公牛前往山岩之地，找到岗波后即要求他必得以草饲养，还需从公牛身上挤出牛奶，再做成酸奶，提炼出酥油、奶渣，然后将之一并带往王宫。岗波面对如此刁难自是无可奈何，大药则安慰父亲：“无需痛苦，我自有应对良策，既可令国王欢喜，又能使你免遭处罚。”大药随即就派遣一对父子往王宫进发，在离王宫不远处之地方，按大药吩咐，父亲将一木盆扣于自己腹部并用布包裹，然后便躺在地上左右翻滚。儿子则依大药所授计策，一边眼望四方，一边不断抛撒香、花供品，且振振有词道：“祈祷各方护法天尊，保佑我父亲顺利产下吉祥儿子。”

当二人依大药嘱咐如是行事时，国王已得到消息并派人前往打探。打探者一到现场就见父亲倒地翻滚、痛苦不堪，而儿子则在一旁祈祷天尊保佑其父顺利生产。来人问儿子：“你们因何折腾？”儿子认真答言：“我欲帮父亲生下孩子。”那人回去就将情况汇报与国王，国王不禁失声笑道：“男人生子对我而言真可谓闻所未闻、见所未见。”此时儿子也与打探者同至王宫，听到国王如此言语，他立即乘势问道：“大国王所说当真？”国王不屑答言：“那是自然。”小孩马上抓住话柄：“既如此，你又何曾见过布纳嘎匝山岩地方五百头公牛能产奶之景观？为何还要下令将它们所产之奶制成酥油、奶渣带过来？不知国王何时何地亲闻、亲睹过公牛产子之盛况？”

国王只得自找台阶说：“此话是岗波教你，还是大药对你面授机宜？”得到小孩“是大药传授”之答复后，国王与众大臣皆感稀有。

不过因能生做事历来谨慎，他还是再派一人前往岗波处考察、核实。此次他命人牵去一头骡子，并要求岗波不得将其捆绑，一定要好生喂养，还得放养在不带顶篷之处。岗波已是几次三番接受此等在凡人眼中似乎无法完成之命令，此次他又愁眉苦脸想到：国王几乎天天都要麻烦我做这些难以做到之事，令我身心痛苦不堪，教我如何承受？大药则又一次替父亲想出妙招，他白天放牧骡子于山上，夜晚则派二十五人在无顶篷之处轮流看管：每组五人，共分五组；一人看护一肢，剩余一人骑于骡背。国王派人探察父子如何喂骡，来人就将所见所闻汇报与国王，能生不由说道：“他们如此看护，恐怕骡子插翅难逃，我们应设法引诱其中看骡之人。这骑骡者看来较易受到诱惑，可趁其他人瞌睡时方便诱之。”

后来国王所派之人想尽种种办法引诱骑骡者，总算将骡子弄出院中。天亮时，众人告诉岗波骡子已丢失不见，岗波大惊失色，心想这次恐难保性命矣。正当他边想边哭之时，大药安慰他说：“此前众多难关我们都已凭方便法顺利渡过，此次同样天无绝人之路。”灵机一动，大药计上心来：“只要你能按我要求行事，绝对可保万无一失。”“你有何解围之策？”岗波瞪大眼睛。大药不紧不慢从容道来：“不过父亲或许会遭受些微损失、痛苦，但只需损失少许即可。”“只要能活命，受点损失又有何妨？”岗波信誓旦旦。大药于是便将父亲头发剪成七块层次不均、深浅不一之团块，又用丹黄、靛树及墨等染料在头上画出各种花纹，然后骑于驴上向城中王宫进发。

大药牵驴与父亲同往王宫之消息迅速传开，当他们抵达城中时，国王与大臣听到传言后均大惑不解，众人议论纷纷：“都说大药智慧过人、心地善良、名声远播，此次他却为何对父亲做下这等伤天害理之事？”大家因感稀有就相继前往围观。诸大臣目睹后不解问国王：“大国王，据说大药拥有非凡智慧，人人赞不绝口，但他为何却做出此等不合情理之事？”国王便唤来大药问道：“你为何要损害自己父亲？”

大药抓住机会辩解说：“大国王，我哪里是损害父亲，分明是在对他行供养。尽管我知道自己已在各方面远超父亲，但我还是对他供养不辍。”国王闻言就问大药：“你评议一下是你出色还是你父出色。”大药坚定说道：“当然我更善妙，父亲原本就十分低劣。”国王反驳说：“在此世间，从未听说过儿子胜过父亲之事，历来都是父亲超胜儿子、母亲抚养儿子，故而我始终认定对所有众生而言，父亲最为第一，儿子永远不如其父。”大药假意问国王：“事情是否如国王所言？国王理应三思而后决断。”能生与众大臣不假思索回答说：“事情原本就如此：父亲最好，儿不能胜。”

大药这时便在国王脚下顶礼道：“若你所言不虚，则国王交与我们父子放养之骡丢失不见后，我父亲赴王宫给国王赔一头毛驴也即为合情合理，因驴乃骡之父。”

国王与诸大臣听罢大药所言方便语深感震惊、稀有，他们暗暗思忖：真是罕见罕闻，这大药对合理及非理之事竟如此精通无碍。国王亦对大药所言所行满意非常，当下即赐以各种妙衣装饰其身，并从此任命大药当上自己大臣，同时又不爽前约，将山岩之地赐予岗波。

大药自此即成国王得力大臣，所作所为无不从国王利益出发、为王着想，其名声自然传遍大小城市，人人都在议论“大药已是国王得力干将，大药智慧无人可比”之消息。

当时有一老婆罗门娶有一年轻妻子，婚嫁之事就已令其将财产耗尽大半，二人共同生活后更是很快将财产用光殆尽。这婆罗门学过念诵，对秘诀很是精通。为寻找财富，他便前往别处城市，并辛辛苦苦觅来五百金币。返家途中他想到：我将如此多之金币直接带往家中恐非合适，因女人心及行为谁都无法测知。而我妻子又年轻美丽，我不在家时她或许已爱上其他男子。想到这里，老婆罗门便趁黄昏时把金币埋于尸陀林中一尼枸卢树[41]下，然后半夜三更摸向家里。

婆罗门之妻果已勾搭上其他男人，此人名为大耳，她即与大耳整日厮混，与他共享甘美饮食。这日婆罗门妻子正遍体喷洒扑鼻香水，与大耳躺在床上消停，恰在此时婆罗门开始敲门。妻子吃惊问道：“谁？”婆罗门在门外急忙报出自己姓名。妻子一边假意惊喜欢叫，一边马上让大耳躲进床下。待打开门后，她就抱住婆罗门痛哭流涕，边哭边假装泣不成声地对丈夫诉说相思之苦。

当女人招呼丈夫吃饭时，婆罗门望着满桌酒菜不禁思量：晚上还有如此丰盛之饮食，看来她刚刚还在宴请其他男人。尽管内心充满疑惑，婆罗门仍真挚问道：“贤妻，今日又非吉日，我家又非举行宴会，你为何还要准备下这丰盛酒宴？”女人狡诈说道：“我天尊对我言你今日返家，故而我才为你准备好晚宴。”婆罗门不由感叹说：“我真乃福报大者，我妻子梦中有天尊授记。”他于是便不再胡思乱想，吃过饭后就沐浴、上床准备休息。

妻子则边对他说“你劳累不堪，还是赶快歇息为好”，边问他此趟远行是否有所收获，婆罗门只得答以“找到一点”。妻子立刻以怪

[41] 尼枸卢树：盛产于南亚地方的一种香料树，意译多足。此树种籽仅为芥子四分之一许，每年却能生长一闻距——二百五十市尺，长势甚旺。

叫暗示床下大耳："张大耳朵仔细谛听。"婆罗门当然不知她话中之意，他继续说："我已找到五百金币。"妻子马上精神倍增，她连声问："你尚未让我亲睹金币一角，你到底将之放于何处？"婆罗门搪塞说："已妥善处置。"妻子不依不饶："你到底将金币放于何处？"婆罗门想敷衍过去就说："明日再看不迟。"妻子死死缠住不放："我是你一半身躯，为何还要对我保密？"婆罗门内心多少有些不忍，他就老实答道："已放在城外。"

女人又大呼小叫暗示大耳道："张大耳朵仔细谛听，到底放于何处？"婆罗门此番则和盘托出："就在尸陀林中尼枸卢树下，我挖坑置金。"女人假意温存道："好丈夫，你一路辛苦，好好休息吧。"待婆罗门睡着后，她悄悄嘱咐大耳说："按你刚才所听之内容速速将金币取出。"

大耳迅疾离开婆罗门家，他悄悄来到尸陀林中，找到尼枸卢大树后，就将五百金币全部挖出并放于自己家中。

第二日，婆罗门到尸陀林准备取回金币，却见五百金币尽皆不翼而飞，他只得一路捶胸顿足，哀哭而返。亲友、妻子问他原因，他便将前后经过一一讲明。有人对他出主意说："久闻大药智慧超众，你不如到他面前去讨教一二。"婆罗门于是老泪纵横去拜见大药。见到大药时，他先以吉祥颂词问候请安并讲明与五百金币有关之前因后果。大药暂时闭口不语，思虑片刻后问他："你将钱财具体置于何处？又是何时放置？有无人发现？向谁讲过此事？"婆罗门据实一一答复。大药听罢心中做出大致判断：其妻与其他狡诈男人可能和此事有关联。为安慰伤心欲绝之婆罗门，大药说道："不用痛苦难过，若实在找不回丢失钱财，我一定想办法替你补齐所丢款项。不过我想知道你家中是否养狗？"婆罗门答以"有"。

大药了解完毕就让婆罗门先行回家，同时嘱咐他见到妻子后要如此应答——"我已于大自在天面前应承要对八位婆罗门广行供斋，四位由我来请，四位由你去请。"婆罗门回家后如是照做，而大药则派手下一人前往供斋之处，并叮咛他道："八位婆罗门前来时，你勿放那老婆罗门进入，你要让他待在外面，让其妻子负责饮食供应即可，老婆罗门只需在外等候。这些婆罗门进门后，你务必观察仔细，看他家狗对何人狂吠不止、对何人摇尾乞怜，一定牢记狗对人之不同态度。女人在屋里招待众人时，仔细看她眉目如何左顾右盼，还需听清她都对人说些什么，又是如何言谈、神情举止又如何、如何施展笑脸、是否分食不均等，这些都需善加观察并牢记。”

结果当此人前去观察时发现，其他婆罗门进门狗都吠叫不已，唯有大耳来时狗耷拉耳朵、顺从跟随，还欲跟他一道进屋，嘴里一直发出似乎招呼熟人之音声。大药所派之人暗想：偷金币者非大耳莫属。他又继续打探，当女人供上饮食时，每每都会对大耳眉目传情，盯着他不放，抓住机会就要与他闲谈几句，给他分配之食物也又多又好。将这些事实全部看在眼里、记在心里，来人返回后就向大药作了详细汇报，将狗及女人等情况一字不落全都讲与大药。

大药听完汇报后，即遣国王手下之人唤大耳来至面前说道：“抢夺别人财产能否算作婆罗门当为之事？还是将你所盗取之物速速交还为好。”大耳故作清白发誓说：“愿息灭一切罪业[42]！我确实未拿过别人财物。”大药就吩咐手下说：“将此人打入大牢，如剥皮去骨般对之严加刑罚！”大耳一听立即浑身抖如筛糠，他惊恐万分地坦白道：“大药大臣请救救我，是我拿走金币，我一定归还。”得到大耳承诺，大药才将他释放，他一回家就取出五百金币全部交与大药。大药则将老婆罗门所丢款项如数送还，老婆罗门自是感激万分。为表谢意，他取出一半金币赠与大药，大药先收下金币，后又还给他。处理过这件事后，大药声名更是如雷贯耳，众人都谓自己有福报，能有智慧如大药者做自己国家大臣，百姓于是各个心生欢喜。

有另外地方一人因公事外出办理，他随身带一干粮口袋上路，后在一水池边休整时，他进食完毕未拴紧口袋就将之放于水池边，自己到别处办事。此时有一毒蛇趁机钻入袋中，而等那人回来后，他不经观察就用绳扎紧袋口、扛于肩上进入城中。入城后他碰到一看相占卜者，

[42] 当时发誓开场白。

看相者见到他后只匆匆说声“你有生命危险”，而他亦只瞥一眼看相者，未及详细探问就继续赶路。随后在行进途中，他不免心生后悔：我刚才应向看相者问个究竟。为解开心中谜团及保险起见，他在心中发愿：未见到大药之前绝不归家。

等他最终找到大药后，大药待他叙述完看相者之语就问道：“你从何处来至此地？”那人就将前后经过详细禀明。大药当下断定他所背口袋中藏有毒蛇，于是马上唤来众人卸下口袋置于地上，然后又令他们站在远处，手持木棍伺立左右。当绳子解开时，真相终于大白：令人恐怖之毒蛇从袋中迅速窜出，它昂首怒目、气喘咻咻、毒芯吐出、跃跃欲试。大药向他揭秘道：“你所疑惑者正在此处。”

大药后为观察了解人们对国王权威之看法，就率领四种军队依次前往大小城市，询问众人他们所居之地到底归谁所有。人们皆回答说：“此城为某某大臣所有”、“此处属某某大臣”，尽皆如是，无一例外。大药于是明白权力被六大臣瓜分之事实，他心想：能生国王看来只有饮食权利而已。

随后大药便来到国王前问道：“外面城邑到底属谁所有？”国王闻言不觉勾起满腹心事，他向大药坦言说：“很早之前，天尊即于梦境中慈悲向我明示，言‘布纳嘎匝城中有一岗波，他生有一名为大药之子。你可将其要来做你大臣，岗波亦会同意给你。此大药可助你统治整个国土，那时你才名副其实成为大国王’。得此授记后，我即派人前去打探，那时你尚在母亲胎中。为圆满我愿，我花费钱财尽心抚育你，直至现在你成我最得力大臣。现在天尊授记之时机已到，你应想方设法尽快使我成真正国王。”

面对国王信任，大药于其脚下顶礼道：“请国王放心，我一定竭尽全力，务必使国王心满意足。”自此之后，大药便常常于各大城邑中头面人物前言说离间语以令其生欢喜心：“你等日后定会对我所行深感满意，且看如今这几位国家要员贪心如此之大，对你们征收苛捐杂税太不合理，对此你们应更有体会。若听从我吩咐，我会收取合理税收，定使你们安享快乐生活。以财富为例，我会对诸位尽心帮助，不过大家也应主动出谋划策。现今应对诸大臣显示不满态度，在我未出面前，你们勿听其言、勿遵其令，最好人人都对那些掌权大臣挑明：‘只有大药前来，我们才会听令。除他之外，我们不服从任何人之命令。’”

大药即如是鼓动各地人士，众人在其授意下纷纷干起违法之事。大臣们无计可施、一筹莫展之时就向国王禀明事态发展，六大臣则带领四种军队奔赴各地调解。但因属下不听从他们命令，故而纠纷始终无法解决。六大臣无可奈何只得回来请国王御驾亲征，但依然无法令任一城市民众听从。于是相互之间开战，一时死伤无数，大家内心皆心生不快且心神不宁。山岩之地诸人都说：“若大药出面，我们定可听从他所下命令。其实我们本非与能生国王作战，奈何六大臣时常损害我等利益，我等无奈才被迫反抗。”

国王立即传令大药：“我们无法压服造反之众，望你能亲自前来处理。”大药这才适时出现，结果众人均在他面前恭敬顶礼。大药安抚人们说：“你们无需再恐惧多虑，我们今后会如理如法主持日常政务。”从此后，大药对各地民众征收合理赋税，且常常惠下等及无依无怙之人以真实利益，对他们多加安慰。他还对大小城邑中人如待父母、兄弟般恭敬，赐其众多奖励，以平等、和平之方式抚慰大众民心。而城中男女老少亦将大药如儿子或兄长一般恭敬对待，加之大药也以欢喜心爱护诸人，整个地方民众于是渐渐开始统一心行，大药随后才跟随国王一道起驾回宫。

因大药以雄才大略处理国家大政，其他国家也逐渐盛传他鼎鼎大名。国王欢喜之余就将自己公主嫁与他，大药夫妻自此尽享欢乐生活。其后有一被另外国王驱逐之人到能生处寻求庇护，能生国王最终决定不予保护。此人又前往大药那里，大药悲心萌生后便将其摄受，还赠与他财物。后来又有一婆罗门到大药前索要财物，大药允诺送与他一斗粮食，并令手下人负责办理。谁料手下却一拖再拖，一直未将一斗粮如数交与他。

能生国王某次在诸位大臣及大小城市中重要人物面前说道：“诸位大臣，依你们之见，最秘密之语当说与谁听？谁最值得信赖？”

诸大臣在经过深思熟虑后，有人言可将秘密之语于朋友前倾诉；有人说应说与妻子；有人道可向父母诉说；有人则认为秘密只能对姊妹讲；还有人觉得秘密只宜说给兄弟……此时国王转向大药问道："诸人都在各抒己见，你为何一言不发？"大药却说："我一直以为对谁都不应泄露秘密，更遑论自己妻子。国王若不信，日后事态进展定会应验我今日所说之话。"

后来国王所养一只孔雀丢失不见，大药多方打探后终于发现孔雀踪影，他将国王孔雀隐匿起来，又逮住另外一只与国王所丢孔雀长相相似之孔雀，然后故意对妻子说："不知你是否听说你父王有只孔雀日前丢失？"妻子回答道："我听说过，听说过。"大药故作神秘状说道："你万不能向任何人透露我已逮着这只孔雀，不如将其煮熟吃肉，你看如何？"妻子闻言心中暗自思量：这来自山岩之地之人竟敢吃国王孔雀肉，而我父王还对他如此信任，他却恩将仇报竟害到我父王头上！

一波未平、一波又起，不多久，大药发现有一妓女貌似国王一妃子，他就以种种衣饰将其装扮后让其混迹于王妃队伍中。然后大药又故意对妻子说道："此乃你父王妃子，而我偏偏对其非常爱慕。你若真正喜欢我，就勿向任何人提及此事。"妻子则想当然认为大药已与王妃有过关系，因而十分愤怒，同时不免在心中讥讽起父亲来：我父王不经观察就让这山岩坏人当上大臣，让这种人为国王做事怎能应理，我定要使他回到原先那种卑微地位。

于是她就向父王告发说："父王不经观察就让大药这等恶人当上大臣，父王怎知他已与王妃有过关系。而且他还将你所丢孔雀煮熟食用，还私下豢养外来者，又随意分发财物。你却在众人中独尊重他一人，这岂不荒唐？父王理应看出事态苗头。"

能生国王为澄清非议、证明自己用人得当，就下令刽子手砍去大药项上人头。恶性刽子手马上在大药脖颈上套上嘎局渥日花[43]，又敲响声如驴子般大鼓，还以粗言恶语斥骂他，然后便如阎罗狱卒一样，气

[43] 为死刑犯所戴。

势汹汹携带兵器带着大药前往尸陀林。结果以其福德力及智慧感召，许多人都不同意将其杀害，城中人哭声一片，犹如自己儿子被杀般难过。众人都开始祈祷天尊，一时竟找不到敢对大药下手之人。

寻求庇护并已被大药摄受之人，此时却站出来言自己愿当行刑者，他对国王手下说道：“我可亲执利刃砍下他头颅，你们请放心回去。”诸人在将大药刚刚带离城门时，始终未得一斗粮食之蒙德婆罗门拽住他衣服质问说：“你曾答应过要送我一斗粮食，现在请兑现诺言，交出粮食后再走。”

面对此种景况，大药从容说出一偈：“不成国王友，恶人不报恩，秘密不语女，未尝孔雀肉。蒙德婆罗门，追讨一斗粮。”他边说边行，刽子手不由疑惑问道：“众人皆言你智慧出众，怎么今日临死之时却胡言乱语？”大药轻蔑答道：“我怎会癫狂乱言，只是你们未解开其中密意而已。”

这班人百思不得其解，就到国王面前询问究竟，他们将大药所说不明不白之语汇报与国王。国王便问大药：“死到临头之时，你是否因恐惧而错乱胡言？”大药平静回答说：“大国王，我绝非胡言乱语。每当我痛苦时，我都会将内心苦闷倾诉而出。”国王不由问他：“照你所说，你刚才宣讲之偈又为何意？”

大药遂开始一一解释说：“所谓‘不成国王友’是指国王以前未能真正执掌实权时，根本未拥有大小城市，只享有饮食权利。而今国王已重新树立起统领整个大地之权威，并拥有真正国王地位。尽管这些均通过我才获取，但你却从未知晓知恩图报，反判我死刑，这岂不是忘恩负义？故我才说第一句；再说‘恶人不报恩’：恶种人无住处、无受用，国王不摄受，也未给他饮食、住处。我觉其可怜、贫困，便生出悲心赠与他受用，令其能有今日之安乐。而当他各方面都已初步具足时，他竟高兴看到我被处以死刑，还欲亲掌屠刀，所以我才说这第二句；至于第三句‘秘密不语女’及第四句‘未尝孔雀肉’是指：国王有次在眷属中问应将极秘密之事说与谁听，是否将之讲给最值得信赖之人。当时众大臣立即议论纷纷、众说纷纭，有说应对父母讲明，有言应向亲友透露，还有人以为可将秘密说与妻子。国王当时说妻子乃丈夫身体之一半，理应将秘密告知彼等。我当时就曾讲明不得对妻子诉说秘密，此中原委我日后定会明示。现在回想起当时情景，不由令人感慨万分；我又故意藏起国王所丢孔雀，找来其他孔雀代替，谁曾想，唉！再说那所谓王妃，我只不过将某某王妃衣饰拿来装饰于一妓女身上，令其假冒王妃而已。今日就可将这妓女找来，望国王仔细辨别清楚。”

国王认真看过妓女，发现她确实与王妃相貌、衣饰无甚差别。再将大药所藏匿之国王孔雀带来观瞧，果如其言。国王这才知道大药实为清白无辜、毫无任何过失，他又要求大药接着讲明另外偈颂含义。大药便继续说道：“至于‘蒙德婆罗门，追讨一斗粮’是说：当国王判我死刑、这些刽子正拉扯我时，此蒙德婆罗门为一斗粮就拽住我不放。我实在可怜他，就说了此句。”

待大药一一解释清楚后，众人各个心生欢喜。能生国王不但将大药释放还对他恭敬承侍。大药则于国王脚下顶礼、请求道：“大国王，想必你已了知女人本性。我已不欲与公主再共同生活，不过我还欲再寻觅一长相、智慧均与我相差无几之妻子，请国王开许。”

大药接着便打扮成婆罗门形象，右手持一金瓶，身披腋络、兽皮为衣，脸上画上三点，一路向山村森林迤逦而去。行进到一村落中时，天已漆黑一片。不大一会儿，一婆罗门来至大药身旁。他问大药从何而来，大药答以“胜身国”，并告诉他自己欲前往苍苍森林。那婆罗门就殷勤问道：“你今夜欲投宿之处有无相识之人？”大药回答说：“无一熟人。”

婆罗门就将他带到自己家中，并热情款待，大药一见婆罗门妻子就明白此女人极喜与其他男人厮混。第二日早，大药问清楚前行路线后就准备上路出发，临行前婆罗门又告诉大药说：“你来回均可住于我家，将我家当成你自己家，来来去去疲乏时不妨在这里歇脚。”大药答应后就离开此处。

路上又途经一青稞田地，地里有一相貌姣好女人正做农活，此女人行为寂静、调柔，大药立即对她生起欢喜心。他主动询问道：“你是谁？可否知道你姓名？”美丽女子落落大方回答道：“我名萨嘎，于此青稞地中为村人干农活。”大药心中暗自盘算：这女人虽说外表端庄，但不知她智慧程度又如何。大药于是便想对其设法观察。

二人后共同来到另一地方，大药也下田干活，他虽将手伸出，但却似不舍得使唤一样，只用脚搓来搓去。萨嘎就在一旁笑言：“既舍不得用手，干脆连脚也闲置不用为好。”大药用意已被女子窥破，他感到此女子智慧非同一般。他接着又边笑边数落道：“你所佩戴耳环太过亮眼。”她却回答说：“此为掩盖耳朵特意为之。”大药又说：“你脸色非常漂亮。”萨嘎一句挡过：“此乃城中主人恩德所致。”二人休息片刻后，大药又发问：“你父居于何处？”萨嘎回答说：“他正在另外道路上砍伐荆棘以堵塞路口。”大药还在追问：“你母又在何处？”她则回答道：“正在田中为种子而忙碌。”一来一去对答过后，大药终于向女子提出请她做自己妻子之要求，萨嘎稍显为难神色：“如城中主人开许，我即可应允。”

大药又问她：“去苍苍森林是否有捷径？请为我指示一条直路，万勿让我绕来绕去。”但为测试未来丈夫，萨嘎却专门为他指出一条弯路，自己则直上捷径。行进中当她超出大药时，她即在大药前方水池处停下，衣服脱去后闭起一只眼，优哉惬意。等大药赶上来时，二人即以偈颂方式互相观察智慧、机智对答。大药最终经由别人指点来到萨嘎家中，她父母此刻并不在家，而大药又正巧看到萨嘎城中诸主人。他一见主人们就请示说：“若你们开许，我欲娶萨嘎为妻。”

城中诸主人闻言心生不悦，他们怒斥大药道：“你这等恶性婆罗门竟想娶我们天女般美丽之萨嘎，说出这种话难道你竟无害羞之意？滚开！否则，我们定会让饿狗撕扯你。”

被主人赶走之大药随后碰到急急赶来之萨嘎，她一见他狼狈相就问：“你为何要离开？”大药委屈答言：“哪里是我想走，分明是他们恶语诅咒我，我才不得不离开。”萨嘎就问他：“你刚才如何向他们提及我们婚嫁之事？”他就将刚才经过全部讲与萨嘎。萨嘎对他说：

"你不仔细筹划，直接就这么莽撞要我，当然不合适。"大药疑惑问她："不如此，又该如何？"她便面授机宜："你应先以平和之语令其欢喜，还要宴请他们，待他们吃饱喝足、满心喜悦之时再开口要人。"大药听命后返回，他依萨嘎教言款待诸主人，当他们各个酒足饭饱、喜不自胜之时再开口索要，主人们这回说："依你意愿，可将萨嘎交给你。"

不多久，萨嘎父母也返回家中，大药就拉上诸主人一同请求二老能同意将女儿交与自己。父母斟酌说道："我们还得权衡此事。"主人他则从旁帮腔道："无需再三考虑，我们已同意将萨嘎嫁与他，他长相出众，又精通吠陀等一切论典，嫁与他再合适不过。"大药此时又唤来此地所有婆罗门，在众人添油加醋声中终将萨嘎索要走。

一日，大药请来萨嘎父母，并对他们承侍供养，然后又为萨嘎穿上新衣，再把她交给父母，自己则欲起身返回胜身洲能生国王处。十四日离别宴会之时，一婆罗门送与大药一斗青稞，大药将其包在衣物中随身上路。

返回路途中又经过来时暂居留过之婆罗门家，大药上前敲门，婆罗门妻子在屋里问道："谁？"大药回答说："我是你丈夫朋友。"那女人闻言惊慌说道："我丈夫今日不在家，家中现无一人。丈夫不在时放其他男人进来实不应理，请你去往别处。"大药一听就明白：不让我进去，分明是因屋里有其他男人存在。他于是一边对女人说"你既不同意让我进去，我不在此处留宿也罢"，一边就端坐婆罗门家门口。

不多久，婆罗门从外归来，当丈夫敲门时，妻子听出丈夫声音只得将屋中男人藏入家中一口袋内。打开门后，大药就与婆罗门一同进家，婆罗门此番对大药又是一阵热情款待。安顿下来后，大药对婆罗门妻子说："我这一斗青稞该放何处？"女人答言："搁地上即可。"婆罗门则打断妻子话头："不可放于地上，这样会被老鼠全部吃光，还是放在口袋内为好。"

女人以找不到口袋为由企图搪塞，大药却在屋子角落发现一大口袋。想到可能有男子藏身其中，大药就故意说："这里有一口袋，我把青稞就放在这里。"那女人一听即大惊失色，她争辩说："那里不能存放青稞，因里面放有我珍贵物品。”丈夫建议道：“把你那珍贵东西置于别处，还是将青稞倒进去为好。”大药也从旁吹风：“青稞置于地上易被老鼠啃光，最好能置于袋中。”婆罗门女人更加恐惧，她面红耳赤争辩说：“这袋子如此潮湿，怎好存放青稞？”大药为戳穿她伪装就继续说道：“你无需担忧，我自有办法不会将青稞打湿。”

大药于是以兽皮衣及腋络包裹、捆绑好口袋，同时故作高声道：“我来将湿口袋烘干。”言罢就将牛粪、木柴堆于一处，又将袋子放在上面，摆出欲用火烧烤之意。婆罗门妻子此时已是焦虑万分，她胆战心惊想到：事情恐难以再遮掩下去，我命休矣！她急忙借机派一人飞速赶往男子家中，到那里紧急呼救说：“快至婆罗门家中，大事不好、要出人命！”那男人父亲平日对儿子与婆罗门女人相好之事就略知一二，一听此话立即飞奔而来。他对大药恳请道：“勿烧此口袋，我可将其买下。”大药当然不会放过天赐良机，他拿腔捏调说道：“这口袋异常珍贵，你恐怕负担不起。”男子父亲救儿心切，他一拍胸脯保证说：“多少我都愿买。”大药斜眼望着他说：“五百金币，分文不能少！”他边说边准备点火。

父亲深恐儿子奸情败露，心想干脆花大价钱以平息事端，于是他便将五百金币全部奉上，又唤来一力大之人，背起口袋就朝家中跑去。

第二日，大药将一百金币送与婆罗门，同时叮咛他道：“你妻子如此放荡、不守规矩，你日后定要对她多加提防。这四百金币有劳你带往苍苍森林，交给萨嘎父母，还要告诉他们我本非婆罗门，只是为方便索要萨嘎才穿着婆罗门装束而已。我真实身份乃胜身国能生国王大臣大药，望二老能将萨嘎妥善保护起来。”除让婆罗门捎口信外，他还写好一封信也让婆罗门一并带走，自己则返回能生国王那里。

婆罗门抵达苍苍森林后，只将三百金币及大药亲笔信交给萨嘎，她看信时碰到有句话如是写道：“四分中若一分未给，则以木质脚镣严惩他。”看到此处，萨嘎就知道婆罗门私自扣下一百金币，她马上在床下开始寻找起木镣。婆罗门问她：“你欲寻觅何物？”她回答说：“国王说过若来人欲加害我们，可将其抓获，我即为此而寻找脚镣。”

取出木镣后，萨嘎对婆罗门说：“若有人妄图加害我们，我们即可将其抓获。不过不知来犯者双脚尺码是否与此镣相合，你替我试穿一下如何？”这婆罗门从本性说来就非善良之辈，他心想倒也不妨一试，正好体验一下别人将双脚穿进木镣后之感觉。等他刚将脚镣套上，萨嘎立即以钥匙将脚镣锁牢。婆罗门不解问道：“你为何要拘捕我？”萨嘎义正词严说道：“有人让你将四百金币送与我，你却偷偷扣下一百，这难道还不足以抓捕你？”婆罗门对此深感稀有，他心想：这女人真乃鬼怪精灵，大药与她简直太过精怪。于是他不得不将金币完整归还。

等父母到来时，萨嘎将大药信函交给二老。并向他们讲了大药非婆罗门、实为国王大臣之真实情况。父母亲友得知后高兴非常，他们由衷说道：“我们真乃福报大者，竟能与大臣成亲，我们种姓从此便高攀矣。”接下来众人就为萨嘎沐浴、敷药美容，又提供精美饮食、衣服，处处加以精心呵护。没过多久，萨嘎就出落得愈发美丽。

大药返回国后，能生国王与诸眷属均欢喜接待。国王问他：“你寻妻子之事有无眉目？”大药回答说：“我已找到合适妻子，智慧颇高，令我非常满意。不知国王能否开许将其娶来？”国王说道：“在整个国家中，你都可谓一人之下、万人之上，只要你自己满意即可。若你确实深感满意，用财物将她迎娶过来有甚为难之处？！”大药高兴说道：“国王既已开许，我立刻就把她娶过来。”

大药于是率领诸大臣、施主及四种军队[44]前往苍苍森林萨嘎家中，将妻子娶回国后，两人在城中共享欢乐生活。

此时从北方地区来了五百商人，他们带来众多财宝及马匹前来交易，此次是专程赶到胜身国能生国王治下国家买卖商品。胜身国中有五百长相妖冶之妓女，各个擅长勾引男人之术。无论从何方来此之商人，几乎人人在离开时都将所赚钱财花费在这些妓女身上。此次之五百北方商人基本人人都相中一妓女，且与她们做过不净行，唯除一不放逸之商主。

[44] 四种军队：马、象、车、步四种。

众妓女中有一老鸨，以各种方式试图引诱商主，但商主丝毫不为之所动，老鸨就要求其他商人帮自己想办法勾引商主与自己交好。众商人便以与妓女打牌等各种方法为她牵线搭桥，但商主依然不随其所转。老鸨使出浑身解数，又是对商主嬉笑，又是为商主挠痒，谁料商主却说："我不会被你引诱，你再如此行事又有何益？只能自寻痛苦而已。"这鸨儿不甘心被商主冷落，她就挑逗说："我要是成功将你诱惑到手，你会以何物打赌？"商主冷笑说："五匹马你看如何？若你成功诱惑我，五匹马就白白奉送。"鸨儿也痛快答道："若不成功，我即不取你一分钱财供你受用。"

打赌之后，双方各下苦功：拼命进攻或处处设防，但老鸨一直未得手。其他商人对商主劝解道："这女人已无法引诱你，你不如履其诺言与她免费享受享受。"商主却说："诸位朋友，你们并不知情，我于晚间做梦时已与她梦中行过不净行。"商人们将此话传与老鸨，她立即找到国王及其手下主要裁决者说道："他与我已行不净行，应输给我五匹马。"商主则言："这恶性女人分明是在胡说，我何时与她做过不净行？"

两人即如此在国王与大臣前一直争论不休，从上午开始就持续唠叨不止。国王与大臣到下午时已饥饿难耐，各个心生厌烦，他们在说过"此问题等以后再议"后，就各自归家。大药回家后萨嘎问他："大人，你今日上朝费时如此之多，到底都在做甚大事？"大药长叹一声："我们今日为一件事而裁决不下。"接下来大药就将情况全部讲给萨嘎。她闻言哂笑说："如此简单之事你们竟无法解决，这怎能与有智男人身份相符？"大药不服气说道："你有本事不妨一试。"萨嘎当仁不让："凭我智慧定能手到擒来。你可将他二人约至水池边，连同五匹马也一并牵去。当二人再辩论时，若老鸨言两人已亲行不净行，故应得马五匹；商主言只于梦中行不净行，不应给马，此时你可指马落于水中之身影对鸨儿说：'你可将影子领回。'若她说：'这我怎能做到？'你即可对她说：'于梦中行不净行亦与此相同。'"

大药听后深感满意，他立即按萨嘎所言一一照办。国王及诸大臣听说大药已将事情处理完毕，皆深觉稀有。

国王对大药说："我们昨日费时一整天都无计可施，你这办法是从何而出？"大药答以"是妻子萨嘎所想"。国王、大臣及当地民众自此之后都议论说："农夫之女萨嘎真乃智慧超凡。"萨嘎美名从此开始遍传当地。

其后又有从北方来此地之商人向国王敬献牝马两匹，这两牝马为一母一女。来人问国王哪匹为两马中之老母马，国王一时无法区分。大药又向萨嘎讨主意，萨嘎告诉他说："马毛粗糙者为老母马，马毛细腻、柔软、光洁者为小马驹。"国王对萨嘎智慧再次深感震惊、稀有。

还有一人手执两毒蛇来到国王前问道："请问何者为雌蛇？何者为雄蛇？"大药再次向萨嘎请教，她边笑边戏言道："人们都夸你为国王大臣中有智慧者，连区分雄雌蛇都搞不明白还算什么智者？"大药愤愤不平说："你又有何锦囊妙计？不妨道来听听。"她胸有成竹回答说："我当然分辨得出，这原本就异常简单。你可将一竹竿裹以棉花或光滑皮毛，用它轻轻抚摸蛇背。若蛇无法堪忍则为雄性，若愿意接受则为雌蛇。"

南方又有一商人带来檀香木，但众人均不知头尾如何分辨。萨嘎则命人将木块投于水中，以下沉者为树根部。

国王有次为了知众中有谁精于观察如意宝，就在王宫顶上置一胜幢，胜幢顶部系一如意宝。王宫下面有一水池，波光荡漾能从中显现如意宝之光芒与影像。国王派人广宣道："谁能辨别、发现如意宝，我可将大量财富送与他。"其他大臣得到消息后纷纷来到水池边抓、捞水中如幻似真之影像，但全都空手而返。萨嘎则一语中的："此乃王宫顶上、胜幢顶端所系如意宝之水中影像，仅为幻变显现而已。应至王宫顶上，从胜幢下取下真正如意宝。"如是照做后，大众皆赞叹萨嘎智慧出众。

此时原先执掌大权之六大臣亦被萨嘎姣丽相貌所吸引，他们试图以金银财富引诱她与自己相爱，但无论如何努力都无法动摇她坚贞不二之意。他们妄念纷飞之时，不免身体力行、轻举妄动起来，但始终无一人得逞。萨嘎了知其意后就问大药："你们这里年轻貌美之女子被男人引诱后进行反击时，有无特殊规矩？"大药不明所以只得如实答来："跟别处情况也无太大差别。男人希求女人，女人明白对方心意后，有智慧者未必会受诱惑。"萨嘎又问他："若女子捉弄男人有无不应理之处？"大药不知妻子欲意何为，只得善意提醒说："还是小心谨慎为妙。"萨嘎就吩咐他："你只管装病就是，我只想耍弄他们一番。"

大药假装生病后，萨嘎派人到处宣传："大药病情非常严重，极需有人做事、服侍。"她随后就用衣服盖在一木头上置于家中，装扮成卧病在床之大药，然后就对六大臣分别说："大药现今已病入膏肓，若你要来则可于外人不知晓时，在某某时辰准时前来。"她接着又备好六只大箱子放于家中。

六人各按与她约好之不同时间依次前来，萨嘎则凭巧计将他们各个剃除须发塞入箱中。第二日，她四处散布消息说："大药已于昨日不幸死亡。"王妃及诸眷属等众人闻言皆感悲痛，她则把六只箱子拿到能生国王面前说道："大药已死，他所有之珍宝财物全在箱中。"国王感慨说道："大药死时还不忘对我行供养。"言罢不由痛哭失声。

恰在此时，大药却以鲜花花鬘装饰己身，从另外地方突然出现在国王面前，他边顶礼边故作委屈说："大国王，你对我太不慈悲，我人尚在世，你就已将我财产没收。"国王惊讶万分："这是从何说起？我根本未没收你财产，是你家人亲自送来。萨嘎她亲口说过：'大国王，大药已离开人世，此乃他全部财富珍宝，希望国王能接受。我现已成寡妇，失去丈夫定会令别人趁机欺侮，财产也会被他们抢夺，还是供养国王为上策。'此乃她亲口所言。"

萨嘎见时机已成熟、六大臣已稳稳落入自己彀中，这才为能生国王打开箱子，于是须发皆无之六大臣一一从箱中现身，各个手脚皆被捆缚。国王笑问道："此乃谁之计谋？"大药回答说："萨嘎所为。"于是就将前后经过讲与国王。国王心下暗想：这聪明女人竟能成功捉弄六大臣，其智慧真乃不同寻常。国王自此后也对她日益满意、愈发恭敬，很多地方都开始传扬：农夫之女萨嘎真正了得，好生厉害。国王对大药亦羡慕不已：大药确实有福报，能找到如此贤慧妻子。

想到这，国王就对大药说："如今你可谓心满意足，不过我亦欲寻觅一女子能如萨嘎般智慧超群好当我妻子。若能找到，则对我、对国家、对众生都有利益。"大药听罢就问国王："从哪里去找这般女子？"国王说："听说阿林国王女儿药菊智慧、长相都不同凡响，不知此人是否合适？"大药提醒国王道："此事需仔细考虑、从长计议，因她父亲乃你怨敌，我们还得再作安排。"

国王最终还是派人前往阿林国王处索要公主，阿林国王与大臣商议后答应可将女儿交付能生，但应于约定时间准时前来迎娶，而阿林随后就命手下在欲行接待之饮食中掺和进毒药以杀死怨敌。得到答复后，大药对国王说道："大国王，我们务必对此事详加观察。"国王不解问他："如何观察？"大药则说："我有一聪颖过人之鹦鹉，我可派它先行打探。"

鹦鹉被大药派往阿林国王处，它谁也不见，径直飞向王宫。而王宫梁柱上恰有一雌八哥，见到鹦鹉后便与它聊起天来。鹦鹉对它说："我乃北方西吾国王手下护卫花园之鹦鹉，以前我曾有位漂亮之雌八哥妻子，可惜它后来却被鹞鹰劫走。接下来我便四处漂泊，不想今日来至此处。既如此，可否问你一句——愿不愿做我妻子？"

雌八哥断然拒绝道："鹦鹉之妻理应为鹦鹉，我从未听说过雌八哥可做鹦鹉之妻。"尽管如是拒绝，但它还是继续与鹦鹉欢快交谈，共度美好时光。鹦鹉见时机成熟就说道："王宫里有如许多之甘美饮食，我可否分得少许？"八哥急忙阻止它："千万勿食此处之食物，它们全被人下过毒。"鹦鹉面呈不解神色问道："阿林国王答应将女儿许配与能生国王，不知你是否听说过此事？"雌八哥快言快语说："当然听说过，我今明白告诉你，阿林国王绝非诚心诚意要嫁女，他原本就欲借机毒死能生。"

鹦鹉圆满完成使命、得到确切消息后就飞回大药处，并将详细情况告诉他，结果能生国王未按约定时间前往阿林那里。阿林得知他们未按时赴约非常震怒，立刻统率四种军队团团包围住能生王宫。眼见情势危险，大药心想：现在若要与他们决战恐未必能取胜，还是另想主意为好。

他便派人给阿林国王手下五百大臣各送财物以为供养，同时又广说离间语。之后，能生派人语于阿林道：“我并非不能取胜你，只不过我拿你当未来岳父而已。你性命全部握在我手中，我对你有生杀予夺之权，想来你应有自知之明。若你对我所言尚有怀疑，我可明白告汝：我已将大批财物送与你手下某某大臣等众多部下，请明鉴。”阿林国王闻言后，立即查封手下接受能生国王贿赂之人所收受之全部钱财，然后便率军返回自己国内。刚一归家稳坐，他就将五百接受财物之大臣统统杀害，接着又立五百大臣之子当上朝臣。能生国王听到消息后非常高兴，大药得知后也欣慰不已。

此时大药又想：国王看中之阿林国王公主不知能否得到，我应再设法前去探察。于是他就率军队奔赴阿林国王治下国家，阿林闻讯后便令大药进城商谈，大药却说：“我暂时驻扎在城外园林中，若国王定要让我进城，我则欲借住于某某大臣家。”阿林不解问道：“你为何如此计划？”他不觉想到：看来这大药又要在我与大臣之间广行离间之计。他假意随顺大药说：“你既如此打算，那就按你意愿住在园林中吧。”

诸大臣则商议道：“我们父亲被国王处死与狡诈大药大有关联，现在报仇时机已成熟，我们在国王面前应想方设法勿使大药生还。”他们便来到国王面前说道：“能生国王根本不具足伤害别人能力，他所作所为尽为大药在背后出谋划策。趁大药居留于此处，我们应设法出动军队抢占能生国王地盘。”

阿林采纳诸人建议后就率领四种军队直奔能生国王王宫，能生立即召集大军准备应战。大药也已了知阿林率军奔赴能生国王胜身国之消息，他暂时按兵不动，等阿林及军队全部走光之后，他才将公主药菊及阿林国库情况彻底观察一番。了解清楚后，他带领人马冲进国库，将金银财宝洗劫一空，然后带着药菊从另处一条通道回到自己国家。

看到大药、药菊等人安全归来，能生国王喜不自胜，就大摆酒宴为他们接风洗尘。

阿林国王大臣最终将大药劫走公主之事汇报与他，阿林听罢只得率军队与眷属返回；能生与药菊则开始在王宫安享美好生活。

阿林后来给公主写信道："我们过去所遭遇之种种危害，背后操纵者是谁，务必观察清楚后回信告知。"公主了解后就给父亲回信说："大药豢养有一只聪明绝顶之鹦鹉，有关秘密都乃它泄露。"阿林知道元凶后就要求公主能想办法把这只聪颖鹦鹉送回国，药菊遵从父命，用网捕获它后就派人将之押送到父王那里。

阿林一见聪颖鹦鹉不由怒发冲冠，他先以种种恶言粗语诅咒它，随即便欲将之杀害。鹦鹉在国王脚下顶礼道："大国王，如一定要杀死我，能否以杀我父亲、祖父之方式再将我处死？"国王好奇问它："你父亲、你祖父又是如何被杀死？"聪颖鹦鹉就回答说："它们尾巴上都裹以棉花并浸满油脂，点火后就被放飞。"国王即按它所说如是照办，结果它却到处点火焚烧，乱飞一气之后，终将整个王宫烧毁。而自己最终却在水池边扑灭自身火焰，又安然返回胜身国。

大药等它飞回后就向它询问究竟，它就将前后经过详细讲与大药，大药与众人闻言皆感高兴。

阿林随后又给女儿写信道："这可恶鹦鹉竟将我王宫焚毁，你务必速速将其逮住送来。"公主此次又将它抓获，然后急命人带回国内。阿林一见它就怒不可遏，立即命人将它毛羽全部拔光，随即就将一团净肉一般之鹦鹉扔于野外，还恶狠狠对它说道："若有本事，你就随意远走高飞去吧！"

此聪颖鹦鹉不久即被一鹞鹰叼走，它看清自己所处情境后就祈请鹞鹰说："若你啄食我，一天就可将我吃光啃净。不如把我放走，我可日日供你吃喝。"鹞鹰听信它所发誓言，随后就将它释放。它又对鹞鹰说："你还需把我放置于某处国王神殿里。"鹞鹰又如是照做，将它放在殿堂中，它则在殿中一小洞中寄居。

第二日，众婆罗门为供养天尊纷纷来到神殿，他们擦拭完圣像后又各自在圣像前献上香、花、食子等供物。聪颖鹦鹉就躲在神像背后装神弄鬼说道："嗟，诸位婆罗门！你们均应前往恶性国王阿林那里，告诉他说正因他屡造恶业故而才招致种种惩罚。他若不造如此多之恶业，我亦不会降罪于他。今后若不按我要求行事，我还要严厉惩罚他。从今日始，每天都应供奉我新鲜肉食、芝麻、一斗米粉所做之神馐，暂时先供奉这些，以后再据情况重新定夺。"

众婆罗门急忙向阿林汇报神殿见闻，阿林便派大臣及侍者每天做好食子放于殿中。众人边将供品放在神像前，边小心翼翼主动请示天尊还有何吩咐，对供养物是否满意，聪颖鹦鹉一直煞有介事一一给以答复。如此经过一段时日后，它全身羽翼又重新长出，可再度飞行。此时它已决意要离开此地，于是它又躲在天尊像背后说："国王、王妃、太子及诸大臣，所有人都应把须发剃除，且需全部在我面前集中，这样才能获我宽恕。"

诸婆罗门将此话原原本本转告国王，国王等人不敢抗命，只得将头剃成石臼般光滑。众人来到天尊像前胆战心惊忏悔所作恶业，正当此时，聪颖鹦鹉冲向虚空说道："所作不空亡，各自受报应，拔光我羽翼，自己须发剃。我仅为个体，众人齐受报。"说完就振翅向大药主人处飞去。

大药等人多日未见聪颖鹦鹉，此回见到它急忙询问它近些日子都待在何处。待它讲完自己经历，大药对其行为满意非常。他又将它聪慧行径告诉国王，国王听罢也深感兴奋。他高兴说道："真是稀有罕见，你们家连鹦鹉都如此机敏过人，我能碰到你们真乃福报现前。"

为观察大臣智慧高下，能生国王后来发给众大臣一人一条狗，且要求他们在规定时间内必得教会众犬皆说人言。大臣们各自将狗带回家悉心调教，但无论如何也难让狗开口说人语。大药把狗牵回后，就将之拴于离自己坐垫不远处一木桩上，每逢享用甘美饮食时，都只令狗可望而不可及，只给它一些低劣饮食。不多久，此狗虽未饿死，但也消瘦不堪。此时国王下令道："不知各人所调教之狗现在能否以人言讲话，请诸位带来一观。"

其他大臣虽训练多日，但无一狗能说人话。当国王看到大药喂养之狗干瘪枯瘦时不由问道："此狗为何如此干瘦？"大药故意装出一副不解神色回答说："我亦不知其中原委，平日都是我吃何物也喂它何物，谁知它还是如此羸弱。"那狗再也忍耐不住，就用人言大声揭发道："大国王，他根本就是在打大妄语！我因饥饿所致才变成如此模样。"大药趁机对国王说："此乃我传授它之人语。"国王闻言自然心生欢乐。

国王不久又欲观察臣下智慧程度，他此次则送给五百大臣一人一只羊，且要求道："你们必须喂其以丰盛食物，务必将它们养育好，使其身体强健有力，但绝不能膘肥油厚。"结果五百大臣尽皆乏少智慧，他们各个将羊养得又肥又大。大药虽也给它好吃好喝，但他又在羊面前立一木板，上画一恶狼形象。羊每次吃饱喝足后再看眼前狼像，不由得魂飞魄散，故而它并未长出肥膘，力气倒有增无减。国王眼见其他羊均为外表油光闪亮，大药所养之羊尽管膘不肥、肉不多，但却强劲有力，对比之下，自然对大药表现深感满意，他从内心对大药智慧赞叹不已。

国王还欲继续观察众大臣之子谁具最高智慧，他便将众大臣五百儿子集中于花园中，一边让其自在享用食物，一边令其分别讲述发生于家中之精彩故事。众童子一一道来家中可赞可叹之事，轮到大药之子时，他夸海口说："我家珍藏有一柱石，将它放于水上，它竟能浮在水面永不下沉；若触其表面，你等均能感受到它那柔软质地。如此柱石现今就在我家，你们谁能找到与我家柱石一模一样之奇妙石头？"

其他童子均满怀疑惑说道："世上哪里会有这种石头？真乃闻所未闻！"于是众人便以五百金币打赌，极欲一览究竟。儿子回家后把情况向大药禀明，大药面授机宜道："等众人前来验看时，你告诉他们此柱石不能轻易让人目睹，输给他们五百金币即可。"大药之子听从父亲吩咐，乖乖送上五百金币。

大药随后又抓来一些猴子，并亲自教以弹拨乐器及歌舞。等猴子完全掌握后，大药又对儿子说："你现在可去与他们再次理论一番，看谁家有真正精彩之处。轮到你叙说时，你可告诉众人，言我家有能歌善舞、会弹拨乐器之猴子。”待大药儿子讲完上述话语，所有童子因从未听说过猴子会吹拉弹唱，于是各个表示决不轻信此事。大药儿子顺势打赌道：“你们若不信，我可亲自把猴子带到你们面前，让你们仔细观瞧。不过我们赌多少金币？”众孩童因有上次成功经验，此次便放心说道：“一千金币！若我们看到，甘愿付你一千金币；若又是虚惊一场，你即付我们一千金币。”

当大药儿子将猴子带至王宫后，猴子在国王面前又是敲鼓弹奏，又是唱歌跳舞。众童子眼见为实，只得付与大药儿子一千金币。国王不得不深感稀有，自此之后，整个国家民众都认为大药智慧无与伦比，于是各个对他恭敬佩服。

当时有一地方名为瓦得哈，此地有一婆罗门娶有一婆罗门女，二人后育有一相貌善妙、妍丽之女儿。此婆罗门心想：任何在我教授下精通念诵及十八种学问之人，若其掌握程度能与我并驾齐驱，我即可将此女嫁与他为妻。

他们后为女儿起名俄丹瓦日嘎，此时有一婆罗门子也来到此位婆罗门面前学习吠陀等一切学问。此婆罗门子具足十八丑相，真真切切奇丑无比，故而人皆称之为丑者。丑者父亲虽不同意他出外求学，但他还是自作主张来到婆罗门处，不久即精通婆罗门一切学问。俄丹瓦日嘎父亲不由陷入矛盾之中，他想：此人实在丑陋无比，但他确已在我面前精通婆罗门一切学问。看来我也只能不违誓言，将女儿嫁与他了。

婆罗门夫妻遂将女儿梳妆打扮后交与丑者，丑者虽接受俄丹瓦日嘎，但他尚有些微自知之明，故而未敢造次与她行不净行，他欲将她带往自己家中共同生活。

俄丹瓦日嘎虽自觉美艳绝伦，丈夫媸怪无双，因而内心非常自卑、羞愧，但她还是跟丑者上路向夫家进发。一路之上，两人将口粮用尽，当抵达一水池边时，二人已濒临饿死绝境。恰在此时，他们碰到一人正往米粉中倒水，用木棍搅和后正欲下咽。俄丹瓦日嘎急忙向他讨要，谁料丑者却抢先夺过那人所施之食，并立即送入自己口中。俄丹瓦日嘎委屈说道：“你为我丈夫，我已饥饿难耐，你亦应分我少许。”丑者却振振有词：“以前之仙人绝不会开许女人喝此种汤食。”

两人所路经之地干旱无雨，丑者与俄丹瓦日嘎一路走来已是唇干舌燥，但还得继续前行。其后又找到一块狗肉，丑者以火烧烤后自己独自享用。当饥渴难忍之俄丹瓦日嘎向他讨要时，丑者又振振有词道：“仙人论典中皆言女人不得食狗肉。”遭到丈夫拒绝后，女人心中愤愤不平想到：我这苦命人已近饿死边缘，真不知父母发现我做下何等过错才将我交与此恶性丈夫。她边想边念叨父母名字，尽管满心怨恨，但还是不得不跟他共同前行。

再往前走，两人又看到一果实已成熟之昙花树，丑者立即爬上树自己大嚼起果实来。女人只能低声下气要求道：“你不要只顾自己一人享用，亦应分我一些充饥。”丑者便将熟透之果实塞进自己嘴里，顺便捋下少许未成熟之青涩果子扔给妻子。俄丹瓦日嘎请求他：“请给我成熟果实，我要这些未成熟之果又有何用？”丑者此回则恶狠狠说道：“恶性女人，想吃成熟果子，自己上树采摘。”女人已是身感饥渴、心感痛苦，两相煎迫下，她鼓足气力向树上爬去。

当她最终爬上树干，并能倚干摘果进食时，丑者在心中暗自叫苦：我原本就为无福报之人，再摊上如此贪吃女人又该如何养活自己？也罢，我现在见都不欲见她。丑者边想边从树上下来，并趁女人还在树上之时，竟找来荆棘围在树下。女人无法从树上落脚，丑者则趁机离开。

此时能生国王正于附近打猎，而俄丹瓦日嘎则因丈夫抛下自己开始痛哭哀号起来。能生国王急忙循声赶去，终在一荆棘围绕之树上发现天女一般美丽之俄丹瓦日嘎。他不由问那美女道：“你是天女、夜叉还是乾闼婆女？”女人回答说：“我非天女等类乃为人，只因被丈夫舍弃才受困树上。”国王将她从树上救下后，因贪心大长便与她席地而睡，然后又将之置于马车上带回王宫，并从此与她共同生活。

丑者婆罗门独自一人继续行进时却生出后悔心，他想：我在寂静处扔掉自己妻子亦不太应理，我应返回再将她找回。结果等他回到原地时，妻子早已不见踪影。有人告诉他说：“能生国王已将那女人带回王宫，立为王妃。”丑者闻言心痛不已，他立即向王宫进发。当他抵达宫门时，侍卫根本就不让他进入。他此时恰好看见有众多服劳役之人正穿梭往来于王宫内外，于是丑者也跟他们一起背负石头，混进王宫。

进得王宫，他四处搜寻，最后终于看到盛妆妻子正与国王有说有笑、好不惬意。他一边暗自心酸，一边紧张思量：我如何才能与她搭上话？后来他总算找到机会对她说道：“黄金做八物，欲令你欢喜，贤妻应悦意，帮我卸石块。”谁知自己原先之妻子却说：“我至今忆念，汝不予我肉，此话尚记否，勿扰我安乐。”二人即如是对话。

丑者婆罗门又说道：“上山可舍身，食毒为殉情，专为汝而来，请卸背上石。”俄丹瓦日嘎则回应说：“汝已舍弃我，食毒随汝意，有我时不要，勿扰我安乐。”二人如此对答之时，国王甚觉稀有，他不解问道：“贤妻，你二人到底在言说何物？我一句也未逮其意。”

俄丹瓦日嘎便将前后经过禀告国王，随后又说：“父母曾将我交与此人为妻，他倒也不乏智慧，精通婆罗门一切学问。”国王听罢为难说道：“事已至此该如何处理？怎样行事才能令他满意？你是否愿跟他回去？”女人斩钉截铁回答道：“我根本不欲再跟他共同生活，但我不希望他恶言诅咒伤害到我们，国王应想办法令其恶咒无法加害我们。”

国王心想：欲求解脱之策还得依赖大药，我需向他言明此事。大药听过国王所讲情况后就说：“我自有办法令其恶咒无法对国王及王妃造成危害。”大药随后就唤来丑者婆罗门问道：“你欲索求何物？你到王宫来有何贵干？”丑者回答说：“我妻子被国王带走，为寻她我才来至王宫。”大药接着问他：“你到底能否认出谁是你妻子？”丑者理直气壮回答说：“当然能认出。”大药便将计就计道：“我把五百女人带至你面前，若你从中无法辨认出你妻子，我就以利刃将你身躯切成一千块。”丑者一口答应下来。

大药于是将所有王妃都装扮一新，并领其列队于国王进餐之处。俄丹瓦日嘎则走在最前列，似天女一般来到国王面前。大药此时对丑者说：“若你辨认得出，就请即刻带走。”丑者眼见俄丹瓦日嘎等众王妃各个光鲜夺目，他顿时就似毒蛇被咒语迷惑住一样，犯起糊涂来。他就如眼睛直视太阳光一般，感到目眩神迷、昏沉错乱。恰好他此刻看见有一仆女跟着另外一位王妃在眼前晃动，他立即拉住仆女说道：“此乃我妻子。”大药随顺他说：“既是你妻子，你即可将她带走。”丑者抓住仆女又是一通感慨：“上等人爱上等人，中等人喜中等人，下等人配下等人，而我贪执丑仆女。艳丽天人花园中，你似魔女招人嫌，平分秋色我与你，还是跟我把家还。喜欢你来照顾你，共同生活结连理。”丑者言罢即将仆女带走。

这之后发生之某事件，令能生国王暂时舍离大药，大药自此亦不再前往王宫问候请安。国王有次与王妃到花园赏玩，王妃随手就将一串价值连城之珍珠项链挂于阿秀嘎树枝上，然后就与国王忘情享乐，到最后回宫时也未想起它。夜深人静之时，王妃才想起将珍珠项链遗忘于阿秀嘎树枝上。国王急令手下前去寻找，但早已无迹可寻，因一只母猴已将项链转移至另一棵树上。

手下找不到项链，只看见一乞丐正于树下搜寻众人遗弃之饮食。这些人抓住乞丐说道：“此地除你之外空无一人，珍珠项链肯定是你偷去，快快将王妃项链交还。”乞丐顿感莫名其妙，他辩解道：“我到这里只为搜寻剩饭剩菜，何曾见过什么珍珠项链？”众人不听他辩解，径直将其送进监狱。乞丐一入监牢，便又被毒打又得忍饥挨饿。

乞丐不由暗自思忖：看来我得快想办法以图自保，否则定会饿死狱中。于是他便对狱卒胡诌道：“我确实偷走王妃项链，但我已将其交于某某商主之子。”据其所言，这位商主之子也被抓进监牢，且与乞丐共用一副镣铐。商主之子家属为其送来丰盛食物，乞丐当然想讨得一份，但商主之子愤然拒绝道：“你为自己饮食之便就诬陷我，我怎会再送你饮食？”他便自己独自享用起来，未分给乞丐一滴汤、一粒米。

不多久，商主之子欲大解，他就叫醒乞丐同去。乞丐却说：“我说话你不听，现在你发令，我又怎能听从？”乞丐拒不同往。商主之子只得忍憋答应道："从今往后，我听你命令，你亦听我吩咐，不知这是否可行？"商主之子一边用温和言辞劝请他，一边连连发誓许愿，乞丐这才答应同去。大解之后，商主之子神清气爽、身心通泰。自此后，他便要求家人每次都送双份饭食，二人于监狱中共享快乐生活。

有道是"饱暖思淫欲"，这乞丐酒足饭饱之后又想：过去我一直四处漂泊、难得温饱，现在虽饮食无忧，但这远远不够，我还应再找一妓女共同享乐。如是打算后，他又对狱卒扯谎道："王妃所丢项链实与某某妓女有关。"据此言论，妓女亦被抓进监牢，并与乞丐关在一起。乞丐如愿以偿，终能与妓女整日享乐、厮混。

如是享受过一段时日后，乞丐已是乐不思蜀，他竟对二人说："像这样生活下去，在狱中呆十二年我都愿意。"但他转念又想，只有妓女怕还是难以打发寂寞时日，为增上欢喜心，看来还应再找一会弹琵琶之人。贪心愈发增上之乞丐此回又对狱卒说道："珍珠项链尚与某某弹琵琶者有关。"那会弹琵琶者自然又被抓来，并与乞丐、妓女、商主之子关在一起，四人从此就过上歌舞升平之生活。

又过一段时间后，三人共同对乞丐说："你现在应设法解除对我等之关押，至于出狱后之生活，你大可不必担忧，我们可完全负责。"乞丐也觉长期住于监狱实非万全之策，他便答应了三人请求。他随后想到：只有大药才能让我们获释，别人都无此能力。他马上就对狱卒说："大药之子也曾参与偷窃王妃珍珠项链。"结果大药儿子也被关进监狱。

大药得知儿子蒙冤入狱后，不由想到：为了儿子，恐怕此次我得亲赴王宫。于是他进王宫找到国王请求说："我儿做下何等令国王不满之事以致被关进监狱？"能生回答说："偷走王妃项链之乞丐言你儿子亦参与此事。"大药回来后即展开详细调查，审慎观察、推理后他又找到国王："我敢保证这五人无一人偷窃项链，请国王将他们全部释放。"能生对大药所言深信不疑，随即就将五人统统释放。

大药则一人前往花园打探、观察，他找到丢失项链之地，发现阿秀嘎树上经常都栖息有一母猴。大药心想项链肯定已被此母猴拿走，应想办法从它手中夺回。他要求国王与王妃再次前往花园，两人均听其建议如约而至。大药对王妃说：“王妃应将饰品戴在身上，母猴爱模仿人，它想必也会戴出饰品。”结果当王妃将饰品戴于身上时，母猴也将珍珠项链挂于脖颈。大药又令王妃翩翩起舞，母猴见状也亦步亦趋扭动起来，但此次它脖上项链并未掉下。眼见母猴极善于模仿众人动作，大药马上要求王妃低头跳舞。当王妃如是埋头起舞时，母猴当然立刻跟随，结果当其低头扭动之际，脖上项链终于掉落下来。国王兴奋至极，竟抱住大药脖子赞叹不已，还奖励他大批财物。

六大臣后又集中商议道：“国王原先对我们非常信赖、友好，来自山岩地区之恶性大药被国王重用后，我们竟渐成无丝毫威望之人，这可如何是好？”六大臣中一人首先发话道：“此皆因我们过去不知团结和合，才致大药趁机钻空，令我等力量渐趋薄弱。现今我们应于花园中再度集中并共同发愿，从此之后务必互相信任、合作共事。国王虽已将我们舍弃，但只要我们有勇气与毅力励力奋斗，情况一定会渐至好转。”

六人便于花园中集会盟誓，大药看见后心想：这几人过去从未集中过，此次聚会一定暗藏阴谋。大药心生怀疑后便派自己平日驯养之鹦鹉达局拉西前往偷听，当时六大臣正共同起誓道：“我们一定要互相信任，今日必须当众将自己秘密掏出说与众人。”于是他们便开始互诉隐情：有人言自己吃过国王孔雀肉；有人言自己与王妃行过不净行；亦有人坦言自己曾干过某某事……总之六人欢聚一堂，互说平日深藏不露之秘密，还大摆宴席。

达局拉西将偷听所得汇报与大药，大药立即来至能生国王面前说道：“六大臣正在商议大事，他们……”大药便将这些人所作所为及行为动机全部对国王一气说完。能生国王听罢震惊万分，他感慨万千说道：“奇哉！我手下大臣竟能做出如是下劣行为，今后凡我治下国土，他们永远别想再居住其上！”国王立即将六大臣驱逐出境，这几人只得落荒而逃。

当时之大药即为后来之释迦牟尼佛；当时之能生国王即为后来之舍利子；当时之六大臣即为后来之外道六本师，当他们做大臣时，最终被驱逐出境；现在释迦牟尼获得佛果时，也以神变力胜伏彼等，并将他们赶往边地。

又释迦牟尼佛转生为木头王子时，以辩才威力制伏六敌国之事迹，《贤愚经》中有广说。

以智慧力选择出家道

久远之前有一方主国王，他育有一太子名为微尘。国王手下有一婆罗门名为牛圈生，牛圈生有一子名为养火。此养火颇富观察能力，智慧亦超凡脱俗，他即是后来之释迦牟尼佛。牛圈生做事之前定要先征求养火意见，不得养火授意绝不轻举妄动。养火与微尘王子及另外六王子关系非常友善，几位还是同年出生。平日里方主国王总在尽情享乐，大小事情全部委派牛圈生处理，自己则直入王宫、无另外男人之屋中，与众王妃同听乐器妙音，并共度美好良宵。

其后牛圈生死去，国王痛苦万分，他由衷说道："现在牛圈生已离我而去，我在各方面均遭受重大损失。"寝食难安之时，微尘太子就问父王："牛圈生婆罗门死后，父王为何如此悲痛？"国王回答说："你哪里知道每当我恣情享乐时，牛圈生都在背后替我操持起全部政务。"微尘听罢就对国王说道："父王无需担心，养火可继承其父职责，因他才具有真正智慧，牛圈生婆罗门每每做事之前都得询问养火意见，问明白后才肯付诸行动，故而父王可把牛圈生未竟事业放心交与其子承担。"

国王便找来养火，嘱其完成其父未竟之业，养火爽快应承下来。因牛圈生婆罗门以前行事时都是依靠其子智慧进行抉择，未过多久，养火名字便日渐被人淡忘，众人皆称其为牛圈生婆罗门。

此婆罗门后来有次将六王子唤至自己身边，他对六人提醒说："你们应去微尘王子那里，与其长相厮守，并祝愿他事业圆满、长久住世。同时还要告诉他：'微尘王子，你若快乐我们亦快乐；若你痛苦我们也会难过。我们大家均为同岁，都是好朋友，日后父王去世时，你定会登上王位，到时别忘赏赐我们一些受用，也分我等一杯羹。’”众人听其吩咐就前往微尘处，如是照说后，王子痛快答应。

不久方主国王去世，大臣商议过后便公推微尘当上国王，民众也随即称其为微尘国王。微尘国王后有一次唤来牛圈生说道：“你应像承侍我父亲一样帮助、指教我。”牛圈生当下答应愿依国王教言奉行。他随后又招来六王子说：“你们均应前往微尘国王处，提醒他勿忘此前所作允诺，应分给你等部分受用，不知现在可否得到？你们可问他还能否记得自己答应之事，若他说尚能记起，你们立即就对他言现今时机已成熟；如国王说似马车形状般之土地何能分成七份，你们就说牛圈生婆罗门可分，舍他别无任何人堪任。”

六人便依言前往国王处，问国王是否尚能忆起所作允诺。国王回答说并未忘却过去所作答复，他们即请求国王能分与自己受用。国王果然面呈为难之色说道：“马车般大地如何分成七份？”几人就异口同声说：“牛圈生婆罗门可以均分，别人都无法做到。”

国王唤牛圈生婆罗门前来请教道：“上师，我治下国土能否均分七份？”牛圈生轻松答言：“完全可以。”他就把中央之地分与国王，国王对此十分满意，他不停赞叹说：“婆罗门将中央地方分与我，真乃明智抉择，这令我非常满意。”国王带着满足心情又看他继续分割土地：他将剩余地方分为六份，依次交与六王子。依他抉择，他们全都满意舒心，几人纷纷说道：“请牛圈生婆罗门划分真乃明智选择，他果能成功做出与我们相合之分配。”六王子于是也请求婆罗门道：“你经常指导国王行事，恳请从今往后也多多指教我们。”如是祈请后，婆罗门终于答应下来。

自此之后，他便对微尘国王，尚有如大萨拉树般七位国王种姓之人、如大萨拉树般七位婆罗门与七位施主，再加承侍这些人之四十位妻子广作开示；还对五百婆罗门子传授婆罗门秘诀；他开示指教之对象，还包括许多驯服者、骑象者、骑马者、持剑者、持弓者、追随者、信使、歌舞者、诸大勇士、护心者、剃头匠、沐浴者等等。他原本被众人称作牛圈生婆罗门，而诸婆罗门则尊其为梵天，国王则将之称为天尊，民众又拿他当国王一般对待。

当时很多婆罗门都认为牛圈生婆罗门已是成就者，且非常精通梵天道，国王与臣民亦持此种观点。牛圈生得知后内心忐忑不安：众人皆对我非常尊重，认为我已精通、成就梵天道，但我实不明白，更谈不上成就梵天道。记得父亲以前曾对我开示过，言一婆罗门若能在夏季利用四月时日前往寂静处修大悲心禅定，则梵天定会亲至其前。既如此，我何不利用夏季四个月光阴也去静修一番?

打定主意，他便前往微尘国王面前请求道："大国王请听我言，我欲暂时于寂静处修习一段时间禅定。"国王回答他："若你自己感觉因缘已经成熟，不妨按你意愿径直做去。"接下来，他又对六位国王、七位国王种姓者、七位婆罗门、七位施主、承侍他们之四十位妻子说："诸位切勿散乱，你们安生住于家中，我自己要去寂静地禅修。"众人各个表示愿按其吩咐遵照执行。

他又嘱咐五百婆罗门子说："以前传授你等之秘诀务必牢记心间，且需熟练掌握并精通。"然后他又在驯服者及至沐浴者前一一道来："诸位若暂时需要其他指点，可临时找人传授，我于夏季四月光阴中要去静修禅定。"

全部交代完毕后，他就在城北处造一宫殿，在四个月时日中修起大悲心禅定，但梵天却一直未露面。还差一日就将圆满四月期限时，他于当晚暗自思忖道：尽管我在父亲面前听过这种说法，怎奈梵天却始终不现前。正苦苦思索之际，世间怙主梵天已知晓他全部心思，梵天就在如大力士之手伸缩之瞬间从天界降至他面前。此刻牛圈生婆罗门所居屋室内外全部遍满大光芒，而他在下半夜寂静阒然之际忽见光芒亮如白昼，他急忙问道："我从未目睹过此种夺目光芒，不知眼前这位身相庄严之朋友到底是谁?"

梵天回答说："我乃天界梵天，此次特意来看望你，你想必应已了知。"两人以偈颂方式互相交谈过后，牛圈生心想：我即生愿望已实现，不过为来生利益，我应向梵天提一些困扰自己之难题。想罢他就对梵天说：“我心中一直有几个疑问，现请你解答：我应修何法、持何戒才能得梵天无死果位？”

梵天对他开示说：“你欲得无死果位必须断除妄图转生人间之贪欲，要独自一人守护悲心，远离垢染、淫行。若果能如是修学，将来必得无死梵天果。”

牛圈生闻言坚定说道：“这些我大体都能明白，只是不知何为“远离垢染”？”

梵天就向他解释：“整个世间状如瀑布流水，若有遮障必堕恶趣，哪里还会了知梵天道！所谓垢染即指愤怒、妄语、仇恨、损害、吝啬、傲慢、不安忍、贪心、嗔心、痴心、嫉妒、气恼……这些皆可谓垢染。世间瀑流若有此等障碍，必将引向恶趣，怎可能再得梵天果位？”

牛圈生闻言暗想：以我所理解之梵天话语，在自己家中无有修持圆满清净梵净行之可能，我理应剃除须发、身披袈裟，以清净心远离俗世、出家求道。他刚刚想完，梵天就已了知其意，梵天鼓励他说：“为生梵天，望你坚持修行此清净稳固之法。”言毕即消失不见。

四个月转瞬即逝，微尘国王此时特意来到上师脚下顶礼，然后坐于一旁。牛圈生告诉国王：“我现已不欲过在家生活，望你自己今后能努力护持国家。”国王诧异问道：“若你有未满足之愿望，我愿满你所愿；若你受外人损害，我定设法予以遣除，只是请你万勿舍弃我。”婆罗门恳切答言：“国王，我既非愿望未满足，亦非受别人损害。我只是听罢梵天话语，顿时对在家生活失去兴趣而已。”他马上就将梵天所言及自己欲出家证道之念头以偈颂方式告诉国王，国王听后立即向他表白说：“你去哪里我都会紧紧跟随，你原本就为我上师，我愿做你声闻弟子。”“既如此，望你也能断除转生人间之贪欲，同时精进行持梵净行。”婆罗门最终答应了国王所提请求。

牛圈生又对六位国王等人说道：“我欲出家修持，你们日后有何打算？”众人异口同声答言：“如上师能等七年，待我们儿子长大后，即可将王位交与他们，那时我们定会追随上师一同出家求道。”

婆罗门感慨说道：“七年时间太过漫长，因贪欲很容易就能生起，受用也轻易就能令人陶醉，而寿命却很难保证时时拥有。再者说来，我自己七年过后能否出家都很难断言，故而我一定要先行出家。”众人一看上师不答应以七年为期，于是就开始从六年说起，五年、七个月、七日，如此一路缩减下来，但牛圈生均未同意。他最后说道：“七日时间虽并不算太过长久，但世间受用依然时时刻刻都易令人陶醉，而寿命又朝夕难保。我自己七日过后能否断言可以出家都成问题，因此我一定要先期出家。”

牛圈生婆罗门又对如大萨拉树般之七位国王种姓者等诸人，以及五百婆罗门子、驯服者、骑象者，一直到沐浴者等人一一诉说自己欲出家之打算，他们全都发愿说：“若你出家，我们也出家跟随。”

牛圈生婆罗门当即剃除须发、喜着袈裟，带着微尘国王及六位国王，还有七位国王种姓者、七位婆罗门、七位施主、承侍他们之四十位妻子，再加五百婆罗门及驯服者、骑象者、骑马者……沐浴者等成千上万眷属于当天全体出家求法。他出家后，通过精进修持终于断除五种烦恼障：脆弱微小之心、渺小无力之智、损害之心、损害相应之心、遮障涅槃之心等；又修持无恨、无嗔、无损、宽容、广大之无量慈心，使此种慈心能遍于一个地方，乃至二、三、四及上下一切世界之众生；还普遍修持悲心、善心、舍心。此时，众人都称其为牛圈生大师。

牛圈生大师培育出成千上万眷属到大大小小城市中度化众生，这些眷属中有剑命、梵施等七大眷属，他们令无量众生断除世间贪欲，并为众人广泛宣说梵天正道。

如此成就禅定之牛圈生婆罗门，以智慧力及辩才力利益无边众生。

与此公案大致相同之公案内容为：久远之前有一方主国王，他有一名为童尘之太子，为太子传法者为一婆罗门，名护火遍入，他即是因地时之释迦牟尼佛。此公案见于《百业经》中。

不随波逐流

释迦牟尼佛因地时曾转生为一统治众多小国之国王，虽如理如法主持国政，但因众生业力所感，治下国家依然饱受旱魔侵袭、长时不降滴雨。国王于是自我谴责，认为干旱原因乃在于自己对众生行持非法所致，他随即向年长大臣询问解脱饥荒良策。众大臣协商后一致向国王谏言："按吠陀论典所言，只有杀牲祭祀才能令天降雨水，我等皆主张实施此道。"

国王原本就悲心浓厚，他对众人所提之杀害众生一议非常不满。不过因他历来对眷属都很随顺，从未以粗言恶语对其痛斥贬损，因此他只岔开众人话题，内心则打定主意坚决不采纳此种建议。众大臣并不知晓国王甚深、难以了达之密意，还一味继续商谈杀牲供祭之具体措施。国王深深为其感到悲哀：此类人尽是随波逐流之辈，自己却毫无观察能力，还要对别人妄说不善之道。他们自以为杀害众生以为献祭，日后天尊定会心生欢喜，所作所为亦能获致善果，这纯属谎言，实不应理，更不能接受。

尽管如是思维，但国王仍欲以方便法善巧转化众人，他表面应允并说道："你等众人可谓一心一意欲饶益我，现在我想杀死一千人以供养圣尊，望你等能在各地备齐所需资具，并选好吉日。"大臣们闻言各个内心恐惧，但表面上人人皆承诺道："国王，你应沐浴并做短暂休整以成办此事，我们来做具体供施准备。只是若同时抓捕一千人恐遭民众反抗，以致使他们对国王彻底灰心失望，我们还是小心谨慎、仔细应对为好。"

其余婆罗门闻言都赞叹、附和，称"言之有理"，国王抓住时机说："你们不必担心会遇民众反抗，或使其对王政灰心失望，我自有解决办法。"国王随即就召集城中人说道："我欲以一千人供养圣尊，但他们既无有过失，亦未犯法，我若将其如旁生般杀害未免有些不应理。故从今日始，你们当中有谁做下违法或违我教言之事，我所派遣之观察者都会明察秋毫。若有这种人存在，无论在何处、无论是何人，都应被抓住且杀害，以替代供祭所用之牲畜。”

城中众人纷纷合掌禀告说：“大国王，你长期关爱众生，在你慈心护育下怎可能有违法或违背你命令之人？你所作所为梵天都随喜、赞叹，你实为真正量士夫，天人亦对你生起欢喜心，我们就更不待言。从今往后，我们定当依教奉行。”

国王随即派出有智大臣前往四方视察，打探有无造恶之人以抓捕他们。他同时派人到处观察，且于各地每日广宣道：“民众均需遵纪守法，为民众利益，国王欲向天神供祭，凡行非法者必代一千牲畜被杀死祭祀天神。自此后，胆敢违背国王教言者，一定要将其拴于供神柱上，代替牲畜充作供品。”人们闻言各个胆战心惊，从此之后，众人洁身自律，再不造作丑恶之事，大众全部受持清净戒律，互相争论及敌对亦渐趋消亡。人人听从上师教言，互敬互爱、互喜互利，分配公允、合理，能以寂静度日，整个世间就如初劫一般充溢幸福快乐。

当国王看到诸大臣都对自己满意、生信之时，就对他们下令说：“我极欲保护、饶益所有民众，故而现今要对其行广大布施。为圆满布施之举，我要把一生所积财富全部散尽，希望民众能随意接纳。你们应于各地建造专用布施房屋，众生需要何物，你们即布施何物。”

如此布施之后，所有贫穷悉数消除，众人财富各个增上。国王名声渐渐誉满大地，众生也行持起佛法。以此功德，感致风调雨顺，天人适时降下甘霖。国中自此草木繁生，谷稼丰盛，大地滋润，草药都药力倍增。众生自然灭尽疾病，身具光泽，心生欢喜，彻底远离战争等怖畏。人们在安享美满生活之时，由衷赞叹国王恩德。有一大臣呈上偈颂赞美说：“恒常已彻见，上中下所需，诸君主智慧，愈益显增上。”当其叙述完国王功德之时，天尊也现前赞叹说：“杀害无辜众生本非应理，应想方设法对其行法布施，以法布施惠众生世出世之利，并息灭他们所受之危害与穷困。你恰恰就如是行持，此等民众能有你当依怙真乃他们福报现前。”

如是具有善良心地及崇高智慧者，就算别人引诱他为非作恶，他也不会随顺就范，他会以方便法令趋入恶道众生再回至善道中来，并

广行自他二利事业。对此，我们理应生起恭敬心。

又在一多觉之地有一月称婆罗门，他育有一子名为日月。后当月称生病之时，妻子与日月都对他置之不理。遭亲人遗弃后，倒是一仆女四处觅药，并照顾月称日常起居。待月称身体恢复后，他慷慨赐予仆女五百金币，并使其摆脱仆女身份。仆女对月称日久生情，贪心潜滋暗长，后当她具月经时，就与月称同居一处。

仆女不久即怀有身孕，月称妻子立即对她心生妒意，她时常打骂仆女。仆女把一腔怨恨全发泄在胎中婴儿身上，她心想这可怜众生入我胎中后，我便开始受别人攻击，饭食也日渐低劣。故而当孩子生下来后，她便将之投入溺器中欲抛于荒郊野外。月称见到后忙问她原因，她便将情况讲明。月称制止她道：“你勿抛弃孩子，我来想办法养活他。”

他就对妻子说：“我患病之时，你与儿子均抛下我不管，全靠仆女精心照料，我方才转危为安。你从今往后要给她财物、善待她，与她好好生活，否则我就立她为妻，让你做仆女。”妻子听后恐惧不已，她答应自此之后再不加害仆女。在随后之生活中，她尚能时常相帮。

儿子后被取名为溺器者，月称对他很是疼爱。待月称后来临离世时，他告诉大儿子说：“日月，我死后你一定要对弟弟多加关爱。”在无限牵挂之中，月称离开人世。

岁月流逝，日渐长大之溺器者某次与日月母子吃饭时，日月母亲以“仆女之子”之类言辞欺辱溺器者。他满心委屈跑到亲生母亲处询问原由，母亲告诉他：“世上有众多依赖自己力量谋求生路之人，何能称其为仆人？儿子，你从现在起应到别处求学，务必自谋生路。”受母亲鼓励，溺器者逃离家中，隐姓埋名改称月寂，前往舍卫城。

当他来到城中一大婆罗门面前时，那人问他：“你从何处至此？”他回答道：“我来自多觉。”那人就问他：“不知你是否听闻过月称之名？”他痛苦回答说：“他正是我父亲，不过现已去世。”他边哭边断断续续哽咽成语。婆罗门闻言颇感意外，他说：“月称是我最好朋友，既如此，你暂且住于我处，我教你婆罗门学问。”等他留下后，婆罗门便开始教他吠陀，他后来将四吠陀全部精通。婆罗门对此深感满意，将女儿装扮妥当后就嫁与他为妻，同时还赠与大量财物。月寂生活自此平步青云，并日渐声名远扬、财富圆满。

其后有一从他老家多觉之地来舍卫城之商人认出他本来面目，来人未说一句即转身离开。返回多觉后，他将见闻讲与日月，日月高兴之余又把情况告诉母亲，母亲内心立刻愤愤不平起来。她说："一仆女之子怎能发财？又怎能变成众人恭敬对境？"不管母亲如何不满，随时间流逝，日月家中还是日渐衰败起来。后来她又对儿子说："你到弟弟那里，让他给你些财物。"日月对母亲戏言道："以前你称他为仆女之子，为何现今又称其为我弟弟？"母亲不管这些，她只是再三劝请日月速往弟弟处，日月最终还是动身前往舍卫城。

月寂听说兄长前来兴奋难抑，他热情出门迎接日月，并立即嘱咐他："我现已更名月寂，万勿告诉别人我过去叫溺器者。"日月爽快答应，并与弟弟同入家门。见到妻子后，月寂向她介绍兄长："此乃我哥哥，日后凡他所需你务必供给及时，绝对不能违逆他教言、心愿。"妻子听令后自然依言照作。

日月一直性情宽容，且易于交往，而溺器者却性格暴虐。他妻子即便稍有微小过失，他也会拳脚相加，耳光相向。那婆罗门女子一日忍耐不住就问日月："大哥，你与月寂乃一母所生，由同一母亲用同样乳汁喂养成人，为何你性格如此温和、易于交往，而你兄弟却粗暴、鲁莽又野蛮？这到底为何？这又让我如何是好？"

日月见她非常惹人怜惜就说道："弟妹，这需家中秘语才能解决。"婆罗门女忙问："你能否将这家中秘语赐予我？"日月神秘说道："一般而言，家中秘语不能讲与任何人，掌握家中秘语者需与之同生死。若要得之，则需以极大恭敬与大财富才能买得。"婆罗门女又问他："你都需要何等财物？"日月缓缓道来："五百嘎夏巴纳货币即可。"

婆罗门女马上拿出五百钱币，又在日月脚下顶礼道："大哥，请务必赐我家中秘语。"日月进一步提要求道："你还需告诉我兄弟，让他也为我备好钱财，我离开此处时自会传你家中秘语。"

婆罗门女便巧妙对丈夫说："你兄长思乡之情渐趋浓厚，不如让他回去以解乡愁。”月寂回答说：“贤妻，你为兄长准备好上路口粮，我再帮他找位亦前往多觉之同行者。”

婆罗门女准备好粮食与五百嘎夏巴纳货币，她又找到日月说：“你弟弟已为你备好所需，你现在可否为我传授家中秘语？”日月这才将秘语和盘托出：“弟妹，他日后若准备打你时，你即可念诵一遍此家中秘语：‘众人已了知，家喻又户晓，农夫亦明白，勿打溺器者。’若他问你句中含义，你可言：‘你真打我时我再解释。’如此他就不敢再轻举妄动。如说上一遍即可收效，日后你便再无后顾之忧。有此秘诀已足够你应对月寂暴怒，千万别将它遗忘。”婆罗门女当下就将之牢牢铭记。

月寂除给兄长提供口粮外，尚赠与他一些钱币、衣物，然后才将日月送走。此时婆罗门女心中盘算到：这家中秘语到底是真是假、有无作用，我还得试上一试。等丈夫当天送走哥哥返回家中时，婆罗门女故意不为他准备饮食、沐浴水。当月寂命她端上饮食时，她大胆说道：“我尚未准备。”月寂立刻嗔心大起，他勃然变色道：“我兄长在家时，碍于情面我一直未痛揍你，看来你真是不打不成器。”月寂伸手就欲痛打妻子。

婆罗门女马上正色道：“丈夫，你暂时饶过我，听我道完家中秘语再说。”丈夫惊问道：“何谓家中秘语？”她便朗朗念诵道：“众人已了知，家喻又户晓，农夫亦明白，勿打溺器者。”丈夫心头一惊，他心虚问道：“此偈何指？”女人得意扬扬说道：“你真打我时我再解释。”

月寂就如被射中要害之野兽一般败下阵来，从此以后，他再也不敢打骂妻子。他还对她起誓发愿道：“万勿告诉别人，我再不打你就是。”

当时之月称即为后来之释迦牟尼佛；当时之溺器者即为后来之登巴。佛陀后来说过：“登巴为溺器者时就唤我作父亲，现在他还称我为他亲戚。”

革夏巴救度沉迷情欲者

久远之前，释迦牟尼佛转生为一国王种姓者，名为革夏巴，他精通世间一切论典，又长于言论，说话非常得体。革夏巴长大后常想：生存于人世间，我当以何种营生过上清净生活，且对众生有利益？登上王位是产生使人骄慢等烦恼之根源；而商人又不得不造作说妄语等不善业；生为农夫必然要与鞭打牦牛等恶业连在一起……如此看来，我还是当医生为好，既能生活清净，又可利益众生。思前想后，革夏巴打定主意立志行医。

他既留心于医术后便精研深思，加之又言谈得体、善慰人心，心中又时常发愿要帮助利益他众，故而多有众生从其手中彻底摆脱疾病折磨。

后有一次在某一地方，有一女人于丈夫生病且去世后心生极大痛苦，她整日哀号并大叫丈夫姓名喊道：“你去哪里？”自从遭遇丧夫变故并因此着魔后，她精神日趋癫狂、错乱，从外边疯跑回家后竟胡说道：“我丈夫根本未死，他已复活。”然后就不再哭泣，只拥抱丈夫尸身，并对尸体倾诉说：“你为何沉默不语？若你喜欢其他女人，我不会阻拦你，你尽可前去与她相会，你快快睁开眼吧！”每每说到此处，她都会边胡言乱语，边伸手拨开尸身眼皮。

某日趁家中亲友半夜三更均酣梦不醒之时，她扛起尸身就跑到旷野郊外，并翻山越岭奔波不已，又在尸陀林中四处游荡。她把尸体认作真正丈夫，给他讲种种话语，并行各种夫妻间礼仪。久而久之，尸体腐烂变质，到最后只剩一副骨架。她依然不舍骨架，对它同样珍爱异常。天气酷热之时，她自言自语：“我丈夫太过劳累。”于是就以水为骨架沐浴，还用鲜花装饰。癫狂女人即如是日日对丈夫骨架言说爱语，且对之彬彬有礼，一如丈夫存活之时。她对骨架温存体贴时，经常对它言说丈夫往日最喜听闻之语。白昼时如此抱着尸身到处漂泊；夜幕降临，她就在野外以花草做成卧具、垫子，用沉香薰染过后，即把骨架抱至薰染过之卧具上，说过“好丈夫，请歇息”后，就与骨架

同榻相拥而眠。

精神错乱女人此种可怜行为渐渐为人所知，革夏巴与众弟子也早有耳闻。革夏巴了知女人境况后悲哀说道：“呜呼！被邪分别念迷惑之女人，我实在应设法救度。”把想法告诉弟子们后，诸弟子同声说道：“具智者无有不能成办之事。”他们纷纷赞叹他慈悲发心。

革夏巴对女人生出强烈悲心后，就于晚上带众弟子来到所言所行令人顿感恐怖之女人所在尸陀林。他一到此地就发现这里遍布众多可怕魔女，为保护弟子，他将咒语书于他们所盘发髻中。革夏巴同时心想：世间人贪执之女身分明就是尸陀林中这被人遗弃之丑恶尸骨，若有人贪执尸骨且拥抱尸骨，真乃可悲、可叹、可笑之极至。他边想边遏制不住地对女人再度生出悲心。

第二日黎明时分，他要求弟子先行返回城中，并对他们解释说：“城中多有病人需有人疗治，对这女人，我要想出稳妥办法进行救度。”弟子们依言返回城中，革夏巴独自一人留下来。当他寻找苦行女人时，这女人刚刚起床，她拿起丈夫尸骨就向河边走去。革夏巴来到她露宿之地，一见她所用之卧具等物就知她常住此处。再一路搜寻而来，就发现她已来到河边。革夏巴顺手在尸陀林捡起一具女尸，扛起它就开始追随女人踪影。

女人此时把尸骨拴于河边一树上说道：“好丈夫，你暂且待在此处，我到河边取水为你洗脸，我还要用可爱饰品装扮你。”就这么边说边来到河边，女人一低头就看见映现于水面上之自己身影，她不由想到：此美女会将我丈夫夺去。想到这，她立刻就以种种污言恶语狠狠诅咒水中女影，越诅咒越起嗔心，她又用石头猛击水波上所现女身，但那影子无论如何都不舍离。看到这，女人只得说：“你既不走，我就把丈夫带走，如此一来，你休想再睹其容。”她边对身影唠叨不止，边扛起骨架向别处进发。

到另外一地时看见背一女尸之革夏巴，她不觉暗想：此人为何带一女人到处乱跑？我应问个清楚。于是她就上前询问：“我和丈夫欲往别处，你为何见到我们就心生怀疑，以致逃跑不已？我非魔鬼，你俩大可不必怀疑。”革夏巴对她说：“妹妹，我并非怀疑你，我带着自己妻子是要去其他男人找不到之地。因我女人非常漂亮，天人见之也赞叹欢喜。我是害怕你丈夫夺走我妻，故而才躲避奔跑。她原先并不喜欢其他男人，但见到你丈夫却显露羞涩之态，眼睛也不敢张开。我要把她带到山后去，在那里长期定居。”

女人听罢安慰革夏巴说：“大圣者，你无需忧虑，你妻子性情沉稳，不会喜欢其他男人；我丈夫同样人品亦佳，绝不会爱上其他女子。我们理应成为好友，可共同生活、一致行动。”看到女人心态已放松下来，革夏巴就答应说：“你既遵规守矩，我们即可在河边共同生活。”他说完即将那具女人尸骨放于河边树下，并开始装饰骨架。女人把丈夫尸身也置于旁边，亦为“他”梳妆打扮起来。

当女人后来放心入睡时，革夏巴将两副骨架以绳子捆在一起并扔进河中，同时大声惊叫“哈哈”等语，又痛哭哀嚎。女人醒来后，革夏巴涕泪纵横哀叫道：“你丈夫将我妻子拐带走了，现在一切都已毁于一旦。”此时两人都看见紧紧相拥之两骨架被急流冲走，他们边哭边紧追不舍。女人泪流满面哭诉说：“我时刻思念你、疼爱你，谁料你今日却跟别人妻子弃我逃跑，将我所有情感毁灭尽净，你真是从来都不曾考虑过我感受与心情。”她瞬间嗔心大起，转瞬又痛苦哭泣。革夏巴趁机劝慰她说：“你失去亲人再这样哭天抹泪亦无济于事。你还说你丈夫素不喜其他女人，孰料他竟将我最可爱、妍丽之妻从我们眼皮底下拐带而去。我所有之一切都已毁弃无遗，你马上赔我妻子！”

革夏巴边哭边说之时，女人用衣物包住脖颈，羞愧说道：“大圣者，我无法再令丈夫返回，而我兄长恰有一贤妻，我可想办法让他把妻子送与你。”革夏巴一口回绝道：“我只要我美丽妻子，除她而外，天女我都不欲娶。若你今日不能将我妻子交还，我马上用大石块砸烂你脑袋。”言毕即举起石块，气势汹汹向女人扑来。

女人战战兢兢跪于他脚下顶礼道：“我又无钱财又无亲友，孤身一人可怜度日。如今我已知错，并在你面前忏悔，祈请你千万勿夺我性命。”革夏巴立即抓住机会说：“你既如此恳请，若你真能听我吩咐，我既不会打死你，还能让你获得快乐。”女人急忙应允愿依他所言实行。

革夏巴这才谆谆开示道：“从今日始，你务必放弃怀抱丈夫尸身之恶念，因携带他骨架原本就为最愚痴之举！众人皆赴死，山海如意树，人天诸财富，一切均无常。如是一切有为法尽皆无常，人们理应对世间生厌烦心。贪执亲友定会引生痛苦、忧虑，并致人堕落，真希望你能从沉迷情欲中清醒。”

待革夏巴说完，女人癫狂思维即回复正常。她感慨万千说道：“奇哉！你所说明灯般教言已完全遣除我恶劣分别念之愚痴黑暗……”言罢如是赞叹语，她已完全变成思维正常女人。

革夏巴将她又送回她亲戚家中，当地人众及革夏巴弟子均赞叹他聪慧做法。

久远之前于印度鹿野苑梵施国王治下国家中，有一婆罗门前往森林中寻找药材。当他找到药材，然后于返回途中在一岩石上休息时，一人非人女人目睹他仪容便生出贪心。两人后共同前往人非人所居之地，那人非人女人则将一山洞口用巨大磐石挡住，自己就与他在洞中过起夫妻生活。释迦牟尼佛当时即转生为二人所生之子。

后当他长至八岁时，开始在父亲面前学习众多论典，并精通天文学。有次被母亲带到洞外后，他又在其他仙人前听闻其他论典。因他前世串习显发，他每每看到偷盗者所留脚印就知道此人到底是谁，当他把情况汇报与父母后，人们便称之为知迹。

知迹有次问父亲：“父亲家乡在何方？”父亲不胜感慨回答道：“在印度王舍城。”知迹便要求说：“我欲跟父亲到鹿野苑大智者前听闻经论。”父亲无奈说道：“怎奈我们山洞门口已被磐石阻挡，若你有突围之策，我们父子便可前往鹿野苑王舍城。”儿子经过一番努力后终将磐石挪开，父子二人于是得以上路。

来到王宫后，父亲先对梵施国王诵以吉祥祝词，然后告诉国王说：“我儿知迹可据盗窃脚印捕获窃贼。”国王闻言非常高兴，自此后，知迹帮助国王抓获很多盗贼。但他每每都要求国王勿将他们杀害，国王也按他意愿如是照做。天长日久，整个地方都已难觅盗贼踪影。

国王有次骑骏马与眷属、侍者边交谈边去众王妃所居之地，然后又到另外一寂静地赏玩。当时有一女人已安然入梦，衣服散落身旁，珍珠项链也丢弃于地，不过却无人偷走。国王目睹之后就对侍者说：“自从知迹到我国中，国家就可谓路不拾遗、夜不闭户，现在连女人珍珠项链丢弃于地都无人偷捡。”

侍者闻言当下就对知迹心生嫉妒，他马上离间道：“大国王，你并不知晓知迹过失，故而才会只赞他功德。”国王疑惑问他：“知迹又有何过失？”侍者就顺势说道：“他自己晚上常常偷窃别人财物，不知大国王是否知晓？”国王为显示知迹功德，就让侍者偷走王妃项链。侍者偷走后又在城市周围绕转三匝，最后将其于狮子宝座下挖地掩埋。

女人醒来后发现珍珠项链丢失不见，她满心痛苦、焦急地来到国王面前申述。国王当着侍者面吩咐知迹道：“谁偷走这女人珍珠项链，请速速查出。”知迹于是前往女人丢项链之地察看再三，又绕城三匝，最后回到王宫，直趋国王狮子宝座，然后就面呈笑意观望国王，但一直不开口讲话。国王好生奇怪：“你为何要笑着看我？”知迹答言：“大国王，偷珍珠项链者并非普通人。”国王鼓动他说：“既非普通人又是何人？请不讳直言。”知迹这才说道：“大国王，我以譬喻明之：有一做陶器者被坍塌窑坑埋住身体，陶师当时感慨说道：‘大地原本为万物生存、生长之因，谁料今日却压住我身。’此譬喻恰能说明如今丢失项链一案。”知迹言毕即沉默不语。

国王未听明白，只得要求知迹再说清楚一些。知迹便说道：“要我明说，我则再以一譬喻明之：婆罗门于火中行火供时不慎被火焰灼伤，他当时说：‘我每日均顶礼并以恭敬心在火中行火供，怎奈今日却被火伤身，这让我以后又以谁为依怙？’此喻也与此案道理相同。”知迹言毕又闭口不语。

国王则再请求说：“你所用譬喻我皆不明了，可否请你明确指示？”知迹只得再次解释说：“大国王，我再以譬喻明示，请谛听：一婆罗门为沐浴来到河边，谁知他却被河水冲走；多有飞禽以树木种子为食，但林木燃起大火时却烧毁禽鸟自身，此时谁可做依怙？此理与丢失项

链一事亦无本质区别。”

待知迹讲完，国王还是说道：“我依然未明此理，请你直接挑明。”知迹继续解释道：“大国王，我再讲一譬喻：有一农夫耕地之时，他美丽女儿前来为父亲送吃食。当其松解腰带时，父亲突然对女儿生出贪心，并马上与她行不净行。过后父亲又生起后悔心，于是他对女儿说：‘你刚才为何不阻止我非法行为？’女儿委屈答言：‘你是我父亲，若你都对我做不应理之事，谁还会再去遮止有害行为？就如灯火中出现黑暗，谁又能遣除黑暗一般。’”知迹叙说完毕又紧闭双唇。

国王还是未听明白，他最后说道：“不管你如何指东说西、譬喻明示，我依然不解其意。”知迹此次则挑明道：“既如此，我干脆直接讲明：若问是谁偷走女人项链，此人不是别人，正是你这位侍者！”国王马上便问：“他既偷走，又将之放于何处？”“请国王挪走狮子宝座。”知迹如是吩咐。待众人将狮子宝座挪开且挖掘后，珍珠项链终于显露。

国王不觉心生稀有，他赞叹说：“以嫉妒心毁谤具功德、具智慧之人实不应理。”说完就将侍者赶出王宫。女人项链失而复得，自是欢天喜地回至家中。知迹又趁机对国王宣示世间贪欲过患等佛法，国王以“善哉”连声赞叹，又赐其丰厚奖励。

以善说遣除恶行

久远之前有一仙人以歌舞为生，他有一极具智慧之女儿，名为无喻姆。无喻姆出生时即色妙形姝，吸引住众多人之目光，她即是因地时之释迦牟尼佛。无喻姆两岁时即成孤儿，父亲一朋友自此开始养育她。此人亦能歌善舞，他告诉无喻姆亲戚说：“我欲传授无喻姆歌舞技艺。”随后就开始对她倾囊相授有关舞蹈之种种学问，而无喻姆对他所教授之内容很快就通达无碍，舞师便将各类舞蹈道具一一赐给她。

当地国王有次命人于舞场中举行盛大歌舞庆典，舞师也将无喻姆及种种演出用具一并带往王宫，以国王为主之成千上万观众便得以观赏此次精湛绝伦之表演。无喻姆上场时以千姿百态之身体动作翩翩起舞，许多人一时皆被其妩媚风姿与秀逸、绰约体态深深打动，他们目不转睛沉迷之际，都很想亲近亲近无喻姆。

与此同时，有一出家修苦行者已对苦行生起厌烦心，疲累不堪之时正准备还俗。他当时亦前往城中，在接近舞场边缘时忽听到隐约鼓声，于是他便不经意到舞场中匆匆一瞥，恰好看到无喻姆婀娜身姿，并听闻她天籁之音。苦行者马上暗自思忖：我于森林中苦行何能享受此种妙欲？想来我真应该舍弃苦行修道。

正在此时，无喻姆上身衣物忽而坠地，两只秀美乳房豁然显露，舞师当下贪心顿起。无喻姆知晓他心态后沉稳说出一偈：“自心常依正法者，谁愿造孽趋恶道，驱遣暗夜明灯亮，再入歧途诚可惜。”这善说之偈在舞师听来就如弟子听到上师教言一样，他在即将趋入恶道当口，立时遮止住自心烦恼。口说“善哉”之同时，便将自己上衣脱下交给无喻姆。而苦行者在听到这善说之偈后，忙将自己树叶所成坐垫、黑色萨拉树皮恭敬置于无喻姆前。两商人也在观舞，此时他俩则将自己如月光般白色衣服送与无喻姆。同时，国王大臣及王子也纷纷将各自月光般白衣送与她。

歌舞结束后，国王首先问舞师：“你为何将自己衣物交与无喻姆？”舞师惭愧回答说：“国王，当她上衣落地之时，我当下就对她美丽生出贪心。等她说过善说之偈后，我心中痴暗立刻即被全部铲除，故而我才送衣明志。”

国王又问出家苦行者：“你为何要把树皮、树叶送给无喻姆？”出家人自我谴责说：“我已舍弃苦行，正欲还俗时，一听她善说之偈，我即打消此念头，我还要精进苦行！正因对她恭敬、感激，我才献上树皮、坐垫。”

国王再问两商人赠衣动机，其中一位如是说道：“有一商主外出之时嘱我替他看管一珍珠项链，后于某次宴会时，我将此串项链借与他[45]妻子佩戴。看到她脖上项链，我妻子就问她从何处得来。她回答说："此乃一商人之物，你丈夫将之借与我享用。"因她如此言语，我妻子就想：我丈夫既已拿到这串项链，何不等那人回来讨要时拒不交付？如此一来，这项链就归我们两家共有。我妻子即将此想法告知他妻子，她们二人商议之时，我俩闻听后亦贪心大增，共同预谋等那人前来讨要时坚决不还给他。结果刚才听到无喻姆善说之偈，我们立刻将此种贪心舍弃，并开始趋入真正善道。故而我们一边赞叹，一边送与她白衣。"

国王接着问大臣："你为何也把自己上衣送与她？"大臣一听立即膝盖着地、恭敬说道："若国王答应不惩罚我，我则向国王讲明原由。"国王答应不惩罚他后，他就将国王请至寂静无人之处告诉国王说："我这恶性之人竟与你大王妃商议，欲趁大国王沉睡时以毒药或宝剑杀死你，我好登上王位。但此种恶念已被无喻姆善说之偈彻底摧毁，所以我将衣服送与她以明谢意。"

国王最后问王子："你又为何送无喻姆上衣？"王子回答说："父王，你已听闻大臣所述，这人竟欲与我姨母一起毁灭国王种姓，我原本极想将其诛杀。不过此等恶念现已被无喻姆善说之偈一扫而光，我这非法之心亦同时被她清除。她已成我真正上师，因此我才以衣供养。"

国王闻言啧啧称叹道："真乃殊胜无比。"随即就赏赐给无喻姆大批财物，并恭敬赞叹不已，众人随后也相继归家。

如此大菩萨以其智慧力宣说一偈都能对众生带来不可思议、无法估量之利益，对此我们理应生起恭敬心。

又久远之前有一具大势力且财富丰饶之国王，名为置岩。当时有一商主名为善行，精通一切论典，性情寂静、堪忍，具种种功德，实为世间无偏亲友。善行常对众人开示光明道，他也即是后来之释迦牟尼佛。

那时在鹿野苑有一天女般妖冶老鸨，经常欺诈众商主。善行听说后为摧毁此鸨母青春倨傲心理，便与众多朋友特意赶往鹿野苑。当此之时，有许多恶人对鸨母说："你之艳丽恰如莲花吸引蜜蜂一样，能

[45] 两位商人中另一位。

勾招一切男人。既有如此本领，不妨拿来一试：听说有位智慧超人之商主善行已来此地，你何不以善语及引诱男人之本领好好款待他一番？”

有人如此说过之后，她便派一能言善道之人以恭敬心对善行说道：“受众人喜爱之鸨母让我传语，言你这位善行可前去她那里摄受她们。”善行巧妙答言：“能引诱众人又具色艺之女人，我来此地就专为见你。除此之外，我别无他求，我定会赴约。”

善行于是来到身着白衣、统领许多妓女之老鸨处，鸨母看到他后马上来到他身边，以种种搔首弄姿之态与其嬉笑言谈，还时不时以媚态观望、挑逗善行。总之她以各种令人贪欲大长之行为、举止不停诱惑商主，又将喜爱商主之话语时时温存道来，末了又含情脉脉要求晚上再能与善行亲密接触。

善行晚上如约而至，并与老鸨发生淫行。第二日黎明时，善行将一价值连城之珍珠项链送与女人。

第二日晚，善行又至老鸨家中，并送与她一纯金饰品；第三日，则送与她以少量银子做成之饰品。鸨母嗔心顿生，于是便把善行告到梵施国王处。她振振有词说道：“我对他欢喜异常，爱意可谓日日增上。而他送我之物品，价值却一落千丈，为何反差会如此巨大？”

国王唤善行前来与老鸨当面对质、辩论，这鸨母又说道：“大国王，此人毫无慈爱之心，对他说上半天又有何用？正所谓无水之地无需桥，喜欢这种人无任何实义。”国王便要善行回复女人质疑，善行就反驳说：“她所出卖之肉体本来就为充满过失之物，她所谓娇躯时刻都在衰老变质，价值当然要一跌再跌。正如陈旧、凋谢之鲜花，蜜蜂都会舍弃，世间众生亦情同此理：青春韶华之时，肉体可作行欲之工具；衰败老朽后自然会被废弃，众人哪个不是喜新厌旧。一切有为法均为刹那生灭，年少翩翩最终定会被衰老磨蚀，而寿命总会被死亡一日日侵夺，万法说到底尽皆无常。那些不知老、病、死等痛苦会毁坏自己肉身之愚者，他们所迷恋之女人身躯亦无非为一堆以筋肉相连之骨架而已。对此等骨、肉、筋生贪，痴迷不拔，岂非太过愚痴？有智之人哪个不知贪恋女人身躯有诸多过失！”

国王闻言连叹“善哉”，赞叹之情溢于言表。而鸨母听后也立即息灭对自己肉身之执著及贡高我慢之倨傲心态，她自此亦开始趋入寂静善道。最后众人都开始远离放逸，并守持清净戒律。大尊者善行则又返回原先自己居住之林木丰茂之山岩地区。

久远之前，释迦牟尼佛又曾转生为帝释天。当时在一森林中有一苦行仙人，他身边总是聚拢起众多野兽、飞禽，它们亦喜欢与他共住，恰似他弟子一般。有一母象当时产下一可爱小象，但小象不久即告走失，它一时找不到母象。苦行者看到后就开始似父亲一般爱抚、养育小象，而它也常常以莲藕、树叶供奉于苦行者手上，并长时住于仙人所居茅棚边。无论仙人前往何方，它都将资具驮于自身紧紧跟随，仙人大小事情几乎都由它来承担。

小象后来又找到母象，于是便又跟着母亲前往森林。仙人在做过火供等仪轨正欲吃饭时，这才发现小象已不知踪影。他未顾及吃饭，踩着小象脚印就追踪而去。追赶上时，正见小象于母象身边吮吸乳汁，它见到仙人后立即起身相迎。仙人不觉热泪盈眶，他抚摸小象头顶说道：“你喝母乳有何作用？还是饮清净水为好，我们最好再回我们所应居住之地。”

将它又带回来后，仙人特意为小象搭建一茅棚，日夜为它健康、饮食担心，确实可称得上关爱异常。此种情况早已被帝释天以天眼觉知，他深感此位修行人对小象已太过贪执、太过爱护。帝释天想到：虽然修行人已远离亲友前往森林苦行，但他依然未舍对小象之贪执，这又怎能获得妙观察智？我实在应调伏他不应有之执著。

帝释天于是便降临人间，并以幻化力使经常障碍修行人之小象忽染沉疴。眼见小象病情日益严重，无丝毫好转迹象，仙人不由泪流满面。一边不解自问“为什么”，一边哭泣不止，边哭还边痛陈各种悲伤语句。帝释天随即便以苦行者形象来到他面前说道：“大仙人，你将可爱亲友尽皆舍弃，来此森林中本为苦行。既如此，你为何现在还要为担忧小象生死而痛苦、悲伤？这种如大象沐浴般之修行到底有何实际利益？

有智者见到你所作所为都会讥笑不已。因所有众生都将赴死，如此哀伤了无实义。前辈仙人了知万法终将毁灭，故而才抛下钱财、亲友奔赴森林；你既已住于苦行森林中，奈何又用贪执绳索重又将自身捆缚？这实在不应理！一切有为法尽为无常本性，最后皆具毁灭性。若贪执任何众生，都只会导致作茧自缚、画地为牢之结局，因此你实不该与其长期交往并共住。于轮回苦海中如只精进于贪执，只能产生一切痛苦；若不贪执，众生才会现前解脱。”

仙人听罢苦行者谆谆开示，立即对之生起恭敬心并连连赞叹。帝释天化现之苦行者又继续说道：“若我们自身六根绝不轻易随顺悦意、舒心之外境，只以正知正念摄受身心，那就能获一切成就。故而我们理应随顺诸智者前行足迹，怎能满足于做低劣小人？”

仙人闻言由衷敬佩，“善哉”赞叹不绝于口。帝释天此时则显现出原来身相，并说道：“我实乃帝释天天王，现以我加持力，愿小象即刻恢复健康。”话音才落，小象即恢复如初。

仙人将小象放回象群，它日渐长大后终成一代象王。象王常以装满水之葫芦及水果供养仙人，仙人则抚摸它头顶，以饶益心悉心教导。他日常最喜行之事即是安住于自己茅棚中，一心一意苦修禅定。

旁生说妙法

久远之前，有一天鹅王住于无热恼湖中，名为护国。护国天鹅王育有两子，一名岗瓦为兄长，一名辛杰为小弟。岗瓦性情粗暴、举止笨重，经常以拔毛、手挠、抠抓等方式伤害其他天鹅。众天鹅将岗瓦劣行告知护国天鹅王，天鹅王知晓后不由心想：将来我若将老大扶上王位，它性格如此粗暴，定会逐渐毁坏掉我鹅群，看来还需另谋主张。

于是它就唤来兄弟俩说道：“你们兄弟各带五百眷属飞往江、河、湖、海等处巡视，先回来者即可继承王位。”岗瓦、辛杰便携带各自眷属飞临各处。它们先来到鹿野苑梵施国王治下国土，那里有一梵具湖，深广浩淼、壮阔庄严竟超胜大海。林林总总之花、木严饰周围，种种禽鸟各出和悦雅音。岗瓦一见就不愿再离开，它便与眷属纵情陶醉在这湖光山色之中。辛杰之眷属亦请求它能带属下于此地安居享受，但辛杰却说：“等我们返回先得到王位，再回来享受也不迟。”

辛杰随后便率领众天鹅飞回无热恼湖，并抢先继承王位，然后它又带五百眷属飞临梵具湖。此次它们无有任何负担，自由愉悦尽度自在时光。

梵施国王治下民众多有人目睹过辛杰天鹅王飘逸、秀雅之身影，众人皆认为此天鹅实为整个水域之庄严，它之风姿已远超所有飞禽，故而每日都有成千上万人争相围观。诸大臣将情况汇报与国王，国王当即就召集捕鸟者，吩咐他们务必以温和方式抓获天鹅王，众人遂用一种不会伤害天鹅王身体之网将它捕获。当时辛杰无奈说道：“我被众人精进不懈地逮住，现已落入他们虎口。希你等天鹅速速远离此地，逃命去吧。”结果除一只天鹅留下来陪伴辛杰外，其他天鹅尽皆纷纷溃逃。

捕鸟者捕得天鹅王，尚有一只天鹅还紧紧跟随它，此种景观众人咸叹稀有。人们将天鹅王押至国王那里时，那只不肯离去之天鹅也同至王宫。国王一见顿感稀奇：“这只天鹅从何而来？”众人回答说：“大国王，我们并未逮它，是它自己前来。”国王因感罕见难睹故而对之生起信心，他急忙将能引领天鹅跟随自己之天鹅王送上狮子宝座，而辛杰则以人言为国王宣说十善法等善说。国王听后下令道：“从今往后，凡我国土之中，任何人都不得杀害水生动物。”

当时之辛杰即为后来之释迦牟尼佛。与此公案相同之大护国天鹅之事迹，在《三十四本生传》中有记载。

又久远之前，释迦牟尼佛曾转生为一野兽王，名为金腹。金腹兽王之身躯具有不可思议功德威严，甚为庄严、可爱，任何人见之都不免震惊万分，并百看不厌。兽王自己也知道自身有如是功德，故而它常常担心会招致猎人等恶人损害。有一乌鸦见它闷闷不乐便问道：“你为何经常陷入恐惧、担忧之中？”兽王就坦言说：“许多人都觊觎我身体，因此我才惴惴不安。”乌鸦主动提议说：“我亦惧怕猫头鹰侵袭，想来我们可互相保护：白天我守卫你之安全，夜晚则需你对我进行保护，你看如何？”兽王马上接受了它所提建议。

其后有一双手被人捆绑于身后之人顺水漂来，湍急水流中，那人哭叫道：“何人能拯救我痛苦？若他能解脱我，我愿成他仆人、信使。”

兽王恰巧率领兽群偶至河边，它马上就发现了惊恐哀嚎之落水者。当那人凄惨大叫之时，其余野兽全都四散奔逃。而诸菩萨即使身为恶趣中旁生形象，但其本心则绝非如此。它当时马上就生出悲心，立即准备跳进河中救人。

乌鸦因不违诺言，始终于白天紧跟兽王、保护它免受伤害，此时看到它正准备救出落水者，就急忙告诫兽王道：“兽王，务必放弃此人，万勿草率行事，此人根本不知报恩，纯属忘恩负义之徒。”

尽管乌鸦如是劝说，但诸圣者只考虑众生利益，绝不顾及自身得失，因而兽王未听乌鸦劝阻，直接跳入水中，就如母亲待儿那般将此人驮于背上，顺利脱离水面。上岸后又以种种方式将捆绑他双手之绳子松开，不大工夫，那人即缓过劲来。兽王劝他道：“你勿于此停留，应赶快返回。”被救之人双手合十，跪于兽王脚下顶礼说：“你既救我性命，我愿做你仆人、信使。”兽王回绝说：“我何需仆人及信使，只是我皮肤会招惹众人将我杀害，故而请勿将此事告诉外人。生存于世，我之身躯能令太多人们欢喜且生出贪心，你切记勿向人提及曾见过我，以此报恩已足矣。”那人忙不迭答应后就离开此地，临告别时还绕转兽王三匝，且在它脚下顶礼。

当时鹿野苑大自在部国王权势显赫、财富圆满，他有一王妃名为月光姆，素以梦兆准确而著称，所梦之事后来无不应验。有次王妃在宝座上安睡，于后半夜时分，她忽梦见一野兽王，通身毛色异常鲜艳，且坐于狮子宝座上为众生宣讲佛法。王妃心中很是喜悦，她醒来后即刻就将梦境告诉国王。国王对王妃所梦深信不疑，同时也深觉稀有，他想一旁生怎能宣讲佛法？王妃则又以悦耳言辞劝说国王，请他无论如何都要将梦中兽王找到。在王妃几次三番请求下，国王终于对大臣下令道："迅速集合起我国所有猎人。"

待猎人们全部集合后，国王对他们说："据传我国境内有毛色鲜艳之野兽王存在，你们务必以温和方式用安全之网将其捕获后交与我，绝对不能伤害它一根汗毛。"猎人们各个面呈难色："大国王，从小到大，我们都以打猎为生，也去过众多地方，但从未听说过有此种兽王，更未曾目睹。若国王知其大致方向，再对我等下命令，我等即可想法抓住它。那时我们定会依教奉行，保证令国王满意。"

国王就又对大臣下令道："你们去鹿野苑广为宣布，言在我国境内有一肤色鲜艳、美观之兽王，若有人见过请速速向国王汇报，我定会赐其大量奖励，并赠与五座城镇。"大臣听令后如是照做。那曾见过兽王并被其搭救者听到消息后，心想：我是知恩图报，抑或向国王汇报？

一般而言，贪欲增长之人可谓无恶不作，这人也不例外。当其贪心猛增时，他又想：如我能得大财富，我即可向往昔怨敌复仇。除贪欲增上外，嗔心之火亦开始焚烧此人心相续。他想：报恩之事暂且放下，先以兽王获取大批奖励、报仇雪恨为快。

下定决心后，此人即于第二日一早就启程向王宫进发，还随身带有鲜花以为供养。来到王宫门口，他发现此处汇集有众多大臣、侍卫。一一通过后，他最终来至国王面前。供上鲜花，他以大恭敬心说道："大国王，在某某地方，有一遍布各种林木、飞禽、野兽之地，分外庄严。当地有一金腹野兽王，被成千上万野兽围绕，我可向国王指示这只皮毛格外鲜艳之兽王。"

国王闻言非常高兴，他马上欲率臣民共同前往。这忘恩负义之人就充当带路者，引领众人向野兽王住地进发。

乌鸦为遵守此前对兽王所作之承诺，白天一直在各处巡察。看到有人进入森林中后，它飞快向兽王报信说："大兽王，我过去劝告过你勿搭救那落水者，因他不知报恩反而还要趁机害人。果不其然，他现已带领很多人奔向我们这里。"闻听乌鸦所言，其他野兽皆心生恐惧，它们纷纷四处逃窜。兽王此刻心想：我若不保护其他动物，它们今日肯定会被人全部消灭，舍弃众生远不如舍弃自己性命为好。

如是打定主意，野兽王就亲自迎向国王及众人。此刻，那不顾来世亦毫无悲心之人迎面看到兽王时，立即用两手向国王指指点点说："大国王，它正是兽王。"话音刚落，此人双手立刻掉落于地，因一些猛厉之业无需观待时间即可成熟。国王顿感稀有，他问那人为何会如此，断手者痛苦不堪地呻吟说道："大国王，何人窃财非算盗，忘恩负义方为贼。"国王又问他此话何解，那人便将全部经过讲与国王。国王听罢不由义愤填膺，他对不知恩图报者说："你这低劣之人该当遭受此种痛苦，为何你不碎身成一百块？为何不天降金刚矛摧毁你丑陋身躯？"

国王了知兽王不可思议威力功德后就对诸大臣说："各位智者，我们应对兽王表示最大恭敬。你们均应返回城市，清扫干净街衢，将大小城邑全部除尘洒扫，尚应喷洒檀香水，还需设置妙香香炉，并竖立胜幢、飞幡等物。地上亦应以鲜花遍撒，务必将整座城市装扮成花园一般。"

如是吩咐后，国王即将兽王带回并迎请入城，城中成千上万人都手捧鲜花列队欢迎。国王以最恭敬之礼仪请兽王坐于庄严狮子宝座上，具威望之王妃、太子、大臣及村落民众团团围坐于兽王座下，聆听它为众人宣说佛法。

国王及众眷属闻已即开始守持五戒，无边众生都因兽王传法而获善根。国王终将森林等地赐予众野兽，并从此将无畏布施施与所有旁生。

又久远之前，释迦牟尼佛曾转生为五百只水鸟之王。众水鸟中有一老水鸟常食其他水鸟之蛋及幼雏，尽管行为如是恶劣，但它经常都伪装成行动迟缓、单足独立之苦行者形象。众多水鸟对此都心生厌烦，它们纷纷集中于水鸟王前请求解决之道。水鸟王知其劣迹昭彰，于是便私下作偈子揭露它恶行。老水鸟恐惧异常，立即皈依水鸟王，水鸟王告诉它说："何时诸鸟无争执，彼时即为快乐时。"老水鸟闻言深感恐惧，于是就飞往别处。自此之后，其余水鸟就开始恒享幸福生活。

释迦牟尼佛又曾转生为一能言鹦鹉，它设法使梵施王皈依佛门；当释迦牟尼佛示现为天鹅王、孔雀王时，为他众宣说佛法从而利益众生之事迹，上文已有叙述。如是诸菩萨即便身为旁生之躯，但依其无比智慧力，依然可成熟众生善根，令其皆趋入善道。对他们之智慧，我们理应生起恭敬心。

又久远之前有一鲜明仙人，当时在其住地有一尼枸卢妙树，蓊郁枝叶竟遍覆一闻距之地，鲜明仙人即住于此树下。他以神通欲观察并计量此树树叶总量，于是便花费十二年又七日光阴才最终得到确切数目。释迦牟尼佛当时也转生为一仙人，名为碧蓝仙人。他到鲜明仙人处与之交谈时，鲜明问他："于此整个世间，有无婆罗门能了知眼前尼枸卢大树之树叶总量？"碧蓝回答道："我就明了树叶总数。"鲜明非常惊奇，他试探说："若你知道，就请报出数目。"结果碧蓝根本不看树叶、树干，竟脱口而出树叶数目，他完全是以自身智慧力方能于一刹那间如实说出[46]，且所得数量完全等同于鲜明通过计算而得之结果。

鲜明对此非常满意，他由衷赞叹道："我费尽十二年又七日心机方以神通算出树叶数量，你却看都不看一眼就一口报出，此到底是你智慧力所为，抑或有天尊前来相帮？"

"这并非依赖天尊传语，确实是我自己亲算。即使虚空有边际，我亦不会说妄语。"碧蓝如是回答。

当时之鲜明仙人即为后来之舍利子比丘。

释迦牟尼佛曾转生为野蛮人王，名为柘香嘎。当时有一种姓高贵、地位显赫之婆罗门，名为莲精，他有一善妙且富智慧之女儿。野蛮人王有一子名虎耳，本欲迎娶婆罗门女儿为妻。但婆罗门自恃种姓高贵、又有智慧，故而傲慢不已，根本就不理会野蛮人王之请求，断不肯轻易将女儿嫁与虎耳。柘香嘎即以智慧及辩才摧毁婆罗门傲慢心态，他凭对吠陀及世间论典之精通彻底制伏婆罗门，使婆罗门在恭敬、赞叹之余，心甘情愿将女儿嫁与虎耳。相关细节在《虎耳经》中有广说。

[46] 藏文原文中有具体数目，可查阅。

以种种身相根除众生痴暗

释迦牟尼佛在很多世转生过程中，为寻得不可思议智慧，曾广行六波罗蜜多。当他为莲目婆罗门时，曾供养如来殿堂，以此等供养威力，得以在不可思议、无量无边如来前广行种种供养；又为获十力智慧而发愿。他在诸佛面前精通尽所有、如所有等一切法，并为他众宣说。他还在无量如来前承侍、供养，听闻、受持佛法。

为利益无边根基不同之众生，释迦牟尼佛曾示现为国王、婆罗门、歌舞伎乐者等无数种身相，以种种方便法成熟众生善根，他利益众生之行持真可谓数不胜数。其中部分事迹在《广智经》等经中有广说，下文即节选自其中。

久远之前，释迦牟尼佛曾转生为普严国王，他素喜修学大乘佛法，并统领整个四大部洲。当时他想到：我应像古代转轮王一般如理如法治理国家，若以非法主持国政，当上国王则毫无实义。于是他就向大臣询问："古代国王都是如何以合理合法之方式治理国家、利益众生以致国泰民安？"大臣们回答说："大国王，我们亦不明此理。不过此地附近有多位仙人，很多都具五神通且精通佛法，不如召集他们以便仔细打探，他们应能为国王宣讲有关古代转轮王之事迹。"

国王闻已即依大臣所言以大恭敬心召集诸位出家仙人，在八十万仙人中，大多都具五神通，并经长期修学后，均对众生生起大利益之心。国王与眷属各个心怀极大恭敬，他们特意走出一由旬之地前往迎接仙人，并将他们全部观想为本师。后又在他们面前顶礼，并祈请诸仙人能为众人开示佛法。

仙人们满国王所愿，为其宣说古代转轮王之种种事迹。除这些仙人外，还有八万人也前来为国王及眷属宣说，国王以恭敬心尽最大可能承侍所有传法者。众仙人对国王宣说古代转轮王之君规教言，此中包含某某转轮王如何合理治国、如法主持国务及民众事宜之全部详细情况。普严国王不唯如是听闻，他亦将从所有传法者那里所得教言全都转化为实际行动，以转轮王规矩主持国政，对任何众生都慈悲为怀，确实做到以佛法护持国家。他自己尚亲自修持四梵住，并令其他众生亦修持四梵住，且因此而使此等众生暂时转生梵天，最终全部逐渐得大菩提果位。

又释迦牟尼佛转生为金存国王之时，他凭自己所获宿世通而能回忆起自己以前转生为转轮王时所行种种事迹。当自己为转轮王时，有一具五神通之仙人，名为猛威。猛威曾为自己传授以不杀生而趋入善趣之道、灭尽烦恼之道，及获取一切智智之道。听罢如是教言，自己即开始如理行持，如此修持实为殊胜无比。金存国王每每在心里回忆、观察前世听闻受持佛法之经历时，心中总在想：欲获一切智智之道，首先就应明白轮回之因果关系：业及烦恼是产生轮回之因，而非理作意又为业及烦恼之因，有种种非理作意及其派生而出之业与烦恼，有情世间及器世间方得以显现。如能断尽业与烦恼，则可灭尽五蕴，并从而获取涅槃之果。如是宣说此等道理并使众人行持，以此善根力，自己也可获得通达一切学问之智慧。

于是金存国王便给众生宣说工巧、医方等学问；为遣除众生痛苦而宣说种种名言法规、积资之法；面对众生各种痛苦，他尚且将艺术、事业等方面技艺广为宣讲；再加未来、过去、现在三世学，声律学，看相术，观察学等种种学问尽为众生明示。

释迦牟尼佛转生为世证仙人时，了达受者、行者等类别，又通晓善恶之事，学习世间工巧、事业、艺术等学问时也全部精通。他后在观察所谓工巧等事有无生灭时，终于通达其本性——工巧本性亦属无缘。不唯工巧，此等一切万事万物均如陶师手中陶器一般，尽属无缘，就连众生死亡都属无有。若无我执，众生何来生死？世证仙人即获此种等持，并常于等持中安住。安住于等持中后，他就能忆念众生各个不同之身相，乃至微尘数众生种种不同身相，他皆能忆念，并且他尚能忆念众生各自身相形成原因。在他观察无我执之智慧从何而得时，他发觉除不执著我所有外，再别无他途可通达此种智慧。无明、贪执即形成我执，若我执不生，世间也绝无产生可能。诸智者皆能生成此种智慧，并从而获不退转果位。

释迦牟尼佛又曾转生为一舞者之女，名为众生勇母，形姝貌端，长于舞蹈技艺。某次当众人围观、欣赏她精湛舞姿时，她则面向观者说道："青春易逝如流水……"她即以此等偈颂为众人宣讲佛法，并因此令许多众生获取利乐。

又释迦牟尼佛曾转生为一幻化师，能以幻变变现出种种艺术，人皆因此而称其为异工。异工于许多众生前显示幻化所成艺术品，以此揭示一切万法如梦如幻之本性，并因此而利益无边众生。

又释迦牟尼佛转生为乾闼婆普证时，能以琵琶弹奏出各种乐器之声，令众人皆心生欢喜。普证后独自一人来到寂静地时心想：此等众生极喜听闻琵琶声，但他们均不明了声音本性乃刹那灭尽。如是如理观察后，普证已了达声音虽显而本性为空之本质，并从而获得无生法忍。接下来又将自己所证境界向众生广为宣说，并使其皆获不退转果位。

久远之前，在一山岩之地有位铁匠，他育有一相貌姝丽之女儿。铁匠想：我不能将女儿嫁与种姓高贵、财富圆满、相好庄严之人，我只能将女儿嫁与打铁技艺与我相同之人。

某次有位婆罗门子前来讨食，当铁匠女儿给他施以食物时，童子问她："你是否已许配与人？"她则回答说："我父亲只肯将我嫁与打铁技艺与他相等或超胜之人，故而要为我找到夫家尚有很大困难。"童子又问道："你父亲都有何高超技艺？"铁匠女儿自诩道："我父亲身手的确不凡，他打制之针可浮于水面而不下沉。"婆罗门童子心中不由想到：按说我并不需要此女为妻，但为摧毁他们父女傲慢，我还是应在其前显示显示。

于是他借来工具，打造一阵后，竟制出可纳于一针眼之七根细针，并且将这些针置于水面上后皆不下沉。带着此等战果，他再至铁匠家问他们是否需从他手中买针。铁匠女儿闻言颇觉此童子行为可笑，她讥讽道："你难道精神错乱，抑或为无智之人？竟敢卖针卖到铁匠门口？"婆罗门子心平气和回答说："我并非精神不正常，我只想验证一下自己打铁技艺究竟如何。"铁匠女儿不屑嘲讽说："你懂什么打铁技艺？"童子轻松应对："我打造之针可浮于水面上。"

她立即将童子邀入家门，童子先拿出七针一一平稳搁置于水面上，再将大针抛进水中，它依然能浮出水面。最后他又将大针针眼穿入七针后再置于水面，此次群针还能漂浮于水面。铁匠不由惊叹此人技艺远胜自己，于是就将女儿装扮妥当后准备嫁与此人为妻。婆罗门子此时则坦白说：“我并非为讨要你家女儿而来，我只想摧毁你等傲慢心理。”婆罗门子最终并未娶其女儿。

当时之婆罗门子即为后来之释迦牟尼佛；当时之铁匠即为后来之普行玛德；当时之铁匠女儿即为后来之无喻姆。释迦牟尼成佛后说过：“如今普行玛德依然欲将女儿嫁与我，但我还是未接受。”

又释迦牟尼佛亦曾转生为一善证匠人，对工巧明等很是精通，并因此而声名远播。

释迦牟尼佛亦曾转生为一善制兵器之人，名为胜部。当其获取工巧方面最胜妙奖励时，众人纷纷以偈颂赞叹、劝请。他在如来正等觉彻见如来前听闻一切诸法不生方为最殊胜之工巧法门，闻听此法门后，他当下即获无生法忍。

释迦牟尼佛又曾示现为慧海国王，以外道修行而远离贪欲，并对一切众生慈爱关照。当其时，为治愈众生疯病，他特意前往森林中寻觅六味药，林中树神一见他即合掌向其一一指示。他又观察一切疾病之来源，并进而把握住风、胆、涎之本性，从而成为治愈此病之名医。

他将疾病分为三类：必死之病；不死之病；治疗则不死、不治则必死之病。对得必死之病之病人，他施以减少痛苦之药，并以佛法妙药遣除其来生痛苦；对治疗则不死、不治则必死之病人，他施以于生命有力、有益之药；对活着之人，他则施以断除痛苦之药，他即以遣除别人痛苦而清净度日。

释迦牟尼佛转生为火施国王时，能了知一切众生之音声，不唯分辨得出声音所属，而且对声音所含意义也能善为观察。他无论听闻何种声音，都能明了声音含义、发声原因、不同发声时间所具有之不同意义，并且对哪些声音可发出、哪些声音无法发出也通达无碍。他以力与非力之方式进行观察，一切事情均能通过声音知道其是圆满、稍圆满抑或不圆满；尚能通过声音知道谁堪为法器，谁可息灭烦恼。因其掌握此种本领，故而成为整个赡部洲之大上师。

又释迦牟尼佛曾转生为正智国王，精通调解众生争执、辩论之术，只需闻其音声即可知晓争辩双方孰能获胜、谁必败无疑。他自己身形亦庄重、调柔，心性寂止，人们每每见之都不觉呆立其处，为其威仪所震撼。他以真正智慧力裁决所有有关法与非法之争论，并于此过程中获取深广智慧。正智国王后依智慧力抉择前往寂静地安住、内观，并依天眼而了达众生生死实相，通过观察而知其来世流转情况。此时他已通达无来无去、如水月般生死本意，并将自己所证境界向其他众生广为宣说，使其亦获证无实有之境界。

释迦牟尼佛还曾转生为说法仙人，不唯具超人智慧，且长于辩论，并极为关心利益众生之事。他以内观安住而通达十四种无记法道理，及以禅定、寻伺所假立之六十二种前后际见，终于明了此等见解尽皆依靠众生各自所有之分别念在萨迦耶见基础上而假立。若无产生之基础萨迦耶见，则所有见均不可能成立。他又证得能摧毁这些见之真理，并将此真理向众人广为宣说，令无量众生皆趋入不退转之道。

又释迦牟尼佛曾转生为仙人净智，拥有大神变，并依外道法门而远离贪欲。当他观察何法究竟存在时，发现何法皆不存在，连见亦不存在，并最终了知若存在三种痴暗不明则会产生种种见解：过去有无我存在；现在有无我存在；未来有无我存在。众生如有此三种怀疑，就会因未通达无我本质而生出各种见。对此如理如法深加观察后，他终获智慧眼。此时他想：我与众生虽从本质而言无有实体，但依烦恼及业却会成熟五蕴，此乃显现之甚深缘起。除去因缘假立而有外，一切诸法全为无生无灭。

净智即因此而获无生法忍，并令无量众生皆趋入无有本性之道。

释迦牟尼佛示现为巧智仙人时，远离贪欲并拥有大神变。他内观安住时就想：呜呼！世间众生可谓苦恼异常，根本不知解脱痛苦法门。当他苦苦思索从痛苦中解脱之道到底为何时，他又想到：分别念实乃产生痛苦之源，若无分别念，痛苦又从何而来？当此种分别念与贪欲灭尽时，殊胜涅槃寂灭即可现前。他接着又如理观察涅槃众生到底有无涅槃，此时他又得出结论：若众生实有则有涅槃；众生既非实有，涅槃又焉能存在？不过众生因分别念而产生之痛苦到底会对众生带来损害。众生如寻求涅槃，实则并非寻找非五蕴之另外单独存在之涅槃，因五蕴即是涅槃。为何如此？因众生无缘，本性就是涅槃。

当他从此种思维等持中出定后，即开始广为他人宣流如此佛法妙音："依此分别念，出现大痛苦，若无分别念，诸苦尽息灭。众生皆无生，诸法均不灭，心假立万有，此即为涅槃。"闻听他所宣法音后，无量众生均获无生法忍，并于无上菩提道中皆获不退转果位。

释迦牟尼佛转生为婆罗门子胜慧时，当时有一名圣仙人具有神通及离贪功德。胜慧与七千婆罗门子一道在仙人前学习四大等性、三世平等秘诀，胜慧为所有眷属中之首领。他能忆念七千婆罗门子各自所牢记之秘诀，并于很短时日内精通吠陀等一切学问。胜慧自己思索：如未了达实义，只记住秘诀又有何意？我应积极寻求真义。

胜慧于是前往寂静地安住，并观察秘诀到底有何涵义。他想到：如是风轮无依无靠，它所引生之东南西北四方亦了不可得，所谓寂静、调柔、调伏都无可寻觅。为何如此？因无有众生之故。他最终知晓众婆罗门子上师与其弟子皆已进入迷途、邪道，故而心生烦恼。

此时净居天天人亲自现身其前，不断赐以"善哉"赞叹，并说道："善男子！你能随顺、精通一切诸佛教言，依赖此道，微尘数如来皆得以现前佛果，并利益无量众生，从而显现涅槃。"胜慧出定后立即来到仙人上师及七千婆罗门子前为其宣说此等话语，他们也均于无上菩提道中获不退转果位，利益无边众生后显示涅槃。大菩萨胜慧则恒久守持如来胜法。

久远之前，有位大师名为静行，他曾对众生说道："若能获得离贪境界，暂时即可获取寂灭果位。"在其宣说下，许多人都趋入其门，前后共达八千万人。这些众生自觉都已远离贪欲，并得最究竟离贪果位，他们死后全都转生梵天。在其转生梵天后，此等众生深觉他们信赖之大师所谓寂灭纯属邪法、邪道。当他们生出这种邪见后，全部从梵天无量宫直堕大地狱中。

另有一仙人名为非胜种，他自己认为获取第二禅境界即已等同于获取蕴不剩余寂灭。当时有十万众生趋入其道，并于死后皆转生光明天。转生后他们认为非胜种所谓寂灭纯属邪道，结果当他们生出这种邪见后，全体人众立堕大地狱中。

故而我等应知：沙门、婆罗门欲以禅定安乐获解脱并非究竟解脱之道。此时释迦牟尼佛则转生为一具五神通、名为了知种种见之婆罗门，他得知众生因生邪见而堕地狱中后，即依靠神变力令地狱众生暂时先感受清凉快慰，然后就开示说道："嗟！诸位众生，所谓寂灭并非不存在，你们只是未听真实寂灭法而已。你们此前所认定之寂灭并非真正寂灭，但诸位却认其为寂灭，并最终反而否定真实寂灭存在，故而你等才尽堕大地狱。希诸位从今往后舍弃各自邪见，如此才能获寂灭安乐。"众生闻听他法语后，全都舍弃以前所持恶见，人人心中均生出有寂灭之道存在之念头，并立即得以从地狱中解脱而出。

他们马上来到了知种种见婆罗门导师面前，他则再为众人宣说佛法，并使其获得从初果至阿罗汉间各种圣果。

释迦牟尼佛又曾转生为一国王太子，名为大悲尊。他有次想到：于此世间所显现之五颜六色、千姿百态种种法，诸如色、形、语言、种姓、名言等等，到底因何而存在？于是他便派人分赴四方打探，查找如今健在且精通此意具有智慧之沙门、婆罗门、上师，并广泛询问有谁可遣除自己心中疑问。

大悲尊父亲名为稳住，他有一日告诉太子道："太子，以不可思议思维寻找不可思议万法根源纯属徒劳、自找麻烦之举，你始终也无法探寻到究竟，亦根本不会有人能回答你疑问，因而希望你能对王位、世间妙欲多生欢喜心。有意义之事你不加重视，无意义之事你倒勤为，自讨苦吃有甚实际利益？"

太子回答说："大国王，请勿在原本无黑暗之处再笼罩黑暗。在父王治下国土中，众生相貌有妍媸之别，种姓有高低之分，智慧有智愚差别，财富有贫富之殊；学工巧者有其人；亦有原先赤贫而后凭精进努力获取财富者；病者通过治疗得解脱者亦不乏其人。如此差异皆各有因，而我却不明此中因缘，但我不懂绝不证明因缘无有。正如我不明工巧事理一样，我们所能了知者皆为有限，更有诸多无限之未知领域。大国王，你应知晓，世人中肯定有通达我所提问题之答案者，只是我不明答案而已，所以我才想向沙门、婆罗门、有智者广泛询问。”国王闻言只得随顺他说：“你既如此认为，那就随你意愿随意请教吧。”

此时正值如来正等觉星光如来出世，当大悲尊太子安睡时，从空中传出音声道：“如来正等觉星光如来现已出世，他可解答你所有困惑。”第二日早，太子将情况禀明父王，父王疑惑问道：“太子，星光如来到底居于何处？”

如来早已了知国王心，他立即携带眷属以神变力来到国王住处。眼见如来身光遍满整个地方，国王与太子皆生起信心，他们带领六十万众生一起奔赴如来座下，并询问有关问题。待如来一一解答后，众人均能精通一切论典。如来尚且对此等众生皆作未来各得菩提之授记。

释迦牟尼成佛后说过：“目犍连，是故诸菩萨应精通一切论典，如来一切智智之因正在于精通一切论典。”他又说：“当知众生处所、种姓皆为业所造，所谓业又因烦恼及心而立。”

释迦牟尼佛转生为正光菩萨时，每次都能于睡梦中与如来交谈，除此之外再无其他梦境。当他在无著如来前询问有关世间学问，诸如集智、世间智等问题时，如来告诉他说：“欲获无上菩提之菩萨，应精勤了达一切论典，为了知此等道理，亦应精勤不辍。诸菩萨应精通往事、来世名言、人之概念、地域名相、去来名言……凡世人所了知之名言皆应精通。”正光菩萨即依如来教言对世间名言尽皆掌握。

释迦牟尼佛尚曾转生为一仙人，名为精通后际法，并依外道而得离贪境界。他总喜思索一问题：每个众生都有不同身相之显现，此由何因而成？当他对此详加观察时，终于明白此乃因我执及分别念而起惑造业并生种种烦恼，从而产生众生种种不同之心。接着他又观察所谓我是否即是色蕴，并依受、想、行、识一一观察下来，最后了达无我道理，且如实通达无有我及我所之理。

当他再从等持中出定后，便将无有我及我所之理向众生广为宣说，使无量众生皆获无生法忍。

又释迦牟尼佛曾为一精通死灭仙人，以外道法门而获离贪境界及五神通。当他看到所有有为法都为毁灭性后，便去观察到底存在不存在一种不生不灭法。他最终知道有为法有生灭，而无为法则无生灭。更进一步观察时，他就获得所谓欢喜无畏法如金刚般之等持，随后就了达万法生灭全部依赖于心，心才堪为万法生灭因。而在观察心之本体时，他又发现所谓心无有色相，亦无可诠释，心之本性无所见，以心不可见心。心之灭尽无有所知，不过贪心等心相灭尽时，名言中同时能起其他念头。他即如是精通所有心相续。

在其了知此等道理后，他再不生烦恼，并精通诸法之性三世平等。自己了达之后，又对所有众生宣说此等法门，令无量众生均获无生法忍。

释迦牟尼佛转生为知前际国王时，明了众生现有苦乐均依前世业力而形成。明白此理后，自己即于未来无数劫中心不起染污。

又无量劫前，有一如来正等觉善导如来出世说法，当时赡部洲胜部国王以如理如法之方式治理国家。他有一千太子，释迦牟尼佛彼时即转生为其中之寂慧太子。他求法之心非常迫切，为圆满他愿望，国王召集起所有沙门、婆罗门等智者，令其与寂慧太子谈论正法。太子首先问诸大圣者：“你们以为世间最大之危害、痛苦为何？”

有人言最大危害、痛苦乃贫穷；有人言轻毁；有人以为是喑哑；有人说是愚痴；有人言无业；有人言离别亲友；尚有“不知工巧技艺”、“失去王位”、“诋毁国王、大臣”、“夫妻反目”、“不知恩图报”等种种回答。寂慧则说道：“你们所说我皆赞同，在此等答案基础上，我尚觉人生最大之危害与痛苦应为老、病、死三者。不论魔王或梵天都会遭受这三者侵害，而我们又不知从中解脱之法。我听说善导如来正宣说了脱三痛苦之法门，我们何不一同前往如来前请求聆听解除苦恼之法门。”

于是六千万众生便共同来到如来座下，如来则为他们宣说了解除世间痛苦、危害之道，并使其全部当下通达无碍。

释迦牟尼佛又曾转生为月相婆罗门，精通一切论典。当他看见如来三界导师所具三十二相后，当下就遣除怀疑、生出信心，并发无上菩提心。

释迦牟尼佛曾转生为善目国王，他在无著如来前听闻十力赞颂，并于如来前广造善根，以无有满足之心态度化众生，令无边众生皆于无上菩提道中成熟相续。

释迦牟尼佛又曾示现为一国王之子，名为遣愁太子。他整日思虑整个世间不知有哪位沙门、婆罗门了知世间智、集智。当其苦思冥想之时，天尊现前劝请他到甘露妙音如来前请问。他依言前往，并在如来前发无上菩提心。

释迦牟尼佛还曾以仙人卓行杰之形象应世，当时他想：所有有情及非有情到底如何产生？如何存在？想向旁人询问时，虚空中传出声音道："如来正等觉世间明灯如来无所不知、无所不见，他必能解答你心中疑团。"卓行杰便到如来前询问，如来依靠五蕴而为其宣说无来无去法门。仙人对此生出信心，他发愿道："将来一定要获得如来殊胜之智慧，并要为他人宣说佛法。"

释迦牟尼佛转生为能光国王时，拥有七宝及一千太子。他后到寂行如来前询问涅槃道，并行广大供养。

当释迦牟尼佛示现为甘露妙音时，又在如来正等觉声妙如来前问道："众生依何道方能解脱痛苦？"闻法后则依教言令无数众生从痛苦中解脱。

当释迦牟尼佛转生为比丘华炯时，他尽心承侍净顶如来，并为获佛果而发愿。此时如来光芒接触其身，他当下获大悲心等持。

释迦牟尼佛又曾转生为深慧菩萨，当时妙解如来正出世并宣说等持智慧法门。深慧一边执拂尘承侍如来，一边亦发愿将来要得如来殊胜智慧。

又释迦牟尼佛转生为净施菩萨时，于五年中精心尽力供养如来正等觉无尘垢暗如来之舍利，他舍弃自己一切财物，守持如来所有教法。

释迦牟尼佛转生为月光菩萨时，以偈颂赞叹明智如来，并询问解除烦恼妙法。待如来宣说后，他自己全部掌握精通。

智光处处显

释迦牟尼佛转生为国王善抉时，有普行外道问他心识之因为何。国王就到净目如来前请教，自己通达此理后再答复普行外道，令其亦明此理。

当释迦牟尼佛转生为察行婆罗门时，某日于空中听闻“万法均为刹那毁灭性”之音声，自此之后便对有为法之对境再不关心，只一心寻求不灭法。他最终对无取、无贪、无执之法生起定解，并精通对一切众生以大悲心无执著利益之法。

又净目顶如来出世时，释迦牟尼佛转生为狮慧菩萨，他于成千上万无数年间承侍、供养如来，并同时获心识刹那灭尽法门。

当释迦牟尼佛转生为畏顶国王时，已获无生法忍。其时有一寻找佛果之国王，名为善慧。当畏顶见到他时，就为其宣说赞叹如来文，使他发心并亦获如来授记。

释迦牟尼佛转生为胜名国王时，一直苦苦寻觅解脱轮回之道。他后于法云殊胜妙音如来前以偈颂作赞叹，向如来询问过所疑问题后，他对解脱轮回法门已全部通达。

释迦牟尼佛又曾转生为熄念大臣，当时有一国王名为净慧，他将所有大小事情全部委托熄念处理。而熄念则以如法调解，平息众人所有争论、不和，同时亦了知所有声音皆为无常性。他遣除整个国家不如法之行为，使国家繁荣昌盛，并广泛成办自利利他之事。

释迦牟尼佛转生为稻秆王子时，于无垢顶如来前广积善根，并为获无上菩提而发愿。

当释迦牟尼佛转生为无住妙香胜解安稳菩萨时，曾于千百万年中承侍法云雨满足国政如来。如来对其非常欢喜，他自己亦守持佛法。

不过因他对菩提心有贪执，故而未获如来授记。

梵师如来出世时，释迦牟尼佛转生为明觉菩萨，他已通达受觉本义——证悟受觉即可生生世世拥有调柔行为。明觉菩萨以神变显示如来诸刹土，在如来刹土中，于漫长时日内度化不可思议之众生。他以言语宣讲佛法，无遗度化具足贪、嗔、痴之烦恼众生。

释迦牟尼佛曾转生为月施国王女儿，名为无数，相貌秀美。国王欲为其寻一丈夫，无数却不愿婚嫁，因她已断除一切贪欲，安住于无贪法乐中。

释迦牟尼佛还曾转生为一体态娉婷、面容姣好之美女，当时有一婆罗门苦行者相貌极其丑陋，但他却大胆前来索要美女为妻。美女父亲暗想女儿未必会答应这门亲事，故而拒绝了婆罗门求婚请求。不过女儿为圆满父亲布施心愿，也为令婆罗门心满意足，她自己答应愿嫁与此人为妻。在两人生育过小孩后，美女又出家证道。

又释迦牟尼佛曾转生为一普行恰嘎，当时有一世间导师据传精通世间心性，并于大小城市中为众生宣说抉择心之根源法门。普行恰嘎听其传法后不由想到：此种世间知识实不应为众人宣说，我应真正了悟世间根源。他便前往寂静地一心观察世间心识从何而生，并最终了知所谓世间实乃五蕴聚合而已，而五蕴又不离生等痛苦，故而所有众生真是可怜无比。为解脱自他痛苦，他就开始精进修行，并终获五神通。然后又对众生宣说此等法门，从而令其皆入正道。

释迦牟尼佛转生为大悲商主时，具足善巧方便。当时有五百商人一同前往大海探宝，他对众人说道："十方无边世界中，众生好坏有别，种姓亦各不相同……"他即将有关世间之法向众人广为传讲，令其均对世间学处通达无碍。

当释迦牟尼佛转生为慈魔商主时，有次与五百商人同去大海，其后在航行中不慎将落入鲸鱼之口。众商人慌乱之中纷纷祈祷梵天、大自在天、水天等各自所信奉之种种世间天尊，并顶礼、哀哭不止。商主则冷静想到：这些人均将非皈依处当成皈依处，非众生怙主当成众生怙主。正如有一以色为生之随顺者，他总依自己所拥有之美色而随顺他人，只要能令他人欢喜。别众言不净，他亦许以不净；别众说净，他则也同声相和，此随顺者即以此度化众生，而众生却根本不知他本来面目。同理，众生各随业而行。每个众生行为、想法皆不尽相同。万法本无定准，亦无有实质可言。若有众生执著于净，则需以不净对治；执著于相，则需以无相对治；执著于束缚，则需以无常观令其得解脱；执著于我，又需以无我法破其执；执著于安乐，就应以空性法破除……应如是掌握、通达各种不同之应对措施。

当时正逢摧暗如来出世传法，商主便令众人皆祈祷“南无佛”，众商人于是都念诵三遍“南无佛”。鲸鱼闻听后紧闭起嘴巴，商人们于是得以脱离险境。

又释迦牟尼佛曾转生为婆罗门胜持，他通过观察了知一切过患之根源在于烦恼，而一切功德之根本则在于善法。依自己观察了悟后，他即开始弘扬善法、禁戒恶业，并于其后获等持境界。他随即于六十万劫中不堕恶趣，并利益无量众生。

释迦牟尼佛转生为光贤仙人时，为守持禁戒而将头发梳理成五法髻。他对寒冷及酷暑均不作意，不顾自己身体而精进苦行。光贤不惧怕任何邪魔鬼怪；对他人之妇从不邪淫；亦不饮酒；心也从不散乱；总能护持他人心；自己断尽妄语胡言，总之具有种种功德。

光贤后获五神通，并对工巧等世间事业样样精通，且对正法、世间、自我、善巧法等无数学问全部通达无碍。他此时则想到：我虽精通此等道理，但从不知这些学问如何灭尽，亦不通达能了知这等学问本性之智慧。于此世间，有哪位沙门、婆罗门可为我开示所疑？他整日如是苦苦思索。

为求无上道，光贤又以乞讨者之形象去往普行外道处。他们见到这位乞丐后，种姓再低劣者亦纷纷给他布施，但光贤并未接受。不久，他以乞讨为生但又不接受布施之名声便传遍各地。

此时于大雪山地方，当燃灯佛正处因地菩萨位时，有位普觉仙人具足五神通。他入于辨别一切世间等持之中时，能了知所有众生心与行为。当时他即以天眼观照到光贤正以乞讨方式求道之情况，于是他便立即对之生出悲心。他想：光贤尚未有了知理与非理之智。接着便于大勇士伸手之瞬间，普觉就从大雪山来到光贤面前。

光贤向他顶礼后问道："如何才能拥有知晓众生心与行为、通达理与非理之智慧？"普觉回答说："通过无吝啬之布施及自心专注于禅定，且需以欢喜心布施、摄受智者，广闻博学、上下寻觅智慧，如此方能获得殊胜智慧。"

又释迦牟尼佛还曾转生为见灭国王，他看到所有产生法均灭尽之本性后，就对很多众生宣扬此法门，令其皆趋入正法。

释迦牟尼佛转生为知味过国王时，凡感觉任一法味道均知其过，但就不知从何解脱，于是他便苦苦思索到底有谁能知晓解脱法门。当他边想边欲睡眠之时，具三十二相之如来对他说道："善哉！唯无为法方能令人获得解脱，有为法定不能使众生摆脱束缚。"待如来宣说完毕，他已通达菩提正道。

释迦牟尼佛又曾转生为根天婆罗门，以外道修行而离于贪欲，并具五神通及威严。他劝请成千上万众生以学习通达智慧，并依第一禅而了彻五通。然后他又想到：第一禅亦不离禅味，当然无法摆脱禅味之过；众生若执著于佛法中所言内外所摄法之感受，同样过失很大；真正摆脱之道乃在于无味，无味即无过失。如是思虑过后，他开始如理作意，并终获无生法忍。又将自己所得向众生宣讲，令他们亦同获无生法忍境界。

释迦牟尼佛转生为誉贤国王时，正值无量光如来出世传法。如来为众人宣说以七菩提支为主之佛法，国王闻法后即获无生法忍。目犍连后于释迦牟尼成佛时曾就此事问过如来："既如此，为何还要说释迦牟尼佛在燃灯佛前获无生法忍？"释迦牟尼佛对此回答说："目犍连，因众生根基不同，有关如来获取无生法忍授记之说法亦有种种。"

释迦牟尼佛转生为天贤国王时，以外道法门而远离贪欲。当其于寂静地观修禅定时，以观心而知下至地狱、上至非想非非想天之众生，皆因各自所作业及烦恼之不同而拥有今世之不同身相，若能灭尽烦恼，则再不会有业产生。他随即获有顶等持，并入于受觉灭尽定及心识灭尽定。他认定必有从痛苦中获解脱之道，并于出定后将此等道理广泛为众生宣说，使其皆获不退转菩提果。

释迦牟尼佛又曾转生为一劣种悦意仙人，具足五神通。他经观察得知：万法，诸如种姓、姓名等均为假立妄有，根本不实，因法性无有法与非法之分。十方世间智者皆对无生法不生恐怖，唯凡夫愚氓方对之恐怖不已，万法本性实无所缘。他将观察所得为众生广泛宣说，令无量众生皆趋入无生法之道，并于无上菩提中获不退转果位。

白慧如来应世时，寿量长达九千万年。当时有一国王名为智相，其太子乃一菩萨，名为兔句，也即因地时之释迦牟尼佛。于此刹土中，白慧如来显现各种稀有神变。兔句太子则于梦中亲睹如来之出世，并立即生出无以名状之欢喜心。第二日，他即召集起所有人众，劝请众人道："如来正等觉白慧如来现正住世，他所宣扬者乃断除烦恼及恐怖法门，我们均应前往听闻受持。"言毕即率大众至如来前顶礼、迎请、供养，而如来则率眷属欢喜应供，愉快享受众人所供布匹、饮食等物。大众皆发愿欲获无上菩提，且各个得如来授记。

又释迦牟尼佛曾转生为妙宝仙人，他特意为趋入歧途之众生宣讲佛法。为令其晓悟贪图种种意乐之过失，他为众人宣说灭尽种种意乐之清净法门，又宣说不可刻意贪执意乐本体之法门，从而令无边众生均得以摆脱痛苦。

释迦牟尼佛又曾转生为持地菩萨，具有无量功德，且智慧超凡。他仅发心一次即能积累无量劫之善根；一次发心就能使无数众生趋入三乘道。他有次心想：若如来正等觉正降法云雨如来能亲为自己眷属授记则实为善妙。结果当其正如是思维时，如来果依其意愿而当下为不同众生作不同授记。

当释迦牟尼佛转生为持宝菩萨时，一直恭谨承侍胜寂如来，对如来恒时恭顺，令世尊非常欢喜。他勤修五神通，不久即获他心通，并取得与如来大致相同之了知种种意乐界性之智慧，且广行如来所行之无尽事业。

释迦牟尼佛还曾转生为在家菩萨水天，他于如来美目前请教灭尽种种意乐之法门，并自此之后了知一切外境本性，从此再未产生任何过失。

释迦牟尼佛又曾转生为无垢月菩萨，当时有一如来正等觉普度如来已住世无量劫，并以大乘法而令无量众生皆获不退转果位，且显示涅槃。彼时有一天月菩萨曾令十世界微尘数之众生发起菩提心并趋入涅槃，无垢月之善根即为天月使其成熟。无垢月曾想过：天月菩萨竟能使无量无边众生皆发菩提心，并成熟他们善根，以此广弘如来教法；我亦应紧随其后，善加效法。立定志愿，他即据十方众生不同之意乐、根基，幻化成天龙夜叉等各种身相，使所有众生都趋入三乘道而获解脱。以此善根，他后来获取了知种种意乐界性之智慧。

释迦牟尼佛转生为无等力菩萨时，长久承侍如来正等觉药师王如来。当时他已了知义、法、时、人等四法，并精通一切论典。他后于如来前请教知诸根法门，并终获如来授记及无生法忍。

当释迦牟尼佛转生为胜天婆罗门时，通过观察自己如何造作善、恶、无记业而知晓以何业方能广积善根；同时亦通达若贪心生起，则以上、中、下三对治法门制止烦恼之术，并因此而于八十劫中不堕邪道。

又释迦牟尼佛曾示现为月天国王女儿月天女，极富智慧且心地善良，完全堪行国王之事业，并最终登上王位。月天当时问女儿："以何因缘方能获得知诸根智与集智？"月天女则回答说："必以恭敬承侍沙门、婆罗门、具清净戒律之广闻多识者方能获得，并可依之修学。"国王自此后即开始广行上供下施，并获不退转信心。

释迦牟尼佛又曾为普生仙人，具足五神通。他在一园林中苦行时心想：以何种方式才能灭尽诸根，并再不生起？后来他想到只有依圣智方可灭尽诸根，不过通过何种智慧才能了知诸根已灭尽不生？就如头被砍掉后不可能再生，同理，通晓根源方能保证斩草除根、灭尽不生。既如此，又以何种方法直抵究竟？

为获此智，他就向琐事微少之沙门、婆罗门多方探问，但一直未得满意答案。此时他下定决心，必以自己智力了知此道，为此可舍弃常人难舍之头目等一切身、物。历经千辛万苦后，他终于知道只有通过圣者之道才可获此智慧。为令他人亦明白此理、生出此等智慧，他舍弃大象、骏马、马车等种种凡夫绝难割舍之物以积累无量善根。若其所造善根可以色相衡量，则此色相以恒河沙数之世界都无法包容。

久远之前，释迦牟尼佛曾转生为净慧仙人，每当生起烦恼时即以不净观对治，结果当下即可舍离烦恼。不久后，他即不再生出烦恼，恒时处于清净状态中。众多天人亦趋入其道，他又将自己所了知之理为他众广泛宣说，使很多人死后皆转生梵天。

释迦牟尼佛成为道施仙人时，舍弃故土前往寂静地出家修行。当时他于一大树下如是思维：此树不久即会倒下，同样，所积资财亦会灭尽。高际必堕，处高而不下堕之法不知是否存世？他最终得出定解：高而不堕之法无处可觅。不过若不位于高处，又从何堕起？如傲慢自骄当会高抬自己；一旦灭尽贡高我慢，自以为高亦了不可得，故而我与众生皆应力断狂傲自矜。思虑成熟后，他即为众人宣说佛法，以大悲心令他众皆趋入十善道，并于死后均得以转生梵天。

又释迦牟尼佛曾为善导仙人，以外道法门而离于贪欲，并具五神通。当其观察众生之所以各不相同时发现，烦恼生业，业又成熟果报，一切归根结底全因有我执而环环相生。他于是当下即获取无生法忍，并令无量无边众生亦趋入自己所证之道。

当释迦牟尼佛转生为善住灭仙人时，他常常如是思维：众生皆因不懂诸法无自性而招致痛苦，故而他随后就千方百计令众生趋入无我道。

又释迦牟尼佛转生为持地国王时，眼见众生受苦之根源尽在造作恶业，为令众生能不再贪执自己身体，他就为其广宣不净观法门，使无法计数之众生都因之而趋入不退转之菩提道。

释迦牟尼佛转生为心力强菩萨时，曾特意前往甘露滴王如来前闻法，并获诸法无生无灭法忍，且蒙如来赞许。

又释迦牟尼佛曾转生为勇势仙人，心无丝毫畏惧且精通一切论典。他当时认为一切有漏法若不生即必定灭尽，换言之，灭尽五蕴、十二处、十八界、五根实为修证根本，能知此理及要诀者定为智者。正所谓烦恼生业，业生异熟果报，若能摧毁根本，则烦恼不生，亦必能断尽轮回相续。

当其从定中出定后，他连说三遍："断除轮回根，能获快乐果。"他之音声借助风势传遍四方，无量众生听闻之后，均精进断除烦恼根本，于无上菩提道中得不退转果位。

释迦牟尼佛曾为普眼仙人，他觉知众生依各自途径而持有各自观点，又因各自见解而行种种事业。众生为得快乐而造诸恶业及有漏善业，并因之而堕恶趣或趋善趣；为入涅槃道，只能以造作无漏善业而得解脱。

当其从定中出定后，即开始将此理向众生宣说："从本性而言，不造作诸法即得安乐，也不会产生异熟果。"他广为宣讲之音声被风吹向四面八方，无量众生听闻后均获无生法忍，并安住于无上菩提道而不退转。

释迦牟尼佛转生为国王随众时，精于观察众生根性之道。他想多有众生因贪执色法而引生苦恼，并趋入三恶趣，他们实不知色相确乃不净之对境，正因不明此理故而贪执不休。对众生心生悲意后，他便广为宣讲不净观法门，使众生均从内心生起不净观之境界，并了达诸法本体。无量众生都因此而远离贪欲，并于死后转生梵天。

又释迦牟尼佛曾转生为解法仙人，以外道法门而远离贪欲，且深知贪欲过患。他已了知诸法如镜像般无实有之本质，并依此而现前五神通，又令无量无边众生获无生法忍。

释迦牟尼佛还曾转生为恩匝雅达仙人，为一具神变及富有威严气势之人。在其观察于自己所了达之法上是否尚有最殊胜之法时，他想到：自己所证者实为灭法，而任何法若能无灭则最为殊胜，但只要为所生法则尽皆毁灭，看来何法无生方堪称为无灭。如此一来，这无生法又到底是何模样？思前想后，他最终明白过来：万法本体皆为无生！凭此观察思索所得，他终获无生法忍，且令无量众生皆趋入此道。

当释迦牟尼佛又转生为仙人胜观行时，以外道修持而远离贪欲并具神变。他观察欲界众生烦恼之因与本体时，终于了达无我之理，且具足五神通，还令不可胜数之众生皆趋入无生法忍道。

又释迦牟尼佛曾转生为首领之子，名为檀香。他自己认为无论执著道或涅槃，任何实执都无法令众生获得佛果。因此欲获真正解脱，必得远离贪执，此中道理就如过河需用舟，至岸可舍船一样。获证圆满菩提时，绝不可存一丝一毫求解脱、得佛果之心。如已了达万法本体，则如船筏一般之暂时、不究竟之法均应舍弃。檀香不仅如是思维，更将自己了悟之境界为他众多方宣说，以此而利益无量众生。

不唯生为檀香时如是行持，当释迦牟尼佛转生为喜世仙人、寂世仙人等仙人时，为了达世间种种烦恼、过患本质，亦进行过同样如理之思维，并生起如法道相。此等仙人行迹，诸如自己生起清净智慧，并令他众也获不退转果位之内容，于《广智经》中有广说。

方便度众不可数

久远之前，释迦牟尼佛转生为一知吠陀仙人，精通一切论典之词句、意义，且具神变及威力。他以外道行持而获离贪境界，并寿长九万年。中有八万年都未安眠榻上，真可谓衣不解带、夜不就寝。他从不贪著昏沉、睡眠，心中整日思维众生痛苦因何产生。后来他知道除无明外再无别种根源，正因无明而产生轮回。若通达无明本质，也即可谓灭尽轮回。

正当其如理观察之时，净居天八万天人一齐在他面前虚空中现身。众天人对他如理作意赞叹不已，且同声念诵三遍如是偈颂：“狮为兽中王，岂能有畏惧，智慧如狮心，导师汝似狮。吾等八万众，诵偈如狮吼，各个恭敬汝，合掌又顶礼。十方世界刹，无量佛陀尊，显现汝心前，汝已守此刹。大象及骏马，难驯又难依，众中最殊胜，人中胜导师。往昔诸如来，所有众功德，汝皆已具足，必得佛陀果。”

知吠陀仙人受众天人礼赞之时，将心安住下来后想到：他们所谓之佛刹何时方能现前？净居天天人此刻又说道：“好朋友，你以心之显现力可现前十方世界不可思议诸如来刹土。”听天人如是讲罢，以此善根力加持，他自然跃升至七多罗树高之虚空，并顿时目睹十方刹土。种种刹土中，有些刹土中之佛陀正在降生，有些刹土中之佛陀正迈步，有已出家之佛陀，亦有已成佛者，还有佛陀正转法轮，尚有入于寂灭、入无余涅槃之佛陀，他并且听闻如来说法妙音。

然后他告诉净居天天人道："往昔轮回边，无法衡量之，以无明而舍，寂灭菩提道。为获菩提果，吾等当发心。"说此颂词后，他以自身光芒照触无量众生，令其皆获不退转果位。

又释迦牟尼佛曾为善住仙人，具善法等持。他经常都在思索：菩萨以何学问方能究竟善法等持？若能了知一切万法本体为空，才算究竟等持，因一切法均远离所作故。当其从定中出定后，就开始前往各地为众生宣说此理，以期众人都能通达空性之道并因而放下勤作。其后有无量众生因闻听他法语而获无生法忍。

释迦牟尼佛转生为无著识菩萨时，具无性等持，后又获一切诸法无有本性等持，并于二十四中劫中以诸神变足精进修持。他后又前往无量佛刹，于二十中劫中为众生广宣无性等持法门，令无量众生皆趋入无生法忍之道。

释迦牟尼佛又曾转生为无障见心仙人，以外道法门而远离贪欲，并具神通、威严。他去寂静地观修时总在想：何为法？何为障？最后他自己得出结论：一切法均无有，一切障碍均不存在，因万法本体就为空性。正如虚空无法障碍虚空一样，因虚空本身即无实体。得到定解并从定中出定后，他向众生开示道："诸位朋友，一切法本体为空，既如此，我等又能以何法障碍何法？"在其宣说后，诸法本来为空之音声便借风势散播向四方，令无边众生均得以听闻，并皆获无本体等持，且均生起无生法忍之境界。

当摧敌国王执政时，利乐如来正出世传法，在其菩萨眷属中，释迦牟尼佛彼时转生为信力菩萨，一直赞叹大乘功德。有一些不喜、不愿住于轮回中之声闻乘比丘，他们经常说："前际无边无涯之轮回有谁愿住？"并以此与大乘佛子展开如理如法之辩论。

信力菩萨则对其说道："诸位长老，不知你们是否具体知晓众生过去长陷轮回中时所遭受之剧烈、难忍痛苦？”他们纷纷回答说：“不大清楚。”信力接着说道：“正执著于法时有何畏惧？你们对过去之事不愿观察，对未来又妄加观察。诸位长老，舍弃已逝之事、一心只想未来之事正乃真正可怕之事。你们在进行对过去之所谓观察时，对未来并未从根本上加以重视，你们均如是思维：过去已永远过去，无需观察，亦无可恐怖。诸位长老，我据佛陀本义对此理解为：过去之事亦须正确观察，在观察时，‘我做过诸多事’之类念头根本无法存在。诸位长老，往昔有位仙人名为红马，他欲到达世界边际后而死去。于是他就以神变脚踏山王，一一飞越崇山峻岭，怎奈依然半路死去，并未摸着所谓边际。诸位长老，佛陀从未开示过可依双脚踏遍边际，唯以智慧方能触摸世间边缘。你们以为未来痛苦不堪，并为未来痛苦而担忧不已。但诸菩萨所要灭尽者乃贪欲边际，他们绝不会徒劳赶赴世间边缘，若能灭尽贪欲，哪里还会有痛苦记忆及关于痛苦之念头？”

尽管他如是宣说，但依然未能遮止住声闻乘比丘种种见解，因他们尚不具备信心之力，他们修无上菩提之缘分尚未成熟。佛经中说：“是故诸菩萨为众生利益，应精进生起信心力。”

久远之前有一国王，名为执实法，对佛法具大信心。但他一直执著一切法实有，一切法均不可改变。释迦牟尼佛当时转生为国王一大臣，名为法行。法行聪慧，且具观察力，精通法与非法之区别，经常帮助国王主持国政。他又承侍如来，并修持大乘佛法。

平日里他就已知国王实执严重，为制止国王偏见，他令工匠做成很多金质器皿，可用以盛储芝麻、酥油、油饼、食物、饮料、蔬菜……做成后他问国王：“这些器具都可用来盛装何物？”国王便找来诸位首领令其抉择，他们便一一向国王推荐道：“此为盛水之器，此为装芝麻之用……”

法行大臣后把用以装芝麻之器皿改盛酥油，并以之为国王供斋；而当国王命手下用盛水之器皿装满水送来时，手下却顺势将水舀在另外器皿中端来。国王一看器皿错用，就对左右说道：“原先曾有规定，为何现在又错杂用之？一切规矩都已被你等破坏尽净，以致秩序全无。

所有器皿自此之后都成废器，这岂不浪费？”

法行大臣就趁机进言道：“无论何种器皿均无装盛一定物品之不变规矩，同理，一切法亦可发生转变、转化，皆具毁灭性，无有一法有所谓决定性，万法尽皆变化无常、转变无定，何来永恒实有之法？大国王，你应了知并修持万法无常、无定及动摇不实。大国王，少年会渐至青年，青年会迈入中年，中年又步入老年，老年又走向死亡，此乃人生岁月之流程。同样，一切法亦无真实存在。”

国王对其所言深表赞同，并为真正通达此理而开始精进修行，他随后终于舍弃并灭尽实有之忆念。

久远之前，释迦牟尼佛曾转生为寻生国王，后舍弃王位出家求法。每当根识散乱之时他就想：呜呼！我舍弃能致散乱之王位而出家修行，若根识再向外驱驰不止，此等修持又有何义？这也太不应理。在自己根识陷入迷乱外境之网时，必须依虚空般等性等持，并以最大精进力超胜散乱心态。不过，诸大菩萨那如虚空般之等性等持又到底是何景象？思虑及此，他又想到：一切法原本就似虚空般平等，而虚空则无有任何障碍。既如此，外境一切法亦无有丝毫阻碍。问题之关键乃在于无分别念则定无障碍，分别念若起，众生即作茧自缚、自我阻碍，无分别念就能当下解脱。为达此目的，看来我应舍弃一切分别念。

将前因后果一一想明后，他即灭尽一切执著，并终获如虚空般等性等持及无生法忍。此时，以其发心不可思议之力，他腾身七多罗树高之地，并宣说偈颂道：“何人证悟无碍法，此人了达佛行境，亦得往昔佛所证，通晓法王之诸法。一切万法如虚空，法性亦无所证性，亦如是无所证行，此法无变且无二。”

寻生国王即如是不依其他人，只凭自己智慧终获无生法忍。故而释迦牟尼成佛后曾说过：“目犍连，是故若善男子善女人欲获无上正等正觉，不论其值遇如来与否，为证悟甚深法要，皆当精进修持。”

又释迦牟尼佛曾转生为无垢灌顶国王，一直以佛法治理国政。他治下国家拥有七宝，本人还经常与沙门、诸大臣交谈各自对佛法之理解。当时净眼如来出世传法，无垢灌顶国王即率十万民众、一千大臣、八十万女众赶赴佛前。净眼如来为众人宣讲佛法，所有眷属都聚精会神听闻法语。

国王因前世善根力成熟，虽身处众多女众之中，但他原本就能长时安住于第四禅。此次见到如来后，心里更是欢喜无比、信心大增。他当下想到：如来座下有如此众多之眷属，威力确实无人可比；再看如来行为亦寂静调柔，想必定具不共智慧。如来此时则对国王说道："请国王上前，因目睹如来有极大利益。"国王就与自己眷属一同至如来前顶礼，后端坐如来座前。

当此之时，八亿梵众天天人现身虚空并合掌请安。梵众天天人原本连欲界天人都难睹其容，更遑论凡夫要亲见真身。但以如来神变加持，欲、色界众生全部看到他们身形。国王暗忖：若与如来相较，任何天众身相都无法与其比肩。欲、色界众生纷纷合掌，国王也恭敬合掌，并以偈颂赞叹如来功德，又殷勤问法，净眼如来一一作答。国王闻已心生极大欢喜，并再次赞叹不已。

以此善根，无垢灌顶国王后于九十六个无数大劫中不堕邪道，又具神变、相好庄严、智慧等功德。

久远之前，尼枸卢王如来出世传法，其刹土清净广大，众生寿量千百万年。释迦牟尼佛当时转生为除疑菩萨，成为此世界中一国王，他拥有八十万女众眷属及一千大臣。国王将国库财富经常布施与贫穷众生，令其皆日渐富有。所有民众都无犯戒意念，各个皆具清净戒律。众人亦无三世睡眠、昏沉等烦恼，均能以正知正念及不放逸之心行摄身安住于大慈大悲、菩提心、禅定之境界。人们都富有慈爱之心及智慧，并发四无量心，且喜爱通达世间学问之智慧及至佛智间所有世出世智慧。

前世与国王有因缘之天尊某次劝请他前往如来前闻法，国王便集合起所有眷属共同赶赴如来座下。尼枸卢王如来远远望见大队人马踪影后，立即劝请其他天尊从速装饰国王必经之路，且要恭敬承侍国王。国王一见不觉满心疑惑，他急忙问左右大臣何故如此，众大臣、天尊皆言："世间怙主以大慈大悲之心特意令天人为之。"

国王闻言立即走下马车，开始以极大恭敬心向如来顶礼。遥望见如来后，国王一边急急走向如来，一边不停念诵赞叹如来之偈颂。此时净居天天人为供养如来，便幻化出千万宝伞、妙衣。国王见后心下暗忖：此等供品皆从何而来？刚一生出此等念头，千万供品立刻隐匿不见。国王不觉纳闷想到：它们又消失于何处？天尊此刻则趁机将“无来无去、无生无灭”之偈颂向其宣示，令其当下通达万法本义，立刻遣除一切怀疑。

当释迦牟尼佛转生为智顶国王时，当时与他共处同一时代者尚有一大称国王。大称国王依外道法门而远离贪欲，且具神变及威力。每当人间逢到十五日时，大称即以神变常常飞临三十三天，并与其处天人讨论佛法大义。大称在探讨时说道：“诸位朋友，若如来正等觉出世，他即可为众生宣说佛法。”

当此之时，智顶国王、遍入智国王、星光国王等九万人间君主亦会集于三十三天天宫参与讨论法义，他们皆言：“诸位朋友，我们都应持佛法正见，绝不应执非法见，务必守持真实寂静观、空性真谛与无我之见，凡与之相违者均应舍弃。诸佛早已揭示出空性法门，他们从未言说有所谓‘人’独立实有。诸位朋友，如来已明示内外所摄十二处皆无本体。”

当其宣讲此等话语时，天人及眷属全部无漏听闻。他们纷纷说道：“诸位朋友，若一切本性为空，则所有现行之业又为何存在？若无我及我所，天人与众眷属又以何种现行因缘而产生？”有些天众此时则说：“诸位朋友，吾等不应诽谤如来教法。若出现五种外相，天人则必定死堕，此乃我们亲眼所见。即使所有天人聚集一处，亦无法救其出离死亡恐怖。既如此，莫非死亡可谓真实存在？不也，因当我们真正观察死亡存在理由时，即会发现死亡并非真实实有。从第一外相看起，无我存在；第二相至第五相一一观察下来，我皆不存在。欲死之我不存在，正死、已死之我亦不存在，此等我与我所何处有其立足之地？一切诸法均远离我、我所，如来早已宣说过此等道理。”

智顶国王此刻则对九万国王说道：“诸国王似应单独聚会一处，

因天人观点不尽相同，众人辩论、争执不休，看来人间众生与天众中皆有众多不懂佛法之辈，我们应回赡部洲继续深研法义。如认为诸法不空，我与我所皆存在，持此等观点之天人皆已入于邪道，并对如来教法心生疑惑。我们本为探讨究竟法义而来天宫，现在看来还是返回赡部洲为好。”

这些眷属便于另外地方——远离天人处对智顶国王说：“你转生之地乃为中土，并非东南西北四方边地，想必你应懂得正法真理。”智顶则吩咐众国王道：“你们暂时选出东方二十五国国王，并及南、西、北方各二十五位国王，这一百位国王应最富有智慧、观察能力，心态恒时稳固，善于观察、取舍，远离迷乱、傲慢，均为正直之士。”

众国王依智顶授意选择出一百位符合要求之君主，智顶带领他们如天鹅般飞至人间大雪山。众人住处皆由天人幻化而出，天王亦降临人间观望。于众人住处中间，众天人为智顶幻化出一七宝坐垫。智顶向四方顶礼后就安坐七宝垫上，其他国王顶礼后均坐于他法座前。三十三天天人皆大欢喜，他们欣喜想到：赡部洲之人已开始弘扬佛法，佛法暂时应不会趋于隐没。他们均向智顶抛撒曼达局花，并齐来闻法。

智顶告诉另外一位国王之信使说：“在我们大雪山山顶上住有一位仙人，名为善慧，你可前往他那里迎请，言众国王欲见他。”信使依神变一下飞临仙人前，顶礼后便将智顶口信传与他。仙人当其时恰好听到持地如来涅槃消息，他正哀哭不已，眼泪热气竟将雪山山顶融化。闻听信使所言后，仙人拭去眼泪说道：“朋友，有无人见到如来或聆听过如来法语？佛法隐没与否？你独自返回吧，我不欲同往。让我舍弃如来寂静法前去散乱之地，我不敢为之。”

信使劝请道：“朋友，天人正为有无我存在而争论得不可开交，请务必前去调解。”

仙人回答说：“若有我存在，即不应有老、病、死，因我独立永恒存在之时，何来生、老、病、死？既如此，我即便将无老、无病、无死赐予众生，想来他们也不会欢喜。由此可知，我决定不存在。”

信使当下证得清净无垢法眼[47]，然后又似天鹅游舞于虚空般从空中飞回众人住地。他向诸人宣示道：“诸位朋友，佛法确实真实存在，佛教定会兴盛壮大。若有精进求法之人，他必获取如来教法精华；而对不精进之人来说，他既听不到佛法也不会守持佛法，佛法对他而言可谓无有。不精进之人极易退转；在精进者看来，佛法必定存在。诸行皆无常，诸行无不苦，诸法本无我，涅槃即寂灭。”

信使说法声音被风吹向四面八方，闻听此种声音之后，承认有我者均立证无我，承认无我之人更加增上所证境界。

智顶国王则以其威力所感，令众人皆趋入正法。他因过去世时曾于一万如来前恭敬承侍，又令众生心生悲意，故而现今也能于三千大千世界众生前宣流如是法音，使佛法光明遍地普照。

佛经云：“是故诸大菩萨，无畏通达如来教法者应出狮吼声。”

久远之前，于拘尸那城，极喜如来出世传法。当其时，此世界广大辽阔，众生幸福快乐，恰如极乐世界一般。极喜如来住世很多年后，于两棵大萨拉树下示现涅槃，其后佛法尚住世四十万年。当时有一守持清净戒律之比丘，名为德慧，拥有众多眷属，他每每都如狮吼般宣讲九部经典。

那时他要求所有比丘均不得拥有仆人，亦不能饲养牦牛、羊等家畜。此时有很多破戒比丘都对他心生嗔恨，他们纷纷拿起兵器欲将其杀害。释迦牟尼佛彼时转生为一具德国王，听到消息后立即赶赴说法上师处，并与诸破戒比丘奋力决战。他最终保护说法上师顺利脱险，但自己却身受宝剑、利箭重伤，浑身体无完肤、遍体鳞伤。

德慧比丘对国王说道：“随喜你保护佛法之功德，以此善根，你未来会成为无量法之法器。”国王闻言心生欢喜，不久即于欢喜心态中安然离世。他随即就转生于不动佛佛刹，并成为佛陀最好之侍者。与他共同作战、护卫他或随喜他护法之举的人们，也于菩提道中皆获不退转果位，并于死后全部转生不动佛刹土。德慧比丘亦于死后转生不动佛刹土，并成为佛陀首座声闻弟子。佛经中曾说过：“如果佛法

[47] 证悟无我。

即将隐没或毁灭，亦应如是奋力护持。”

当时之说法上师德慧比丘即为后来之迦叶如来。

又无量劫之前，如来正等觉无上圣者出世宣说《涅槃经》，释迦牟尼佛那时转生为佛陀声闻弟子。他不仅受持此经，还为他人广泛宣说。以此善根，他后来不再堕入恶趣，亦不诽谤佛法，也不转生为舍法、堕入恶趣、身相丑陋、疾病缠身之人。

释迦牟尼佛如今亦远离一切疾病，无畏无惧、卓然立世。

心善则一切皆善

释迦牟尼佛转生为星宿婆罗门子时，于四万两千年中行持梵净行。他有次来到富丽王宫后偶遇一商主之女，那女人一见星宿立即被其庄严相貌所吸引，于是马上在他脚下顶礼。星宿疑惑问她：“你欲何求？”女人大胆说道：“我只要你当我丈夫。”星宿坦诚回答说：“我不能随贪欲转，因而不能与你共同生活，我乃持梵净行者。”女人穷追不舍：“若你不与我共同生活，我马上就会死去。”

婆罗门子此刻则想：我已在四万两千年间行持梵净行，若要与她生活实在不应理。于是他便扔下女人，自己径直走开，但走过七步后又心生悲意。婆罗门子想到：看来我应舍弃戒行，为此身堕地狱也应承受，唯望这可怜女人不要死去，亦不再感受痛苦。

其后十二年中，他一直与女人一起生活，最后又再次出家修持四梵住，并于死后转生梵天。以他当时发大悲心之故，婆罗门子迅速圆满了四万大劫资粮。其他众生必堕地狱之恶业，菩萨以善巧方便及悲心摄受，反以之而转生梵天。

又燃灯佛之前，曾有五百商人赴大海取宝，得宝后众人即踏上归程。五百人中有一黑人，惯喜造作恶业，加之他本人又精通武功、喜行强盗行径，故而屡屡造恶不休。回程途中他又想：我应杀死所有商人，如此一来，全部财宝即可尽入囊中。

释迦牟尼佛当时转生为五百人中一商主，名为大悲商主，他于梦中得到海神授记说：“你们同行者中有某位人士，长相如何如何，装束如何如何，此人妄图杀害所有商人后夺走宝物。这五百商人皆为无上菩提道中不退转菩萨，若一次杀光如此众多之菩萨，此人必得在地狱中呆够每位菩萨从因地至成佛间所用时日之总和，在此无法计数之漫长时日内，他时时刻刻均须感受燃烧剧痛。既如此，你何不依善巧方便法保护好五百商人，同时也挽救此人，使其勿堕地狱！你应三思而行之。”

大悲商主听罢便一直辗转反侧、苦思冥想，他最后终于下定决心：看来除由我杀死此人外别无良策，因若将此事告知众商人，他们必定会心生嗔恨，将他立即诛杀。如此一来，众商人则将堕入地狱中；若由我取其性命，我必定会因之而堕地狱中，并于十万劫中饱受燃烧之苦，但我愿替众为之；若听任此人杀死五百人，这人就会造下天大恶业，如此行事何能应理？干脆我来替众行道，杀死此人，以挽救五百众人与他自己！

大悲商主主意已决，他马上抢过黑人所持短矛，一下就将之刺入黑人躯体，使其立刻毙命。

当时之五百商人即为贤劫中五百菩萨，因大悲商主是以大悲心及方便法行事，他凭此迅速圆满了十万劫所需资粮，而黑人死后也转生善趣。但等释迦牟尼成佛后，尽管佛陀已获金刚般坚固身躯，不过为以善巧方便法度化众生，他依然示现脚被檀木刺刺入之情景。

当时有最后有者二十人，另有二十人乃他们怨敌。这些怨敌伪装成最后有者之好友，欲扑向最后有者所居之处将其全部杀害。正当他们如是盘算时，佛陀凭其智慧早已对其想法了知无遗。为调教众生，他对目犍连说道：“此地有檀木刺，定会刺入我右脚掌。”结果刚刚说完，一根一拃长之檀木刺就现在佛前，此檀木刺可谓尖锐无比。目犍连主动请求欲将之抛向另一世界，佛陀却告诉他：“以你神通，根本奈何不了它。”目犍连即施以最大力量试图移走檀木刺，怎奈三千大千世界之大地尽皆震动，但檀木刺却纹丝不动。

释迦牟尼佛随即以神变来至四大天王之天界，那根檀木刺也跟随世尊升至四大天王处。佛又相继来到三十三天、离诤天、兜率天、化乐天、他化自在天乃至梵天，刺亦紧紧相随、不离寸步。当佛陀从梵天返回后，刺也跟着回来。佛陀安坐坐垫上时，刺就现在佛面前。此时佛以右手从容将右脚摆在那根扎于地上之锋利檀木刺上，整个三千大千世界顿时震动起来。

阿难不解问道："以何前世业力成熟如今果报？"佛陀方便开示说："我过去世时曾于海上用短矛刺死一黑人，此乃当时所造业之余业报应，杀人之果报现今已全部成熟。"

正磨刀霍霍，欲杀二十位最后有者之二十人，听闻佛教教主释迦牟尼佛亦须感受业果报应之消息后，各个感慨万千。他们议论纷纷道："佛陀尚且如此，我们更不待言。我等亦欲杀害众生，现在应速至佛前忏悔罪过。"待他们来到佛前时，释迦牟尼佛将不应造作恶业以及灭尽恶业之法门对其宣讲，在场众人人人现前证悟智慧，包括同时闻法之四万人也当下证悟万法本性。

同样，佛陀原本无病无恙，但显现上仍服食医师耆婆所配药物；佛陀前往城中化缘，未有所得后只得返回洗钵；有人还曾以婆罗门女扎玛姿玛毁谤佛陀；一普行外道女人被众人毒打，并扔在祇园精舍一坑中，佛陀虽然知道此事，但却未理睬那女人；佛陀曾在三月时日中仅能以腐烂马具为食；佛陀背部亦曾示现过疼痛症候；释迦族被毁灭当日，佛陀也曾示现头痛；曾有一婆罗门名为多扃多匝，他竟列举出所谓一百条过失用以谴责佛陀，而佛陀则一一接受；提婆达多生生世世都对佛陀紧逼不舍，为杀害佛陀，他想出种种毒辣计策：放出狂象欲踩踏佛陀，唤刽子手以炮弹轰击佛陀……

如是种种公案，仅从外表观之，似乎为佛陀所承受之十种果报；若就实质而论，佛陀丝毫也无有任何所谓业果报应。只为度化众生，他才以各种善巧方便法随缘示现自身亦须承担不同业果之道理，此等举止对调化闻法众生实有大利益，这些事迹、道理在《大密方便经》中有广述。

又久远之前，于迦叶佛教法下，释迦牟尼佛转生为光鬘婆罗门子。当时有五位如大萨拉树般之婆罗门子，虽入大乘佛法，但因后来依止恶友之故而日渐忘失菩提心。他们开始行持外道禁戒，于佛不再生信。光鬘婆罗门子有一好友乃陶师之子，名为曼西，他对佛一直抱有极大信心。为善巧方便度化此等退失信心之婆罗门子，当他看见光鬘与那五人待在一起时，就开始高声赞叹迦叶如来之功德，并对光鬘说："光鬘婆罗门子，请随我一同拜见迦叶如来。"

光鬘此时心下暗忖：如我直接赞叹如来功德、不礼赞外道功德，这些人定会心生怀疑，他们断不会与我同去拜见如来。我应依方便法，及与智慧空性[48]相应之见解随宜教化。于是他便善巧说道："拜见那光头沙门对我们有何作用、利益？菩提妙难思，光头沙门怎会有菩提？"

光鬘有次又与这五位婆罗门子坐于河岸休息，为调伏这些人，承佛威神加持，陶师之子曼西再次来到河边说："如来出世极为难得，我们理应前去拜访。"结果光鬘婆罗门子又如上大放厥词，显现上似乎极不情愿前往。曼西干脆扯住光鬘发髻，连拉带拽硬是将他拖到佛前。这些婆罗门子当时心想：陶师之子拼命拉扯光鬘，无论如何都要将他带到佛前，不知这佛陀到底有何法术、本领？五人便满怀好奇地跟在二人后面也来到迦叶如来面前。

一见到迦叶佛，因前世善业成熟，他们立即对佛生起信心，五人反倒心怀不满地责怪光鬘："佛陀竟有如是功德，你为何不早早向我等诉说？"五婆罗门子目睹如来威严、辩才，聆听佛陀梵音后，均以清净意乐而发无上菩提心。迦叶佛清楚了知他们清净发心，就为其宣说了大乘不退转轮陀罗尼金刚句诸法无生法门，令五婆罗门子当下获取无生法忍。

迦叶如来此刻告诉五位善男子道："若光鬘童子最初即在你等面前赞叹佛陀、不礼赞外道，你等又怎会想到拜见如来？对如来生信更从何谈起！"

如此不退转之大菩萨，对诸佛菩萨无有任何怀疑，只不过为度化

[48] 诸佛菩萨本性中无所见。

其他众生，方便善巧示现而已。有些经论中说道：以其说过“光头沙门怎会有菩提”之语，释迦牟尼佛未成佛前还须在尼连禅河边苦行六年，此乃业力成熟之必然报应。此种说法实为不了义之善巧方便说法，因无明愚痴众生若以粗言恶语暗中诋毁有清净戒律之人，此等愚众必将长期陷于邪道恶趣中。为显示此种因果不虚之理，方才有上述言说，大菩萨实际上不会受一丝一毫业障之困缚。

此外，有些人对具功德之人言说粗言恶语后心生后悔，失望之极时便觉自己已不再拥有任何希望。为遣除此种灰心丧气之情绪，才有如上方便说法。若最后有者菩萨在迦叶佛前说粗语都有成就可能与机会，我等被愚痴所覆之众生当然更有忏悔业障之机会。此种教言正包含令众生未来忏悔、再勿造作恶业、发菩提心之密意。

光鬘婆罗门子如是度化五婆罗门子，自己则在迦叶如来教法下出家，并受持如来教法，成为智慧无上童子。迦叶如来授记说：“我涅槃后，智慧无上童子会于娑婆世界成佛，号释迦牟尼佛。”

以上述公案为主之众多公案皆表明：佛陀于生生世世之漫长时日中，已了达尽所有、如所有一切学处，其无垢智慧于每一世都愈发增上，并究竟清净了诸烦恼障、所知障及粗细习气，且以大智慧而现量见到万法本性，实已获一切智智。佛如是照见十方三世所摄二谛之真相，恰如视掌中庵摩罗迦果一样一目了然。世尊具足十力、十种自在，于人天诸世界中宣说佛法如出无与伦比之狮吼声，成为所有众生之导师；又摧毁魔众，从而成为众生怙主；其智慧身常有周遍，具备一切圆满功德。

《如来广智经》中云：“如来智慧深广无边，稀有罕闻。”又云：“目犍连，设若十方不可言说微尘数刹土世界中，所有众生均已成佛，一一佛陀各有不可言说微尘数头颅，一一头颅各有不可数之口，一一口中各有如是不可数之舌，如是难以思量、不可言说之广长舌亦无法说尽如来智慧。何以故？目犍连，如来智慧无量无边、不可胜数、不可思议、无法度量、无从揣摩；如来具足不可思议、无法言说之智慧。”

以上圆满宣说了释迦牟尼佛广行智慧之种种公案。

十、净心品

不同佛前之最初发心

无等大师释迦牟尼佛初发菩提心之情况，据《未生怨王忏悔经》中云:“无数不可思议劫前，如来正等觉胜他幢如来出世传法。于其教法下，文殊师利菩萨变现为一说法上师，名为智王。他有一日去王宫化缘，并讨得满满一钵食物。释迦牟尼佛彼时转生为一商主之子，名净臂童子。当时他正躺在母亲怀中，一见比丘后，立即就自行走到他面前讨要食物，比丘便分给童子一份摸达嘎食[49]。

童子又跟随比丘来到如来前，比丘将钵交给他，令其亲自供养佛陀。童子即将之供养佛陀及诸眷属，结果一钵食竟取之不尽、用之不竭。童子随即皈依比丘，比丘则为他传戒，并令其发菩提心。

童子父母为寻儿子随后赶来，净臂又开始劝请父母皈命佛陀，父母最终就与五百人一同在佛前出家，并发菩提心。此乃释迦牟尼佛初发菩提心之经过。”

与上述公案较接近之记载，可见于《呵斥破戒经》，此经有如下记述:“久远之前，极光如来出世传法时，弥勒菩萨曾为一转轮王，并初发菩提心。四亿劫之后，释迦牟尼佛于胜他幢如来前始发菩提心。他于一千年中以种种资具及昂贵珍品供养、承侍如来，以此广积善业。待如来涅槃后，他又建成长宽高各为一由旬、一由旬、半由旬之七宝遗塔，并为获无上菩提而发愿。”

另《报恩经》中记载阿难曾问佛陀：“世尊对诸比丘如是关爱，不知世尊发菩提心已有多长时日？”佛陀告诉他说：“无数劫前，有

[49] 摸达嘎食：一种食物名。

两人因广积恶业而致身堕地狱。狱卒令二人推拉马车，且不得停下歇息，并不断以大铁锤痛击他们。其中一人因身单力薄已无力再拉，但他被锤打致死后又立即复生并再度遭罪。此时另一人则对他生出强烈悲心，此人祈请狱卒：‘我一人拉车即可，请务必将他释放。’狱卒闻言顿生嗔恨，抡起铁锤就砸向发悲心之人，结果此人被砸死后立即转生三十三天。”释迦牟尼佛接着又说道：“当时在地狱中心生慈悲之众生即为我前身，我最初发菩提心之对境即为地狱众生，后来即开始对一切众生皆发慈悲心。”

又《毗奈耶经》中记载，有声闻眷属曾问释迦牟尼佛最初如何发心，佛陀回答说：

“久远之前有一具光国王，他拥有一色如睡莲般洁白之象，此象七肢分外强健、庄严。国王将大象交与驯象者调服，驯象者驯服它后又将之交与国王。国王与驯象者某日同骑此象前往森林狩猎，进入林中后，大象嗅到雌象气味后即开始疯狂奔跑，疾如厉风，两人顿觉天翻地覆。国王心生极大忧怖，他令驯象者立即管束住大象，怎奈驯象者却说道：‘仙人咒语我已施用过，亦用铁钩勾招过它，绳索、镣铐也全都试用过，不过国王应知，凡此种种均无法调伏贪心，所谓贪心可谓此消彼长、生灭不已。’想尽一切办法均无法制止住狂象躁动后，驯象者只得对国王说：‘看来所有办法都已对此象无能为力，国王还是抓紧树枝、力争脱身吧。’国王只能依言与驯象者相继抓住树枝，狂象则一路奔跑而去。

“脱离险境后，国王对驯象者说道：‘你怎能将未驯服之大象交与我？’驯象者辩解说：‘我确实已将其驯服，但它一闻到雌象气息就无法自制，我亦无可奈何。不过，因它已被驯养过，不久它即会自行返回。’

“七日过后，大象狂野之心渐趋正常，它已能约略忆念起自己被驯养之情景，于是便又从林中返回王宫。驯象者大喜过望，他急忙将情况汇报与国王。国王犹自怒气难消：‘看来你并未真正驯服此象。’驯象者信誓旦旦保证说：‘我真真切切已将其驯熟，国王若不信可亲

自测试。你只需放一燃烧铁球，然后令此象吞入肚中，它定会依令行之。'

"正当大象未有丝毫犹豫正欲吞下铁球时，驯象者提醒国王：'大国王，它若真吞下燃烧铁球，则必死无疑。'国王不甘心地问道：'它既已被驯服，为何还要给我们制造大麻烦？'驯象者回答说：'大国王，我已说过，我所驯服者乃它身体，并非其心。我只为一调伏身体之驯象师，根本不能堪称为心之调伏者。'国王紧接着问他：'在此世间有无能调心之人？'驯象者此刻受天人劝请脱口而出：'大国王，唯如来正等觉方能调伏身心。世间人因贪欲增上，尽管为摧毁贪心亦会行种种精进之道，不过大多都半途而废。我以各种方法驯服具有美妙身相之大象，而无色相之微细心唯赖佛陀教言方可调伏。佛陀具大威力，又断尽烦恼，实为真正英雄。任何人只要依止佛陀，无形之心都可调柔。'

"具光国王听到驯象者说佛陀拥有精进、威力等功德后，立即开始行广大布施以积累资粮，并在发心后又发愿道：'以此广大布施力，愿诸众生得佛果，往昔如来未调伏，所有众生皆度化。'他当时即如是发无上菩提心并发愿。"

其他本师传中有极明、极贤国王之公案，唯名字与上文不同而已，实际所指乃为同一国王。

又曾有诸多弟子向释迦牟尼佛询问道："世尊初发无上菩提心后，最早是于哪位佛陀前供养饮食？"佛陀回答说："久远之前，我曾转生为一广大城市中之大光陶师，彼时亦有一位名为释迦牟尼佛之佛陀出世传法。他拥有智慧第一、神通第一之两大弟子，分别叫做舍利子、目犍连，亦有一侍者名为阿难。佛陀带诸比丘眷属前往广大城市化缘时，因佛陀当时患有风湿病便传语阿难道：'阿难，你应前往大光陶师处，向其索要酥油、芝麻油、蜜汤等物。'阿难依言前往，将佛陀吩咐告知大光后，大光与儿子亲自带上酥油、芝麻油、蜜汤来至佛前，并以酥油、芝麻油为佛陀敷抹，沐浴，后又服侍佛陀喝下蜜汤。待佛陀病愈后，大光在佛陀脚下顶礼并发愿说：'以我供养之功德，愿我将来转生于释迦族，并能拥有与你相同之功德与果位；愿我能令梵天界以下所有可怜众生皆得以无畏、无惧而得度化。'如是发愿已，其子亦发愿道：

‘愿我将来能通达色法本性，并能承侍佛陀。’当时之陶师之子即为如今之阿难尊者。”

陶师最初为获无上菩提而发愿之事迹，在《贤劫经》中也有相似记载。此经云：“往昔我为劣人时，释迦牟尼如来前，供养陶器盛满油，最初发起菩提心。”而世尊转生为海尘婆罗门时发下五百大愿，实乃为调化刚强难化之娑婆世界众生而发菩提心之开端，此理上文已宣说过。

此外，依靠佛陀而造作之微小善根，或依佛陀而发之诸愿亦绝不会空耗。此中道理佛经中有云：

久远之前，胜伏如来出世传法。如来某日与两大殊胜弟子及菩萨、梵天眷属同往富丽庄严之国王王宫化缘，途中偶遇三位童子。这几个孩童均打扮得鲜亮、得体，他们一见佛陀立刻生出信心。其中一童子由衷倡议说：“值遇殊胜福田，我们理应尽心供养。”另外两位则为难说道：“此处又无鲜花等供品，我们以何作供养？”那最先倡议之孩童闻言便把一无价珍宝——双股珍珠项链拿出欲供养佛陀，另两位伙伴便效仿他，也各自取下双股珍珠项链以为供养。带头供养者又问他们二人：“供养时你们欲发何愿？”其中之一手指紧挨如来右侧之人说道：“如来右方之人为诸弟子中智慧第一者，我愿能与他相同。”另一位则指着如来左边神变第一之眷属说道：“我愿获取如他那般之成就。”两位又问他欲发何愿，他则坚定说道：“我愿成就与佛陀无二无别之果。”

胜伏如来听闻他所发大愿后，欣喜授记道：“你所愿极为广大，亦善妙非常。以你愿力故，在你每迈出一步之短暂时间内，即可迅速积累成百上千转轮王所造善根，亦可累积亲睹成百上千帝释天、梵天、如来庄严身相所需之善根。”此时，两位发声闻乘心之童子所供珍珠项链自然挂于佛陀左右肩上；另一位童子之发心已为如来发心，他所供养之珍珠项链，顷刻间就化为佛陀顶上之宫殿，且内里有如来身相。胜伏如来又面带笑意为两童子授记道：“待他成佛时，你俩分别为他眷属中智慧第一、神通第一之弟子。”

当时之两童子即为后来之舍利子、目犍连尊者。

如是上述种种公案皆在叙述释迦牟尼佛初发心之情况，其他经典中有关释尊于不同佛前发心之记叙尚有多处。所谓最初发心据《经庄严论》所言可分两种：其一，以粗大名言而发之世俗菩提心；其二，以细微法性而发之胜义菩提心。《经庄严论》又将以名言而发心之因抉择为五种：“友因根本力，闻力善习力，生稳不稳固，称他说发心。”

也即是说，佛陀在胜他幢如来前发心是凭友力而发心，因文殊菩萨当时变为说法上师智王，他以善巧方便劝请童子，并将之带往如来前使其发心、积累善根；而当释迦牟尼佛转生为三位童子中之倡议者时，他看到胜伏如来后便供养双股珍珠项链，并发愿获如来果位；再看他转生为地狱中拉马车者加巴谢达时，因悲悯朋友而初发悲心。这后二者皆属因力发心，实乃其前世种姓苏醒、成熟后方才发心。三孩童中，当时发心广大者即为后来之释迦牟尼佛；各自发心欲成为神通、智慧第一者，即分别为后来之目犍连、舍利子尊者，他们当时即如是发心。地狱公案中加巴谢达之发心既可称为因力发心，亦可称为根本力发心，因《经庄严论》有云：“彼根为大悲，恒思利他众。”发菩提心之根本即为对众生生起慈心、悲心，故而可称之为根本力发心。同时，加巴谢达之发心亦为其大乘种性苏醒之缘故，因之又可称其为因力发心。

至于具光国王之发心则是以听闻力而生菩提心，因当时驯象者明确告诉国王，他只能驯服象身，无法调伏象心，唯有佛陀方可调心。如是宣说佛陀功德后，国王便开始广行布施，并于佛前发心，因他乃听闻别人话语后发心，故可称之为听闻力发心；再看大光陶师，当其供养释迦牟尼佛食物时，自己发愿欲与释尊一模一样，此乃依前世善根力而发心，以他前世造善业之因而能值遇如来出世，并能积集资粮、发成佛愿；而海尘婆罗门五百大愿之发心，因其此生与多生累劫之前世皆不断修习大乘所摄善法，故而最终获取超胜其他菩萨之广大悲心，并以此大悲心而守持浊世不清净刹土。

发心之因并非五项全须具足，其中之一力都能令人生起菩提心，且最终成为真正菩提心。最初凭五因中之一因而发起菩提心，随后在胜解行地时，于其他世代、不同界域，亦可有各种不同之再度发心。此等发心通过自力生起后，将日趋稳固。直至登地之后，生生世世都不会退失发心，且越来越增上、殊胜。

原本大乘种性之人都可含括于因力发心具足者，不过依不同因缘仍可说为种种不同之最初发心。如上所述之几种初发心情况，若按次第而言，发心顺序应为商主之子、三孩童中一童子、加巴谢达、具光国王、大光陶师、海尘婆罗门、此种次第可谓互不相违。但加巴谢达因对地狱众生生悲心而发愿；三孩童中一童子因目睹佛陀而后生信，并供养珍珠项链，然后发愿；与此二者相较，具光国王、大光陶师之发心分明超胜彼等，因这二人皆因真正知晓佛陀功德后才生起猛厉欲乐心，然后发愿欲获佛果，商主之子亦与国王、陶师情况相同。

有人以愿菩提心、行菩提心来为发心分类，实则除佛经中所言以外，我们欲对前后次第一言断定实在有很大困难。无论如何，初发心后，后来之发心将愈发增上、稳固[50]。及至海尘婆罗门时，他已对整个大乘佛法生出坚定信心，并令无数众生趋入大乘道，自己亦以大悲心守持不清净刹土，此乃真正利他菩提心之开端。因此，文殊菩萨首先令其发无上菩提心，以此善根使其种性觉醒，接下来依次第发心，此种说法当然可以成立。或者以三童子中发愿成佛者之发心，及加巴谢达地狱中生悲心为开端，商主之子之发心等次第而来也无矛盾之处。但因佛经中未有明显表述，我们自己完全以理证作推断、判定确有相当困难，所以无论上述次第如何排定，我们均应明了：佛经中常常碰到之有关初发心之描述，种种不同之原因乃在于各个阶段不同，因此不会自相抵触。

一般而论，仅仅依靠佛陀为获佛果而发愿，其无上菩提之果报也必将成熟，绝不耗尽。如魔王波旬仅仅伪装发菩提心，但他也已得未来成佛之授记。不过在未得圣道之前，特别对初学者而言，虽菩提种子未毁灭，但遭遇恶劣外缘时，他所拥有之菩提心相续在随后之来世中未必会连续现前，有可能出现忘失、中断等情况，因此发心有稳固、

[50] 此点无可怀疑。

不稳固之别。五种因中，只具有友力、未具备其余四力，则此发心之因即为不稳固；若依其他四种力而发心，则此菩提心方堪称稳固。

此外，《经庄严论》又云："各地所发心，胜解清净心，异熟之发心，如是断惑心。"所谓胜解行发心是指处于胜解地时所发之心；至不清净七地时，已修成自他平等心，故可称其发心为清净意乐发心；至三清净地时，功德自然而成，因之可将其地之发心名为异熟发心；及至最终获得佛果时，实已断除一切障碍，所以称其发心为断惑发心。另外，随五道十地之境界愈加广大，其相应功德亦可谓越发增上。因其差别所致，不同生世中都会再度发心，故而不同佛经中才宣说了种种不同之发心。

同样，对无生法忍亦有各种不尽相同之界定：小品无生法忍于加行道忍位即可获得；第一地菩萨已现见诸法真谛，他们所得之无生法忍可谓中品；登八地菩萨位时，其出入定已无分别，无念智慧亦已成熟，他们所得之真正无生法忍即可称之为大品无生法忍。因此可知，无生法忍不可一概而论，不同阶段各有各自所属之无生法忍。概而言之，随其所证空性境界之愈发增上，其所获无生法忍之境界、意义也日渐究竟，深广，故而上引佛经中才有种种对无生法忍之不同描述。

与之类似，如来对众生所作之授记亦需具体分析。有些众生造作无上菩提心之细微因，需经长时护持方能成熟无上菩提，但如来见其初发心时就为之授记；有些众生得一地菩萨果位时就得如来授记；而登八地菩萨位者，自然就得如来授记。如无等大师释迦牟尼佛转生为婆罗门子智贤时，在他见到燃灯佛之当下即登八地，随即就理所当然得燃灯佛授记。在佛陀所获各种授记中，此授记最为人熟知并受重视，也最为重要，燃灯佛之所以成为过去佛之依据也由此而来。此外，虽身为不退转之菩萨，但暂时未得如来授记之情况也时有发生，故《广智经》中如是说道："目犍连，众生根基各有差异，故应了知如来所说法亦相应有所不同。"《首楞严经》[51]也对授记略分四种：对未发菩提心者之授记；对刚发心者之授记；秘密授记；对得法忍者之真实

[51] 《健行三摩地经》

授记。

供养无量佛

释迦牟尼佛曾于无量劫中在无量如来前广造善根，此中道理在《毗奈耶本事经》中有记述："第一俱胝劫，从释迦佛始，护国佛之间，七万五千佛，我已行供养。经历一俱胝，我恒供养佛，为得佛果故，我无愁虑心。第二俱胝劫，自从燃灯佛，至根幢佛间，七万六千佛，我已行供养。经历二俱胝，我恒供养佛，如是生世中，我无厌烦心。第三俱胝劫，善妙如来始，迦叶佛之间，七万七千佛，我已行供养。经历三俱胝，我一一供养，行持菩提道，无稍厌倦心。我为菩萨时，供养诸如来，所有世间尊，授记我成佛。我前所发愿，现已皆圆满，不住如来境，摄受诸有情。"在阿难请问后，世尊也宣讲了种种供养佛陀之经历。

要略言之，释迦牟尼佛曾于无量无数不可思议如来前积集善根，于每一如来前殷勤供养，并守持无量法门，最终圆满无量愿力，守持无量刹土，成熟无量众生。此等经历不可言说，实乃无边无际，为增上信心，今略而说之。

久远之前，释迦牟尼佛曾转生为一响声婆罗门，当时有一无障授记如来已住世无数年。响声于如来前行种种供养，诸供养品中有光明赫赫之珍宝华盖、覆盖整个大地之黄金地板、宽一由旬之纯金无量殿等等。此种十方庄严之宫殿有八万余座，一一宫中均置盛装美女一千、击钹乐器一千；宫中遍地撒满鲜花，天人妙香、薰香袅袅袭来，令人顿感悦意、欣喜；以如来威神加持，所有宫殿皆自然飘浮于空中，并恒时传出赞叹佛、法、僧之音，及宣流三解脱、四圣果、无常、苦、空、无我、八解脱、等持、三摩地、神变、神通、灭尽定、解脱相应之声；当宫殿飘荡于空中时，香水、天人花雨阵阵降下……响声即将上述种种庄严、美妙之境悉数供养如来。他尚且作赞叹如来之偈颂，并长久恭敬承侍如来。

释迦牟尼佛又曾转生为喜见国王，统领四大部洲，治下城邑各个兴盛繁荣。他于每一部洲都拥有八百万城市，每一城市均呈四方形，且宽十由旬；所有城市外均有幻化所成栅栏，全以金线相连；内中庭院皆由珍宝制成；瞭望哨楼亦以黄金建造，上以珍宝璎珞覆盖；大地纯以无价之珍宝铺就；七宝村落皆由金质璎珞相连，且唯有造无量善根之人方可居于其中；七宝树庄严周遍……总之城市内外财富充溢、圆满。人们享乐之时，琵琶、击钹之音自然传出；欲闻乾闼婆音时，此种声音亦能自然鸣响。各种所欲均可随意现前，想在千万年中于此地安享妙欲也能自在满愿，喜见国王治下国土即具足如是无比安乐。

当时甘露光如来正出世传法，喜见便将四大部洲全用彩旗以为装饰，供养如来正等觉及其眷属。国王妻子、儿子及众眷属亦行供养，如来与八十万声闻眷属于八百万年中欢喜享用他们所供甘美饮食等物。

又释迦牟尼佛曾转生为狮慧国王，精通一切论典及声明学问。他召集国中所有沙门、婆罗门，并供养他们饮食，还以嘎西布包裹饮食等物。如是八万年中，他日日夜夜均厉行上供下施，并于沙门、婆罗门前听闻论典意义，仔细观察众生种种心态。为了达智慧之力与非力道理，他即如此精进修学。

未得授记不丧气

久远之前，释迦牟尼佛曾转生为如大萨拉树般之月喜婆罗门，种姓清净，性格善良，精通三吠陀并了达往事之理。他主要宣说顺世外道之论典，无碍通达供施之因，颇具大士夫相，对三吠陀所有教义均运用自如。他对业力成熟道理深明不昧，为使外道、劣种人、乞讨者都能维持生活，他于二千、三千、四千日中长时对其行广大布施，又以此种方式于随后之八十万年中勤行上供下施，且在自己上师面前从未请问能令人极其执著之事理。

当时无忧如来正出世传法，其声闻眷属如天上繁星一般无边无际，菩萨眷属亦广大无量。月喜婆罗门不由心下暗忖：我虽勤行种种稀有难得之上供下施，但却从未供养过如来及其声闻等眷属，不知有何方法能令其皆欢喜应供？是否我供养之举多有过失，如来及眷属才不愿应供？他随后又思虑是否因如来及声闻眷属等按时享用饮食、过时即不进食之原因，才致此种结局，总之他一直对此事如鲠在喉。

某日清晨，月喜婆罗门起床后，便与婆罗门女及诸婆罗门眷属乘骑白马所驾马车前往如来居处。如来当时正坐于一树下，婆罗门望见如来身仪后不由想到：过去一直以为如来乃一比丘，现在看来实为错谬千里。如来绝不仅仅呈现比丘相，他之形象确实庄严、殊胜无比，我一定要对如来供养殊胜饮食等物！

想及此，他便在如来前先报上三遍自己姓名，然后忏悔并发愿道："世尊，我过去错认你仅仅为一比丘，我现已知错并忏悔。在我有生之年，一定要供养、承侍如来与眷属。"

无忧如来慈悲说道："如来出世并非只为某一人之利益，你于有生之年供养之愿望无法施行。"月喜婆罗门闻言并未放弃供养念头，他又再三祈请说："如无法一生供养，世尊能否开许我七日供养之恳请？"

世尊这才默许了他所提请求。

月喜闻言即刻返回，他马上告知诸亲友，请众人务必尽心尽力供养佛陀。自己则于住所外又建一十二由旬大之院落专供佛陀应供之用，然后又劝请龙王道："我欲供养如来及眷属，望你等多多关照，能以香水遍洒地面。"接着又请诸夜叉备好坐垫、乾闼婆调好乐器、翁形鬼负责装饰华盖，还要求其他龙应竭尽全力使整个地区凉爽宜人、不冷不燥，且均需以珍宝装饰完美。

一切准备妥当后，无忧如来带众眷属欢喜入于庭院中且相继落座。此时，香水及花雨自然降下，乾闼婆开始弹拨乐器，而佛陀则以神变将院落边缘之围墙变幻成一百由旬长之蓝宝石墙面，墙头则纯以水晶制成。月喜等众人献上种种饮食、布匹，以日、月为主之诸天子也极具威严地遍布现场。待供养圆满后，月喜在如来前发愿道：“我实为一切众生而行供养，以此善根，愿所有众生都能获无上菩提果位。”

佛陀此刻颔首微笑，日、月等天子将院落最边沿之地都照耀得明晃赫然。月喜此时又祈请道：“凡接触如来光芒之众生，对如来皆已生起永不退转之信心，祈请如来能令众生善根成熟。另外我还想再问，如来又以何因缘而微笑？”无忧如来就告诉他说：“婆罗门，佛光周遍照耀，所有接触之众生于无上菩提道中皆不会退转。他们会于清净刹土中成佛，成佛利众后则会示现涅槃。此等人众现均已种下菩提种子。”言毕，如来便率眷属起身回返。

月喜婆罗门为众生能得如来授记，即如是于七日中恭敬供养如来。虽自己未得授记，但他并不灰心颓丧，亦从未生起过诸如“我得不到无上菩提果位”之类念头。

又释迦牟尼佛转生为童行菩萨时，正值如来正等觉大蕴如来出世传授菩提道法门。他即对如来及其声闻僧众于九十六俱胝时日中供养、承侍，并为得无上菩提而发愿，不过他同样未得如来授记。

当宝支如来出世时，当时有一转轮王名为美现，释迦牟尼佛彼时即转生为一智贤商主。如来为众生宣说大乘道法门，智贤则于一千年中以种种资具供养如来及其眷属，并为获无上菩提而发愿。他也同样未得宝支如来授记，及至燃灯佛出世时才得授记。

又无数不可思议劫前，精进无量如来出世传法，释迦牟尼佛当时转生为一婆罗门女，名为智慧无量。当如来宣说无量刹土之功德时，智慧无量一直供养并承侍佛陀。她还发愿未来要守持如来刹土，并为此目的回向善根、精进修持。为获清净刹土，她于无数俱胝时间中供养、承侍如来，并终在广大清净之如来刹土中示现成佛。

释迦牟尼佛现今于十方不同世界之刹土中，拥有种种名号、显现各种智慧，分别以不空成就如来等不同名号住持不可思议之无数如来刹土。有关此道理之广大、细微评析，于《宝源经》中有广述，请参阅。

久远之前，释迦牟尼佛曾转生为一马车具缘商主。如来有次与六万两千眷属同渡恒河，商主不惜花费巨资于恒河上架桥，并制造船只，令如来与眷属顺利渡过。他还以种种饮食供养如来，且使其心满意足，并为获无上菩提而发愿。

释迦牟尼佛转生为一国王时，曾于梵天如来与六万两千阿罗汉圣者前供养承侍三月，供养物品包括檀香屋室、鲜花、庄严妙香、神馐、安乐资具等。

当释迦牟尼佛转生为另一国王时，曾于檀香如来及眷属前供养香水、宝瓶等物，又以祈请承侍如来沐浴以为供养。

又释迦牟尼佛转生为另一国王时，以种种资具于月亮如来前供养承侍三月。

又当释迦牟尼佛转生为另一国王时，以种种资具于调根如来前供养三月。

又当释迦牟尼佛转生为另一国王时，以无量供品于宝山如来及其声闻僧众前供养五年。

当释迦牟尼佛转生为另一国王时，曾于证法如来前以击钹等妙音及食物进行供养，后又发欲获无上菩提之愿。

释迦牟尼佛又曾转生为一婆罗门，他在根幢如来前以偈颂、甘美饮食作为供养，并发愿得无上菩提。

释迦牟尼佛转生为一国王时，于安乐如来前供养食物、布匹等物，后又建成高宽各一由旬、一闻距[52]之遗塔。

当释迦牟尼佛转生为另一国王时，以各种资具供养富楼那如来与眷属三月。

又释迦牟尼佛转生为闻性施主时，于不住行如来前供养资具，并获不住法门，又发愿得无上菩提。

当释迦牟尼佛转生为婆罗门根施时，于一万年中以种种资具供养除苦如来。

释迦牟尼佛又曾转生为一国王吉祥藏，他将自己美丽、善妙之女儿供养与一位苦行婆罗门。

释迦牟尼佛转生为悦意比丘时，于一大劫中供养畏宣师等两千万

[52] 俱卢舍。

如来，以种种供养使其皆心生欢喜。

《毗奈耶本事经》第一回、《贤愚经》、《富楼那请问经》、《一百本生传》等经论中，再加各种契经，都对释迦牟尼佛因地时供养之举多有描述。《呵斥破戒经》中记载，释迦牟尼佛转生为名字皆为自乳之转轮王次数，达十二俱胝之多；转生为名叫大天之国王次数，亦达四俱胝之数。同样，转生为名为梵天炽燃、甘蔗枝、众人敬、美色等姓名之转轮王，次数亦非常众多。无论姓甚名谁，他们全在如来前殷勤供养。

当释迦牟尼佛久远之前住于有缘地时，曾于无量劫中供养无量如来，但均未获如来授记。《广智经》中有云："过去世时，我曾为喜色法之意乐根基众人舍弃无数美女；在喜音声之众人前，则以种种妙音于如来佛塔前进行供养，如是做时，从未自我满足。又于喜味众人前舍弃众多甘美之味、喜香众人前布施种种妙香，均未曾有过自我满足之感。喜触之觉受众人前，乃以各种柔软所触以为供养；喜法众人前则施与各种心识法，皆不曾自我满足过。在喜涅槃境界之众人前，定不损害其意乐……是故诸菩萨应修学种种意乐，并了知一切意乐皆为灭法。"

最终得菩提授记

此外，《如来法藏经》等经典中又云：释迦牟尼佛转生为转轮王等国王时，于名号相同之无数如来前供养并受持佛法。既如此，供养名号不相同之如来数更不待言。也即是说，释尊因地时转生为转轮王，曾于名号皆为释迦牟尼佛之诸佛及其眷属前供养资具并承侍，且于无上菩提道中修持不断；又于百千皆名为燃灯佛之佛陀前、百千皆名为炽燃佛之佛陀前勤行供养；尚且于六千万名号皆为萨拉王如来之佛陀前多次出家；于五百万皆共名为圣支佛之如来前，则以转轮王之身份供养承侍；还于五千万名皆为炽燃佛之如来前、九十俱胝皆共名为郭芝雅那如来之佛陀前、九千俱胝同名为迦叶佛之佛陀前尽心供养。

当众多如来皆不出世时，则于九百万独觉前，于有生之年全力供养；于五百劫中，又供养成千上万缘觉；于五百劫中转生大梵天，后又来到赡部洲转生为国王，然后又转生天王，接着又转生人间无数世，彼时除缘觉外无有如来出世；十三劫之后，隐藏如来出世传法，释迦牟尼佛再从梵天转生人间，并成为善见转轮王。当时人寿九万年，他即于有生之年尽心供养如来。

如是过七百无数劫后，他又供养承侍一千名号皆为瞻结如来之佛陀，然后又相继供养六万两千如来、八万四千如来、五百如来、六万两千如来等佛陀，也均未得授记，因其当时有执著心及我所见之故；见燃灯佛时之所以能得授记，是因他在见到燃灯佛之当下即获无生法忍。《大解脱经》中云："久远之前于清净劫时，我于九十二俱胝如来前供养承侍，但始终未得如来授记。若宣说未曾授记我之如来名号，则多生累劫亦难穷尽。过如是无数劫后，不变光如来出世时，我于其前听闻《大解脱经》，闻已受持，并终获无生法忍，同时亦得如来授记。"

释迦牟尼佛于《圣僧伽吒经》中亦云："九十九无数劫之前，胜宝如来出世传法，我于彼时素喜布施，曾于十二俱胝月亮如来前供养种种资具，又相继于十八俱胝宝贤如来、十八俱胝精部如来、二十俱胝顶髻如来、二十俱胝迦叶如来、十六俱胝无垢光如来、九十五俱胝释迦牟尼如来前行广大供养，并精心承侍。接着再于九十俱胝拘留孙佛、十八俱胝迦那迦牟尼佛、十三俱胝吉祥贤佛前广行供养，再于二十五俱胝劫胜佛、十二俱胝毗婆尸佛前尽心供养，最终得此圣僧伽吒法门，诸如来均为我授记。此前因种种因缘，我未得如来授记；闻听《圣僧伽吒经》后，赡部洲天降七宝雨，我当时即获菩提授记；再过漫长时日后，我又不得授记。又是一大阿僧祇劫后，燃灯佛出世，我当时转生为一婆罗门子，名为妙云，彼时我方得授记。当下再忆念自己过去无数劫中所行之六度万行，竟仿似近在昨日。得授记后，我令很多众生均趋入正法法门。"

至于释迦牟尼佛如何于燃灯佛前得授记，则如下文所述：

无等大师释迦牟尼佛行菩萨道时，历经两大阿僧祇劫后转生为一婆罗门子，名为智贤童子。当时燃灯佛正受明灯国王迎请，住于灯煌王宫中。明灯国王下属有一财子国王，于十二年中一直广行布施，他那时正准备行最后一次广大布施：财子欲以金杖、金瓶及金盘、四宝卧具、五百银币、盛装美女等五大布施品上供下施。

此时于另外一城市中有两婆罗门子——智贤、智慧，正于一上师前学习吠陀论典，按当地习俗，弟子应以财物供养报答上师恩德。当两人正为供养之事苦思冥想时，忽听闻财子国王欲行最后一次以五大供品大布施之消息，且国王亦已明确布施对象为精通吠陀之人。二人不由想到：我们精通吠陀，又广闻多学，若前去索求，想来也许能满愿。

财子国王此刻也受天人劝请道："近日有智贤、智慧婆罗门子欲来你处，望你能将五大布施品赐予智贤婆罗门子。如此一来，你十二年中所行之广大布施定可获得极大果报。"国王闻言不禁想到：天人都为二人前来劝请，想必他们定是与众不同之大尊者。

其后不久，国王即远远看到两位相貌端严之婆罗门子向自己王宫走来，这二人后于准备接受供施之婆罗门行列中安坐。财子又暗自思忖起来：天人所谓之智贤婆罗门子可能是两位中那一人吧。于是他便主动走到两人面前指着智贤问道："你是否即是智贤婆罗门子？""正是我。"智贤回答道。

国王便将智贤安排在整个队列之首座，并以各种饮食供养众人，而将五大布施品则悉数赠与智贤。智贤接受了其中金杖等四件，至于美女则未敢纳受，他对国王婉拒道："我乃行持梵净行者，怎能接受女人为眷属。"但那盛装女人一见相好貌端之智贤，立刻就对他心生爱意。她此时竟主动劝解智贤说："无论如何，你都应接受我。"智贤则坚持说："我断不能接受。"

国王原本就已将此女人列入布施之列，而如今智贤又不肯接受，于是她只得怏怏返回灯煌王宫。回去后，她将自身金饰全部取下交与一制作花鬘之人，并嘱咐他说："如此昂贵之饰品全部交与你，只求你能日日送我供养天尊之青莲花。”此人立刻答应下来。

智贤婆罗门子将四大布施品带回供养上师，上师又将五百银币回赠给他，自己并未接受。智贤当晚就于梦中感得十种梦兆：饮大海之水、空中行走、手握太阳、手握月亮、国王令自己坐上马车、骑跨仙人、乘骑白象、骑跨天鹅、骑跨狮子、骑跨巨石。梦醒后他自己心下暗想：不知谁能为我解析此等梦境？

离智贤住处不远之地有位具五神通之仙人，智贤就向他打探。仙人回答说：“我无法对你作授记，你应前往灯煌王宫，那里有明灯国王正欲迎请燃灯佛，如来定会亲自为你授记。”

依仙人所言，于燃灯佛前往王宫之当日，智贤也赶赴灯煌王宫。

国王当时为供养佛陀，下令国中所有人众务必将鲜花集中起来以作供佛之用。当别处地方均已难觅鲜花踪影时，被智贤拒绝之女人找到做花鬘者索要青莲花。那人为难说道：“国王已下令将所有鲜花全部收走。”女人闻言不甘心地对他说：“你去水池中仔细探察一番，以我福德力，也许尚存少许未被采摘之青莲花。”

结果因智贤福德力所致，当做花鬘者来到水池边时，发现池中竟还有七朵青莲花摇曳生姿。女人得知后立即命令他道：“速为我采来。”他惴惴不安地回答说：“我实在不敢，若国王知道一定会重重惩罚我。”女人劝慰他说：“此池中之花朵是否已被采光交与国王？”做花鬘者据实说道：“这倒是实情，所有花均已被采过。”女人就说：“现在还有七枝，这难道不是我福报现前？把花采来交与我不会给你增添任何麻烦。”那人只得说道：“我可以采下七朵青莲花给你，只是你万勿让国王发现，只能悄悄携带花束。”女人再次安慰他说：“确实是我福报现前才有青莲花留存，你尽管放心采摘，我藏于水瓶中就是。”做花鬘者最终将七朵青莲花全部采上岸来交给女人，她就将之藏于水瓶中带往城市。

智贤也欲供养佛陀花鬘，但他在花园等地四处搜寻都未见一朵鲜花之痕迹。再次返回一花园中时，恰逢手捧水瓶之女人。因智贤福德力现前，青莲花竟枝枝从藏身之瓶中显现出来。智贤便对女人说：“给你五百银币，能否将花卖与我？”女人抓住机会、愤愤不平地回答他：“原先你不愿接纳我，现在倒愿接受这青莲花？我怎能把花卖给你！”言毕没多久，女人又改口道：“你要青莲花欲意何为？”智贤向她解释说：“我欲供养佛陀。”

女人听罢就趁机说道：“我不要你五百银币，只希望你在供养后，能发愿让我生生世世做你妻子。若果真能如是发愿，我可将青莲花白白奉送。”

智贤坦率回答她说：“我性喜布施，将来会把妻子儿女、甚至自身血肉都统统布施干净。”女人则坚定说道：“只要你能发愿让我永远做你妻子，我就绝不会为你布施制造任何违缘。你欲布施何物，我皆心甘情愿随喜、奉送。”

女人说完就送给智贤五朵青莲花，自己留下两朵也欲亲自供养佛陀。女人最后又发愿道：“在你生生世世行菩提道时，愿我都能成为你共同行持善法之王妃。”

明灯国王此时已将整座城市清洁、装饰一新，他手撑具一百辐条之宝伞，与众大臣共同迎请如来；财子与其臣下也出城恭迎如来。众人在如来脚下顶礼后就祈请如来入城，燃灯佛与众多僧众便欢喜进入城中。当如来双足踏上城门阶梯时，大地即震动六次；天人也降下鲜花、妙香；盲、疯、聋等人全部恢复正常；身陷牢狱之人顿时解脱枷锁；所有产妇皆出离痛苦、恐怖；地狱众生也心生悲意；众生各个快乐洋溢，骏马、大象等畜生皆出欢喜鸣音……总之以如来功德力感召，种种瑞相自然纷呈。

智贤、智慧与那女人手捧鲜花来到燃灯佛所，当时在场之人可谓人山人海，大家均想挤上前去供养佛陀，因而三人一时无法近前。燃灯佛早已了知此等态势，他发现智贤婆罗门子可谓众人中有极大福德者。为令他顺利近身，如来便幻化出倾盆大雨从天而降，一时众人纷纷四散避雨。智贤这才有机会近前拜见如来，当他一睹如来令人视而不厌之身相后，立即生起极大欢喜心，马上以五朵青莲花供养如来。

如来以神威加持力令这些青莲花当下就大如车轮，这些华盖般之青莲花当如来行走、停留之时，于其顶上始终形影相随。女人亲睹之后也生出欢喜心，将剩余两朵青莲花供养给佛陀。此两朵鲜花亦在如来加持下大如车轮，并于如来耳旁变成华盖。

眼见大雨倾盆已使整个场地泥泞不堪，智贤便欲将自己金色发髻铺在地面供如来行走。他边剪下发髻，边发愿道：“具智之如来，我若得菩提，无生死双足，速踩我头发。”满其心愿，燃灯佛双足终于踏上智贤头发。一直跟随智贤之智慧此刻忍不住嗔心大起，他以不满语气恶狠狠说道：“诸位请看，燃灯佛竟像对待畜生那般践踏婆罗门子智贤头发。”

燃灯佛踩过智贤头发后，一边回望地上金色发丝，一边告诉诸随行比丘道：“你们切不可踩踏这些头发，此婆罗门子实为已在无量如来前广积大善根之大士夫。”他又对智贤授记说：“过一大阿僧祇劫后，你将于娑婆世界成为整个三界之怙主、导师、明灯、如来正等觉，号释迦牟尼佛。”

获如来授记后，智贤腾身七多罗树高之地，且头发又重新长出并分外端严。当其住于虚空中时，大多数众生都亲眼目睹，他们纷纷发愿说：“待你成佛时，我们均愿成为你声闻眷属。”女人也发愿说：“直至你成佛前，我都愿做你妻子；等你成佛后，我也愿成你声闻弟子。”

明灯国王将散落于地之头发根根捡起，财子国王见到后马上请求能将之赐予自己。明灯国王满其心愿将其全部送与财子，财子一一数来发现共有八万根。大臣们此时争相索求，财子便一人分与一根。等诸大臣各自回家后，他们就为每根头发各建一座佛塔以为供养。

智贤获燃灯佛授记后，明灯国王、财子国王、城中臣民皆已知晓他未来应具不可思议功德，大家自此后就尽心尽力以欢喜心对他猛厉供养。

智贤在一片欢乐氛围中并未忘记智慧，他问智慧：“我已得无上菩提授记，不知你现在又发何心？”智慧惭愧说道：“我所有之一切都已毁灭尽净，因燃灯佛足踏你头发时我竟嗔心顿起，我当时说：‘如来就如对待畜生一般践踏智贤头发。’”智贤闻已劝请智慧道：“请过来与我一同在如来前出家。”

二人出家后，智贤精进修学三藏，如法摄受眷属，并于死后转生兜率天；而智慧则因对佛妄说恶语，死后便立堕地狱中。智贤以供养如来青莲花之果报，在得到佛果之前恒享大乐，此善根亦成他成佛之因缘；得佛果后，五百匝得人尚以鲜花、乐器等种种供品对他诚心供养。

上述公案与《燃灯佛授记经》中所载妙云婆罗门子得如来授记之故事大致相同，个别情节稍有出入；塔洛[53]所翻译之《佛传公案经》中亦云智贤婆罗门得如来授记。若与上文所引记叙相较，只在文字、意义等方面稍有偏差，此处所详叙之公案，大体即按智贤婆罗门得授记之公案铺陈。

与此道理相同，我们也可理解各种公案情节或多或少有些出入之原因。过去有多位上师曾说过，智贤与妙云童子只是名字不同而已，实指乃同一人。

至于贪执智贤之女人善取，即为后来之耶输陀罗；有些佛经中言释迦牟尼佛未出家时之王妃名为沙措玛，沙措玛其实是众多王妃之总称，其中之一当然可叫耶输陀罗；另有名为持称者也即耶输陀罗，她乃释迦族持杖之女，是罗睺罗之母亲；释迦族铃声之女名为热玛[54]，当义成王子看到她时，目不转睛之际，竟将手中铁箭捏成粉末，然后就将之娶为王妃；王子之王妃尚有释迦善世之女，她名为兽生。当其宣说寂灭话语时，王子非常欢喜，还将自己项链送与她，并娶其为王妃。

上述三人乃义成王子最主要之三位王妃，王子其他女眷尚有八万人，耶输陀罗乃其中最殊胜之王妃。有众多上师都曾指出，一些经典中言沙措玛实指热玛，此为总称用作别称之例，此种说法确实言之有理。

释迦牟尼佛如是于燃灯佛前得授记，并获无生法忍。其本体安住于法身中无有丝毫动摇，同时也在十方世界幻化出无量无边之化身，于每一刹那都能圆满如大海般深广之积集资粮、忏悔罪障、成熟众生之功德，此种刹那间之丰功伟业实乃无法言喻。

当迦叶如来于此刹土出世传法时，释迦牟尼佛彼时转生为一智贤

[53] 译师。
[54] 隐藏姆。

无上婆罗门子，并于死后转生兜率天成为最后有者，名为白顶天子菩萨。当其与世间之因缘成熟时，便以五照见[55]降临人间，其后又经历入胎、诞生、出家、成佛等种种过程，此中详细情况可从《广大游舞经》、《毗奈耶经》等与本师传相关之经典中了知。

释迦牟尼成佛后于不同环境、各种根基众生前三转法轮之详情；及开示广大、甚深佛法；拥有照见万法之智；为利益一切众生而生慈悲心；对众生作三世无障之授记；显示种种神变令众生脱离苦海，并获暂时及究竟乐，如是共同所化众生前所显示之行持、事迹，个中因缘、经过可于其他传记中了知。

上述释迦牟尼佛因地时广行菩萨行之各种事迹，乃从佛经中大概归纳后而宣说，与本传记较接近之其他论著有：《善见大史》、《誉广大士传》、《善财童子传》等。本传记之记叙次第是以六波罗蜜多为顺序，不按此顺序亦能成文。

在藏地，普遍流传有一些佛经中讲述过、非常可靠又异常精彩的本师传故事，完全可作释迦牟尼佛传记之补充；若无以上补充材料，本传记所叙亦基本涵盖释迦牟尼佛前世行菩提道之主要内容。凡夫对释迦牟尼佛传记之深广内容，实不可以三言两语轻易断言。听到本传记中的任何一个公案后，仅仅于一刹那间生起信心，解脱的种子就会播植在自相续中，无量无边功德就此孕育、产生。若全部听闻、完整阅读，并对之生起恭敬心与信心，所得功德更无法用言语描述。以此种方式了知大乘菩萨道之内容，并对其生起信解心，此种作为对自他都能带来极大利益。正如马鸣论师所说：“以殊胜感人故事，宣说如来与佛法，不信之人令生信，对佛法生欢喜心。”

以上圆满宣说了释迦牟尼佛发心、供养并得如来授记之深广道理。

[55] 如来依五种观察选择降诞人间：国王迦毗罗婆窣堵、种姓刹帝利、氏族甘蔗释迦、生母摩诃摩耶、时会五浊恶世。

十一、修行品

佛法功德不可思议

以上宣说了释迦牟尼佛广行布施等种种事迹。有关佛陀于三大阿僧祇劫中历行不可思议之六波罗蜜多，并以此殊胜因缘而致后得佛果时拥有不可思议之智慧、功德等道理，可于《趣入如来不可思议功德智慧经》、《佛力幻变经》、《宣说如来不可思议法经》中详细了知。

在如此殊胜难遇之佛陀前，我们首先要生出信心，此点断不可缺，如云："佛说诸善法，根本为意乐。"《十法经》中亦云："信心乃胜乘，以此得佛果，世间信最胜，具信不能毁"。"无信心之人，不生诸善法，如种被火焚，青芽岂能生？"《宝多罗经》中则云："如对佛与法生信，对佛子行为生信，对无上菩提生信，大士胜心则生起。以信心力成大士，广大难思作供养，供养佛法僧三宝，则生殊胜菩提心。信心前行如母亲，摄受增上诸功德，遣除怀疑度生死，信心犹如安乐城。信心无垢令心净，断除我慢恭敬因，信心如足如宝藏，亦如双手持善法。信心令人喜布施，以信心对法生喜，能了达智慧功德，且终获如来圣果。能令利根更聪慧，有信心者无能毁，信心遣除烦恼因，自生功德能寻觅。信心能令不贪执，各种妙欲享乐境，信心断除懈怠因，实为最殊胜精进。具信心者离魔境，开示解脱殊胜道，信心因地功德种，不坏且令智慧增，具信心者见诸佛。"

若对如来生起信心，暂时则可恒享人天安乐，最终则能按各自意乐、根基而发愿，并且于三菩提道中皆可获得果位。最初即便得声闻果位，最终亦必于无上菩提道中取得佛果。

《妙法莲华经》中有云[56]：“佛告舍利弗：‘诸佛如来但教化菩萨，诸有所作常为一事，唯以佛之知见示悟众生。舍利弗，如来但以一佛乘故为众生说法，无有余乘，若二若三。舍利弗，一切十方诸佛、法亦如是。’”

此经又云：“佛子行道已，来世得作佛，我有方便力，开示三乘法。一切诸世尊，皆说一乘道，今此诸大众，皆应除疑惑。诸佛语无异，唯一无二乘，过去无数劫，无量灭度佛，百千万亿种，其数不可量。如是诸世尊，种种缘譬喻，无数方便力，演说诸法相。是诸世尊等，皆说一乘法，化无量众生，令入于佛道。又诸大圣主，知一切世间，天人群生类，深心之所欲，更以异方便，助显第一义。若有众生类，值诸过去佛，若闻法布施，或持戒忍辱，精进禅智等，种种修福慧。如是诸人等，皆已成佛道。诸佛灭度后，若人善软心，如是诸众生，皆已成佛道。诸佛灭度已，供养舍利者，起万亿种塔，金银及玻璃，砗磲与玛瑙，玫瑰琉璃珠，清净广严饰，庄校于诸塔。或有起石庙，栴檀及沉水，木榓并余材，砖瓦泥土等。若于旷野中，积土成佛庙。乃至童子戏，聚沙为佛塔。如是诸人等，皆已成佛道。若人为佛故，建立诸形像，刻雕成众相，皆已成佛道，或以七宝成，鍮鉐赤白铜，白镴及铅锡，铁木及与泥，或以胶漆布，严饰作佛像，如是诸人等，皆已成佛道。彩画作佛像，百福庄严相，自作若使人，皆已成佛道。乃至童子戏，若草木及苇，或以指爪甲，而画作佛像，如是诸人等，渐渐积功德，具足大悲心，皆已成佛道。但化诸菩萨，度脱无量众，若人于塔庙，宝像及画像，以华香幡盖，敬心而供养。若使人作乐，击鼓吹角贝，箫笛琴箜篌，琵琶铙铜钹，如是众妙音，尽持以供养。或以欢喜心，歌呗颂佛德，乃至一小音，皆已成佛道。若人散乱心，乃至以一华，供养于画像，渐见无数佛。或有人礼拜，或复但合掌，乃至举一手，或复小低头，以此供养像，渐见无量佛。自成无上道，广度无数众，入无余涅槃，如薪尽火灭。若人散乱心，入于塔庙中，

[56] 鸠摩罗什大师翻译之《妙法莲华经》与藏文译本几无多少差异，大师本人又因荼毗时舌头不坏而与汉地“四大译师”之誉名实相称。故下文所引之《法华经》文句，绝大多数都出自大师译笔。

一称南无佛，皆已成佛道。于诸过去佛，在世或灭后，若有闻是法，皆已成佛道。未来诸世尊，其数无有量，是诸如来等，亦方便说法。一切诸如来，以无量方便，度脱诸众生，入佛无漏智，若有闻法者，无一不成佛。诸佛本誓愿，我所行佛道，普欲令众生，亦同得此道。未来世诸佛，虽说百千亿，无数诸法门，其实为一乘。诸佛两足尊，知法常无性，佛种从缘起，是故说一乘。是法住法位，世间相常住，于道场知已，导师方便说。天人所供养，现在十方佛，其数如恒沙，出现于世间，安稳众生故，亦说如是法。知第一寂灭，以方便力故，虽示种种道，其实为佛乘。知众生诸行，深心之所念，过去所习业，欲性精进力，及诸根利钝，以种种因缘，譬喻亦言辞，随应方便说。今我亦如是，安稳众生故，以种种法门，宣示于佛道。”

如是宣示一乘法实乃罕有无比。又此经中云：“诸佛兴出世，悬远值遇难，正使出于世，说是法复难，无量无数劫，闻是法亦难，能听是法者，斯人亦复难。譬如优昙华，一切皆爱乐，天人所希有，时时乃一出。闻法欢喜赞，乃至发一言，则为已供养，一切三世佛，是人甚希有，过于优昙华。汝等勿有疑，我为诸法王，普告诸大众，但以一乘道，教化诸菩萨，无声闻弟子。汝等舍利弗，声闻及菩萨，当知是妙法，诸佛之秘要。以五浊恶世，但乐著诸欲，如是等众生，终不求佛道。当来世恶人，闻佛说一乘，迷惑不信受，破法堕恶道。有惭愧清净，志求佛道者，当为如是等，广赞一乘道。舍利弗当知，诸佛法如是，以万亿方便，随宜而说法，其不习学者，不能晓了此。汝等既已知，诸佛世之师，随宜方便事，无复诸疑惑，心生大欢喜，自知当作佛。”

迦叶大尊者曾请问过佛陀：“世尊，三界众生意乐各不相同，他们所得涅槃究竟为一抑或二、三有别？”佛陀对此回答说：“三世万法一切等性，所得涅槃唯有一种，何分二、三！”正所谓：“诸法平等空，无二亦无一，彼等无分别，诸法无可见。以此大智慧，现见诸法身，无有三乘法，唯持一乘道。诸法皆平等，恒时无不平，如实了达已，无死即涅槃。”《妙法莲华经》中又云：“于如来前听闻《妙法莲华经》，即便仅听闻一偈，能对之生随喜想者皆可获菩提心。如来虽已示现涅槃，如能听闻此法门，仅闻一偈并发心、随喜，善男子善女人，此人即已获菩提授记，此人则为供养承侍过无数如来。”

又云：“若读诵、缮写、受持、恭敬、供养、顶礼此经，甚或一偈，此等众生皆已获无上菩提授记。未来若有人言：‘成就佛果者到底是何景象？’彼时即可指此类人为发问者决疑道：‘受持此经之人皆当作佛。’何以故？因受持此法即使一偈，人天众生皆已如恭敬如来般恭敬此人；能受持全部法义，所得功德更不待言，应知此人必获阿耨多罗三藐三菩提。”

此经还宣示道：“慈悲世间之世尊涅槃后，悲悯赡部洲众生之大悲心使其不住涅槃，再以人形应世为众生宣此法门。宣流者可为他众广泛分别开演，甚至秘密说与盗贼之流。善男子善女人，汝等当知，此说法者正为如来信使，此人正行如来事业，此人即为如来所派遣。”《妙法莲华经》中尚且如是宣示：“若欲住佛道，成就自然智，常当勤供养，受持法华者。其有欲疾得，一切种智慧，当受持是经，并供养持者。”如欲具体了知受持此经之功德，则应仔细参阅此经。

佛刹广大清净　佛陀寿量无边

无等大师释迦牟尼佛以其大悲心及发愿力，虽于五浊兴盛刹土中示现成佛，但如来秘密、不可思议之境界，绝非凡夫及声闻根基众生所可测度。因此我们就不应以世间观念、自己所谓之耳闻目睹，来衡量决断释迦牟尼佛何时成佛、寿量八十、所化刹土不清净等情况，此种断言实非应理。

虽为调化众生，释迦牟尼佛如是显现所化刹土、住世寿量、行事传法之时间等状况，但一切佛陀平等智慧身之功德，除佛之外的所有众生都无法揣度。诸佛刹土原本清净无垢、广大无边，佛之寿量以虚空边际都难以比拟。无等大师释迦牟尼佛之刹土实为毗卢遮那佛佛刹之一部分，其弘法时间绝不仅仅只在浊世时间内，亦绝不在短暂时间内即显示涅槃，此中道理正如《妙法莲华经》所云：“自我得佛来，所经诸劫数，无量百千万，亿载阿僧祇，常说法教化，无数亿众生，令入于佛道。尔来无量劫，为度众生故，方便现涅槃，而实不灭度，常住此说法。我常住于此，以诸神通力，令颠倒众生，虽近而不见。众见我灭度，广供养舍利，咸皆怀恋慕，而生渴仰心。众生既信伏，质直意柔软，一心欲见佛，不自惜身命。时我及众僧，俱出灵鹫山，我时语众生，常在此不灭，以方便力故，现有灭不灭。余国有众生，恭敬信乐者，我复于彼中，为说无上法，汝等不闻此，但谓我灭度。我见诸众生，没在于苦恼，故不为现身，令其生渴仰，因其心恋慕，乃出为说法。神通力如是，于阿僧祇劫，常在灵鹫山，及余诸住处，众生见劫尽，大火所烧时，我此土安稳，天人常充满。园林诸堂阁，种种宝庄严，宝树多华果，众生所游乐。诸天击天鼓，常作众伎乐，雨曼陀罗华，散佛及大众。我净土不毁，而众见烧尽，忧怖诸苦恼，如是悉充满。是诸罪众生，以恶业因缘，过阿僧祇劫，不闻三宝名。诸有修功德，柔和质直者，则皆见我身，在此而说法。或时为此众，说佛寿无量，久乃见佛者，为说佛难值。我智力如是，慧光照无量，寿命无数劫，久修业所得。汝等有智者，勿于此生疑，当断令永尽，佛语实不虚。如医善方便，为治狂子故，实在而言死，无能说虚妄。我亦为世父，救诸苦患者，为凡夫颠倒，实在而言灭。以常见我故，而生骄恣心，放逸著五欲，堕于恶道中。我常知众生，行道不行道，随所应可度，为说种种法。”

正如上述道理所示，诸佛已获最究竟智慧身，于法界无边时空、刹土中，恒常、周遍显示种种智慧游舞。对此等正理生起殊胜定解，是不退转菩萨能拥有不退转信心之根源。对此，我们一定要坚信不疑。《宝积父子相会经》中云：“过去无量劫时，有一根顶如来，彼如来即为释迦牟尼佛。”

又如云：“为度诸有情，示现大勇士，虽八十俱胝，已成如来相，尚除法之念，亦发菩提心。三千六十亿，佛刹皆清净，如来方便力，汝已早成就，依然初发心，随顺其他相。汝于将来时，示现众如来，也以种种相，行持大士事。”

《圣宝源经》中宣说了不空成就如来佛刹清净无垢、广大庄严，及如来身处因地菩萨位时所行种种稀有行为、事业，并揭示道：不空成就如来等诸多名号不同之如来，及其所住名号各异之刹土，皆为释迦牟尼佛所化现。

《首楞严经》中云：“文殊菩萨前往众多如来刹土中时，见上方有一刹土名为一灯，住持此刹土之如来功德经劫亦难以言尽，且此刹土无有声闻名。文殊菩萨向此如来询问其名号，如来答言：‘汝可返回问于释迦牟尼佛。’文殊菩萨随即回来询问释尊，释尊答曰：‘住持彼刹土之如来号宣说诸法幻化王如来，亦即是我，我在彼处正转不退转法轮。’”

又云：“离此往东越三万两千世界，有一世界名为摄集刹土，住持此刹土之如来号普明光严幻化王如来，寿量可达七百无数劫，此如来亦为释迦牟尼佛。”而《狮吼经》中则说道：“从此往北过六十恒河沙微尘数世界，有一显喜刹土，住持此刹土之如来号法胜。有一菩萨名为胜蕴来此刹土后，法胜如来对其宣示道：‘释迦牟尼佛即是我法胜如来，于娑婆世界中，以种种化现为众生开示佛法。’”《指鬘经》也说在无量无边之其他刹土，有无数正住世之如来均与释迦牟尼佛无二无别；乃至未来众生未空尽之前，释迦牟尼佛将不断示现成佛。正因如此，我们理应了知：一切如来皆具如是殊胜功德。

同样，诸大菩萨初发心时虽有大悲心大小之差异，但获得清净意乐发心后，守持清净刹土之菩萨于不清净刹土中，并非不行持如来事业；守持不清净刹土之菩萨，亦非不住持清净刹土。只不过暂时于各道中，为调化根基不同之众生，诸菩萨于不同时间示现住持各种不同刹土而已。待取得最究竟果位后，诸佛如来可于法界无边刹土中，无有穷尽地不断示现种种化身，此中缘由我等当知。凡夫俗子以其低劣智慧根本无法了达如来甚深密意，获得甚深智慧之人则可断除对如来无尽善巧方便、不可思议智慧之一切怀疑，并获清净、真实见解。

佛陀所宣佛法实具不可思议之功德，当中功德最殊胜者首推《妙法莲华经》[57]。此经对佛法，特别是对《法华经》之功德有如下阐释：

“佛说希有法，昔所未曾闻，世尊有大力，寿命不可量。无数诸佛子，闻世尊分别，说得法利者，欢喜充遍身。或住不退地，或得陀罗尼，或无碍乐说，万亿旋总持。或有大千界，微尘数菩萨，各各皆能转，不退之法轮。复有中千界，微尘数菩萨，各各皆能转，清净之法轮。复有小千界，微尘数菩萨，余各八生在，当得成佛道。复有四三二，如此四天下，微尘数菩萨，随数生成佛。或一四天下，微尘数菩萨，余有一生在，当成一切智。如是等众生，闻佛寿长远，得无量无漏，清净之果报。复有八世界，微尘数众生，闻佛说寿命，皆发无上心。世尊说无量，不可思议法，多有所饶益，如虚空无边。雨天曼陀罗，摩诃曼陀罗，释梵如恒沙，无数佛土来。雨栴檀沉水，缤纷而乱坠，如鸟飞空下，供散于诸佛。天鼓虚空中，自然出妙声，天衣千万种，旋转而来下，众宝妙香炉，烧无价之香，自然悉周遍，供养诸世尊。其大菩萨众，执七宝幡盖，高妙万亿种，次第至梵天，一一诸佛前，宝幢悬胜幡。亦以千万偈，歌詠诸如来。如是种种事，昔所未曾有，闻佛寿无量，一切皆欢喜。佛名闻十方，广饶益众生，一切具善根，以助无上心。”

“若人求佛慧，于八十万亿，那由他劫数，行五波罗蜜。于是诸劫中，布施供养佛，及缘觉弟子，并诸菩萨众，珍异之饮食，上服与卧具，栴檀立精舍，以园林庄严。如是等布施，种种皆微妙，尽此诸劫数。以回向佛道。若复持禁戒，清净无缺漏，求于无上道，诸佛之所叹。若复行忍辱，住于调柔地，设众恶来加，其心不倾动。诸有得法者，怀于增上慢，为斯所轻恼，如是亦能忍。若复勤精进，志念常坚固，于无量亿劫，一心不懈息。又于无数劫，住于空闲处，若坐若经行，除睡常摄心，以是因缘故，能生诸禅定，八十亿万劫，安住心不乱，持此一心福，愿求无上道。我得一切智，尽诸禅定际，是人于

[57] 藏文本中对此经功德以散文方式宣说，麦彭仁波切在引用时是摘要、零散引用，故要从藏文翻译很难尽如人意。在此则再次直接引用鸠摩罗什大师汉文译本，主要用其宣说此经功德部分之偈颂文字。

百千，万亿劫数中，行此诸功德，如上之所说。有善男女等，闻我说寿命，乃至一念信，其福过于彼。若人悉无有，一切诸疑悔，深心须臾信，其福为如此。其有诸菩萨，无量劫行道，闻我说寿命，是则能信受。如是诸人等，顶受此经典，愿我于未来，长寿度众生，如今日世尊，诸释中之王，道场师子吼，说法无所畏。我等未来世，一切所尊敬，坐于道场时，说寿亦如是。若有深心者，清净而质直，多闻能总持，随义解佛语，如是之人等，于此无有疑。”

“若我灭度后，能奉持此经，斯人福无量，如上之所说。是则为具足，一切诸供养，以舍利起塔，七宝而庄严，表刹甚高广，渐小至梵天，宝铃千万亿，风动出妙音。又于无量劫，而供养此塔，华香诸璎珞，天衣众伎乐，然香油酥灯，周匝常照明。恶世法末时，能持是经者，则为已如上，具足诸供养。若能持此经，则如佛现在，以牛头栴檀，起僧坊供养，堂有三十二，高八多罗树，上馔妙衣服，床卧皆具足，百千众住处，园林诸浴池，经行及禅窟，种种皆严好。若有信解心，受持读诵书，若复教人书，及供养经卷，散华香末香，以须曼薝蔔，阿提目多伽，熏油常然之。如是供养者，得无量功德，如虚空无边，其福亦如是。况复持此经，兼布施持戒，忍辱乐禅定，不嗔不恶口，恭敬于塔庙，谦下诸比丘，远离自高心，常思维智慧，有问难不嗔，随顺为解说，若能行是行，功德不可量。若见此法师，成就如是德，应以天华散，天衣覆其身，头面接足礼，生心如佛想。又应作是念，不久诣道场，得无漏无为，广利诸人天。其所住止处，经行若坐卧，乃至说一偈，是中应起塔，庄严令妙好，种种以供养。佛子住此地，则是佛受用，常在于其中，经行及坐卧。”

“若人于法会，得闻是经典，乃至于一偈，随喜为他说，如是展转教，至于第五十，最后人获福，今当分别之。如有大施主，供给无量众，具满八十岁，随意之所欲，见彼衰老相，发白而面皱，齿疏形枯竭，念其死不久，我今应当教，令得于道果。即为方便说，涅槃真实法，世皆不牢固。如水沫泡焰，汝等咸应当，疾生厌离心。诸人闻是法，皆得阿罗汉，具足六神通，三明八解脱。最后第五十，闻一偈随喜，是人福胜彼，不可为譬喻。如是展转闻，其福尚无量，何况于法会，初闻随喜者。若有劝一人，将引听法华，言此经深妙，千万劫难遇，即受教往听，乃至须臾闻，斯人之福报，今当分别说。世世无口患，齿不疏黄黑，唇不厚褰缺，无有可恶相，舌不干黑短，鼻高修且直，额广而平正，面目悉端严，为人所喜见，口气无臭秽，优钵华之香，常从其口出。若故诣僧坊，欲听法华经，须臾闻欢喜，今当说其福。后生天人中，得妙象马车，珍宝之辇舆，及乘天宫殿。若于讲法处，劝人坐听经，是福因缘得，释梵转轮座。何况一心听，解说其义趣，如说而修行，其福不可限。”

“若于大众中，以无所畏心，说是法华经，汝听其功德。是人得八百，功德殊胜眼，以是庄严故，其目甚清净。父母所生眼，悉见三千界，内外弥楼山，须弥及铁围，并诸余山林，大海江河水，下至阿鼻狱，上至有顶处，其中诸众生，一切皆悉见。虽未得天眼，肉眼力如是。”

“父母所生耳，清净无浊秽，以此常耳闻，三千世界声。象马车牛声，钟铃螺鼓声，琴瑟箜篌声，箫笛之音声，清净好歌声，听之而不著，无数种人声，闻悉能解了。又闻诸天声，微妙之歌音，及闻男女声，童子童女声。山川险谷中，迦陵频伽声，命命等诸鸟，悉闻其音声。地狱众苦痛，种种楚毒声，饿鬼饥渴逼，求索饮食声，诸阿修罗等，居在大海边，自共言语时，出于大音声。如是说法者，安住于此间，遥闻是众声，而不坏耳根。十方世界中，禽兽鸣相呼，其说法之人，于此悉闻之。其诸梵天上，光音及遍净，乃至有顶天，言语之音声，法师住于此，悉皆得闻之。一切比丘众，及诸比丘尼，若读诵经典，若为他人说，法师住于此，悉皆得闻之。复有诸菩萨，读诵于经法，若为他人说，撰集解其义，如是诸音声，悉皆得闻之。诸佛大圣尊，教化众生者，于诸大会中，演说微妙法，持此法华者，悉皆得闻之。三千大千界，内外诸音声，下至阿鼻狱，上至有顶天，皆闻其音声，而不坏耳根，其耳聪利故，悉能分别知。持是法华者，虽未得天耳，但用所生耳，功德已如是。”

“是人鼻清净，于此世界中，若香若臭物，种种悉闻知。须曼那阇提，多摩罗栴檀，沉水及桂香，种种华果香，及诸众生香，男子女人香，说法者远住，闻香知所在。大势转轮王，小转轮及子，群臣诸宫人，闻香知所在。身所着珍宝，及地中宝藏，转轮王宝女，闻香知所在。诸人严身具，衣服及璎珞，种种所涂香，闻香知其身。诸天若行坐，游戏及神变，持是法华者，闻香悉能知。诸树华果实，及酥油香气，持经者住此，悉知其所在。诸山深险处，栴檀树华敷，众生在中者，闻香悉能知。铁围山大海，地中诸众生，持经者闻香，悉知其所在。阿修罗男女，及其诸眷属，斗争游戏时，闻香皆能知。旷野险隘处，师子象虎狼，野牛水牛等，闻香知所在。若有怀妊者，未辨其男女，无根及非人，闻香悉能知。以闻香力故，知其初怀妊，成就不成就，安乐产福子。以闻香力故，知男女所念，染欲痴恚心，亦知修善者。地中众伏藏，金银诸珍宝，铜器之所盛，闻香悉能知。种种诸璎珞，无能识其价，闻香知贵贱，出处及所在。天上诸华等，曼陀曼殊沙，波利质多树，闻香悉能知。天上诸宫殿，上中下差别，众宝华庄严，闻香悉能知。天园林胜殿，诸观妙法堂，在中而娱乐，闻香悉能知。诸天若听法，或受五欲时，来往行坐卧，闻香悉能知。天女所著衣，好华香庄严，周旋游戏时，闻香悉能知。如是展转上，乃至于梵世，入禅出禅者，闻香悉能知。光音遍净天，乃至于有顶，初生及退没，闻香悉能知。诸比丘众等，于法常精进，若坐若经行，及读诵经典，或在林树下，专精而坐禅，持经者闻香，悉知其所在。菩萨志坚固，坐禅若读诵，或为人说法，闻香悉能知。在在方世尊，一切所恭敬，愍众而说法，闻香悉能知。众生在佛前，闻经皆欢喜，如法而修行，闻香悉能知。虽未得菩萨，无漏法生鼻，而是持经者，先得此鼻相。”

“是人舌根净，终不受恶味，其有所食噉，悉皆成甘露。以深净妙声，于大众说法，以诸因缘喻，引导众生心，闻者皆欢喜，设诸上供养。诸天龙夜叉，及阿修罗等，皆以恭敬心，而共来听法。是说法之人，若欲以妙音，遍满三千界，随意即能至。大小转轮王，及千子眷属，合掌恭敬心，常来听受法。诸天龙夜叉，罗刹毘舍阇，亦以欢喜心，常乐来供养。梵天王魔王，自在大自在，如是诸天众，常来至其所。

诸佛及弟子，闻其说法音，常念而守护，或时为现身。”

“若持法华者，其身甚清净，如彼净琉璃，众生皆喜见，又如净明镜，悉见诸色像，菩萨于净身，皆见世所有，唯独自明了，余人所不见。三千世界中，一切诸群萌，天人阿修罗，地狱鬼畜生，如是诸色像，皆于身中现，诸天等宫殿，乃至于有顶，铁围及弥楼，摩诃弥楼山，诸大海水等，皆于身中现。诸佛及声闻，佛子菩萨等，若独若在众，说法悉皆现。虽未得无漏，法性之妙身，以清净常体，一切于中现。”

“是人意清净，明利无浊秽，以此妙意根，知上中下法，乃至闻一偈，通达无量义，次第如法说，月四月至岁。是世界内外，一切诸众生，若天龙及人，夜叉鬼神等，其在六趣中，所念若干种，持法华之报，一时皆悉知。十方无数佛，百福庄严相，为众生说法，悉闻能受持。思维无量义，说法亦无量，终始不忘错，以持法华故。悉知诸法相，随义识次第，达名字语言，如所知演说。此人有所说，皆是先佛法，以演此法故，于众无所畏。持法华经者，意根净若斯，虽未得无漏，先有如是相。是人持此经，安住希有地，为一切众生，欢喜而爱敬。能以千万种，善巧之语言，分别而说法，持法华经故。”

总而言之，随身携带此经、经常念诵、缮写此经等所具功德，可详阅《妙法莲华经》相关章节。佛陀亲口说过：“一切如来所宣诸经中，此经最为第一。”普贤大菩萨有无数眷属，他有次曾带领无量眷属以不可思议之幻变，从东方宝严胜王如来处来此娑婆世界，释迦牟尼佛彼时正于灵鹫山传讲《妙法莲华经》。普贤大菩萨亲耳听闻佛陀如是说道：“善男子善女人，此等菩萨均能触类旁通，此《妙法莲华经》乃最究竟真如，与法界本体无二无别。”当时在场诸菩萨闻已皆齐赞“善哉”。

若了知一切诸法法性平等，则对一乘道当能通达。如来依方便法门于小乘根基众生前暂时宣说声闻法门，凡获声闻果位者，就如释迦牟尼佛于本经中授记舍利子等阿罗汉可获无上菩提果一样，此等众生亦必获最究竟之大菩提果位。对如来刹土无量无边、如来寿命无法衡量等最究竟之甚深法要，以依赖法性之无垢智慧可对其深信不疑，此种信心我等必须生起。

此经实为殊胜无比，因其所宣说者完全为圣者了义智慧，有智及有缘之诸菩萨理应依此经典通达无漏智慧。正为助众人早日了达究竟大法，本文才大量摘引此经。为利益浊世众生，恐其无法完整阅读此经，才方便宣说了有关此经功德之部分内容。

普贤菩萨骑六牙白象，携诸菩萨眷属经常守护说此《法华经》之上师，若说法上师言语文字中稍有错漏，普贤菩萨立即现前而为纠正。说法者亦能亲见菩萨身相，并获其心咒加持。不唯如此，佛经中对此经之功德尚有众多描述及赞叹。佛陀曾召集众眷属并为其宣示道：“我将此法付嘱汝等，汝等亦应为他众广泛宣说，以此作为对如来之真正报恩。”因此，我们理当以恭敬心尽心尽力守持佛法，并为他人多方宣说。

究竟观想佛陀之法

我们若能观想、供养具无量功德之释迦牟尼佛，则已等同于观想、供养一切如来。《幻师妙贤请问经》中云：“妙贤若人供一佛，则供十方一切佛，诸如来与我法界，恒时无二无别故。彼等如来亦接纳，供养诸佛功德增，彼获清净平等性，诸佛本性无分别。”

《华严经》中则如是说道：“仅仅见如来，能断诸业障，远离众魔业。”又云：“何人忆念佛，乃佛诸功德，此人定远离，恶趣痛苦怖。”“众生之利乐，皆从佛力生，当知佛福德，无能相等同。诸佛遍法界，利益众生故，化身无量数，为众宣法理。”“如虚空遍布，如水中影像，为利益众生，诸佛时现身。”“佛一毫毛许，功德无等伦，世人难了知，浩瀚如虚空。”……

故而我们实应依靠了知佛功德后所生信心，一心一意观想佛陀、念诵佛陀名号及心咒，且需时时刻刻励力行之。若无法做到每时每刻都能观想，则应于七日等短暂时日内，一心观想圣尊，如此行持亦有极大功德。《圣宝云经》中云：“若能以猛厉信心于七日内远离其他作意，唯恒时观想功德不可思议之佛陀，七日过后之第八日黎明时分，自己身着清洁衣服，并做供品且念诵仪轨，当晚即能亲睹如来；若所诵仪轨不完整，或无专心致志之意，临死时也必能以此善根而面见佛陀。”

同样,《现今如来住世等持经》中亦有此意,此经大意部分摘录如下:

“在家、出家菩萨住于寂静地时，应再三观想如来，即便仅听闻别人宣说如来身相，亦应将其观在心间，且持诵名号。如此作意观想并守持清净戒律，从一日至七日均能心不散乱地如理作意，七日过后应能于昼时亲睹如来慈颜。若白昼时未能面见世尊，夜晚降临后亦可于梦中瞻仰世尊颜貌。”

“同理，若已听闻西方极乐世界阿弥陀佛住世之讯息，闻已即应再三以如上所述之方式作意、观想。就如贪欲炽盛之人听闻某地有一绝色妓女，虽未亲睹其容，但内心早已垂涎三尺、爱慕顿生，竟能于夜梦中与其行不净行，且获安乐；同样，具有现今如来住世等持之人，于此世界听闻无量光如来名号后，立即随念如来名号，观想如来功德、等持，定能亲见无量光佛等诸如来，并于其前请问法理。如此观想佛陀当能目睹佛陀，此乃因佛神威加持及自己善根力、等持力所致。正如我们自己之容颜呈现于镜中时，自身色法并未移至镜中，但凭因缘依然可现前镜中影像，与之类似，依上述方式精进修持亦可见到如来并亲聆法义，尚能得到授记而心生欢喜。”

“究其实,如来从未从别处来至此处,自己亦未从此处前往如来处,但以自己清净心则可于心间现前如来身影。与之相同，三界一切万法均为心之显现，至于心之本体则于心内心外遍寻都无有实法可得。心亦凭因缘而产生，实为如梦如幻之缘起性，无有任何实质可言。所谓无实之法从本体而言，从未曾产生，亦无有所缘，了达此理即获得远离一切假立之智慧。”

“诸菩萨，现今如来住世等持可以四法获取。何为四法？坚定不移之信心、永不退转之精进、不依他人之智慧、依止善知识。”吾等若能精进于此四种获取等持之因，必能现前现今如来住世等持之果。“得此等持后，此人轻而易举就能亲瞻十方如来；且同时获取听闻、忆念、智慧、证悟、六度、等持、总持、神变等无量功德；并能于无上菩提道中永不退转；再无转生无暇之处之可能；还可获取诸如生生世世相好庄严、种姓高贵、眷属众多、梦中亦不离如来等种种不可思议之功德。”有关此方面之论述，本经典中有广说。

此经又云：“未来若出现令人恐怖之情形时，何人若听闻后行持此等持，则此人已供养我及过去、未来诸佛。”有一菩萨曾问护贤：“大菩萨如何修持此等持？”如来对此则回答说：“护贤，我现今正住于你面前宣讲佛法。护贤，菩萨应观如来正等觉之身相，每一相好皆以百般福德形成，对如来一切相均应如是了知。”

“心中如是观想佛陀形象后，尚应如此观想作意：奇哉！三世出有坏如来正等觉之身相竟如是庄严、稀有。同时亦应心中发愿：我于未来亦当身成如是庄严。”如此等等，不一而足，此经中有众多关于如此作意之论述。

如理作意后，所谓我与菩萨根本无有实存，对此一定要生起定解。对实无一法可得之作意功德，此经中亦有广说，应参阅贯通。

《七百般若经》中云：“文殊，行持一缘等持之菩萨可疾获无上正等觉佛果。”又云：“文殊，所谓一缘实乃无生空性之异名。欲行持一缘等持之善男子善女人，应首先了达智慧波罗蜜多之教义，待尽皆明晰后再行一缘等持。何以故？文殊，无生空性法乃无迷乱法、不可迷乱法、不应迷乱法，其奥义不可思议、无法思维、无法揣摩。

文殊，欲行持一缘等持之善男子善女人，应于寂静地安坐清净坐垫上，以欢喜而无有散乱之心，不着一切相，以跏趺式依无缘方式唯一只观如来相，诸法应如是作意。同时亦应持诵所观如来之名号，一边听闻如来名号，一边观想、作意如来居处。若能如是观想一如来，则已等同于观想未来、过去、现在一切如来。何以故？因一切如来一本体之故。文殊，一如来实已具足无量佛陀之功德、辩才；同样，获一缘等持一等持者，依无生空性之理，则能了知一切无量法门之类别。

如能通达此等持，则已通达如来所了达之境界，阿难所了达之法亦可现前。行持一缘等持之人，有生之年即可为四大部洲众生宣说佛法。文殊，有菩萨会如是思维：到底何为一缘等持？对此等菩萨可如是作答：‘此等持乃具不可思议功德，若能为他众宣讲，并令其守持，一切法皆可现前。唯具于所说之理无有脆弱、怀疑之心态者，方可获此等持。’”

此经中还说：“有分别念及邪见[58]之人无法修持此等持。比如有人拥有一长久未擦拭之如意宝，别人问其价值时，此人说道：‘此乃无价之宝，必得仔细擦拭后才能了知其珍贵之处。’交给买者后，通过一番擦拭终于现出如意宝原来模样。同理，太阳光芒遍照一切处，无边大海同一咸味，以一缘等持即能宣说一切万法均为无生空性。”

《圣摄持善根经》中第十七回后，亦宣说了有关一缘等持之内容。而《弥勒狮吼经》中则记载道：

无量劫之前，如来正等觉星光如来出世传法。在其涅槃后，有一菩萨名为大精进，长相善妙端严。他后来转生到一大萨拉树般之婆罗门家中，成为其家之子。当时有众多比丘，均以种种方式描摹如来正等觉之身像。有一比丘于绸缎上描画佛像，所成画像庄严、精美异常。

彼时婆罗门已成为国王，此比丘便前往大精进菩萨父王之王宫中。当大精进亲睹佛像后，他不禁想到：佛之画像都如是庄严、美妙，佛之真身更不待言！我要能拥有与之相同之身相则实为善妙。想及此，他便对佛陀生起大信心，且欢喜充满。

大精进从此就对所谓成家立业生起强烈厌离心，他忖度道：一边住于家中，一边妄图生起佛陀身相，这绝无实现可能！我一定要出家证道。

当其十六岁之时，诸根已完全成熟，他便在父母脚下顶礼道：“我欲于如来教法下出家，请父母务必开许。”父母焦急劝阻道：“童子，万勿如此言论。你为我们最可爱、唯一之子，若我们不能见到你承欢膝下，我二人一定会郁郁死去。”大精进决绝说道：“我并不想伤害二老，但我一定要出家！”父母满心疑惑：“太子，你到底意欲何为？”

[58] 有缘见解。

大精进为向父母表白出家之志，就狠心说道：“从现在直至我能出家前，我不再进食，亦不修行，也不上床安眠，身上亦不涂抹酥油，不论善与非善之语皆闭口不言。”言罢，就来到一处未洒扫之地闭口呆坐。

第一日他滴水未进，父王将甘美饮食带来劝其进食，而他昼夜均不答言。第二日亦未进食，母亲之五百亲友以甘美饮食请其进餐，大精进看都不看一眼，更不开口搭理。这一日也未食任何食物。第三日依然不吃不喝，父亲之五百亲友又如前日一般祈请，他也同样如前日一般拒绝。第四日还是未曾进食，其他五百婆罗门又来请求，他依然如前拒绝。就这样，他一连五日未曾进过任何饮食。父母于宫中将贝壳、金银珍宝、蓝宝石、妙衣等堆集一处，又带八万四千如天女般之盛装美女前来劝请。总之，父母将宫中所有善妙之物全都拿到他眼前，父母各自之五百亲友、众多臣民、八万四千美女等人也各持种种甘美食物，日夜在他面前祈请他能进食，能安享饮食妙欲。众人亦劝解他道：“在家亦可广行布施、积累福德，更何况在家还能与女人尽享欲乐，对提供如此悦意环境之王宫怎能轻言放弃？”

面对各种劝请，大精进毫不为之所动，他既不张望众人，亦不开口讲话，于第六日中依然不进点滴饮食。除观想佛陀外，他无任何别种作意，更未生起进餐之念。父母亲友、众多美女及其他民众均哀哭不止，他们全在他脚下苦苦恳请，但他根本不看众人脸面。

当此之时，于国王宫殿中有一天尊开始于空中示现大神变，且对众人说道：“何人求菩提，彼心如山王，其心坚固力，永不可动摇。大地会震动，火亦能成水，此人之发心，永无法改变。勿令其不悦，亦不造罪恶，未来俱胝劫，盲人般漂泊。他乃为利众，趋入菩提道，为出家精进，不难获菩提。不为欲受用，而行菩提道，为利诸众生，寻佛智获乐。三千大千界，妙衣遍其中，尚有天人物，他亦不生贪。愚痴所造作，恶业需忏悔，智者忏罪后，恶业不共住。”

听罢天人如是劝请，大精进之父母、亲友及众人尽皆当下忏悔己过，他们纷纷对太子说：“你既主意已决，那就随自己意愿出家吧。只是这饭一定要吃，否则就会饿死。”大精进菩萨虽已连续七日未曾进食，但因他一心观想佛陀，故而天人一直暗中善护其身：他润泽脸色未曾改变，诸根亦未失毁，大精进菩萨即如是于七日中绝食明志，根本不理会家中大小事件。

随后他就如弃唾液般舍弃王位，在八万四千美女及父母痛苦哀泣声中，携带佛像离开王宫，并终至一唯有猛兽出没而无一人之寂静地安住下来。他于其处搭建好一支架，然后将佛像端放于上。接着便于像前草垫上以跏趺坐式安坐，身躯挺直，一心观想佛陀。在其后之修行过程中，他恒时如是思维：佛陀画像都如此庄严相好，真正身相又怎能以言语喻之。如来所具端严妙相甚为稀有，何人若能亲见其容，此人福报之大实已超越言词所能诠之境界。他又想到：我想必当能亲睹如来身相。

森林中一天尊了知大精进菩萨心态后就特意告诉他说："朋友，你内心所生欲见如来身相之分别念实际已是如来身相，你目前所见之画像实际正为如来真身。若能意识到此点，则为已睹如来身体。"大精进菩萨闻言立刻想到：所谓如来身相实与画像无二无别。他又如理思维：如来画像从不曾有过思维及分别心，一切万法亦无思维、无分别，如来身体同样不离此种法相；此画像仅是假名安立而已，万法均为假立不实。所谓名字其本性必定为空，自性无有丝毫动摇，如来身体亦不离此法相；此画像无得、无证、无思、无现量、无果、无证果、无住、无依、无来、无去、无生、无灭、无染污、无清净、无声、无理、无非理、无贪灭、无嗔灭、无痴灭、无蕴、无界、无处、无前际、无后际、无中际，一切万法均如是，如来身体亦不离此法相；此如来画像无动、无行，一切诸法均如是，如来身体亦不离此法相；如来画像无见、无闻、无嗅、无尝、无触、无思、无睡、无起、无呼吸、无作意，一切法亦复如是，如来身体亦不离此法相；如来画像不属欲界、不属色界、不属无色界，一切法无不如是，如来身体又焉能离此法相；如来画像无里、无外、无中、无始、无终、无去、无行、无取、无舍、无能作、无所作、无堕、无真、无假、无证谛、无贪欲、无忧愁、无轮回、无涅槃，一切诸法莫不如此，如来身体又何曾离此法相？

大精进菩萨一直如是思考如来身相，昼夜不舍跏趺坐式，夜以继日修持五神通、四梵住、无碍辩才，亦修持普现等持。待其修成后终获清净天眼，能照见远超此世间范围之十方无量如来；又能以天耳无碍听闻一切如来说法妙音，且听闻一如来音声时并不妨碍其他如来音声同时传来。大精进即以此种闻法方式令诸如来皆心生欢喜。

在七月之时日内，大精进如是以跏趺坐而安住，每日除以观想佛陀为食外，再不进食任何饮食。诸天人知其发心清净后，纷纷对其身体作加持，令其始终能保持昂扬心志。大精进当时并未身着袈裟，亦未现见如来，也未曾受戒，但他实已获如来智慧。对此等行持，我们理应效法、追随。

世尊后对迦叶说："诸菩萨理应如大精进菩萨一般恭敬如来身相，并了知如来法身无增无减。若能如此证得，则必定可生无比大智，亦能现见十方无量无边之如来，并听受诸佛宣说妙法。"

大精进从森林中出来后，便前往大小城邑、村落、王宫等地，对众人广宣佛法，令两万人都发下无上菩提心，无量无边众生均趋入声闻乘。包括大精进父母、王妃等眷属在内之人众，皆发起无上菩提心。

如是无等大师释迦牟尼佛因地时转生为大精进菩萨，其当时之种种行为实为我们后来追随之目标。其他诸大菩萨之清净行为与发心，亦值得我等随学。[59]

佛经中说："末法五百年时，善男子善女人中会有一些不精通大乘法、贪欲反倒暗暗滋生之人，此类人仅仅依赖供养佛像之功德，就欲获得成就、神通等果位。他们自认为唯有自己才知供养如来身像，他人都不可能如此行持，因之便以如此微少之善根而自赞毁他。除供养佛陀身像外，此等人既不听法求传承，亦不诵经、禅定、内观。如此行持之出家人或在家众，亦能得到他人所供养之法衣等受用。"故而佛陀殷殷教导道："迦叶，我自觉入大乘行者当如是行持：守持清净戒律、希求正法、广闻博学。而此类人却不守持戒律、不希求正法，仅仅以供养佛陀身像满足度日。"世尊又曾开示过："迦叶，如来为

[59] 供佛有极大功德，但仅凭供佛不行其他善事，并心生傲慢，则不应理。

此等善男子善女人之利益而宣说如是真理，此等人闻听此法门后理应了知自己过失，并改过自新。”

以观佛而修止观瑜伽

上引经典之教义归纳而言又该如何行持？

首先应为一切众生皆获安乐而发菩提心，然后应内心思维：我如今已获暇满人身并值遇如来教法，此时不应言说世间低劣之事。亦应明了：造作供养如来身像等善事虽有无量功德，但依靠财物积累福德，乃如来主要为在家人所宣说之法门。最殊胜之功德应为出家人随念佛陀，出家人应守持清净戒律，并内观修行。既如此，我亦应按如来教言尽力修持。

无始劫来直至如今，我们皆被各种分别念牢牢捆缚，似被狂风猛摧、被乌云覆盖、被海上巨浪鼓荡，日日夜夜均无自在而陷于迷乱。不仅未获殊胜功德，反而在种种痛苦中备受煎熬。从现今始，应想尽一切办法从如疾病般只能增上违缘之分别念大网中解脱出来。既然一刹那间观想佛陀都能带来无量无边之利益，因之更应依观想佛陀而修寂止、胜观瑜伽，并祈请诸佛菩萨加持我圆满止观修持。

如是一心一意发下猛厉誓言后，即应前往远离一切愦闹之寂静地方，也即是白天无人来人往、夜晚无嘈杂音响等禅定之地，并于舒适坐垫上具足禅定威仪而端坐。圆满修完前行后，应将一拃长之释迦牟尼佛像置于双目能悦意、适中瞻望之地。此佛像应请技艺高超之画师精心描摹，画像理应大小适度、精妙庄严。摆好画像后要对之生起信心，并随念如来之加持，随即就以缘起咒开光。摆放如来画像时不应离眼过近或过远，双目应能直视画像。然后一边观看，一边如是思维：此乃如来真正身相，所谓如来实为无量无边，获取佛果之因则为不可思议之智慧、福德资粮。如来于整个世间可谓昙花般偶尔应世，其身相具足三十二相、八十随好，令人视而不厌。人天世间，灿然明然之庄严佛陀身相，有缘众生曾于此刹土中共同目睹过。他为众生广演佛法，并显示神变，行、住、坐、卧等行持皆为众生利益，又以善巧方便广做不同事业，并以此方式而成熟无边众生善根。

无等大师本师释迦狮子王降生于释迦族，后示现成佛，并于灵鹫山等不同地方为菩萨、声闻等不同根基之众生宣讲佛法。对世尊此等经历也需一一作意、观想，并于其后如是思维：如此善妙之如来身相现今就呈现于眼前画像上，如来早已具足戒律、等持及见解脱智慧等无量无漏法之功德，他以大慈大悲心而摄受我等众生，并为众生行持无数苦行。从上文所叙之海尘婆罗门初发心开始，历经以上所宣示之种种磨难，经三大阿僧祇劫中历行六度万行，且因之而积累起无边不可思议之智慧、福德资粮，然后方能远离一切障碍、摧毁四魔，进而圆满所有功德，获得了知万法实相之大智慧，及至轮回未空尽之前，始终成为一切众生究竟皈依处、怙主、无偏亲友。如此殊胜之无上如来，我们无论忆念、顶礼、持诵名号、瞻仰佛像、一心观想等，做任何微小善根亦能成殊胜菩提因，此为如来不可思议之发愿力、智慧力所致。因此，我们实在应数数庆幸自己有如此之殊胜因缘及大福报。

一边如是作意思维，一边随念佛陀，同时生起坚定信心。还须注意：观想随念佛陀画像、功德之心识，不可过紧亦不可过松，张弛有度，务必以不失正知正念之方式持续专注观想。除观想佛陀外，再无其他任何分别念，唯一观照者只为佛陀。如此修习，天长日久，心就能不断专注于所缘境。总而言之，以九种住心法[60]次第成就欲界一心禅定之前，应精进于上述修习内容。

在观想佛陀时，我们可观想如来总体身相；为未来获得圣法、灭尽昏沉，我们又可专注观想佛陀之顶髻；为获等持、断除掉举，我们则可观注如来心间吉祥旋；为修有所成、能得大福德及安乐，可将心专注于如来眉间白色如右旋海螺般之白毫；为佛法妙音传遍一切处、众生均能同沾佛法利益，应专心致志于六十种妙音来源之如来喉间、三条海螺纹样之处……无论采用何种方式，只要随自己意愿，心专注

[60] 九种住心：内住、续住、安住、近住、调伏、寂静、最极寂静、专注一境、等持。

于佛陀身相即可。

如此修持时，恰如徒手抓蛇一样，刚开始时难以调伏，自心急躁，分别念迅猛、粗大，此正所谓第一阶段如峭壁落水之动摇觉受。此时应如是思维：自己之心识恒时处于飘摇不定之中，出现此种状况亦在所难免。《妙臂请问经》中云："心如电如风如云，亦如大海起波浪，须臾随意散外境，动摇迷乱当调伏。"此亦可算正常现象，因每一众生都被此种散乱分别念所控制，哪里能有所谓自在。我应尽力不懈怠，努力精进修持。若真能勤勉不舍，将来绝无不能成办之事！一边如理作意，一边暗自发愿，坚持不懈地长久将心尽量专注于佛像，日久功成，以前较粗大、猛厉、迅疾之分别念定会逐渐息灭。

不过此时又有一新阶段会出现，在此时期内，微细、众多之杂念纷纷显露，此即所谓第二阶段如山谷流水之获得觉受。山谷水流声势浩大、湍急奔腾，但与峭壁落水相比，其流速已明显减缓，故选用此喻。此时应不断修持，将心继续安住下来，如此修行至一定阶段，心识所起之分别念出现频率会日渐放缓，心已能基本安住下来。

此时再详细观察，仍有细小之分别念不断闪出，此即所谓第三阶段如江河走水之修行觉受。江河缓慢流动，远望几无察觉，唯沿岸观之方见其不舍奔流。

再继续精进不辍，便不会再产生此前修行时所感诸苦，亦不必劳心劳神，此时之精进行持方可谓已入正轨。如是修持后，细微之分别念亦日渐消失，自己将心专注于任一所缘境时皆能安住很长时间，纷扰外缘也难以撼动其安住之心，至此则进入第四阶段如大海离于波涛之稳固觉受。此时心已能完全安住下来，且非常稳固，故以此喻明之。

从此之后，即无需过分勤作，再接再厉长期修持下去，即达于第五阶段如山王稳固般之究竟觉受。此时已至觉受极至，此觉受与无勤作行实乃一意贯通。将心专注于任何一处，皆能自然融入此法，无需任何勤作，自然明然安住于此法中，任何分别念都无法动摇，至此则已修成所谓欲界一心。此时因心能安住，故而各种不同之觉受都可出现。

在此种境界中安住修持，即可获所谓身心轻安之境界。如能获取身心轻安，则将心专注一处之时，身心可在很多天当中无劳累之感，整个身躯如棉花一般调柔，且心内充满明晰、安乐之感觉。若所获轻安最初尚有沉重、稳固之感，则应继续再修，直至灭尽此等作意。此时就如影子一般微薄、干净，行者会现前与正行禅定相同之境界——出现寂止。

此种修持才可称其为寂止，因其乃轻安之心。此种心属于初禅未至定心[61]，凡得此寂止之心者，不管有相抑或无相空性法门，无不可修。原本修寂止需有四种作意[62]、六力[63]等众多修法以为辅助；若能以正知正念摄心专注，如此修持即可以最自然之方式现出五种觉受，也即将上述众多要求所欲达成之目标全部涵盖。

修成此种寂止时，因心堪能之缘故，身躯亦具色泽光润、充满安乐、力量等特征，心也清净无染，任运行持众多事业，身心遍布无边喜乐。尤其可贵者乃在于烦恼减少，能感觉与内在大乐相同之觉受。以能依此种寂止观想佛之福德力，再加佛之加持力，行者即可亲见，或于觉受状态下，或于梦中得见如来，并听闻法语，无量功德就能在自己相续中生起。

此等寂止修成后，应继续修持胜观瑜伽。首先应将修持寂止时所用佛像再次当作所缘处，并一心一意观想。最后面前无佛像时，仍能在心间随意现前佛陀身相，至此境地方可谓修成寂止。此时虽无有佛像，但于自己心间，因等持像已成，故可自然明然现前。最初时，如来身相于自己根识前就如镜中影像一般可明然显现；再往后，即能于自己根识前真实现前，并可在别众面前也能观见自己根识前所成影像，此乃前译派众多实修教言中所谓之第一意识、第二根识、第三觉性之对境。

在最初已能明观佛像后，应深入胜观修持，具体方法如下。

首先内心如是作意：心中所观具足相好庄严之灿然佛像，实乃因自心之一种串习力而现前。如是之佛身无所从来，亦无所而去，若善

[61] 未至定心：虽尚未证初禅根本定，但依初禅未至定力，于欲界烦恼亦能断除。

[62] 四种作意：修定时引心趋境的四种警觉性，即励力运转作意、有间缺运转作意、无间缺运转作意和无功用运转作意。

[63] 六力：修止过程中能成九种住心的方法，即闻力、思力、正念力、正知力、精进力、串习力。

加观察即可明了，此种身相实无所有，内外均了不可得，完全是依赖于心，并通过长久修持等缘起力而显现。若对显现之来源——心善加观察，即能发现里里外外均无心藏身之处，它原本就远离一切所依。既如此，无本之心所显现之形象又何能实有？因此，此等显现无有丝毫本性存在。

同理，所谓如来真实出世，实际所指是说众生清净善根与如来大悲发愿力因缘聚合后，就如人面会于清净镜中呈现一般，佛陀亦会无欺显现于世间众生前。究竟而论，所谓如来之蕴、界、处所摄诸法，丝毫许亦不存在，只不过凡夫难以推测其法界平等智慧身而已。《智显庄严经》中云："所谓真实如来者，无尽善法之影像，此无真如亦无佛，世间众前现影像。"《现今如来住世等持经》中则说道："诸佛菩萨由心立，心本清净性光明，无垢不与众生混，若知此道获菩提。"

依此种智慧观察就能了知显现之理，了知此理就会理解：正如如来显现一样，一切蕴、界、处所摄现有诸法，全都依凭种种因缘聚合而如幻显现，并被众生感知。此等诸法唯赖各自因缘汇聚而能显现，若详加观察，任何一法都无微尘许自性可得，恰似如梦如幻之显现一样，诸法实无来去、无生灭。贪执显现从不善加观察之凡夫、愚者，皆认为生灭等万法真实不虚，就如眼中有翳之人千方百计妄图驱除虚空中之毛发一样，无始劫来，被无明眼翳所遮蔽之人，彼等完全不知万法究竟实相。而真正证悟实相之大士，并非否认万法之显现，他们早已深刻体会到正当显现之时，万法其实毫无成实性可言。证悟者皆明此理：万法本自无生，尽属空性。正如《无热恼请问经》中所言："缘生皆不生，彼生皆无性，佛说缘生空，知空即智者。"

《般若经》中又云："诸法如幻如梦，涅槃如幻如梦，若有超胜涅槃之法，亦如幻如梦。"《三摩地王经》则云："如梦亦如幻，阳焰乾闼婆，夜灯本性空，诸法如是观。"《中观根本慧论》云："如幻亦如梦，如乾闼婆城，所说生住灭，其相亦如是。"因此，佛之身相在心间显现时，根本无有本体可言，我们应了知万法均无有本体，我也无自性，所谓我之自性实乃如来自性，也即如来自性是一切诸法自性。《智显庄严经》中云：“恒无生法即如来，一切诸法似如来，执相凡夫愚痴众，世间无法反执实。”《摄集经》中又说道：“如我本性即众生，众生本性即诸法，无生与生皆不念，此即智度之胜行。”

《中观根本慧论》对此亦阐释道：“如来过戏论，而人生戏论，戏论破慧眼，是皆不见佛。如来所有性，即是世间性，如来无有性，世间亦无性。”在究竟实相义中，一切诸法远离生与不生等所有戏论之网，成为本来平等法界。《慧海请问经》中说道：“此法无垢净善性光明，如同平等虚空本无生，不来不生不住亦不灭，此乃如来手印净无动。”《华严经》中有云：“细微难证如来道，无念无思极难见，自性寂静无生灭，通达教理方明此。本性为空寂无苦，解脱相续同涅槃，无边无中无言说，三世解脱如虚空。”

圣者罗睺罗说过：“无可言思智慧到彼岸，无生无灭虚空之本性，各别自证智慧之行境，顶礼三世如来之佛母。”龙猛菩萨亦曾揭示道：“自知不随他，寂灭无戏论，无异无分别，是则名实相。”如是抉择远离言说、戏论、所缘对境的真如之瑜伽士[64]，首先以了达诸法如幻之等持，专注于梦幻般如来身相，以观看如来画像、听闻法要等方式修学如梦如幻之各种行为。接下来应于无可言说、平等、各别自证对境之空性中入定，依此方式，当能获取相应法忍。再继续修学，于不久之将来，必能无疑获得见道之智慧。

上述道理，也即以窍诀方式宣说现今如来住世等持、一缘等持之实修方法。

日常观修佛陀法要

对上文所宣讲之止观修法不能直接进行修持之人，应时刻随念本师释迦牟尼佛，可念诵《释迦牟尼佛修法仪轨·加持宝

[64] 修行人。

藏》[65]。观想佛陀后，以定解心发坚定誓言，然后念诵三遍皈依偈：

乃至菩提之间永皈依，一切殊胜佛法及僧众，

以我修行念诵之福德，为利众生愿成就佛果。

在修完四无量心后，可入于缘起性空之幻化般境界，并念诵**“啊，无生空性以及缘起性”**至**“乃至菩提前以大悲摄”**等内容，再按仪轨要求观想释迦牟尼佛真实处于自己面前。如能以清净心、坚固信心依善巧方便法修持，一刹那间也能圆满多劫之资粮。故而对能令人积累资粮、忏清罪障、增上善根之七支供，务必要尽心念诵。

为圆满所求、所发诸愿，应按仪轨教言诚心祈祷，并依猛厉信心将自身躯体幻化成微尘数身躯，一一在释迦牟尼佛前顶礼、供养种种供品。此时应如是思维：从今乃至菩提间，我与众生尽皈依。在此种心念中应不忘念诵佛号：**顶礼供养皈依本师出有坏善逝真实圆满正等觉释迦牟尼佛**。然后，通过祈请、念咒语：**达雅他嗡牟尼牟尼玛哈牟尼耶梭哈，**观想如来身体发出遍满虚空之光芒。光芒接触我与众生后，所有障碍皆得以清净，痛苦得以清除；众生各个皆具安乐；自相续中生起信心、等持、总持、辩才、智慧等大乘道之功德；最终皆获不退转果位。

再尽力念诵心咒，此时所观想之如来光芒已达无量无边之多。正如《宝积经·光照品》中云：“以此不可思，善业之因缘，远离愚痴故，现出种种光。”又云：“如是具因缘，显现无量光，众生诸意乐，各满其所愿。”也即是说，释迦牟尼佛可于一光中现出二、三等乃至无数光芒。

诸种光有众多类别：净云现光；净眼光、净耳光、净鼻光、净舌光、净身光、净意光；净色光、净声光、净香光、净味光、净触光、净法光；净地光、净水光、净火光、净风光、净空光；净蕴光；净谛光；净辩才光；净白黄等光；净胜德光；净龙严光、净象严光、净狮严光、净胜龙光、净调龙光、净调夜叉光；净金刚力光；净空性光；能生起前世善根之净全净光；能令千万如来刹土震动之净法性光；降伏魔怪之净降魔光；

[65] 见正文前。

能令持名号者遣除危害之净福幢光；能令持名号者远离怨敌之净利幢光；能令持名号者断除贪心之净寂幢光……

凡持诵光之名称即可遣除邪行、破戒等一切过患，仅称诵一光名称亦能令受持者具足清净戒律、圆满等持、灭尽愚痴等烦恼而获安乐，又能具足灭除痛苦、超离戏论、了知三世生起等众多功德。如此众多之光芒中，仅无愁光等一光即具八万支分光。

总而言之，如来所具不同光芒数量远远超越如来世界中微尘数数目，并以此类光芒利益一切有情、度化所有众生、满足众生各种愿望。《菩萨契经》中云："诸佛光无边，光网不可思，佛刹如大海，遍于十方界。"此外，我们还应忆念《华严经》、《宝多罗经·吉祥贤品》中相关内容。

此处应尽量修持上面所宣示之止观瑜伽，同时亦应修持较相应之寂止、胜观。待最后收坐时，应供上曼茶，并做赞颂、祈祷、回向、发愿等应为之事。至于祈送[66]、摄次[67]则无需进行，因无论于何处观想如来身体，如来之身躯即安住于何处。与虚空等同之如来身相本无来去，亦无增减，不管何人何时何地忆念佛陀，佛陀都会住于其前。

行者于座间时当念诵各种经典，并以顶礼、供养、转绕等行为尽量广造善根。若不能如此行事，就应随念佛陀，并再三内观无常、苦、空、无我等正念，并及涅槃即寂静等正理。

至于临入眠时之前行善法，则应在近入睡时观佛陀圣光遍于一切处之光明想。正如《解意法门经》所云："诸比丘，若勤修等持，如何方能获得智慧？诸比丘，比丘应善观光明想。诸比丘，譬如春日无云虚空中高挂皎月，湛湛晴空中朗日普照，日月光明能遣除一切黑暗。诸比丘，比丘亦应如是善加守持光明想，善加作意、修持并了达。犹如白昼观修光明想一般，一切时处均应如是修持。日如何修，夜则如是修；夜如何修，日亦如是修。以前如何修，未来亦如是修；未来如何修，以前亦如是修。下如何修，上则如是修；上如何修，下亦如是修。"

行者理应如是分析，并以无贪执之心安住于白昼之观想而修光明，

[66] 祈送：其他修法中至最终圆满时，应将所修本尊恭送回刹土，并念诵祈祷文。
[67] 摄次：其他修法中至收坐时，应将修生起次第时所观想之本尊摄收、融入自己本性中等法。

此为一切等持之依处，若数数修习，必生智慧。我们应如是按仪轨时刻精进随念佛陀，并为一切众生皆获圆满佛果而诚心实意将此善根回向。若能经常于幻化般世俗谛中入定，再于离一切戏论之胜义谛中入定，最后成就止观时，必能获得现见如来、听闻正法等殊胜圣道功德。即便未真正修成止观，以上述方式仅作相似修行也能获得相应之如来加持与悉地，并可出现于梦中现见如来等众多瑞相。

如何辨析梦之吉凶，《圣四修经》中对此有详述。经中文殊师利菩萨告诉具贤天子道："障碍同类因之四梦相为：眼见有垢染之水池所现月影、眼见不净湖泊中所现月影、云雾弥漫之空中所成月相、微尘飞扬之空中所出月轮；业障同类因之四梦相为：从一悬崖上堕至极深深渊中、行进于凹凸不平之道、走上狭窄道路、迷失方向并出现恐怖；烦恼障同类因之四梦相为：受严重毒害后心烦意乱、听闻猛兽恐怖瘆人之吼叫、自己处于造作恶业之狡诈众生群中、自身及衣物均肮脏污秽；获陀罗尼同类因之四梦相为：目睹装满珍宝之宝藏、亲见莲花所严饰之湖泊、自己获得一身白衣、自己顶上有天尊持伞安住；获等持同类因之四梦相为：亲睹美女供养自己鲜花、空中浅灰色天鹅群发出美妙鸣音而飞翔、光芒四射之如来以手指触摸自己头顶、如来正于莲花上坐禅；现见如来同类因之四梦相为：见到月亮升起、太阳升起、莲花开放、梵天之寂静行为；菩萨自相同类因之四梦相为：见枝繁叶茂之大萨拉树上硕果累累、铜器中盛满黄金、空中遍满宝伞及胜幢与飞幡、目睹大转轮王；降魔同类因之四梦相为：自己行走于压服住众大势力之一大势力身上、大勇士凯旋而归、国王行加冕大典、自己获菩提后降伏魔众；获不退转相有同类因之四梦相：以白头巾缠于头上、行无缘之上供下施、自己坐于法座上、如来得菩提且宣示正法；得菩提同类因之四梦相为：见到宝瓶、匝肖鸟[68]围绕自己、草木等植物无论自己身行何处都恭敬顶礼不已、金色光芒遍布十方。"

依此经宣说之理即可了知梦兆吉凶，并应精进行持断除过失、积

[68] 匝肖鸟：一种鸟名。

累功德等方便法。其他佛经[69]中描述了罪障清净之梦相："梦见如来降临且触摸自己头顶；光芒遍照十方；目睹鲜花盛开等。"另有些经则云：若梦见莲花，即可成办一切事业。《解脱经》则说："清净罪障之梦相为：依桥梁渡过大江大河、别人为自己沐浴、身体被雨水淋湿；若梦到自己前往僧众行列中、自己进入佛塔或佛殿中瞻仰诸佛菩萨像，则为自己获诸佛菩萨加持之相；如梦见自己得到水果且食用，则为即生得果之象征。"出现一次梦相，则表明已清净一个无间罪；若连续出现五次梦相，则表明已全部清除五无间罪。另外，对《宝积经·梦境品》等经论中所阐述之道理亦应了知。

一旦面临死亡，虽有佛经中所宣示之十一种观修法等菩萨所应修习之死亡法门，若归纳而言，《圣涅槃智慧大乘经》中已将此类修法全部涵盖。也即是说，一菩萨[70]临近死亡之时，应了达、修证《圣涅槃智慧大乘经》之奥义。无论身处何地，当自己确已步入死亡境地时，应观想自己顶上有本师释迦牟尼佛安住，要做到这点，必须以猛厉信心专注观想。接下来应如是思维：不独自己一人，所有众生都难逃死亡规律。无尽轮回中，我与其他众生虽历经无数生死流转，但除感受死亡痛苦外，从未曾赋予死亡任何意义。如今，我应力争使死亡富有价值与意义。

还应继续思维：此等内外所摄一切未来、过去、现在诸法，全为刹那生灭之无常本性。所有有为法中，有些相续马上灭尽，如闪电、水泡等般迅疾；有些则如此世界一样，相对而言相续持续时间稍长一些。不过无论相续多短多长，不灭尽之法无有丝毫存在可能，所有器情世间最终全部灭尽无遗。如来最终都示现涅槃，我一介凡夫更勿需多言。佛陀因此晓谕我等：一切有为法尽皆无常。

然而可怜众生却不知有为法之规律，他们不喜分离、死亡，对聚会、出生倒欢欣鼓舞，正因贪执轮回，故而反复旋转于轮回中。此次我应将即将到来之死亡作为自己难得之善知识，从中了知并抉择一切有为

[69] 藏文原文为《王妃经》，是否确凿无疑尚有待查考。

[70] 修行人。

法尽属无常之理。

我自己临死时需如此作意：生生世世中都愿我了知万法无常之真谛，并不贪执一切有为法，愿我此愿必能实现。祈请本师释迦牟尼佛及一切诸佛菩萨加持我！

如是思维后，当按《圣涅槃智慧大乘经》所云继续思索、修习。此经有云："诸法性净故，当观无实想，具菩提心者，当观大悲想。性空光明者，当观离贪法，心乃智慧因，别勿寻正觉。"此段文字是指：首先应观想，于无边无际之世界中，以自己为主之众多众生都将有为无常法执为常有，将轮回、痛苦执为快乐。故而应对于生死流转之轮回中感受无边无际痛苦之众生心生强烈悲心，并发愿为令此等众生远离生老病死之危害，且将其全部安置于无上菩提之果位，自己一定要成就三界怙主如来正等觉之果位。为度化一切众生超离痛苦，自己应修持具有如是菩提心基础之慈悲心。

同理，若对以死亡为主之一切万法详加观察就能了知：诸法本性乃根源于自己之分别念，在分别念操纵下才产生所谓痛苦、快乐等感受。究竟实相中，死亡、痛苦等法丝毫许亦不存在，我们理应如是思维。更进一步，万法本来就为无实空性，换而言之，死亡等诸法本体即不成立，但如梦如幻之显现则并非断灭。如审慎观察，有无等边皆不可言说，本质均为空性与光明，空与不空都不存在。现如今之自己心性，原本就为光明、空性双运，在如此之心性本来面目中，轮涅所摄法原本等性。本师释迦牟尼佛之智慧与自己之心，在心性自然本智之境界上，原来就无二无别。若从中不散乱，且能生起定解，此时就能证悟自己心之本性。除此而外，再无任何所谓佛陀存在。实际言之，本无所谓生死，生死不过是分别念假立而已。在远离分别念之心性本体中，根本无有任何生死。若能入定于此种境界而安然离世，中阴迷乱等显现则不会现前，应能往生如来刹土。

不具足上述境界之人，临死或中阴时，只要不忘忆念本师释迦牟尼佛，仅仅依此也能往生清净佛刹。[71]

此外，即生中不管遇到何种痛苦、恐怖，只要能随念佛陀，必定能从中获得解脱。平日若值遇幸福快乐之境遇，心中应明白此皆因佛陀之慈悲方能得以现前。既如此，快乐等一切善妙法皆当观想为普贤云供而供养于佛前。自己尚应恒时思维：三解脱、六度等法要实乃佛陀恩德所化，他为我等众生发起菩提心，并竭尽心力行持菩萨行。如是随念佛陀实为最极重要，随念佛陀乃一切菩萨道之基础，具备无量利益及能生一切圣道之功德。

如今之时代中，众多修行人只看重自己所属之宗派在修法、念诵等方面所具特征，反倒于佛祖释迦牟尼佛不知修持及念诵。从实质而言，进入佛门之佛教徒，若对佛陀缺乏坚定信心，此等所谓行者实为愚痴无知之徒。因唯有释迦牟尼佛才以其不共之慈悲发心住持我等现今所居之刹土，并摄受浊时众生，且于众生前行持如来事业。

所有三藏法门，包括能令五浊兴盛时之众生于短暂一生中即获佛果之密道金刚乘，佛法及弘扬显密教法之高僧大德、僧众，也均依佛陀之慈悲力才得以显现。释迦牟尼佛如果当初不摄受此刹土之众生，亦不放射显密教法光芒，我等众生恐连三宝名声都难以听闻，更何谈修持显密佛道？因此，无论修持新、旧等何种教派，对释尊必须具备强烈、坚定之信心，此点断不可缺。还需对其格外恭敬，并精进观修释迦牟尼佛。

若有人生如是念头：尽管自己信心之对境非释迦牟尼佛，不过若本人对早已离贪且具出家相之另外如来，或诸寂静、忿怒本尊等具足信心，这二者又有何不同？

对此疑问之答复为：如从本性而言，二者当然无有任何差别，因一切如来之智慧身原本就为平等性，且其断证境界绝无高低差异。但若以名言谛衡量，从显现而言，所有宗派信奉之寂静、忿怒本尊修法

[71] 全知麦彭仁波切在此处以无比之大悲大智，为身值末法浊世之众生开显出一条解脱捷径。无论何种根基之人，只要能依此法门修持，临终之时则决定往生！特别是其最后所述之方便法门，稍有神志之耄耋老人亦可借此而摆脱轮回。若再要置尊者之悲心切切于不顾，不珍视到手之如意宝，仍一意弃明投暗，则何堪为人？何堪为人？请三思！

及念诵，均依释迦牟尼佛之大慈大悲力而得以出现。正如赡部洲一切水流均源自无热恼湖一般，显密所有修法，包括最细微之修法，皆因释迦牟尼佛之大悲力而存世。就像祈祷自己根本上师后所得之加持，超胜祈祷其他上师所能得到之加持一样，因自己前世宿缘所致，若祈祷其他佛，得到加持之速度，肯定不如祈祷释迦牟尼佛来得迅疾。

若有人又心生疑惑：既如此，我等可否只祈祷释迦牟尼佛，无需再祈祷其他本尊？

问题之实质并非如此。因无论自己祈祷哪一本尊，此本尊之本体并非超越、游离于释迦牟尼佛本性之外。我们理应知晓：一切诸佛于法性平等性中可谓无二无别，释迦牟尼佛只是以不同身相显现种种不同本尊而已，从而成为我等浊时众生之怙主、皈依处。如果自认为自己修习之本尊与释迦牟尼佛乃为异体，并因之而舍弃释尊，如此“专修”本尊绝难成就。

又或者有人如是思维：无上密乘中，自己根本金刚上师之本体与三世诸佛无二无别，并且其恩德在显现上已大过三世诸佛，因即便三世诸佛住世，只要上师未出世，则自己必不能得加持，也因之而无法成就。因此，供养上师一毛孔之功德就已胜过供养三世诸佛之功德，令上师欢喜也即令三世诸佛欢喜，且能得到不共加持。这也是众多金刚乘教典中再三赞叹上师之缘由，因上师已代表三宝总体，或可称之为第四宝。如云：“当知殊胜师，功超三世佛。”除观修上师瑜伽外，哪里还有更殊胜之法门？

对此可回答道：原本确实如此，密宗中除圣道上师瑜伽外，再无比其更殊胜之获得加持之修法。但为自己开演密宗教理之上师，实际上正是释迦牟尼佛之化身。《涅槃经》中云：“阿难勿痛苦，阿难勿呻吟，我于未来世，幻化善知识，利益汝等众。”修持依释迦牟尼佛之慈悲力而得以显现的显密教法之诸上师，实际上正是释尊之语生子；实修实证之上师，已获释尊智慧相续中之胜义与世俗菩提心之加持，他们即为佛陀之意生子。故而无论修持哪一个上师瑜伽，我们都应明了：释迦牟尼佛实与上师无任何本质差异。不仅修上师瑜伽需如此作意，修持任何上师、本尊之法时，都应深信他们与佛陀无二无别，且三世诸佛都无二无别。若非如是，则对诸如来存有胜劣、取舍念头之人，将永无成就之日。

了知上述释迦牟尼佛之恩德后，我们应对释尊生起极大恭敬心，然后开始修持与他无二无别之上师、本尊修法并及念诵，如此行持必得成就。因此，随念世尊修法仪轨进行修持、念诵时，我们应将对自己宣示显密佛法之上师、三世三宝全部汇集于佛陀身上，然后再行念诵及修行。在此仪轨中，按显宗要求是以随念佛陀为主要修行内容，加上观佛陀与上师无二无别之修法要求并非不可行，亦不一定必须如此，因只随念佛陀亦能成办事业之故。

念诵佛陀名号时要称呼“本师”之原因为：三界导师亦可用于佛陀名号；因观世尊与自己对其有信心之上师无二无别之故，也可用“本师”称呼佛陀。或将无上密宗之根本上师作为本体，其形象观为释迦牟尼佛之身形，以此修上师瑜伽也能行之有效。因上师是诸佛总集根本，无论将上师观为哪位佛陀，此种修持均无矛盾之处，只要自己对上师、佛陀具足信心，何种修法都同样得到加持，此乃铁定规律。

吾乃具诸烦恼缚，极为低劣之凡夫，
然我所言此善说，皆依如来之圣教。
佛陀实语曾赞说，若闻释迦佛名号，
皆获菩提不退转，随此道者真有福。
不可思议福德源，如来加持力所现，
释迦佛修法仪轨，诸具智者当勤修。
愿以净心所造论，善根回向诸有情，
悉皆趋入大乘道，获得遍知如来果。
愿诸世间一切众，远离恐怖等痛苦，
大德住世佛法盛，有情安乐增吉祥。

《释迦牟尼佛修法仪轨》之广释——《白莲花论》，已由麦彭蒋扬嘉措撰著圆满。愿一切吉祥！

索达吉译竟于厦门闽南佛学院
公元二OO二年五月三日

后 记

当《释迦牟尼佛广传·白莲花论》终于能够完整呈献在读者诸君面前时，一直沉于译书的心，才稍稍得以片刻松弛，但同时，更为沉重的感慨又不觉油然而生。对一个智识健全的现代人来说，即便足不出户也不难感觉到窗外蜂拥而至的漫天浊浪，无需太多的洞察力，相信你立刻就能从周围人们的脸上读出掩饰不住的焦灼、贪执、浮躁、空洞。在全民的欲望都随着金钱的指引而摆荡飘浮的当下，有多少人会沉下心来，用全部身心感受释尊伟大的思想与行持？但作为一名佛教徒，如果连佛陀的传记也没阅读过，实在令人遗憾。

对许多人来说，往往一生甚至多生的生命，都不足以使他们放下成见，感悟佛法的甘露。在这样一种愚痴而盲目的氛围包裹下，不知道有多少人在尚未理清人生思路时，无明就已将他们带往黑暗的轮回了。既如此，我们迷茫而躁动的视线可否转向佛学这片纯净的田园？不经意间，也许就会柳暗花明、曲径通幽了。

而摆在你们面前的这本《白莲花论》，恰恰就是一块能引生人们对佛陀及佛法生信的指南针。凭借它的指引，相信有缘者会一步步登临佛法绝顶。尽管我们未曾值遇释迦牟尼佛出世，不过能得其教法已经令人欢喜不尽、庆幸再三了。如果你是佛教徒，那么无论你修学汉传、藏传、南传等佛教，也无论你属于天台、华严、净土、禅宗等何种宗派，本传记都值得再三闻思并修学。作者全知麦彭仁波切虽示现为藏传佛教中一代大成就者，但他在创作这本巨著时，绝不是以狭隘的宗派主义观点架构全书，而是以自己超凡的智慧与慈悲，令本书成为一切教法精华之集大成者。特别是在《修行品》中“日常观修佛陀法要”这一节，尊者更以无比的悲智，将一生成就的无上大法以通俗的语言、最广大的殷殷悲心，毫无保留地倾囊相授。任何具信心之有缘者，哪怕你刚刚迈入佛门，抑或已垂垂老矣、无力再修高深法要，只要依尊者教言次第行来，就绝无再堕轮回之理！而相关的持诵名号、深入禅定、本尊及上师修法等方便、究竟法门，你都可在本品中找到圆满答案。

若欲报答佛恩，或了知佛陀为众生而初发心、行持六度万行、守持刹土等深广行迹，闻思且在本传记指导下实地修持，都不失为一条圆满所愿的堂堂大道。而对那些非佛教徒来说，不管你有无对佛教的种种看法，我想大凡稍有人格及智慧之人，无不希望自己能拥有幸福、美满的人生。既然如此，不离世间又超越世间，一方面能令人游刃有余于社会人群，一方面又能让我们高屋建瓴地纵览全局的佛教思想，难道就不值得你深入钻研一番？那就从阅读本书开始，自己去看，自己去想，用眼睛，更用心灵！

任何想深入经藏、破生死牢关者，本书都可为你们提供人生指导、指示修行津要。佛是谁？他到底做了些什么？那就借着作者的传神笔触，让我们回溯这位先觉者的足迹吧。

东西方的很多知识分子、有智之人，近些年来一直把拯救人类文明的希望投注在雪域高原上。在以分别念愈演愈烈为特征的现代科技浪潮中，总有许多求索者将目光逆流而上，满怀热望地落在藏传佛教这块宝藏上。于是，越来越多的藏文佛典经论开始流向中原、飞向世界，越来越多的人们开始沐浴在藏传佛教的杲日辉光中。不过由于种种原因，这部藏文佛教大论园地中的灿烂明珠，却一直未被人译成汉语。守着这块如意宝，但却束之高阁人未识，个中滋味自是一言难尽，特别是在五浊兴盛时期，本书更是对治烦恼之无上良药。正是在这种动机驱动下，我多年来一直梦想着将之译成汉语。而今，在上师三宝及护法神的加持下，这部论著终于可以走进广大读者的心间了。

对很多人，特别是文人而言，如果本书以文言文形式翻译，可达文辞优美、意境深远、信达雅兼顾之目的，但在一个日新月异的信息时代，人们又大多懒散懈怠之时，颇为费解的文言文可能会障碍很多来去匆匆的现代人投入阅读。因此，在决不对内涵有所增减变动的前提下，行文风格则多向白话文靠拢。原文所用教证，亦尽量以白话文译出，对其中之专有人名、地名、经名等词汇，力争多沿袭惯例译法。碰到新的、陌生的词汇，若无固定译文，则随其意而新翻，或径用音译，此点特向读者作一下交代。

语言的坚冰已被打破，直挂云帆济沧海之探宝旅程，就待读者朋友自己拉开帷幕了。

翻译过程中，得到过许多人的热心帮助，借此机会一并致谢。并诚挚祝愿这些人，以及制造违缘之人非人、病魔、怨敌，乃至一切众生，都能暂时如释迦牟尼佛那样，只要对他众有利，哪怕仅仅是为一只小蚂蚁也能牺牲自己，并最终获取圆满无上正等觉之佛果。

二〇〇二年五月三日译于厦门
重校于二〇〇六年十一月五日